Rottenburger Jahrbuch für Kirchengeschichte
Band 33 · 2014

D1920348

Rottenburger Jahrbuch für Kirchengeschichte

Band 33 · 2014

Herausgegeben vom Geschichtsverein
der Diözese Rottenburg-Stuttgart

Jan Thorbecke Verlag

Bei unverlangt eingehenden Rezensionsexemplaren kann keine Gewähr für Besprechung und Rücksendung übernommen werden.

MIX
Papier aus verantwortungsvollen Quellen
FSC® C089473
www.fsc.org

Für die Schwabenverlag AG ist Nachhaltigkeit ein wichtiger Maßstab ihres Handelns. Wir achten daher auf den Einsatz umweltschonender Ressourcen und Materialien.

Bibliografische Information der Deutschen Nationalbibliothek
Die Deutsche Nationalbibliothek verzeichnet diese Publikation in der Deutschen Nationalbibliografie; detaillierte bibliografische Daten sind im Internet über http://dnb.d-nb.de abrufbar.

Alle Rechte vorbehalten
© 2015 Jan Thorbecke Verlag der Schwabenverlag AG, Ostfildern
www.thorbecke.de

Satz: Heidi Klehr, Eichstätt
Umschlagabbildung: Kreuz der Domherren des Bistums Konstanz mit Revers-Medaillon mit den Bistumspatronen hl. Pelagius und hl. Konrad
Städtische Wessenberg-Galerie Konstanz
Umschlaggestaltung: B|FACTOR | Kommunikation – Faatz | Held | Hirmer GbR, Stuttgart
Druck: Beltz Bad Langensalza GmbH, Bad Langensalza
Hergestellt in Deutschland
ISBN 978-3-7995-6383-3
ISSN 0722-7531

Inhalt

II. BUCHBESPRECHUNGEN

1. Gesamtdarstellungen

2. Quellen und Hilfsmittel

6. Neuzeit und Zeitgeschichte

7. Orden, Klöster und Stifte

Einleitung

Der vorliegende Band dokumentiert die wissenschaftliche Studientagung »Potestas ecclesiae. Zur geistlichen und weltlichen Herrschaft von Bischöfen und Domkapiteln im Südwesten des Reiches«, die im September 2012 vom Geschichtsverein der Diözese Rottenburg-Stuttgart, der Akademie der Diözese Rottenburg-Stuttgart und der Germania Sacra an der Akademie der Wissenschaften zu Göttingen initiiert und in Weingarten durchgeführt worden war (vgl. den Tagungsbericht von Maria E. Gründig in: RJKG 32, 2013, S. 450–454).

Die Tagungsbeiträge fokussieren ein breites Themenspektrum, angefangen von der Rolle der Bischöfe, dem Aufbau bzw. der Funktion der Domkapitel, der Entwicklung der geistlichen Strukturen in den Diözesen Konstanz, Augsburg, Basel oder Chur, der Landesherrschaft der Bischöfe und Domkapitel, dem Aufbau des Pfarreiwesens und der Verwaltungsgliederung bis hin zum Verhältnis der geistlichen Herren zu ihren Städten vom Frühmittelalter bis zum Beginn des 19. Jahrhunderts.

Die Forschungsmethoden haben sich bzgl. Herangehensweise und Fragestellung in den vergangenen 25 Jahren zumindest in der Mediävistik sehr verändert. HEDWIG RÖKKELEIN, die die Tagung leitete, fasst die Tagungsbeiträge detailliert zusammen (S. 13–16) und versucht, gerade diesen Veränderungen nachzuspüren »und zugleich zu prüfen [...], ob die neueren Epochen nun aus dem Schatten der traditionellen Prosopographie und Verfassungsgeschichte getreten sind.« Allerdings handle es sich bei der Institutionalisierung von Bischofsamt und Domkapitel um einen langwierigen Prozess der »longue duree«.

Ein umfangreicher Rezensionsteil, der die Neuerscheinungen aus dem Bereich der Kirchengeschichte und ihrer Nachbardisziplinen vorstellt, bildet einen weiteren Schwerpunkt des Jahrbuches. Mitteilungen der Redaktion, Vereinsnachrichten sowie ein umfassendes Personen- und Ortsregister vervollständigen den Band.

Konstantin Maier

HEDWIG RÖCKELEIN

Zusammenfassung der Tagung »Potestas ecclesiae. Zur geistlichen und weltlichen Herrschaft von Bischöfen und Domkapiteln im Südwesten des Reiches« vom 20.–22. September 2012 in Weingarten

Wolfgang Zimmermann hat in seiner Begrüßung darauf hingewiesen, dass und wie stark sich die Forschungsmethoden und die Wahrnehmungsweisen gegenüber den Bischöfen, den Domkapiteln und den Bistümern in den letzten 25 Jahren zumindest in der Mediävistik verändert haben. Ich will versuchen, diese Veränderungen, sofern sie in den Referaten angesprochen wurden, zusammenzutragen und zugleich zu prüfen, ob auch die Frühneuzeit- und die Neuzeitforschung in Bewegung gekommen ist, und ob die neueren Epochen nun aus dem Schatten der traditionellen Prosopographie und Verfassungsgeschichte getreten sind. Die Diskussionen haben jedenfalls immer wieder deutlich gemacht, wie wichtig das Gespräch zwischen den Mediävisten und den Neuzeitlern ist, um gegenseitige Vorurteile abzubauen, sich auf den jeweils aktuellen Stand der Forschung zu bringen und voneinander zu lernen. Allgegenwärtig war als Referenzfigur zur Institutionengeschichte der Gießener Mediävist *Peter Moraw*, insbesondere dessen Arbeiten zum Stift.

Unsere Themen in den letzten drei Tagen waren
- die Bischöfe,
- die Domkapitel,
- das Niederkirchenwesen (Pfarreien).

Die Institutionen wurden – aus guten Gründen – selten in »Reinkultur« behandelt, sondern meist in ihrer Interdependenz.

Im Zentrum der Vorträge stand die Diözese Konstanz: Mit deren Bischöfen befassten sich *Andreas Bihrer*, *Jörg Bölling* und *Harald Derschka*; deren vernichteten Kirchenschatz ließ *Melanie Prange* aus den Schriftquellen wieder aufleben; deren Domkapitel und Ämterhierarchie würdigte *Brigitte Hotz*; deren Ende führte uns *Franz X. Bischof* vor Augen; deren Pfarreien versuchte *Sabine Arend* zu rekonstruieren. Als Kontrastfolie zu Konstanz dienten – in der Tat mit spezifischen Unterschieden – die Diözesen Augsburg (Domkapitel: *Thomas Krüger*; Bischöfe teilweise: *Jörg Bölling*), Chur (bischöfliche und fürstbischöfliche Herrschaft: *Albert Fischer*) und Basel (Domkapitel: *Guy Marchal*). Die Auswirkungen der Reformation auf die Bistümer, Bischöfe und Domkapitel untersuchten *Guy Marchal* (Basel), *Melanie Prange* (Konstanz) und *Albert Fischer* (Chur).

1. Welche Erträge brachte die Tagung hinsichtlich der Bischöfe?

Andreas Bihrer zeigt die Konstanzer Bischöfe in einem neuen Licht. Er sieht ihre Wahl und ihren Handlungsradius im 13. und 14. Jahrhundert weit weniger als die ältere Forschung von den Konstellationen im Reich und vom Verhältnis zum König geprägt. Nach seiner Auffassung war vielmehr die Partizipation der Hofparteien am bischöflichen Regiment maßgeblich. Die sozialen und politischen Netzwerke einiger weniger einflussreicher Familien scheinen über mehrere Generationen das Geschehen dominiert und teilweise sogar den Bischof kontrolliert zu haben. Bihrer plädiert dafür, die traditionelle Bischofsgeschichte durch eine »Elitengeschichte« zu ersetzen.

Harald Derschka, der die ältere Forschung ebenfalls kritisiert, schlägt mit seiner Untersuchung der Konstanzer Bischöfe als Münzherren den umgekehrten Weg ein. Anstatt den Blick auf den Bischof und seinen Hof zu verengen, weitet er ihn. Anstelle der in der Vergangenheit üblichen hermetischen Betrachtung des Münzgebarens der Konstanzer Vorsteher stellt er den großen Einfluss der staufischen Herrschaft auf die Entwicklung der Konstanzer Münze heraus. Zudem weist er nach, dass sich Schwankungen der Rohstoffvorkommen während des hohen und späten Mittelalters auf das Münzwesen der Konstanzer Bischöfe auswirkten.

Brigitte Hotz zeigt, dass und wie sich die päpstlichen Schismata des Spätmittelalters auf die Bischofssitze auswirkten. Sie stellt fest, dass sie im Bistum Konstanz zu einer Fraktionierung der bischöflichen Ämter und Gefolgschaften bis in die untere Verwaltungsebene führten. Hotz kann nachweisen, dass die Amtsinhaber und Adepten aus dieser permanenten Konkurrenzsituation eigene Vorteile zu ziehen wussten. Dieses agonale Treiben führte auf Dauer zu einer gigantischen Aufblähung des Apparates, zu einer bedrohlichen Rechtsunsicherheit, zu einem Krieg mit rhetorischen Waffen und schließlich zum finanziellen Kollaps.

Guy Marchal und *Albert Fischer* machen darauf aufmerksam, dass die Bischöfe – im Unterschied zu den residenten Domherren – im späten Mittelalter und in der Reformation nicht mehr am Zentrum ihrer Herrschaft residierten. Vielmehr zogen sie sich freiwillig oder gezwungenermaßen in sichere und ökonomisch ergiebige Regionen und Plätze zurück.

Paradox ist, dass ausgerechnet der Churer Bischof – eingeschlossen in der eigenen Stadt und in den meisten Landgebieten umzingelt von Reformierten, kaum noch Bewegungsfreiheit geschweige denn Einnahmen besitzend – zum Sachwalter der Diözese Konstanz in der Schweiz werden konnte, obwohl es das Hochstift gar nicht mehr gab. Dieses Curiosum wird nur verständlich, wenn man konzediert, dass sich die Institution des Bistums in der Frühen Neuzeit zu einer abstrakten Rechtskörperschaft entwickelt hatte.

2. Welche Erträge brachte die Tagung hinsichtlich der Domkapitel?

Dominik Burkard legt dar, welche Rechte und Verpflichtungen die Domherren und das Domkapitel als korporative Institutionen seit dem Hochmittelalter gegenüber dem Bischof hatten, welche sie bis in die Moderne behielten und welche sich bis zur Säkularisation sogar noch verstärkten. Er macht deutlich, dass Domkapitel wie Domkapitulare reduziert und in ihren Kompetenzen beschnitten wurden. Die Entwicklung des Verhältnisses zwischen Bischof und Domkapitel war stets ein Ringen zwischen dem demokratisch-kollegialen und dem monarchischen Prinzip. Die Partizipation des Domkapitels an den

Entscheidungen der Bischöfe bestand – ganz in mittelalterlicher Manier – in consensus und consilium. Burkard zeigt, dass der bischöfliche Verwaltungsapparat, dass professionell und juristisch gebildete bischöfliche Beamte in der Frühen Neuzeit zunehmend in Konkurrenz zu den Domherren traten; das Domkapitel versuchte offenbar, sich mit dieser Situation zu arrangieren.

Thomas Krüger führt anhand der Siegel und der Statuten des Augsburger Domkapitels vor, wie sich diese Institution in einem langandauernden Prozess zur kollektiven Korporation entwickelte. Die Emanzipationsbewegung der städtischen Bürger und des städtischen Rates dürfte, so die Vermutung Krügers, die Identitätsbildung des Domkapitels angeregt und beschleunigt haben.

Guy Marchal legt Wert auf die Feststellung, dass man sich das Verhältnis von Bischof und Domkapitel nicht als permanenten Antagonismus vorstellen darf. Vielmehr hätten in Krisenzeiten die Mitglieder beider Institutionen an einem Strang gezogen. Er macht deutlich, dass sich die Basler Domkapitulare im Exil nicht auf ihre liturgischen und memorialen Aufgaben zurückzogen, sondern auch darum bemühten, ihrer politischen und pastoralen Verantwortung gerecht zu werden. Marchal bescheinigt dem Domkapitel parlamentarische Verfassungsqualitäten.

Als das methodisch schwierigste und am wenigsten erforschte Terrain stellt sich durch den Beitrag von *Sabine Arend* das Niederkirchenwesen heraus. Die systematische und flächendeckende Rekonstruktion der Pfarreien vor allem in der Frühzeit des Bistums Konstanz stellt die Forschung vor große Herausforderungen. In diesem Feld wäre eine engere Zusammenarbeit zwischen Historikern, Archäologen und Kirchenhistorikern wünschenswert. Es steht zu hoffen, dass die langjährigen und maßgeblichen Untersuchungen von Wolfgang Petke über den norddeutschen Raum und die von Enno Bünz über Mitteldeutschland die Forschungen zum Niederkirchenwesen im süddeutschen Raum anregen mögen.

In welchen Bereichen interagierten Bischöfe, Domkapitel und Pfarreien? Als Symbol der Interaktion und Identitätsbildung aller drei Institutionen kann *Melanie Prange* den Schatz des Konstanzer Münsters ausmachen, der von den Zeitgenossen als »thesaurus ecclesiae nostrae« tituliert wurde. Der Schatz fungierte während der Umzüge und Prozessionen durch die Stadt als Repräsentant der städtischen Patrone, der Gemeinde und der Einheit der christlichen Gemeinschaft. Trotz dieser hohen sozialen und politischen Bedeutung wurde der Konstanzer Münsterschatz während der Reformation fast vollständig zerstört. An der rituellen Desakralisierung und Vernichtung des Schatzes beteiligten sich paradoxerweise Angehörige von Familien, deren Vorfahren diesen Schatz zuvor durch ihre Stiftungen maßgeblich gemehrt hatten. Als methodisch wegweisend erweist sich die Verbindung historischer und kunsthistorischer Forschung in der Analyse Pranges.

Trotz der Bilderstürme und des Übertritts der Stadt Konstanz zur Reformation hatte – so *Franz X. Bischof* – das Bistum Konstanz über die Säkularisation 1802/03 hinaus als kirchliche Institution bis 1827, bis zu seiner Verlegung nach Freiburg, Bestand. Beibehalten wurden das Bischofsamt, das Domkapitel, das Amt des Generalvikars. Aufgelöst und mediatisiert wurde 1802/03 lediglich das Hochstift und damit der relativ bescheidene weltliche Besitz der Fürstbischöfe und der Dompropstei als landständische Institutionen. Von der Mediatisierung profitierten nach den Recherchen von Franz X. Bischof die protestantischen weltlichen Herrschaften in der Umgebung, die Markgrafschaft Baden und das Herzogtum Württemberg.

Die Referenten der Tagung werfen einen frischen und unorthodoxen Blick auf hochkomplexe Verwaltungsapparate, deren Personal, deren Funktionsweise und deren Reaktionen auf Druck von innen oder außen. Wie in einem Experiment kann man sehen, wie kreativ die Institutionen auf diese Herausforderungen reagierten. Der Begriff der »permanenten Institutionalisierung«, mit dem *Guy Marchal* die Entwicklung des Basler Domkapitels charakterisiert, lässt sich auch auf die anderen Institutionen übertragen, auf die Bischöfe, die bischöfliche Verwaltung und das Niederkirchenwesen. Der von den Beiträgerinnen und Beiträgern gewählte sozial-, mentalitäts- und kulturhistorische Zugang zu diesen vermeintlich statischen Institutionen von langer Dauer führt zu essentiel neuen Einsichten. Er bringt die ernüchternde Einsicht, dass im Innenleben dieser Institutionen eher die Ränkespiele, Machtkämpfe und weltlichen Interessen die Entscheidungen bestimmten als ideelle und religiöse Ziele. Offenbar waren die Kirchen des Mittelalters und der Frühen Neuzeit nicht nur auf dem Feld der Temporalia, sondern auch auf dem Feld der Spiritualia weit weltlicher, als man sich das gemeinhin vorstellt.

ANDREAS BIHRER

Die Konstanzer Bischofswahlen im 14. Jahrhundert

Zu den Gruppenbildungen am Bischofshof und im Domkapitel

Zwiespältige Bischofswahlen waren auch im Konstanzer Bistum während des 14. Jahrhunderts keine Seltenheit, ja sie bildeten fast den Normalfall. Dies gilt nicht nur für die Zeit des Großen Kirchenschismas am Jahrhundertende, sondern bereits seit dem ausgehenden 13. Jahrhundert konnte sich das Domkapitel fast nie auf einen Kandidaten einigen. Diese Doppelwahlen hat die moderne Forschung mit der politischen Großwetterlage zu erklären versucht und dabei die Anwärter auf den Konstanzer Bischofsstuhl als kaiserliche, päpstliche oder landesherrliche Kandidaten verstanden[1]. Auch wenn eine solche Zuordnung in vielen Fällen zutreffend sein mag, so hat die bisherige Forschung durchweg übersehen, dass die eigentlichen Motive für die zwiespältigen Wahlen im Konflikt zwischen zwei Gruppierungen am Konstanzer Bischofshof und im Domkapitel zu suchen sind. Für die Erforschung der geistlichen und weltlichen Herrschaft von Bischöfen und Domkapiteln im Südwesten des Reichs ist somit auch der Blick auf die ›Hofparteien‹ an den Bischofshöfen zu richten.

Zu Beginn des Beitrags werden die beiden Forschungsbegriffe ›Bischofshof‹ und ›Hofpartei‹ kurz umrissen. Danach sollen knapp der Konstanzer Bischofshof des 14. Jahrhunderts und die dort agierenden Hofparteien vorgestellt werden. Im Zentrum des Beitrags steht die Analyse der Konstanzer Bischofswahlen zwischen 1293 und 1356, anhand welcher die These verifiziert werden soll, dass die Doppelwahlen das Resultat eines Machtkampfes zweier Hofparteien bildeten und nur indirekt mit den Konflikten auf Reichsebene in Verbindung standen. Einige abschließende Bemerkungen sind weiteren Feldern gewidmet, auf denen die Konstanzer Hofparteien agierten[2].

1 Vgl. die bisherigen Gesamtdarstellungen von Karl August Fink, Die Stellung des Konstanzer Bistums zum Päpstlichen Stuhl im Zeitalter des avignonesischen Exils (Abhandlungen zur oberrheinischen Kirchengeschichte 6), Freiburg 1931, und Walter Dann, Die Bischofsbesetzung des Bistums Konstanz vom Wormser Konkordat bis zur Reformation, in: ZGO 100, 1952, 3–96; diese Deutung der Konstanzer Bischofswahlen wurde auch für die ›Helvetia Sacra‹ übernommen, vgl. Brigitte Degler-Spengler: Die Bischöfe [des Spätmittelalters], in: Helvetia Sacra, Bd. 1,2,1: Das Bistum Konstanz, Basel/Frankfurt am Main 1993, 274–376, dort wird auch weitere Forschungsliteratur zu den Bischofswahlen verzeichnet.

2 Die folgenden Ausführungen entstammen meiner Dissertation, dort finden sich auch sämtliche Quellenbelege und die Positionen aus der Forschungsliteratur, vgl. Andreas Bihrer, Der Konstanzer Bischofshof im 14. Jahrhundert. Herrschaftliche, soziale und kommunikative Aspekte (Residenzenforschung 18), Ostfildern 2005; zum Konzept der ›Hofparteien‹ vgl. auch Ders., Hofparteien – ein Konzept für die Mediävistik, in: Die Grenzen des Netzwerks 1200–1600, hg. v. Kerstin Hitzbleck u. Klara Hübner, Ostfildern 2014, 223–238; in diesem Beitrag wird in gekürzter Form ebenfalls auf die Konstanzer Doppelwahlen des 14. Jahrhunderts eingegangen.

1. Bischofshof

Eine angemessene Beschreibung der Interaktion von ›Hofparteien‹ und den dahinter stehenden Motiven der Agierenden ist durch die soziale Figuration des ›Bischofshofs‹ möglich. ›Hof‹ wird hierbei als das gesamte Umfeld des Bischofs verstanden; einbezogen sind dabei alle Personen, die eine persönliche Bindung zum Ordinarius besaßen, die an mit der Konstanzer Kirche verbundenen Herrschaftsrechten beteiligt oder die in der bischöflichen Umgebung (zum Teil auch nur kurzzeitig) anwesend waren. Das Umfeld des Bischofs schließt somit drei Gruppen ein: sämtliche bischöflichen Amtsträger, einige Pfründenbesitzer und die im Untersuchungszeitraum nur in seltenen Situationen fassbaren informell in der Umgebung des Bischofs sich aufhaltenden Personen. Im Fall des bischöflichen Hofs bedeutet dies, und das gilt es gegenüber der bisherigen Forschung zu betonen, dass neben der Hochstifts- auch die Bistumsverwaltung einzubeziehen ist. Dazu gehörten nicht nur die Kleriker, sondern zudem Laien: Auch wenn nach 1300 Ministerialen als Funktionsträger keine Bedeutung mehr hatten, besaßen bestimmte land- und stadtadelige Familien, die zum Teil aus der Ministerialität hervorgegangen waren, An- oder Vorrechte auf einige weltliche Ämter.

Officia und *beneficia* waren an einem Bischofshof eng miteinander verbunden; kirchliche Institutionen, die Pfründen vergaben, und die bischöfliche Verwaltung überschnitten sich folglich. Funktionsträger bzw. Benefizieninhaber zu sein, stellte im bischöflichen Umfeld keinen Gegensatz dar, sondern bildete vielmehr den Normalfall: Oftmals rekrutierten die Bischöfe Pfründbesitzer als Amtsträger, oder sie versorgten diese meist in Stiften, seltener mit Pfarr- und Altarpfründen. Eine besondere Rolle unter den Pfründinhabern spielten die Domherren, die nicht nur Ämter in der bischöflichen Verwaltung besetzten oder einige von diesen sogar ausschließlich für sich beanspruchten, sondern die auch als Wahlmänner, aufgrund einer möglichen persönlichen Nähe zum Ordinarius als Ratgeber und vor allem wegen der Mitregierung des Domkapitels als Pfründinhaber an der bischöflichen Politik beteiligt waren. Schließlich gilt neben dem Kathedralklerus Klerikern besonders der Bischofsstadt das Interesse, wobei die Pfründner in den Stadtstiften eine herausgehobene Position innehatten.

Über die Pfründbesitzer, die in den Hof integriert waren, bestanden enge Verbindungen zu anderen kirchlichen Institutionen. Dieses Netzwerk wurde außerdem durch etwaige Mehrfachbepfründungen von Höflingen auf zusätzliche Korporationen erweitert. Höflinge und damit gegebenenfalls auch Hofparteien konnten somit über die Bischofsstadt hinaus in die Diözese oder sogar in andere Bistümer ausgreifen. Zugleich war es möglich, dass von anderen Institutionen bzw. von Gruppen innerhalb dieser Korporationen auf den Hof zugegriffen wurde; im Konstanzer Beispiel geschah dies vor allem vom Straßburger Domkapitel aus. Schließlich existierten Beziehungen über die Verwandtschaft der Höflinge zu weltlichen Netzwerken, weiterhin zu Klöstern und zu Ritterordenskommenden. ›Hof‹ wird in der hier gewählten sozialgeschichtlichen Perspektive somit als ein personales Netzwerk verstanden, das Mitglieder der bischöflichen Verwaltung, des Domkapitels und der städtischen Oberschicht, zudem den Stiftsklerus in der Stadt und des näheren Umlands sowie einige Adelige des Bodenseeraums einschließt, sofern sich personale Verflechtungen erkennen lassen.

2. Hofpartei

Bei der Analyse von personellen Netzwerken und von informellen Formen der Einflussnahme oder Herrschaftsausübung auch an einem Bischofshof kann das Konzept der ›Hofparteien‹ dienlich sein. Für Hofparteien waren verwandtschaftliche Verbindungen gewiss zentral, eine Partei konnte sich allerdings erst dann konstituieren und Bestand haben, wenn sie sich auch auf andere Beziehungssysteme gründete sowie gemeinsame Handlungsziele und diskursive Konstruktionen besaß. ›Hofpartei‹ ist kein Quellen-, sondern ein moderner Forschungsbegriff, im 18. Jahrhundert sind Termini wie ›Parthey‹, ›Kabale‹, ›Faction‹ oder ›Clique‹ im höfischen Kontext negativ konnotiert. Unter einer ›Hofpartei‹ wird im Folgenden eine Gruppe von Personen verstanden, die sich im Umfeld eines weltlichen oder geistlichen Fürsten freiwillig zusammengeschlossen hatte, um Machtchancen zu erlangen, auszubauen oder zu sichern. Dies geschah, indem sie herrschaftliche Interessen durchzusetzen versuchte, in erster Linie aber persönliche Vorteile in Form von Ämtern, Pfründen, Gagen, Pfründaufbesserungen oder Besitzansprüche zu erweitern suchte. Im Gegensatz zu modernen Parteianhängern waren die Mitglieder einer vormodernen Hofpartei also in geringerem Maß durch identische politische Ziele miteinander verbunden, sondern vor allem auf die Erlangung von persönlichen Vorteilen aus. Wichtig dabei ist, dass für die Zugehörigkeit zu einer Hofpartei nicht allein die Herkunft aus der gleichen sozialen Gruppe oder aus einem Verwandtschaftsverbund entscheidend war, sondern dass sich die Parteien aus Vertretern unterschiedlicher familiärer Netzwerke und aus mehreren sozialen Gruppen zusammensetzten. Zugleich konnte es vorkommen, dass an einem Hof mehrere Parteien miteinander konkurrierten, deren Mitglieder aus der identischen sozialen Gruppe stammten, so zum Beispiel aus dem Niederadel. Im Folgenden wird bewusst der anachronistische Begriff ›Partei‹ verwendet, auch um diese von großer Beständigkeit, innerer Festigkeit und Zielgerichtetheit geprägten Gruppen von anderen, lockerer verbundenen Gruppierungen am Hof abheben zu können.

Die Höflinge an einem Bischofshof besaßen somit nicht nur deshalb Einfluss, weil sie durch die Delegation von Herrschaftsaufgaben die Möglichkeit zur Machtausübung besaßen, sondern weil sie entweder Machtfaktoren außerhalb des Hofs waren oder mit diesen in Verbindung standen; auf diese Außenverflechtung sei mit Nachdruck hingewiesen. Auf den Bischofshof wurde von außen stärker und vor allem auf andere Art und Weise als auf einen weltlichen Hof eingewirkt. Nicht nur bestimmte Ämter befanden sich fest in der Hand von Hofparteien; insbesondere die lebenslang sicheren Benefizien sowie die lukrativen Pfründaufbesserungen sicherten Kontinuität und ein hohes Maß an Stabilität der Gruppen an einem Bischofshof. Geschützt und konsolidiert wurden die Parteiungen durch Unterstützung ihrer Verwandtschaftsgruppen außerhalb des Hofs. Da aufgrund von kirchenrechtlichen Neuerungen vor allem ab der Mitte des 13. Jahrhunderts in der Verwaltung immer mehr ausgebildete und erfahrene Spezialisten benötigt wurden, nahm außerdem die Amtszeit der Funktionsträger zu; neue Bischöfe tauschten zunehmend seltener das Personal ihrer Vorgänger aus.

Die Hofparteien partizipierten nicht nur stärker an der Macht eines geistlichen Fürsten und sorgten nicht nur für Kontinuität, sondern der Bischof musste sich in vielen Konstellationen geradezu nach den Vorstellungen des Hofs richten, er brauchte dessen Rückhalt. Weniger der Herrscher als vielmehr die Höflinge sorgten, nicht nur über Sedisvakanzen hinweg, für Kontinuität. Es war damit der Hof und weniger der Ordinarius, der – trotz aller innerer Konkurrenz – Stabilität und Kontinuität ausbildete. Der Bischofshof fungierte damit – wenn die pointierte Umkehrung des Eliasschen Diktums erlaubt ist – als Ort der ›Disziplinierung des Herrschers‹.

3. Die Konstanzer Hofparteien

Für die Einordnung der Personen am Konstanzer Hof wurden soziale Daten wie Heiratsverbindungen, Besitzverhältnisse, Pfründerwerb oder testamentarische Vermächtnisse ausgewertet. Mit der Methode der Netzwerkanalyse lassen sich die beiden dominierenden Parteiungen am Hof umreißen, die im Folgenden als die ›Klingenbergpartei‹ und die ›Grafenpartei‹ bezeichnet werden. Gemeinsam war den beiden Hofparteien lediglich ihre prinzipiell prohabsburgische Haltung. Der Einfluss der Klingenbergpartei wurde in der zweiten Hälfte des 13. Jahrhunderts durch den Dompropst Heinrich dem Älteren von Klingenberg († 1303) begründet und durch Bischof Heinrich von Klingenberg (1293–1306) entscheidend gefestigt. Die Mitglieder der Klingenbergpartei, die vor allem aus dem habsburgischen Dienstadel vor allem des Thurgaus und in zweiter Linie aus der Hochstiftsministerialität stammten, waren oftmals verwandtschaftlich miteinander vernetzt: Den Kern bildeten die Heiratsverbindungen der Familien Klingenberg, Kastell und Steinegg, allesamt südlich des Bodensees beheimatet. Daneben sympathisierten aber auch einige wenige hochadelige Familien mit der Klingenbergpartei. Der Konstanzer Stadtadel besaß zwar fast keine Konnubien mit diesen niederadeligen Familien, aber insbesondere die Geschlechterfamilien, die durch Heinrich von Klingenberg gefördert wurden, blieben mit der Klingenbergpartei fest verbunden und profitierten von deren Patronage.

Die Grafenpartei begründeten im letzten Viertel des 13. Jahrhunderts der Dompropst Konrad von Freiburg († 1301) und der Domkustos Gebhard von Freiburg († 1337); fast alle Anhänger gehörten Grafengeschlechtern an. Den wichtigsten Verwandtschaftsverband bildeten hierbei die Grafen von Freiburg-Fürstenberg, von Montfort-Werdenberg und von Hohenberg. Die Gruppierung besaß nur wenige Anhänger über diese Hochadeligen hinaus und war weitgehend auf das Domkapitel beschränkt. Alle zentralen Parteigänger erwarben zudem Dompfründen in Chur oder in Straßburg, nur wenige residierten in Konstanz, wo die Grafenpartei lediglich zwei Domherrenkurien besaß. Im Gegensatz zu den Mitgliedern der Klingenbergpartei hatten die Grafengeschlechter ihre Besitzschwerpunkte vor allem im Osten und Westen der Diözese. Daneben gehörten einige niederadelige und bürgerliche Funktionsträger zur Grafenpartei.

Ab etwa 1320 mussten sich die beiden Hofparteien, neben den allgemein möglichen Veränderungen wie dem wirtschaftlichen Abstieg bzw. dem Aussterben einzelner Geschlechter sowie der Abwendung einiger Familien von Heiratskreisen oder Pfründenlandschaften, neuen Herausforderungen stellen, die bis zur Mitte des 14. Jahrhunderts wesentlich zur Auflösung der beiden Gruppierungen beitrugen und die deswegen kurz näher in den Blick genommen werden. Nun besetzten graduierte Studierte nicht nur zentrale Verwaltungspositionen, sondern hatten auch bessere Chancen bei der päpstlichen Pfründenvergabe: Das Provisionswesen bedrohte oder ersetzte die ordentliche Kollatur im Domkapitel und in Stiften und gab neuen Kräften die Möglichkeit, eigene Anhänger mit Pfründen zu versorgen. Außerdem wurde die zunehmend professioneller werdende bischöfliche Verwaltung immer einflussreicher, wobei die Bischöfe deren Positionen zudem seltener mit Mitgliedern der beiden Hofparteien besetzten, sondern mit juristischen Experten. Die Parteinahme für den jeweils amtierenden Bischof machte, unabhängig davon, welche Politik dieser vertrat, ihren Erfolg aus. Im Mittelpunkt des Interesses stand der eigene Aufstieg jenseits von anderen Loyalitäten – außer der gegenüber dem Ordinarius. Politischen Einfluss hingegen bekamen die Aufsteiger anfangs nicht und waren höchstens als bischöfliche Amtsträger in den Konflikt zwischen den Hofparteien eingebunden.

Zusammenfassend kann festgehalten werden, dass die beiden in der ersten Hälfte des 14. Jahrhunderts den Konstanzer Bischofshof dominierenden Parteien somit in ihrem Kern Verwandtschaftsverbände waren, die sich gegen Ende des 13. Jahrhunderts formiert hatten: die hochadelige Grafenpartei und die niederadelige Klingenbergpartei, die allerdings einige wenige hochadelige Sympathisanten besaß. Neben Verwandtschaft war bei der Herausbildung der Gruppierungen Patronage bedeutsam. Während die Grafenpartei lediglich einen kleinen Kreis an Klienten gewann oder an den Hof brachte, protegierte die Klingenbergpartei Geschlechter, die dem Konstanzer ›Amtsadel‹ zugehörten, und integrierte sie als gleichgestellte Mitglieder. Die geistlichen Familienangehörigen der beiden Parteien blieben weiterhin mit ihren Verwandtschaftsverbänden verbunden und sicherten diesen einen Zugriff auf den Bischofshof. Der Konstanzer Hof war damit in der ersten Hälfte des 14. Jahrhunderts eng mit seiner Umwelt verflochten und wurde in manchen Phasen sogar von dieser kontrolliert.

4. Die Konstanzer Bischofswahlen

Besonders gut greifbar ist der Einfluss der Hofparteien bei den Wahlen eines neuen Bischofs. Im Folgenden soll in groben Umrissen skizziert werden, wie sich die Gruppen am Hof bei den sieben Bischofswahlen zwischen 1293 und 1357 verhielten. Die Verbindung der Aussagen in den chronikalischen Quellen, welche die Kandidaten, manchmal sogar die Wähler – verklausuliert, in einem Fall sogar namentlich – nennen, können mit den Ergebnissen der gerade vorgestellten Netzwerkanalyse neue Erklärungen für den Ausgang der Konstanzer Bischofswahlen zwischen 1293 und 1357 bieten.

Bei der Bischofswahl 1293 waren Stimmen sowohl auf den Kandidaten der Klingenbergpartei, Heinrich von Klingenberg, als auch auf den Anwärter der Grafenpartei, Friedrich von Zollern († 1304), entfallen. Der Klingenberger hatte zwar weniger Stimmen als sein Gegenkandidat erhalten, er setzte sich aber in den anschließenden auch militärisch ausgefochtenen Auseinandersetzungen gegen Friedrich durch und erwarb den Konstanzer Bischofsstuhl. Die Doppelwahl 1293 markierte zugleich den Beginn des offenen Konflikts zwischen den bis zur Mitte des 14. Jahrhunderts mächtigsten Parteien am Konstanzer Bischofshof. Der Klingenberger übte im Laufe seines Episkopats eine weitgehend unangefochtene Herrschaft aus und begründete in seiner Regierungszeit den großen Einfluss der Klingenbergpartei am Konstanzer Hof.

Nach dem Tod Heinrichs am 12. September 1306 konnte sich das Kapitel wiederum nicht auf einen Kandidaten einigen; einige Kanoniker wählten den Domdekan Rudolf von Hewen († 1316), andere den Domherrn Ludwig von Straßberg († 1343). Rudolf, der seit 1274 als Domherr belegt ist, spätestens seit 1287 als Dekan das höchste Amt im Kapitel bekleidete und sich regelmäßig in der Umgebung Bischof Heinrichs aufhielt, fungierte als Kandidat der Klingenbergpartei. Der Gegenkandidat Ludwig von Straßberg war ein Sohn Graf Bertholds II. von Neuenburg-Arconciel († vor 1285). Ludwig ist 1296 als Domherr in Straßburg, vor 1309 als Kantor in Straßburg und mit der Wahl 1306 erstmals als Konstanzer Domherr belegt; 1310 studierte er in Bologna. Mit Ludwig wählten einige Domherren einen jungen, wohl erst vor kurzem ins Domkapitel aufgenommenen Neuling, der aus einer Familie stammte, die der Grafenpartei angehörte. Rudolf von Hewen war damit der Kandidat der in Konstanz residierenden, der Klingenbergpartei anhängenden Domherren, Ludwig derjenige der Grafenpartei.

Im Gegensatz zur Doppelwahl von 1293 wurde der Konflikt nicht intern gelöst, sondern beide Kandidaten vertraten an der päpstlichen Kurie ihre Ansprüche, wodurch das

Domkapitel seinen Einfluss auf die Entscheidung verlor. Während Ludwig später freiwillig verzichtete, wollte Rudolf nicht zurücktreten; dies könnte als ein Anzeichen dafür gewertet werden, dass der Domdekan mit einer eindeutigen Mehrheit gewählt worden war und sich deswegen als rechtmäßiger Bischof verstand. Papst Klemens V. (1305–1314) erklärte die Wahl jedoch für ungültig, berief sich auf sein päpstliches Besetzungsrecht und zog die Provision an sich. Es dauerte über ein Jahr, bis der Papst mit Gerhard von Bevar (1307–1318) am 5. Dezember 1307 einen neuen Bischof ernannte.

Auch nach dem Tod Gerhards von Bevar am 19. August 1318 konnten sich wie in den beiden Wahlen zuvor die Domherren nicht auf einen Bischof einigen. Die Quellen überliefern nicht die Stimmenverteilung auf die beiden Kandidaten Konrad von Klingenberg († 1340) und Heinrich von Werdenberg († 1323); genauso wenig geben sie Aufschluss darüber, welche Parteiungen hinter den beiden Kandidaten standen. Aus den verwandtschaftlichen Beziehungen und den Ereignissen während des Episkopats Gerhards kann aber geschlossen werden, dass 1318 die Exponenten der Klingenbergpartei und der Grafenpartei ihre Ansprüche auf das Bischofsamt anmeldeten.

Konrad von Klingenberg und Heinrich von Werdenberg appellierten an die Kurie. Konrad, so die Schilderung des Papstes, verzichtete in Avignon freiwillig auf das Bischofsamt. Heinrich hingegen leitete an der päpstlichen Kurie ein längeres Rechtsverfahren ein, jedoch noch während der Verhandlungen verließ er ohne päpstliche Erlaubnis die Kurie, wodurch er jegliche Ansprüche verlor. Zu Beginn des Jahres 1319 ist der Werdenberger letztmals sicher als päpstlicher Subkollektor belegt, zuvor hatte er sowohl Raten für die noch ausstehenden Servitien Bischof Gerhards als auch die Kollekten des Bistums nach Avignon gebracht und sich somit als verlässlicher Parteigänger des Papstes empfehlen wollen. Zuletzt am 15. März 1319 wurde Heinrich von Werdenberg als Elekt bezeichnet, nicht mehr aber am 4. Juni 1319 – Heinrich beendete seine Bemühungen um den Konstanzer Bischofsstuhl also zwischen März und Juni 1319. Konrad von Klingenberg hingegen erhielt eine päpstliche Dispens für seinen ungenügenden Weihegrad, den Besitz mehrerer Pfarrkirchen und die fehlende Residenz, er blieb wohl länger an der Kurie und wurde schließlich von Johannes XXII. (1316–1334) mit der Bischofswürde in Brixen und später Freising entschädigt. Der Papst versetzte am 1. Oktober 1322 den Churer Bischof Rudolf von Montfort (1322–1334) nach Konstanz.

Bereits kurz nach dem Tod Rudolfs im März 1334 trat das Domkapitel Anfang April zur Bischofswahl zusammen. Die Mehrheit entschied sich für Nikolaus von Frauenfeld (1334–1344), eine Minderheit für Albrecht von Hohenberg († 1359). Albrecht wählten nach dem Bericht Johanns von Ravensburg († 1366/68) Gebhard von Fürstenberg († 1337), Gebhard von Freiburg, Ludwig von Straßberg und Albrecht Schenk von Beienburg († 1341), alle vier waren Anhänger der Grafenpartei. Die Forschung hat bislang einhellig die Spaltung des Domkapitels in eine päpstliche und eine kaiserliche Partei als Grund für die Doppelwahl hervorgehoben. Die Schilderung in der zeitnah berichtenden Oberrheinischen Chronik bestätigt diese Deutung, auch wenn sie irrtümlich einen Einfluss des Domkapitels negierte und berichtete, Albrecht habe sich des Bistums bemächtigt und der Papst habe Nikolaus als Gegenbischof eingesetzt. Es ist jedoch als Erklärung für die wichtigste Motivation der Domherren insbesondere das zu beachten, was der Zeitzeuge und Intimus Nikolaus' von Frauenfeld, Johann von Ravensburg, als Erklärung für die Parteibildung notierte: Er teilte die Gruppen im Domkapitel danach ein, ob sie in Konstanz residierten oder nicht. Somit wählten die in Konstanz residierenden Parteigänger, also die Klingenbergpartei, Nikolaus von Frauenfeld, die Anhänger der Grafenpartei hingegen Albrecht von Hohenberg.

Mit Nikolaus von Frauenfeld fungierte zwar ein nicht der verwandtschaftlichen Kerngruppe der Klingenbergpartei angehöriger Domherr als Bischofskandidat, allerdings versprach seine Aufstellung aufgrund von Nikolaus' engen Verbindungen zu den Habsburgern und zum Papst die besten Erfolgschancen. Wenngleich wohl nur selten in Konstanz residierend, ist Nikolaus von Frauenfeld regelmäßig im Umfeld der Klingenbergpartei nachweisbar. Als schließlich in der Schlacht von Meersburg im Sommer 1334 unterlegener Gegenkandidat Nikolaus' von Frauenfeld hatte Albrecht von Hohenberg agiert; er bildete spätestens nach dem Tod des Domkustos Gebhard von Freiburg 1337 den neuen Mittelpunkt der Grafenpartei. Auch 1344 bemühte sich Albrecht erfolglos um den Konstanzer Bischofsstuhl. Weil er, von 1337 bis 1341 als kaiserlicher Landvogt im Elsass, von 1340 bis 1342 als kaiserlicher Kanzler amtierend, inzwischen auf die päpstliche Seite gewechselt war, entschädigte ihn Klemens VI. (1342–1352) mit dem Würzburger Bischofsstuhl (1344–1349). Doch auch diesen konnte er nicht in Besitz nehmen. Schließlich ernannte ihn der Papst zum Freisinger Bischof (1349–1359), allerdings 1356 kandidierte der Hohenberger nochmals und wiederum erfolglos in Konstanz.

Nach dem Tod Bischof Nikolaus' am 25. Juli 1344 konnte sich das Domkapitel wie bei den vorhergehenden vier Wahlen nicht auf einen Kandidaten einigen. Nun vereinigten die Domherren nach der Schilderung Heinrichs von Dießenhofen († 1376) ihre Stimmen sogar auf vier Anwärter, auf den Dekan Ulrich Pfefferhard (1345–1351), den 1334 unterlegenen Domherrn Albrecht von Hohenberg sowie auf den Chronisten und dessen Bruder Konrad († 1368). Johann von Winterthur († 1348/49) nannte lediglich die beiden ersten Kandidaten, berichtete aber außerdem, Ulrich habe, wie auch die Reihenfolge Heinrichs von Dießenhofen suggeriert, die Mehrzahl der Stimmen bekommen. Die spätere Chronistik erwähnte hingegen nicht mehr eine zwiespältige Wahl, sondern sprach explizit von einer einhelligen. Die Parteiungen und die Stimmverteilung, aber auch Gründe für die zwiespältige Wahl bleiben in den Chroniken im Dunkeln. Ulrich, das kann aus den geschilderten Parteizugehörigkeiten geschlossen werden, war der Kandidat der Klingenbergpartei, Albrecht von Hohenberg wiederum der Anwärter der Grafenpartei, die anderen beiden Kandidaten Parteilose. Am 19. Oktober 1345 ernannte der Papst Ulrich Pfefferhard zum Bischof.

Zum ersten Mal seit 1274 war es nach dem Tod Ulrich Pfefferhards am 25. November 1351 nicht zu einer Doppelwahl gekommen, da Herzog Albrecht II. (1330–1358) seinen Einfluss geltend gemacht hatte, damit sein Kanzler Johann Windlock (1351–1356) zum Bischof gewählt würde. Dieser stammte nicht wie sein Vorgänger Ulrich Pfefferhard aus einer einflussreichen Geschlechterfamilie der Bischofsstadt: Sein Vater war aus einem unbedeutenden Konstanzer Bürgergeschlecht gebürtig, die Familie seiner Mutter war in Schaffhausen beheimatet. Die Windlocks hatten in der Mitte des 14. Jahrhunderts keine Konstanzer Ratssitze inne und spielten in der Konstanzer Pfründenlandschaft bzw. am Bischofshof keine Rolle. Während die ältere Schwester Johanns, Katharina, noch den politisch einflusslosen Konstanzer Bürger Simon Finerlin heiratete, belegen die beiden Eheverbindungen der Schwester Elisabeth einen sozialen Aufstieg der Familie Windlock um die Jahrhundertmitte: Sie war erst mit dem Konstanzer Patrizier Konrad Goldast verheiratet, nach dessen Tod sogar mit dem Adeligen Heinrich von Hornstein. Johann Windlock studierte vermutlich in Bologna Kirchenrecht, möglicherweise fungierte er dort sogar als Prokurator der Deutschen Nation. Er ist als Magister und *iurisperitus* des kanonischen Rechts bezeugt. Auch das erste von ihm bekleidete Amt eines Konstanzer Offizials lässt es als wahrscheinlich erscheinen, dass Windlock ein abgeschlossenes Rechtsstudium besaß. Seine Karriere bis zum Konstanzer Bischof verdankte der habsburgische Kanzler Herzog Albrecht II.

Seit dem Ende des 13. Jahrhunderts hatte der Konflikt zwischen der Klingenbergpartei und der Grafenpartei die Politik am Konstanzer Hof bestimmt. Zugleich war eine neue, allerdings noch wenig homogene und kaum untereinander verbundene Gruppe an professionell ausgebildeten Aufsteigern in Erscheinung getreten. Für den kurzen Zeitraum von Juli 1354 bis September 1355 forderte diese Gruppe, angeführt von Bischof Johann, die beiden traditionellen Hofparteien heraus. Im Konflikt um die Reformpolitik des neuen Bischofs, die er zusammen mit den Aufsteigern am Hof gegen die beiden alten Parteien durchzusetzen versuchte, unterlagen die neuen Kräfte; im Jahr 1356 wurde Windlock ermordet.

Die Herausforderung der Reform zwang die beiden Hofparteien, aber auch Parteilose wie Heinrich von Dießenhofen († 1376) zu einer einheitlichen Haltung, mit der sie den Angriff der Aufsteiger schließlich abwehren konnten. Doch bereits mit der Doppelwahl am 5. Februar 1356 formierten (und blockierten) sich wieder die beiden Hofparteien: Neun Stimmen entfielen auf den Anwärter der Klingenbergpartei Ulrich von Friedingen († 1358), drei auf den erneut kandidierenden Albrecht von Hohenberg; zudem gab es vier Enthaltungen, während drei Domherren abwesend waren. Aus Heinrich von Dießenhofens Erwähnung, dass neben einem *iurisperitus* (also nicht dem wohl abwesenden Mangold von Nellenburg [† 1366/67], sondern wahrscheinlich dem Erben der Kurie Albrechts Otto von Rheinegg [† 1365]), zwei *doctores decretorum* den Hohenberger wählten, kann gefolgert werden, dass die Doktoren Heinrich von Dießenhofen und Ulrich Burggraf († 1356) unter seinen Wählern waren; der Chronist verwandte sich sogar an der Kurie für Albrecht von Hohenberg. Da sich die Ernennung eines neuen Bischofs in Avignon einige Zeit hinzog, amtierten wiederum für längere Zeit Bistumsvikare. Am 11. April 1356 waren mit Diethelm von Steinegg († 1358) und Heinrich von Homburg († 1377) zwei Parteigänger der Klingenbergpartei, mit Mangold von Nellenburg ein Anhänger der Grafenpartei als Bistumsvikare tätig. Die beiden Hofparteien hatten die Macht wieder an sich gerissen, und wie bei der letzten lang andauernden Sedisvakanz 1344/1345 amtierten Bistumsvikare aus beiden Parteien – nun aber in einem Verhältnis zwei zu eins zugunsten der Klingenbergpartei.

Nach einer über einjährigen Sedisvakanz ernannte Innozenz VI. (1352–1362) vermutlich im Einvernehmen mit Karl IV. (1346–1378) am 15. Mai 1357 Heinrich von Brandis (1357–1383) zum Konstanzer Bischof. Erstmals nach 1322 wählte damit der Papst keinen der Anwärter aus dem Domkapitel. Der neue Bischof erhielt am 25. Juni seine Weihe und zog am 5. August in Konstanz ein. Heinrich stammte zwar aus einer mit der Grafenpartei verwandten Familie, aber Domherren aus dem Verwandtschaftsnetz dieser Partei besaßen bis auf Albrecht selbst und Mangold von Nellenburg keine Konstanzer Dompfründen mehr. Die Familie Brandis hatte keine Tradition am Konstanzer Hof oder in der Benefiziallandschaft des Bodenseeraums, erst über die mit ihnen verwandten Nellenburger erhielten sie dort Benefizien. Durch den Reichenauer Mönch und späteren Abt Eberhard von Brandis (1343–1379) entwickelte sich die Klosterinsel zum Mittelpunkt der geistlichen Familienmitglieder, als ein solcher diente die Reichenau auch noch während der Regierungszeit Bischof Heinrichs von Brandis. Dieser war im Kloster Einsiedeln erzogen worden und hatte ab 1348 der Abtei vorgestanden. Mit Heinrich bestieg zum ersten Mal seit Diethelm von Krenkingen (1189–1206) wieder ein Mönch den Konstanzer Bischofsstuhl.

Nach über einem halben Jahrhundert stetigen Konflikts zwischen der Grafenpartei und der Klingenbergpartei hatten die Reformbestrebungen Windlocks ironischerweise kurz vor der Auflösung der beiden Hofparteien deren gemeinsames Handeln erzwungen. Mit dem Bischofsmord gleichsam als spektakulärem Schlusspunkt hatten die beiden Gruppierungen über die Aufsteiger gesiegt, doch von beiden Hofparteien waren nur noch wenige Anhänger verblieben, die lediglich noch im Domkapitel Einfluss besaßen und Ende der 1350er-Jahre starben. Wie kaum ein anderer Ordinarius vor ihm förderte Bischof Heinrich von Brandis Mitglieder seiner Familie und richtete die bischöfliche Politik in einem bislang nicht gekannten Maß an Familieninteressen aus, er nutzte geschickt den Freiraum, der nach dem Zerfall der beiden Hofparteien entstanden war.

5. Fazit

In der Gesamtsicht zeigt sich, dass bei der Bischofswahl 1293 erstmals die Rivalität der beiden Hofparteien sichtbar wurde, letztmals fassbar ist ihr Einfluss bei der Wahl im Jahr 1356; die darauf folgenden Doppelwahlen standen hingegen mit dem großen Kirchenschisma in Verbindung. Abgesehen von der ›Ernennung‹ Bischof Johanns durch Herzog Albrecht rivalisierten bei allen Wahlen in diesem Zeitraum Kandidaten der beiden Parteien; zweimal wurden die Konflikte sogar militärisch ausgefochten. Während die Konfrontation 1293 zugunsten des Anwärters der Klingenbergpartei noch intern gelöst wurde, griffen ab 1306 die Päpste ein, so dass verstärkt von außen eingesetzte Bischöfe regierten. Außerdem entstanden Sedisvakanzen, die bis zu vier Jahre andauerten und in denen Bistumsvikare die Konstanzer Kirche verwalteten, die – das fällt auf – immer aus beiden Parteien entstammten. Mit Heinrich von Klingenberg, Nikolaus von Frauenfeld und Ulrich Pfefferhard amtierten der Klingenbergpartei zugehörige Bischöfe, Gerhard von Bevar und Rudolf von Montfort standen der Grafenpartei nahe; dabei unterstützten insbesondere Rudolf und Nikolaus ihre Gruppierungen eher moderat.

Die Bischofswahlen sind nur ein Feld, auf welchem sich das Handeln der Konstanzer Hofparteien beobachten lässt. Darüber hinaus kann gezeigt werden, wie Pfründen, Pfründaufbesserungen, Ämter oder Kurien fast ausschließlich innerhalb der Hofparteien weitergegeben wurden. Zudem beeinflussten Hofparteien die Regierung zum Teil in beträchtlichem Maß, wie sich am Beispiel der ›grauen Eminenz‹ der Klingenbergpartei, Albrecht (II.) von Kastell († 1344), besonders offensichtlich demonstrieren ließe. Unter Bischof Gerhard von Bevar bestimmten die Hofparteien nach 1310 sogar allein die Politik, die Besetzung des Generalvikariats gibt dabei Auskunft über das jeweilige Kräfteverhältnis am Hof. Die geistliche und weltliche Herrschaft von Bischöfen und Domkapiteln im Südwesten des Reichs muss somit auch mit einer Perspektive auf die Hofparteien betrachtet werden.

Anhang: Konstanzer Bischofswahlen von 1293 bis 1356

Wahljahr	Kandidaten	Partei	Bischof
1293	Heinrich von Klingenberg Friedrich von Zollern	Klingenbergpartei Grafenpartei	Heinrich von Klingenberg
1306	Rudolf von Hewen Ludwig von Straßberg	Klingenbergpartei Grafenpartei	Gerhard von Bevar
1318	Konrad von Klingenberg Heinrich von Werdenberg	Klingenbergpartei Grafenpartei	Rudolf von Montfort
1334	Nikolaus von Frauenberg Albrecht von Hohenberg	Klingenbergpartei Grafenpartei	Nikolaus von Frauenfeld
1344	Ulrich Pfefferhard Albrecht von Hohenberg Heinrich v. Dießenhofen Konrad v. Dießenhofen	Klingenbergpartei Grafenpartei	Ulrich Pfefferhard
1351	Johann Windlock		Johann Windlock
1356	Ulrich von Friedingen Albrecht von Hohenberg	Klingenbergpartei Grafenpartei	Heinrich von Brandis

THOMAS M. KRÜGER

Korporative Identitätsentwicklung des Augsburger Domkapitels im Spiegel seiner mittelalterlichen Statuten

1. Korporative Selbstäußerung und rechtliche Verantwortung

Die Reflexion über kollektive oder korporative Identitäten hat in den letzten Jahrzehnten eine so hohe Intensität angenommen, dass sogar schon von einer »unheimlichen« Begriffskonjunktur gesprochen wurde[1]. Im Mittelalter hat man diese Begrifflichkeit nicht verwendet, Gemeinschaften entwickelten aber korporative Selbstbezeichnungen[2]. Seit dem 12. Jahrhundert wurde die Frage reflektiert, ob Körperschaften, wie etwa die Domkapitel, einen personalen Charakter haben und damit, natürlichen Personen vergleichbar, auch rechtsfähig sein können. Die Gelehrten waren sich darüber keineswegs einig, dennoch kann man in einer Zusammenschau der Diskurse in der Zeit des 12. und 13. Jahrhunderts von einer »Konstruktion der juristischen Person« sprechen[3]. Im Rechtsalltag der Domkapitel hat man sich über die theoretische Problematik pragmatisch hinweggesetzt. Rechtsgeschäfte wurden zumeist nicht allein im Namen des Kapitels, sondern zunächst im Namen von Propst und Dekan und damit von natürlichen Personen getätigt, allerdings erscheint diese bereits von Otto von Gierke aufgezeigte Tradition weniger rechtstheoretisch, sondern mit dem gebührenden Respekt vor der Dignität der Leitungsämter begründet[4]. Üblich gestaltete Domkapitelsurkunden, die mit einer Intitulatio *Praepositus, decanus totumque capitulum* [...] oder ähnlich beginnen, sind in jedem Fall Ausdruck korporativ verantworteter Rechtshandlungen. In Augsburg finden wir um 1173 sogar eine Urkunde, in deren Protokoll nach der Invocatio *In nomine domini nostri*

1 Lutz NIETHAMMER, Kollektive Identität. Heimliche Quellen einer unheimlichen Konjunktur (Rowohlts Enzyklopädie), Reinbek 2000.

2 Vgl. Manfred GROTEN, Von der Gemeinschaft der Brüder zum Kapitel. Studien zur Entwicklung korporativer Begrifflichkeit in Stiften und Klöstern im 11. und 12. Jahrhundert, in: Zwischen Praxis und Wissenschaft. Aus der Arbeit einer Archivsgeneration. Freundesgabe des 16. Wissenschaftlichen Kurses der Archivschule Marburg für Rainer Polley zum 65. Geburtstag (Beiträge zur Geschichte Nassaus und des Landes Hessen 7), Wiesbaden 2014, 101–122.

3 Helmut G. WALTHER, Die Konstruktion der juristischen Person durch die Kanonistik im 13. Jahrhundert, in: Selbstbewußtsein und Person im Mittelalter, hg. v. Günther MENSCHING (Contradictio 6), Würzburg 2005, 195–214.

4 Otto GIERKE, Das deutsche Genossenschaftsrecht, Bd. 3: Staats- und Korporationslehre des Altertums und des Mittelalters und ihre Aufnahme in Deutschland, Berlin 1881 (ND Darmstadt 1954), 281 u. 309–312. – Vgl. zuletzt Thomas M. KRÜGER, Leitungsgewalt und Kollegialität. Vom benediktinischen Beratungsrecht zum Konstitutionalismus deutscher Domkapitel und des Kardinalkollegs (Studien zur Germania Sacra N. F. 2), Berlin 2013, 78.

Jesu Christi ohne Nennung von *Praepositus und decanus* die Intitulatio *sancte Augustensis ecclesie capitulum* folgt[5].

Wir können aufgrund dieses Einzelbeispiels nicht von einer Domkapitelskanzlei ausgehen, die das Kapitel regelmäßig mit einer solchen Intitulatio in Erscheinung brachte. Wahrscheinlicher hinsichtlich der zitierten Urkunde ist eine Empfängerausstellung, doch damit würde es sich um ein Indiz dafür handeln, dass eine korporative, oder man könnte hier auch sagen: institutionelle Rechtsverantwortung des Domkapitels zeitgenössisch auch deutlich wahrgenommen wurde.

2. Identität als Rechtsgemeinschaft

Korporative Rechtsverantwortlichkeit ist zwangsläufig immer mit korporativer Identität verbunden. Diejenige der mittelalterlichen Domkapitel fand bildlichen Ausdruck in deren Siegeln. Als Identifikationsfigur erscheint darauf in der Regel die heilige Patronin oder der heilige Patron der jeweiligen Domkirche, in Augsburg ist das die Muttergottes. Interessant ist dabei ein Wandel, der fast überall, aber nicht überall gleichzeitig zu beobachten ist: Wir können unterscheiden zwischen sogenannten Domkapitelssiegeln einer früheren Phase und expliziten Domkapitelssiegeln einer späteren Phase.

Die sogenannten Domkapitelssiegel der früheren Phase können bei genauem Hinsehen, wenn überhaupt, nur aufgrund von Angaben im Urkundentext dem korporativen Urkundenaussteller zugeschrieben werden. Ihrer Umschrift nach sind sie aber nicht als solche gekennzeichnet. Manfred Groten hat solche Siegel als Portraitsiegel von Heiligen bezeichnet[6]. Ein Domkapitel, das mit einem solchen Heiligensiegel siegelte, verstand sich offenbar als Sachwalter eines Stiftsbesitzes, der streng genommen nicht der Kanonikergemeinschaft, sondern dem oder der Heiligen gehörte.

In der späteren Phase wurden Siegel eingeführt, die zwar an der Heiligenikonographie festhielten, aber in der Umschrift das Domkapitel ausdrücklich als Inhaber des Siegels benannten. In Augsburg beginnt diese zweite Phase um 1230 und die erste Phase etwa 100 Jahre früher[7]. Bei anderen Domkapiteln weichen entsprechende Daten zumeist nicht erheblich von der Entwicklung in Augsburg ab.

Für Augsburg gilt, dass seit dem 12. Jahrhundert Beispiele deutlich korporativer Rechtsverantwortung vorliegen, die bis ins frühe 13. Jahrhundert aber noch mit Unsicherheit verbunden waren, gerade auch hinsichtlich der Zuordnung des verwendeten

5 StA Augsburg Hochstift Augsburg Urk. von 1173 (vormals Nr. 32), ed. in: Monumenta Boica 33,1, Augsburg 1841, 43 Nr. 45, Regest: Walter E. VOCK, Die Urkunden des Hochstifts Augsburg (Schwäbische Forschungsgemeinschaft, Reihe 2a: Urkunden und Regesten 7), 18f., Nr. 36.

6 Manfred GROTEN, Der Heilige als Helfer der Bürger. Auf dem Weg zur Stadtgemeinde. Heilige und frühe Stadtsiegel, in: Rheinisch – Kölnisch – Katholisch. Beiträge zur Kirchen- und Landesgeschichte sowie zur Geschichte des Buch- und Bibliothekswesens der Rheinlande. Festschrift für Heinz Finger zum 60. Geburtstag (Libelli Rhenani 25), hg. v. Siegfried SCHMIDT in Zus.-arb. m. Konrad GROSS, Harald HORST u. Werner WESSEL, Köln 2008, 125–146. – DERS., Vom Bild zum Zeichen. Die Entstehung korporativer Siegel im Kontext der gesellschaftlichen und intellektuellen Entwicklungen des Hochmittelalters, in: Die Bildlichkeit korporativer Siegel im Mittelalter. Kunstgeschichte und Geschichte im Gespräch (Sensus. Studien zur mittelalterlichen Kunst 1), hg. v. Markus SPÄTH, Köln / Weimar / Wien 2009, 5–85. – DERS., Gemeinschaft (wie Anm. 2).

7 Thomas M. KRÜGER, Zeugen eines Spannungsverhältnisses? Die mittelalterlichen Siegel des Augsburger Domkapitels und der Augsburger Bürgerschaft, in: Die Bildlichkeit korporativer Siegel (wie Anm. 6), 240–246.

Mariensiegels. So gibt es hier neben vielen Anzeichen einer korporativen Verwendung durch das Domkapitel noch im frühen 13. Jahrhundert sogar Indizien bischöflicher Verfügungsgewalt[8], und das Siegel wurde in verschiedenen Zusammenhängen unterschiedlich bezeichnet: als *sigillum ecclesie* oder *sigillum S. Marie*, aber auch als *sigillum canonicorum ecclesie* und vom Kapitel selbst als *sigillum nostri*[9]. Diese Uneinheitlichkeit und Unsicherheit änderten sich um 1230, etwa zum selben Zeitpunkt, ab dem auch die Bürgerschaft der Bischofsstadt ein korporatives Siegel erhielt. Das bisherige Mariensiegel wurde umgestaltet und erhielt eine Umschrift, in der es klar als *Sigillum Capituli Augustensis* gekennzeichnet war. Bei der Bürgerschaft ist seit dieser Zeit ein beschleunigter Autonomisierungsprozess zu beobachten, der nur wenige Jahrzehnte später, genau um 1276, in der bürgerschaftlichen Statuierung eines Stadtrechtsbuches kulminierte[10], das fortan die Grundlage eines – modern gesprochen – bürgerschaftlichen Verfassungspatriotismus bildete, der sich mitunter auch gegen den Ortsbischof und das Domkapitel richtete.

Der Ausdruck »Verfassungspatriotismus« wurde im vorigen Jahrhundert von Dolf Sternberger als Leitbegriff zur Begründung kollektiver, staatlicher Identität eingeführt[11] und durch Jürgen Habermas in einer breiten politischen Öffentlichkeit verankert[12]. Mit Bezug auf die Geschichte mittelalterlicher Körperschaften mag er unangebracht erscheinen, weil deren Statuten sicherlich nicht dem entsprechen, was wir heute unter einer Verfassung verstehen, sie haben aber dennoch viele Aspekte der Verfasstheit und der Lebensgrundlagen mehr oder weniger verbindlich und mehr oder weniger erfolgreich zu regeln versucht. Auf das erwähnte Augsburger Stadtrechtsbuch von 1276 können wir hier nicht näher eingehen, aber es ist ein Beispiel dafür, wie gemeinsames Recht sogar unabhängig von der Bekanntheit und Wirksamkeit seiner Details regelmäßig als Identifikationsgrundlage eines Kollektivs, z. B. bei öffentlichen Schwörtagen, verwendet wurde[13]. Gleichzeitig war mit dem Stadtrecht auch die politische Autonomie der Bürgerschaft wahrnehmbar.

Das Augsburger Domkapitel als die im Vergleich zur Bürgerschaft deutlich ältere Körperschaft ist damit in der Autonomieentwicklung quasi überholt worden. Es musste auch eine Reduzierung seiner politischen Führungsrolle vor Ort zu Gunsten des bürgerschaft-

8 Harburg, Fürstlich Oettingen-Wallersteinisches Archiv, U. III.214 von 1206. Vgl. hierzu künftig Georg KREUTZER, Die Regesten der Bischöfe und des Domkapitels von Augsburg, Bd. 2 (in Vorbereitung). – StA Augsburg, Domkap. Urk. 13 von 1219, ed. in Monumenta Boica, Bd. 33,2, Augsburg 1842, 57, Nr. 57. – Vgl. Thomas M. KRÜGER, Die Anfänge des Augsburger Stadtsiegels und die Emanzipation der Bürgerschaft, in: Augsburg im Mittelalter, hg. v. Martin KAUFHOLD, Augsburg 2009, 21.

9 KRÜGER, Zeugen (wie Anm. 7), 246.

10 Vgl. Mathias F. KLUGE, Die Macht des Gedächtnisses. Entstehung und Wandel kommunaler Schriftkultur im spätmittelalterlichen Augsburg (Studies in Medieval and Reformation Traditions 181), Leiden-Boston 2014, 57–91.

11 Dolf STERNBERGER, Unglaublich lebensvoll, aber stets gefährdet. Ist unsere Verfassung nicht demokratisch genug?, in: FAZ, 27. Januar 1970. – Spätere, weiterführende Schriften sind zusammengestellt in: DERS., Verfassungspatriotismus, hg. v. Peter HAUNGS, Klaus LANDFRIED, Elsbeth ORTH u. a. (DERS., Schriften X), Frankfurt a. M. 1990. Im Nachwort hierzu, 285, weisen die Herausgeber auf die Erstverwendung des Begriffs von 1970 hin. Aus der umfangreichen Sekundärliteratur vgl. etwa Claudia KINKELA, Die Rehabilitierung des Bürgerlichen im Werk Dolf Sternbergers, Würzburg 2001, 285.

12 Vgl. Julia BRAUCH, Nationale Integration nach dem Holocaust. Deutschland und Israel im Vergleich, Frankfurt a. M. 2004, 26–30.

13 Vgl. Sonja HEIM, Der Schwörtag in Augsburg im Spätmittelalter, in: Neue Forschungen zur Geschichte der Stadt Augsburg, hg. v. Rolf KIESSLING (Augsburger Beiträge zur Landesgeschichte Bayerisch-Schwabens 12), Augsburg 2011, 7–62.

lichen Rates in Kauf nehmen. Dem Umfang und der Qualität des Stadtrechtsbuchs hatte das Augsburger Domkapitel nichts Vergleichbares entgegenzusetzen und hat das auch gar nicht erst versucht. Dennoch konnte auch das Domkapitel seine kollektive Identität auf Rechtsgrundlagen stützen: Zu einem wesentlichen Teil lagen diese im allgemeinen Kirchenrecht, dessen ältere Traditionen bereits im 12. Jahrhundert für eine europaweite Rezeption von Bologneser Rechtsgelehrten zusammengestellt und kommentiert (*Decretum Gratiani*) worden waren und dessen neuere Bestimmungen (päpstliche Dekretalen) seit 1234 durch den *Liber extra* Papst Gregors IX. (1227–1241) in systematischer Ordnung und sehr bald auch mit gelehrten Kommentaren vorlagen[14]. Ihre konkrete Rezeption im Bistum Augsburg ist aber noch nicht erforscht.

3. Statuta capitularia

Zu den ortsspezifischen Rechtsgrundlagen gehörte neben bischöflichen, päpstlichen und königlichen Privilegen eine Sammlung von weiteren fremd-, aber auch selbstbestimmten Regeln, die im Repertorium zum Domkapitelsarchiv aus dem 18. Jahrhundert als *Statuta capitularia* bezeichnet wird. Vor der Anlage dieses Repertoriums ist die Konsistenz der Sammlung nicht belegt. Es handelt sich um eine überschaubare Anzahl urkundlich dokumentierter Einzelbestimmungen[15]. Die älteste aus dem Jahre 1219 wurde vom damaligen Augsburger Bischof Siegfried [III.] von Rechberg (1208–1227) ausgestellt[16]. Eine formal ähnlich gestaltete Bestimmung außerhalb dieser Sammlung liegt auch bereits aus dem Jahr 1143 als Urkunde Bischof Walters (1133–1152) vor[17]. Beide Bischofsurkunden sind als Zeichen des Einvernehmens zwischen Bischof und Domkapitel neben dem Bischofssiegel auch mit jenem Mariensiegel besiegelt, das damals als Domkapitelssiegel fungierte. Aus der Zeit zwischen 1297 und 1330 finden sich fünf Statuten, die aufgrund eines Kapitelsbeschlusses allein mit dem Siegel des Domkapitels beurkundet wurden[18]. Ein späteres,

14 Corpus Iuris Canonici, ed. v. Emil Friedberg u. Emil L. Richter, Bd. 1: Decretum magistri Gratiani, Leipzig ²1879; Bd 2: Decretalium Collectiones [darunter an erster Stelle der *Liber extra* Gregors IX.], Leipzig ²1881 (ND Graz 1959). Ergänzend ist auf die vierbändige glossierte Ausgabe, Venedig 1584 sowie auf diverse Drucke einzelner mittelalterlicher Kommentarwerke zu verweisen. – Vgl. zusammenfassend Peter Landau, Corpus Iuris Canonici, in: The encyclopedia of Christianity, hg. v. Erwin Fahlbusch u. Jan Milic Lochman, Leiden 1999, 691–694.

15 Insgesamt handelt es sich um 28 Urkunden, darunter 14 aus der Zeit vor 1424. Letztere werden in nächster Zeit vom Verfasser dieses Beitrags im Rahmen eines von der Deutschen Forschungsgemeinschaft (DFG) geförderten Projektes »Die Urkunden des Augsburger Domstiftsarchivs von 1099 bis 1424« in einer kommentierten Volledition erschlossen.

16 StA Augsburg, Domkapitel Urk. 13: *Statutum de admittendis Dominis Canonicis ad Capitulum et voce Capituli habenda Anno Domini 1219 cum clausula, ut subdiaconus deserviat per vices in hebdomade, si ad capitulum admitti cupiat*, ed. in: Monumenta Boica, Bd. 33,1 (1841), 57, Nr. 57. – Vgl. Otto Leuze, Das Augsburger Domkapitel im Mittelalter, in: Zeitschrift des Historischen Vereins für Schwaben 35, 1909, 29f.

17 StA Augsburg, Domkapitel Urk. 7. – Vgl. Wilhelm Volkert, Die Regesten der Bischöfe und des Domkapitels von Augsburg, Augsburg 1985, 297, Nr. 501.

18 StA Augsburg, Domkapitel Urk. 79 (von 1297 IX, 5), 80 (von 1298 I, 17), 183 (von 1322 X, 19), 195 (von 1325 II, 5), 218 (von 1330 VII, 8). – Vgl. Abbildung der Domkapitelsurkunde Nr. 183 in: Thomas M. Krüger, Gewalt und Recht. Bürgerlich-klerikale Streitkultur im mittelalterlichen Augsburg, in: Städtische Kultur im Mittelalterlichen Augsburg, hg. v. Martin Kaufhold, Augsburg 2012, 65, Abb. 7.

ebenfalls allein auf einem Beschluss des Kapitels beruhendes Statut von 1420 wurde dagegen durch einen Notar beurkundet[19]. Außerdem enthält die Sammlung vertragliche Regelungen zum Verhältnis des Kapitels zu einzelnen Dignitären oder zu Vikarien, die von Bischof und Domkapitel[20] oder Domkapitel und Dompropst[21] besiegelt wurden, weitere Bischofsurkunden und eine päpstliche Bestätigung. Als nicht immer einsichtig erweist sich dabei die funktionale Abgrenzung des Repertoriums zwischen Bischofsurkunden im Rahmen der *Statuta capitularia*, und solchen, die in einer anderen, rein ausstellerbezogenen Urkundengruppe zusammengestellt sind[22]. Bei der einzigen in die *Statuta capitularia* eingeordneten Papsturkunde handelt es sich um die Bestätigung eines Statuts zur Residenzpflicht des Domdekans von 1485[23]. Andere päpstliche Statutenbestätigungen sind im Repertorium dagegen der Gruppe »Papsturkunden« zugeordnet[24].

Die Frage, was eigentlich als »Statut« galt, kann somit dem archivalischen Überlieferungsbefund nach als diskussionswürdig bezeichnet werden[25]. Neben den Originalurkunden besitzt das Augsburger Staatsarchiv auch mehrere ab dem 15. Jahrhundert entstandene Kopialbücher oder Kopienmappen mit Statuten ab dem 13. Jahrhundert[26]. Dabei bezieht sich ein im 15. Jahrhundert begonnenes Statutenbuch auf eine heute verschollene Vorlage, die Ende des 13. Jahrhunderts in Gegenwart päpstlicher Visitatoren begonnen, im 14. Jahrhundert fortgeführt und 1414 beendet worden sein soll[27]. Die archivalisch überlieferten und erschließbaren Statutenbücher sowie auch die originalurkundlich erhaltenen Statuten beginnen somit, abgesehen von den beiden Bischofsurkunden von 1143 und 1219, erst am Ende des 13. Jahrhunderts, also seit der Zeit, ab der neben bischöflichen Entscheidungen auch autonome Kapitelsbeschlüsse als Grundlage der Statutenbildung dienten.

19 StA Augsburg, Domkapitel Urk. 953 (von 1420 XI 2), Abbildung in: Krüger, Gewalt und Recht (wie Anm. 18), 68, Abb. 10.

20 StA Augsburg, Domkapitel Urk. 141 (von 1313 III 1, Monumenta Boica 33,1, 376–378, Nr. 301), 157 (von 1316 XI 26, Monumenta Boica 33,1, 408f. Nr. 324).

21 StA Augsburg, Domkapitel Urk. 163 (von 1317 XI 3, Monumenta Boica 33,1, 419f., Nr. 332).

22 Überwiegend handelt es sich um Bestätigungen von anderweitig dokumentierten Domkapitelsstatuten, aber auch ein bischöfliches Privileg zur Testierfreiheit der Domkanoniker und Vikare am Augsburger Dom, StA Augsburg, Domkapitel Urk. 200 (von 1317 Juli 15, Monumenta Boica 33,1, 500 Nr. 394), wird unter den *Statuta capitularia* gelistet.

23 StA Augsburg, Domkapitel Urk. 2311 (von 1486 Mai 11, Monumenta Boica 34,2, Augsburg, 1845, 206–209, Nr. 78.

24 Beispiele erwähnt Krüger, Gewalt und Recht (wie Anm. 18) 69f. mit Abb. 11 und Anm. 12.

25 Vgl. in diesem Zusammenhang: Gisela Drossbach, Haec sunt statuta, in: Von der Ordnung zur Norm. Statuten in Mittelalter und früher Neuzeit, hg. v. Ders., Paderborn 2009, 369ff.

26 StA Augsburg, Hochstift Augsburg MüB 1046 (ca. 1450, beginnend mit dem Statut zur Ausgrenzung von Augsburger Bürgerssöhnen von 1322, hier datiert 1302), 1047 (15.–16. Jh., beginnend mit einem Statut und bischöflicher Bestätigung von 1474), 1048 (15.–18. Jh.), 1049 (ca. 1600).

27 *Liber Statutorum circa finem saeculi XIII a visitatoribus pontificiis vel saltem iisdem praesentibus inchoatus et toto XVI saeculo continuatus ac ad initium XV. Anno 1414 finitus est, cuius titulus in facie compacturae sic sonat: Statuta et privilegia ecclesiae Augustensis.* Zit. nach Georg Rückert, Die Präbende am Domkapitel zu Augsburg, in: Archiv für die Geschichte des Hochstifts Augsburg 5, 1916–1919, 183–254, hier: 184.

4. Identität als exklusives Wahlkolleg

Allerdings ist zu fragen, ob nicht auch früher schon von Ansätzen zu selbstbestimmten oder zumindest korporativ beeinflussten Regeln gesprochen werden kann. Vorausgesetzt werden muss dabei ein Mindestmaß an korporativer Autonomie gegenüber dem Bischof. Dies ist vor dem 12. Jahrhundert kaum erkennbar. Leider gibt es zumeist keine Quellen über die Verhältnisse während der Sedisvakanzen. Die früheste Ausnahme ist die Situation nach dem Tod Ulrichs von Augsburg (923–973). Nach dem Bericht der wohl im Wesentlichen vom Dompropst Gerhard verfassten Ulrichsvita wurden die Domkanoniker unlauter unter Druck gesetzt, den Sohn des Herzogs Burchard von Schwaben († 982), Heinrich (973–982), als Nachfolger zu akzeptieren. Dies taten sie auch, konnten diesen aber zuvor zu einer Kapitelsitzung zitieren, in der sie Rechtstexte über die Bischofswahl verlasen, die angeblich belegten, dass sie das Recht hatten, den Kandidaten zu akzeptieren oder abzulehnen. Wörtlich werden diese Rechtstexte als *canonicas lectiones de electione antistitum* bezeichnet[28]. Wir wissen nicht, um welche Texte es sich dabei handelte, können hier jedoch ein Indiz für eine frühe Veranlagung des Exklusivwahlrechtes des Domkapitels sehen[29]. Für die hier zu erörternde Fragestellung erscheint noch etwas anderes wichtig. Die Domkanoniker befanden sich in einer Krise, die durch den Tod Ulrichs, die Unsicherheit der Sedisvakanz und den von Herzog Burchard und seinem Sohn Heinrich ausgeübten Druck begründet war. In dieser Situation erinnerten sie sich an zweierlei: Erstens, dass es für ihre korporativen Entscheidungen einen regulären Versammlungsort, nämlich den Kapitelsaal des Domkapitels gab, wo man zu einer förmlichen Sitzung zusammentrat und selbst entscheiden konnte, welche externen Personen dazu eingeladen wurden – man kann auch von einem ›Versammlungsrecht‹ sprechen[30]. Zweitens erinnerten sie sich an Rechtstexte, die die Grundlage ihres gemeinschaftlichen Handelns darstellten und die sich in ihrem gemeinschaftlichen Besitz befanden.

Damit konnten sie die Situation deutlich zu ihren Gunsten wandeln. Die Atmosphäre der förmlichen Kapitelssitzung und das Verlesen der Rechtstexte nahm anscheinend ein Stück weit den Druck vom Domkapitel und versetzte vielmehr den Bischofskandidaten Heinrich, dem dies alles ungewohnt war, in eine solche Bedrängnis, dass er dem Kapitel erhebliche Zugeständnisse machte[31]. Dazu gehörte vermutlich besonders das Versprechen zur Schenkung seines Gutes Gneisenhausen, das dann als Sonderbesitz des Kapitels gelten und außerhalb bischöflicher Verfügungsgewalt stehen sollte. Tatsächlich leistete Heinrich diese Schenkung erst mit einiger Verspätung kurz vor seinem Tod, doch war

28 Gerhard von Augsburg, Vita Sancti Uodalrici. Die älteste Lebensbeschreibung des heiligen Ulrich, ed. v. Walter Berschin u. Angelika Häse, Heidelberg 1993, 308.

29 Vgl. Krüger, Leitungsgewalt und Kollegialität (wie Anm. 4), 90–103.

30 Dafür läge hier ein vergleichsweise früher Zeitpunkt vor, denn die quellengestützt oft nur unzureichend rekonstruierbare Entwicklung des Selbstversammlungsrechtes mittelalterlicher Dom- und Chorherren wird in deutlicher Ausprägung zumeist erst ab dem 12. Jahrhundert in Parallelität zum Wahlrecht angenommen. Vgl. Manfred Groten, Priorenkolleg und Domkapitel von Köln im Hohen Mittelalter. Zur Geschichte des kölnischen Erzstifts und Herzogtums (Rheinisches Archiv 109), Bonn 1980, 174. – Gesamtkirchenrechtlich wird es deutlich erst in päpstlichen Dekretalen aus der Zeit zwischen 1179 und 1225 fassbar – so Philipp Schneider, Die Bischöflichen Domkapitel, ihre Entwicklung und rechtliche Stellung im Organismus der Kirche, Mainz [2]1892. – Vgl. auch Albert Werminghoff, Verfassungsgeschichte der deutschen Kirche im Mittelalter (Grundriss der Geschichtswissenschaft II/6), Leipzig/Berlin 1913, 147.

31 Gerhard von Augsburg, Vita Sancti Uodalrici (wie Anm. 28), 310: *Promittens eis si eius postlazioni consentirent in posterum omnigenae commoditatis inpensionem.*

es eine bedeutende Schenkung, die dem Kapitel erstmals autonome grundherrschaftliche Rechte bescherte[32]. Die Missachtung dieser Rechte war im frühen 12. Jahrhundert Anlass für einen Rechtsstreit mit Bischof Hermann (1096–1133) vor dem kaiserlichen Hofgericht, den das Kapitel für sich entscheiden konnte[33].

5. Besitzgemeinschaft

Jeder Rechtsstreit intensiviert die Reflexion der eigenen Rechtsposition und dürfte in diesem Sinne auch eine Wirkung für das weitere 12. Jahrhundert entfaltet haben, in dessen Verlauf das Kapitel dann, wie erwähnt, auch als Urkundenaussteller in Erscheinung trat und dabei das Muttergottessiegel verwendete.

Wie sehr der Rechtsstreit um Gneisenhausen die Reflexion im Augsburger Domkapitel intensivierte, sehen wir am Beispiel der in diesem Zusammenhang entstandenen *Annales Augustani*[34]. Diese sind nur in einer einzigen Handschrift überliefert, nämlich im Rahmen des Clm 2, dessen Provenienz aus der Augsburger Domkapitelsbibliothek als gesichert gilt[35]. Die Niederschrift dieser Annalen ist aus inhaltlichen und paläographischen Gründen im Kontext des Rechtsstreites um die Schenkung Bischof Heinrichs zu Beginn des 12. Jahrhunderts anzunehmen. Die Darstellung beginnt im typisch annalistischen Stil mit knappen Hinweisen auf den Tod Ulrichs und die Wahl Heinrichs und berichtet dann als erstes, ausführlicheres Ereignis die Schenkung von Gneisenhausen[36]. Sie endet im Jahre 1104 mit dem Bericht über den erfolgreichen Hofgerichtsprozess gegen Bischof Hermann, wobei es hier heißt, dass die Kanoniker der Besitzungen in Gneisenhausen sowie anderer Güter schon lange, also eventuell auch schon vor Beginn der Amtszeit Hermanns, beraubt gewesen seien[37]. Die Wahl Hermanns bleibt in den Annalen unerwähnt, knapp kommentiert wird lediglich der Tod seines Vorgängers am 4. Dezember 1096. Durch ihren Anfang und ihr Ende können die Augsburger Annalen recht eindeutig als Dokument rechts- und besitzgeschichtlicher Selbstvergewisserung des Augsburger Domkapitels zu Beginn des 12. Jahrhunderts bewertet werden.

32 VOLKERT, Regesten (wie Anm. 17), 96f., Nr. 170.
33 MGH DD H IV, 2, 658–660, Nr. 483f. – Vgl. VOLKERT, Regesten (wie Anm. 17), 237f., Nr. 382f.
34 MGH SS 3, 123–136.
35 Vgl. Hans LOEWE, Die Annales Augustani. Eine quellenkritische Untersuchung, München 1903. – Erich PETZET / Otto GLAUNING, Deutsche Schrifttafeln aus Pergamenthandschriften des IX. bis XVI. Jahrhunderts aus Handschriften der K. Hof- und Staatsbibliothek München, II. Abteilung: Mittelhochdeutsche Schriftdenkmäler des XI. bis XIV. Jahrhunderts, München 1911, Tafel XX.
36 MGH SS 3, 135: *1101* [...] *In Augusta dissensio inter episcopum et canonicos, canonicae conversionis exterminium, restitutio praediorum canonicorum Gisenhusae et Strubingae et aliorum.*
37 MGH SS 3, 135f: *Annus 1104. In epiphania canonici Augustenses, possessionibus ad se pertinentibus diu despoliati, Gisenhusa, Strubinga, Chreina, Reginboldeshusa, cum aliis tam ad oblationem quam ad stipendium eorum pertinentibus, ab imperatore et ab episcopis et regni principibus Ratisponae benigne suscipiuntur, quorum communi suffragio cuncta illis subtracta ab episcopo Herimanno denuo restituuntur.*

6. Festgemeinschaft

Unmittelbar im Anschluss an die Annales Augustani folgt im Clm 2 ein von der Forschung lange Zeit kaum beachteter Text mit den Anfangsworten: *Ista sunt statuta capituli Augustensis, que statuerunt visitatores domini pape observare cum Canonicis Augustensibus in perpetuum*[38]. Angekündigt werden also Statuten, die von päpstlichen Gesandten gemeinsam mit den Augsburger Domherren zur dauerhaften Beachtung festgelegt wurden. Darauf beziehen sich acht Bestimmungen. Danach folgen noch zwei Bestimmungen, die wohl vom Domkapitel alleine beschlossen wurden, da sie abweichend mit dem Hinweis *Capitulum statuit* eingeleitet werden.

Diese insgesamt zehn Statuten stammen von einem anderen Schreiber als dem der Annales Augustani und somit wohl zeitlich nicht unmittelbar nach deren Abschluss, dem paläographischen Erscheinungsbild nach aber sicher noch im 12. Jahrhundert in den Clm 2 eingetragen worden. Bei den genannten *visitatores domini pape* wird es sich um Legaten gehandelt haben, wie sie 1151 unter dem Vorsitz des Kardinalpriesters Oktavian (1095–1164)[39] sowie erneut 1158[40] in Augsburg belegt sind. In beiden Fällen lässt sich als Entstehungshintergrund eine Krise der kollektiven Identität des Domkapitels aufzeigen. Sowohl 1151 als auch 1158 mischte sich ein einflussreiches ehemaliges Mitglied des Augsburger Domkapitels ein: Gerhoch von Reichersberg (1092/93–1169). Dieser hatte zwischen 1116/17 und 1120 und erneut von 1122 bis 1124 das Amt des Domscholasters bekleidet und amtierte nun als Propst des Kanonikerstifts Reichersberg[41]. Sein Bruder Rudiger ist in Augsburg seit 1128 als bischöflicher Notar belegt und gehörte als solcher wohl spätestens 1143 auch dem Domkapitel an, dem er unter Bischof Konrad von Hirscheck (1152–1167) als zeitweilig umstrittener, zwischen 1156 und 1158 abgesetzter Dekan vorstand, bis er 1161 aus Augsburg vertrieben wurde und zu seinem Bruder nach Reichersberg zog[42].

38 Edition mit Übersetzung und Kommentar: Georg KREUZER / Thomas M. KRÜGER, Statuten des Augsburger Domkapitels aus dem 12. Jahrhundert, in: Städtische Kultur (wie Anm. 18), 54–61. – Der Text wurde zuvor bereits unkommentiert nach einer Transkription von Anton STEICHELE ediert als Anhang zu RÜCKERT, Präbende (wie Anm. 27), 249f., ohne jedoch den Clm 2 im Handschriften- und Quellenverzeichnis (ebd., 183–185) zu berücksichtigen. – Vgl. KRÜGER, Leitungsgewalt und Kollegialität (wie Anm. 4), 186.

39 VOLKERT, Regesten (wie Anm. 17), 311 f., Nr. 528.

40 Stefan WEISS, Die Urkunden der päpstlichen Legaten von Leo IX. bis Coelestin III. (1049–1198) (Forschungen zur Kaiser- und Papstgeschichte des Mittelalters 13), Köln u. a. 1995, 221f. (XVII,6). – KREUZER / KRÜGER, Statuten (wie Anm. 38), 58f.

41 Alternative Schreibweisen des Namens: Geroch, Geroh, Gerhoh. Vgl. zu ihm ausführlich: Peter CLASSEN, Gerhoch von Reichersberg. Eine Biographie. Mit einem Anhang über die Quellen, ihre Verbreitung, ihre handschriftliche Überlieferung und ihre Chronologie, Wiesbaden 1960. – Einen kurzen, quellenorientierten Überblick zu Gerhochs Augsburger Zeit gibt VOLKERT, Regesten (wie Anm. 17), 226, Nr. 367 (4). – Zu seiner Berufung als Augsburger Domscholaster durch Bischof Hermann 1116/17 s. ebd., 252f., Nr. 415. – Zu seiner Flucht in das Stift Rottenbuch 1120/21 s. ebd., 260, Nr. 436. – Zu seinem Rückruf durch Bischof Hermann 1122/1123 s. ebd., 263, Nr. 443. – Ergänzend zu Gerhochs Mitgliedschaft im Augsburger Domkapitel: Ilse SCHÖNTAG, Untersuchungen über die persönliche Zusammensetzung des Augsburger Domkapitels im Mittelalter, Zeulenroda 1938, 73f. – Thomas M. KRÜGER, Motive und Probleme mittelalterlicher Kleriker- und Religiosenmigration. Beispiele aus dem Bistum Augsburg im europäischen Vergleich, in: Mobilität und Migration in der Region, hg. v. Reinhard BAUMANN u. Rolf KIESSLING (Forum Suevicum 10), Konstanz / München 2013, 23–44, hier: 32.

42 Zur Tätigkeit Rudigers als Notar und seiner Eigenschaft als Kanoniker 1143 s. VOLKERT, Regesten (wie Anm. 17), 223 u. 285 sowie 297f., Nr. 501. – Zur späteren Zeit: Placidus BRAUN, Geschichte

Dieser kritisierte die Zustände am Augsburger Dom aufgrund der eigenen Erfahrungen sowie aufgrund der Erlebnisse Rudigers in verschiedenen Schriften scharf. Das Augsburger Domkloster, so Gerhoch, sei frei von jeder religiösen Lebensgewohnheit. In Anspielung an ein anscheinend regelmäßig inszeniertes Weihnachtsspiel beklagte Gerhoch, die Augsburger Domherren würden im Refektorium des Domklosters fast nur noch dann zusammenkommen, wenn sie den Christusverfolger König Herodes schauspielerisch repräsentieren könnten[43].

Vor dem Hintergrund dieser Kritik an der Augsburger Weihnachtsspielpraxis fällt die Aussage des letzten, vom Domkapitel alleine (ohne die Kardinallegaten) erlassenen Statutes auf[44]:

> *Ebenso hat das Domkapitel hinsichtlich des Weihnachtsspiels an der bischöflichen Schule beschlossen, dass, wer zum Kanoniker und zum Mitbruder gewählt wird, dieses Fest folgendermaßen feiern soll: Einer nach dem anderen gemäß seinem Eintrittszeitpunkt, wenn er nicht Diakon oder Priester ist. Die finanziellen Auslagen des Kanonikers sollen 12 Mark nicht übersteigen. Darüber hinaus soll er den Kanonikern 104 junge Hühner, zwei Krüge Lateinischen Weines und einen Scheffel Weizen darreichen. Der Domkirche soll er eine Purpurdecke geben. Er soll sich auch freundlich gegenüber dem Magister verhalten.*

Mit dem letzten Satz ist wohl eine Gunsterweisung gegenüber dem regieführenden Lehrer gemeint. Auf inhaltliche Aspekte der Weihnachtsspielinszenierung wie die von Gerhoch kritisierte Herodes-Szene geht das Statut nicht ein. Entscheidend ist hier, dass das Weihnachtsspiel auch mit einem Festessen und wohl auch mit Geschenken an die Kanoniker verbunden war. Die Gesamtveranstaltung wird als eine Art Einstandsfest erkennbar, das ein neuer Kanoniker am Dom zu geben hatte. Der hierfür zu leistende finanzielle Aufwand wurde begrenzt.

der Bischöfe von Augsburg. Chronologisch und diplomatisch verfaßt und mit historischen Bemerkungen beleuchtet, Bd. 2, Augsburg 1814, 108–111. – Friedrich ZOEPFL, Das Bistum Augsburg und seine Bischöfe im Mittelalter, Augsburg 1955, 137f. – Künftig auch Georg KREUZER, Regesten der Bischöfe und des Domkapitels von Augsburg 1152–1202, im Druck, Augsburg 2015, der für Rudiger in den 50er-Jahren des 12. Jahrhunderts auch das Amt eines Plebans dokumentiert.

43 Gerhohus praepositus Reichersbergensis, Commentarius in Psalmum CXXXIII, ed. v. Ernst SACKUR, in: MGH Ldl 3, 497–502, hier: 498. – Ausführlich zit. v. Bernd NEUMANN, Geistliches Schauspiel im Zeugnis der Zeit. Zur Aufführung mittelalterlicher religiöser Dramen im deutschen Sprachgebiet 2 (Münchener Texte und Untersuchungen zur deutschen Literatur des Mittelalters 85), München/Zürich 1987, 887f., Nr. 3725. – Gerhoch kritisierte das geistliche Schauspiel nicht nur in Augsburg, sondern auch allgemein, s. ebd., 888f., Nr. 3726. – Vgl. Klaus WOLF, Theater im mittelalterlichen Augsburg. Ein Beitrag zur schwäbischen Literaturgeschichtsschreibung, in: Zeitschrift des Historischen Vereins für Schwaben 101, 2007, 36f. – Ulrich BARTON/Klaus RIDDER, Ästhetik des Bösen. Die Herodes-Figur im geistlichen Schauspiel, in: Texte zum Sprechen bringen. Philologie und Interpretation. Festschrift für Paul Sappler, hg. v. Christiane ACKERMANN u. Ulrich BARTON, Tübingen 2009, 231–248, hier: 237–240 mit Hinweis auf ähnliche Wahrnehmungen in dem um 1175 vollendeten *Hortus deliciarum* Herrads von Landsberg († 1195).

44 KREUZER/KRÜGER, Statuten (wie Anm. 38), 56: *Item statuit Capitulum de Ludo in natalibus exercendo circa Episcopum*[d] *scolarium, quod, quicumque eligitur in canonicum et in fratrem, debet celebrare istud festum successive : unus post alium secundum introitum, nisi sit diaconus vel sacerdos* ; et non *tenetur expendere nisi XII*[cim] *marcas; et super hoc Canonicis debet servire in centum et IIII*[or] *pullis et duabus urnis Latini vini et modio tritici. Et ecclesie dare purpuram. Debet etiam favorabilis esse magistro.*

7. Klerikergemeinschaft mit Reformbedarf

Als Kernanliegen der acht gemeinsam mit den päpstlichen Visitatoren erlassenen Augsburger Statuten wird deutlich, dass man Ämter- und Pfründenhäufung möglichst vermeiden und die persönliche Ausübung der gottesdienstlichen und administrativen Pflichten durch die Inhaber als Kanonikate sicherstellen wollte. Dies entspricht einem Daueranliegen kirchlicher Reformbewegung des späteren Mittelalters. Bereits im 12. Jahrhundert werden aber nicht nur die päpstlichen Legaten in Verbindung mit dem Augsburger Domkapitel in diesem Sinne aktiv. So heißt es im Kanon 13 des von Papst Alexander III. (1159–1181) einberufenen Dritten Laterankonzils (1179):

> *Einige sind maßlos in ihrer Habgier und streben gegen die Anordnung des heiligen Kanons danach, verschiedene kirchliche Würden und mehrere Pfarrkirchen zu erwerben. Kaum in der Lage, ein einziges Amt auszufüllen, reklamieren sie für sich die Besoldung vieler. Wir gebieten deshalb in aller Strenge: Dies darf in Zukunft nicht mehr geschehen. Wenn also eine Kirche oder ein kirchliches Amt zur Verleihung ansteht, wird dafür jemand gesucht, der am Ort residieren und die Seelsorge dort persönlich ausüben kann. Wird anders vorgegangen, verliert der Empfänger, was er gegen die heiligen Kanones angenommen hat; der Verleiher büßt die Verleihungsgewalt ein*[45].

Kanon 14 ergänzt:

> *Der Ehrgeiz ist bei manchen schon so groß geworden, dass sie dem Vernehmen nach nicht zwei oder drei, sondern sechs oder mehr Kirchen haben und dabei nicht einmal für zwei gebührend zu sorgen vermögen. Unsere Brüder und geliebten Mitbischöfe müssen deshalb nach unseren Anordnungen auf Abhilfe bedacht sein, denn die Pfründenhäufung widerspricht den Kanones, bietet die Grundlage zu lasterhafter und unsteter Lebensweise und enthält mit Sicherheit eine Gefahr für die Seelen. Es ist unser Wille, die Bedürftigkeit derer, die den Kirchen entsprechend zu dienen vermögen, durch kirchliche Benefizien zu lindern*[46].

Entsprechend forderten die Augsburger Statuten, dass aufzunehmende Kanoniker in der Regel unbepfründet sein und keiner sonstigen Kathedral- oder Konventskirche angehören sollen[47]. Mitglieder des Domkapitels, die zum Bischof oder Kirchenfürst gewählt

45 Concilium Lateranense III C. 13: *Quia nonnuli, modum avaritae non ponentes, dignitates diversas ecclesiasticas et plures ecclesias parochiales contra sacrorum canonum institute nituntur adquirere ita ut, cum unum officium vix implere sufficient, stipendia sibi vindicent plurimorum, ne id de cetero fiat, districtius inhibemus. Cum igitur ecclesia vel ecclesiasticum ministerium committi debuerit, talis ad hoc persona quaeratur, quae residere in loco et curam eius per seipsum valeat exercere. Quod si aliter fuerit actum, et qui receperit, quod contra sacros canones accepit, amittat, et qui dederit, largiendi potestas privetur.* Conciliorum Oecumenicorum Decreta, ed. v. Giuseppe ALBERIGO u. a., Bologna ³1973, 218. Übersetzung: Dekrete der Ökumenischen Konzilien, Bd. 2: Konzilien des Mittelalters, hg. v. Josef WOHLMUTH, Paderborn 2000, 218.

46 Concilium Lateranense III C. 14: *Quia in tantum iam quorumdam processit ambitio, ut non duas vel tres sed sex aut plures ecclesias perhibeantur habere, nec duabus debitam possint provisionem impendere, per fratres et coepiscopos nostros carissimos emendari praecipimus et de multitudine canonibus inimica, quae dissolutionis materiam et vagationis inducit et certum continet periculum animarum eorum, qui ecclesiis digne valeant deservire, volumus ecclesiasticis beneficiis indigentiam sublevari.* Conciliorum Oecumenicorum Decreta (wie Anm. 45), 218.

47 KREUZER / KRÜGER, Statuten (wie Anm. 38), 57: *Primo statuerunt, quod nullus recipiatur in Canonicum et in fratrem, nisi ad consortium vacans vel ad prebendam vacantem, et quod recipiendus veniat absolutus nec in alia cathedrali vel conventuali ecclesia sit prebendatus, nisi de speciali mandato domini pape.*

werden, sollten sofort auf ihr Kanonikat verzichten[48]. Die wichtigsten Ämter des Kapitels (Propst, Dekan, Pleban, Scholaster, Kustos, Kellerer) sollten nicht in Personalunion[49] und insbesondere auch nicht mit Inhabern entsprechender Ämter an anderen Orten[50] besetzt werden. Neu gewählte Kanoniker sollten sich durch einen Eid zur Residenzpflicht in Augsburg verpflichten[51]. Eine Entfernung von der Stadt sollte nur im Falle wichtiger Aufgaben für sechs Wochen mit Genehmigung des Domdekans möglich sein[52]. Die Domherren sollten sich ohne Erlaubnis durch einen einschlägigen Kapitelsbeschluss weder einzeln noch in Kleingruppen ihren gottesdienstlichen Pflichten entziehen[53].

Diese Anliegen blieben im weiteren Verlauf des Mittelalters aktuell. Die Residenzpflicht wurde 1297 in einem Kapitelsbeschluss wieder aufgegriffen, der bei Verletzung den Genuss der Präbende ausschloss[54]. Ein Jahr später wurde beschlossen, dass es verboten sein solle, den Nießnutz an den Präbenden zu verkaufen[55]. Diese Beschlüsse wurden urkundlich als Statuten festgehalten und mit dem Kapitelssiegel besiegelt. Hierbei handelt es sich um die beiden ältesten erhaltenen, autonom vom Kapitel beurkundeten Einzelstatuten. Sie zeigen, dass die korporative Identität ein Anliegen war, das unter den Bedingungen des spätmittelalterlichen Pfründenwesens bedroht war. Wie sollte eine korporative Identität bestehen, wenn viele Kanoniker nur selten und einige gar nie präsent waren? Solche Umstände wurden durch das päpstliche Provisionswesen begünstigt, das ungeachtet solcher regionaler Statuten im 14. Jahrhundert erheblich ausgeweitet wurde. Das päpstliche Provisionswesen bedrohte die korporativen Identitäten von Domkapiteln darüber hinaus auch dadurch, dass es deren Möglichkeiten beschnitt, Einfluss auf die eigene personelle Zusammensetzung zu nehmen[56].

48 Ebd.: *Item statuerunt, quod, si aliquis eligitur de capitulo in episcopum vel in principem, statim prebenda sua debet cedere capitulo, et si habet oblata, cedere debent dominis, quibus sunt ab eo pacta, et si habet curiam in civitate, iterum debet cedere dominis vel illi, cui deducta est in pacto, et illud pactum debet fieri in manifesto capitulo coram dominis.*

49 Ebd.: *Item statuerunt, quod unus Canonicus non debet habere duo vel tria officialia in Capitulo simul et semel, scilicet summam prepositturam, Decaniam, Plebaniam, Scolastriam, Custodiam, Cellerariam.*

50 Ebd.: *Statuerunt etiam, quod nulli ad dicta officia debent eligi, qui de alieno Capitulo sint prelati, scilicet, qui sit summus prepositus in aliena ecclesia vel decanus, scolasticus, custos, plebanus vel cellerarius, quia illa officia residentiam magis requirunt quam absentiam.*

51 Ebd.: *Item statuerunt, quod, quicumque eligatur in Canonicum et in fratrem, quod*[c] *statim residentiam in capitulo debeat iurare et omnes articolos istos observare.*

52 Ebd.: *Item statuerunt, quod nullus sine licencia decani debeat a civitate recedere, quod, si recedit sine licencia, statim Decanus debet suspendere prebendam in choro vel in omni loco, ubi sibi placuerit, nisi habeat arduum negotium pre manibus et tunc cedunt ei sex ebdomade.*

53 Ebd.: *Item statuerunt, quod unus vel duo vel tres non suspendant divina, nisi de consensu maioris et melioris partis capituli.*

54 StA Augsburg, Domkapitel Urk. 79 von 1297 September 5, ed. in Monumenta Boica 33,1 (wie Anm. 5), 257f., Nr. 212. – Bereits LEUZE, Augsburger Domkapitel (wie Anm. 16), 27, hatte vermutet, dass hier ein älteres Statut aufgegriffen wird, da von einer *antiqua consuetudo* die Rede ist. Diese Tradition ist durch die oben zitierten Statuten nun belegt.

55 StA Augsburg, Domkapitel Urk. 80 von 1298 Januar 17, ed. in Monumenta Boica 33,1 (wie Anm. 5), 262f., Nr. 215.

56 Vgl. KRÜGER, Leitungsgewalt und Kollegialität (wie Anm. 4), 181–190.

8. Adelig-ritterbürtiges Selbstverständnis

Vor diesem Hintergrund wurde 1322 ebenfalls durch Kapitelsbeschluss ein Statut erlassen, wonach es auf jeden Fall ausgeschlossen bleiben sollte, dass auch Augsburger Bürgersöhne die Mitgliedschaft im Kapitel erwerben sollten[57]. Nicht alle, aber mehrere andere deutsche Domkapitel haben sich mit vergleichbaren Statuten personell gegenüber der Bürgerschaft ihrer Bischofsstadt abgegrenzt. Theoretisch war ein Papst bei Provisionen an derartige Regeln nicht gebunden, nicht einmal, wenn sie mit Privilegien eines Vorgängerpapstes untermauert waren. Faktisch wirkten diese Statuten aber auf bürgerschaftliche Interessenten vermutlich abschreckend, sich um entsprechende Provisionen überhaupt zu bewerben, da man mit Widerstand im Kapitel und mit unabsehbar langen und kostspieligen Rechtsstreitigkeiten rechnen musste[58]. Das Augsburger Statut von 1322 beruft sich auf eine lange Rechtstradition, die allerdings nicht belegt ist. Unter den neu entdeckten Statuten des 12. Jahrhunderts steht an fünfter Stelle folgende, noch unerwähnte Aussage:

> *Ebenso haben sie beschlossen, dass kein Stadtbürger für eine Domherrenpfründe gewählt werden soll und auch nicht aufgrund irgend eines Rechtstitels dazu zugelassen wird*[59].

Diese Regelung ist so allerdings in der Handschrift deutlich erkennbar nachträglich auf einer Rasur eingefügt worden[60]. Der ursprüngliche Wortlaut ist leider auch mit der Quarzlampe nicht erkennbar. Wir müssen davon ausgehen, dass es im 12. Jahrhundert eine solche Regelung nicht gab. Es bleibt zu vermuten, dass sie im zeitlichen Kontext des Kapitelsbeschlusses von 1322 unter Abänderung einer Regelung ergänzt wurde, die auch andere Schlüsse zugelassen hätte. Es ist bemerkenswert, dass die Statuten des 12. Jahrhunderts im späteren Mittelalter vollständig in Vergessenheit gerieten und insbesondere auch in keinem Kopialbuch Berücksichtigung fanden. Das heißt, man hat sie, was die Ausgrenzung der Augsburger Bürgersöhne betrifft, noch angepasst, danach aber nie mehr beachtet.

Dieser Ausschluss der Augsburger Bürgersöhne erscheint dann aber im 15. Jahrhundert quasi als das einzige Statut, das überhaupt noch interessierte. Man hat es unter Anpassung an die Konstanzer Konzilskonkordate von 1418 durch einen per Notariatsinstrument beurkundeten Kapitelsbeschluss von 1420 erneuert[61] und dann im Laufe des 15. Jahrhunderts mit hohem Kostenaufwand von mehreren Päpsten *per bullam* bestätigen und absichern lassen. Die Stadt Augsburg versuchte, dagegen Rechtsmittel einzulegen, das Domkapitel hat seine Position aber verteidigen können. Nach dem erfolgreichen Ausgang dieses Rechtsstreites dokumentierte es diesen in einem sehr voluminösen Kopialbuch, dem umfangreichsten Kopialbuch, das im Domkapitelsarchiv bis zum Ende des Mittelalters überliefert ist[62]. Überdies wurden für die Umsetzung des Statuts Auf-

57 StA Augsburg, Domkapitel Urk. 183 von 1322 Oktober 19, ed. in Monumenta Boica 33,1, (wie Anm. 5), 460f., Nr. 365. – KRÜGER, Gewalt und Recht (wie Anm. 18), 65, Abb. 7.

58 KRÜGER, Leitungsgewalt und Kollegialität (wie Anm. 4), 186f.

59 KREUZER/KRÜGER, Statuten (wie Anm. 38), 57: *Item statuerunt, quod nullus civitatensis eligatur*[a] *ad prebendam neque aliquo iure admittatur.*

60 KRÜGER, Gewalt und Recht (wie Anm. 17), Abb. 8.

61 StA Augsburg, Domkapitel Urk. 953 von 1420 November 2 ed. in: Monumenta Boica 34,1, Augsburg 1844, 274–276, Nr. 112.

62 StA Augsburg, Hochstift Augsburg MüB 1001. – KRÜGER, Gewalt und Recht (wie Anm. 18), Abb. 12. – Vgl. die ausführliche Analyse von Rolf KIESSLING, Bürgerliche Gesellschaft und Kirche in Augsburg im Spätmittelalter. Ein Beitrag zur Strukturanalyse der oberdeutschen Reichsstadt (Abhandlungen zur Geschichte der Stadt Augsburg 19), Augsburg 1971, 323–352.

schwörbücher angelegt, in denen jeder neue Domkapitular seine adelige oder ritterbürtige Abstammung dokumentierte[63].

Die Identität des spätmittelalterlichen Augsburger Domkapitels ist damit vor allem als standesorientiert zu charakterisieren. Das Statut über den Ausschluss von Augsburger Bürgersöhnen war das einzige Statut, das eine deutlich erkennbare korporative Identifikationsgrundlage darstellte.

Im Vergleich zur Augsburger Bürgerschaft, die als Identifikationsgrundlage ein umfangreiches Stadtrechtsbuch besaß, war das nur eine Detailbestimmung. Die inhaltlich breiter aufgestellten Statuten des 12. Jahrhunderts sollten einer Verweltlichungstendenz Einhalt gebieten, was wohl kaum gelang. Als mittel- oder gar langfristige Identifikationsgrundlagen taugten sie erst recht nicht. Sie waren unter Mitwirkung des Domkapitels, aber überwiegend nicht als autonome Kapitelsbeschlüsse zustande gekommen. Partiell entsprangen sie mehrheitlich sicherlich auch dem normativen Wunschdenken der päpstlichen Gesandten. Der Sozialgemeinschaft Domkapitel dürfte am ehesten die von ihr autonom beschlossene Weihnachtsspielregelung des 12. Jahrhunderts genützt haben.

9. Phasen der statutarischen Entwicklung

Wohl noch etwas älter als diese ist die als ›Statut‹ gewertete Bischofsurkunde von 1143, doch betrifft diese nicht das ganze Domkapitel, sondern nur den Domdekan, der kraft Amtes immer auch die Archidiakonatsgewalt innerhalb der Stadt innehaben sollte. Schon seit dem 10. Jahrhundert gab es Rechte, mit denen sich das Kapitel identifizierte und die sich in Krisensituationen bewährten, nämlich ein Versammlungsrecht in eigenen Räumen und in Sedisvakanzen das Wahlrecht. Für diese Rechte gibt es keine statutarische Überlieferung. Vielleicht bedurfte es für diese zentralen Rechte auch keiner statutarischen Grundlage. Auch im allgemeinen Kirchenrecht fand etwa nie eine klare Regel zum Wahlrecht der Domkapitel Einzug und dennoch wurde es auch außerhalb Augsburgs etabliert.

Eine Edition und detaillierte Erforschung der Augsburger Domkapitelsstatuten steht noch aus. Vorläufig können wir zusammenfassend von vier Phasen der korporativen Identitätsentwicklung beim Augsburger Domkapitel sprechen:

1. Eine Zeit der ersten Etablierung wesentlicher korporativer Rechte ohne statutarische Grundlage (10. Jahrhundert),
2. Etablierung korporativ grundherrschaftlicher Rechte, ausgehend von der Schenkung von Gut Gneisenhausen durch Bischof Heinrich (11. Jh.–1104),
3. Statutarische Regelungen zum gemeinschaftlichen Leben ohne bleibende identitätsstiftende Relevanz (12./13. Jh.),
4. Statutarische Konzentration auf die ständische Zusammensetzung und Abgrenzung vom städtischen Bürgertum (1322/15.Jh.).

63 StA Augsburg, Hochstift Augsburg MüB 1004a.

BRIGITTE HOTZ

Die Konstanzer Domkirche nach 1378

Aspekte einer gespaltenen Potestas ecclesiae

1. Vorausgeschicktes Abstract

Ausgangspunkt des Beitrags bildet das Große Abendländische Schisma, in dessen Folge sich weite Teile Europas in unterschiedliche Obödienzen aufspalteten: Es nahm 1378 seinen Anfang, als nahezu dasselbe Kardinalskolleg innerhalb weniger Monate in Italien zunächst Urban VI. (1378–1389) erhob und danach Clemens VII. (1378–1394) – der sich indes nicht in Rom durchsetzen konnte, sondern nach Avignon auswich. Nachdem diese beiden Konkurrenten um den Petrusstuhl 1389 bzw. 1394 verstorben waren, fand die Spaltung der Kirchenspitze vertiefende Fortsetzung durch beidseitig vollzogene Nachfolgerwahlen. Nach und nach wurden zwei regelrechte Papstlinien ausgebildet (Urban VI., Bonifaz IX. [1389–1404], Innozenz VII. [1404–1406], Gregor XII. [1406–1415] ↔ Clemens VII., Benedikt XIII. [1394–1422/23]) sowie ab 1409 noch eine vom Pisanum herrührende dritte Linie (↔ Alexander V. [1409–1410], Johannes XXIII. [1410–1419]). Erst 1417 wurde mit der Wahl Martins V. (1417–1431) auf dem Konstanzer Konzil ein breites Fundament für die Überwindung des Abendländischen Schismas geschaffen.

Zu ihm stehen Konstanzer Stuhlschismen in phänomenologischem Bezug: Während des mit harten Mitteln ausgetragenen Konflikts um die Petrusnachfolge ist auch an der Konstanzer Domkirche eine Serie konkurrierender Bischöfe zu verzeichnen. Möglicherweise noch am Ende der langjährigen Amtszeit Heinrichs von Brandis (1357–1383) angebahnt, erfasste sie ab 1384 dessen Nachfolger Nikolaus von Riesenburg (1384–1387/88), Mangold von Brandis (1384–1385), Heinrich Bayler (1387–1407/09), Burkhard von Hewen (1387/88–1398), Marquard von Randeck (1398–1406) und Albrecht Blarer (1407–1410). Diese sechs Bischöfe entfachten einen nahezu ununterbrochenen Stuhlstreit; dabei sahen sich Nikolaus von Riesenburg mit zwei und Heinrich Bayler – er die meiste Zeit als Administrator – mit vier aufeinander folgenden Konkurrenten konfrontiert.

Rechtsförmlich herbeigeführt wurden diese Konstanzer Bischofsschismen nur teilweise durch domkapitulare Wahl (archetypische ›Returns‹ zwiespältiger, meist päpstlich beschiedener Wahlen bis zur Mitte des 14. Jhs. zeichnet bereits der Vorreferent Andreas Bihrer im Rückgriff auf seine Dissertation zum damals – etwa durch Grafenfraktion und Klingenbergpartei – polarisierten Bischofshof nach). Immer aber war päpstliche Provision oder Transferierung als Erhebungsmodus daran beteiligt, da von allen sechs betroffenen Bischöfen zur jeweiligen Begründung ihrer episkopalen Potestas über kurz oder lang die apostolische Auctoritas bemüht wurde. Diese war indes aus Sicht Mangolds von Brandis und Heinrich Baylers in Avignon angesiedelt, für die anderen Stuhlinhaber in Rom. Denn auch die widerstreitenden Bischöfe entstammten gegensätzlichen Obödienzlagern oder begaben sich darein: Ohne dass das Abendländische Schisma ausschlaggebend für das Aufkommen Konstanzer Stuhlstreitigkeiten sein musste, begünstigte bzw. überlagerte es deren Entstehung und Entwicklung. Die Folge davon war eine dychotome Linienbildung unter den genannten Bischöfen entlang der römischen bzw. avignonesischen Obödienz.

Der Dualismus an der Spitze der Amtskirche reduplizierte sich also an deren Basis im Bodenseeraum, wo er auch unterhalb der episkopalen Ebene zur Verdoppelung kirchlicher Strukturen führte: Konkurrierende Bischöfe erhoben jeweils eigene Offiziale bzw. Generalvikare aus den Reihen des Domkapitels. Sie griffen ferner auf Weihbischöfe zurück, die von gegnerischen Päpsten ernannt worden waren. Hinzu traten im Bistum in persona präsente bzw. von außen wirksame kardinalizische Legaten oder Nuntien, die Schismapäpste ins Reich entsandt hatten. Zudem strömten stellensuchende Kleriker beider Observanzen auf das Domkapitel ein. Dadurch pflanzte sich die ursprünglich horizontale Spaltung auf vertikalen Ebenen zunehmend fort – dementsprechend splittete sich konkurrenzbedingt auch die Potestas ecclesiae weiter auf. Parallel dazu suchten die gegensätzlichen Obödienzlager auf der Sprach- wie Handlungsebene, einander massiv zu delegitimieren und inkriminieren. Zugleich beabsichtigten sie, durch Konzessionen und Konversionen den jeweils eigenen Raum des Gehorsams spürbar zu vergrößern.

Nach diesem dichten Abstract nun zum eigentlichen Beitrag – der sich in zwei Hauptteile gliedert: Ereignisgeschichtlich einleitend, ist der erste Part chronologisch aufgebaut, während sich der längere zweite Teil an einer Reihe heuristischer Sachaspekte orientiert. Dem anschließenden Kurzausblick folgt noch ein Anhang mit textbegleitenden Listen oder Schaubildern *(Nr. A–B)* zu den hier interessierenden Papst- und Bischofsschismen sowie deren tiefgreifender Prolongation. Dabei werden über die im Zentrum der Ausführungen stehende Konstanzer Domkirche hinaus, die selbstredend in das umliegende Bistum ausstrahlte, gelegentliche Seitenblicke auch auf Nachbardiözesen geworfen.

2. Vergleichende Chronologien

2.1 Abendländisches Papstschisma

Im kirchengeschichtlichen Schwellenjahr 1378 hob mit der um wenige Monate zeitversetzten Doppelwahl Urbans VI. (Bartolomeo Prignano) in Rom und Clemens' VII. (Robert von Genf) in Fondi das Große Abendländische Schisma an. Während sich der erstgewählte Pontifex am Wahlort etablierte, begab sich der zweitgewählte nach Avignon – an die vormalige Langzeitresidenz des Papsttums. Im Ringen um Anerkennung als Summus pontifex schufen sich die beiden gegnerischen Päpste innereuropäische Obödienzbereiche. Das Deutsche Reich etwa schloss sich unter der Leitung König Wenzels (1376–1400) und rheinischer Kurfürsten, die sich 1379 zum sog. Urbansbund formiert hatten, mehrheitlich dem römischen Papst an. Einen proavignonesischen Sonderweg schlug dagegen im Südwesten zuvorderst Herzog Leopold III. (1365–1386) als habsburgischer Landesfürst ein, der darin mit Frankreich übereinging[1].

1 Zu Schismabeginn und Obödienzdivergenzen vgl. Brigitte HOTZ, Der Ausbruch des Großen Abendländischen Schismas als Chance offensiver landesherrlicher Kirchenpolitik. Motive der Parteinahme Herzog Leopolds III. von Österreich für Clemens VII., in: Francia 37, 2010, 353–374, hier: 353–355. – DIES., Ein in Vergessenheit geratener Supplikenrotulus der Stadt Zürich aus der Frühzeit Clemens' VII. Nachträge zum Repertorium Germanicum, in: Kurie und Region. Festschrift für Brigide Schwarz zum 65. Geburtstag, hg. v. Brigitte FLUG, Michael MATTHEUS u. Andreas REHBERG (Geschichtliche Landeskunde 59), Stuttgart 2005, 389–415, hier: 389f.

Nach dem Tod beider Kontrahenten um den Petrusstuhl wurden jeweils Nachfolger gewählt und schließlich 1409 auf dem Konzil von Pisa ein dritter Pontifex, dem alsbald ein anderer nachfolgte. Diese mehrfache Kirchenspaltung mit sukzessiven Päpsten römischer, avignonesischer oder pisanischer Linie wurde erst auf dem Konzil von Konstanz 1417 mit der Wahl Martins V. weitgehend beigelegt[2]: In der ersten Liste *(Nr. A.1)* des angekündigten Anhangs sind die rivalisierenden Einzelpäpste nach Linien geordnet einander gegenübergestellt. Uns interessieren hier vorderhand die beiden linken Spalten und die Zeit vor dem Pisanum. Denn bis dahin waren auch mehrere Konstanzer Bischöfe in vergleichbare Konkurrenz zueinander geraten – wie die zweite spaltenförmige Übersicht *(Nr. A.2)* im Appendix veranschaulicht.

2.2 Konstanzer Bischofschismen

Der zu Beginn des Papstschismas kraft päpstlicher Provision bereits seit über zwei Jahrzehnten amtierende Konstanzer Bischof Heinrich von Brandis starb im November 1383. Es ist nicht auszuschließen, dass ihn seine gegenüber Clementisten jahrelang geübte Nachsicht, zuletzt wohl auch ein indirektes Bekenntnis zum avignonesischen Schismapapst kurz vor dem Tod selbst in Bedrängnis gebracht hatten[3]: Womöglich noch zu Lebzeiten des Altbischofs, jedenfalls vor einem domkapitularen Wahlakt ernannte der römische Schismapapst Urban VI. auf Betreiben König Wenzels dessen Kanzleileiter[4] Nikolaus von Riesenburg zum Bischof von Konstanz. Das Domkapitel, das nach Heinrichs Tod sowohl Urbanisten als auch Clementisten in sich vereinte, wollte indes nicht auf sein traditionelles Wahlrecht verzichten: Eine obödienzübergreifende Mehrheit erhob im Januar 1384 den Bischofsneffen Mangold von Brandis, seit kurzem Abtselekt der Reiche-

2 Zu Papstlinien und Schismaendetappen vgl. Dies., Gebaute Memoria in Schismazeiten (1378–1455). Papstgrabmäler im Zeichen von Konkurrenz, in: Formen mittelalterlicher Kommunikation. Beiträge der Sommeruniversität 2013 des Deutschen Historischen Instituts Paris, hg. v. Ralf Lützelschwab (Discussions 10), Tl. 1, Punkt 1–3 mit Schismapäpsten-Synopse in Taf. 1 (erscheint 2015 unter: http://www.dhi-paris.fr/de/home/online-publikationen/discussions.html [Stand: 7. November 2014]).

3 Wegen zunehmender Duldung von Parteigängern Avignons am Bischofshof oder im Bistum und letztlich mittelbarer Anerkennung Clemens' VII. könnte dem Altbischof Amtsentzug gedroht haben. Vgl. Brigitte Hotz, Päpstliche Stellenvergabe am Konstanzer Domkapitel. Die avignonesische Periode (1316–1378) und die Domherrengemeinschaft beim Übergang zum Schisma (1378) (VuF Sonderbd. 49), Ostfildern 2005, 408–411, 414f.

4 Nikolaus von Riesenburg, Propst in Kemberg bzw. Bonn, war als Protonotar wie auch Ratgeber schon früh in die prorömische Obödienzoption der Luxemburger eingebunden gewesen. So hatte er als *prepositus Bunnensis alias Camericensis* mehrere 1378 vor Clemens' VII. Wahl nach Prag ergangene Kardinalsschreiben zur Erhebung Urbans VI. wie Approbation Wenzels verwahrt, die bereits Kaiser Karl IV. (1355–1378) als Argument für den erstgewählten Papst nutzte; außerdem als *Nicolaus Camericensis prepositus* 1379 Wenzels Urbansbund-Urkunden mehrfach ausgefertigt: Deutsche Reichstagsakten unter König Wenzel, Abt. I (DRTA.ÄR 1), hg. v. Julius Weizsäcker, München 1867, 232–240, Nr. 129f. – Franz Bliemetzrieder, Der Briefwechsel der Kardinäle mit Kaiser Karl IV. betreffend die Approbation Wenzels als Römischen Königs (Sommer 1378), in: SMGB 29, 1908, 120–140, hier: 129, Anm. 2. – Vgl. zu den Schreiben ebd., 130f., 133f. – Zu Nikolaus' Vorfunktionen Hotz, Stellenvergabe (wie Anm. 3), 411 mit Anm. 8. – Das Bistum Konstanz. Das Erzbistum Mainz. Das Bistum St. Gallen (HelvSac I/2), redig. v. Brigitte Degler-Spengler, Basel u. a. 1993, 323f.

nau, zum Stuhlnachfolger. Das genaue Verhalten der ausschließlich von Nichtclementisten gebildeten Minderheitsfraktion bleibt dagegen etwas verschwommen[5].

In diese durch päpstliche Provision und kapitulare Wahl gegebene Stuhlkonkurrenz griff die Stadt Konstanz im Juni 1384 entscheidend ein, indem sie Nikolaus huldigend einholte. Mangold hatte bis dahin in der Obödienzfrage eine Unentschlossenheit erkennen lassen, die der Heterogenität seines Wählerkreises entsprach. Erst nach Einzug des Urbanisten Nikolaus schloss er sich, gleichsam in Herzog Leopolds III. Sog, Clemens VII. an – von dem er sich im Oktober 1384 den Bischofsstuhl übertragen ließ. Danach zerbröckelte sein Rückhalt im Domkapitel zusehends. Notgedrungen an kleinere Hochstiftsorte ausgewichen, starb Mangold im November 1385, keine zwei Jahre nach seiner Wahl, in Kaiserstuhl: seinem persönlichen Gegenhof zu Konstanz[6].

Mithin hatte die Spaltung an der Spitze der Amtskirche 1384 eine Entsprechung in einem Konstanzer Stuhlschisma gezeitigt – das seinerseits alsbald Fortsetzung finden sollte: Auf Mangold folgte mit Heinrich Bayler – einem Konstanzer Domkanoniker, der Robert von Genf bereits in dessen Kardinalszeiten als Kommensal gedient hatte[7] – ein Engvertrauter dieses aus dem Reich herrührenden Schismapapstes. Denn Bayler hatte nach Clemens' Rückkehr aus Italien als dessen Familiar, Kaplan, Kubikular wie auch Rotulikompositor und Urkundenregistrator eine steile Kurienkarriere genommen, außerdem in Avignon sein festes Domizil aufgeschlagen. Somit stand er buchstäblich an Clemens' Seite, als ihn sein Dienstherr im März 1387 mit dem Konstanzer Stuhl providierte. Die Bischofspromotion war vom vorländischen Herzogs- wie französischen Königshof, wohin Bayler zuvor als Nuntius und Diplomat beordert worden war, lanciert worden. Doch er selbst hatte sich zunächst zögerlich gezeigt. Daher waren zwischen seiner Provision und dem Tod Mangolds 16 Monate verstrichen[8].

Mit dieser zweiten Bischofspromotion durch Clemens VII. hob also der Konstanzer Stuhlstreit erneut an. Keine zwei Monate später erklärte Nikolaus von Riesenburg ge-

5 Zu den Hauptbeteiligten am Bischofsschisma vgl. Thomas Kreutzer, Verblichener Glanz. Adel und Reform in der Abtei Reichenau im Spätmittelalter (VKBW.B 168), Stuttgart 2008, 288–290. – Hotz, Stellenvergabe (wie Anm. 3), 410–419.

6 Vgl. zu Mangolds Hinwendung nach Avignon und zur prekären Gesamtlage Kreutzer, Glanz (wie Anm. 5), 290–292, 294. – Hotz, Stellenvergabe (wie Anm. 3), 359, 419–428. – Zur feierlichen Einholung Konstanzer Neubischöfe durch die Kommune zuletzt Helmut Maurer, Die Stadt Konstanz und das Konzil, in: Das Konstanzer Konzil 1414–1418. Weltereignis des Mittelalters, Essaybd., hg. v. Karl-Heinz Braun, Mathias Herweg, Hans W. Hubert u. a., Darmstadt 2013, 151–156, hier: 151, 153.

7 Bayler begegnete bereits in einer Papsturkunde von 1374 als Familiar und Tischgefährte Roberts von Genf, der Ansprüche auf eine umstrittene Brixener Domherrenpfründe aufgegeben hatte, damit sein Vertrauter surrogiert werden konnte. Damals war Bayler schon Expektant am Heimatdomstift Konstanz, wo er vor Schismabeginn präbendiert wurde: Grégoire XI (1370–1378). Lettres communes, bearb. v. Anne Marie Hayez, Janine Mathieu u. Marie-France Yv, Nr. 33900; lizenzgebundener Zugang: Ut per litteras apostolicas (http://apps.brepolis.net.proxy.nationallizenzen.de/litpa/Search.aspx [Stand: 18. April 2014]). – Vgl. zur karriererelevanten Urkunde Philippe Genequand, Une politique pontificale en temps de crise. Clément VII d'Avignon et les premières années du Grand Schisme d'Occident (1378–1394) (Bibliotheca Helvetica Romana 35), Basel 2013, 105, 108. – Zur Konstanzer Bepfründung Hotz, Stellenvergabe (wie Anm. 3), 254, 257, 261f., 305f., 310f., 313, 321f. u. 444f. Übersicht Nr. 10.1 sowie Biographie Nr. 11.1, 462f.

8 Zu Baylers kurialer Karriere und heimatbezogener Bischofserhebung vgl. Genequand, Politique (wie Anm. 7), 105, 109–111. – Hotz, Stellenvergabe (wie Anm. 3), 358, 361f., 372f., 412, 414, 427f. u. Biographie Nr. 11.1, 461, 463f., 472–476 sowie 483–485 Übersichten. – Dies., Ausbruch (wie Anm. 1), 363–366 u. 373f. Übersichten Nr. B.1–2, C.

genüber dem Domkapitel seinen Verzicht, um sich von Urban VI. auf den böhmischen Bischofsstuhl Olmütz transferieren zu lassen. Die daraufhin im Mai 1387 vom Konstanzer Domkapitel abgehaltene Bischofswahl ergab ein einhelliges Votum zugunsten des langjährigen Dompropstes Burkhard von Hewen, damals ein überzeugter Urbanist[9]. Da sich jedoch Nikolaus' Stuhlwechsel verzögerte, erhielt Burkhard erst ein Jahr nach seiner Wahl die von Urban VI. erbetene Provision. Bis dahin hatten sich beide Prälaten durch eine Stellvertreterlösung einvernehmlich in die bischöfliche Potestas geteilt – wobei Nikolaus erneut mithilfe des römischen Schismapapstes zugleich Burkhard als Dompropst ›beerben‹ sollte[10].

Infolge dieser zweiten Bischofspromotion seitens Urbans VI. wurde der Stuhlkonflikt also fortgesetzt. Nunmehr standen sich die vorherigen Kapitelskollegen Heinrich Bayler und Burkhard von Hewen als rivalisierende Konstanzer Bischöfe gegenüber: beide unter Berufung auf die – freilich gespaltene – Auctoritas apostolica. Zwar ließ sich Heinrich Bayler sechs Wochen später von Clemens VII. an die Spitze des kuriennäheren Doppelbistums Valence-Die versetzen. Doch drei weitere Wochen darauf wurde er im Juli 1388 von seinem Dienstherrn zum Konstanzer Administrator auf Lebenszeit erhoben. Dadurch wurden seine Ansprüche auf den in Kommenda überlassenen Bischofssitz und dessen Einkünfte aus der Diözese, wo sich Bayler beliebig vertreten lassen konnte, dauerhaft konserviert. Daran wie an der Konkurrenz zu Burkhard änderte auch Baylers im Mai 1390 erfolgte Transferierung von Valence-Die auf den südfranzösische Bischofsstuhl Alet nichts[11].

Vielmehr hielt Bayler seine Ansprüche über den Tod Clemens' VII. hinaus auch unter dessen Nachfolger Benedikt XIII. aufrecht: unter Wahrung seines Kurialenstatus. Um 1400 verlegte er seine Residenz von Avignon nach Alet, wo er erst 1420/21 sterben sollte – von Benedikt noch rechtzeitig zur freien Beichtvaterwahl befugt. Zuvor hatte er aus beiden Standorten Urkunden und Schreiben an Empfänger der Konstanzer Diözese gerichtet, bis er sich 1407/09 resigniert aus dem Administratoramt zurückzog. Während er auch damals in engem Kontakt mit Paris und den Valois stand, als deren Rat er zeitweilig fungierte, ist seine Präsenz am Konstanzer Bischofssitz in der Gesamtzeit als Bischof bzw. Administrator nicht belegt; ebenso wenig im arrondierenden Bistum, wo sich Bayler durch verschiedene ›Platzhalter‹ repräsentieren ließ. Seine Stellvertreter errichteten wiederum eigene und mit Konstanz konkurrierende Administrationszentren, zuvorderst im breisgauischen Freiburg[12].

9 Burkhard verdankte Dompropstei und -kanonikat Benefizialgratien Urbans V. (1362–1370) bzw. Clemens' VI. (1342–1352). Nach einer Position der Mitte zu Schismabeginn wird ab 1383/84 seine wachsende Hinwendung zu Rom greifbar. Mit dem Bruder und Straßburger Domthesaurar Rudolf von Hewen als beharrlichem Parteigänger Avignons liefert seine Hegaufamilie zugleich ein Beispiel innerfamiliärer obödienzpolitischer Zerrissenheit habsburgnaher Adelskreise im Reichssüden. Vgl. Hotz, Stellenvergabe (wie Anm. 3), 154, 212f., 295, 298f., 321f., 326, 328, 363–365, 418, 420 Anm. 23, 437 u. 443 Übersicht Nr. 10.1 sowie Biographie Nr. 11.6, 518–524, 529.

10 Konkret sah der schrittweise Übergang von Nikolaus als Bischof bzw. Administrator auf Burkhard als Generalvikar und Pfleger bzw. Bischof für ersteren 1387/88 das Nachrücken in Burkhards Dompropstei wie auch -kanonikat vor. Vgl. Hotz, Stellenvergabe (wie Anm. 3), 358f., 418, 428f. u. Biographie Nr. 11.6, 522, 530f.

11 Zu den Konkurrenz verlängenden Transferierungen und Kommendaregelungen vgl. Genequand, Politique (wie Anm. 7), 112. – Hotz, Stellenvergabe (wie Anm. 3), 362, 366 sowie Biographie Nr. 11.1, 465, 468–470 u. 483 Übersicht.

12 Vgl. Genequand, Politique (wie Anm. 7), 113. – Hotz, Stellenvergabe (wie Anm. 3), 359, 366, 409 Anm. 3, 413, 428 u. Biographie Nr. 11.1, 461, 466, 471, 475f. – Bistum Konstanz (wie Anm. 4), 330–333.

Über den 1398 verstorbenen Burkhard von Hewen hinaus sahen sich – unter Ausklammerung des 10-Tage-Elekten Friedrich von Nellenburg (1398) – am Konstanzer Bischofssitz noch zwei andere Stuhlinhaber mit Bayler als Administrator konfrontiert: Marquard von Randeck und Albrecht Blarer. Letzterer hatte zuvor dem Konstanzer Domkapitel als Propst vorgestanden; sein als Papstreferendar und Generalkollektor durch ausgeprägte Kuriennähe hervorstechender Vorgänger – ursprünglich Mitglied des Nachbardomstifts Augsburg – dem Bistum Minden. An beider Bischofserhebung waren wiederum 1398 mit Bonifaz IX. und 1407 mit Gregor XII. zwei weitere römische Schismapäpste beteiligt gewesen[13].

Somit hatten sämtliche sechs Bischöfe, welche in die jahrzehntelange Stuhlstreitserie verstrickt waren, auf einen der gegnerischen Schismapäpste rekurriert. Das heißt aber auch: Sie alle stützten ihre Stuhlansprüche auf einen Summus pontifex, dessen höchste Potestas ecclesiae nicht ungeteilt war. Daher konnte auch die jeweils eigene bischöfliche Amtsgewalt keine gesamtheitliche sein. Damit schließt der chronologisch einleitende Hauptteil. Kommen wir nun zu phänomenologischen Auswirkungen der auf papaler wie episkopaler Ebene gespaltenen Potestas ecclesiae – die zunächst einmal eine weitere Verdoppelung kirchlicher Strukturen zur Folge hatte.

3. Heuristische Sachaspekte

3.1 Amtskonkurrenzen und Doppelstrukturen

Die dargelegte Doppelbeanspruchung des Konstanzer Bischofsstuhles verlängerte sich ihrerseits mehrfach nach unten infolge unterschiedlicher Vertretungsfunktionen. Die Prolongation lässt sich zunächst an Parallelbesetzungen von Offizialat wie Generalvikariat verfolgen, deren Inhaber in der Regel vom Bischof den Konstanzer Domherrenreihen entnommen wurden.

So standen sich in der Richterfunktion ab 1384 Franz Murer und Hartmann von Bubenberg gegenüber: der eine damals zur römischen, der andere zur avignonesischen Obödienz gehörig und von Nikolaus von Riesenburg bzw. dessen Gegner Mangold von Brandis berufen. Im Auftrag derselben widerstreitenden Bischöfe konkurrierten als Generalvikare sodann Heinrich Goldast und Nikolaus Schnell miteinander: Diese sich vertikal fortpflanzenden Konkurrenzen sind im Anhang *(Nr. B.1)* – ausgehend vom zweifachen Kirchenhaupt – zu einem schematischen Schaubild kondensiert. Überdies übernahm Bischof Burkhard sowohl den Offizial Franz Murer als auch den Generalvikar Heinrich Goldast von seinem Stuhlvorgänger Nikolaus. Analog ›ererbte‹ Heinrich Bayler Mangolds Offizial Hartmann von Bubenberg, den er auch als Generalvikar einsetzte, vornehmlich in Freiburg. Hartmann wiederum war, ähnlich seinem Vorgesetzten Bayler, in seiner Klerikerkarriere bereits vor 1378 von Kardinal Robert von Genf wie weiteren Mitgliedern des Grafenhauses protegiert worden – und rückte selbst spätestens 1390 zu einem Familiaren Clemens' VII. auf[14].

13 Vgl. zu Wahl, Transferierung oder Provision wie Vorämtern Friedrich von Nellenburgs, Marquard von Randecks und Albrecht Blarers Bistum Konstanz (wie Anm. 4), 336–343. – Zu ersterem auch HOTZ, Stellenvergabe (wie Anm. 3), Biographie Nr. 11.6, 532.

14 Von diesen gegnerischen Stellvertretern der Konstanzer Stuhlkontrahenten war Murer zu Urban VI. konvertiert, dem neben Goldast zugleich auch Schnell anhing. Vgl. HOTZ, Stellenvergabe (wie Anm. 3), 358–361, 372, 399 mit Anm. 2, 413, 421, 424, 427f. u. Biographie Nr. 11.2, 486–492, Biographie Nr. 11.4, 503–507, Biographie Nr. 11.14, 606–609, Biographie Nr. 11.18, 638–640, 642f.

Sonstige Einzelheiten zu diesen Bischofsvertretern können den ausführlichen Biographien meiner Dissertation entnommen werden. Doch sei hier noch der grundsätzliche Hinweis erlaubt, dass sich vordergründig in den Datierungen von Urkunden konkurrierender Bischöfe, Offiziale oder Generalvikare (wie etwa auch in korporativ ausgestellten Litterae bzw. Notariatsinstrumenten) die tief gespaltene Potestas ecclesiae in Jahreszusätzen abbilden konnte: Die eine Seite bediente sich der Pontifikatsjahre der römischen, die andere der Amtsjahre der avignonesischen Schismapäpste.

Neben eigenständig ernannten Generalvikaren und Offizialen standen den Konstanzer Ordinarien noch andere Stellvertreter zur Verfügung: etwa Weihbischöfe, die gewöhnlich erst von einem Papst auf ein entlegenes Titularbistum berufen und dann von einem oder mehreren Ortbischöfen für Pontifikalhandlungen eingesetzt wurden. Nahezu zwangsläufig reproduzierten sich daher auch auf dieser Zwischenstufe der kirchlichen Amtshierarchie auf höherer Ebene bestehende Konkurrenzen.

Zum Titularbischof von Castoria (bei Theben) erhob beispielsweise Urban VI. 1383 Jakob von Hewen, Clemens VII. wiederum Hermann von Klingenberg. Ab 1389/92 wetteiferten beide Kleriker als Weihbischöfe im Bistum Konstanz etwa um die Erteilung von Altarweihen und Ablässen miteinander – wozu der eine von seinem Verwandten Bischof Burkhard von Hewen herangezogen wurde und der andere von dessen Stuhlgegner Heinrich Bayler[15]. Auch diese progressive Konkurrenz ist im Anhang *(Nr. B.2)* beispielhaft als Grafik visualisiert.

Wie die gegnerischen Konstanzer Bischöfe konnten indessen auch die Kontrahenten um den Petrusstuhl auf eigene Stellvertreter zurückgreifen. Dazu zählten zuvorderst kraft apostolischer Autorität amtierende Legaten oder Nuntien, die durch persönliche Präsenz in partibus die ferne päpstliche Potestas verkörperten. Ausgestattet mit umfangreichen Kompetenzen fungierten sie gleichsam als Alter Ego ihrer rivalisierenden Auftraggeber: Gleich zu Schismabeginn übernahmen diese Rolle der Altkardinal Guillaume d'Aigrefeuille (1367–1401) für Clemens VII. und für Urban VI. der Neukardinal Pileo da Prata (1378–1400) – deren kompetitive Papstvertretung gleichfalls im Anhang *(Nr. B.3)* grafisch exemplifiziert ist.

Beide Kardinäle begaben sich 1378 längerfristig ins Reich – mit stark divergierendem Itinerar: Guillaume, der eine Westroute über proclementistische Stationen wie Paris und Metz gewählt hatte, blieb zwar im Unterschied zu seinem Rivalen ein Vordringen an den Prager Herrscherhof ebenso verwehrt wie zu einer der iterativen Reichsversammlungen. Doch ab 1380 hielt sich der französische Kardinal jahrelang mithilfe Leopolds III. im breisgauischen Freiburg auf; von dort führten ihn mehrere Abstecher auch nach Schaffhausen, einem weiteren habsburgischen Vorposten. Zweifellos war also Clemens' Legat regional leicht für Bittsteller erreichbar: Während seines ständigen Aufenthalts im Bistum Konstanz ließ sich zuvorderst eine Reihe von Klöstern – darunter etwa St. Blasien und St. Märgen – Inkorporationen, Privilegien oder andere Vergünstigungen verbriefen[16].

15 Parallel war Burkhards Vertreter in pontificalibus auch für das Nachbarbistum Basel tätig: Regesta episcoporum Constantiensium. Regesten zur Geschichte der Bischöfe von Constanz, Bd. III, bearb. v. Karl Rieder, Innsbruck 1913ff. (künftig: REC III), 14 Nr. 6838, 16 Nr. 6849, 17 Nr. 6856, 57 Nr. 7206, 59 Nr. 7228. – Vgl. Hotz, Stellenvergabe (wie Anm. 3), Biographie Nr. 11.1, 466, Biographie Nr. 11.6, 520, 531. – Bistum Konstanz (wie Anm. 4), 510.

16 Zu Guillaumes Aktivitäten in Konkurrenz zu Pileo vgl. Genequand, Politique (wie Anm. 7), 109, 445. – Hotz, Ausbruch (wie Anm. 1), 354f., 363–367 und 373f. Übersichten Nr. B.1–2. – Dies., Stellenvergabe (wie Anm. 3), 409–411 mit Anm. 4, 420–422 mit Anm. 22f., 427. – Ferner die Synthese eines Tagungsvortrags ders. (s. http://hsozkult.geschichte.hu-berlin.de/tagungsberichte/id=3976 [Stand: 18. April 2014]) von Heribert Müller, Gegenpäpste – Prüfsteine universaler Autorität

Derweil traten auch Konstanzer Bürger an Guillaume heran. Davon zeugt als Überlieferungszufall eine 1382 in Schaffhausen ausgestellte Legatenurkunde für Hermann Sünchinger und seine Frau Adelheid, worin Ablass in Todesstunde und freie Beichtigerwahl gewährt wurden. Möglicherweise war der wohl einer Konstanzer Notarsfamilie zugehörige Empfänger selbst als Notar am Bischofshof tätig[17]. In dessen Umfeld wandten sich jedenfalls auch einzelne Domkanoniker an Guillaume in der Absicht, den eigenen Benefizienbestand zu erweitern – wie ein ähnlicher Zufallsfund zeigt: 1383/84 erwirkte der standfeste Clementist Johannes von Randegg gleichenorts vom Kardinallegaten die Provision mit Propstei und Pfründe des Kollegiatstiftes Embrach[18].

Umgekehrt hatte der römische Gegenspieler Pileo auf seiner Ostroute über Wien, Hauptresidenz des urbanistischen Herzogs Albrecht III. (1365–1395)[19], die Diözese Konstanz gewissermaßen links liegen gelassen[20]. Deren Domherrenkolleg scheint zwar – im Unterschied etwa zum Nachbarkapitel in Augsburg[21] – nicht zum breitgestreuten Petentenkreis des Nuntius gehört zu haben, doch sind Pileo unterbreitete Anliegen, der eben auch auf schismabezogenen Reichstreffen an Zentralorten aufgesucht werden konnte, anderer Bittsteller des Bodenseebistums durchaus bekannt. So ließ sich 1379 auf einem Frankfurter ›Reichstag‹ der Rektor der breisgauischen Pfarrkirche Eichstetten deren Besitz bestätigen[22]. Und nachdem der Nuntius das Reich schon wieder verlassen hatte, richtete der Abt von St. Gallen 1383 von Konstanz aus eine Supplik an Pileo, dem er zuvor

im Mittelalter. Zusammenfassung der Tagung, in: Harald Müller, Brigitte Hotz (Hg.), Gegenpäpste. Ein unerwünschtes mittelalterliches Phänomen (Papsttum im mittelalterlichen Europa 1), Köln / Weimar / Wien 2012, 411–421, hier: 415f.

17 Die als Bucheinbandmaterial verwertete Urkunde ist fragmentarisch überkommen: Ludwig-Maximilians-Universität München, Kartei der Professur für Historische Grundwissenschaften / Urkunden und Handschriftenfragmente Nr. 172; Abb. / Regest: Monasterium.net (http://monasterium.net/mom/DE-LMUHGW/Urkunden/172/charter [Stand: 9. Dezember 2014]. Der anscheinend namensgleiche, wenn nicht mit dem Petenten identische Notar Hermann Schwellgrübel alias Sünchinger war Großonkel des Konzilschronisten Ulrich Richenthal; beider Väter waren in Konstanz als Kuriennotar bzw. Stadtschreiber tätig. Vgl. Peter-Johannes Schuler, Notare Südwestdeutschlands. Ein prosopographisches Verzeichnis für die Zeit von 1300 bis ca. 1520 (VKBW.B 90 und 99), Stuttgart 1987, Textbd. 414–416 Nr. 1216f., Registerbd. 260 Stammtaf. 17.

18 Auch diese Kardinalsurkunde endete als Einbandmakulatur, weshalb zentrale Textpartien fehlen: StA Zürich, W 44 AL 19. – Vgl. Hotz, Stellenvergabe (wie Anm. 3), 413, 424, Biographie Nr. 11.16, 618–626, 628f., Anm. 47 u. 78 sowie 630f. Übersicht.

19 Zu den gegensätzlichen Obödienzen der ihrerseits konkurrierenden Herzogsbrüder Leopold III. und Albrecht III. vgl. Hotz, Ausbruch (wie Anm. 1), 353f.

20 Abweichend von gängigen Kardinalsindulgenzen stellte Pileo in Wien 1379 einer Marienkapelle eine ungewöhnliche Urkunde zur Konfirmation aller vorherigen Sammel- oder Einzelablässe aus: Stadt und Landesarchiv Wien, Hauptarchiv / Urkunden Nr. 958; Abb. / Regest: Monasterium.net (http://www.mom-ca.uni-koeln.de/mom/AT-WStLA/HAUrk/958/charter?q=Pileus [Stand: 18. April 2014]). – Vgl. Alexander Seibold, Sammelindulgenzen. Ablaßurkunden des Spätmittelalters und der Frühneuzeit (ADipl Beih. 8), Köln / Weimar / Wien 2001, 89f. mit Anm. 631.

21 1379 ließ sich das dortige Domstift an einem einzigen Tag die Inkorporation von 14 Pfarreien in einer Urkundenserie des Nuntius bekräftigen, kurz darauf auch den Tausch von Patronatsrechten mit dem Ortsbischof: MonBoica, Bd. XXXIII/2, München 1841, 527–532, Nr. 462–469.

22 Keinen Monat später gab Bischof Heinrich von Brandis eine Abschrift der Kardinalsurkunde: Regesta episcoporum Constantiensium. Regesten zur Geschichte der Bischöfe von Constanz, Bd. II, bearb. v. Alexander Cartellieri, Innsbruck 1905 (künftig: REC II), 436f., Nr. 6548, Nr. 6551. – In Frankfurt gewährte Pileo etwa auch dem Augsburger Moritzstift die Unierung dreier Pfarrkirchen: Paolo Stacul, Il cardinale Pileo da Prata (Miscellanea della Società Romana di Storia Patria 19), Rom 1957, Anhang 2, 334, Nr. 405.

einen Servitienbetrag ausgehändigt hatte. Dafür sollte ihm der Kardinal eine Eingangsbestätigung der Kammer Urbans VI. zukommen lassen[23]. Bereits 1381 hatte Pileo wiederum auf einem Nürnberger ›Reichstag‹ der Bitte des Klosters Pfäfers im Nachbarbistum Chur entsprochen, die vormals vom Konstanzer Bischof Ulrich Pfefferhard (1345–1351) mit Zustimmung des Domkapitels bewilligte Inkorporation einer Pfarrei der Diözese Konstanz zu konfirmieren[24].

Mithin reduplizierte sich der Widerstreit der beiden ersten Schismapäpste also auch im Wettstreit zweier ins Reich beorderter Kardinäle. Doch nicht allein von konkurrierenden Päpsten berufene Legaten und Nuntien oder Weihbischöfe stellten Verbindungsglieder zwischen dem zweigeteilten Zentrum und der gespaltenen Peripherie dar. Schnittstellen konnten auch die Offiziale der Bischöfe oder andere Mitglieder des Domkapitels bilden – wenn sie etwa mit der Exekution des dispositiven Gehalts von Papsturkunden vor Ort betraut wurden.

Davon erfahren wir beispielsweise aus einem Kopialbuch Konstanzer Provenienz: Demnach wurde 1383/84 ein Mandat Urbans VI. zur Abstellung von Wucherpraktiken, die ein Hohenberger Graf zur Anzeige gebracht hatte, an Burkhard von Hewen als Dompropst gerichtet[25]. Und 1385 wurde der romgefällige Offizial Franz Murer im Dienst von Bischof Nikolaus mit der Umsetzung einer Expektanzenurkunde beauftragt, die ein Kanoniker des Zürcher Großmünsters von Urban VI. erwirkt hatte. Auch sein clementistisches Gegenüber, der Offizial Hartmann von Bubenberg, sollte 1390 ein Benefizialmandat zur Ausführung bringen. Diese Papsturkunde war durch den Stuhladministrator Heinrich Bayler wie die Kollegiatstifte Beromünster, Zofingen und Schönenwerd gemeinsam in Avignon betrieben worden, um die Erlangung von Stiftspfründen nachträglich zu regulieren[26]. Zusammengenommen vermitteln diese beiden Exekutionsaufträge an konkurrierende Offiziale – deren Rivalität auch als Adressaten päpstlicher Mandate sich in einem weiteren beispielhaften Schaubild *(Nr. B.4)* des Anhangs spiegelt – einen Eindruck zum einen von der obödienzpolitischen Zerrissenheit der Stiftslandschaft der heutigen Nordschweiz; zum anderen von den sich netzartig im Bistum verdichtenden Doppelstrukturen.

Die horizontale Spaltung an der Spitze der Gesamtkirche wirkte sich unterdessen an der Konstanzer Bischofskirche vertikal noch tiefer aus. Mit der Parallelexistenz zweier Päpste entstanden nämlich auch Konkurrenzen en masse um Domkapitelsstellen: angefangen bei 20 einfachen Kanonikaten und zehn zusätzlichen Archidiakonaten bis hinauf zu Dekanat und Propstei als höchsten von vier leitenden Personaten oder Dignitäten. Für diesen Benefizienpool konnten die widerstreitenden Päpste pfründensuchenden Kleri-

23 Chartularium Sangallense, Bd. X, bearb. v. Otto P. Clavadetscher u. Stefan Sonderegger, St. Gallen 2007, 119f., Nr. 5948; Volltext auch: Monasterium.net (http://www.mom-ca.uni-koeln.de/mom/CSGX/1383_II_16/charter?q=pileus [Stand: 18. April 2014]).

24 Klosterarchiv Einsiedeln, O.D.1; Abb./Regest: Monasterium.net (http://www.mom-ca.uni-koeln.de/mom/CH-KAE/Urkunden/KAE_Urkunde_Nr_528/charter?_lang=deu&q=M%C3%A4nnedorf [Stand: 18. April 2014]).

25 Der Eintrag im Kopial- und Formelbuch des Konstanzer Stadtschreibers Nikolaus Schultheiß – einem für die Schismazeit reichhaltigen, doch noch kritischer Gesamtedition harrenden Quellenfundus – enthält lediglich Urbans' VI. sechstes Pontifikatsjahr als Datumsangabe: Generallandesarchiv Karlsruhe (künftig: GLA) 67/1491 fol. 40. – Vgl. Hotz, Stellenvergabe (wie Anm. 3), Biographie Nr. 11.6, 520, 529, 533.

26 Clemens' VII. Mandat datierte von 1389, wurde aber erst 1390 expediert. Vgl. Hotz, Stellenvergabe (wie Anm. 3), Biographie Nr. 11.1, 465f., Biographie Nr. 11.2, 488–491 u. 494f. Übersicht, Biographie Nr. 11.14, 609f.

kern jeweils Expektanzen, Provisionen, Konfirmationen oder Surrogationen gewähren – auch schon vor dem Anheben der Konstanzer Bischofsschismen.

So ist allein im Pontifikat Clemens' VII. für den domkapitularen Stellenbestand von mindestens 40 bewilligten Benefizialgratien auszugehen[27]. Die Vergleichszahlen für Urban VI. lagen möglicherweise etwas niedriger, sind aber kaum mehr zu eruieren. Denn die Suppliken- und Urkundenregister dieses römischen Schismapapstes sind im Unterschied zu relativ geschlossen überkommenen Quellenserien seines Gegners in Avignon weitestgehend verloren. Gleichwohl lässt der Rückblick auf die rege vorschismatische Stellennachfrage beim avignonesischen Papsttum[28] auf eine hohe Dunkelziffer für Urbans VI. Pontifikat schließen – jenseits anderweitig belegbarer Einzelexpektanten oder -provisen römischer Couleur.

Gewiss also stürmten Kleriker beider Obödienzseiten mit päpstlichen Benefizialgratien auf das Konstanzer Domkapitel ein. Im gut dokumentierten avignonesischen Lager befand sich darunter z. B. 1379/80 der Domkanonikatsexpektant Heinrich von Randegg. Dieser Angehörige des oben als Petent gegenüber Guillaume vorgestellten Domkapitulars Johannes von Randegg hegte zusätzliche Dignitärsambitionen. Und das aufgefächerte Stelleninteresse seiner klerikerreichen Adelsfamilie, die stramm habsburgisch-clementistisch positioniert war, richtete sich wiederholt auch auf das Augsburger Domstift[29]. Dieselbe Observanz befolgte damals der weitere Domkanonikatsexpektant Johannes Schwellgrübel genannt Sünchinger aus der bereits gestreiften Konstanzer Notarsfamilie mit wohl ähnlichen Affinitäten zum besagten Kardinallegaten. Über Konstanz hinaus galt sein späteres Augenmerk etwa auch einer Pfründe am benachbarten Churer Domstift[30].

27 Die Stellennachfrage in diesem Schismapontifikat zeitigte multiple Eingaben aus leopoldinischem Umfeld und exsessive Rückdatierungspraktiken. Vgl. Hotz, Stellenvergabe (wie Anm. 3), 399–407 u. 454–458 Übersicht Nr. 10.5.

28 Für Konstanzer Domkanonikatsexpektanzen sind zwischen 1316 und 1378 rund 100 Interessenten namhaft zu machen; für andere Stellenarten oder Gratialtypen, bei denen die Nachfrage naturgemäß niedriger lag, ca. 15 bzw. 20. Vgl. Hotz, Stellenvergabe (wie Anm. 3), 381, 388f., 391–393 u. 449–453 Übersicht Nr. 10.4. – Zur avignonesischen Gesamtperiode auch Jörg Erdmann, »Quod est in actis, non est in mundo«. Päpstliche Benefizialpolitik im *sacrum imperium* des 14. Jahrhunderts (Bibliothek des Deutschen Historischen Instituts in Rom 113), Tübingen 2006, 223–227 mit Diagrammen in Abb. 51–52. – Zur päpstlichen Stellenvergabe speziell im zweiten Säkulumsviertel ferner Andreas Bihrer, Der Konstanzer Bischofshof im 14. Jahrhundert. Herrschaftliche, soziale und kommunikative Aspekte (Residenzenforschung 18), Ostfildern 2005, 317–319, 324f.

29 Fünf Säkulargeistliche der Hegaufamilie, der ferner Heinrich von Randegg als Schaffhausener Vogt wie leopoldinischer Laienrat und Kuriendiplomat angehörte, brachten es bis 1385 auf über 25 Bittschriften, die tw. von Clemens VII. gezielt auf 1378 rückdatiert wurden. Vgl. Hotz, Ausbruch (wie Anm. 1), 356–359 mit Anm. 17, 27 u. 34 sowie 369f., 372f. Übersichten Nr. A.1, A. 3. – Dies., Stellenvergabe (wie Anm. 3), 413, 419, 420f. Anm. 23, 424 u. 455–457 Übersicht Nr. 10.5 sowie Biographie Nr. 11.16, 618–626 u. 630f. Übersicht, Biographie Nr. 12.4, 698–705.

30 Johannes Schwellgrübel erwirkte von Clemens VII. drei Benefizialurkunden. Seine durch einen leopoldinischen Hofbeamten befürwortete Konstanzer Expektanz mit fiktivem Vorzugsdatum von 1378 wurde 1380 ausgestellt und sollte vom damaligen Konstanzer Offizial, dem Domherrn Johannes Molhardi, exekutiert werden. Die Churer Supplik datierte von 1385 – und befand sich auf einem Rotulus, den Heinrich Bayler selbst an der avignonesischen Kurie kompiliert hatte; er sollte außerdem als Bischof von Alet die erst 1390 dazu ergangene Urkunde mit ausführen: Archivio Segreto Vaticano (künftig: ASV), Registra Supplicationum (künftig: RS), 51 fol. 66r, 60 fol. 30v, 68 fol. 142r, Registra Avinionensia (künftig: RA) 206 fol. 304r–305r, 223 fol. 384r–v, 242 fol. 148v–149r. – Vgl. zur Konstanzer Expektanz und ihrem Exekutionsauftrag Hotz, Ausbruch (wie Anm. 1), 359 u. 372 Übersicht Nr. A.3. – Dies., Stellenvergabe (wie Anm. 3), 455 Übersicht Nr. 10.5 sowie Biogra-

Wiederum auf Urbans VI. Gegenseite haben wir beispielhaft bereits Nikolaus von Riesenburg 1388 als Dompropsteiinteressenten kennengelernt.

Überdies wandten sich nicht wenige Domstiftsmitglieder mit eigenen komplementären Stellenanliegen an den einen oder anderen Schismapapst. Dabei suchten einige auch Profit aus ihrer persönlichen Obödienzoption zu schlagen, um andersgesinnte Kapitelskollegen im Ringen um ein einträgliches Zusatzamt auszustechen[31]. Wie wir gesehen haben, wurden selbst die ihrerseits zur Gewährung von Benefizienwünschen des Niederklerus befugten Kardinallegaten oder -nuntien partiell aus den Domherrenreihen heraus angegangen.

Der bereits vor 1378 feststellbare Wettlauf um domkapitulare Pfründen und Ämter oder auch nachgeordnete Kollegiatstiftstellen wurde also während der Konkurrenz um die Petrusnachfolge noch gewaltig verstärkt, wenn nicht regelrecht multipliziert. Zugleich konnte das fortschreitende Papstschisma in seiner reziproken Verlängerung zum Konstanzer Bischofsschisma einzelne Domkanoniker geradewegs in die Isolation führen: Aus der Fernsicht des Administrators Heinrich Bayler bildete im Jahr 1400 sein langjähriger Platzhalter in Freiburg, der mehrfach genannte Hartmann von Bubenberg, das *totum capitulum Constantiensis ecclesie* – ein quasi einköpfiges Dom-›Kapitel‹ avignonesischer Couleur[32]. Im Grunde also hatte sich dieser Kanoniker damals von der romorientierten Domherrengemeinschaft in Konstanz abgespalten.

Die bisherigen Beobachtungen lassen sich einstweilen bündeln: Der Dualismus zwischen den Päpsten wie den Bischöfen setzte sich immer weiter nach unten fort. Und die dadurch bedingten Doppelstrukturen fächerten sich zunehmend auf – beides auf Kosten einer in sich geschlossenen Potestas ecclesiae. Kommen wir nun zum Aspekt semantischer Wechselwirkungen.

3.2 Sprachregelungen und Delegitimierungen

In der sprachlichen Einkleidung des jeweiligen Konkurrenten zeigte sich der Stilus curiae wortgewaltig-brachial wie auch auf beiden Seiten kanonistisch begründet: Urban VI. blieb aus clementistischer Sicht ein *intrusus*, der den Petrusstuhl *sine canonico titulo occupat*. Umgekehrt war Clemens VII. als *scismaticus* und *hereticus* aus urbanistischer Perspektive ein *antipapa*. Daher stand beiden anstelle des Papstnamens auch nur ihr Zivilname zu: *Bartholomeus* bzw. *Robertus*[33].

phie Nr. 11.13, 598f. u. 604 Übersicht. – Zur Person SCHULER, Notare (wie Anm. 17), Textbd. 416 Nr. 1218, Registerbd. 260 Stammtaf. 17.

31 Beispielsweise bemühten sich 1378/79 die zwei Domkanoniker Johannes von Steinegg und Rudolf Tettikover, einander mithilfe von Urban VI. bzw. Clemens VII. wegen eines Archidiakonats zu übervorteilen. Vgl. HOTZ, Stellenvergabe (wie Anm. 3), Biographie Nr. 11.19, 646–649, Biographie Nr. 11.20, 656f., 659f.

32 Auf diese Formulierung verstand sich Bayler in einer in Alet mit Zustimmung des Domherrn Hartmann ausgefertigten, Kapitelskonsens suggerierenden Inkorporationsurkunde für das Kloster Tennenbach: REC III 21 Nr. 6887. – Vgl. HOTZ, Stellenvergabe (wie Anm. 3), Biographie Nr. 11.1, 466, Biographie Nr. 11.2, 488.

33 Die Begriffe wurden 1378 einerseits in eine enzyklische Ungültigkeitserklärung der Wahl Urbans VI. durch die dissidenten Kardinäle eingeführt, gestützt auf das Argument einer rechtswidrigen Wahlimpression durch die Bevölkerung; andererseits in Absetzungsprozesse Urbans VI. gegen gewisse Altkardinäle als Schismaverursachern, darunter Clemens VII. selbst als Robert von Genf: Annales ecclesiastici, Bd. XXVI, hg. v. Caesar BARONIUS bzw. Odoricus RAYNALDUS, überarb. v. Augustinus THEINER, Bar-le-Duc u. a. 1880, 316–318, Nr. 48–50, 342–346, Nr. 103–111.

Der wechselseitig deligitimierende Sprachgebrauch der gegnerischen Päpste wurde sodann von deren Parteigängern nicht nur zur Bezeichnung des abgelehnten Pontifex übernommen, sondern ebenso deklassierend auf untere Stufen der Kirchenhierarchie des Gegenlagers übertragen; beispielsweise auf Bischöfe, die ihren eigenen Amtsanspruch auf den ›falschen‹ Papst gründeten. Davon zeugen vatikanische wie lokale Quellen.

Urban VI. galt etwa Mangold von Brandis 1385 nicht als Papst, sondern als *sceleratus Bartholomeus*. Als ruchlos-verbrecherischem Kleriker stand ihm keinerlei Berechtigung zur obersten kirchlichen Amtsgewalt zu. Folglich konnte auch Mangolds eigener Kontrahent Nikolaus von Riesenburg nur irregulär – nämlich gleichfalls via *intrusio* – auf den Konstanzer Bischofsstuhl gelangt sein. Auf der Sprachebene war somit Nikolaus jeglicher bischöflichen Potestas ›entkleidet‹. Zudem verhöhnte ihn Mangold in Anspielung auf ein vorheriges niedrigeres Kirchenamt als *prepositellus*: als unscheinbares ›Pröpstchen‹[34]. In sich logisch war es daher ferner, wenn Nikolaus als *filius iniquitatis* in Heinrich Baylers bzw. Clemens' VII. Augen 1387 den Konstanzer Stuhl *pretextu litterarum dicti Bartholomei nititur dampnabiliter occupare* – oder auch sein ›okkupatorischer‹ Nachfolger Burkhard in Avignon als ›Intrusus‹ galt[35].

Und wenn umgekehrt Burkhard von Hewen frühestens 1389 Clemens VII. als *Robertus antipapa* apostrophierte, befleißigte er sich bewusst der an der Kurie der römischen Schismapäpste gängigen Sprachregelung: Aus deren wie des Bischofs Sicht befanden sich die Anhänger Avignons allesamt im Ungehorsam und Irrtum – *inobedientia* bzw. *errores* –, daher außerhalb des *gremium* der *apostolica sedis* wie der *fides catholica*. Folglich waren auch sie, wie es etwa Burkhards Offizial Franz Murer ausdrückte, *scismatici* und *heretici* in einem[36]. Derart häretisiert und stigmatisiert, war also das gesamte gegnerische Obödienzlager – dessen Erweiterung durch das Pisanum wiederum Gregor XII. 1410 mit konsequent deklassierenden Termini bedachte[37] – in höchstem Maße diskreditiert.

Neudeutsch gewendet, mögen diese sprachlichen Schlaglichter des päpstlichen bzw. bischöflichen Kanzleistils vielleicht an ›Hassrhetorik‹ denken lassen. Unabhängig davon zeichnet sich in den gestreiften Wortfeldern jedenfalls ab, dass die gegnerischen Päpste oder konkurrierenden Bischöfe einander nicht nachstanden in der gegenseitigen Delegitimierung qua Titulatur. Doch blieb es nicht bei reinen Verbalinjurien. Die Sprachbilder zogen vielmehr multiple Strafpraktiken nach sich gegenüber dem – obödienzbezogen – schlichtweg ›Anderen‹.

34 Die Terminologie, die zugleich Nikolaus' eigene Unterfertigungen von Königsurkunden zu konterkarieren scheint, findet sich in einer Supplik Mangolds an Clemens VII.: ASV RS 67 fol. 107v. – Vgl. HOTZ, Stellenvergabe (wie Anm. 3), 426.

35 Die Zitate rühren aus einer Urkunde Clemens' zugunsten Baylers und wurden tw. in einem zweiten Stück aufgegriffen: ASV RA 247 fol. 411r, 251 fol. 425v–426r. – Vgl. HOTZ, Stellenvergabe (wie Anm. 3), 413f. u. Biographie Nr. 11.1, 463–465.

36 Die Diktionen sind in datenlosen Abschriften zweier Bischofs- bzw. Offizialsurkunden, die sich auf Urban VI. oder Bonifaz IX. beziehen, im Schultheißschen Kopialbuch überliefert: GLA 67/1491 fol. 77a, 92a–93.

37 Dieser römische Schismapapst betitelte per Kanzleiregel das Pisaner Konzil – das ihn selbst für abgesetzt erklärt hatte – als *conciliabulum* von *anticardinales*. Für Clemens VII. und Benedikt XIII. wie für Alexander V. und Johannes XXIII., die sich ihren Papstnamen *ausu sacrilego* ›anmaßten‹, verwandte er konsekutiv den jeweils bürgerlichen Namen. Und Clemens VII. als deren Erstgewählter wie -verstorbener stellte er unumwunden einer *damnate memorie* anheim: Regulae cancellariae apostolicae. Die päpstlichen Kanzleiregeln von Johannes XXII. bis Nikolaus V., hg. v. Emil v. OTTENTHAL, Innsbruck 1888, 88f. Nr. 16; Volltext auch: Regule domini Gregorii pape duodecimi, hg. v. Andreas MEYER, Nr. 17 (http://www.uni-marburg.de/fb06/forschung/webpubl/magpubl/gregor12.pdf [Stand: 18. April 2014]).

3.3 Exklusionen und Inkriminierungen

Beginnen wir das Repressionsspektrum mit Interdikt und Exkommunikation. Bereits vor 1378 inflationär zur Exklusion von Geistlichen oder Laien von kirchlicher Messe wie gesellschaftlichem Umgang eingesetzt, wurden diese Strafmaßnahmen ab Schismabeginn auch bei obödienzbezogener Dissidenz maßlos angewandt.

Über das vorderösterreichische Freiburg – auf lange Sicht die avignonergebene ›Bastion‹ schlechthin im Bistum Konstanz – wurde das Interdikt erstmals von Urban VI. verhängt; und im Gegenzug 1380 von Clemens VII. wieder aufgehoben. Noch 1405 waren Freiburger exkommuniziert, weshalb auch dem nahen Breisach oder etwa Basel bei Kontakt mit ihnen Interdikt drohte[38]. Das gleichfalls im Breisgau gelegene Kenzingen wurde 1386 von Bischof Nikolaus wegen Inschutznahme von Clementisten mit den Kirchenstrafen belegt. Zuvor war 1379 die Konstanzer Domkirche selbst bei einem internen Konflikt zwischen zwei Kanonikern entgegengesetzter Obödienz römischerseits mit Interdikt überzogen worden; schließlich auch die Stadt wegen der Präsenz von Clementisten – waren doch 1384 an Mangolds Bischofswahl eben auch domkapitulare Anhänger Avignons beteiligt gewesen[39].

Aus einer anderen Gruppe clementistischer Kleriker ragte der vorbenannte Weihbischof Hermann von Klingenberg seinerseits als *iniquitatis filius* heraus, als sich um 1392/94 Franz Murer als Offizial römischer Observanz zum Einschreiten rüstete: Der ›Sohn der Unrechtmäßigkeit‹ sollte mit den übrigen ›Schismatikern‹ am Betreten einer bistumsinternen Pfarrkirche gehindert und von der Messe ausgeschlossen werden – sonst drohten dem zuständigen Pleban Exkommunikation und seinem Sprengel Interdikt[40].

Kommen wir nun zu härteren Kirchenstrafen, die davon Betroffene empfindlicher, wenn nicht existenziell treffen sollten. Dazu gehörte zweifellos die Privation – sollten doch über dieses Strafmittel Kleriker von ihren kirchlichen Benefizien, Einkünften und Gemeinschaften abgeschnitten werden. Vor 1378 nur selten an der Domkirche betrieben oder angedroht, wurden Privationsverfahren alsdann gezielt gegen ›Andersgläubige‹ angestoßen.

So suchte 1379 ein clementistischer Domherr einen damals urbanistisch gesinnten Kapitelskollegen mittels Privation aus einem Archidiakonat zu drängen – der sich danach jedoch selbst Avignon zuwandte[41]. Und 1382 richtete sich eine von Clementisten initiierte Verdrängungswelle gegen gleich drei ›römischgläubige‹ Konstanzer Domkanoniker. Aus diesem bürgerlich-schwäbischen Domherrentrio stach Johannes Perger hervor: weniger wegen seiner Herkunft aus der Nachbardiözese Augsburg, sondern als langjähriger Ex-

38 REC II 439 Nr. 6566, III 25 Nr. 6917, 6921, 137 Nr. 7896.

39 Die Interdizierung der Domkirche hatte Johannes von Steinegg im gestreiften Archidiakonatsstreit mit Rudolf Tettikover erwirkt, die Kirchenstrafe gegen die Kommune möglicherweise Bischof Nikolaus initiiert. Vgl. HOTZ, Stellenvergabe (wie Anm. 3), 423–425 u. Biographie Nr. 11.19, 648, Biographie Nr. 11.20, 659.

40 Die bereits angeführte Abschrift der Offizialsurkunde bietet, abgesehen von einem irrigen Weihbischofsvornamen, weder Datum noch Ausstellernamen, weshalb hier Grunddaten des Stücks auch anhand von Murers und Hermanns Amtszeiten rekonstruiert sind: GLA 67/1491 fol. 77a. – Vgl. HOTZ, Stellenvergabe (wie Anm. 3), Biographie Nr. 11.14, 609. – Bistum Konstanz (wie Anm. 4), 510.

41 Der Obödienzwechsler war Johannes von Steinegg, sein zeitweiliger Widersacher der gleichfalls bereits begegnende Rudolf Tettikover aus einer damals avignonbezogenen Konstanzer Patrizierfamilie. Vgl. HOTZ, Stellenvergabe (wie Anm. 3), 363f., 413 sowie Biographie Nr. 11.19, 646–649 u. 652 Übersicht, Biographie Nr. 11.20, 653–657, 659f. u. 667f. Übersicht.

Familiar des römischen Kardinals Francesco Tebaldeschi (1368–1378), der bis zu seinem Tod an Urbans VI. Seite gestanden hatte[42]. Ex post betrachtet, sollte zwar der konzertierte Privationsvorstoß gegen die drei urbantreuen Domherren ›versanden‹. Doch dessen konnten sich die Betroffenen selbst damals keineswegs sicher sein.

Ein weiteres clementistisches Privierungsvorhaben galt 1388 sodann der Dompropstei, die Burkhard von Hewen entzogen und einem anderen Adeligen übertragen werden sollte. Burkhard war nicht grundlos an der avignonesischen Kurie als notorischer Urbanist inkriminiert worden – wo auch er als *filius iniquitatis* verschrien wurde. Hatte er doch den Papsthof in Italien durch den Abt von St. Gallen über seine verlässliche urbanistische Gesinnung ins Bild setzen lassen, um die päpstliche ›Approbation‹ seiner rechtsförmlich kassierten Konstanzer Bischofswahl zu beschleunigen[43]. Und während Urban VI. unter Verständigung mit Burkhard[44] alsbald die Dompropstei dem resignierenden Vorgängerbischof Nikolaus erfolgreich antrug, blieb auch diese von Clemens VII. verfügte Privation wirkungslos.

Schließlich blieben Stellenentzugsverfahren keine reine ›Chefsache‹. Vielmehr teilte sich Clemens VII. mit Guillaume d'Aigrefeuille wie auch Heinrich Bayler in die Potestas, gegen Urbanisten Privationen zu verhängen: Entsprechende Befugnisse hatte der avignonesische Schismapapst 1378 dem Kardinallegaten und 1387 dem Bischof übertragen, der sie seinerseits an einen Stellvertreter delegieren konnte. Und unter den verschiedentlich begegnenden Exekutoren von Privationsurkunden befand sich erneut der Offizial Hartmann von Bubenberg: 1388/89 wurde er von Clemens mit zwei Ausführungsmandaten betraut, die sich gegen einen Pfarrrektor und einen Stiftskanoniker im Bistum Konstanz bzw. Basel richteten[45].

Hinter dem entschlossen-offensiven Vorgehen auf clementistischer Seite stand das römische Lager nicht zurück: Ämterentzug wegen *adhesionem antipape* wurde von Urban VI. per benefizialsachlichen Kanzleiregeln zur stehenden Rechtsfigur erklärt; und etwa auf Anhänger Clemens' VII. in Gebieten Herzog Leopolds III. bis zu dessen Tod 1386 strikt angewandt[46]. Seinen eigenen Parteigängern eröffnete dieser Schismapapst da-

42 Johannes Perger, auch Kubikular des ihn protegierenden Kardinals und Benefiziat an St. Peter in Rom, wollte zudem an seinem Heimatdomstift Augsburg präbendiert werden, wozu er 1378 von Urban VI. eine Expektanz erwirkt hatte. Die anderen zwei angefeindeten Domherren waren Dietrich Last und Johannes Mochenwang, der außerdem eine Parallelprivation seiner Propstei und Pfründe am Zurzacher Kollegiatstift befürchten musste. Initiiert wurden die gleichzeitigen Vorstöße durch Wolfram Münch, Ulrich von Torberg und Albert Peck. Vgl. Hotz, Stellenvergabe (wie Anm. 3), 328, 331f., 355, 371f., 405, 407, 413, 417, 419 u. 456 Übersicht Nr. 10.5 sowie Biographie Nr. 11.9., 556, 559, 563, Biographie Nr. 11.12, 583–586, Biographie Nr. 11.15, 613–617.

43 Die durch Friedrich von Nellenburg, einem Namensvetter des eingangs erwähnten 10-Tage-Elekten, verfolgte Privation galt auch Burkhards Domkanonikat; an der Ausführung der von Clemens VII. erwirkten Urkunde sollte wiederum der Abt von St. Blasien mitwirken: ASV RA 254 fol. 138r–v. – Vgl. Hotz, Stellenvergabe (wie Anm. 3), 405 u. 456f. Übersicht Nr. 10.5 sowie Biographie Nr. 11.6, 520, 522, 530f. – Bistum Konstanz (wie Anm. 4), 336.

44 Neben dem Dompropst wurde mit dem oben als Generalvikar vorgestellten Heinrich Goldast, der 1387 zum Domdekan avancierte, noch der zweite maßgebliche Dignitär angefeindet: im Besitz einer Pfarrei, die ihm damals ein Anhänger Clemens' VII. zum eigenen Vorteil entziehen lassen wollte. Vgl. Hotz, Stellenvergabe (wie Anm. 3), Biographie Nr. 11.4, 503, 506.

45 Das eine Mandat Clemens' VII. an Hartmann datierte von 1379, wurde aber erst 1388 expediert. Vgl. Hotz, Stellenvergabe (wie Anm. 3), 409 Anm. 4 sowie Biographie Nr. 11.1, 464 u. 483 Übersicht, Biographie Nr. 11.2, 488f., 491 u. 494f. Übersicht.

46 Die Neuausgabe derart privierter Benefizien erhob Urban VI. 1380 zugleich zum päpstlichen Reservat: Regulae cancellariae (wie Anm. 37), 49f. Nr. 13, 14 Anm. g, 54 Nr. 33; Volltexte auch:

mit die Aussicht, sich an Kirchenämtern und Einkünften der Gefolgschaft Avignons zu bereichern.

Das konkrete Ausmaß urbanistischer Verdrängungsversuche vor Ort ist wegen der erwähnten Vatikanregisterverluste kaum mehr genau zu beziffern. Doch gewiss ist beispielsweise für Hartmann von Bubenberg ein auf urbanistischer Seite betriebenes Privationsverfahren vorauszusetzen. Denn er galt 1389 an der römischen Kurie als Ex-Domherr, also offenbar als seines Domkanonikates entsetzt. Im übrigen wissen wir von Bischof Burkhard von Hewen, dass er spätestens 1394 von Bonifaz IX.[47] beauftragt wurde, beharrliche Parteigänger Avignons für priviert zu erklären[48]. Wohlgemerkt: Die Rede ist hier von dem seinerseits 1388/89 mit clementistischen Privationsmandaten betrauten Offizial und dem Bischof, der 1388 als Dompropst selbst von clementistischer Abdrängung bedroht gewesen war – also gewissermaßen von einem Rollentausch potentieller ›Opfer‹ bzw. ›Täter‹.

En passant sei vermerkt, dass etwa auch Urbans VI. dritter Nachfolger Gregor XII. auf der Privationspraxix gegenüber ›Andersgläubigen‹ des avignonesischen Lagers beharrte, die er 1410 rechtsverbindlich auch auf Anhänger der Pisaner Linienpäpste Alexander V. und Johannes XXIII. ausdehnte[49]. Der Streit zwischen gegnerischen Päpsten um die Verfügungsgewalt über Benefizien und den Ausschluss der anderen Obödienzseite(n) von Kirchenstellen riss also nach dem hier interessierenden Betrachtungszeitraum keineswegs ab.

Daneben griffen auch kommunale Leitungsorgane mit Blick auf gegebene Interdiktsrisiken sowie eigene obödienzpolitische Präferenzen zur Exklusion als Strafmittel, um sich unliebsamen Anhängern des anderen Lagers zu erwehren: Der Konstanzer Rat verfügte spätestens im Juli 1384 die Ausweisung von Clementisten aus der Stadt. Und um 1405 schien ihm zumindest nicht am Schutz von Parteigängern Benedikts XIII. und Heinrich Baylers vor laufenden Verfahren gelegen zu sein. Davor waren auch schon die Zürcher Ratskollegen gezielt ausgrenzend gegen Parteigänger Avignons vorgegangen. Unter Androhung von Stadtverweisen ordneten sie nämlich in den frühen 1380er-Jahren die Herausgabe von Benefizialurkunden an, die Clemens VII. ausgestellt hatte[50].

Regule domini Urbani pape sexti, hg. v. Andreas Meyer, Nr. 11f., 36 (http://www.uni-marburg.de/fb06/forschung/webpubl/magpubl/urban6.pdf [Stand: 18.April 2014]). – Vgl. Hotz, Stellenvergabe (wie Anm. 3), 414f. mit Anm. 12. – Andreas Meyer, Zürich und Rom. Ordentliche Kollatur und päpstliche Provisionen am Frau- und Grossmünster 1316–1523 (Bibliothek des Deutschen Historischen Instituts in Rom 64), Tübingen 1986, 627 Schaubild.

47 1389 wies Bonifaz IX. etwa auch den Abt des Konstanzer Schottenklosters als Exekutor an, den clementistischen Kanoniker Johannes von Sengen am Zürcher Großmünster für priviert zu deklarieren; dessen Pfründe sollte Johannes Läbi übertragen werden, seinerseits romtreuer Altarist wie Kanonikatsexpektant am Konstanzer Dom: Chartularium Sangallense (wie Anm. 23), 607–610, Nr. 6360; Volltext auch: Monasterium.net (http://www.mom-ca.uni-koeln.de/mom/CSGX/1389_XII_06/charter [Stand: 18. April 2014]). – Zu beiden Pfründengegnern vgl. Meyer, Zürich (wie Anm. 46), 101, 382, 408f.

48 Bonifaz' IX. Mandat geht aus der bereits zitierten datenlosen Abschrift einer Bischofsurkunde im Schultheißschen Formelbuch hervor: GLA 67/1491 fol. 92a–93. – Zur anzunehmenden Privation Hartmanns vgl. Hotz, Stellenvergabe (wie Anm. 3), Biographie Nr. 11.2, 488.

49 Regulae cancellariae (wie Anm. 37), 88f. Nr. 16; Volltext auch: Regule domini Gregorii (wie Anm. 37), Nr. 17 (http://www.uni-marburg.de/fb06/forschung/webpubl/magpubl/gregor12.pdf [Stand: 18. April 2014]). – Vgl. Meyer, Zürich (wie Anm. 46), 40f.

50 Das spätere Verhalten von Konstanz monierte etwa König Karl VI. von Frankreich (1380–1422) in einem ohne Jahr kopial überkommenen Schreiben an Bürgermeister und Rat: GLA 67/1491 fol. 28. – Zu den früheren Stadtverweisen vgl. Hotz, Stellenvergabe (wie Anm. 3), 337, 422f., 425. – Dies., Vergessenheit (wie Anm. 1), 393f., 405–407.

Als städtische Amtsgewalt adaptierte damit Zürich eine Vorgabe, die 1378 Urban VI. gleich nach der Wahl seines Widersachers für dessen Litterae erlassen hatte – selbstredend unter Anwendung von Privation und unter Beanspruchung apostolischer Autorität: mithin höchster Potestas ecclesiae[51]. Umgekehrt war etwa auch Guillaume d'Aigrefeuille als Legat Clemens' VII. bevollmächtigt, durch Urban VI. ausgefertigte Urkunden herauszufordern – und bei Weigerung gegen ihre Besitzer mit dauerhaftem Benefizienentzug vorzugehen[52]. Demnach bedienten sich beide ab 1378 ausgebildeten Papstlager der Urkundenauslieferung wie Stellenprivation als schismatypischem Beuge- bzw. Kampfmittel. Und natürlich sollten die entzogenen Kirchenstellen jeweils nur an Kleriker der eigenen Obödienz neu ausgegeben werden. Unweigerlich trugen diese wechselseitigen Exklusionsabsichten zu den oben erwähnten Konkurrenzen um das Stellenkontingent im Domkapitel bei – und dort zur Belastung, wenn nicht Vergiftung des Klimas zwischen Kanonikern gegensätzlicher Obödienz.

Über die Privation als Strafmaßnahme hinaus gingen schließlich Festnahme und Inkarkerierung von Anhängern der Gegenpartei. Auch dazu war Heinrich Bayler 1387 von Clemens VII. eigens befugt worden – zu einem Zeitpunkt, als Guillaume nicht mehr im Bistum aktiv war. Damals wurde dem bischöflichen Papstvertrauten ein ganzer Packen außergewöhnlicher, nahezu legatenähnlicher Kompetenzen übertragen[53] – wovon uns einzelne unten noch beschäftigen werden. Hier interessiert zunächst, dass bald darauf der Stuhladministrator selbst zum Ziel eines Ergreifungsmandates Urbans VI. wurde.

1389 schrieb nämlich der römische Schismapapst Bayler und 14 weitere Exponenten Avignons als *filii iniquitatis* zur kollektiven Verfolgung im Reich aus. Die Gesamtgruppe sollte festgenommen und inhaftiert, außerdem von jeglicher materiellen Basis abgeschnitten werden: mittels Konfiskation aller persönlicher Besitztümer und Einkünfte – *omnia et singula bona, mobilia et immobilia* und *quoscunque redditus et proventus* – zugunsten Urbans VI. eigener Kammer. Unter die Inkriminierten fielen auch Baylers Offizial Hartmann von Bubenberg sowie einige Konstanzer Domkanonikatsexpektanten; außerdem mehrere Geistliche, die etwa am Freiburger Vertretungssitz, am avignonesischen Papsthof oder dazwischen verkehrten[54]. Gegen dieses klerikale ›Netzwerk‹ war aus römischer

51 Urban VI. verhängte die Privation für Empfänger bzw. Betreiber benefizialsachlicher wie sonstiger ihm auszuhändigenden Urkunden seines Widersachers im Kontext der gestreiften Absetzungsprozesse gegen Altkardinäle: Annales ecclesiastici (wie Anm. 33), 342–346, Nr. 103–111.

52 Die Ein- und Entzugsbefugnis gab wiederum Guillaume 1379 wortgleich an seinen für den Kölner Raum bestellten Vertreter weiter – wodurch erneut Kompetenzen stufenartig nach unten fortgepflanzt wurden: Vitae paparum Avenionensium, Bd. IV, hg. v. Stephanus BALUZIUS, überarb. v. Guillaume MOLLAT, Paris 1922, 194–196 Nr. 197f.

53 Darunter fielen etwa das Verleihen des päpstlichen Notartitels oder das Dispensieren von illegitimer Geburt. Vgl. GENEQUAND, Politique (wie Anm. 7), 111f. – HOTZ, Stellenvergabe (wie Anm. 3), Biographie Nr. 11.1, 464f. u. 483 Übersicht.

54 Zu den betroffenen Expektanten zählten die avignonesischen Kurienprokuratoren Johannes von Kalkofen und Johannes Witzig, möglicherweise auch Sweder Sweder aus Freiburg, Sohn eines ebenfalls clementistischen Leibarztes Bischof Heinrichs von Brandis. Unter die verfolgten ›Networker‹ aus dem Reichssüden sind einzureihen: 1) Clemens' VII. Rotaauditor Wildrich von Mitra, vormals Kuriengesandter Leopolds III. wie Nahtstelle zu Bischof Mangold bzw. Kardinal Guillaume; bereits 1380 hatte er als notorischer Avignonanhänger eine Pfarrei verloren. 2) Mangolds von Brandis ehemaliger Hofadvokat Nikolaus Vener – der sich indes alsbald Bonifaz IX. bzw. der romtreuen Bischofskurie in Konstanz anschließen sollte. 3) Johannes Hiltalinger von Basel, General des (seinerseits gespaltenen) Augustinerordens und Diplomat Clemens' VII. Gerichtet wurde das Ergreifungsmandat an einen Abt bzw. Propst der Diözesen Basel und Prag: Acta Urbani VI. et Bonifatii IX. 1378–1404, Tl. 1 (Monumenta Vaticana res gestas Bohemicas illustrantia V/1), bearb. v. Kamil

Sicht also mit härtesten Bandagen vorzugehen – die Urban VI. gleichfalls bereits 1378 vorgesehen hatte[55].

Mithin wurde beiderseits ein breitgefächertes Repertoire an Sanktionen und Pressionen entfaltet, um Angehörige des anderen Papstlagers zu inkriminieren und exkludieren. Ferner lassen die aus vatikanischer oder partikularer Überlieferung ersichtlichen Strafmaßnahmen im Grunde Eines erkennen: Die sie veranlassenden kirchlichen Instanzen – ob nun Papst, Bischof oder Offizial – fühlten sich während des papal-episkopalen Doppelschismas in der Ausübung ihrer Potestas ecclesiae nachhaltig beeinträchtigt. Sie verstanden sich jedoch nicht nur auf Druck-, sondern auch auf Lockmittel, um die jeweils eigene Teilgewalt zu vergrößern. Damit sind wir beim letzten heuristischen Sachaspekt angelangt.

3.4 Konzessionen und Konversionen

Konkurrenzen um den Bischofs- wie Petrusstuhl bildeten umgekehrt wegen der Zwangslage ihrer Protagonisten günstige, wenn nicht ideale Voraussetzungen für nachgeordnete Instanzen zum Aushandeln von Konzessionen. Zugeständnisse wurden beispielsweise von Clemens VII. vorab den eigenen Anhängern unter den Konstanzer Stuhlprätendenten gewährt. War doch die Ausgangsposition Mangold von Brandis' und Heinrich Baylers angesichts der faktischen Einnahme des Bischofssitzes durch Nikolaus von Riesenburg gleichermaßen prekär.

Dieser schwierigen Lage trug der avignonesische Schismapapst zunächst durch Gewährung zusätzlicher Kirchenämter Rechnung: Gleichzeitig mit Übertragung des Bischofsstuhls billigte Clemens VII. 1384 Mangolds Ersuchen, ihm obendrein das Kloster Reichenau auf zehn Jahre in Kommenda zu überlassen. Darüber suchte sich der vormalige Abtselekt die *fructus* und *redditus* seines Herkunftskonvents zu sichern – *sicut verus abbas*. Den weiteren Wunsch nach dreijährigem Weihaufschub, sofern er nicht schon vorher die *possessio* der Konstanzer Bischofskirche erlangen würde, begründete Mangold sodann 1385 unverblümt über die Verschränkung des Papstschismas – *urgentes cause videlicet scismatis* – mit dem Konstanzer Stuhlstreit. Clemens' damit befasster Vizekanzler gab sich nicht ganz so nachgiebig, doch konzedierte er immerhin ein Jahr[56].

Zum Vergleich in diachroner Perspektive: Mangolds Onkel Heinrich von Brandis, der eingangs erwähnte jahrzehntelange Stuhlinhaber, hatte 1357 nur sechs Wochen nach seiner päpstlichen Provision eigens die avignonesische Kurie aufgesucht, um dort die Bischofsweihe zu empfangen – und nach seinem Aufstieg an die Bistumsspitze die vormals

Krofta, Prag 1903, 110, Nr. 174. – Vgl. zum Personenkreis Hotz, Ausbruch (wie Anm. 1), 372f. Übersicht Nr. A.3. – Dies., Stellenvergabe (wie Anm. 3), 254, 258 mit Anm. 25, 408f. mit Anm. 3, 420–422 mit Anm. 23, 426 mit Anm. 35 sowie 455–457 Übersicht Nr. 10.5 u. Biographie Nr. 11.1, 461, 464, 475, Biographie Nr. 11.2, 486, 488. – Zu Hiltalinger auch Michael Tönsing, Johannes Malkaw aus Preussen (ca. 1360–1416). Ein Kleriker im Spannungsfeld von Kanzel, Ketzerprozess und Kirchenspaltung (Studien zu den Luxemburgern und ihrer Zeit 10), Warendorf 2004, 139, 397–399.

55 Im Rahmen der erwähnten Absetzungsprozesse war eine regelrechte Sanktionsskala – von Inkarkerierung und Konfiskation über Privation und Deposition bis hinunter zu Interdikt und Exkommunikation – als Handlungsschablone gegen klerikale wie säkulare Anhänger, Helfer und Helfershelfer Clemens' VII. erstellt worden: Annales ecclesiastici (wie Anm. 33), 342–346, Nr. 103–111.

56 Das Weihegesuch trägt eine kanzleileitertypische *Concessum*-Signatur: ASV RS 67 fol. 107v, RA 236 fol. 562v–563r. – Vgl. Hotz, Stellenvergabe (wie Anm. 3), 424–427. – Zur Kommendafunktion über die Reichenau, wo erst nach Mangolds Tod ein neuer Abt gewählt wurde, vgl. auch Kreutzer, Glanz (wie Anm. 5), 288, 292–295.

gehaltene Abtei Einsiedeln selbstverständlich aufgegeben[57]. Clemens VII. hingegen bewilligte 1387 wiederum Mangolds Nachfolger die Beibehaltung des Registratorenamtes wie gesamten Benefizienbesitzes, also auch des Konstanzer Domkanonikats, bis Heinrich Bayler die bischöfliche Verfügungsgewalt *in spiritualibus et temporalibus* vollständig erlangt haben würde. Die daraus fließenden Einkünfte sollten es dem Papstvertrauten ausdrücklich ermöglichen, dem in Avignon nun mal als ›Okkupant‹ geltenden Riesenburger die Bischofskirche zu entwinden: *pro expellendo eundem ab ipsa*[58].

Weitere Vergünstigungen berührten die eigenen Finanzansprüche des avignonesischen Schismapapstes an neuprovidierte Bischöfe – konkret: die Erhebung der für Konstanz auf 2.500 Gulden taxierten Servitien durch die apostolische Kammer. Laut Zahlungsverpflichtung, die Mangold 1385 ganze neun Monate nach seiner Provision einging, wurde die erste Betragshälfte von vornherein erst ein Jahr nach Stuhlerlangung fällig. Derselbe Aufschub wiederholte sich 1387 bei Obligation des Nachfolgers Heinrich Bayler, der dafür als Kurialer keinen Monat seit seiner Provision gebraucht hatte[59]. Servitienleistungen an die avignonesische Kammer sind indes von keinem der beiden Clementisten bekannt: Während Mangold unerwartet schnell verstarb, konnte sich Bayler, dem durchaus Einkünfte aus westlichen Bistumsgebieten zuflossen, als Administrator der Pflichtabgabe formal entziehen.

Ihr Amtsvorgänger Heinrich von Brandis hatte dagegen seinerzeit, nachdem er innert sieben Wochen die Servitienverpflichtung eingegangen war, in Innozenz VI. (1352–1362) einen wenig konzilianten Papst angetroffen: Dieser in seiner Rechtmäßigkeit freilich unumstrittene Pontifex hatte noch auf obligationsnahe Zahlung gedrängt – worauf der erste Brandis-Bischof die Servitienschuld in schrittweisen Raten mühsam hatte abtragen müssen: unter Kreditaufnahmen, Terminverlängerungen und Strafsentenzen wegen Fristüberschreitungen. Ähnliches gilt, in verlängerter historischer Retrospektive, auch für dieserart Geldleistungen anderer Konstanzer Vorgängerbischöfe der avignonesischen Periode[60]. Unüblich war es ferner vor 1378, dass sich Neuordinarien auch für aufgelaufene Servitienschulden von Amtsvorgängern obligierten – wie alsdann auf römischer Seite etwa Burkhard von Hewen und Marquard von Randeck 1388 bzw. 1398[61].

Für sich genommen unterstreicht das Mangold von Brandis wie Heinrich Bayler durch Clemens VII. gezeigte Entgegenkommen, dass der avignonesische Schismapapst und seine beiden Bischöfe mit erheblichen Schwierigkeiten bzw. Verzögerungen bei der Erlangung der Stuhlgewalt rechneten – damit auch in der effektiven Ausübung episkopaler Potestas. Zugleich sollte die bischöfliche Durchsetzungsfähigkeit erhöht werden – etwa indem Clemens 1387 Bayler bestimmte Befugnisse gegenüber konversionswilligen Urbanisten einräumte. So konnte dieser Bischof Geistlichen ihre von Urban VI. erhaltenen Benefizien neu übertragen und engverwandten Eheleuten von demselben Schismapapst ausgestellte Dispense erneuern,

57 Vgl. Bistum Konstanz (wie Anm. 4), 316.

58 ASV RA 247 fol. 390v–391r. – Vgl. Genequand, Politique (wie Anm. 7), 111. – Hotz, Stellenvergabe (wie Anm. 3), Biographie Nr. 11.1, 463f., 468, 474 u. 483 Übersicht.

59 Vgl. Hotz, Stellenvergabe (wie Anm. 3), 426 u. Biographie Nr. 11.1, 464.

60 Römische Quellen zur Konstanzer Bistumsgeschichte zur Zeit der Päpste in Avignon. 1305–1378, bearb. v. Karl Rieder, Innsbruck 1908, 627f. Nr. 1944. – Die Ratenzahlungen hatten sich auch bei Nikolaus von Frauenfeld (1334–1344) jahrelang hingezogen, bei Ulrich Pfefferhard und Johann Windlock (1352–1356) waren sie fristgerecht erfolgt. Vgl. Hotz, Stellenvergabe (wie Anm. 3), Biographie Nr. 11.12, 587. – Bihrer, Bischofshof (wie Anm. 28), 45, 48, 50–52. – Karl August Fink, Die Stellung des Konstanzer Bistums zum Päpstlichen Stuhl im Zeitalter des avignonesischen Exils (Abhandlungen der oberrheinischen Kirchengeschichte 6), Freiburg i.Br. 1931, 70f., 78f.

61 Vgl. Hotz, Stellenvergabe (wie Anm. 3), Biographie Nr. 11.6, 530f. – Bistum Konstanz (wie Anm. 4), 334 u. 335 Anm. 18, 337 u. 339 Anm. 13.

sprich: durch eigene Urkunden ersetzen. Außerdem konnte er Interdikte aufheben und von Strafsentenzen absolvieren. Mithin hatten reumütige Anhänger Roms, die dem *scisma* bzw. *Bartholomeus* abschwören wollten, bei Eintritt in die Obödienz des avignonesischen Schismapapstes mit umfassender Rehabilitierung zu rechnen[62]. Ähnliche Mechanismen zur Überführung von Parteigängern Avignons in den eigenen Anhängerkreis – zur Inklusion also vormals Exkludierter – lassen sich auch auf Seiten der römischen Schismapäpste beobachten, wie wir gleich in Fortsetzung des synchronen Vergleichs sehen werden.

Werfen wir erst noch einen Blick auf Zugeständnisse, die von den Siegern über den Bischofssitz in Konstanz ihren weltlichen Stützen oder geistlichen Unterstützern eingeräumt wurden: Nikolaus von Riesenburg begab sich 1384 in ein Burgrechtsverhältnis mit Konstanz – ein Novum in der Geschichte des Verhältnisses von Bischof und Stadt, das wiederum unter Heinrich von Brandis mehr als nur angespannt gewesen war. Dabei verpflichtete sich Nikolaus vertraglich auf fünf Jahre, der Kommune im Bedarfsfall sämtliche Hochstiftbesitzungen zur Verfügung zu stellen. Sein Nachfolger Burkhard von Hewen tat es ihm 1388 unter verdoppelter Vertragsdauer gleich[63]. Mit der Einräumung von Zugriffsmöglichkeiten auf Stiftsburgen oder -orte an die städtische Obrigkeit begaben sich beide Bischöfe der römischen Obödienz freilich eines Teiles ihrer Potestas in temporalibus.

Zugleich erwies sich auch die Bestätigung kommunaler Rechte oder Freiheiten als Standard bischöflichen Amtsantritts: Entsprechende Privilegien kennen wir von Nikolaus von Riesenburg, Burkhard von Hewen, Marquard von Randeck wie Albrecht Blarer aus den Jahren 1384/85, 1388, 1399 und 1407; darin waren über Konstanz hinaus auch mehrere Hochstiftstädte wie Kaiserstuhl, Klingnau, Neunkirch oder Bischofszell eingeschlossen[64]. Dagegen hatte Bischof Heinrich von Brandis noch 1378 – in den Anfängen des Papstschismas – überholte stadtherrliche Ansprüche zu reaktivieren versucht, die er sich bei Amtsbeginn gut 20 Jahre zuvor per Kaiserprivileg gleichsam virtuell hatte verbriefen lassen[65].

Demgegenüber erbrachte also ab 1384 die Stuhleinnahme durch Bischöfe römischer Couleur der ›Quasi‹-Reichsstadt Konstanz eine Stärkung ihrer Position im innerstädtischen Verhältnis zwischen geistlicher und säkularer Leitungsgewalt. Anders ausgedrückt:

62 ASV RA 251 fol. 425v–426r. – Vgl. Genequand, Politique (wie Anm. 7), 111f. – Hotz, Stellenvergabe (wie Anm. 3), Biographie Nr. 11.1, 464f. u. 483 Übersicht.

63 Nikolaus sicherte zudem den Verbleib des bischöflichen Gerichts in Konstanz zu, das Heinrich von Brandis innerhalb eines vielschichtig zugespitzten, erst 1372/75 unter Einbezug der Bischofsparentel beigelegten Konflikts mit der Kommune jahrelang nach Zürich verlagert hatte. Vgl. Hotz, Stellenvergabe (wie Anm. 3), 358, 374–376 Exkurs Nr. 1, 418f., 423 u. Biographie Nr. 11.6, 520, 531.

64 Vgl. Hotz, Stellenvergabe (wie Anm. 3), 423, 425, 427f. u. Biographie Nr. 11.6, 530f. – Bistum Konstanz (wie Anm. 4), 337, 340.

65 Der Altbischof hatte Ende 1378 durch seinen Offizial eine beglaubigte Abschrift der 1357 von Karl IV. erwirkten ›Falschen Carolina‹ anfertigen lassen. Obgleich das Stück nach Urbans VI. Pontifikat datiert wurde, dürfte der Schismabeginn damals für Heinrich von Brandis weniger virulent gewesen sein als der aktuelle Kaisertod – und das Eigeninteresse an erneuter Konfirmation stadtherrlicher Ansprüche durch König Wenzel. Bei letzterem erwirkte sodann Nikolaus von Riesenburg 1386 eine Bestätigung der kaiserlichen Privilegien von 1357. Dieser weitere Versuch, Konstanz auf verfassungsrechtliche Gegebenheiten einer Bischofsstadt des 13. Jahrhunderts zurückzustufen, fiel wiederum zwischen Mangold von Brandis' Tod und Heinrich Baylers Provision: mithin in die kurze Phase alleiniger bischöflicher Potestas. Vor dieser Folie intendierter Revindikation kommunaler Errungenschaften waren der ›Fast‹-Reichsstadt Konstanz Stuhlkonkurrenzen wohl kaum ungelegen. Vgl. Hotz, Stellenvergabe (wie Anm. 3), Biographie Nr. 11.13, 594. – Bistum Konstanz (wie Anm. 4), 104, 317f., 320 Anm. 10, 325.

Die Kommune ließ sich ihre Unterstützung und Parteinahme im Obödienzenstreit adäquat von bischöflicher Seite honorieren. Parallel dazu kam es schließlich zu Verschiebungen im internen Gefüge der Konstanzer Bischofskirche selbst. Denn auch das Domkapitel als Wahlgremium verstand es, seinen Favoriten für den Bischofsstuhl Zugeständnisse abzutrotzen. Damit berühren wir den Quellentyp der bischöflichen Amtseide – die sog. Wahlkapitulationen –, deren chronologische Entwicklung der Tagungsmitveranstalter Konstantin Maier bereits vor Jahrzehnten für Konstanz dargelegt hat. Und deren Kontext zum Papsttum und Kardinalskolleg der Vorreferent Thomas Krüger in seiner jüngst erschienenen Habilitationsschrift untersucht hat.

Speziell für Konstanz markiert nun der Bischofseid von 1387 gleich mehrere Veränderungen zugunsten des Domkapitels: Jenseits der Pauschalbestätigung schriftlicher Statuten[66] und unfixierter Gewohnheiten fiel darunter die konkrete Einräumung erweiterter Mitspracherechte in der weltlichen Hochstiftsverwaltung, zuvorderst bei Stuhlvakanz. Ähnlich wie das Domkapitel auf sein Selbstverständnis als maßgebliche Administrationsinstanz in bischofsloser Zeit pochte, drängte es auch im Binnenverhältnis der Bischofskirche auf finanzielle Entlastung; weshalb Burkhard von Hewen in seinem Jurament zugleich die Befreiung von Annaten wie anderen Auflagen für Pfarrkirchen zugestand, die von Mitgliedern des Domstifts gehalten wurden oder ihm etwa inkorporiert waren. Damit gelang es der Kanonikergemeinschaft, althergebrachte Pflichtabgaben an den Ordinarius formaleidlich abzuschütteln – die wiederum die Nachrednerin Sabine Arend in ihrer Dissertation analysiert hat. Die entlockten Zugeständnisse wurden auch 1399 und 1407 in die Amtseide der zwei Stuhlnachfolger Marquard von Randeck und Albrecht Blarer übernommen, teilweise in erneuter Fortschreibung domkapitularer Konsens- und Entscheidungsrechte[67]. Im Kräftemessen mit der bischöflichen Potestas scheint das Domherrenkollegium[68] also durchaus von Heinrich Baylers Aufrechterhaltung der Stuhlansprüche profitiert zu haben.

66 1388 ließ sich das Domkapitel auch von Nikolaus von Riesenburg, der sich damals am italienischen Papsthof als Provise der Dompropstei aufhielt, die Einhaltung von deren Statuten zur Auszahlung der Pfründbezüge zusichern; zuvor hatte es darüber einen langwierigen vorschismatischen Kurienprozess mit dem Vorgängerpropst Burkhard von Hewen ausgetragen. Vgl. HOTZ, Stellenvergabe (wie Anm. 3), Biographie Nr. 11.6, 524–527, 530.

67 Die Juramente leisteten Burkhard von Hewen vor der päpstlichen Provision noch als *vicarius in spiritualibus et temporalibus*, der Provise Marquard von Randeck und Albrecht Blarer als *electi*: Karl BRUNNER, Wahlkapitulationen der Bischöfe von Konstanz (1294–1496), in: ZGO 52, 1898, m1–42, hier: m7–m14, Nr. 4–6. – Vgl. HOTZ, Stellenvergabe (wie Anm. 3), 34f., 116f. mit Anm. 12, 425 u. Biographie Nr. 11.6, 530. – Sabine AREND, Zwischen Bischof und Gemeinde. Pfarrbenefizien im Bistum Konstanz vor der Reformation (Schriften zur südwestdeutschen Landeskunde 47), Leinfelden-Echterdingen 2003, 102–107, 114f. – Konstantin MAIER, Das Domkapitel von Konstanz und seine Wahlkapitulationen. Ein Beitrag zur Geschichte von Hochstift und Diözese in der Neuzeit (Beiträge zur Geschichte der Reichskirche in der Neuzeit 11), Stuttgart 1990, 27, 40, 44f.

68 Analog ist an den päpstlichen Wahlkapitulationen, die sich mit fortschreitendem Schisma mehren, eine Stärkung kardinalizisch-kollegialer Mitsprache zu Lasten der Plenitudo potestatis des Pontifex abzulesen: nicht zuletzt daran, dass der von den Kardinälen selbst als potentiellen Kandidaten für den Petrusstuhl vor der Papstwahl geleistete Amtseid danach häufig vom tatsächlich Gewählten massiv missachtet oder gänzlich widerrufen wurde. Vgl. Thomas M. KRÜGER, Leitungsgewalt und Kollegialität. Vom benediktinischen Beratungsrecht zum Konstitutionalismus deutscher Domkapitel und des Kardinalkollegs (ca. 500–1500) (Studien zur GermSac N.F. 2), Berlin/Boston 2013, 200–203, 214–221. – DERS., Überlieferung und Relevanz der päpstlichen Wahlkapitulationen (1352–1522). Zur Verfassungsgeschichte von Papsttum und Kardinalat, in: QFIAB 81, 2001, 228–255, hier: 229–233.

Von solch eher unbeabsichtigten Folgen nun zu unbedingt gewollten Entwicklungen: Die bereits angedeutete Integration umkehrwilliger Anhänger der Gegenseite in die eigene – ihrerseits mit ›Kircheneinheit‹ gleichgesetzte – Obödienz wurde nicht nur in Avignon, sondern auch in Rom verfolgt. Und zwar unter Einsatz vergleichbarer Mittel: Restitution privierter Benefizien, Dispens von ›schismatischem‹ Weihenempfang, Aufhebung von Interdikten oder Absolution von allen Strafsentenzen; zudem Austausch von Papst-, Legaten- oder auch Bischofsurkunden unter Wahrung des Gesamtinhalts.

Bereits Urban VI. hatte 1382 bei Abschwörung von Ex-Clementisten deren Absolution sowie die Rückerstattung von Gütern oder Titeln vorgesehen; außerdem 1386 nach Leopolds III. Tod die Ausstellung von Provisionen für privierte Benefizien zeitweilig sistiert, um Kleriker der Gegenobödienz für sich zu gewinnen[69]. Ähnlich wie Heinrich Bayler 1387 durch Clemens VII. wurde sodann Burkhard von Hewen durch Bonifaz IX. spätestens 1394 mit Rehabilitierungs-Vollmachten ausgestattet. Der romtreue Bischof machte davon gezielt Gebrauch: zuvorderst in stark von Kirchenstrafen betroffenen habsburgischen Gegenden seiner Diözese, wenn etwa ›fehlgeleitete‹ Gesamtorte einschließlich ›falschgeweihtem‹ Pfarrklerus *ad unitatem sancte Romane ecclesie* zurückkehren wollten[70]. Danach löste auch der Brixener Dompropst Walter Murner, 1390 von Bonifaz IX. eigens dazu ermächtigt, einen konvertierenden Einzelpleban des Konstanzer Bistums von zugezogenen Kirchenstrafen. Und 1401 subdelegierte Murner – seit Urban VI. Mitarbeiter der römischen Pönitentiarie und inzwischen auch Konstanzer Domkapitular[71] – in seiner Domherrenkurie den päpstlichen Auftrag an Bischof Marquard von Randeck, seinen zeitweiligen kurialen Kollegen. Für ihn wie Murner schrieb wiederum Innozenz VII. 1405 die Wiedereingliederungs-Kompetenzen fort[72].

Dadurch kam es 1405 in Konstanz zu einem großangelegten und symbolträchtigen Kanzleiakt, der über Bündel von Originalurkunden aus Empfängerüberlieferung verbürgt ist: Gestützt auf die Vollmachten aus Rom und die Hilfe von Notaren substituierte Marquard an einem einzigen Tag durch eine Serie eigener Urkunden stapelweise fremde Litterae: Die meist rechtsförmlich kassierten Urkunden resultierten von Clemens VII., Benedikt XIII., Guillaume d'Aigrefeuille wie Heinrich Bayler und waren dem Bischof vom Kloster St. Blasien vorgelegt worden. Dessen bereits 1402/04 – durch Obödienzerkärung des Abtes für Bonifaz IX., Absolution durch Marquard und Absprachen zum Urkundenersatz – eingeläutete Konversion aus dem avignonesischen ins römische Lager wurde somit perfekt[73]. Sie zog ein kleinerformatiges Revirement von Litterae der ebenfalls in die römische Obödienz eintretenden Klöster Allerheiligen und Muri unmittelbar nach sich: teilweise ausgeführt in Schaffhausen[74] – wo gut zwei Dezennien zuvor eben auch Guillaume geurkundet hatte.

69 Regulae cancellariae (wie Anm. 37), 51 Nr. 23, 54 Nr. 33; Volltexte auch: Regule domini Urbani (wie Anm. 46), Nr. 25, 36 (http://www.uni-marburg.de/fb06/forschung/webpubl/magpubl/urban6.pdf [Stand: 18. April 2014]).

70 GLA 67/1491 fol. 92a–93. – REC III 137 Nr. 7896. – Vgl. Hotz, Stellenvergabe (wie Anm. 3), Biographie Nr. 11.6, 531f.

71 Als notorischen Urbanisten hatten den langjährigen Kurialen bereits 1380 clementistische Privationsvorstöße getroffen, die auf Kanonikate an Dom- oder Kollegiatstiften in Brixen, Straßburg und Beromünster gerichtet waren. Vgl. Hotz, Ausbruch (wie Anm. 1), 360 mit Anm. 40. – Meyer, Zürich (wie Anm. 46), 512f. – Helene Büchler-Mattmann, Das Stift Beromünster im Spätmittelalter 1313–1500. Beiträge zur Sozial- und Kulturgeschichte, Beromünster 1976, 350f.

72 GLA 67/1491 fol. 98a–99a. – REC III 118, 137 Nr. 7734, 7896.

73 REC III 118, 128, 137f., Nr. 7734, 7818, 7896–7909. – Vgl. Bistum Konstanz (wie Anm. 4), 338f. mit Anm. 25.

74 REC III 139, Nr. 7911, 7913.

Die Kombination aus Kassations- und Erneuerungsverfahren bewährte sich also aus römischer Warte: Durch den gewaltigen Urkundenaustausch wurde die pontifikale, kardinalizische oder episkopale Potestas der beiden Schismapäpste in Avignon sowie des von dort herrührenden Legaten bzw. Stuhladministrators zeichenhaft überschrieben – und damit ultimativ negiert. Grundpreis blieb freilich die Wahrung substantieller Interessen der vormaligen wie aktuellen Urkundenempfänger.

Um 1405 wechselten mit dem Offizial Hartmann von Bubenberg und dem Weihbischof Hermann von Klingenberg auch zwei exponierte Stellvertreter des Stuhladministrators die Seiten[75]. Langsam wurde es um ihren ehemaligen Dienstherrn Heinrich Bayler ruhiger im Bistum – doch noch nicht ganz still. Nachdem Bischof Marquard, 1406 von Innozenz VII. zu Kirchenstrafen gegen Anhänger Benedikts XIII. aufgefordert, gegen Freiburg vorgegangen war, richtete Bayler 1407 aus Paris an die Breisgaustadt ein Schreiben, worin er Unterstützung durch die Valois erwartete. Der Brief zählt, ebenso wie eine darauf in Marseille ergangene Inkorporationsurkunde für das freiburgnahe Kloster St. Trudpert, zu Baylers letzten als Administrator ausgestellten Stücken. Deren Reihe scheint 1409 noch vor dem Pisaner Konzil mit einer in Alet ausgefertigten Urkunde abgerissen zu sein[76]: Damals sah es danach aus, als würde zumindest die Konstanzer Bischofskirche alsbald wieder zu einer kirchlichen Einheit und in sich geschlossenen Potestas ecclesiae zurückfinden.

4. Abblendender Epilog

Mit dem Pisanum – das von einem erneut ausgeschickten Kardinallegaten beworben wurde – stellte sich zwar in Konstanz abermals die ›Gretchenfrage‹ nach der Obödienzoption. Doch der damalige Stuhlinhaber Albrecht Blarer (auch als vormaliger Dompropst Amtsnachfolger Burkhards von Hewen und Nikolaus' von Riesenburg) besaß nunmehr

75 REC III 137 Nr. 7896. – Vgl. Hotz, Stellenvergabe (wie Anm. 3), Biographie Nr. 11.2, 486–490. – Bistum Konstanz (wie Anm. 4), 510.

76 REC III 26f. Nr. 6930f., 6934, 143 Nr. 7951. – Vgl. Hotz, Stellenvergabe (wie Anm. 3), Biographie Nr. 11.1, 476. – Bistum Konstanz (wie Anm. 4), 331, 333 Anm. 31. – Bayler richtete das empörtresignative Schreiben an Freiburg unmittelbar nach Teilnahme als Bischof von Alet an einer von den Valois nach Paris einberufenen Klerusversammlung zur Beratung des Papstschismas. Die Urkunde für St. Trudpert stellte er nach Verhandlungen Benedikts XIII. in Marseille mit der Gegenseite und vor dem Scheitern eines in Savona geplanten Treffens beider Schismapäpste aus. Das letztgenannte Stück aus dem Bischofspalast von Alet erging, nachdem das französische Königshaus Benedikt XIII. die Obödienz per Neutralitätserklärung entzogen hatte und bevor sich Bayler auf dem Konzil von Pisa vertreten ließ – das alsdann die zwei rivalisierenden Gegenpäpste absetzen sollte. – Zu diesen Koinzidenzen vgl. Hélène Millet, Concile de Perpignan: cadre chronologique, in: Dies. (Hg.), Le concile de Perpignan (15 novembre 1408–26 mars 1409). Actes du colloque international (Perpignan, 24–26 janvier 2008), Canet 2009, 22f. Übersicht. – Dies., Un archevêque de Narbonne grand officier de l'Église: François de Conzié (1347–1431), in: L'archevêché de Narbonne au Moyen Age, hg. v. Michelle Fournié u. Daniel Le Blévec, Toulouse 2008, 185–211, hier: 205, 207 mit Anm. 116. – Dies., Liste des participants méridionaux aux assemblées du clergé et conciles (1395–1409), in: Le Midi et le Grand Schisme d'Occident (Cahiers de Fanjeaux 39), Fanjeaux 2004, 571–584, hier: 571f., 574 u. 577, 583 Übersichten Nr. 1f. – Die Spätphasen von Baylers Vita wären in transnationaler Kooperation erst noch genauer zu erforschen: auch in systematischer Auswertung der im Repertorium Germanicum leider unberücksichtigten, indes aufschlussreichen vatikanischen Register Benedikts XIII.

quasi eine ›Monopolstellung‹ als Bischof. Wie anfangs erwähnt, war Blarer unter Beteiligung Gregors XII. zum Bischofsamt gelangt. Indes wechselte er selbst 1409 – in Einklang mit den habsburgischen Herzogsnachfolgern Leopolds III. – ins pisanische Lager[77]. Und da er sich zudem ursprünglich 1379 als Benefizienpetent auf Clemens' VII. Seite gestellt hatte[78], konvergieren in seiner Gesamtvita alle drei Papstlinien des Abendländischen Schismas. Kurzum: In Blarers Obödienzwechseln kondensiert sich gleichsam die vertrackte Fortentwicklung des Papstschismas bis kurz über das erste Krisenkonzil von Pisa hinaus[79] – seinerseits Vorläufer des Constantiense. Der immensen Konstanzer Kirchversammlung sollte es schließlich mit Martins V. Wahl gelingen, auch für die Universalkirche einen zentralen Grundstock zur Überwindung irritierender Doppelstrukturen und disfunktionaler Potestasdivergenzen zu legen.

77 Vgl. Bistum Konstanz (wie Anm. 4), 341.

78 Während Blarer die Dompropstei wie auch ein Archidiakonat durch Provisionen Bonifaz' IX. erhalten hatte, waren seine Ambitionen zu Beginn des Papstschismas geringer gewesen. Doch damals setzten gleich drei Mitglieder seiner Patrizierfamilie auf Stellenerwerb über Clemens VII.: Albrecht selbst interessierte sich für ein Benefizium der Kollatur des Klosters St. Gallen, Heinrich bzw. Bartholomäus Blarer für ein Kanonikat am Konstanzer Stephanstift und in Bischofszell; mit ihnen legten noch vier weitere Kleriker ratsfähiger Familien auf Stadt oder Bistum Konstanz gerichtete Stellengesuche vor: ASV RS 57 fol. 42r. – Vgl. Hotz, Stellenvergabe (wie Anm. 3), Biographie Nr. 11.20, 655. – Bistum Konstanz (wie Anm. 4), 340, 801, 870. – Meyer, Zürich (wie Anm. 46), 179f. – Stärker als in bisherigen prosopographischen Einzelstudien oder bündelnden Nachschlagewerken könnte diese frühe Obödienzoption Blarers bzw. ihr Wechsel etwa in den projektierten Germania-Sacra-Bänden zu den Konstanzer Bischöfen und Domkanonikern herausgestrichen werden.

79 Als Blarer 1410 das Bischofsamt resignierte, erwirkte wiederum der designierte Nachfolger Otto von Hachberg (1410–1434) von Johannes XXIII. eine Provisionsurkunde: GLA 46/1678; Abb.: Wolfgang Zimmermann, Im Schatten des Konzils. Das Bistum Konstanz im frühen 15. Jahrhundert, in: Badisches Landesmuseum (Hg.), Das Konstanzer Konzil 1414–1418. Weltereignis des Mittelalters, Katalogbd., Darmstadt 2014, 116-118, hier: 117 Abb. 2. Vgl. ebd., 118. – Bistum Konstanz (wie Anm. 4), 341–343.

– ANHANG –

A. Synchrone Papst- und Bischofsschismen

1. Gegnerische Papstlinien des Großen Schismas

RÖMISCHE LINIE	*AVIGNONESISCHE LINIE*	*PISANISCHE LINIE*
Urban VI. 1378–1389 (Tod)	Clemens VII. 1378–1394 (Tod)	
Bonifaz IX. 1389–1404 (Tod)	Benedikt XIII. 1394–1422/23 (Tod)	
Innozenz VII. 1404–1406 (Tod)		
Gregor XII. 1406–1415 (Resignation)		Alexander V. 1409–1410 (Tod)
		Johannes XXIII. 1410–1419 (Unterwerfung)

2. *Gegnerische Bischöfe der Konstanzer Schismen*

RÖMISCHE OBÖDIENZ	*AVIGNONESISCHE OBÖDIENZ*
Nikolaus v. Riesenburg 1384–1387/88 (Resignation)	Mangold v. Brandis 1384–1385 (Tod)
Burkhard v. Hewen 1387/88–1398 (Tod)	Heinrich Bayler 1387–1407/09 (Rückzug)
[Friedrich v. Nellenburg 1398 (10-Tage-Elekt: Resignation)]	
Marquard v. Randeck 1398–1406 (Tod)	
Albrecht Blarer 1407–1410 (Resignation)	

B. Vertikale Prolongation schismatischer Doppelstrukturen

1. Päpste / Bischöfe / Offiziale / Generalvikare

Papst Urban VI.	↔	Papst Clemens VII.
Bischof Nikolaus v. Riesenburg	↔	Bischof Mangold v. Brandis
Offizial Franz Murer (= Domherr)	↔	Offizial Hartmann v. Bubenberg (= Domherr)
Generalvikar Heinrich Goldast (= Domherr)	↔	Generalvikar Nikolaus Schnell (= Domherr)

2. Päpste / Weihbischöfe / Bischöfe

Papst Urban VI.	↔	Papst Clemens VII.
Weihbischof Jakob v. Hewen	↔	Weihbischof Hermann v. Klingenberg
Bischof Burkhard v. Hewen	↔	Bischof Heinrich Bayler

3. Päpste / Kardinallegaten oder -nuntien

Papst Urban VI.	↔	Papst Clemens VII.
Kardinalnuntius Pileo da Prata	↔	Kardinallegat Guillaume d'Aigrefeuille

4. Päpste / Papsturkundenexekutoren

Papst Urban VI.	↔	Papst Clemens VII.
Papsturkundenexekutor Franz Murer (= Offizial + Domherr)	↔	Papsturkundenexekutor Hartmann v. Bubenberg (= Offizial + Domherr)

GUY P. MARCHAL

Was tut das Basler Domkapitel in Freiburg?

Ein Beitrag zum Selbstverständnis der Domkapitel

Krisen sind Sternstunden der Wahrheit. In Krisenzeiten zeigt sich, ob eine Institution wirklich tragfähig ist. Und vor allem: In der Krise zeigen sich deutlicher als irgendwann die Maßnahmen, die zur Aufrechterhaltung der Institution getroffen werden, wie die Institution verstanden wird, wie ihre Zielsetzungen von den Agierenden gewichtet werden.

Statt eines Überblicks über die Geschichte der Institution »Domstift«, den man sich für diesen Abendvortrag erwünschte, und der – wie ich feststellte – schon verschiedentlich und besser, als ich es hier tun könnte, gegeben worden ist[1], schien es mir verlockender und in diesem Kreis von Spezialisten anregender zu sein, dieses Axiom an einem Fall zu testen. Und da sind wir im süddeutsch-schweizerischen Raum gut bedient: Es gibt wohl kein Domstift, das eine größere Krise, ja eine eigentliche Katastrophe erfahren und überlebt hat als das Basler Domkapitel im 16. und 17. Jahrhundert.

Alles begann am 9. Februar 1529. Für das Basler Domkapitel brach an diesem Tag die Welt zusammen. Sein Münster wurde vom Pöbel gestürmt und ausgeräumt, die Altäre zerstört, die Bildnisse zerschlagen und verbrannt. Der Bischof war abwesend auf seinem fürstbischöflichen Schloss in Porrentruy. Obwohl der von der Heftigkeit des Ereignisses ebenfalls überraschte Rat am 10. Februar sich beeilte, den Domherren und Kaplänen Sicherheit an Leib und Gut zu garantieren, war in dem sich dem neuen Glauben zuwendenden Basel keine Bleibe mehr für sie. Am 29. März, drei Tage vor der abschließenden Einführung der Reformationsordnung verließen die residierenden Domherren – die anderen waren erst gar nicht mehr zurückgekommen –, Basel in aller Heimlichkeit, nachdem sie den Kirchenschatz fest verschlossen und die Wertschriften behändigt hatten[2]. Das Domkapitel als kirchliche und gesellschaftliche Komponente der Stadt Basel hatte aufgehört zu existieren.

1 Enno Bünz, Mittelalterliche Domkapitel als Lebensform, in: Zwischen Kathedrale und Welt. 1000 Jahre Domkapitel Merseburg. Katalog z. Ausstellung, hg. v. Karin Heise u. a., Petersberg 2004, 13–32. – Thomas Krüger, Die Hausherren des Doms und sein funktionsgeschichtlicher Wandel. Bischof und Domkapitel im mittelalterlichen Augsburg, in: Der Augsburger Dom im Mittelalter, hg. v. Martin Kaufhold, Augsburg 2006, 27–48.

2 Rudolf Wackernagel, Geschichte der Stadt Basel, Bd. 3, Basel 1924, 513–518. – Franz J. Gemmert, Das Basler Domkapitel in Freiburg, in: Schau-ins-Land. Blätter für Geschichte, Sagen, Kunst und Naturschönheiten des Breisgaus an den Tag gegeben vom Breisgauverein Schau-ins-Land 84/85, 1966/67, 125–159, hier: 128–131. – Hans R. Heyer, Die Übersiedlung des Basler Domkapitels von seinem Exil in Freiburg i. Br. nach Arlesheim im Jahr 1678 und das Schicksal seines Archivs während der französischen Revolution, in: Basler Zeitschrift für Geschichte und Altertumskunde 67, 1967, 175–183, hier: 175.

Bevor ich die weitere Geschichte erzähle, muss ich einige allgemeine Bemerkungen vorausschicken, zunächst über meine Herangehensweise und dann über die Institution »Domkapitel«.

1. Historisch-anthropologische Herangehensweise

Ich möchte die historisch-anthropologische Sichtweise, die ich vor zwölf Jahren hier in Weingarten für das Kollegiatstift dargelegt habe[3], nun auf das Domstift anwenden. Institution kommt in allen Zeiten und Kulturen vor. Sie muss also begriffen werden als eine anthropologische Konstante, verstanden als Ordnungs- und Bezugsraster jeglichen sozialen Handelns, sei es in Form von handlungs- und verhaltensstrukturierender Norm oder von Organisation als geschlossenem System. In letzterem Sinn stellt Institution ein organisiertes Sozialgefüge dar mit zeitüberdauernden Merkmalen wie körperschaftlichem Vermögen, Führungsinstanzen, explizitem Normengefüge, geregelter Mitgliedschaft und transpersonalem Handlungsziel. Wesenszug der Institution ist Dauerhaftigkeit unter Wahrung der Identität in den sich wandelnden Zeiten. Hieraus ergibt sich das zentrale Problem der Institutionalität, nämlich wie weit Veränderungen zur Erhaltung der Dauerhaftigkeit gehen können, ohne die Identität zu verändern. Die Identität wird geprägt durch die fundamentale Sinnvorstellung, die dem transpersonalen Handlungsziel der Institution zugrunde liegt. Institutionalität beinhaltet also eine permanente Instititutionalisierung verstanden als steter Formungsprozess zur Erzeugung von Dauerhaftigkeit unter Maßgabe der fundamentalen Sinnvorstellung. Dabei können immer wieder zeitbedingte Deutungen den Sinngehalt verschieben, aber sie können dies nur im Rahmen der grundlegenden Sinnvorstellung. Wird der Rahmen der grundlegenden Sinnvorstellung verlassen, bricht die gegebene Institutionalisierung ab, hat sich die Identität der Institution verändert. Die Institution kann sich durchaus weiter entwickeln, aber im Rahmen einer anderen Institutionalität und mit einer anderen Identität[4].

Institutionalisierungsprozesse von grundsätzlichen Reflexionen bis hin zu kleinsten formalen Fixierungen sagen viel darüber aus, wie die fundamentale Sinnvorstellung und das daraus abgeleitete transpersonale Handlungsziel jeweils aufgefasst wurden. Gerade in Krisenzeiten werden hierüber erkenntnisreichere und schärfer profilierte Aufschlüsse vermittelt. Damit sind wir wieder beim Basler Domkapitel auf der Flucht angelangt.

Wo hat es sich hingewendet? Wir wissen es nicht. Am 13. April 1529 erhält es auf Ersuchen des Basler Bischofs von König Ferdinand (1503–1564) in Speyer die Geneh-

3 Guy P. Marchal, Die Welt der Kanoniker. Das Institut des weltlichen Kollegiatstifts unter historisch-anthropologischer Sicht, in: Die Stiftskirche in Südwestdeutschland. Aufgaben und Perspektiven der Forschung, hg. v. Sönke Lorenz u. Oliver Auge (Schriften zur südwestdeutschen Landeskunde 35), Leinfelden-Echterdingen 2003, 73–84.

4 Sprechendes Beispiel ist das Kollegiatstift St. Peter in Basel, dessen mittelalterliche Statuten, insbesondere die Eidformulare, nur leicht modifiziert auch in nachreformatorischer Zeit weiter in Gebrauch standen, obwohl es sich nun um ein laikales Professorenkollegium, das Collegium Divi Petri, der Universität handelte. Guy P. Marchal, Weltliches Kollegiatstift und Universität, in: Stiftsschulen in der Region. Wissenstransfer zwischen Kirche und Territorium, hg. v. Sönke Lorenz, Martin Kintzinger u. Oliver Auge (Schriften zur südwestdeutschen Landeskunde 50), Ostfildern 2005, 17–34, hier: 27.

migung zur Niederlassung in den österreichischen Vorlanden[5]. Aber es wird noch einige Wochen dauern, bis die Domherren wieder zusammenkommen. Wir haben also Zeit, und ich will diese nutzen, um diese theoretische Ausführung auf die Domkapitel zu übertragen.

2. Domkapitel

Fragen wir, welches die fundamentale Sinnvorstellung der Institution »Domkapitel« gewesen sei, so lag diese im Zusammenwirken mit dem *episcopus*, augenfällig vor allem im Gottesdienst[6]. Um die Frage nach dem hierin eingeschlossenen transpersonalen Handlungsziel konkreter zu fassen, müssen wir sie an die Institution in ihrer vollen Ausgestaltung im 15. Jh. stellen. Es war ein doppeltes: Das eine und ursprüngliche hatte es mit allen Kollegiatstiften gemein: die Pflege eines feierlichen Chor- und Gottesdienstes in der Stiftskirche, in unserem Fall ideell zusammen mit dem Bischof in der Kathedralkirche. Im Laufe der Zeit und mit dem epochenbedingten Wandel des Sinngehaltes der Institution »Bischof« von rein kirchlichem Amt zu kirchlicher und weltlicher Herrschaft hatte sich auch für das Domkapitel das transpersonale Handlungsziel erweitert, nämlich um die Mitverantwortung für die geistliche wie die weltliche Administration der Diözese und des weltlichen Hochstifts[7]. Hatte sich so entsprechend zeitständiger Sinnmuster der Sinngehalt der Institution verschoben, so vollzog sich diese Entwicklung immer im Rahmen der grundlegenden Sinnvorstellung. Als solche Sinnmuster sind anzusprechen die Interferenzen mit allgemeinen Entwicklungen wie die ständische Gliederung der Gesellschaft und die vielfach exklusive Einschränkung der Institution »Domstift« auf den Adelsstand, die politische und ökonomische Durchdringung des Raumes und damit verbunden die Schaffung von hochstiftischen Territorien. Anders und mehr noch als die Kollegiatstifte sind Domstifte zu Bereichen der Interferenz verschiedener Institutionen, verstanden als verhaltensstrukturierende Normkomplexe, geworden wie etwa des Standes, der Herrschaft, der Verwaltung, des Marktes und der Bildung. Kurzum: Domstifte sind Bereiche geworden, in denen Kirche und Welt notwendigerweise ineinander wirkten. Diese Sichtweise lässt es uns vermeiden, die spätmittelalterlichen und frühneuzeitlichen Verhältnisse von unserem heutigen Verständnis her nur negativ zu beurteilen, sondern sie vielmehr historisch-anthropologisch als zeitständische Ausformung der fundamentalen Sinnauffassung des Instituts »Domstift« zu würdigen.

5 Vgl. Anm. 2.

6 Rudolf SCHIEFFER, Die Entstehung von Domkapiteln in Deutschland (Bonner Historische Forschungen 43), Bonn 1976. – Guy P. MARCHAL, Art. Domkapitel, in: TRE 9, 1981, 136–140. – DERS., Was war das Kanonikerinstitut im Mittelalter? Dom- und Kollegiatstifte. Eine Einführung und eine neue Perspektive, in: Revue d'Histoire Ecclésiastique 94, 1999, 778–805; 95, 2000,7–53.

7 Vgl. etwa Walter ZIEGLER, Die Hochstifte des Reiches im konfessionellen Zeitalter 1520–1618, in: RQ 87, 1992, 252–282.

Um das Gesagte zu konkretisieren: Die neuere Domstiftsforschung[8] hat deutlich herausgearbeitet, wie ständische Strukturen des Landes mit den Strukturen des domstiftischen Personals interferieren, so sehr, dass die Interessengruppen des Landes sich auch im Domkapitel widerspiegeln, die Gegensätze und Konflikte zwischen den Adelsgruppen im Land sich auch im Domkapitel fortsetzen. Diese Interessenlagen wirkten sich nicht nur auf das korporative Zusammenwirken des Domkapitels aus, sondern auch auf die Funktionen des Domkapitels innerhalb des Bistums, besonders als Bischofswahlbehörde und als Statthalter während der Sedisvakanzen. Quellenmäßig am einfachsten und seriell erfassbar schlug sich diese Funktion in den Wahlkapitulationen nieder. Sie lassen deutlich die grundsätzliche Stoßrichtung der domstiftischen Politik erschließen als permanente Bemühung, den Besitzstand des Hochstifts oder Fürstbistums zu bewahren oder wiederherzustellen und die weltliche und geistliche Administration des Bistums zu kontrollieren[9]. So erscheinen die Domstifte, gerade auch dadurch, dass sie über ihre Mitglieder gesellschaftlich eng mit dem Land verbunden waren, als Garanten der Kontinuität der Verhältnisse, während die Bischöfe zu Zeiten mehrheitlich landesfremd sein konnten und oft wechselten. So gesehen war es nur folgerichtig, dass die Domkapitel nicht nur die Regierung während der Sedisvakanz, sondern auch die Mitregierung im Bistum und Hochstift neben dem Bischof anstrebten und in je unterschiedlicher Weise erreichten. Am weitestgehenden war dieses Ziel dort erreicht, wo es zu einer doppelten Loyalitätssicherung durch Beamte und Untertanen im Huldigungseid sowohl gegenüber dem Bischof als auch gegenüber dem Domkapitel kam. In der frühen Neuzeit schließlich ist die nachweisliche Kontinuitätswahrung durch das Domkapitel in die Vorstellung eingeflossen, dass das Domkapitel der Lehensherr, der *Erb- und Grundherr* oder die *Erbmutter* mit *völlicher Regirung, Macht und Gewalt* sei, der gewählte Bischof nur mehr der Lehensmann[10]. Zu-

8 Gerhard Fouquet, Das Speyerer Domkapitel im späten Mittelalter (ca. 1350–1540). Adlige Freundschaft, fürstliche Patronage und päpstliche Klientel, 2 Teile (Quellen und Abhandlungen zur mittelrheinischen Kirchengeschichte 57), Mainz 1987. – Ders., Verwandtschaft, Freundschaft, Landsmannschaft, Patronage um 1500. Das Speyerer Domkapitel als Instrument politischer und sozialer Integration, in: Europa 1500. Integrationsprozesse im Widerstreit. Staaten – Religionen – Personen – Verbände – Christenheit, hg. v. Ferdinand Seibt u. Winfried Eberhard, Stuttgart 1985, 349–367. – Ders., Das Speyerer Domkapitel im späten Mittelalter (14.–16. Jh.). Bildung und soziale Verflechtung, in: Lebensbedingungen im Mittelalter in Deutschland, hg. v. Ulf Dirlmeier u. Gerhard Fouquet, Siegen 1985, 51–114. – Ulrike Höroldt, Studien zur politischen Stellung des Kölner Domkapitels zwischen Erzbischof, Stadt Köln und Territorialgewalten 1198–1332. Untersuchungen und Personallisten, Siegburg 1994 (Diss. Bonn). – Rudolf Holbach, Stiftsgeistlichkeit im Spannungsfeld von Kirche und Welt. Studien zur Geschichte des Trierer Domkapitels und Domklerus im Spätmittelalter, 2 Teile (Trierer Historische Forschungen 2), Trier 1982. – Ders., Zu Ergebnissen und Perspektiven neuerer Forschung zu spätmittelalterlichen deutschen Domkapiteln, in: Rheinische Vierteljahresblätter 56, 1992, 148–180. – Rudolf Reinhardt, Die Deutschen Domkapitel in der neueren Forschung. Zu einer sozialgeschichtlichen Neuanalyse für das 17. und 18. Jahrhundert, in: Vierteljahresschrift für Sozial- und Wirtschaftsgeschichte 74, 1987, 351–358. – Andreas Bihrer, Der Konstanzer Bischofshof im 14. Jahrhundert. Herrschaftliche, soziale und kommunikative Aspekte (Residenzenforschung 18), Ostfildern 2005.

9 Günter Christ, Selbstverständnis und Rolle der Domkapitel in den geistlichen Territorien des alten deutschen Reiches in der Frühneuzeit, in: ZHF 16, 1989, 257–328. – Ders., Bischof und Domkapitel von der Mitte des 15. bis zur Mitte des 16. Jh., in: RQ 87, 1992, 193–235. – Konstantin Maier, Das Domkapitel von Konstanz und seine Wahlkapitulationen. Ein Beitrag zur Geschichte von Hochstift und Diözese in der Neuzeit (Beiträge zur Geschichte der Reichskirche in der Neuzeit 11), Stuttgart 1990.

10 Christ, Selbstverständnis (wie Anm. 9), 273, 277f.

gleich entfaltete sich im Laufe der Zeit das ursprüngliche transpersonale Handlungsziel, der Chor- und feierliche Gottesdienst des Domkapitels, zu einem komplexen, aber fest geordneten Gefüge vielfältiger Verpflichtungen. Neben den täglichen Horen und den je nach Festgrad gesteigerten Gottesdiensten entwickelte sich ein reiches Prozessionswesen, wie es etwa in Basel kurz vor der Reformation im *Ceremoniale* Hieronymus Brillingers (1469–1537) mit allen Details festgeschrieben worden ist und in seiner Feierlichkeit und Pracht durchaus dem Selbstverständnis eines exklusiv dem Adel vorbehaltenen Stifts entsprach[11].

In den jüngeren Forschungen zum Selbstverständnis der Domkapitel ist in der deutschsprachigen Literatur vor allem die Bedeutung der Einflussnahme auf das weltliche und geistliche Regiment, inzwischen auch mit vielen Differenzierungen, herausgearbeitet worden. Welches Gewicht hatten aber die gottesdienstlichen Verpflichtungen für die Domherren? Es ist diese Frage der relativen Gewichtung der zwei Seiten des transpersonalen Handlungsziels, der ich nachgehen möchte, nicht anhand von Wahlkapitulationen, Statuten oder Zeremonialen, sondern anhand der Maßnahmen und Handlungen eines Domstifts in der Krise. Wie gewichten die Domkapitulare den feierlichen Chor- und Gottesdienst einerseits und die Mitverantwortung für die geistliche und vor allem weltliche Administration des Bistums und des Hochstifts andererseits in der gelebten Praxis? Mit dieser Frage wende ich mich nun den Verhältnissen im Basler Domkapitel zu.

3. Das Basler Domkapitel im Freiburger Exil

Erst am 15. Mai 1529, anderthalb Monate nach der klammheimlichen Flucht, versammelten die Domherren sich wieder in Neuenburg a. Rh. Als Zufluchtsort war inzwischen die Stadt Freiburg i. Br. gewählt worden, wohin am 12. Mai die zurückgebliebenen Kapläne mit Hab und Gut beordert worden waren[12]. Dass dieser sich im vorderösterreichischen Herrschaftsgebiet befand, mochte die Domherren kaum gestört haben. Sie waren keine Eidgenossen oder Basler, entstammten sie doch weitgehend oberrheinischen und vorderösterreichischen Adelsgeschlechtern. Schwerer mag für sie gewogen haben, dass der neue Residenzort außerhalb der Basler Diözese und auch des Basler Fürstbistums lag, während sich ihr Bischof schon frühzeitig in sein Territorium auf das fürstbischöfliche Schloss in Porrentruy zurückgezogen hatte. Aber von Freiburg aus ließen sich die verbliebenen Einkünfte des Domkapitels im Elsass und im Sundgau gut bewirtschaften. Hier stand auch eine repräsentative Kirche zur Verfügung, ein Münster Unserer Lieben Frau wie in Basel. Hier gab es wie in Basel eine Universität, und es war Conrad Stürtzel (um 1435–1509), Professor und mehrfacher Rektor dieser Universität, der, eben erst 1527 Basler Domherr geworden, die Wahl Freiburgs vorangetrieben hatte[13]. Dorthin waren schließlich schon früher einige altgläubige Humanisten, unter ihnen Glarean (1488–1563) und Erasmus (1466–1536), vor »Vernichtung, Tempelraub und Tyrannei« – so Bonifatius Amerbach (1495–1562) – geflohen[14].

11 Konrad W. Hieronimus, Das Hochstift Basel im ausgehenden Mittelalter (Quellen und Forschungen), Basel 1938, 97–320.
12 Vgl. Anm. 2.
13 Dieter Speck, Universität und Stift in Freiburg. Facetten, Vorhaben, Fehlschläge, in: Lorenz / Kintzinger / Auge, Stiftsschulen (wie Anm. 4), 123–140, hier: 127.
14 Gemmert, Basler Domkapitel (wie Anm. 2). – Wackernagel, Geschichte (wie Anm. 2), 518.

Für das Domkapitel ergaben sich mit der Flucht hinsichtlich der fundamentalen Sinnauffassung aber zwei existenzielle Probleme: In Freiburg war es ein Fremdkörper. Das Münster unterstand der Bauherrschaft der Stadt und dem Patronat der Universität. Der Münsterpfarrer wurde von der Universität bestellt und für den Chordienst sorgte die Präsenz, eine Bruderschaft der die Altäre deservierenden Kapläne, die sich seit dem 14. Jahrhundert zu einer eigenen Korporation mit Statuten formiert hatte[15]. Wie sollte da das transpersonale Handlungsziel des feierlichen Chor- und Gottesdienstes verwirklicht werden? Und wie sollte das Domkapitel die Mitverantwortung bei der Administration der Diözese und des Fürstbistums wahrnehmen? In Porrentruy saß der Bischof weit weg, gleichsam »hinter den sieben Bergen«. Die bischöfliche Residenz war nur beschwerlich entweder über Basel, Delémont und die Juraketten oder über das Elsass, Altkirch, wo sich das Offizialat niedergelassen hatte, und das Hügelland des Sundgaus zu erreichen. Das stellt schätzungsweise eine Reisestrecke von ca. 140 km dar und eine geschätzte Reisedauer von drei bis vier Tagen[16]. Hinsichtlich des transpersonalen Handlungsziels der Mitverantwortung für das geistliche und weltliche Regiment sah sich das Domkapitel in Freiburg in der ungewohnten Rolle – um es plakativ zu sagen – einer Exilregierung.

Die Wiederaufnahme seiner Tätigkeit war höchst beschwerlich. Das Domkapitel musste sich nicht gerade neu erfinden, aber es musste doch neue Wege suchen, um seiner Aufgabe gerecht zu werden. Dabei gingen die Domherren zunächst davon aus, dass ihr Exil nur kurzfristig sei. Keiner konnte wissen, dass es bis zur Rückkehr ins Bistum anderthalb Jahrhunderte dauern würde. Das gilt es im Folgenden im Auge zu behalten. Denn nicht einer umfassenden Reorganisation werden wir begegnen, sondern situativen Maßnahmen und fortlaufendem Flickwerk.

Zunächst und nur so weit wie nötig soll das Basler Domkapitel des 16. und 17. Jahrhunderts charakterisiert werden[17]. Hat auch während der gesamten Zeit statutarisch die

15 Das Freiburger Münster, hg. v. Münsterbauverein Freiburg, Regensburg 2011, 21. – Zu den Priesterbruderschaften: Guy P. MARCHAL, Die schweizerische Stiftslandschaft, in: Le Chapitre de Saint-Nicolas de Fribourg, foyer religieux et culturel, lieu de pouvoir – Das Kapitel St. Nikolaus in Freiburg. Hort des Glaubens, der Kultur und der Macht (Actes du colloque/ 3.–5.2.2010 / Akten des Kolloquiums), hg. v. Jean STEINAUER u. Hubertus VON GEMMINGEN (= Archive de la Société d'histoire du Canton de Fribourg N. S. 7), Fribourg 2010, 25–55, bes. 32–40 (die Freiburger Präsenz ist mir damals entgangen).

16 Im 18. Jh. und bei gut ausgebauten Poststraßen legte eine Postkutsche in einer Stunde 7,5 km zurück: Karl KRONIG, Die Post der Fischer 1675–1832, Bern 1991, 62. – Arthur DAUCOURT, Le service postal à Delémont aux XVIIe et XVIIIe siècles, in: Actes de la Société jurassienne d'Emulation, 2e série, t. 20. 1915, 130, gibt einen Einblick in die Postorganisation des Fürstbistums. Angaben über Reisegeschwindigkeit sind in der Lit. kaum zu finden. Wikipedia geht für das 18. Jh. und für Kutschen gar von einer Tagesleistung von bloß 20–30 km aus. Mit dem Pferd wurde eine Reisegeschwindigkeit von 6–10 km/h erreicht. Die Domherren werden sich eher an der unteren Grenze bewegt und schon gar nicht die Tagesleistung der Kavallerie von 80 km erreicht haben (http://de.wikipedia.org/wiki/Reisegeschwindigkeit#Historische_Entwicklung [Stand: 17.07.2012]).

17 Die folgende Analyse der Situation des Basler Domkapitels basiert auf: GEMMERT, Basler Domkapitel (wie Anm. 2). – HEYER, Übersiedlung (wie Anm. 2). – Werner KUNDERT, Das Domkapitel Basel, in: Helvetia Sacra I/1, Bern 1972, 272–315. – Catherine BOSSHART-PFLUGER, Das Basler Domkapitel von seiner Übersiedlung nach Arlesheim bis zur Säkularisation (1678–1803) (Quellen und Forschungen zur Basler Geschichte 11), Basel 1983. – Hans BERNER, »Die gute Correspondenz«. Die Politik der Stadt Basel gegenüber dem Fürstbistum Basel in den Jahren 1525–1585, Basel 1989. – Nicola EISELE, Das Basler Domkapitel im Freiburger Exil (1529–1628). Studien zum Selbstverständnis einer reichskirchlichen Institution (Forschungen zur oberrheinischen Landesgeschichte 49), Alber 2004. – Eine Grundlagenarbeit für unseren Zeitraum gibt es nicht: Der erste Band der

Zahl von 24 Domherren gegolten[18], so wurde sie in Wirklichkeit nie erreicht. In den Pestjahren 1553 und 1576 waren es nur mehr zwölf Kapitulare, nachdem 1549 der höchste Stand von 22 erreicht worden war[19]. Für die Residenz waren neun Monate veranschlagt, so dass, selbst wenn die Statuten eingehalten wurden, nie alle Domherren in Freiburg wohnten. Die Schwankungen des Personalbestands lassen sich auch an den Wahlkapitulationen ablesen: 1554 beteiligten sich sechs Domherren, 1575 sogar nur fünf und 1608 immerhin wieder 14 Kapitulare[20]. Das Domkapitel war also personell eher schwach dotiert, was auch auf die wirtschaftlich unsicheren Verhältnisse des Stifts zurückzuführen ist. Es hatte alle seine Besitzungen in Basel und in den reformierten Teilen der Landschaft, insgesamt mehr als die Hälfte der Stiftseinkünfte[21], verloren. Die Zimmersche Chronik hatte wohl schon recht, als sie bei ihrer karikierenden Aufzählung der Domstifte, *so werden die dombherren genennt von Chur die ungetrewesten, Costanz die nerristen, Passow die gröbsten, Regenspurg die vollesten* usw., für Basel einsetzte, *die von Bassel die ermbsten*[22]. Zur gleichen Zeit hat es durch Erhöhung der Ahnenprobe und mehrheitliche Verdrängung der Bürgerlichen aus den Graduiertenpfründen einen immer exklusiveren adeligen Charakter angenommen. Bei Resignationen und Erteilung von Expektanzen spielten Familien- und Verwandtschaftspolitik die größte Rolle, vorzüglich in Bezug auf Geschlechter, die über Beziehungen zur vorderösterreichischen Herrschaft, etwa zur Verwaltungszentrale in Ensisheim, verfügten. In dieses familiäre Beziehungsnetz waren auch die Bischöfe eingebunden, die ja seit Anfang des 16. Jahrhunderts regelmäßig[23] aus dem Domkapitel ausgewählt wurden. Bischof Jakob Christoph Blarer von Wartensee (1575–1608) etwa hat bei den ihm beim Domkapitel zustehenden päpstlichen Monaten eine überwiegend familiär und politisch motivierte Personenauswahl getroffen[24].

Zugleich handelte es sich bei diesen Domherren um ein akademisch gebildetes Gremium. Einzelne Domherren hatten schon in Basel als Professoren gewirkt, und diese Tradition wurde individuell von verschiedenen Domherren auch an der Freiburger Universität weitergeführt[25]. Als Institution aber hat das Domkapitel für die Entwicklung der

Helvetia Sacra, in den 1960er-Jahren nach alten Richtlinien bearbeitet, ist längst überarbeitungsbedürftig. Eisele bietet eine kulturgeschichtliche Annäherung unter wechselnden Fragestellungen und verzichtet leider – im Unterschied zu Bosshart-Pfluger – darauf, die Grundlagen, die sie für ihre Interpretationen erarbeitet haben muss, zu publizieren. Für diesen Beitrag konnten keine Archivforschungen unternommen werden.

18 Eisele, Basler Domkapitel (wie Anm. 17), 32f., gegen ältere Lit.

19 Ebd., 33.

20 Ebd., 165.

21 Gemmert, Basler Domkapitel (wie Anm. 2), 131.

22 Bünz, Mittelalterliche Domkapitel (wie Anm.1), 13. – Froben Chr. von Zimmern, Zimmerische Chronik, Bd. III, hg. v. Karl A. Barack, Freiburg/Tübingen 1881, 130 (http://de.wikisource.org/wiki/%C2%ADw/index.php?title=Seite:De_Zimmerische_Chronik_3_130.jpg&oldid=1265345 [Version vom 17.10.2010]).

23 Bosshart-Pfluger, Basler Domkapitel (wie Anm. 17), 142, seit 1656. Vgl. aber: Helvetia Sacra I/1, 199ff. seit Christoph von Utenheim 1502.

24 Eisele, Basler Domkapitel (wie Anm. 17), 36–49.

25 Speck, Universität (wie Anm. 13), 127f. – Vgl. auch Thomas Henrici, Le journal »raisonné« d'un vicaire général du diocèse de Bâle dans la première moitié du XVIIe siècle = Das Amtstagebuch eines Generalvikars des Bistums Basel in der ersten Hälfte des 17. Jahrhunderts, hg. v. Jean-Pierre Renard (Studia Friburgensia, Series Historica 4/1), Fribourg 2007, XXIV–XXXIV. – Betr. Henrici: Helvetia Sacra I/1, passim.

Freiburger Universität keine Bedeutung gehabt[26]. Es war vor allem darauf bedacht, nicht in die Konflikte zwischen Stadt und Universität hineingezogen zu werden[27]. Damit sind wir wieder bei der Situation in Freiburg angelangt und die Frage stellt sich nun wirklich, was tut dieses kleine akademisch-klerikale Adelsgremium, was tut das Basler Domkapitel in Freiburg?

Wenden wir uns also den beiden Aspekten des transpersonalen Handlungsziels zu. Zunächst sei danach gefragt, wie das Domkapitel seine erste Aufgabe, die Pflege des Chordienstes und des feierlichen Gottesdienstes zu erfüllen gesucht hat. Dann sei die Frage gestellt, wie das Domkapitel seine Mitverantwortung am bischöflichen Regiment wahrgenommen hat.

4. Pflege des feierlichen Chor- und Gottesdienstes

Sofort nach Ankunft in Freiburg galt die erste Sorge der Wiederaufnahme des Chordienstes. Während die Regelung der Rechtsstellung des Kapitels in der Stadt erst am 28. August erfolgte, haben sich Vertreter des Domkapitels bereits am 23. Mai vor dem Senat der Universität eingefunden mit dem Gesuch, im Münster Gottesdienst abhalten zu dürfen. Nachdem am 8. Juni die bischöflich-konstanzische Einwilligung für das Münster oder irgendeine andere Freiburger Kirche eingetroffen war, konnte eine auf vier Jahre befristete Vereinbarung getroffen werden, die dem Domkapitel für die besonderen stiftbaslerischen Zeremonien die Andreaskapelle neben dem Münster zur Verfügung stellte, den offiziellen Beginn des domstiftischen Gottesdienstes im Münster auf Ende September 1529 (Michaelis) ansetzte, ein friedliches Verhältnis zur örtlichen Geistlichkeit stipulierte und als Gerichtsstand Konstanz festlegte[28]. Sieben Jahre später, im Revers von 1536, erfolgte die unbefristete Regelung mit der Universität. Das Domstift wurde mit der Organisation des Chordienstes im Münster betraut, wozu ihm eine Kapelle im Chor als Sakristei zugeteilt wurde. Bezüglich der Paramente, Bücher und liturgischen Geräte – das meiste war in Basel zurückgeblieben – sollte sich das Kapitel mit der Stadt verständigen, die die wirtschaftliche Verwaltung des Münsters innehatte[29]. Nun stellte sich aber das Problem ein, dass am Münster traditionsgemäß ein Priesterkollegium, die Präsens, tätig war, mit dem man sich bezüglich der zu befolgenden Liturgie – baslerisch oder konstanzisch – arrangieren musste. 1536 musste das Domkapitel zugestehen, dass der Chorgesang im Münster *uf ein ordnung, namlich nach disem bisthumb Costanz* vereinheitlicht wurde[30]. Bezüglich des Stundengebets musste man einen modus vivendi finden: Die von der Präsenz offenbar nicht gepflegte Matutin um 4 Uhr früh bestritt das Domkapitel alleine, die übrigen Horen wurden gemeinsam gesungen, die Vigil getrennt gefeiert. Besonders die Vesper sollte würdig begangen werden *ad vitandum confusionem et scandalum*, da hier wegen der Teilnahme der Laien Rücksicht auf die Öffentlichkeit genommen werden sollte. Dass

26 Wolfgang Jäger u. a., Rektoramt und Rektoren an der Albert-Ludwigs-Universität, 1460–1906 (Freiburger Universitätsblätter 137), Freiburg 1997 12. – Speck, Universität (wie Anm. 13), 123–140, bes. 127–130.

27 Joachim Köhler, Die Universität zwischen Landesherr und Bischof. Recht, Anspruch und Praxis an der vorderösterreichischen Landesuniversität Freiburg (1550–1752) (Beiträge zur Geschichte der Reichskirche in der Neuzeit 9), Wiesbaden 1980, 208–217.

28 Gemmert, Basler Domkapitel (wie Anm. 2), 130.

29 Eisele, Basler Domkapitel (wie Anm. 17), 115. – Speck, Universität (wie Anm. 13), 127.

30 Eisele, Basler Domkapitel (wie Anm. 17), 144.

es sich bei diesen Vereinbarungen nicht bloß um liturgische Problemlösungen handelte, sondern auch – wie bei den zahlreichen von der Münsterpräsenz und dem Personal des Domkapitels zelebrierten Messen – um materielle Interessen in Form von Präsenz- und Opfergeldern, versteht sich in jener Zeit von selbst. Das führte offenbar zu häufig auftretenden *confusiones*, die auch Ermahnungen durch den Basler Bischof zur Folge hatten[31].

Aufschlussreich ist nun die Frage nach dem Verhältnis von Domherren und Domkaplänen bei der Erfüllung dieser gottesdienstlichen Verpflichtungen. Wie bei Chorherrenstiften üblich, verfügte auch das Domkapitel über Kaplaneistiftungen (Ende des Mittelalters über 70), von deren Kaplänen einige als *assisii* zur Unterstützung der Domherren zum Chordienst verpflichtet waren[32]. In Freiburg ging man nominell immer noch von dieser Anzahl aus, obwohl viele Pfründen ihre Einkünfte verloren hatten[33]. Die bischöflich-konstanzische Visitation von 1572 deckte dann in ihrem Bericht den wahren Schaden auf: Sie habe nur noch zehn Kapläne gefunden, die persönlich residierten, wobei zusätzlich die Verfügung über freiburgische und stift-baslerische Pfründen offenbar umstritten sei. 31 Pfründen seien in Händen von Personen, die gar nicht in der Stadt lebten. Bis auf einige wenige handle es sich bei diesen Kaplänen um *ungelertte Idioten*[34]. Nun erst regelte das Domkapitel mit der *Deklaration* von 1575 die Kaplaneien neu. Der Bestand wurde auf 24 Kapläne reduziert, die aber fix zu Präsenz und Chordienst verpflichtet wurden und höheren Anforderungen entsprechen mussten, wie *vita honesta, pietas* und *eruditio*. Domkapläne wurden zu diesem Behuf auch zum Besuch theologischer Vorlesungen verpflichtet; wenn sie es zweimal wöchentlich taten, wurde das als Präsenz angerechnet, ein Anreiz, der 1600 offenbar nicht mehr nötig war. Die Kollatur aller Kaplaneien erfolgte nun ausschließlich durch das Domkapitel[35].

Diese Neuregelung muss vor dem Hintergrund der Praxis gesehen werden: Im 16. Jahrhundert hat die Chordisziplin immer wieder zu Beschwerden geführt. Die Kapläne wurden wiederholt mit dem Vorwurf *unfleiss* konfrontiert und bestraft. Sie wiederum beklagten sich, dass *bei den grossen thumbherren* solcher Unfleiß durchaus gebilligt werde und *sie lernens von den thumbherren*. Besonders bei der Matutin[36] waren die Domherren offenbar nachlässig. Noch zu Beginn des 17. Jahrhunderts, als der Reformdekan Hänlein sie ermahnte, dass die Chordisziplin für *Herren und Capläne insgemein gelten* sollte, pochten die Domherren auf den Standesunterschied, der zwischen ihnen und den Kaplänen bestehe und eine Gleichbehandlung ausschließe[37]. Vor diesen Problemen und Auseinandersetzungen um die Chordisziplin lässt sich die Grundidee der *Deklaration* von 1575 mit einem Wort benennen: Delegation. Sie intendierte eine vollwertige Stellvertretung des Domkapitels beim Chordienst, wie es sinnfällig auch in der dem Kapitel entsprechenden Anzahl von 24 Kaplänen zum Ausdruck kommt. Der formale Aspekt der Repräsentation des Domstifts im Münster tritt auch in der besonderen Imagepflege bei der öffentlichkeitswirksamen Vesper hervor und in der Nachlässigkeit gegenüber der Matutin, wo Laien nicht zugegen waren. Alles in allem gesehen, handelt es sich um einen Institutionalisierungsprozess, der das transpersonale Handlungsziel der Institution

31 Ebd., 148f.
32 Hieronimus, Das Hochstift (wie Anm. 11), 20, 322–479.
33 Eisele, Basler Domkapitel (wie Anm. 17), 119.
34 Speck, Universität (wie Anm. 13), 130.
35 Eisele, Basler Domkapitel (wie Anm. 17), 119–123.
36 Ebd., 148.
37 Ebd., 129f.

»Domstift«, den feierlichen Chordienst, formal aufrechterhielt; allerdings unter praktischer Substitution des Kollegiums der Domherren durch die Kapläne.

5. Mitwirkung am bischöflichen Regiment

Nun ist jedoch zu beachten, dass die vergleichsweise wenigen Domherren mit anderweitigen Aufgaben belastet waren; dies führt uns zur Behandlung des anderen transpersonalen Handlungsziels von Domstiften, jenem der gouvernementalen Mitverantwortung. Um dies vorwegzunehmen: Der Einsatz in den Diözesanämtern war beträchtlich, vor allem wenn man an die Behinderungen durch die neuen Verhältnisse und den finanziellen Mangel denkt, der die Amtsinhaber bisweilen dazu zwang, auf eigene Kosten zu wirken. Eindrückliches Zeugnis davon legt das *Directorium pro vicariatu generali in episcopatu Basileensi* ab, das Amtstagebuch des Domherrn und Generalvikars Thomas Henrici (1634–1652)[38]. An dieser Stelle sei lediglich darauf hingewiesen, dass sich das Domkapitel nicht nur in den Wahlkapitulationen das Bewilligungsrecht bei der Ernennung von Generalvikar und Offizial ausbedungen hat, sondern während seines Freiburger Exils nach Ausweis der »Helvetia sacra« die Hälfte der Weihbischöfe, der Generalvikare und der Offiziale gestellt hat[39]. Domherren reisten schließlich als Prokuratoren des Bischofs nach Rom, als Gesandte des Fürstbischofs nach Paris[40].

Im Folgenden sei das Augenmerk darauf gerichtet, wie das Domkapitel als Gremium seine Mitverantwortung unter erschwerten Verhältnissen wahrgenommen hat. In erster Linie stellte sich da ein Kommunikationsproblem. Das Kapitel konnte sich ja nicht mehr einfach mit dem Bischof zusammensetzen. Er war weit weg und nur auf beschwerlichen Wegen erreichbar. Gewiss gab es die Korrespondenz, aber das war viel zu umständlich, wo Bischof und Domkapitel mit der Stadt Basel über Restitutionen verhandeln mussten und ihre direkten Interessen nicht immer deckungsgleich waren. So richtete man ein Deputationssystem ein: Das Kapitel delegierte *Deputate*, welche die im Kapitel ausgehandelten Stellungnahmen und Forderungen in die Verhandlungen mit Bischof und Stadt einbrachten und offiziell im Sinne des Kapitels vertraten. In der Wahlkapitulation von 1554 wurde das Deputatswesen institutionalisiert: Ging die Initiative zur Beratung vom Bischof aus, musste er seinen Deputationswunsch mindestens einen Monat vorher dem Kapitel anmelden. Damit war für das Kapitel die Möglichkeit gegeben, die Themen vorher zu beraten und den Deputaten Instruktionen mitzugeben. Auf jeden Fall sicherte sich das Kapitel das Mitspracherecht durch die Bestimmung, dass der Bischof *ohne wissen und Rat der zweien deputaten* keine Beschlüsse fassen durfte. Die Spesen, die sich aus den Reisen der zwei Domherren ergaben, wurden geteilt: Der Bischof kam für die Reisekosten auf, während das Kapitel den Deputaten trotz Abwesenheit die Präsenzeinkünfte anrechnete. In der Wahlkapitulation von 1575 wurde diese Institution ausgebaut. Es wurden jährlich vier ordentliche Deputationen von jeweils acht Tagen eingerichtet und zwar an Reminiscere, was einen Frühjahrstermin Ende Februar oder im März ergibt, an Johann Babtist im Juni, Simon und Judas im Oktober und an Weihnachten. Der Bischof hatte für die Verköstigung von *Pferdt und diener* der Deputaten aufzukommen, das Domkapitel für die Reisekosten. Sollte die Deputation aus guten Gründen länger als acht Tage dauern,

38 Renard, Journal (wie Anm. 25).
39 Helvetia Sacra 1/1, 230–232, 258–262, 265f.: 4 Weihbischöfe von 8; 7 Generalvikare von 14; 6 Offiziale von 14.
40 Renard, Journal (wie Anm. 25), XLI–XLVII. – Heyer, Übersiedlung (wie Anm. 2), 178.

würde das Kapitel keinen Einspruch erheben. Dieser Institutionalisierungsprozess weist deutlich darauf hin, dass das Domkapitel aktiv und »höchst interessiert« das transpersonale Handlungsziel Mitverantwortung an der Regierung sicherte und dem neuen Kontext anpasste. Es hatte eine institutionalisierte Intermediärstruktur – als solche ließe sich das Deputationswesen ansprechen – geschaffen, die die ursprünglich gemeinsame Beratung ersetzte. Doch hat in der Folge Bischof Blarer von Wartensee, der schließlich die Konsolidierung des Bistums und die Rekatholisierung des Birsecks erreichte, eine breite Legitimation seiner Regierung angestrebt und seit 1577 wiederholt das gesamte Domkapitel zu Konsultationen nach Porrentruy einberufen[41]. Weitere Versammlungsorte waren besonders im 17. Jahrhundert die näher gelegenen fürstbischöflichen Schlösser in Delémont und im Birseck.

Es leuchtet ein, dass dieses Deputationssystem für das Domkapitel in Freiburg doch sehr aufwendig war. In der Wahlkapitulation von 1608 kam man wieder zurück auf die näher nicht geregelten Deputationen der Anfangszeit und überließ den größten Teil der Kosten dem Bischof. Man suchte die Kommunikation mit der bischöflichen Zentrale auf anderen Wegen. Während der Bischof die Domherren vermehrt in den Hofrat einzubeziehen suchte, wogegen sich das Kapitel unter Hinweis auf die strengen Residenzbestimmungen des Tridentinischen Reformdekrets wehrte, erstrebte das Kapitel die Mitverantwortung über die Loyalität der bischöflichen Beamten, und da diese – der Kanzler und der Hofmeister voran – den Kreisen des Stiftsadels angehörten, letztlich über familiäre Beziehungen zu erreichen. Der Kanzler hatte sich seit 1560 gegenüber dem Domkapitel eidlich zu verpflichten, darauf zu achten, dass der Bischof sich an die Wahlkapitulation hielt. In den Wahlkapitulationen beanspruchte das Domkapitel bei der Besetzung dieser Ämter seit 1554 ein Bewilligungsrecht[42]. Diese wenig institutionalisierte, eher von persönlichen und familiären Beziehungen geprägte Kommunikation sollte sich in den nun hereinbrechenden Kriegswirren, die auch das Fürstbistum überzogen und Bischof und Amtsträger zu ruhelosen Flüchtlingen werden ließen[43], als der Situation angemessen erweisen.

6. Domkapitel und fürstbischöfliche Souveränität

Wenden wir uns zuletzt der Frage zu, wie die Wahrnehmung der Mitverantwortung sich auf eine mögliche Teilhabe des Domkapitels an der hochstiftischen Souveränität ausgewirkt haben könnte. Nach dem Tod Bischof Philipps von Gundelsheim (1527–1553, † 14. September 1553), in dessen Regierungszeit sich die Welt verändert hatte, suchte das Kapitel aus verschiedenen Gründen, u. a. um die Verschuldung des Bischofs gegenüber Basel selbst zu regeln, eine längere Sedisvakanz aufrechtzuerhalten und das Bistum mit einem aus seinen Reihen gestellten Verwalter zu leiten. Doch rasch wurde es in den neuen Verhältnissen mit seinen Grenzen konfrontiert: Während die reformierte Stadt Basel loyal blieb und wegen des befürchteten Herrschaftsvakuums auf eine rasche Bischofswahl drängte, versuchte das katholische Solothurn die Situation zu nutzen, um sein eigenes Gebiet auf Kosten des Fürstbistums zu erweitern. Als das Domkapitel das südliche Amt Erguel für 7000 Kronen an die Stadt Biel verpfändete, musste es erfahren, dass die Untertanen diese Maßnahme nicht anerkannten und Biel den Huldigungseid nicht leisten

41 Eisele, Basler Domkapitel (wie Anm. 17), 174–176.
42 Ebd., 176–178.
43 Helvetia Sacra I/1, 206f. – Renard, Journal (wie Anm. 25), XXVI, XLI, XLV, XLVIII.

wollten, bevor nicht der rechtmäßige Herr, nämlich ein neuer Bischof, sie aus ihrem Eid gegenüber dem Hochstift entlassen habe[44]. Obwohl das Domkapitel das Recht der Verwaltung des Bistums während der Sedisvakanz innehatte, musste es einsehen, dass eine provisorische Regierung mit einem Verwalter in den neuen Verhältnissen unlösbare Probleme schuf, und so wählte es den Verwalter Melchior von Lichtenfels (um 1517–1575) im Oktober 1554 zum Bischof. Der Souverän war eben allein der Bischof.

Einen zweiten Hinweis erhalten wir aus der Endzeit des Kapitels in Freiburg. Nur kurz sei die Vorgeschichte dargestellt: Um seine Position in den Restitutionsverhandlungen gegenüber dem eidgenössischen Basel zu stärken, suchte und fand Bischof Blarer von Wartensee, obwohl sein Fürstbistum ein Hochstift des Reiches war[45], Rückendeckung in einem Bündnis mit den sieben katholischen Orten der Eidgenossenschaft. Mit dessen Abschluss im September 1579 konnte er die Auseinandersetzung mit Basel vor eidgenössischem Schiedsgericht führen und mit dem Badener Vertrag von 1585 abschließen, der entscheidend zu einer Konsolidierung des Fürstbistums beitrug[46]. Das Domkapitel war dabei allerdings von Basel als quantité négligable behandelt worden, protestierte und akzeptierte den Vertrag nicht, so dass seine Beziehung zur Stadt ungelöst blieb. In der Tat blieb die Frage, wie und wie weit das in vorderösterreich-habsburgischem Gebiet residierende Domkapitel in das eidgenössische Bündnis eingeschlossen war, ungeklärt, auch wenn es seine Einwilligung in das Bündnis gegeben, dieses mitbesiegelt hatte und seine alten Rechte und Gewohnheiten garantiert erhielt. Das sollte sich während des Niederländischen Kriegs, bei dem Ludwig XIV. (1638–1715) auch an den Rhein vorstieß und unter anderem Freiburg eroberte, als folgenschwer erweisen[47]. Der Bischof als Bündnispartner der Eidgenossen war in deren Neutralität eingeschlossen. Für das Domkapitel in Freiburg ließen das weder der Kaiser noch der französische König gelten. Der Fürstbischof als von den Kriegsmächten anerkannter Souverän blieb weitgehend verschont; das nun wahrhaft exilierte Domkapitel geriet in Teufels Küche. Seit 1670 wurde in Ermangelung genügender Einkünfte und durch die – trotz wiederholter Proteste des Bischofs an höchster Stelle – erfolgten Einquartierungen zunächst kaiserlicher, dann großherzoglicher Truppen im »Basler Hof« der Kapitelsbetrieb erschwert, ja verunmöglicht. 1674 wurde der Gottesdienst im Münster suspendiert und die Domherren verließen mit bischöflicher Einwilligung die Stadt für neun Monate. 1675 konfiszierte Frankreich die Haupteinkünfte des Domkapitels im Elsass und im Sundgau. Ludwig XIV. anerkannte die eigenössische Neutralität nicht für das Domkapitel, sondern betrachtete es als *Subjekt* des Kaisers, in dessen Gebiet es ja residiere. Nach dem Einmarsch der Franzosen in Freiburg im November 1677 wurde die Situation völlig unhaltbar. Bischof und Kapitel intensivierten die Bemühungen um eine *Transmigration* des Domkapitels zurück ins Fürstbistum. Es bedurfte noch zahlreicher Demarchen und domstiftischer Gesandtschaften selbst an den französischen Hof, um endlich nach einem Jahr, im November 1678, vom königlichen Rat die Bewilligung zum Abzug und die Aufhebung der Konfiskation zu erreichen. Die Domherren hatten sich schon im August über das Land zerstreut. Der Grund der königlichen Renitenz bestand darin, dass Ludwig XIV. sich mit dem Kaiser absprechen wollte, wie er mit dessen *Subjekt* verfahren solle. Soviel zur Teilhabe des Basler Domkapitels in Freiburg an der Souveränität des Fürstbistums Basel. Am 18. Dezember 1678 hob das

44 Berner, Correspondenz (wie Anm. 17), 56–60.
45 Ziegler, Hochstifte (wie Anm. 7), 255.
46 Berner, Correspondenz (wie Anm. 17), 155–160, 172–179.
47 Das Folgende nach Heyer, Übersiedlung (wie Anm. 2).

Domkapitel seinen Gottesdienst im Münster endgültig auf, verließ anderntags geschlossen die Stadt und zog über Rheinfelden nach Arlesheim.

7. Ausblick

Suchen wir diese Institutionalisierungsprozesse insgesamt zu würdigen, so sei zunächst einschränkend festgestellt, dass eigentlich nur der Entwicklung bis zum Anfang des 17. Jahrhunderts, also vor allem im 16. Jahrhundert Aussagekraft zukommt. Im weiteren 17. Jahrhundert erlauben die vor allem durch Kriegswirren eingetretenen Störungen keine strukturellen Rückschlüsse mehr. Aber wir haben genug erfahren, um eine Gewichtung zwischen den beiden Aspekten des transpersonalen Handlungsziels zu erkennen.

Auch wenn die Sicherstellung des feierlichen Chor- und Gottesdienstes von den Domherren sofort in die Wege geleitet worden war, lässt sich aus der weiteren Entwicklung, insbesondere der Delegation des Chordienstes im Münster an die Kapläne, leicht erkennen, dass das Domkapitel den Chordienst eher als eine Formalie der Selbstpräsentation eines Domstifts betrachtete.

Ganz im Gegensatz hierzu hat es sich aktiv und intensiv und im übrigen meist im Einklang mit dem Bischof um die Aufrechterhaltung des anderen Aspekts des transpersonalen Handlungsziels, der Mitverantwortung und Mitregierung, bemüht und völlig neue Institutionen und Strukturen entwickelt.

Die hier festgestellte unterschiedliche Gewichtung der zwei Seiten des transpersonalen Handlungsziels wurde von den Domherren des 16. und 17. Jahrhunderts selbst vorgenommen. Sie entsprach ihrem adeligen Selbstverständnis, wie sie es ja gerade im Hinblick auf die gottesdienstliche Verpflichtung explizit zum Ausdruck gebracht hatten. Diesem Selbstverständnis lagen Mitverantwortung und -regierung näher als der Chordienst und sie war in der gegebenen Krisensituation auch faktisch wichtiger. Durch die institutionellen Lösungen, die die Domherren für die Doppelbeanspruchung fanden, konnten sie die Kluft zwischen den beiden Aspekten des transpersonalen Handlungsziels, die in der ihnen aufgezwungenen Exilsituation aufgebrochen war, überbrücken und die fundamentale Sinnvorstellung über 140 Jahre erfüllen.

Dieses Konstat bestätigt den in der neueren deutschsprachigen Domstiftsforschung bestehenden Trend, die Aufmerksamkeit vor allem auf politisch-herrschaftliche und gesellschaftliche Aspekte der Institution zu richten. Hierin liegt übrigens seit Peter Moraw ihr originaler Beitrag zur internationalen Stiftsforschung. Von hier aus ließe sich weitergehen und über die allgemein historische Bedeutung der Domstifte reflektieren. Im Vergleich zu den durch erbliche Dynastien geführten Herrschaften und Fürstentümern mit ihren weitgehend willkürlich ernannten Ratskollegien und ihren seltenen Landtagen stellen die geistlichen Fürstentümer ein abweichendes[48], antidynastisches System[49] dar, das sich grundsätzlich wie folgt beschreiben lässt: Der Herrscher wird hier gewählt von einem institutionalisierten Gremium, das nach festen Regeln legitim besetzt worden ist.

48 Ziegler, Hochstifte (wie Anm. 7), 261. – Rainer A. Müller, Der Fürstenhof in der frühen Neuzeit (Enzyklopädie deutscher Geschichte 33), München 1995, 99f.

49 Rudolf Reinhardt, Kontinuität und Diskontinuität. Zum Problem der Koadjutorie mit dem Recht auf Nachfolge in der neuzeitlichen Germania Sacra, in: Der dynastische Fürstenstaat. Zur Bedeutung von Sukzessionsordnungen für die Entstehung des frühmodernen Staates, hg. v. Johannes Kunisch (Historische Forschungen 21), Berlin 1982, 115–155, bes. 144f. – Maier, Domkapitel (wie Anm. 9), 7.

Die Dauerhaftigkeit der territorialen geistlich-weltlichen Entität wird durch dieses Gremium gewährleistet, nicht durch die wechselnden Herrscher. In einem kontinuierlichen Institutionalisierungsprozess hat dieses Gremium eine explizit geregelte kollektive Willensbildung und Entscheidungsfindung im innern und gegenüber dem Herrscher Modalitäten zur Mitregierung und Kontrolle entwickelt. Was hier beschrieben worden ist, institutionell geregelte kollektive Kontrolle von Herrschaft und Macht, lässt sich aber als fundamentale Sinnauffassung einer anderen Institution (verstanden als handlungsleitendes explizites Normengefüge) auffassen, nämlich des modernen Parlamentarismus[50]. So können die Domkapitel seit dem Hochmittelalter auch unter die Pioniere gezählt werden bei den Institutionalisierungsprozessen der Kontrolle von Herrschaft und Macht in ihrem Fall annäherungsweise in der Form der natürlich viel später auftretenden parlamentarischen Monarchie, aber dies gleichsam flächendeckend, wenn vielleicht auch nicht über den »orbis christianus«, dann zumindest über die »Germania Sacra«[51].

50 Ich beziehe mich nur auf Hans BOLDT, Parlament, in: Geschichtliche Grundbegriffe 4, 1976, 649–676. Parlament und Parlamentarismus werden offenbar vorwiegend über das Formale definiert (wesentlich ist Öffentlichkeit, ferner Debattieren, Argumentieren etc., Austarieren der Gewichte zwischen Legislative und Exekutive). Letztlich geht es aber um Kontrolle der Exekutive durch die Legislative, um Kontrolle der Regierung.

51 Vgl. auch Christian DURY, Fraternités et Clergé secondaire du diocése de Liège au Moyen Âge. Contribution à la protohistoire des assemblées représentatives, in: Moyen Âge 96, 1990, 287–316. – KRÜGER, Hausherren (wie Anm. 1), 44: Das Domkapitel habe sich zu Beginn des 12. Jhs. »zu einem parlamentsähnlichen Kontrollgremium des Bischofs formiert, und das schon 100 Jahre vor der berühmten Magna Charta in England«.

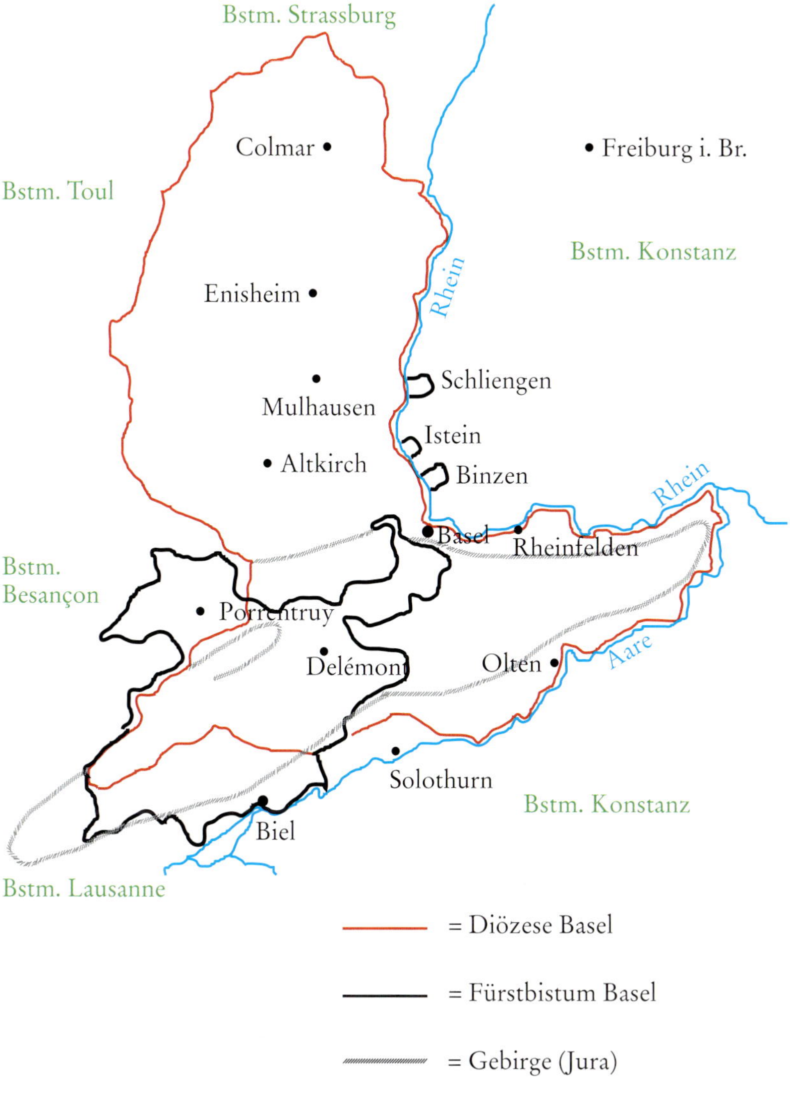

Landkarte zum Beitrag von Guy P. Marchal (S. 67–80):

Bistum und Fürstbistum Basel vor der Reformation

Bistum und Fürstbistum sind territorial sehr unterschiedlich. Die fürstbischöfliche Residenz Porrentruy befindet sich im Bistum Besançon, die südlichen Teile des Fürstbistums liegen im Bistum Lausanne

(Die Landkarte wurde gezeichnet von Heidi Klehr, Eichstätt)

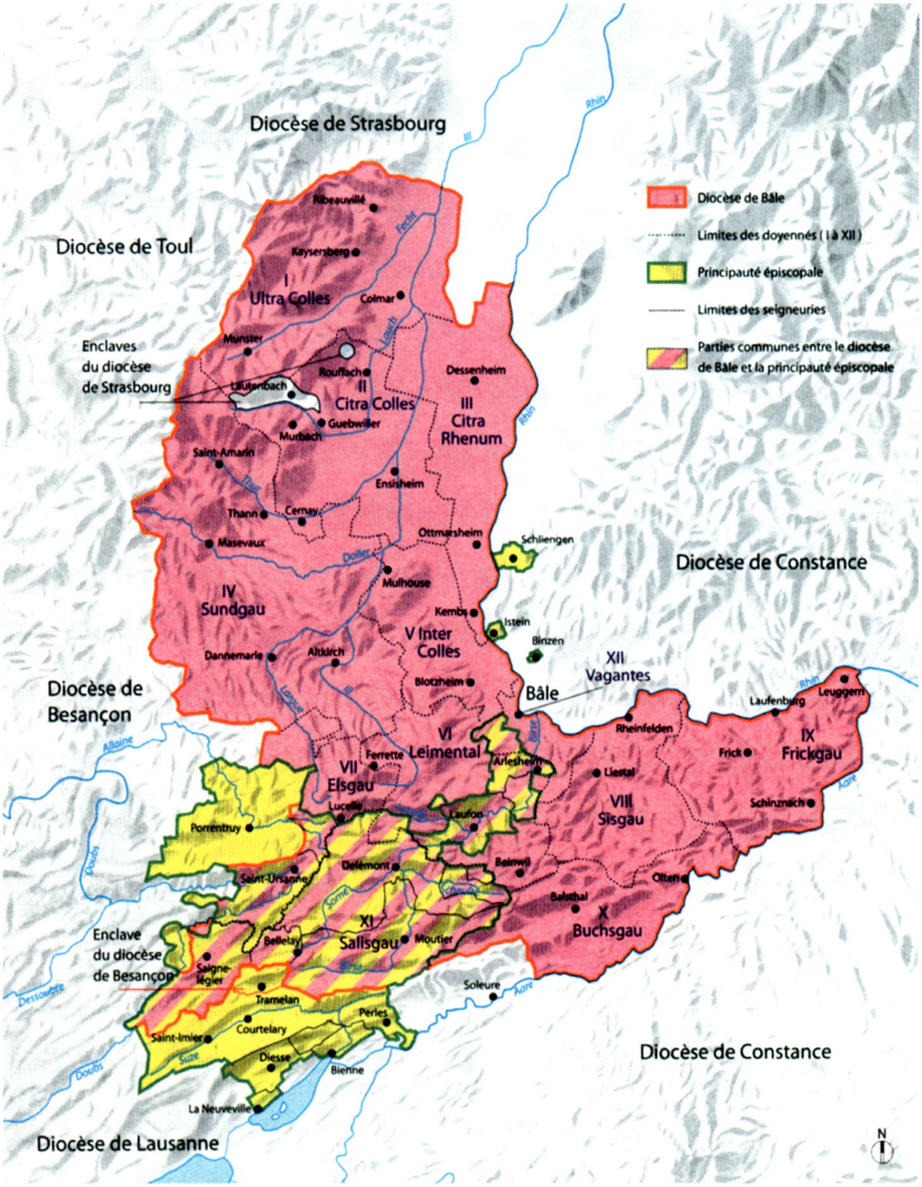

Landkarte zum Beitrag von Guy P. Marchal (S. 67–80):

In: Thomas Henrici, Le journal »raisonné« d'un vicaire général du diocèse de Bâle dans la première moitié du XVIIe siècle = Das Amtstagebuch eines Generalvikars des Bistums Basel in der ersten Hälfte des 17. Jahrhunderts, hg. v. Jean-Pierre RENARD (Studia Friburgensia, Series Historica 4/1), Fribourg 2007

(Abgedruckt mit freundlicher Genehmigung des Paulusverlags in Fribourg, Schweiz)

JÖRG BÖLLING

Heilige Bischöfe

Ulrich von Augsburg (923–973) und Konrad von Konstanz (934–975)

Ulrich von Augsburg und Konrad von Konstanz erscheinen bereits im Mittelalter gemeinsam auf Darstellungen – etwa auf einem Messgewand des 12. Jahrhunderts aus St. Blasien – und auf der schönen Titelvignette des Flyers unserer Tagung[1]. Schon zu Lebzeiten begegneten sie einander: Als amtierender Augsburger Oberhirte weihte Ulrich im Jahre 934 Konrad zum Bischof von Konstanz[2]. Beide Personen stellen bemerkenswerte Beispiele für Bischöfe der ottonischen Zeit dar, bei denen sich verschiedenste Aspekte der *potestas ecclesiae* manifestieren. Im Folgenden soll es aber nicht um Einzelheiten ihrer geistlichen und weltlichen Herrschaft gehen, sondern um ihre Heiligkeit. Diese zeigte sich nach ihrem Tod durch zahlreiche Wunder, die ihnen über ihren jeweiligen Sprengel hinaus dauerhafte Wirkmächtigkeit verliehen. Schnittstelle zwischen irdischem Leben und himmlischem Wirken bilden dabei die Viten: Hierin strahlt bereits zu Lebzeiten der zukünftige Heilige herauf, als der er sich aber erst nach dem Tod herausstellen soll – durch Wunder und Verehrung oder durch ein formalisiertes Kanonisationsverfahren, wie es bei Konrad auf dem Ersten Laterankonzil 1123 der Fall war und bei Ulrich – späteren Abschriften zeitgenössischer Quellen zufolge – bereits 993, erstmals durch einen Papst[3].

1 Zur Biographie s. Jörg BÖLLING, Ulrich von Augsburg, in: NDB 26 (im Druck). – Helmut MAURER, Konrad, hl., in: NDB 12, Berlin 1980, 507f.. – DERS., Konstanz im Mittelalter: I. Von den Anfängen bis zum Konzil (Geschichte der Stadt Konstanz 1), Konstanz ²1996. – DERS., Konstanzer Bischöfe. 6. Jahrhundert bis 1206 (Germania Sacra; NF 42,1; Die Bistümer der Kirchenprovinz Mainz. Das Bistum Konstanz 5), Berlin u. a. 2003, 125–145 (zu weiteren beide Bischöfe zeigenden Portraits s. auch ebd., 145).

2 Vgl. BÖLLING, Ulrich von Augsburg (wie Anm. 1) (Lit.).

3 Vgl. zu Konrad Vita sancti Chuonradi Constantiensis episcopi, in: MGH Scriptores (in Folio) 4: Annales, chronica et historiae aevi Carolini et Saxonici, hg. v. Georg Heinrich PERTZ, Hannover 1841, 429–436 (im Folgenden zit.: Vita (I) sancti Chuonradi) sowie Vita altera auctore anonymo, ebd., 436–445 (im Folgenden zit.: Vita altera (sancti Chuonradi)). – Zu Ulrich s. Vita sancti Uodalrici. Die älteste Lebensbeschreibung des heiligen Ulrich. Lateinisch-deutsch, mit der Kanonisationsurkunde von 993, hg. v. Walter BERSCHIN u. Angelika HÄSE (Editiones Heidelbergenses 24), Heidelberg 1993 (im Folgenden zit.: Vita (I) sancti Uodalrici). – S. auch die spätere, erst nach dem angeblichen Kanonisationsverfahren verfasste Lebensbeschreibung aus der Feder Berns von Reichenau: Dieter BLUME, Bern von Reichenau (1008–1048): Abt, Gelehrter, Biograph. Ein Lebensbild mit Werkverzeichnis sowie Edition und Übersetzung von Berns Vita S. Uodalrici (Vorträge und Forschungen, Sonderband 51), Ostfildern 2008 (im Folgenden zit.: Vita (II) S. Uodalrici). Die zweite Ulrichsvita aus der Feder von Ulrichs Nachfolgerbischof Gebehard von Augsburg (996–1000) blieb unvollendet und ohne bedeutende Rezeption (vgl. Vita (I) sancti Uodalrici, S. 8 mit Anm. 2f. sowie Walter BERSCHIN, Gebehardus episcopus Augustensis, Vita (II) S. Uodalrici (BHLnr. 8361), in: DERS., Mittellateinische Studien, Heidelberg 2005, 255–266), so dass sie hier ebenso wenig betrachtet wird wie jüngere Lebensbeschreibungen des heiligen Ulrich. Auf die von Bernhard Schimmelpfennig angestoßene Debatte über die Authentizität der Papsturkunde zur Kanonisation Ulrichs,

Im Folgenden möchte ich mich den verschiedenen Versionen der Ulrichsvita und ihren Veränderungen widmen, insbesondere der ältesten Lebensbeschreibung, verfasst zwischen 982 und 993, höchstwahrscheinlich vom Augsburger Dompropst Gerhard[4]. Vergleichend mit anderen Quellen, vor allem der nachhaltig rezipierten dritten Ulrichsvita aus der Feder des Bern von Reichenau (um 978–um 1048)[5], soll diese älteste Lebensbeschreibung anhand dreier Fragen einer Relecture unterzogen werden:

1. Was ist fraglich, was glaubwürdig in der Darstellungsweise?
2. Was ist alt, was neu?
3. Was macht Bischof Ulrich in der ältesten Vita zum Heiligen und welchen Quellenwert besitzen Manuskripte wie diejenigen zur Ulrichsvita über die intendierte Darstellungsabsicht hinaus?

Im Anschluss daran soll ein Vergleich mit Konrads Lebensbeschreibungen stehen, der im Rahmen dieses Weingartener Tagungsbandes aber nur sehr kurz gehalten sein kann. Ohnehin hieße es, Eulen nach Athen zu tragen, wollte man diesen heiligen Bischof an dieser Stelle näher vorstellen – wurde Konrad doch hier in Weingarten geboren, und die hiesige Bibliothek verwahrte über Jahrhunderte den noch heute zentralen Codex seiner ältesten Vita[6].

1. Fragliches und Glaubwürdiges in der Ulrichsvita

Spätestens seit dem 1000-jährigen Jubiläum der besagten Kanonisation Ulrichs im Jahre 1993 ist eine in der Vita geschilderte Begebenheit immer wieder Gegenstand kritischer Auseinandersetzung geworden: sein Erscheinen in der Schlacht gegen die Ungarn ohne jegliche Bewaffnung, mit nur einem materiell fassbaren Schutz, seiner Stola[7]. Die quellenkritische Forschung hat hier schon früh einen literarischen Topos festgestellt, der erstmals in der Martinsvita des Sulpicius Severus (um 363–zwischen 420–425) begegnet. Hier wie dort besteht die Darstellungsabsicht in der Rechtfertigung der an sich unzulässigen Be-

für die nun wieder neuere Studien, etwa Ernst-Dieter Hehls, plädieren, kann ich an dieser Stelle nicht eingehen. S. dazu Bernhard Schimmelpfennig, Afra und Ulrich. Oder: Wie wird man heilig?, in: Zeitschrift des Historischen Vereins für Schwaben 86, 1993, 23–44. – Ernst-Dieter Hehl, Lucia/Lucina – Die Echtheit von JL 3848. Zu den Anfängen der Heiligenverehrung Ulrichs von Augsburg, in: DA 51, 1995, 195–211. – S. auch Stephanie Haarländer, Vitae episcoporum. Eine Quellengattung zwischen Hagiographie und Historiographie, untersucht an Lebensbeschreibungen von Bischöfen des Regnum Teutonicum im Zeitalter der Ottonen und Salier (Monographien zur Geschichte des Mittelalters 47), Stuttgart 2000, 513–515 (zu Konrad) und 543–545 (zu Ulrich) sowie pass.

4 Vita (I) sancti Uodalrici (wie Anm. 3), Einleitung, 7–12.

5 Vita (III) sancti Uodalrici (wie Anm. 3).

6 Vita (I) sancti Chuonradi (wie Anm. 3), 430.

7 Vita (I) sancti Uodalrici (wie Anm. 3), I 12, 60–63 (194). – Vgl. (mit Bezug auf eine ältere Edition) Manfred Weitlauff, Bischof Ulrich von Augsburg (923–973). Leben und Wirken eines Reichsbischofs der ottonischen Zeit, in: Bischof Ulrich von Augsburg 890-973. Seine Zeit, sein Leben, seine Verehrung. Festschrift aus Anlaß des tausendjährigen Jubiläums seiner Kanonisation im Jahre 993, hg. v. Dems., Weißenhorn 1993, 69–142, hier: 122f.

teiligung Geistlicher, zumal im Weihegrad des Bischofs, an kriegerischen Handlungen[8] – ein literarisches Motiv, das zugleich als Kriterium für die Heiligkeit dient und daher zumindest als Nachweis einer bestimmten Geisteshaltung zu werten ist. Ulrichs besondere *potestas ecclesiae* manifestiert sich in einem rein liturgischen Kleidungsstück, das die geistliche Würde des Klerikers hervorhebt und zugleich seine geistige Unterstützung der kriegerischen Unternehmung belegt, wie sie nur von einem Heiligen erfolgen kann. Ein anderes Detail hat hingegen bisher wenig Aufmerksamkeit erfahren: das regelmäßige, schier überbordende Beten von Psalmen. Über die kanonischen Horen hinaus lässt der Bischof laut Vita keine Gelegenheit ungenutzt, auch seine Lebensweise ganz im Gebet des Psalters aufgehen zu lassen. Dabei stemmt er recht beachtliche Mengen: Neben dem Officium im Kreis der Domgeistlichen betet er regelmäßig zusätzliche Gebete und »viele weitere Psalmen und das ganze Psalterium täglich vollständig«[9]. Nachts soll er dieses Pensum dann wiederholt haben – und zwar zusätzlich zu den überdies heimlich eingehaltenen Bestimmungen der Benediktsregel[10]. Auch auf seinen Visitationsreisen: nichts als Psalmengesang[11]. Ist er erkrankt, singt man noch vor der Krankensalbung Psalmen für seine Genesung[12]. Selbst als er nach dem Tod seines als Nachfolger vorgesehenen Neffen Adalbero († 909) nicht mehr laufen kann, wohnt er stets der Messe bei und ergötzt Leib und Seele in Kirche wie Gemach an Lesungen und Psalmengesang, und das angeblich ohne das ohnehin übliche Stundengebet zu vernachlässigen[13].

Diese Hinweise zum schier überbordenden Gebet sind bereits im Mittelalter nicht unwidersprochen geblieben – wenngleich nur implizit. Der Verfasser der dritten Vita, Bern von Reichenau, übergeht gezielt diese Passagen von Propst Gerhard. Berns nicht ganz unprätentiöse Selbsteinschätzung, eine literarisch ansprechendere Neufassung geschaffen zu haben[14], ging offenbar mit einer Verarbeitung der Psalmen einher: Ist es bei Gerhard Ulrich selbst, der betet, so weiß Bern von Reichenau zu jeder Episode eigene Psalmzitate einzuflechten, um das Geschehen zu kommentieren[15]. Indem der dritte Vitenschreiber gegenüber dem ersten das Psalmgebet Ulrichs auslässt, dafür aber eigene Psalmzitate einstreut, legt er die vermeintliche Handlungsebene als Darstellungsebene frei, das heißt: Er referiert nicht mehr das angebliche, von ihm offenbar bezweifelte Handeln des Psalmgebetes, sondern stellt statt dessen Ulrichs Lebenswandel durch eigene, auf Psalmen fußende Kommentare dar. Damit bringt er aber letztlich dasselbe zum Ausdruck, nämlich dass der Überlieferung der Psalmen größte Wertschätzung beizumessen sei und deren tie-

8 Odilo Engels, Der Reichsbischof (10. und 11. Jahrhundert), in: Der Bischof in seiner Zeit. Bischofstypus und Bischofsideal im Spiegel der Kölner Kirche. Festgabe für Joseph Kardinal Höffner, Erzbischof von Köln, hg. v. Peter Berglar u. Odilo Engels, Köln 1986, 41–94, hier: 53.
9 Vita (I) sancti Uodalrici (wie Anm. 3), I 3, 65–73 (112/114, zitierte dt. Übers. s. S. 115).
10 Vita (I) sancti Uodalrici (wie Anm. 3), I 3, 144–146 (120). – Vgl. auch ebd. I 4, 4–8 (120/122) und I 26, 25–27 (274).
11 Vita (I) sancti Uodalrici (wie Anm. 3), I 5, 13–17 (138) und I 6, 5–7 (142), ferner I 12, 73–83.
12 Vita (I) sancti Uodalrici (wie Anm. 3), I 16, 21–24 (228). Bezeichnenderweise wird die Salbung Ulrichs hier nicht als ultima unctio, als letzte Ölung vor dem drohenden Tod, sondern nach biblischem Vorbild des Jakobus (Jakobusbrief 5, 14) als heilsame Krankensalbung verstanden, wie sie im Unterschied zu früheren liturgischen Büchern erst das nach dem Zweiten Vatikanischen Konzil (1962–1965) erneuerte römische Rituale kennt.
13 Vita (I) sancti Uodalrici (wie Anm. 3), I 26, 11–15 (272).
14 Vita (III) sancti Uodalrici (wie Anm. 3), Epistola de vita Sancti Uodalrici confessoris, 6–10 (Edition im Anhang ab S. 195 ohne Seitenangabe).
15 Vgl. Vita (III) sancti Uodalrici (wie Anm. 3), III, 15f., 23–25, VII 24f., X 3f., XI 7–9, XII 1f. und 16–18, XVII 8–11, XXII 10–13 und pass.

ferer Sinn im Einklang mit dem Leben Ulrichs gestanden habe. Dass Bern von Reichenau hier die Chance nicht ungenutzt lassen wollte, seine persönliche Kenntnis des Psalters literarisch gekonnt unter Beweis zu stellen, ist nicht weiter verwunderlich. Was aber bewog den ersten Schreiber, Gerhard, dazu, Ulrich so darzustellen? Wie bei der Kriegsepisode, so stehen offenbar auch hier literarische Vorbilder im Hintergrund: die großen Missionare. Willibrord (um 658–739), Bonifatius (672–754), Liudger (um 742–809) – sie alle sollen den einschlägigen hagiographischen Quellen zufolge neben dem regelmäßigen Zelebrieren der heiligen Messe und dem Einhalten der kanonischen Horen des Stundengebets insbesondere das Gebet des Psalters überaus geschätzt haben. In ihrem Reisegepäck hatten sie fast immer ein Psalterium und hagiographische Schriften, selbst an entlegensten Orten, wo man allenfalls ein Sakramentar, ein Lektionar mit einzelnen Perikopen und ein Antiphonar erwarten würde[16]. Die Aussage beider Ulrichsviten ist eindeutig: Hier lebt einer nicht nur in der Liturgie, sondern auch in seiner persönlichen Frömmigkeitspraxis wie die heiligen Missionare in Wort und Tat aus dem Buch der Psalmen heraus. In der ältesten Vita wird Ulrich dadurch in Fortführung frühmittelalterlicher Traditionen zum Protagonisten einer bistumsweiten Binnen-Mission, die sich auch in seinen zahlreichen Visitationen niederschlägt. Hebt die Stola-Szene die Übereinstimmung mit bischöflichen Bekennern wie Martin von Tours (um 316/317–397) hervor, so stellen das schier unaufhörliche Beten und betende Singen von Psalmen den ›Einklang‹ mit den Missionaren her, von denen nicht wenige als Märtyrer ihr Leben lassen mussten.

Im Spannungsfeld von kirchenamtlicher Liturgie und persönlicher Frömmigkeitspraxis ist noch eine weitere Begebenheit von Bedeutung: Das Strafwunder, das den renitenten Gärtner Adalpold ereilte: Dieser hatte im als sakrosankt geltenden Osten der St. Afra-Kirche in einer Höhle auf einem Grasplatz ein gemauertes Gebäude ausfindig gemacht, das er entgegen der Ermahnung des Bischofs als Aufbewahrungsort für Gemüse und anderes zu missbrauchen suchte, und verlor daraufhin Verstand, Augenlicht und Gehör. Erst nach seiner Reue und dem Segen des Bischofs konnte er genesen[17].

So fragwürdig diese Wundererzählung mit ihren strafenden Elementen auch anmuten mag – sie dokumentiert ein sehr frühes Beispiel für den Umgang mit Sakralräumen in Wüstungen, die wir aus dem Spätmittelalter und der Frühen Neuzeit zuhauf kennen[18]. Befand sich an einem wüst gefallenen, völlig verlassenen Ort eine Kirche oder Kapelle, so wurde das betreffende Gelände nicht wieder bebaut oder auch nur landwirtschaftlich genutzt. Bestimmte Formen des Aberglaubens mögen dabei mitgewirkt haben. Entscheidend war aber offenbar eine auch kirchenamtlich beobachtete Regelung, die in ihrem Kern anscheinend erstmals in der ältesten Ulrichsvita nachweisbar ist[19]. Noch heute gelten bekanntlich Klöster erst nach 100 Jahren als aufgelöst – gleich, ob eine Profanierung stattgefunden hat oder nicht. Nicht nur die heilige Person, sondern auch die kirchliche Institution überdauert ungeachtet ihres vorläufigen Endes.

16 S. dazu etwa Angelus A. Häussling, Art. Psalterium, in: LThK[3] 8, 1999, 703f.

17 Vita (I) sancti Uodalrici (wie Anm. 3), I 14, 1–24 (210/212).

18 Zu einem späteren Ulrichspatrozinium vgl. etwa Ludwig Lang, Bericht zur Grabung im Bereich einer mittelalterlichen Wüstung auf dem Ulrichsberg bei Unterhausen, Lkr. Neuburg-Schrobenhausen, in: Neuburger Kollektaneenblatt 152, 2004, 212–218, Abb. 1–3.

19 Zu der in Anm. 17 genannten Stelle vgl. auch Ulrichs kirchenrechtliche Bestimmungen für Kirchweihen seines Bistums laut Vita (I) sancti Uodalrici (wie Anm. 3), I 7 (150/152).

Zusammenfassend lässt sich festhalten, dass die Vita über die bereits umfassend erforschten Angaben zur Karwoche und Osteroktav[20] hinaus noch einige liturgie- und kirchenrechtsgeschichtliche Details birgt, denen es nachzugehen lohnt[21].

2. Was ist alt, was ist neu in Gerhards Ulrichsvita?

Als besondere Beispiele altvorderer Verbundenheit mit den eigenen Familienangehörigen und der generellen Wertschätzung adeliger Abstammung können die breite Darlegung der Herkunft, des Werdegangs und der weiterführenden Pläne des Heiligen in der Vita gelten: Aufgrund seiner eingangs betonten hochadeligen Eltern erhält er das Amt des bischöflichen Kämmerers, einen Dienst beim amtierenden Bischof Hiltine (909–923) hingegen lehnt er wegen dessen mangelnder standesgemäßer »Hoheit« (*celsitudo*, wie es im lateinischen Text wörtlich heißt) ab; angesichts seiner Herkunft und Ausbildung in dem ›von vielen Adeligen besuchten‹ Kloster St. Gallen wird ihm auf Betreiben seines Neffen Burchard (883/884–926) und anderer Verwandter von Heinrich I. (um 876–936) die »bischöfliche Gewalt« (*episcopalis potestas*) für Augsburg gewährt, und seinen Neffen Adalbero († 909) versucht er später unverhohlen, nicht nur als Vertreter im Kriegsdienst und am Kaiserhof, sondern nach Übertragung der weltlichen Bistumsgeschäfte schließlich – mit Zustimmung des Kaisers – auch als regulären Nachfolger für die Zeit nach seinem Tod einzusetzen[22]. Dieses letzte Vorhaben wurde der Vita zufolge nur dadurch aufgeschoben und schließlich zunichte gemacht, dass der präsumtive Prätendent entgegen geltendem Kirchenrecht schon vor seiner Weihe den Bischofsstab trug und nach längeren Verhandlungen vorzeitig verstarb[23]. Bern von Reichenau streift in der dritten Vita diese Aspekte, betont aber den familienunabhängigen Charakter des Heiligen und kritisiert seine Nachfolgeregelung ausdrücklich – ja er schickt den Heiligen sogar für eine gewisse Zeit dafür ins Fegefeuer, das hier – gängigen Vorstellungen der Forschung zum Trotz – bereits im 11. Jahrhundert als konkreter *locus* ausgewiesen ist[24]. Gerhard rechtfertigt

20 Hagen KELLER, Ritual, Symbolik und Visualisierung in der Kultur des ottonischen Reiches, in: Frühmittelalterliche Studien 35, 2001, 23–59, hier: 40–44 (Lit.).

21 Vgl. dazu auch oben Anm. 12 und vor allem die weiteren Überlegungen unten in Kap. 3.

22 Vgl. Vita (I) sancti Uodalrici (wie Anm. 3), I 1, 3–5 (86), 39–42 (90), 79–82 (94), 110–119 (96/98), I 3, 54–62 (112), 104–106 (116) und I 21, 36–40 (246). Immerhin scheint Ulrichs Bischofsernennung aber nur durch seine Verwandten, nicht durch ihn selbst betrieben worden zu sein. Im Gegensatz dazu benutzte sein späterer Nachfolger im Amt seine adelige Verwandtschaft, um sich gegen Ulrichs Willen dieses zu erschleichen: Vita (I) sancti Uodalrici I 28, 1–17 (302). Die vorzeitige Benennung eines eigenen Nachfolgers im Bischofsamt ist hingegen ohne Parallele; vgl. ENGELS, Der Reichsbischof (wie Anm. 8), 55. – S. auch DERS., Der Reichsbischof in ottonischer und frühsalischer Zeit, in: Beiträge zur Geschichte und Struktur der mittelalterlichen Germania Sacra, hg. v. Irene CRUSIUS (Studien zur Germania Sacra 17), Göttingen 1989, 135–175, 188. – WEITLAUFF, Bischof Ulrich von Augsburg (wie Anm. 7), 136.

23 Vita (I) sancti Uodalrici (wie Anm. 3), I 21–24.

24 Vita (III) sancti Uodalrici (wie Anm. 3), XXXIX pass., v. a. Zeile 8 (loco paenali deputatus est, sc. Paschasius) und 20f. (post mortem ad poenalem locum ductus est). Gemeint ist jeweils Paschasius, dem hier aber Ulrich angesichts des identischen Vergehens gleichgestellt wird. – Vgl. demgegenüber die dezidierte Spätdatierung der Etablierung des Fegefeuers, zumal als Ort, um 1200 durch Jaques LEGOFF, Die Geburt des Fegefeuers, aus dem Französischen übers. v. Ariane FORKEL (La Naissance du Purgatoire, Paris 1981), Stuttgart 1984, 187–215 und 442–446 (»Anhang II«), aufgegriffen und erweitert durch Christoph AUFFARTH, Irdische Wege und himmlischer Lohn. Kreuzzug, Jerusalem

Ulrichs Ansinnen in Vita I mit dem Hinweis, Ulrich wolle – frei von weltlichen Geschäften – sich ganz der geistlichen Bistumsleitung und dem mönchsgleichen Gebet widmen[25].

Neu in der ältesten Vita und geradezu zukunftsweisend ist hingegen die Rolle des Papstes und der weiblichen Sanktimonialen, der Nonnen. Die Macht des Königs, gerade auch bei der bischöflichen Investitur, bleibt unbestritten. Gleichwohl ist es nicht der Kaiser, sondern der Papst, der Ulrich bei einem seiner für die Zeit ungewöhnlich zahlreichen Rombesuche (*ad limina*, wie es hier schon heißt) seine große Zukunft als Heiliger voraussagt[26]. Auf diese päpstliche Vision folgt die einer Sanktimoniale, der Rekluse Wiberat († 926)[27]. Literarisch findet dieses Paar sein Pendant in der anschließenden Erwähnung von Petrus und Afra[28]. Das römische Papstgrab bei St. Peter und Ulrichs bereits zu Lebzeiten errichtetes Bischofsgrab bei St. Afra rücken so näher zusammen. Beide Kirchen zeichnet aus, dass sie keine Kathedralen, gleichwohl die größten und aufgrund ihrer Reliquien bedeutendsten Gotteshäuser ihrer jeweiligen Stadt sind, obschon sie beide vor den Mauern liegen. Über die Verehrung der Reliquien des heiligen Petrus hinaus verdeutlicht die vorangestellte Vision eine neue Autorität des Papsttums, inmitten von dessen wohl dunkelster Epoche – noch deutlich vor den monastisch inspirierten Reformen des späteren 11. Jahrhunderts.

In diesem Zusammenhang ist auch ein besonderes Symbol in der Vision Ulrichs von Belang: zwei von Petrus gezeigte Schwerter, eines mit, eines ohne Knauf[29]. Das eine ist qualitativ minderwertiger, letztlich unbrauchbar, weil es keinen Knauf besitzt – Zeichen rein weltlicher Gewalt. Das andere hat einen Knauf und symbolisiert auf diese Weise die geistlich legitimierte Gewalt. Das Schwert ohne Knauf zielte den in der Vision zu hörenden Worten Petri zufolge auf Heinrich I. ab, der – auch Widukind von Corvey (um 925 oder 933/935–973) zufolge – keine Königsweihe erhalten hatte, das mit Knauf hingegen auf einen geweihten König – so wie die Könige ab Otto I. (912–973) es später an sich vollziehen lassen sollten.

Die Deutung erinnert an die 2-Schwerter-Lehre, die erst in Folge des Investiturstreites samt ihrer spätantiken Vorläufer aufgegriffen und weiterentwickelt werden sollte[30]. In der Vita geht es allerdings nicht um die Herkunft und Vergabe der zwei Schwerter, sondern um noch weit mehr: deren Beschaffenheit. Ohne geistliche Legitimation liegt nicht nur formal, sondern auch funktional ein folgenschwerer Mangel vor.

und Fegefeuer in religionswissenschaftlicher Perspektive (Veröffentlichungen des Max-Planck-Instituts für Geschichte 144), Göttingen 2002, 151–198.

25 Vita (I) sancti Uodalrici (wie Anm. 3), I 21, 25–36 (246).

26 Vita (I) sancti Uodalrici (wie Anm. 3), I 1, 91–109 (96). Gerade weil der Ad-limina-Besuch des Bischofs sich zunächst einmal auf die Apostelgräber bezog und erst für seine Amtsnachfolger ab 1231 unter Gregor IX. (1227–1241) verbindlich wurde – vgl. HAARLÄNDER, Vitae episcoporum (wie Anm. 3), 445f. – kommt der expliziten Nennung des Papstes an dieser Stelle eine besondere Bedeutung zu.

27 Vita (I) sancti Uodalrici (wie Anm. 3), I 1, 51–66 (90/92).

28 Vita (I) sancti Uodalrici (wie Anm. 3), I 3, 3–37 (106/110).

29 Vita (I) sancti Uodalrici (wie Anm. 3), I 3, 17–21. S. dazu ausführlich HAARLÄNDER, Vitae episcoporum (wie Anm. 3), 314f. mit Anm. 11 (Lit.).

30 Vgl. Paul MIKAT, Art. Zweischwerterlehre, in: LThK^3 10, 2001, 1519f. – Werner GOEZ, Art. Zwei-Schwerter-Lehre, in: Lexikon des Mittelalters 9, 1999, 725f. – Ferner Rudolf SCHIEFFER, Art. Zweigewaltenlehre, Gelasianische, in: Ebd., 720. – S. a. Jörg BÖLLING, Die zwei Körper des Apostelfürsten. Der heilige Petrus im Rom des Reformpapsttums, in: RQ 106, 2011, 155–192, hier: 184f.

Der hohe Stellenwert von familiärer Abkunft und genealogischer Weitergabe lässt noch ganz die Ideale des ottonisch geprägten Reiches erkennen[31]. Erst im Laufe des 11. Jahrhunderts sollten lokale Heilige in größerem Umfang auch über ihre dynastischen Verbindungen hinaus identitätsstiftend für den eigenen Ort werden[32]. Hier ist Ulrich wiederum ein besonders frühes Beispiel. Die Anbindung an das Papsttum ging offenbar bereits zur Zeit der Vitenabfassung mit einer Verehrung vor Ort einher – gleich wie man die in spätmittelalterlichen Texten bezeugte Kanonisationsurkunde einschätzt.

Zur Frage nach alt und neu soll abschließend noch eine Formulierung näher betrachtet werden, die bereits mehrfach angeklungen ist: *Beatissimus praesul*. Diese Worte finden sich in dem besten Textzeugen von Vita I: der in Augsburg verwahrten Oettingen-Wallersteinschen Handschrift I. 2 Quarto 6, die Walter Berschin und Angelika Häse ihrer Neuedition von 1993 als Leithandschrift zugrunde gelegt haben[33]. Die Formulierung belegt nicht nur die äußerst frühe Verehrung des Heiligen, sie zeigt – wie bereits Berschin und Häse beweisen –, dass diese Handschrift nicht die Ursprungsfassung wiedergibt, also nicht der Archetyp oder gar das Autograph Gerhards sein kann: Die Kapitel-Initialen folgen nämlich ansonsten einer abecedarischen Ordnung, d. h. sie durchlaufen der Reihe nach das lateinische Alphabet, vergleichbar etwa den hebräischen Initialen in den alttestamentlichen Klageliedern. Nur an einer Stelle wird dieser Duktus durchbrochen: Während spätere Handschriften die ursprüngliche Gestalt rekonstruieren oder auf Umwegen integrieren, beginnt die Oettingen-Wallersteinsche Handschrift das zentrale Kapitel IX nicht mit dem Buchstaben »K«, der etwas forciert zu Beginn des sonst mit c geschriebenen Wortes *caris* steht, sondern mit »B« – als Initiale der hinzugefügten Worte *Beatissimus vero praesul Uodalricus dum hanc saecularem sortitus est vitam – caris* (übersetzt: Der seligste Bischof Ulrich aber, solange er das Los diesseitigen Lebens hatte, [verharrte in guten Werken usw.])[34]. Offenbar war es schon Propst Gerhard selbst oder zumindest einem frühen Interpolator ein Anliegen, aufzuzeigen, dass Ulrich in seinem Lebenswandel nicht nur als firmender und ermahnend lehrender Bischof Vorbildcharakter besaß, sondern in superlativem Sinne den Seligpreisungen der *Beati* in der Bergpredigt entsprach[35]. Somit wurde er nicht erst nach seinem Tod *sanctus*[36], sondern teilte schon zu Lebzeiten als allerseligster Leiter seiner Diözese das gesteigerte Attribut der seligen Jungfrau Maria wie der seligen Apostelfürsten Petrus und Paulus. Die Urfassung mit der abecedarischen Ordnung war wahrscheinlich jene, die dem Papst vorgelegt worden ist. Hier hätte eine

31 Vgl. etwa Patrick CORBET, Les saints ottoniens. Sainteté dynastique, sainteté royale et sainteté féminine autour de l'an Mil (Francia 15), Sigmaringen 1986. – S.a. die große Bedeutung weiterer Heiliger im ottonischen Gandersheim: Christian POPP, Der Schatz der Kanonissen. Heilige und Reliquien im Frauenstift Gandersheim (Studien zum Frauenstift Gandersheim und seinen Eigenklöstern 3), Regensburg 2010, 61–98.

32 S. hierzu etwa Jörg BÖLLING, Zwischen Regnum und Sacerdotium. Historiographie, Hagiographie und Liturgie der Petrus-Patrozinien im Sachsen der Salierzeit (1024–1125), Habilitationsschrift Göttingen 2013 (Druck in Vorbereitung).

33 Vgl. Vita (I) sancti Uodalrici (wie Anm. 3), Einleitung, 12–15 (Sigle der Leithandschrift: A 3).

34 Vita (I) sancti Uodalrici (wie Anm. 3), I 9, 1 (krit. Apparat): »Initium I 9 hac sententia subordinata: Beatissimus vero praesul Uodalricus (Uodelricus W1) dum hanc saecularem sortitus est vitam – caris ... ampliaverunt et eo facto abecedariam initialium litt. turbaverunt A3, G2, W1.«

35 Vgl. Mt 5.

36 Vgl. hierzu Vita (I) sancti Uodalrici (wie Anm. 3), II 1, 19 (sanctum Uodalricum, 338), II 3, 6 (sanctum ... sepulchrum, 342), II 14, 7 (sepulchrum sanctum, 360) und II 17, 2f. (sanctum sepulchrum), 18, 4 (sepulchrum sanctum) und 19, 1f. (ad sanctum locum, 370), ferner I 27, 163 (sacro corpori, 298).

vorschnelle Bezeichnung als *sanctus* zu Lebzeiten Verwirrung gestiftet[37] – erst nach dem Tod konnte sich die *sanctitas* beweisen, um schließlich durch den Papst bestätigt zu werden[38]. Darüber hinaus wäre eine Steigerung dieses Adjektivs im Superlativ wohl als anstößig empfunden worden – war sie beim Wort *sanctus* doch der Dreifaltigkeit und dem Altarsakrament vorbehalten, allenfalls noch zur Bezeichnung der in der Ostkirche als Panhagia, ›Allheilige‹, verehrten Jungfrau und Gottesmutter Maria gestattet.

3. Quellenwert für die Geschichte von Liturgie, Frömmigkeitspraxis und symbolischer Kommunikation

Mit den verschiedenen genannten Beispielen sind im Grunde genommen schon die Prinzipien der Heiligkeit des Bischofs genannt. Ergänzend zu den umfangreichen Untersuchungen der einschlägigen Forschung lassen sich noch die erwähnten Punkte anführen: die auffallende Bedeutung des Psalmgebets, die Wahrung heiliger Orte und die Verehrung nicht nur des männlichen Zweigs der Benediktiner, sondern gerade auch weiblicher Persönlichkeiten gottgeweihten Lebens – in der Nachfolge der heiligen Afra und in Analogie zu Petrus und seinem Nachfolger, dem Papst. Von Bedeutung ist in diesem Zusammenhang aber auch ein weiteres liturgie- und frömmigkeitsgeschichtliches Detail: Im 20. Kapitel spricht Propst Gerhard von drei Psalmen, die zur Vesper gesungen würden, worauf dann noch zwei weitere auf dem Weg zur Johannes-Kirche folgten[39]. Zahlreiche Handschriften bereits der ältesten Vita sind ihren Nutzungsspuren zufolge für die nächtlichen Lesungen des monastischen Stundengebets eingerichtet worden[40]. Die Schilderung der fünf Psalmen in der Vesper bietet hingegen ein Beispiel für den Kathedralritus: Während

37 Eine Ausnahme bildet lediglich Ulrichs bischöfliche, heute nur noch für den Papst übliche Titulatur sanctitas, eine kirchenamtliche, keine persönliche Bezeichnung: Vita (I) sancti Uodalrici (wie Anm. 3), I 27, 146 (298): Si tuae sanctitati placet ...

38 Vgl. Anm. 36 und die Vergleichsfälle bei Arnold Angenendt, Heilige und Reliquien. Die Geschichte ihres Kultes vom frühen Christentum bis zur Gegenwart, München 1994, 167–182. In diesem Kontext birgt die Vita ein weiteres interessantes Detail: Zwar wollte Ulrich von Augsburg, wie Angenendt (S. 153 mit Anm. 33) zu Recht bemerkt, der Petershausener Chronik zufolge seinen Leib nach dem Tod unversehrt wissen. Doch diese Quelle kann nicht als Nachweis seiner Ablehnung von Reliquienteilung angesehen werden, denn dieser Text stammt erst aus der Mitte des 12. Jahrhunderts. Die älteste Ulrichsvita hingegen weiß bereits vom Haupt des Abundus zu berichten, das Ulrich aus Rom mitgeführt habe, während er schon andere Reliquien bei sich gehabt habe: Vita (I) sancti Uodalrici (wie Anm. 3), I 14, 45–53. – Vgl. auch ebd. I 15, 20–24 (220), zur ganzen corpora hingegen, in der Tat mit Blick auf Ulrichs eigenes Hinscheiden und seinen eigenen Leib, I 25, 26–34 (266) und I 27, 162–164 (298).

39 Vita (I) sancti Uodalrici (wie Anm. 3), I 20, 12–15 (243). Bei einigen liturgischen Fragen ließe sich die sonst sehr genaue Übersetzung noch verbessern. So wird das Wort benedicti in Kapitel I 4, 156 – wohl zur Variation des kurz zuvor verwendeten Wortes »gesegnet« – mit dem Wort »geweiht« wiedergegeben, obgleich es sich um »das Fleisch des Osterlammes und Speckstücke« (135) handelt. Es geht hier aber nicht um die Weihe (Konsekration) der eucharistischen Opfergaben, sondern um Segnung (Benediktion).

40 Vgl. Vita (I) sancti Uodalrici (wie Anm. 3), Einleitung, 12–49 pass., für den ältesten, als Leithandschrift dienenden Codex etwa 13.

in Laudes, Vesper und Komplet des Stundengebets der Klöster jeweils nur vier Psalmen gesungen werden, tritt an den bischöflichen Domkirchen ein weiterer hinzu[41].

Diese hier besonders früh verbürgte Regelung steht in vollem Einklang mit dem Papsthof, von wo aus sie sich bald in der gesamten westlichen Kirche durchsetzen sollte – zunächst vor allem durch die Rezeption seitens der Franziskaner im 13. Jahrhundert, dann durch die Darlegungen des *Rationale divinorum officiorum* des Wilhelmus Durandus (1230–1296), schließlich aufgrund einer im Spätmittelalter stetig steigenden Zahl an Sondererlaubnissen, das Brevier unabhängig von der jeweils ortsgebundenen Kanonikerpfründe nach Art der Kurie – *secundum morem sanctae Romanae ecclesiae* – zu verrichten[42].

Auch weitere Details sind von Interesse, wobei das Blickfeld über den engeren Rahmen von Liturgie und Frömmigkeitspraxis hinaus zu weiten ist. So widerspricht der Hinweis auf das Vollgeläut sämtlicher Glocken zum Einläuten des Festes Peter und Paul im Todesjahr des Heiligen (973)[43] der verbreiteten Vorstellung, zu mittelalterlichen Gottesdiensten seien stets nur einzelne, jeweils spezifische Glocken erklungen. Doch im Kontext des Militärs wiederum gibt es durchaus, genau umgekehrt, einen Hinweis auf spezielle Tonfolgen als eine Art »tönender Heraldik«, wie sie sonst in der Regel erst für das Spätmittelalter und die Frühe Neuzeit ausfindig gemacht werden kann[44]. Um seine Soldaten von der Belagerung der Stadt Augsburg zurückzurufen, ließ der Ungarnkönig angeblich »sein im ganzen Heer bekanntes Signal ertönen«: *suum classicum omni exercitu notum clangere praecepit*[45], worauf die Ungarn tatsächlich entsprechend reagierten. Wie für bestimmte neue Formen der »Visualisierung« bereits festgestellt[46], so birgt die Ulrichsvita auch für akustisch-musikalische Aspekte von Liturgie, Frömmigkeit und anderen Aspekten symbolischer Kommunikation bemerkenswerte, mitunter einzigartige Informationen.

4. Vergleich der Ulrichsvita mit denen Konrads von Konstanz

Konrad verbanden gleich mehrere Aspekte mit Ulrich. Neben der von Ulrich an ihm vorgenommenen Bischofsweihe und der jeweiligen Kanonisation beider Bischöfe in Rom ließe sich auch das jeweilige Rom-Konzept untersuchen, bei Ulrich auf Petrus und Papst hin ausgerichtet, bei Konrad eher durch die in Konstanz nachgeahmte Topographie der Ewigen Stadt geprägt[47]. Schließlich ist die unterschiedliche, bei Ulrich noch größere

41 Vgl. etwa, gemäß der liturgischen Ordnung vor dem Zweiten Vatikanischen Konzil, Liber usualis missae et officii pro dominicis et festis cum cantu gregoriano ex editione vaticana adamussim excerpto et rhythmicis signis in subsidium cantorum a Solesmensibus monachis diligenter ornato, Paris/Tournai/Rom 1937.

42 Vgl. Jörg Bölling, Das Papstzeremoniell der Renaissance. Texte – Musik – Performanz (Tradition – Reform – Innovation 12) Frankfurt a. M. u. a. 2006, 15–20 u. 38–62 (Quellen und Lit.).

43 Vgl. Vita (I) sancti Uodalrici (wie Anm. 3), I 27, 38–40 (286).

44 Vgl. dazu Jörg Bölling, Musicae utilitas. Zur Bedeutung der Musik im Adventus-Zeremoniell der Vormoderne, in: Adventus. Studien um herrscherlichen Einzug in die Stadt, hg. v. Peter Johanek u. Angelika Lampen (Städteforschung A 75), Köln/Weimar/Wien 2009, 229–266, hier: 240f.

45 Vita (I) sancti Uodalrici (wie Anm. 3), I 12, 98 (198f. mit Übers.).

46 Vgl. oben Anm. 20.

47 Zu Ulrichs Rom- und Petrus-Beziehung s. neben den genannten Beispielen auch Vita (I) sancti Uodalrici (wie Anm. 3), I 9, 194–201 (172), I 14, 39–41 (214), I 18 (236), I 21, 1–4 (244), I 28, 181–187 (320) und vor allem I 27, 32–46 (286/288): Am liebsten wäre Ulrich seinem Biographen

Nähe zum Hof Ottos I. ein möglicher Vergleichspunkt, aber auch Konrads besondere Verehrung des heiligen Mauritius († um 290), dem bei Ulrich die Bedeutung des Erzengels Michael als Bannerträger und des Tagesheiligen Laurentius († 258) bei der Schlacht auf dem Lechfeld am 10. August 955 gegenübergestellt werden könnte[48].

An dieser Stelle soll der Fokus aber auf eine einzige Episode der zweiten Konradsvita gerichtet werden, in der Ulrich und Konrad gleichermaßen bedacht werden. Die älteste Lebensbeschreibung Konrads war ihrem Autor Udalschalk († um 1150) selbst zufolge für die Kanonisation des Heiligen auf dem zweiten Laterankonzil (1139) gedacht – es lag also die gleiche causa scribendi wie bei der ältesten Vita Ulrichs vor. Aus diesem Grunde begnügt sich diese Vitenversion Udalschalks mit einer recht kurzen Lebensbeschreibung und nur wenigen Wundern[49]. Dahingegen bietet der anonyme Autor der *Vita sancti Cuonradi altera* (paläographisch wohl nicht *Counradi,* wie in den MGH[50]) in deutlicher Anknüpfung an die älteste Vitenfassung eine ausführliche Lebensbeschreibung, danach zahlreiche Mirakel und schließlich einen Translationsbericht zur Überführung der Gebeine von der Mauritius-Kapelle ins Konstanzer Münster[51]. In der Vita weiß er neben vielen anderen Einzelheiten im 22. Kapitel auch jene angekündigte Erzählung beizusteuern, die Ulrich und Konrad gemeinsam betrifft. Eingeleitet wird sie mit einem Sprichwort und einem Schriftzitat: »Gleich und gleich gesellt sich gern.« (*Similis similem quaerit*) und Sprüche 18, 19: »Ein Bruder, dem sein Bruder hilft, ist eine feste Stadt.« Oft sollen die beiden Brüder im bischöflichen Amt, so heißt es weiter, zum geistlichen Austausch und zur gegenseitigen geistlichen Erbauung zusammengekommen sein – also ganz so, wie sie unsere Titelvignette zeigt[52]. Einmal sollen den spirituellen Übungen auch kurzweilige Vergnügungen gefolgt sein, *laeta momenta*: Bei einem Ausflug zum Rheinfall bei Schloss Laufen sehen die Bischöfe plötzlich zwei kleine Vögel, die sich in die Tiefen stürzen und unbeschadet wieder auftauchen. Sie erkennen, dass es sich nicht um Tiere handeln könne, sondern nur um Geister (*spiritus*), arme Seelen, die für ihre Sünden bereits im Diesseits zu büßen haben und nicht zur Ruhe kommen. Daraus entsteht eine Art eucharistischer Wettbewerb (*certamen*): Wer wird der erste von beiden Bischöfen sein, der durch sein Messopfer eine Seele gerettet hat? Ulrich liegt klar vorn – so dauert es nicht lang, bis einer der Vögel verschwindet. Konrad legt aber nach, und da ist auch das andere geflügelte Wesen erlöst und ward nicht mehr gesehen. Der anonyme Autor kann es sich nicht verkneifen, dass einer der beobachteten Vögel angeblich als der Vorgänger Konrads, Notingus (919/920–934), ausgemacht worden sei – *fertur*, wie er vorsichtig schreibt. Das ist aber nur ein Seitenhieb. Es geht hier um etwas anderes: Obgleich weder Ulrich noch Konrad olympisch anmutende »Athleten« nach dem Vorbild frühchristlicher Märtyrer waren, vermögen sie als heilige Bischöfe die Heilsfrüchte für andere zu erwirken – wegen ihres priesterlichen Bischofsamtes einerseits und ihrer heiligmäßigen Persönlichkeit andererseits.

zufolge am Vortag von Peter und Paul gestorben (vgl. oben Anm. 43). Zu Konstanz als Roma altera s. Helmut MAURER, Kirchengründung und Romgedanke am Beispiel des ottonischen Bischofssitzes Konstanz, in: Bischofs- und Kathedralstädte des Mittelalters und der frühen Neuzeit, hg. v. Franz PETRI (Städteforschung A 1), Köln/Wien 1976, 47–59.

48 Lexikon der Namen und Heiligen, 6. verb. und erg. Aufl., hg. v. Otto WIMMER und Hartmann MELZER, bearb. v. Josef GELMI, Innsbruck u. a. 1988, 507f. (Laurentius, Diakon, Märtyrer in Rom) und 586–589 (Michael, Erzengel, Hl.), hier v. a. 587f. – Zu den als heiligmäßig geltenden Ottonen selbst s. CORBET, Les saints ottoniens (wie Anm. 31).

49 Vgl. Vita (I) sancti Chuonradi (wie Anm. 3).

50 Vgl. den analogen Fall bei Uodalricus: Vita (I) sancti Uodalrici (wie Anm. 3), Einleitung, 63.

51 Vita altera (wie Anm. 3).

52 Vgl. oben Anm. 1.

5. Resümee und Ausblick

Texte und ihre Kontexte ändern sich, die Heiligen selbst bleiben aber gerade deshalb bedeutsam. Spielen in der ältesten Vita Ulrichs von Augsburg dynastische Fragen noch eine besondere Rolle, so distanziert sich bereits wenige Jahrzehnte später die dritte Lebensbeschreibung Ulrichs von diesem Bild. Andererseits birgt gerade die älteste Vita Informationen zur Behandlung von sakralen, auch wüst gefallenen Orten und liturgischen Details, die Entwicklungen des Spätmittelalters und der frühen Neuzeit spiegeln, vorwegnehmen oder in Teilen begründet haben mögen. Ungeachtet der schier unüberschaubaren, ebenso umfangreichen wie tiefgehenden Untersuchungen lassen sich noch einzelne neue Details finden, vor allem zur Liturgiegeschichte. Die Lebensbeschreibungen Konrads von Konstanz bergen ebenfalls noch interessante Einzelheiten, denen weiter nachzugehen ist. Die jüngere Vita Konrads lässt bei dessen Gegenüberstellung mit Ulrich erkennen, dass sich das Ideal der Heiligkeit gewandelt hat: vom todesmutigen Märtyrer über den sich im persönlichen Leben bewährenden Bekenner hin zum liturgisch wirkmächtigen Hirten. Verband sich mit den hochmittelalterlichen Bischöfen die Macht der streitenden, sogar in die Schlacht auf dem Lechfeld involvierten Kirche, so vermochten die Heiligen unter ihnen über ihren Tod hinaus die *potestas ecclesiae* im wechselseitigen Wettstreit als Repräsentanten der himmlischen, triumphierenden Kirche zu sichern und sogar zu vermehren: durch ihre eigene Persönlichkeit wie auch durch das in ihnen versinnbildlichte Kirchenamt – als »heilige Bischöfe«.

HARALD DERSCHKA

Die Bischöfe von Konstanz als Münzherren in staufischer und nachstaufischer Zeit: eine Relativierung

In memoriam Elisabeth Nau (1916–2010)

1. Der stauferzeitliche Konstanzer Pfennig als Forschungsproblem

In jeder Sammlung mittelalterlicher Münzen aus dem Südwesten des Reiches heben sich die anspruchsvoll gestalteten Pfennige der Bischöfe von Konstanz und eine Reihe verwandter Pfennige aus staufischer und nachstaufischer Zeit erkennbar von den übrigen Münzen ab: Zwischen den lieblos geprägten Pfennigen aus ottonischer und salischer Zeit, deren Bilder und Aufschriften sich allenfalls den Numismatikern erschließen, und dem dürftigen spätmittelalterlichen Kleingeld bilden sie eine in technischer und gestalterischer Hinsicht eigenständige Gruppe. Um die Mitte des 12. Jahrhunderts kam in der bischöflichen Münzstätte nämlich eine neue Technik zur Anwendung: Die Pfennige wurden nicht mehr beidseitig, sondern einseitig auf dünnes Silberblech geprägt. Das ermöglichte eine feine Ausgestaltung des Münzbildes; unter diesen Pfennigen finden wir einige veritable spätromanische Kleinkunstwerke[1]. Solcherart gefertigte Münzen heißen »Brakteaten«, nach dem lateinischen Wort *bractea* für ein dünnes Edelmetallblättchen; die hochmittelalterlichen Pfennige der Bischöfe von Konstanz und die ihnen nachempfundenen Pfennige benachbarter Münzherrschaften werden in der Literatur daher häufig als »Bodenseebrakteaten« angesprochen. Diese Werkstatttradition lief in der ersten Hälfte des 14. Jahrhunderts aus, als die Bodenseebrakteaten von den Hellern verdrängt wurden, einer nachlässig hergestellten Sorte Kleingeld. Was den Umfang und die Qualität der Münzprägung angeht, stellen die staufische und nachstaufische Zeit in Konstanz und im weiteren Bodenseeraum eine Blütezeit dar.

Der Geldumlauf dieser Zeit hatte markante Eigenarten: Die wichtigste – und zunächst noch einzige – Münzsorte war der silberne Pfennig. Das Umlaufgebiet eines Pfennigs war regional begrenzt, weshalb in der Literatur auch vom »Zeitalter des regionalen Pfennigs« die Rede ist[2]. Maßgeblich waren die Pfennige der großen Handelsplätze; sie gaben die

1 Zur Technik: Daniel SCHMUTZ, Der Münzschatzfund von Eschikofen, in: Thurgauer Beiträge zur Geschichte 134, 1997, 135–216, hier bes. 166–172 (experimenteller Nachvollzug der Brakteatenprägung).

2 Eine Übersicht über die regionalen Pfennigsorten in staufischer und nachstaufischer Zeit: Elisabeth NAU, Münzen der Stauferzeit, in: Die Zeit der Staufer. Geschichte – Kunst – Kultur, Bd. 1: Katalog, hg. v. Reiner HAUSHERR, Stuttgart 1977, 108–188; dazu die Abb. 93–127, in: Ebd., Bd. 2. – Elisabeth NAU, Friedrich WIELANDT, Umlaufgebiete der regionalen Pfennige (ca. 1150–1330). Historischer Atlas von Baden-Württemberg, Karte XI,1 und Beiwort zu Karte XI,1, Stuttgart 1976.

Standards für ihre jeweiligen Einzugsgebiete und die darin liegenden kleineren Münzstätten vor. Die Pfennige des 12. Jahrhunderts variierten beträchtlich; es gab Schwergewichte wie den Kölner Pfennig mit fast anderthalb Gramm und Leichtgewichte wie den Basler Pfennig mit etwas über einem Drittel Gramm Gewicht. Das bedeutet, dass ein Pfennig nur in der Region problemlos als Zahlungsmittel umlief, für die er geprägt war. Wenn ein Basler in Köln einkaufen wollte, musste er zuvor seine Basler Pfennige in Kölner Pfennige eintauschen lassen.

Die maßgebliche Münze für den Bodenseeraum und das nordöstlich angrenzende Oberschwaben war der Pfennig der Bischöfe von Konstanz, der mit einem Gewicht von knapp einem halben Gramm zu den eher leichteren Pfennigsorten gehörte. Die bischöflichen Pfennige zeigen üblicherweise das Brustbild eines Bischofs in einem Wulstring und einem Perlrand (Abb. 1). Nach diesem Vorbild wurden zwischen etwa 1160 und 1340 in über 20 Münzstätten in Schwaben Pfennige geprägt; sie alle gleichen im Gewichtsstandard und in der Randgestaltung dem bischöflichen Pfennig und lassen sich durch ihr jeweiliges Münzbild ihrer Münzstätte zuweisen. In den zeitgenössischen Quellen heißen alle diese Münzen »Konstanzer Pfennige«, *denarii Constantienses*, unabhängig davon, ob sie aus der Münzstätte des Bischofs kamen, aus der Münzstätte eines geistlichen oder weltlichen Fürsten oder aus einer Münzstätte des Reiches.

Abb. 1
Pfennig des Bischofs von Konstanz, um 1210–1230:
Brustbild eines Bischofs mit Mitra und Stola, in den erhobenen Händen ein Buch und ein Palmzweig, Wulstring und Perlrand (KLEIN, Concordantiae Constantienses [wie Anm. 6], 48, Nr. 10)

Die Geschichte dieser Konstanzer Pfennige oder Bodenseebrakteaten wurde von Julius Cahn (1871–1935) im Kontext seiner 1911 erschienenen, monumentalen *Münz- und Geldgeschichte von Konstanz und des Bodenseegebietes* minutiös untersucht[3]. Cahn wertete dafür eine große Zahl von Schriftquellen und Münzen aus. Was die Schriftquellen betrifft, stützt sich die Forschung heute noch im Wesentlichen auf den von Cahn erschlossenen Bestand; die Münzen selbst dürften dagegen der einzige Aspekt der hochmittelalterlichen Bistumsgeschichte sein, für den fast regelmäßig neue Quellen aufgefunden werden[4]. Cahns Studie fiel so solide und gründlich aus, dass sie bis heute nicht ersetzt wurde und nur mit erheblichem Aufwand ersetzt werden könnte. Dieser Umstand ist nicht unproblematisch, denn Cahn fügte die von ihm großteils zutreffend ermittelten Tatsachen zu einem Gesamtbild zusammen, dessen Stimmigkeit zunehmend fragwürdig

3 Julius CAHN, Münz- und Geldgeschichte von Konstanz und des Bodenseegebietes im Mittelalter bis zum Reichsmünzgesetz von 1559 (Münz- und Geldgeschichte der im Großherzogtum Baden vereinigten Gebiete 1), Heidelberg 1911, bes. 70–207.

4 So ein Hortfund von mindestens 47 Bodenseebrakteaten aus der Zeit um 1250/70, gefunden 2004/2005 im Oberwilerwald, Gemeide Cham, im Kanton Zug; das ist der erste Beleg für Bodenseebrakteaten in der Innerschweiz: Stephen DOSWALD, Kanton Zug II (Inventar der Fundmünzen der Schweiz 9), Bern 2009, 116–120, SFI 1702–25.

wird: Dem Aufstieg der bischöflichen Münzprägung im 12. Jahrhundert folgten demnach die Blüte im 13. Jahrhundert und der Niedergang im 14. Jahrhundert. Der eigentliche Held dieser Geschichte wäre das Konstanzer Bürgertum, zumal die weitsichtigen Kaufleute: Sie seien im 12. Jahrhundert die Träger des Aufschwungs gewesen; sie hätten den Bischöfen des 13. Jahrhunderts alle sinnvollen Entscheidungen souffliert, den unfähigen Bischöfen des 14. Jahrhunderts schließlich den Zugriff auf die Münzprägung entzogen. Dieses Verlaufsmodell ist keine Erfindung Cahns, sondern beruht auf den damals gängigen bürgerlich-liberalen Deutungsmustern für die Konstanzer Bistumsgeschichte; es wird erst in neuester Zeit, etwa von Andreas Bihrer, in Zweifel gezogen[5].

Was die Münzprägung der Konstanzer Bischöfe angeht, erlauben neuere Forschungen eine kritische Überprüfung und behutsame Akzentverschiebungen[6]. Dies betrifft vor allem die zumeist überschätzte Bedeutung der bischöflichen Münzstätte in Konstanz im Verhältnis zur Münzprägung des Reiches im weiteren Bodenseeraum. Die wichtigsten Quellen für diesen Vorgang sind die Pfennige aus den Münzstätten des Konstanzer Währungsgebietes. Als Ergebnis jahrzehntelanger Beschäftigung mit den Konstanzer Pfennigen legte Ulrich Klein 2001 einen tabellarischen Katalog dieser Münzen vor, der erstmals einen systematischen Überblick über die Produktion der Bodenseebrakteaten vom 12. bis ins 14. Jahrhundert erlaubt[7]. Klein identifiziert etwa 18 Münzherrschaften, die in etwa 27 Münzstätten Pfennige prägten (siehe die Übersicht in der Tabelle auf S. 98, dazu Abb. 2). Exaktere Zahlen sind nicht angebbar: Angesichts eines so massenhaften und vielgestaltigen Materials können nicht alle Zuweisungsprobleme befriedigend gelöst werden. Zudem lassen sich die Grenzen nicht immer trennscharf ziehen: So wurde der Pfennig der Reichsmünzstätte Rottweil nur bis um die Mitte des 13. Jahrhunderts nach dem Konstanzer Standard geprägt; später brachte man ihn nach einem eigenen, leichteren Münzfuß aus[8]. Andere randständige Münzstätten wechselten im Laufe der Zeit die Leitmünze, nach der sie ihre Prägung richteten; so ging die Abtei Allerheiligen zu Schaffhausen um 1200 zur Prägung von Pfennigen nach Breisgauer Vorbild über[9].

5 Andreas Bihrer, Der Konstanzer Bischofshof im 14. Jahrhundert. Herrschaftliche, soziale und kommunikative Aspekte (Residenzenforschung 18), Ostfildern 2005, 13–16 (über die Zäsur nach 1300). – Ders., Niedergang und Verschuldung? Herausforderungen für die spätmittelalterlichen Konstanzer Bischöfe von Heinrich von Brandis bis Hugo von Hohenlandenberg, in: Ein feiner Fürst in einer rauen Zeit. Der Konstanzer Bischof Hugo von Hohenlandenberg, hg. v. Peter Niederhäuser, Zürich 2011, 43–58, hier: 48–53 (über die Bewertung des Bischofs Heinrich III. von Brandis durch die ältere Bistumshistoriographie und ihre unreflektierte Übernahme durch die moderne Geschichtsschreibung).

6 Vor allem: Norbert Kamp, Moneta regis. Königliche Münzstätten und königliche Münzpolitik in der Stauferzeit (MGH Schriften 55), Hannover 2006, bes. 1–16. – Ulrich Klein / Rainer Ulmer, Concordantiae Constantienses (CC). Tabellarischer Katalog der Bodensee-Brakteaten, in: Beiträge zur Süddeutschen Münzgeschichte 2001. Festschrift zum 100jährigen Bestehen des Württembergischen Vereins für Münzkunde e. V., Stuttgart 2001, 27–160. – Peter Spufford, Money and its use in medieval Europe, Cambridge 1989. – Vorbildlich für die moderne Untersuchung eines regionalen Pfennigs: Alexander Reverchon, Metzer Denare vom 10. bis 13. Jahrhundert. Untersuchungen zu den Währungsräumen zwischen Maas und Rhein (Trierer Historische Forschungen 44), Trier 2006.

7 Klein / Ulmer, Concordantiae Constantienses (wie Anm. 6), 44–160.

8 Ulrich Klein, Der Rottweiler Pfennig. Eine regionale Münze der Stauferzeit, in: Von Schwaben bis Jerusalem. Facetten staufischer Geschichte (Veröffentlichungen des Alemannischen Instituts 61), hg. v. Sönke Lorenz u. Ulrich Schmidt, Sigmaringen 1995, 321–346, Taf. 1–8, hier: 323.

9 Friedrich Wielandt, Schaffhauser Münz- und Geldgeschichte, Schaffhausen 1959, 16f.

Abb. 2
Die stauferzeitlichen Münzstätten im Bodenseeraum
(Ulrich Klein, Beilage zur Schweizerischen Numismatischen Rundschau 56, 1977)

Folgende Münzherrschaften mit ihren Münzstätten sind als Produzenten von Bodenseebrakteaten gut gesichert: der Bischof von Konstanz (Münzstätte Konstanz), der Abt von Reichenau (Radolfzell), der Abt von St. Gallen (St. Gallen), die Äbtissin von Lindau (Lindau), die Äbtissin von Buchau (Buchau), der Bischof von Chur (Chur), der Abt von St. Georgen (Stein am Rhein), der Abt von Allerheiligen (Schaffhausen), der Abt von Kempten (Kempten), der Abt von Weingarten (Altdorf), der Propst bzw. der Vogt von Sindelfingen (Sindelfingen), der König bzw. Kaiser (Ulm, Biberach, Ravensburg, Überlingen, Buchhorn, Wangen, Leutkirch, Memmingen, Rottweil, Lindau), der Graf von

Pfullendorf (Pfullendorf), der Graf von Veringen (Isny, Riedlingen), der Graf von Sigmaringen (Sigmaringen), der Graf von Montfort (Feldkirch), der Graf von Toggenburg (Toggenburg?), der Freiherr von Markdorf (Markdorf).

Während die Zuweisung einer Münze zu ihrer jeweiligen Münzstätte meist durch ein charakteristisches Münzbild nahegelegt wird, ist die Datierung der üblicherweise schriftlosen und zuweilen über längere Zeiträume kaum veränderten Bodenseebrakteaten schwierig. Einige wenige Pfennige verraten ihren Münzherrn durch Aufschriften[10]. Andere sind durch ihren Fundkontext datiert; hier wäre der sogenannte Barbarossa-Fund zu nennen, ein auf dem 3. Kreuzzug in Kilikien verborgener Hort von etwa 8 kg zumeist deutschen Münzen aus der Zeit bis 1189/1190[11]. Diese Fixpunkte erlauben Quervergleiche und das Bilden typologischer Reihen; aus ihnen lassen sich keine jahrgenauen Datierungen ableiten, aber sie ermöglichen es zumindest, für die Pfennige des späten 12. bis frühen 14. Jahrhunderts plausible Datierungsmargen von wenigen Jahren, allenfalls wenigen Jahrzehnten anzugeben.

Um die Bedeutung der einzelnen Münzstätten genau abschätzen zu können, müsste man den absoluten Umfang ihrer Produktion kennen. Leider gibt es dazu keinerlei Evidenz in den Schriftquellen. Die erhaltenen Münzen erlauben immerhin eine Annäherung: Da sich die Münzstempel beim Prägen abnutzten, mussten sie gelegentlich ersetzt werden. Sind von einer Münzstätte Pfennige von vielen verschiedenen Stempeln überliefert, ist das ein sicherer Hinweis darauf, dass die Münzproduktion dort umfangreicher war als in einer Münzstätte, von der nur ein einziger Stempel belegt ist. Nun erfordert eine exakte stempelkritische Untersuchung einen Aufwand, der an den Bodenseebrakteaten praktisch kaum durchgeführt werden könnte. Deshalb muss ich mich hier auf die Auszählung der Typen und Varianten beschränken, die Ulrich Klein angibt, wohl wissend, dass damit nur eine erste Annäherung möglich ist. In der Tabelle auf S. 98 ist die Anzahl der Pfennigtypen aus jeder Münzstätte den Halbjahrhunderten zugeordnet, in denen der jeweilige Typ mutmaßlich geprägt wurde[12]. Damit lässt sich die Produktivität einzelner Münzstätten in bestimmten Zeiträumen immerhin grob vergleichen.

10 KLEIN / ULMER, Concordantiae Constantienses (wie Anm. 6), 50, Nr. 15 (Hainric epc: Bf. Heinrich I. von Tanne, 1233–1248); 96f., Nr. 132 (Fridericvs cesar: Kaiser Friedrich I., vor 1190); 97f., Nr. 133 (Heinricvs cesar: Kaiser Heinrich VI., 1190–1197).

11 Ulrich KLEIN, Die deutsche Münzprägung gegen Ende des 12. Jahrhunderts und der »Barbarossa-Fund«, in: Schweizerische Numismatische Rundschau 65, 1985, 205–218 u. Taf. 25–30, hier: 211, Nrn. 21–26 u. Taf. 26.

12 Grundlage sind die Angaben bei KLEIN / ULMER, Concordantiae Constantienses (wie Anm. 6), ohne die unbestimmbaren Typen und die schwer einzuordnenden Nachzügler der Jahrzehnte um 1400 aus Konstanz, Ravensburg und Überlingen.

	1150–1200	1200–1250	1250–1300	1300–1340	gesamt
1. geistliche Münzherrschaften (Münzstätte)					
Konstanz, Bischof (Konstanz)	13	22	30	6	71
Reichenau, Abt (Radolfzell)	6	3			9
St. Gallen, Abt (St. Gallen)	8	12	9	3	32
Lindau, Äbtissin bzw. Reich (Lindau)	6	20	4	4	34
Buchau, Äbtissin (Buchau)			1		1
Chur, Bischof (Chur)			2		2
St. Georgen, Abt (Stein a. Rh.)		1			1
Allerheiligen, Abt (Schaffhausen)	7				7
Kempten, Abt bzw. Reich (Kempten)	12	11			23
Weingarten, Abt und Vogt (Altdorf)	1	9			10
Sindelfingen, Stift und Vogt (Sindelfingen)	9				9
geistliche Münzherrschaften gesamt	*62*	*78*	*46*	*13*	*199*
2. Reichsmünzstätten					
Ulm	12	44	28		84
Biberach	2	2			4
Ravensburg	10	22	15		47
Überlingen	2	10	4	7	23
Buchhorn			2		2
Wangen			1		1
Leutkirch			1		1
Memmingen			2		2
Rottweil	4	3	5		12
Reichsmünzstätten gesamt	*30*	*81*	*58*	*7*	*176*
3. weltliche Münzherren (Münzstätte)					
Pfullendorf, Graf (Pfullendorf)	2				2
Veringen, Graf (Isny)	1	1			2
Veringen, Graf (Riedlingen)			2		2
Sigmaringen, Graf (Sigmaringen)	1		4		5
Markdorf, Freiherr (Markdorf)			1		1
Montfort, Graf (Feldkirch)			5		5
Toggenburg, Graf (Toggenburg?)		3			3
weltliche Münzherren gesamt	*4*	*4*	*12*		*20*
gesamt	96	163	116	20	395

Die Pfennigtypen der Bodenseebrakteaten, aufgelistet nach Münzstätten und Halbjahrhunderten

2. Die Bodenseebrakteaten in der 2. Hälfte des 12. Jahrhunderts

Mit diesen Informationen kann man die Münzenproduktion dieser Zeit in Umrissen nachvollziehen. Die Prägung der Bodenseebrakteaten begann demnach nach der Mitte des 12. Jahrhunderts in der bischöflichen Münzstätte in Konstanz. Unwesentlich später nahmen weitere Münzherrschaften die Prägung von Pfennigen nach dem Konstanzer Vorbild auf, nämlich ab etwa 1160 die Frauenabtei Lindau, das Chorherrenstift Sindelfingen sowie das Reich in Überlingen, Ravensburg, Ulm und Rottweil; es folgten ab etwa 1170 die Abteien St. Gallen, Weingarten, Kempten und Allerheiligen sowie die Grafen von Veringen, ab etwa 1180 die Abtei Reichenau und das Reich in Biberach. Der Befund ist eindeutig: Im späten 12. Jahrhundert unterstanden fünf der dreizehn Münzstätten, in denen Bodenseebrakteaten geprägt wurden, dem Reich; also scheint es, als habe das Reich mehr zur Produktion der *denarii Constantienses* beigetragen als der Bischof von Konstanz selbst.

Damit ist die Frage nach dem Verhältnis der bischöflichen Münzprägung zur Münzprägung des Reiches im Bodenseeraum aufgeworfen. Die ältere Forschung ging von einer generell sehr starken Stellung der Bischöfe im hochmittelalterlichen deutschen Münzwesen aus. Hermann Grote (1802–1895) befand, die Bistumsgrenzen hätten zugleich Währungsgrenzen gebildet[13]. Davon ausgehend wurde immer wieder vermutet, es hätten die Bischöfe innerhalb ihrer Bistümer ein Umlaufmonopol für ihre Münzen durchgesetzt. Als Beleg hierfür wird ein Privileg König Konrads III. (1138–1152) für Bischof Otto von Freising (1137–1158) aus dem Jahre 1140 herangezogen, dem zufolge im Gebiet der Freisinger Kirche nur der Bischof eine Münzstätte unterhalten dürfe[14], ferner ein von Kaiser Friedrich I. (1155–1190) beurkundeter Fürstenspruch für Bischof Gero von Halberstadt (1160–1177) aus dem Zeitraum von 1160 bis 1176, in welchem in allgemeiner Form die Zustimmung eines Bischofs zur Einrichtung einer Münzstätte in seinem Bistum gefordert wird[15]. Die Annahme einer »Diözesanwährung« oder »episkopalen Ordnung« des Geldwesens im 12. Jahrhundert ist gleichwohl unhaltbar, weil die Münzprägung kein Teil des geistlichen Amtes war und im übrigen genug Beispiele für die Nichtübereinstimmung von Währungs- und Diözesangrenzen angegeben werden können[16]. Die Funktion bischöflicher Pfennige als Leitwährungen im 12. und 13. Jahrhundert folgt zwanglos aus dem Umstand, dass die Bischofsstädte in der Regel die wichtigsten Marktorte für ein weiteres Umland waren[17].

Die Rolle des Konstanzer Bischofs als Münzherr ist durch Schriftquellen des 12. bis 14. Jahrhunderts vergleichsweise gut dokumentiert. Die erste ausdrückliche Erwähnung des Konstanzer Münzrechts findet sich in dem bekannten Privileg Kaiser Friedrichs I.

13 Hermann Grote, Münzstudien VI, 1 (Neue Folge der Blätter für Münzfreunde 26). – Schwäbisch-Alemannische Geld- und Münzgeschichte des Mittelalters, Leipzig 1857–1877, Nachdruck Graz 1969, 7.

14 MGH DD Ko III, 78, Nr. 46: *in predicto episcopatu nemo monetam habeat preter ipsum episcopum.*

15 MGH Const. I, 273, Nr. 194: … *in epischopatu alicuius episcopi nullus omnino aliquam monetam veram vel falsam absque conscientia et voluntate episcopi, cuius ipsa dyocesis est, facere potest vel habere.*

16 Eine umfassende Kritik bei: Reverchon, Metzer Denare (wie Anm. 6), 185–200. – Dagegen vgl. Hans-Jörg Kellner, Ein Fund von Hellern und Augsburger Pfennigen aus der Mitte des 13. Jahrhunderts, in: Neue Beiträge zur süddeutschen Münzgeschichte, hg. v. Elisabeth Nau, Stuttgart 1953, 53–63, hier: 57–60.

17 So für Konstanz bereits Cahn, Münz- und Geldgeschichte von Konstanz (wie Anm. 3), 3.

Barbarossa für Bischof Hermann I. von Konstanz (1138–1165) aus dem Jahre 1155. Dort heißt es zu Beginn der Dispositio, der Konstanzer Kirche würden durch die kaiserliche Autorität ihre Besitztümer, Grenzen, Immunitäten, Markt und Münze, Hafen und Zoll bestätigt[18]. In der darauf folgenden detaillierten Auflistung der Konstanzer Güter und Rechte findet das Münzrecht keine nähere Behandlung mehr. Den Abschluss bildet die Zusage, der Kaiser werde nicht nach Gutdünken, sondern nur auf Bitten des Bischofs oder aus zwingenden Gründen nach Konstanz kommen und dort die Leistungen (*servitia*) des Bischofs in Anspruch nehmen[19]. Julius Cahn zählte das Münzrecht zu den Leistungen, die dadurch vom königlichen Zugriff ausgenommen würden[20]; seither wird das Privileg von 1155 als Dokument des Verzichtes von Reichsrechten an der Konstanzer Münze zu des Bischofs Gunsten gelesen[21]. Diese Interpretation ist nicht zwingend, im Gegenteil: Plausibler wäre es, die Bestätigung des Münzrechts als ein Einschärfen der grundsätzlichen Münzhoheit des Reiches durch den Kaiser zu werten und nicht als hochherziges Zugeständnis. Diese Sicht wird durch die grundlegende Untersuchung der staufischen Münzpolitik nahegelegt, nämlich die 1957 eingereichte Dissertation von Norbert Kamp (1927–1999), die seit 2006 gedruckt vorliegt[22]. Ausgangspunkt dieser Arbeit ist der bekannte Befund, dass die königliche Münzhoheit seit der Mitte des 11. Jahrhunderts einem Erosionsprozess unterworfen war, weil die münzberechtigten Fürsten – und hier vor allem die Bischöfe – eigenmächtig über die Münzprägung verfügten. Als Friedrich I. zum König gewählt wurde, war die königliche Münzhoheit praktisch entwertet. Kamp weist detailliert nach, dass Friedrich I. und seine Nachfolger sich nicht damit abfanden, sondern zu einer aktiven Münzpolitik zurückkehrten: Um die Mitte des 12. Jahrhunderts waren dem Reich gerade einmal neun Münzstätten verblieben; Friedrich I. und seine Nachfolger erwarben elf bestehende Münzstätten hinzu und gründeten achtzehn neue Reichsmünzstätten – wobei der nordöstliche Bodenseeraum einen Schwerpunkt bildete[23]. Die Intensität, mit der sich Friedrich I. um die Wiederherstellung vermeintlicher oder tatsächlicher Rechte des Reiches bemühte, gilt als Charakteristikum seiner Herrschaft[24]. Kurzum: Wenn Friedrich I. dem Konstanzer Bischof das Münzrecht bestätigte,

18 MGH DD F I/1, 213, Nr. 128: *Decernimus igitur non solum eam nostris beneficiis decorare, verum etiam omnia, quę a sanctissimis et gloriosissimis antecessoribus nostris divę memorię regibus et imperatoribus ab omnibus retro temporibus usque ad nos in possessionibus, in terminis, in emunitatibus, in mercato et moneta, in portu et theloneo seu in cęteris iusticiis eidem ęcclesię collata sunt, nos presentis scripti privilegio communimus et imperiali auctoritate corroboramus.*

19 Ebd., 215: *Ad hęc statuimus, ut nec nos nec aliquis successorum nostrorum regum seu imperatorum locum Constantiensem adeat vel statuta servitia exi[ga]t nisi vocatus ab episcopo vel orationis causa vel itineris necessitate veniat, quod etiam a pred[ec]essoribus nostris eidem loco collatum esse constat.*

20 Cahn, Münz- und Geldgeschichte von Konstanz (wie Anm. 3), 75f. – Für die korrekte Interpretation der *servitia*: Helmut Maurer, Die Bischofsstadt Konstanz in staufischer Zeit, in: Südwestdeutsche Städte im Zeitalter der Staufer (Stadt in der Geschichte 6), hg. v. Erich Maschke / Jürgen Sydow, Sigmaringen 1980, 68–94, hier: 77.

21 Zuletzt von Ulrich Klein, Die Münzen der Bischöfe von Konstanz bis 1206, in: Helmut Maurer, Die Konstanzer Bischöfe vom Ende des 6. Jahrhunderts bis 1206 (Germania Sacra, Das Bistum Konstanz 2), Berlin / New York 2003, 437–452, hier: 444.

22 Kamp, Moneta regis (wie Anm. 6), bes. 1–16.

23 Ebd., 349f.

24 Dazu grundsätzlich: Tilman Struve, Vorstellungen von »König« und »Reich« in der zweiten Hälfte des 12. Jahrhunderts, in: Stauferreich im Wandel. Ordnungsvorstellungen und Politik in der Zeit Friedrich Barbarossas (Mittelalter-Forschungen 9), hg. v. Stefan Weinfurter, Stuttgart 2002, 288–311.

machte er ihm kein selbstloses Geschenk, sondern rief damit in Erinnerung, dass es sich um eine vom Reich abgeleitete Funktion handelte. Friedrich I. dachte nicht daran, die Konstanzer Bischöfe aus ihrer engen Bindung an das Reich zu entlassen; anders als der Wortlaut des Privilegs von 1155 vermuten ließe, besuchte er Konstanz wenigstens siebenmal und nahm die *servitia* des Bischofs in Anspruch[25]. Um 1200 stellte König Philipp (1198–1208) in diesem Sinne unmissverständlich klar, dass die Fähre, die Münze und der Zoll in Konstanz Reichslehen seien und der Bischof ohne königliche Zustimmung nicht darüber verfügen könne[26].

Diesen Worten folgten Taten. Es ist zwar nicht erkennbar, dass die Staufer die bischöfliche Münzprägung in der Bischofsstadt Konstanz beeinflusst hätten, aber sie griffen tief in das Geldwesen am Bodensee ein. Die Übersicht (Tabelle auf S. 98) zeigt für die Zeit vor 1200 die bischöfliche Münzstätte in Konstanz als die leistungsstärkste Münzstätte (13 Typen), gefolgt von den Münzstätten der Abtei Kempten und des Reiches in Ulm (je 12 Typen) sowie des Reiches in Ravensburg (9 Typen). Am unteren Ende finden wir die kleinen weltlichen Münzherren, nämlich die Grafen von Pfullendorf (2 Typen), die Grafen von Veringen und die Grafen von Sigmaringen (je 1 Typ). In dieser Größenordnung bewegen sich ferner die Reichsmünzstätten in Überlingen und Biberach (je 2 Typen) sowie die Abtei Weingarten (1 Typ). In quantitativer Hinsicht erweist sich der König als bei weitem produktivster Münzherr: Mit 30 von insgesamt 96 Typen von Bodenseebrakteaten vor 1200 wurde ein knappes Drittel in den Reichsmünzstätten geprägt. Bemerkenswert ist hier vor allem die Rolle von Ulm, einer alten Münzstätte, die in nachsalischer Zeit offenbar stark an Bedeutung verloren hatte und von Friedrich I. Barbarossa reaktiviert wurde[27].

3. Faktoren für die Ausbildung des Konstanzer Währungsgebietes

An dieser Stelle möchte man zweierlei wissen: Durfte der König ohne weiteres Münzstätten eröffnen, in denen die Pfennige des Bischofs von Konstanz nachgeahmt wurden? Und: Was bezweckte er damit? Die erste, münzrechtliche Frage ist durch die Untersuchung von Norbert Kamp eindeutig geklärt: Dem König stand es grundsätzlich frei, auf dem Reichsgut neue Münzstätten zu eröffnen; den von der Expansion der königlichen Münzpolitik betroffenen Fürsten wurde allerdings in den Fürstenprivilegien von 1220 und 1232 zugestanden, dass ohne ihre Zustimmung keine Neugründungen mehr erfolgen sollten[28]. Die Anlehnung der königlichen Münzprägung an den bestehenden Standard einer fürstlichen Münzstätte war ebenfalls nicht zu beanstanden. Solange eine Münze ein

25 Helmut MAURER, Die Deutschen Königspfalzen 3.1: Baden-Württemberg 1, Göttingen 2004, 300–308.

26 Karl Heinrich Frh. ROTH VON SCHRECKENSTEIN, Zur Geschichte der Stadt Meersburg, in: ZGO 27, 1875, 1–35, hier: 30: *Verum quum in hiis tribus, scilicet pontomio, moneta et theloneo, ab imperiali infeodatus maiestate, qui in episcopos eligentur in Constanciensi ecclesia.* – Zum Kontext: Helmut MAURER, Fähre, Burg und Markt. Studien zum vorstädtischen Meersburg, in: Die Stadt in der europäischen Geschichte. Festschrift für Edith Ennen, hg. v. Werner BESCH u. a., Bonn 1972, 259–269, hier: 266f.

27 Elisabeth NAU, Ulmer Münz- und Geldgeschichte, in: Der Stadt- und der Landkreis Ulm 1,1: Allgemeiner Teil, Ulm 1972, 490–501, hier: 492. – Vgl. Helmut MAURER, Der Herzog von Schwaben. Grundlagen, Wirkungen und Wesen seiner Herrschaft in ottonischer, salischer und staufischer Zeit, Sigmaringen 1978, 100–102.

28 KAMP, Moneta regis (wie Anm. 6), 16–26.

unverwechselbares Münzbild trug, durch das sie ihrer Münzstätte einwandfrei zugeordnet werden konnte, lag keine strafbare Nachahmung vor[29].

Mit der Einrichtung neuer Reichsmünzstätten konnte der König fiskalische und herrschaftspraktische Ziele zugleich verfolgen; denn eine funktionsfähige Münzstätte etablierte eine herrschaftliche Infrastruktur, die sich selbst finanzierte. Die Münzstätte bildete einen Komplex mit dem Markt und dem Zoll des Münzortes. Wer diese Rechte ausübte, musste entsprechendes Personal einsetzen, wie den Münzmeister, den Marktrichter, die Marktpolizei, den Zöllner usw.; der Betrieb der Münzstätte führte also zu einer Herrschaftsverdichtung am Münzort. Die Münzstätte besaß ein Wechsel- und Silberhandelsmonopol: Wer am Marktort Geschäfte abschließen wollte, musste dies mit den Pfennigen der örtlichen Münzstätte tun. Diese erwarb er beim Münzmeister im Tausch gegen auswärtige Münzen oder Rohsilber; dabei wurde eine Wechselgebühr erhoben. Bei kleinen Münzstätten bestand die Gefahr, dass sie sich nicht amortisierten; die Münzstätten bedeutender Marktorte erwirtschafteten jedoch erhebliche Überschüsse[30]. Gegebenenfalls konnte der Münzherr weitere Instrumente einsetzen, um den Profit aus seiner Münzstätte zu steigern, etwa die Münzverrufung: Die Abnutzung der empfindlichen Brakteaten erforderte gelegentlich das Ersetzen der alten Pfennige durch neue; beim Umtauschen wurde eine Wechselgebühr erhoben, die faktisch wie eine Steuer auf Barvermögen wirkte[31]. Indem Friedrich I. und seine Nachfolger in Oberschwaben Münzstätten einrichteten, intensivierten sie dort die Herrschaft des Reiches. Dies fügt sich gut zur bekannten Beobachtung Heinrich Büttners (1908–1970), die Übernahme des süddeutschen Welfenerbes durch Friedrich I. habe um 1179/1180 zur »Umwandlung des Raumes zwischen Bodensee und Iller in ein staufisch beherrschtes Gebiet« geführt[32].

Es ist ein bemerkenswerter Befund, dass die oberschwäbischen Reichsmünzstätten nach dem Standard der Konstanzer Pfennige prägten. Die bei weitem wichtigste Reichsmünzstätte dieses Gebietes, nämlich Ulm, liegt näher an Augsburg als an Konstanz; zudem sind Ulm und Augsburg durch die Verkehrswege entlang der Donau und des Lech miteinander verbunden. Was also hielt Friedrich I. davon ab, in Ulm Pfennige nach dem Vorbild der schwereren Augsburger Pfennige prägen zu lassen, wie er es in den Reichsmünzstätten Schongau und Donauwörth veranlasste? Vielleicht betrachtete er Oberschwaben als herrschaftliche Einheit; und da – ausweislich des Schatzfundes von Leubas bei Kempten – der Konstanzer Pfennig nach der Mitte des 12. Jahrhunderts im südöstlichen Oberschwaben umlief, war eine Übernahme des Konstanzer Standards für ganz Oberschwaben naheliegend[33].

29 Ebd., 27–37.

30 Elisabeth Nau, Münzen und Geld in der Stauferzeit, in: Die Zeit der Staufer. Geschichte – Kunst – Kultur, Bd. 3: Aufsätze, Stuttgart 1977, 87–102, hier: 92 (am Beispiel der erzbischöflichen Münzstätte in Köln).

31 Reverchon, Metzer Denare (wie Anm. 6), 343–359. – Walter Hävernick, Münzverrufungen in Westdeutschland im 12. und 13. Jahrhundert, in: Vierteljahrschrift für Sozial- und Wirtschaftsgeschichte 24, 1931, 129–141.

32 Heinrich Büttner, Staufer und Welfen im politischen Kräftespiel zwischen Bodensee und Iller während des 12. Jahrhunderts, in: Schwaben und Schweiz im frühen und hohen Mittelalter. Gesammelte Aufsätze von Heinrich Büttner (Vorträge und Forschungen 15), Sigmaringen 1972, 337–392, hier: 383f.; zuletzt zustimmend zitiert von: Heinz Krieg, Zur politischen »Großwetterlage« im Hochmittelalter. Oberschwaben zwischen Staufern und Welfen, in: Alte Burg und Ort der Stille. 1000 Jahre Ramsberg im Linzgau, hg. v. Jakobus Kaffanke u. a., Meßkirch 2012, 39–60, hier: 56.

33 Fundregest: Kamp, Moneta regis (wie Anm. 6), 514, Nr. 19.

Nun ist die Definition eines Münzstandards durch einen Herrscher eine Sache, ob die Maßnahme Erfolg hat, eine andere. Erst dem modernen Nationalstaat des 19. und 20. Jahrhunderts ist es gelungen, auf seinem Staatsgebiet den Umlauf einer einheitlichen Währung zu erzwingen. Jede Inflation, jeder Zusammenbruch einer Währung zeigt, dass der Geldumlauf Eigengesetzlichkeiten besitzt, die den Gestaltungsmöglichkeiten der Geldpolitik entzogen sind, zumal vormoderner Geldpolitik. Das Umlaufgebiet des Konstanzer Pfennigs, das sich nach der Mitte des 12. Jahrhunderts am Bodensee herausbildete, bestand – wenngleich mit wechselnden Außengrenzen – immerhin bis ins 14. Jahrhundert; diese bemerkenswerte Stabilität ist nicht nur auf den politischen Willen der beteiligten Münzherrschaften zurückzuführen, sondern ganz besonders auch auf wirtschaftliche Faktoren. Auf diesen Umstand wies bereits 1961 David Michael Metcalf in einer innovatorischen Arbeit über die süddeutsche Münzprägung des 13. Jahrhunderts hin[34]. Metcalf betonte den Primat geographischer und ökonomischer Rahmenbedingungen gegenüber der Münzpolitik, beließ es jedoch bei allgemeinen Andeutungen, aus denen nicht hervorgeht, wie diese Rahmenbedingungen in seinem Untersuchungsgebiet konkret wirkten.

Angesichts der Komplexität der Frage und des Mangels an geeigneten Quellen ist es vielleicht grundsätzlich unmöglich, den Zusammenhang zwischen der Wirtschaftsgeschichte und der Geldgeschichte des hochmittelalterlichen Bodenseeraumes befriedigend zu klären. Trotzdem seien an dieser Stelle zwei Faktoren genannt, die zur Formierung des Umlaufgebietes der Bodenseebrakteaten im 12. Jahrhundert geführt haben mochten: Erstens war dies eine Silberkonjunktur, auf die Peter Spufford aufmerksam machte: Mit der Ausbeutung des Freiberger Silbers begann um 1160 eine rasche Zunahme der Silberproduktion in Europa, wobei die Entdeckung neuer Silbervorkommen – sei es in der Toskana, in den Ostalpen, in Mähren, auf Sardinien, in Serbien und schließlich um 1300 in Böhmen – die Erschöpfung der älteren Vorkommen bis etwa 1330 kompensierte[35]. Es ist kein Zufall, dass die Prägung der Bodenseebrakteaten zeitlich mit dieser Silberkonjunktur zusammenfällt; denn die reichliche Verfügbarkeit von Münzsilber erlaubte es damals auch kleineren Münzherren wie dem Bischof von Konstanz, produktive Münzstätten zu unterhalten.

Zweitens begünstigte die wirtschaftliche Integration des Bodenseeraumes die Entstehung eines Währungsgebietes in genau dieser Form. Der Wirtschaftshistoriker Hektor Ammann (1894–1967) untersuchte auf der Grundlage einheimischer und vor allem mediterraner handelsgeschichtlicher Quellen das Leinwandgewerbe des Bodenseeraumes im hohen und späten Mittelalter[36]. Dabei gelangte er zu der Einschätzung, es habe spätestens seit dem 12. Jahrhundert eine exportorientierte Leinwandindustrie bestanden, die eine starke Verflechtung des Landes mit den Städten und den Städten untereinander bewirkte: Auf dem Land wurde Lein angebaut und zu qualitativ hochwertigem Garn versponnen, welches dann teils noch auf dem Lande, teils in den Städten zu Rohleinwand verwoben wurde. Städtische Handwerker machten die Ware durch Walken, Bleichen und Färben marktfähig; schließlich besorgten die in den größeren Städten ansässigen Fernhändler die Ausfuhr, zumal in den Mittelmeerraum. Die Außengrenzen des solcherart ökonomisch definierten Bodenseeraumes bildeten die Donau, der Lech und die Thur (Abb. 3); dieser

34 David M. Metcalf, The Coinage of South Germany in the Thirteenth Century, London 1961, bes. 11–14.

35 Spufford, Money and its use in medieval Europe (wie Anm. 6), 109–162, 187–208, 225–239.

36 Hektor Ammann, Die Anfänge der Leinenindustrie des Bodenseegebiets, in: Alemannisches Jahrbuch 1953, 251–313, bes. die Karte auf 253.

Raum ist in etwa deckungsgleich mit dem Umlaufgebiet des Konstanzer und des Augsburger Pfennigs im 12. und 13. Jahrhundert, wobei die Grenze zwischen dem Konstanzer und dem Augsburger Pfennig ungefähr entlang der Iller verlief (Abb. 4 und 5)[37]. Die Teilung dieses Wirtschaftsgebietes in zwei Währungsgebiete ist nicht unplausibel: Der Beginn der Münzprägung in Konstanz und Augsburg reicht wenigstens in das 10. Jahrhundert zurück; somit erfolgte diese Weichenstellung noch vor der Ausbildung der Leinwandindustrie. Zudem besaßen Augsburg und Konstanz mit ihrem jeweiligen Umland eine deutlich unterschiedene Ausrichtung: Augsburg liegt am Lech und damit an einer wichtigen Nord-Süd-Achse, die Franken und Mitteldeutschland im Norden über den Brennerpass mit Italien, besonders Venedig im Süden verband. Demgegenüber waren Konstanz und der engere Bodenseeraum eher auf das Rheintal, die Bündnerpässe und damit auf die Lombardei ausgerichtet.

Abb. 3
Die Zentren der Textilproduktion am Bodensee und im weiteren Umland
(AMMANN, Die Anfänge der Leinenindustrie des Bodenseegebiets [wie Anm. 36], 253)

37 Das Umlaufgebiet des Augsburger Pfennigs reichte im Südosten allerdings zeitweise über die Lechgrenze hinaus; zu Augsburg (und den Reichsmünzstätten Donauwörth und Schongau) grundlegend: KAMP, Moneta regis (wie Anm. 6), 158–214, Karten 3 u. 4. – Dirk STEINHILBER, Geld- und Münzgeschichte Augsburgs im Mittelalter, in: Jahrbuch für Numismatik und Geldgeschichte 5/6, 1954/55, 5–142, Taf. I–IX, hier: 17–20, 40–43 u. ö. – KELLNER, Ein Fund von Hellern und Augsburger Pfennigen (wie Anm. 16), 57f.

Übersichtskarte über den Konstanzer Münzbezirk
zur Zeit seiner größten Ausdehnung im 13. Jahrhundert.

------ Grenzen des Konstanzer Münzbezirks.

Die Namen der Münzstätten sind unterstrichen. Die Fundstätten von Münzen sind durch × kenntlich gemacht.

Abb. 4
Das Umlaufgebiet der Bodenseebrakteaten
(Cahn, Münz- und Geldgeschichte von Konstanz [wie Anm. 3], Karte im Anhang)

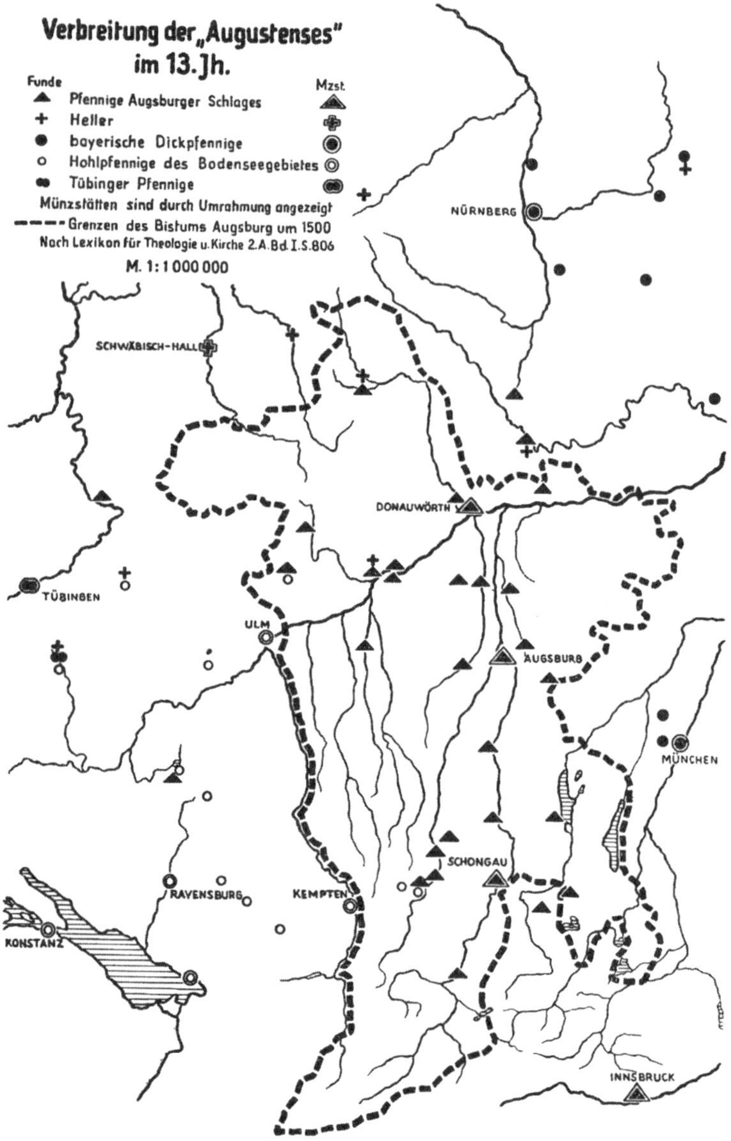

Abb. 5
Das Umlaufgebiet der Augsburger Pfennige
(KELLNER, Ein Fund von Hellern und Augsburger Pfennigen [wie Anm. 16], 57, Karte 5)

4. Die Bodenseebrakteaten in der 1. Hälfte des 13. Jahrhunderts

In die erste Hälfte des 13. Jahrhunderts fällt das Produktionsmaximum der Bodenseebrakteaten. Das bei weitem größte Prägevolumen dürfte die Reichsmünzstätte Ulm erreicht haben (44 Typen); die nächstproduktiven Münzstätten waren die bischöfliche Münzstätte in Konstanz und die Reichsmünzstätte Ravensburg (je 22 Typen); ferner weist Ulrich Klein 20 Pfennigtypen aus Lindau nach. Münzherrin dort war die Äbtissin von Lindau, deren Pfennige zumeist eine Linde oder Lindenzweige zeigen (Abb. 6.1). Etwa zwischen 1230 und 1250 kamen neue Bildelemente hinzu: ein Löwe, der vor der Linde liegt, und ganz besonders ein gekröntes Haupt im Lindenkranz (Abb. 6.2) oder zwischen Lindenzweigen (auf 11 der 20 Typen). Das gekrönte Haupt ist ein typisches Kennzeichen königlicher Münzstätten. Der Bildwechsel ist also kaum anders zu erklären als mit einer erheblichen Einflussnahme des Königs auf die Lindauer Münzprägung; Schriftquellen für diesen Vorgang gibt es nicht. Norbert Kamp vermutet, der Ausbau von Lindau zur Stadt sei von König Friedrich II. (1194–1250) um 1215 initiiert und gemeinsam mit der Äbtissin von Lindau durchgeführt worden; bei dieser Gelegenheit habe der König das Lindauer Münzrecht zurück ans Reich gezogen[38]. Demnach wären die Lindauer Pfennige aus der ersten Hälfte des 13. Jahrhunderts mehrheitlich als königliche Pfennige anzusehen; dies kann bedeuten, dass damals über die Hälfte der Bodenseebrakteaten in königlichen Münzstätten geprägt wurden.

Abb. 6.1: Pfennig der Frauenabtei Lindau, um 1220–1240: Linde mit sieben Blättern, Wulstring und Perlrand (KLEIN, Concordantiae Constantienses [wie Anm. 6], 75, Nr. 86)	Abb. 6.2: Pfennig der Reichsmünzstätte Lindau, um 1230: gekrönter Kopf in einem Kranz aus Lindenblättern, Wulstring und Perlrand (KLEIN, Concordantiae Constantienses [wie Anm. 6], 75, Nr. 85)

Dieser Befund ist bemerkenswert, denn in eben diese Zeit fällt die Konstanzer Münzordnung Bischof Heinrichs I. von Tanne (1233–1248) aus dem Jahre 1240; sie stützt auf den ersten Blick die Annahme, der Bischof habe weitgehende Kontrollbefugnisse über die Münzprägung im Umlaufgebiet seiner Pfennige ausgeübt. Bischof Heinrich legte in dieser Münzordnung das Gewicht und den Feingehalt der Konstanzer Pfennige fest und traf Anordnungen für den Silberhandel und die Ahndung von Münzdelikten[39]. In der Arenga begründet er seine Zuständigkeit mit den Pflichten seines Hirtenamtes (*officium pastorale*), untermauert durch ein Zitat aus dem Römerbrief; für die konkreten Bestimmungen

38 KAMP, Moneta regis (wie Anm. 6), 267, 415–425.
39 CAHN, Münz- und Geldgeschichte von Konstanz (wie Anm. 3), Urkunden-Anhang Nr. 1, 385f. (Chartularium Sangallense III, 226–228, Nr. 1275).

zog er sachverständigen Rat hinzu[40]. Unter den »klugen Männern«, die den Bischof bei der Formulierung unterstützten, stellte sich Julius Cahn die Konstanzer Kaufleute vor, die dem Bischof eine für sie vorteilhafte Ordnung abgetrotzt hätten; es gibt jedoch keinen eindeutigen Beleg für so einen Vorgang[41].

Einige Aufmerksamkeit erfuhr der Umstand, dass der Bischof die Bestimmungen nicht nur für seine Münzstätte in Konstanz verbindlich machte, sondern auch für St. Gallen, Radolfzell, Überlingen, Ravensburg und Lindau. Die Münzordnung Bischof Heinrichs geht mit keinem Wort darauf ein, dass die dortigen Münzstätten nicht dem Bischof, sondern anderen geistlichen Münzherren und dem König unterstanden[42]. In der Literatur finden sich zwei Erklärungsansätze hierfür: Nach Julius Cahn hätte der Bischof keine rechtlich abgesicherte Kompetenz gehabt, den Nachbarmünzstätten Vorschriften zu machen; diese mussten jedoch im eigenen Interesse den Konstanzer Standards folgen, weil sie sonst auf dem Konstanzer Markt als dem wichtigsten Markt des Bodenseeraumes nicht akzeptiert worden wären[43]. Andere Autoren halten dagegen, die Formulierungen der Münzordnung (*statutum sit – precipimus*) setzten eine verbindliche Vereinbarung der betroffenen Münzherrschaften voraus, einen Münzverein unter der Führung des Bischofs[44].

Welche dieser Alternativen auch immer zutreffen mag: Die Münzordnung Bischof Heinrichs I. von 1240 zeigt, dass der Bischof nur einen Ausschnitt aus dem großen Umlaufgebiet der Bodenseebrakteaten zu kontrollieren vermochte. Seine Münzordnung erfasst noch nicht einmal die Hälfte aller Münzstätten, in denen im fraglichen Zeitraum Bodenseebrakteaten geprägt wurden. Es handelt sich um die dem Bodensee nächstgelegenen Münzstätten, deren Pfennige daher regelmäßig den Weg auf den Konstanzer Markt gefunden haben mochten. Hierfür bietet die Statistik der Fundmünzen vom Konstanzer Altstadtareal gewisse Hinweise: Fundmünzen des 12. und 13. Jahrhunderts kommen bei archäologischen Ausgrabungen und sonstigen Fundbergungen generell selten zutage; bislang sind acht Fundmünzen dieser Zeitstellung bekannt, nämlich drei Bodenseebrakte-

40 Ebd.: *Quoniam facti sumus sapientibus et insipientibus debitores* [cf. Röm. 1, 14], *sollicitudo officii pastoralis non inmerito nos obligat et hortatur, ut unicuique, quantum deus nobis concesserit, suam iusticiam conservemus. Nos igitur, ut in commune omnibus facilius consulatur, caventes indempnitati quantum possumus singulorum, tractatu habito diligenti, qualiter falsariorum maliciis valeat obviari, de prudentum virorum consilio, ne moneta sophisticetur aliqua specie falsitatis, quasdam observancias circa ipsam duximus exprimendas.*

41 CAHN, Münz- und Geldgeschichte von Konstanz (wie Anm. 3), 97–99, geht so weit, im Konstanzer Münzmeister Ulrich Unterschopf den Urheber des Wortlautes sehen zu wollen; selbst wenn das zuträfe, ist nicht gewiss, ob die Interessen der Konstanzer Kaufleute mit den Interessen des Münzmeisters (als eines bischöflichen Amtsträgers) zusammenfielen; zur Kritik: Harald DERSCHKA, Die Ministerialen des Hochstiftes Konstanz (Vorträge und Forschungen, Sonderbd. 45), Stuttgart 1999, 467f.

42 Ebd.: *[15] Ceterum, cum in sex monetis, Constantie, Sancti Galli, Raticelle, Uberlingen, Ravenspurch et Lindaugie denarios eiusdem ponderis cudere sit statutum, precipimus, ut in eisdem statere ponderis sint equales; si autem in aliqua predictarum falsitas deprehensa fuerit manifeste, extum eadem sit penitus interdicta, quousque monete relique innoventur.*

43 CAHN, Münz- und Geldgeschichte von Konstanz (wie Anm. 3), 3f., 95f.

44 Richard GAETTENS, Die Wirtschaftsgebiete und der Wirtschaftsgebietspfennig der Hohenstaufenzeit, Lübeck 1963, 54f., mit Rekurs auf ältere Literatur.

aten aus Konstanz sowie je ein Bodenseebrakteat aus Lindau und Radolfzell, ferner zwei zeitgenössische Münzen aus Oberitalien[45].

Von der Münzordnung nicht erfasst sind die Münzstätten an den Rändern des Umlaufgebietes der Bodenseebrakteaten. Die Prägung der Abtei St. Georgen in Stein am Rhein war unerheblich, und es ist ungewiss, ob in Stein um 1240 überhaupt noch Pfennige geprägt wurden. Die Reichsmünzstätte Rottweil nordwestlich des Bodenseeraumes scheint zu dieser Zeit ebenfalls keine große Bedeutung besessen zu haben (3 Typen) und verselbstständigte in den Folgejahrzehnten ihre Münzprägung durch die Abwertung ihrer Pfennige. Nur punktuell war die Münzprägung der Grafen von Toggenburg südlich des Bodensees (3 Typen). Die Münzstätte der Abtei Weingarten in Altdorf ist als einzige bedeutendere Münzstätte in der Nähe des Bodensees nicht in der bischöflichen Münzordnung genannt; allerdings ist unklar, ob alle neun bei Klein aufgeführten Pfennigtypen Weingarten mit Sicherheit zugeordnet werden können[46]. Auffällig ist die Massierung von Münzstätten nordöstlich des Bodensees, die zwar Bodenseebrakteaten prägten, aber nicht der Münzordnung von 1240 unterworfen waren. Außer der unbedeutenden Münzstätte der Grafen von Veringen in Isny (1 Typ) waren das die Reichsmünzstätten Ulm und Biberach (44 und 2 Typen). Hinzu kommt die Münzstätte Kempten, die ursprünglich dem Abt von Kempten unterstanden war; allerdings vereinbarte König Friedrich II. im Jahre 1218 mit Abt Heinrich III. von Burtenbach (1213–1224), dass die Abtei gegen eine Zahlung auf ihre Münzprägung verzichtete[47]. Norbert Kamp vermutet hier die strategische Absicht der Staufer, den Münzumlauf entlang der Iller und in Oberschwaben zu beherrschen; dem entspricht die Einrichtung zusätzlicher Reichsmünzstätten um die Jahrhundertmitte in Memmingen, Leutkirch, Wangen und Buchhorn, die allerdings keine große Wirksamkeit mehr entfalteten[48]. Damit war das Umlaufgebiet der Bodenseebrakteaten aufgeteilt in das westlich und nördlich des Sees gelegene Oberschwaben, in dem praktisch ausschließlich Reichsmünzstätten bestanden, und den engeren Bodenseeraum, in dem der Bischof von Konstanz eine gewisse Vormachtstellung ausübte, aber mit Ravensburg, Überlingen und Lindau die Präsenz dreier leistungsstarker Reichsmünzstätten dulden musste.

Das Übergewicht der königlichen Münzprägung lässt sich vielleicht noch an einem im wahrsten Sinne des Wortes randständigen Detail ablesen: Es gibt einen Pfennigtyp, den man sicher Bischof Heinrich I. von Tanne zuweisen kann, weil er die Umschrift HAINRIC'-EPC trägt (Abb. 7.2); damit ist er in den Episkopat Heinrichs (1233–1248) datiert[49]. Die Randgestaltung dieses Pfennigtyps weicht von den meisten anderen Kon-

45 Harald Derschka, Die Fundmünzen aus Konstanz. Der aktuelle Stand in einer tabellarischen Übersicht, in: Selbstwahrnehmung und Fremdwahrnehmung in der Fundmünzenbearbeitung. Bilanz und Perspektiven am Beginn des 21. Jahrhunderts. I. Materialien (Untersuchungen zu Numismatik und Geldgeschichte 6), hg. v. Rahel Ackermann u. a., Lausanne 2005, 155–221: Nr. 1.2f., 9.5, 39.1, 54.14, 70.49 (Cremona, Mezzanino), 70.50 (Verona, Denaro piccolo); ferner ein Altfund aus dem rechtsrheinischen Stadtteil Egg: Nr. 14.2 (Sachsen, Denar).

46 Detailliert: Ulrich Klein, Die Münzen und Medaillen des Klosters Weingarten, in: 900 Jahre Heilig-Blut-Verehrung in Weingarten 1094–1994. Festschrift zum Heilig-Blut-Jubiläum am 12. März 1994, hg. v. Norbert Kruse u. Hans U. Rudolf, Sigmaringen 1994, 603–651, hier: 603–606.

47 Monumenta Boica, Bd. 30, München 1834, Nr. 635, 69–72, hier: 70: *Tenemini etiam tu, H. venerabilis abbas Campidonensis, quam successores tui, et monasterium ipsum nobis, quod nullam monetam de cetero in monasterio ipso vel iurisdictione sua facietis vel cudi permiseritis; moneta ista quae modo est et consuevit esse cassata penitus et deleta.*

48 Kamp, Moneta regis (wie Anm. 6), 270–274.

49 Klein/Ulmer, Concordantiae Constantienses (wie Anm. 6), 50, Nr. 15.

stanzer Pfennigen ab; an Stelle der üblichen Punkte sind hier außerhalb des Wulstkreises kleine Kreuze und Vierecke angebracht. Auf Ulmer Pfennigen kommt diese Randgestaltung geläufig und offenbar schon etwas früher vor (Abb. 7.1)[50]; der Verdacht liegt nahe, es hätte die königliche Münzstätte hier stilbildend für die anderen Münzstätten gewirkt, die bischöfliche eingeschlossen. Kurzum: Der Status der bischöflichen Pfennige als Leitwährung und der Anspruch Bischof Heinrichs und seiner Nachfolger, ihren Nachbarmünzstätten Vorschriften zu machen, können nicht darüber hinwegtäuschen, dass im Zeitalter Friedrichs II. definitiv der deutsche König der wichtigste Münzherr im Bodenseeraum war und nicht der Bischof von Konstanz. In der neueren Literatur wird Friedrich II. als mediterraner Herrscher dargestellt, der den deutschen Fürsten bereitwillig königliche Herrschaftsrechte überließ, um sich ihre Loyalität zu erkaufen[51]; die Vitalität der königlichen Münzprägung am Bodensee warnt indes vor einer zu einseitigen Sichtweise.

Abb. 7.1: Pfennig der Reichsmünzstätte Ulm, um 1220–1250: gekröntes Brustbild zwischen Fahne und Turm, Wulstring und Kreuz-Viereck-Rand (Klein, Concordantiae Constantienses [wie Anm. 6], 101, Nr. 139)	Abb. 7.2: Pfennig Bischof Heinrichs I. von Konstanz, um 1240: auf einem Faltstuhl thronender Bischof mit Krummstab und Buch, Umschrift HAINRIC'–EPC, Wulstring und Kreuz-Viereck-Rand (Klein, Concordantiae Constantienses [wie Anm. 6], 50, Nr. 15)

5. Die Bodenseebrakteaten in der 2. Hälfte des 13. Jahrhunderts

Die Übersicht über die Pfennigtypen (Tabelle auf S. 98) weist für die zweite Hälfte des 13. Jahrhunderts einige bezeichnende Veränderungen aus: Vier kleine weltliche Münzherren ließen erstmals Pfennige prägen (Graf von Montfort, Freiherr von Markdorf) bzw. nahmen die Münzprägung wieder auf (Graf von Sigmaringen, Graf von Veringen). Vermutlich sahen sie sich durch das Schwinden der königlichen Autorität im Interregnum zu diesem Vorgehen berechtigt. Bezeichnenderweise war ihr Münzausstoß gering; mit Ausnahme eines Sigmaringer Pfennigtyps sind Münzen aus diesen Münzstätten nur in

50 Ebd., 101–111, Nrn. 139–170 (ab 1220). – Dieter Saar, Cahn (Bodensee) 226 – eine Neudatierung, in: Festschrift Herbert A. Cahn. Zum 70. Geburtstag gewidmet und herausgegeben vom Circulus Numismaticus Basiliensis, hg. v. Beatrice Schärli u. Hans Voegtli, Basel 1985, 105–114: Cahn Nr. 226 (= Concordantiae Constantienses Nr. 151) falle aufgrund von Machart, Ornamentik und Fundevidenz noch ins 12. Jahrhundert.

51 Olaf B. Rader, Friedrich II. Der Sizilianer auf dem Kaiserthron. Eine Biographie, München 2010, 176f. – Johannes Fried, Das Mittelalter. Geschichte und Kultur, München 2008, 292. – Differenziert: Frank Berger, Münzprägung und Münzpolitik Kaiser Friedrichs II., in: Kaiser Friedrich II. (1194–1250). Welt und Kultur des Mittelmeerraums (Schriftenreihe des Landesmuseums für Natur und Mensch [Oldenburg] 55), hg. v. Mamoun Fansa, Mainz 2008, 208–217, 350–357, hier: 213f.: Ende der aktiven Münzpolitik Friedrichs mit den Fürstenprivilegien.

wenigen Exemplaren belegt. Wahrscheinlich endete die Münzprägung in diesen kleinen Münzstätten mit dem Interregnum: Nachdem Rudolf von Habsburg (1218–1291) im Jahre 1273 zum König gewählt worden war, zog er im Bodenseeraum viele entfremdete königliche Rechte wieder zurück an das Reich[52]. Dazu zählte Rudolf das Münzrecht, dessen Regaliencharakter er im Jahre 1282 einschärfte; im Würzburger Landfrieden von 1287 erklärte er alle seit dem Tode Friedrichs II. ohne königliche Erlaubnis eingerichteten Münzstätten für aufgehoben[53].

Die königliche Münzprägung ging insgesamt zurück: Die prominenten Reichsmünzstätten Ulm und Ravensburg stellten etwa ein Drittel weniger Pfennigtypen her als in der ersten Jahrhunderthälfte, Lindau verzeichnete einen erheblichen Einbruch, Kempten und Biberach prägten überhaupt nicht mehr. Eine Reihe neu eröffneter, kleiner Reichsmünzstätten (Buchhorn, Wangen, Leutkirch, Memmingen) entfaltete keine nennenswerte Wirkung. Ähnlich ist das Bild bei den geistlichen Münzherrschaften: Reichenau, Weingarten und St. Georgen fielen ganz aus und wurden von den punktuellen Aktivitäten der Äbtissin von Buchau und des Bischofs von Chur nicht ersetzt. Allein die bischöfliche Münzstätte in Konstanz scheint ihren Ausstoß gegenüber der ersten Jahrhunderthälfte noch gesteigert zu haben und mag sogar die Reichsmünzstätte Ulm wieder knapp übertroffen haben.

Die prominenteste Schriftquelle, die uns über den Gebrauch und die Verbreitung der Bodenseebrakteaten in der zweiten Hälfte des 13. Jahrhunderts unterrichtet, ist der Liber decimationis des Bistums Konstanz von 1275[54]. Damals wurde von den Geistlichen des Bistums Konstanz eine Steuer für einen vorgesehenen Kreuzzug erhoben. Die Geistlichen erklärten ihre Pfründeinkünfte in der jeweils ortsüblichen Währung. Daher wissen wir, dass auf dem Gebiet des Bistums Konstanz zu diesem Zeitpunkt neben den Konstanzer Pfennigen noch mindestens 15 weitere Pfennigsorten umliefen, nämlich Schaffhauser, Basler, alte und neue Breisgauer, Freiburger, Straßburger, Villinger, Rottweiler, Tübinger, Schwäbisch Haller, Augsburger, Memminger, Zürcher, Zofinger und Berner Pfennige[55]. Für die Geschichte des Konstanzer Pfennigs sind zwei Befunde bemerkenswert: Erstens deutet sich ein Zerbrechen des Konstanzer Währungsraumes an, insofern die Bodenseebrakteaten des nordöstlichen Bodenseeraumes nicht mehr durchweg den bischöflichen Pfennigen gleichgesetzt werden konnten. Einzelne der kleinen oberschwäbischen Münzstätten brachten ihre Pfennige mit einem leicht reduzierten Silbergehalt aus. Im alltäglichen Kleinverkehr mochte dieser Unterschied tolerierbar sein; bei der Abrechnung der

52 Franz Quarthal, Königslandschaft, Herzogtum oder fürstlicher Territorialstaat. Zu den Zielen und Ergebnissen der Territorialpolitik Rudolfs von Habsburg im schwäbisch-nordschweizerischen Raum, in: Rudolf von Habsburg 1273–1291. Eine Königsherrschaft zwischen Tradition und Wandel, hg. v. Egon Boshof u. Franz-Reiner Erkens, Köln 1993, 125–138, bes. 130ff. – Zu den Revindikationen am Bodensee: Harald Derschka, Das Hochstift Konstanz und Rudolf von Habsburg, in: Die Habsburger zwischen Aare und Bodensee (Mitteilungen der Antiquarischen Gesellschaft in Zürich 77), hg. v. Peter Niederhäuser, Zürich 2010, 21–33, hier: 27f.

53 MGH Const. III, 322, Nr. 335, c. 5: *Nullus tamen aliquam monetam habebit, nisi legitime doceat, quod eandem ab imperio debeat obtinere.* – Ebd. 374, Nr. 390, c. 23: *Alle die munze, die sit keyser Frideriches tote gemachet sint, die sulen gar abe sin; ez bezuge denne vor deme riche der si da hat, daz ers zu rehte haben sule.*

54 Textausgabe: Gerlinde Person-Weber, Der Liber decimationis des Bistums Konstanz. Studien, Edition und Kommentar (Forschungen zur oberrheinischen Landesgeschichte 44), Freiburg i. Br., München 2001, 161–406.

55 Dazu Cahn, Münz- und Geldgeschichte von Konstanz (wie Anm. 3), 138–150. – Person-Weber, Der Liber decimationis (wie Anm. 54), 446–456.

Jahressteuern musste er berücksichtigt werden[56]. Zweitens belegen die Angaben aus dem Norden des Bistums das Vordringen der Pfennige aus der Reichsmünzstätte Schwäbisch Hall, die um 1180 den Betrieb aufgenommen hatte und seither in einer beispiellosen Massenproduktion leichte Pfennige prägte. Diese Haller Pfennige (kurz Haller oder Heller genannt, Abb. 8) befriedigten das wachsende Bedürfnis nach einer massenhaft verfügbaren Münze von geringem Wert für alltägliche Einkäufe. Deshalb war ihr Erfolg durchschlagend: Im Verlaufe des 13. Jahrhunderts verdrängten sie in weiten Teilen Frankens, Schwabens und im Rheinland die bis dahin gängigen Pfennige. Diesen Prozess kann man anhand von Kaufverträgen, Einkünfteverzeichnissen oder Münzfunden recht zuverlässig nachvollziehen[57]. Der Umstieg auf die Hellerwährung dürfte die Prägung und die Verwendung von Bodenseebrakteaten in Ulm zum Erliegen gebracht haben: Seit der Mitte des 13. Jahrhunderts finden sich in den Ulmer Quellen Geldbeträge in Hellern ausgewiesen; um 1300 bezahlte man in Ulm ausschließlich mit Hellern[58].

Abb. 8: Pfennig der Reichsmünzstätte Schwäbisch Hall (Heller), 3. Viertel 13. Jahrhundert. Vorderseite: Hand, Reste von Fadenkreis und Umschrift (Klein, Marbach [wie Anm. 57], 132, Nr. a.2)

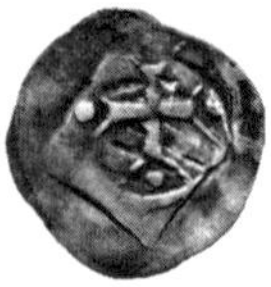

Abb. 8: Rückseite: Kreuz mit Punkten in den Gabeln, Vierschlag (Ebd.)

6. Das Produktionsende der Bodenseebrakteaten im 14. Jahrhundert

Die Geldgeschichte des Bodenseeraumes im 14. Jahrhundert ist noch lange nicht befriedigend erforscht, weshalb hier nur einige vorläufige Beobachtungen getroffen werden können. Die Prägung der Bodenseebrakteaten lief in der ersten Hälfte des 14. Jahrhunderts aus. Die rechtliche Grundlage für die Spätphase der Pfennigprägung bildete eine vertragliche Zusage Bischof Heinrichs II. von Klingenberg (1293–1306) gegenüber dem Ammann und dem Rat der Stadt Konstanz aus dem Jahre 1295, während der folgenden zehn Jahre keinerlei Veränderungen am Gewicht und am Aussehen der Pfennige vorzunehmen. Die Bürger hatten den Bischof davon überzeugt, dass eine solche Maßnahme zu ihrem Nach-

56 CAHN, Münz- und Geldgeschichte von Konstanz (wie Anm. 3), 139f., mit Beispielen aus Veringen und Saulgau. – Hinzuzufügen wäre der Memminger Pfennig: Wenn die Angaben zur Steuerzahlung des Abtes von Rot a. d. Rot zutreffen, dann entsprach ein Konstanzer Pfennig etwa 1,135 Memminger Pfennigen. – PERSON-WEBER, Der Liber decimationis (wie Anm. 54), 291.

57 Elisabeth NAU, Die Heller, in: Schwäbische Heimat 4, 1953, 71–75. – Friedrich WIELANDT, Der Heller am Oberrhein, in: Hamburger Beiträge zur Numismatik 5, 1951, 32–61. – Für das hier (Abb. 8) abgebildete Exemplar aus der Marbacher Alexanderkirche: Ulrich KLEIN, Marbach im Spiegel der südwestdeutschen Münz- und Geldgeschichte, in: Wirtschaft, Handel und Verkehr im Mittelalter. 1000 Jahre Markt- und Münzrecht in Marbach am Neckar, hg. v. Sönke LORENZ u. Peter RÜCKERT, Ostfildern 2012, 115–144, hier: 122 mit Anm. 31, 134.

58 NAU, Ulmer Münz- und Geldgeschichte (wie Anm. 27), 493.

teil geschähe, weil sie zur Teuerung führte; aus Einsicht und gegen eine Zahlung von 60 Silbermark gab er ihrem Wunsch nach[59]. Der Vertrag wurde 1306 und 1324 verlängert[60]. Die Emission, die diesen Verträgen folgte, heißt in der numismatischen Literatur »Ewiger Pfennig«, eben weil die Münzen über längere Zeit ohne auffällige Änderungen hergestellt wurden, nämlich bis 1335, falls man die Verträge einhielt. Dieser Pfennigtyp zeigt das Haupt eines Bischofs, flankiert von einem Krummstab und einer Lilie[61]. Bei dieser Gelegenheit schärfte Bischof Heinrich II. seine Befehlsgewalt über die Nachbarmünzstätten wieder ein; diese Kompetenz begründete er mit den weltlichen Funktionen seines Fürstenamtes (*auctoritate nostri principatus … in rebus temporalibus*)[62]. Welche Münzstätten das waren, verrät die Urkunde nicht; praktisch erreichte die Maßnahme allenfalls noch den engsten Bodenseeraum, da in den Folgejahrzehnten nur in Überlingen, Konstanz, Lindau und St. Gallen Bodenseebrakteaten geprägt wurden.

Julius Cahn pries die Konstanzer Bürger dafür, durch ein finanzielles Opfer die Verschlechterung ihres Geldes aufgehalten zu haben[63]. Die Abwertung der bischöflichen Pfennige nach dem Auslaufen der Verträge sieht Cahn als Symptom eines »traurigen Verfalls« der bischöflichen Währung an[64]. Diese Werturteile fügen sich gut in das eingangs erwähnte Narrativ der Konstanzer Geschichte, dem zufolge im 14. Jahrhundert die Initiative von den unfähigen Bischöfen auf die zupackenden Bürger übergegangen sein soll. Diesen Wertungen müssen wir nicht folgen. Denn die konkreten Umstände, die zum Versiegen der Konstanzer Pfennigprägung nach 1335 führten, waren dem Zugriff der Akteure am Bodensee entzogen; auf die großen geldwirtschaftlichen Entwicklungen des 14. Jahrhunderts hatte die Fähigkeit oder Unfähigkeit einzelner Konstanzer Bischöfe oder Stadtbürger ohnehin keinen Einfluss.

In den Jahrzehnten um 1300 änderte sich die Struktur des Geldumlaufs am Bodensee nämlich grundlegend. Der Liber decimationis von 1275 zeigt ein Geldwesen, das noch vollständig auf einer Geldsorte beruht, nämlich dem silbernen Pfennig: Alle Zahlungen wurden in den je ortsüblichen Pfennigen geleistet, allenfalls sehr große Beträge in Silberbarren mit Markgewicht. Dieses Zahlungssystem hatte seine Ursprünge im Frühmittelalter; unter den komplexeren ökonomischen Bedingungen des Hochmittelalters war es noch bis in das 12. Jahrhundert hinein erstaunlich praktikabel[65]. Erst im 13. Jahrhundert differenzierte sich das Zahlungssystem in der für das Spätmittelalter und die frühe Neuzeit bezeichnenden Weise aus: In den Wirtschaftszentren Italiens wurden zuerst größere Silbermünzen, dann Goldmünzen für den Transfer großer Werte eingeführt. Nördlich der Alpen kam die Umstellung auf dieses System um 1300 in Gang[66]. Der Geldumlauf am

59 Cahn, Münz- und Geldgeschichte von Konstanz (wie Anm. 3), Urkunden-Anhang Nr. 3, 389: *… obligamus ad non mutandum monetam predictam et ad non cudendum novos denarios nisi ad instar et similitudinem et ad ponderis equalitatem denariorum nunc currentium et acceptorum; a festo purificationis beate virginis proxime venturo usque ad completum decem annorum spacium immediate pro nobis nostrisque successoribus iuri mutationis monete predicte usque ad finem spacii dictorum decem annorum scriptis presentibus renunciamus.*

60 Ebd., 164 (= REC 3395), 170.

61 Für die Identifikation: Klein / Ulmer, Concordantiae Constantienses (wie Anm. 6), 60, Nr. 45.

62 Cahn, Münz- und Geldgeschichte von Konstanz (wie Anm. 3), Urkunden-Anhang Nr. 3, 389f.

63 Ebd., 157.

64 Ebd., 176, 173.

65 Gerhard Rösch, Wirtschaftsexpansion und Münze im 12. Jahrhundert. Ein Problem der Geldgeschichte, in: Mitteilungen des Instituts für Österreichische Geschichtsforschung 101, 1993, 17–36.

66 Peter Berghaus, Die Ausbreitung der Goldmünze und des Groschens in deutschen Landen zu Beginn des 14. Jahrhunderts, in: Numismatický sborník 12, 1971/72 (1973), 211–243 (= Symposium

Bodensee öffnete sich für Großsilbermünzen aus Frankreich (Gros tournois) und Italien (Grossi) sowie für italienische Goldmünzen (Florene)[67].

Mit der Prägung silberner Pfennige vor Ort wurde jetzt nur noch ein Teilbereich des gesamten Geldumlaufs abgedeckt, nämlich die Ebene des Kleingeldes für alltägliche Transaktionen. Nicht einmal auf dieser Ebene konnte sich der bischöfliche Pfennig behaupten. Der Ewige Pfennig ist die letzte bischöfliche Münze des 14. Jahrhunderts, die in großer Zahl und mit einer befriedigenden Fundevidenz vorliegt. Danach nahm das Prägevolumen erheblich ab. Um 1340 scheint noch eine kleinere Emission bischöflicher Pfennige erfolgt zu sein, nach Breisgauer Vorbild auf vierzipfeligen Schrötlingen; von der weiteren Produktion der bischöflichen Münzstätte in Konstanz bis zu ihrer Aufhebung im Jahre 1368 haben wir keine klare Vorstellung[68]. Es ist davon auszugehen, dass der bischöfliche Pfennig seine Funktion als Kleingeld an den Heller verlor, der sich bis zur Mitte des 14. Jahrhunderts am nördlichen Bodenseeufer und in Konstanz selbst vollständig durchgesetzt hatte[69]. Das archäologische Fundmaterial bestätigt diesen an Schriftquellen gewonnenen Befund vollauf: Von den 23 kleinen Münzen des 14. Jahrhunderts vom Konstanzer Altstadtareal sind 20 Heller, davon 16 aus Schwäbisch Hall, gegenüber einer einzigen Münze aus der Emission des Ewigen Pfennigs[70]. Wie es scheint, versuchte man in Konstanz in den 1350er-Jahren wie zuvor schon andernorts, den eigenen Pfennig zu retten, indem man ihn im Wert von zwei Hellern ausbrachte; vielleicht erfolgte unter Bischof Heinrich III. von Brandis (1357–1383) in Konstanz die Ausgabe von Hellern[71].

Genutzt hat es wenig. Wie bedeutungslos die bischöfliche Münzstätte um diese Zeit geworden war, zeigt sich am lächerlich geringen Preis von 10 Silbermark, um den Bischof Heinrich III. sie im Jahre 1367 einem Konstanzer Bürger verpfändete[72]. Zu eben dieser Zeit geriet die Stadt Konstanz in einen grundsätzlichen Konflikt mit ihrem unbeliebten Bischof, in dessen Verlauf es zu einer bewaffneten Fehde zwischen beiden Parteien und 1371 sogar zur Absetzung des Bischofs durch einen päpstlichen Legaten kam[73]. Bei dieser Gelegenheit okkupierte die Stadt die bischöfliche Münzstätte – und konnte damit ebenso wenig anfangen wie zuvor der Bischof, weil die ungünstigen Rahmenbedingungen für eine Münzprägung in Konstanz durch den Besitzerwechsel ja nicht beseitigt waren. Ins-

»Les commencements de la grosse monnaies et de la monnaie d'or en Europe centrale [1250–1350], Praha/Liblice [14.–20. September 1970]«). – Benedikt ZÄCH, Regionale Einflüsse in der Vertikalen. Zur Nominalstruktur des Münzumlaufs der spätmittelalterlichen Schweiz, in: Circulation monétaire régionale et supra-régionale. Actes du troisième colloque international du Groupe suisse pour l'étude des trouvailles monétaires (Berne, 3–4 mars 2000) (Études de numismatique et d'histoire monétaire 4), hg. v. Harald DERSCHKA u. a., Lausanne 2002, 241–256, bes. 244–248.

67 Belege bei: CAHN, Münz- und Geldgeschichte von Konstanz (wie Anm. 3), 162–169.

68 KLEIN / ULMER, Concordantiae Constantienses (wie Anm. 6), 60f., Nrn. 45–49. – Ulrich KLEIN, Die Münzen und Medaillen, in: Die Bischöfe von Konstanz, Bd. II: Kultur, hg. v. Elmar KUHN u. a., Friedrichshafen 1988, 178–194, hier: 184.

69 WIELANDT, Der Heller am Oberrhein (wie Anm. 57), 44f. – DERS., Probleme der Hellerforschung, in: Wissenschaftliche Abhandlungen des Deutschen Numismatikertages in Göttingen 1951, Göttingen 1959, 77–91, hier: 84f.

70 DERSCHKA, Die Fundmünzen aus Konstanz (wie Anm. 45), Nrn. 9.6–8, 37.7f., 39.2, 54.122–129, 70.40f. (Heller, Schwäbisch Hall); Nr. 54.3 (Heller, Augsburg), Nr. 54.99 (Heller, Nürnberg), Nr. 54.149f. (Heller, Wertheim?); Nr. 39.1 (Hälbling zum Ewigen Pfennig, Lindau); Nr. 54.130 (Hälbling, Solothurn), Nr. 54.178 (Denaro, Mailand).

71 CAHN, Münz- und Geldgeschichte von Konstanz (wie Anm. 3), 179–181.

72 Ebd., Urkunden-Anhang, Nr. 4, 390.

73 Eine Übersicht bei: Helmut MAURER, Konstanz im Mittelalter, Bd. I: Von den Anfängen bis zum Konzil (Geschichte der Stadt Konstanz 1), Konstanz 1989, 214–218.

besondere wirkte sich die ganz Europa betreffende Silberknappheit des 14. Jahrhunderts als hinderlich für den Betrieb einer kleinen Münzstätte aus, die keinen Zugriff auf Silbergruben hatte, sondern sich auf dem Markt mit Münzsilber versorgen musste[74]. Erst im 15. Jahrhundert kam es zu einer nennenswerten städtischen Konstanzer Münzprägung[75].

7. Zusammenfassung

Die Bischöfe von Konstanz unterhielten an ihrem Bischofssitz eine Münzstätte, in der sie vom 10. bis ins 14. Jahrhundert silberne Pfennige prägen ließen. Die Pfennige der Zeit von etwa 1150 bis 1340 heben sich in qualitativer und quantitativer Hinsicht deutlich von den übrigen Münzen ab: Es handelt sich um sorgfältig gearbeitete und mitunter künstlerisch gestaltete einseitige Pfennige (Brakteaten), die in großer Zahl und vielen verschiedenen Typen überliefert sind. Diese bischöflichen Pfennige dienten als Vorbilder für die zeitgenössische Münzprägung des Königs sowie geistlicher und weltlicher Herrschaften im weiteren Bodenseeraum, der somit ein einheitliches Währungsgebiet bildete (als Umlaufgebiet der Bodenseebrakteaten oder denarii Constantienses). Die Konstanzer Bischöfe des 13. Jahrhunderts beanspruchten sogar eine gewisse Befehlsgewalt über die Münzstätten des engeren Bodenseeraumes. Daher betrachtete man die Bischöfe des 12. und 13. Jahrhunderts zumeist als bedeutende Münzherren; das Auslaufen der bischöflichen Münzprägung im 14. Jahrhundert wurde oft als ein Symptom des »Niedergangs« des Bistums Konstanz nach dem Tode Bischof Heinrichs von Klingenberg aufgefasst.

Ein genauerer Blick auf die Konstanzer Münzprägung und ihre ökonomischen und politischen Rahmenbedingungen legt es nahe, die Bedeutung der Bischöfe als Münzherren zu relativieren: Ihre Rolle als Vorbild verdankt die Konstanzer Münzstätte dem Umstand, dass sie als älteste Münzstätte am Bodensee den größten Markt mit Münzen versorgte. Die bedeutendste und weitaus produktivste Münzherrschaft des weiteren Bodenseeraumes war dennoch nicht das Hochstift Konstanz, sondern das Reich, zumal es seit Friedrich I. Barbarossa in der Reichsmünzstätte Ulm Pfennige nach Konstanzer Vorbild prägen ließ und den Konstanzer Pfennigstandard für die kleineren oberschwäbischen Reichsmünzstätten verbindlich machte. Das Umlaufgebiet der Bodenseebrakteaten (zwischen Donau, Thur und Iller) war deckungsgleich mit dem Westteil des oberdeutschen Leinwandindustriegebietes (zwischen Donau, Thur und Lech); die durch das Leinwandgewerbe bewirkte wirtschaftliche Integration trug mutmaßlich sehr viel mehr zur Stabilität des Währungsraumes bei als die geldpolitischen Maßnahmen der Bischöfe oder des Reiches.

Der »Niedergang« des Konstanzer Münzwesens im 14. Jahrhundert war ebenfalls kein Prozess, dem die Bischöfe mit mehr Einsicht oder besserem Willen hätten begegnen können: An die Stelle der homogenen hochmittelalterlichen Pfennigwährung trat nach 1300 ein mehrstufiges Geldwesen mit Goldmünzen und großen Silbermünzen auf den höheren Wertebenen; auf der Kleingeldebene wurden die Bodenseebrakteaten schon seit der Mitte des 13. Jahrhunderts allmählich vom Pfennig der Reichsmünzstätte Schwäbisch Hall (Heller) verdrängt. Die Konstanzer Bischöfe verfügten über keine eigenen Silbergruben, sondern mussten das Münzmetall auf dem Markt einkaufen. Um 1160 hatte in Europa ein Wachstum der Silberproduktion eingesetzt, der es vielen kleinen Münzherren ermög-

74 Spufford, Money and its use in medieval Europe (wie Anm. 6), 289ff.

75 Elisabeth Nau, Die Münzen und Medaillen der oberschwäbischen Städte, Freiburg i. Br. 1964, 19f., 25–27 u. Taf. II.

lichte, eine profitable Münzstätte zu unterhalten; das Ende der Silberkonjunktur um 1330 erzwang den Rückgang der Münzenproduktion – und genau in diesem Rahmen erfolgten der »Aufstieg« und der »Niedergang« der bischöflichen Konstanzer Pfennigprägung.

Bildnachweis

Abb. 1, 2, 6.1–8: Dr. Ulrich Klein, Stuttgart; Abb. 3: Alemannisches Institut, Freiburg i. Br.; Abb. 5: Württembergischer Verein für Münzkunde. – Herr Ulrich Klein stellte die Bilddateien aller Münzabbildungen zur Verfügung, wofür ich ihm herzlich danke.

ALBERT FISCHER

Zwischen Niedergang weltlicher Herrschaft und Neuaufbau geistlichen Lebens

Das Hochstift und Bistum Chur im Zeitalter der Reformation und innerkirchlichen Erneuerung (16./17. Jahrhundert)

1. Einführung: Die Zirkumskription des Bistums Chur bis 1816

Mit Datum vom 10. September 1816 ist der letzte Hirtenbrief eines Churer Bischofs an seine Gläubigen in Vorarlberg[1] und Tirol[2] gerichtet, worin er die jahrtausendalte Zugehörigkeit österreichischer Gebiete zum Bistum Chur aufgrund des päpstlichen Entscheids Pius' VII. (1800–1823) vom 27. Januar 1816[3] für beendet erklärte und sich von Klerus und Volk, welche ab dem 6. Oktober 1816 dem Brixener Oberhirten unterstellt wurden,

1 Seit dem 7. Jahrhundert bis zu Beginn des 19. Jahrhunderts war Vorarlberg drei Kirchensprengeln zugeteilt: Konstanz (Norden), Chur (Süden) und Augsburg (östlicher Teil des Kleinwalsertals). Zwischen Konstanz und Chur bildete im Rheintal der unscheinbare Bützenbach zwischen Hohenems und Götzis die Grenze. Die Grenze zwischen Augsburg und Chur verlief vom Quellgebiet des Lechs ostwärts über den Flexenpass gegen den Arlberg.

2 Noch 1750 teilten sich – einzigartig in der Geschichte der deutschen Erbländer der Habsburg-Monarchie – elf Diözesen (Aquileia, Augsburg, Brixen, Chiemsee, Chur, Feltre, Freising, Padua, Salzburg, Trient und Verona) die geistliche Verwaltung der Grafschaft Tirol. Das Stammland bildeten seit Jahrhunderten drei Kirchensprengel: Brixen, Trient und Chur. Der größte und landesgeschichtlich bedeutendste Teil für einen auswärtigen Oberhirten in Tirol waren der Sprengel des Bistums Chur und daselbst die Dekanate Walgau und Vinschgau. Zum Verhältnis zwischen Churer Bistum und Habsburg siehe Ulrich PFISTER, Das Bistum Chur zwischen Graubünden und Habsburg, etwa 1500–1813, in: Josef RIEDMANN (Red.), Bündnerisch-Tirolische Nachbarschaft. Calven 1499–1999. Vorträge der wissenschaftlichen Tagung im Rathaus Glurns vom 8. bis 11. September 1999 anlässlich des 500-Jahr-Gedenkens der Calvenschlacht, hg. v. Südtiroler Kulturinstitut in Zusammenarbeit mit dem Institut für Geschichte Innsbruck, dem Staatsarchiv Graubünden und dem Verein für Bündner Kulturforschung, Bozen 2001, 207–217.

3 Das päpstliche Breve vom 27. Januar 1816 ist in einer dt. Übersetzung abgedruckt bei Johann F. FETZ, Gedenkblätter an Carl Rudolph, aus den Grafen von Buol-Schauenstein, etc. letzten Fürstbischof von Chur, ersten Bischof von St. Gallen, Lindau 1853, 153–155. Darin hält Pius VII. fest: *Du wirst also förderhin von jeder Ausübung einer bischöflichen Jurisdiction in Tirol und Vorarlberg Dich enthalten.* (Ebd., 154).

verabschiedete[4]. Bischof Karl Rudolf von Buol-Schauenstein (1794–1833)[5] machte in diesem Schreiben keinen Hehl daraus, dass ihn die kuriale Entscheidung zur endgültigen Loslösung der beiden Dekanate Walgau und Vinschgau von Chur mit großem Schmerz erfüllte: *Wir verbergen anbei nicht, daß Uns diese Trennung von einem Theile Unserer Herde, den Wir stets unter Unseren geliebtesten und getreuesten gezählt haben, nicht wenig schmerzlich fällt*[6]. Der Churer Bischof schloss seinen letzten Hirtenbrief an Klerus und Gläubige in Vorarlberg und Tirol mit den Worten: *Wir danken Euch für so viele Beweise Eurer Liebe und Treue gegen Uns, und da wir alle Eine Kirche ausmachen und in dieser mit einander im Geiste vereiniget sind, werden Wir, der äußern Trennung ungeachtet, Euch nie aus Unserm Herzen noch aus Unserm Andenken und Gebete für Euch entlassen, so wie Wir in dieses auch Uns gegenseitig empfehlen, indem Wir Euch das letztemal, voll der oberhirtlichen Liebe, Unsern bischöflichen Segen ertheilen*[7].

Für das Bistum Chur in seinen alten Grenzen war die Abtrennung der österreichischen Anteile 1816 ein in ideeller und finanzieller Hinsicht schwerer Verlust; es verlor etwa 40 % seiner Pfarreien mit allen Seelsorgestationen und insgesamt fast 75.000 Diözesanen[8]. Erst Jahrzehnte später erwirkte man bei Kaiser Ferdinand I. (1835–1848) 1847 eine Jahresrente von 4.000 Gulden für den Churer Bischof (ausbezahlt bis 1881) und 2.000 Gulden für das Churer Domkapitel (ausbezahlt bis 1877) als bescheidenen Ersatz für den enormen finanziellen Verlust an Gütern und Einkünften auf österreichischem Boden[9].

Der kurze Ausblick in das 19. Jahrhundert, in eine Zeit der kirchlichen Umstrukturierungen und Neuzirkumskriptionen von Bistümern auf dem Gebiet des 1806 untergegangenen Heiligen Römischen Reiches deutscher Nation, zeigt, auf welchem Territorium sich der geistliche wie weltliche Einfluss der Kirche von Chur *vor* diesem Umbruch erstreckt hatte. Bis 1816 bestand das rätische Alpenbistum – übrigens das älteste, von der

4 Ausführlich: Mercedes Blaas, Die »Priesterverfolgung« der bayerischen Behörden in Tirol 1806–1809. Der Churer Bischof Karl Rudolf von Buol-Schauenstein und sein Klerus im Kampf mit den staatlichen Organen. Ein Beitrag zur Geschichte des Jahres 1809 (Schlern-Schriften 277), Innsbruck 1986, 356–364. – Die Verwaltung des gesamten in Österreich liegenden Churer Bistumsgebiets durch Brixen war jedoch nur von kurzer Dauer. Gemäß der Zirkumskriptionsbulle *Ex imposito* vom 2. Mai 1818 fielen die östlich von Eyrs liegenden altchurerischen Seelsorgestationen im Mittel- und Untervinschgau, Burggrafenamt und Passeiertal an das Bistum Trient; das Obervinschgau und der ehemalige Churer Anteil in Vorarlberg blieben bei Brixen. Diese Spaltung in einen Brixener und einen Trienter Teil währte fast 150 Jahre. Erst durch die Schaffung der Diözese Bozen-Brixen 1964 wurden der Vinschgau sowie das Burggrafenamt und das Passeiertal wieder unter einen gemeinsamen Krummstab gestellt. Der einstige Churer Sprengel Walgau kam 1968 definitiv an das neu geschaffene Bistum Feldkirch (ebd., 362f.). – Zu den Gebietszuteilungen siehe auch Erwin Gatz (Hg.), Atlas zur Kirche in Geschichte und Gegenwart. Heiliges Römisches Reich – Deutschsprachige Länder, Regensburg 2009, 265 (Bistumseinteilung in Tirol und Vorarlberg seit 1818), 308f. (Bistum Bozen-Brixen), 318 (Bistum Feldkirch).

5 Zu Person und Episkopat siehe Erwin Gatz, Art. Buol-Schauenstein, Karl Rudolf von, in: Ders. (Hg.), Bischöfe 1983, 83–85 (Lit.); ferner Blaas, Priesterverfolgung (wie Anm. 4).

6 Original im Pfarrarchiv Meran [1816 September 9]. Wortlaut abgedruckt in: Fetz, Gedenkblätter (wie Anm. 3), 112–114, hier: 113.

7 Fetz, Gedenkblätter (wie Anm. 3), 113f.

8 Das Dekanat Walgau (Teile Vorarlbergs) umfasste 1816 bei der Übergabe an Brixen 49 Pfarreien und 11 Exposituren, das Dekanat Vinschgau 33 Pfarreien. Ein tabellarisches Verzeichnis der Ende 1787 bestehenden Benefizien im Dekanat Vinschgau nennt insgesamt 89 Pfründen (Abschrift im Bischöflichen Archiv Chur [BAC], 762.20 Serienakten, Protocollum Celsissimi, Bd. XVIII [1787–1789], 185–189).

9 Blaas, Priesterverfolgung (wie Anm. 4), 361.

Säkularisation 1803 verschont gebliebene rechtsrheinisch gelegene Bistum nördlich der Alpen – aus acht Dekanaten[10]; dies waren:

1. das Dekanat *Surselva* oder auch *Ob dem Flimserwald* genannt. Dazu gehörten die Cadi (Herrschaftsgebiet der Benediktinerabtei Disentis einschließlich Ursern), Obersaxen und die Herrschaft Jörgenberg, das Lugnez und die Gruob. Das Hochtal Ursern kaufte sich 1649 von Disentis los, blieb aber bis 1970 bischöfliches Deputat;
2. das Dekanat *Ob dem Churer Wald*. Darin waren der Heinzenberg, das Domleschg, das Albulatal und der Oberhalbstein, Schams und Rheinwald sowie das Bergell (bis Castasegna) zusammengeschlossen;
3. das Dekanat *Churer Gebiet*. Ihm waren die Stadt Chur, der Rhäzünserboden, die Vier Dörfer, das Schanfigg und Prättigau mit Davos integriert;
4. das Dekanat *Engadin*. Dazu gehörten das Ober- und Unterengadin bis zum Ofenpass bzw. Reschenpass (also inkl. Nauders, Spiss und Finstermünz);
5. das Dekanat *Misox*. Es umfasste die Orte südlich des San Bernardino-Passes (inkl. des Calancatals) bis und mit San Vittore;
6. das Dekanat *Unter der Landquart*. Dieser kirchliche Sprengel umfasste die Herrschaft Maienfeld, das Sarganser- und Gasterland, das Liechtensteiner Ober- und Unterland sowie Teile der Grafschaft Werdenberg, der Landvogteien Sax und Rheintal. Der »Hirschensprung« bildete im Norden die Grenze zur Diözese Konstanz, so dass Rüthi noch zu Chur gehörte;
7. das Dekanat *Walgau*. Inbegriffen waren hier das Untere Vorarlberg von Feldkirch bis Götzis, dazu die Gegend von Bludenz sowie das Montafon und Paznauntal (seit 1717 auch Liechtenstein);
8. das Dekanat *Vinschgau*. Dazu zählten das Gebiet südlich des Ofenpasses (Val Müstair) und des Reschenpasses bis hinunter nach Meran, ferner das rechte Passeiertal und die seit 1728 bestehende, zur Pfarrei Tschars gehörende Kaplanei Vent im hintersten Ötztal.

Das gesamte Bistumsgebiet, welches vom 5. Jahrhundert bis zur fränkischen Reichsteilung 843 als Suffragan der Kirchenprovinz Mailand und danach bis 1803/1818 dem Erzbistum Mainz unterstand, erstreckte sich also von West nach Ost auf 210 Luftkilometern von der Furkapasshöhe bis Meran (also bis zum Einfluss der Passer in die Etsch) sowie von Norden nach Süden auf 145 km von Rüthi/SG bis San Vittore in der Valle Mesolcina. Anders als die weltlichen Gebiete des Hochstifts Chur blieben die Bistumsgrenzen durch die Wirren der Reformation in Bünden bis zu Beginn des 19. Jahrhunderts unangetastet.

10 Im Interesse der geographisch, politisch wie sprachlich so verschiedenen Einzellandschaften führte die Churer Bistumsleitung in der zweiten Hälfte des 12. Jahrhunderts im Zuge der Gregorianischen Reform allmählich die Dekanatsverfassung ein, welche die bis dahin bestehenden Archidiakonate und -presbyterate ablöste und bis 1816 acht Dekanate zählte. Vgl. auch Otto P. CLAVADETSCHER/Werner KUNDERT, Das Bistum Chur, in: Helvetia Sacra, Bd. I/1, Bern 1972, 449–465, hier: 455 und die entsprechende Kartenbeilage »Die Diözese Chur vor der Französischen Revolution (1780) mit den Veränderungen im 17. und 18. Jahrhundert«. – Ferner GATZ, Atlas (wie Anm. 4), 77, 200f.

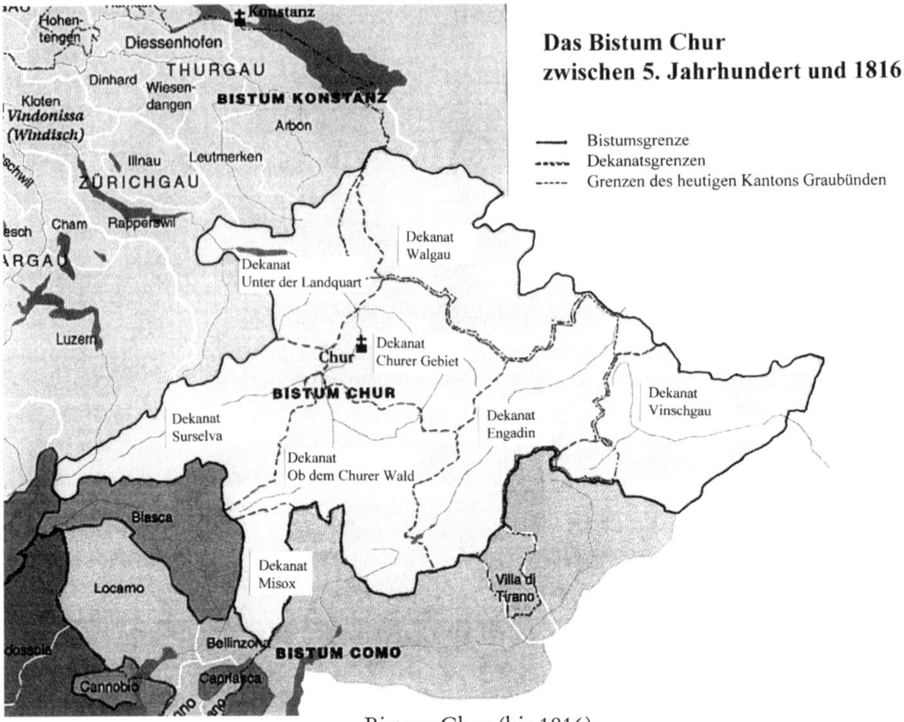

Bistum Chur (bis 1816)
BAC.BA [Bischöfliches Archiv Chur. Bildarchiv]

2. Das Hochstift Chur oder von der weltlichen Macht des geistlichen Reichsfürsten bis zur Reformation

Die Wurzeln des umfangreichen bischöflichen Herrschaftsgebietes sind schwer erkennbar; teils liegen diese noch in der Viktoridenzeit[11], dann in den ottonischen Schenkungen. Der königliche Gunsterweis gegenüber den Churer Bischöfen erreichte unter Bischof Hartbert I. (951–971/972) seinen Höhepunkt. »Diese herausragende Persönlichkeit ge-

11 Dessen herausragendes Merkmal war die Vereinigung von weltlicher und geistlicher Gewalt in den Händen der einheimischen Familie der Viktoriden (Zacconen); diese Dynastie erreichte den Höhepunkt ihres Einflusses im 8. Jahrhundert und regierte nach dem Niedergang der fränkischen Herrschaft weitgehend selbstständig. In Einzelfällen, so etwa unter Bischof Tello (bezeugt 759–765), wurden die beiden höchsten weltlichen und kirchlichen Ämter des Präses und Bischofs in Personalunion ausgeübt. Zuletzt Michael DURST, Von den Anfängen bis zum Vertrag von Verdun (843) (Geschichte der Kirche im Bistum Chur 1), Strasbourg 2001. – DERS., Die Anfänge der Kirche im Bistum Chur, in: DERS. (Hg.), Studien zur Geschichte des Bistums Chur (Schriftenreihe der Theologischen Hochschule Chur 1), Fribourg 2002, 13–58. – Ferner Franz X. BISCHOF, Bistum Chur, in: Erwin GATZ (Hg.), Die Bistümer des Heiligen Römischen Reiches von ihren Anfängen bis zur Säkularisation, Freiburg i. Br. 2003, 164–179, hier: 165f.

hörte zur Elite im Reich und zu den engsten Vertrauten Ottos des Großen (936–973) und war eine der wichtigsten Stützen der kaiserlichen Reichs- und Kirchenpolitik«[12]. Sicher hat aber auch der im Einzelnen kaum fassbare, stets zunehmende Erwerb von Königsrechten und Königsgut im Übergang zum zweiten Jahrtausend die bischöflich-weltliche Herrschaft und Machtstellung wesentlich gefördert[13]. Im 12. Jahrhundert stiegen die Churer Bischöfe zu geistlichen Reichsfürsten auf – dies ist urkundlich erstmals 1170 belegt[14] – und blieben bis zur Reformation die bedeutendsten rätischen Grundherren[15]. Die Kerngebiete des weltlichen Territoriums der Churer Bischöfe, bezeichnet als Hochstift Chur[16], lagen nahezu flächendeckend an den Nord-Südstraßen entlang der Septimer- und Julierroute, reichten aber auch über die Grenzen des heutigen Kantons Graubünden hin-

12 Bischof, Bistum Chur (wie Anm. 11), 166. – Zu Hartbert I. siehe: Vinzenz Muraro, Bischof Hartbert von Chur (951–971/72) und die Einbindung Churrätiens in die ottonische Reichspolitik (Quellen und Forschungen zur Bündner Geschichte 21), Chur 2009. – Zu Otto I. siehe: Rudolf Schieffer, Otto Imperator – In der Mitte von 2000 Jahren Kaisertum, in: Kaisertum im ersten Jahrtausend. Wissenschaftlicher Begleitband zur Landesausstellung »Otto der Große und das Römische Reich. Kaisertum von der Antike zum Mittelalter«, hg. v. Hartmut Leppin u. a., Regensburg 2012, 355–374. – 951 schenkte Otto I. Bischof Hartbert I. die Fiskaleinkünfte der Grafschaft Chur (Original in: BAC, 011.0013 [PgUrk 951 Oktober 15]; Text abgedruckt in: Bündner Urkunden Buch [BUB] I, Chur 1955, Nr. 108); 956 erfolgte die Übergabe des Königshofes Zizers (BAC, 011.0016 [PgUrk 956 August 3]; BUB I [1955], Nr. 114). 958 erhielt der Churer Bischof die halbe Stadt Chur, sowie Zoll- und Münzrecht zu Chur (BAC, 011.0017 [PgUrk 958 Januar 16]; BUB I [1955], Nr. 115); 960 gingen die Grafschaftsrechte im Bergell an den Churer Bischof (BAC, 011.0018 [PgUrk 960 nach Februar 25]; BUB I [1955], Nr. 119). Otto II. († 983) und Otto III. († 1002) erneuerten 976 bzw. 988 die Schenkungen Ottos I. († 973) (BAC, 011.0021 [PgUrk 976 Januar 3]; BUB I [1955], Nr. 142 bzw. BAC, 011.0023 [PgUrk 988 Oktober 20]; BUB I [1955], Nr. 148). 995 schenkte Otto III. der bischöflichen Kirche zu Chur alle einst vom Grafen Amizo zu Lehen besessenen Rechte und Nutzungen in Chiavenna (BAC, 011.0024 [PgUrk 995 Oktober 54]; BUB I [1955], Nr. 152). Am 12. Juli 1050 schließlich erhielt der Churer Bischof von Kaiser Heinrich III. († 1056) die Reichsvogtei Chur mit dem Blutbann (BAC, 011.0030; BUB I [1955], Nr. 190). – Zu den Schenkungen und Privilegien betr. Chur an den Churer Bischof siehe Linus Bühler, Die Bischofsstadt, in: Churer Stadtgeschichte, Bd. I: Von den Anfängen bis zur Mitte des 17. Jahrhunderts, Chur 1993, 219–224. – Zuletzt ausführlich Sebastian Grüninger, Grundherrschaft im frühmittelalterlichen Churrätien. Ländliche Herrschaftsformen, Personenverbände und Wirtschaftsstrukturen zwischen Forschungsmodellen und regionaler Quellenbasis (QBG 15), Chur 2006 v. a. 280–299.

13 Helvetia Sacra I/1, Bern 1972, 451. – Blaas, Priesterverfolgung (wie Anm. 4), 30. – S. a. Reinhold Kaiser, Churrätien im frühen Mittelalter Ende 5. bis Mitte 10. Jahrhundert, hg. v. Institut für Kulturforschung Graubünden, Chur, in Verbindung mit dem Südtiroler Kulturinstitut, Bozen/Basel [2]2008, 113–127. Kaiser schreibt: »Für diese privilegale Übertragung von Reichsrechten hatte der Bischof Leistungen zu erbringen, die unter dem Begriff des *servitium regis* zusammenzufassen sind: dazu gehörten die Hoffahrten, die Begleitung des Königs auf den Italienzügen, die Gesandtschaften, die Sicherung der Pässe, zweifellos auch Unterhalt und Beherbergung des Königs und des Hofes beim Überschreiten der Alpen und schließlich das Heeresaufgebot, das nachweislich das Bistum Chur 981 wie andere Reichskirchen zu stellen hatte.« (Ebd., 127).

14 BAC, 011.0040 [PgUrk 1170 Mai 15]; BAC, 021.01 Cartular A, fol. 86.

15 Hierzu ausführlich: Fabian Renz, Churrätien zur Zeit des Investiturstreites (1075–1122) (Quellen und Forschungen zur Bündner Geschichte 20), Chur 2008. – Zu den einzelnen Episkopaten: Urban Affentranger, Die Bischöfe von Chur in der Zeit von 1120 bis 1250, Chur 1975.

16 Gerhard Köbler, Historisches Lexikon der deutschen Länder. Die deutschen Territorien und reichsunmittelbaren Geschlechter vom Mittelalter bis zur Gegenwart, Darmstadt [6]1999, 108f. – Ferner: Gatz, Bistümer (wie Anm. 11), 884. – Albert Fischer, Bistum und Hochstift Chur um 1500, in: Gatz, Atlas (wie Anm. 4), 77.

aus (vom Veltlin bis zum Walensee). Im Detail gehörten dazu: die Stadt Chur als Teil der Reichsvogtei (von 958/1050 bis 1489)[17], die Vier Dörfer (Trimmis, Zizers, Igis und Untervaz) sowie Maladers im Schanfigg und Malix im Gericht Churwalden. Das Schanfigg war bis Mitte des 15. Jahrhunderts Lehen des Bistums mit hoher und niederer Gerichtsbarkeit. Ferner zählten die an den Walensee grenzende Herrschaft Flums zur Territorialherrschaft des Bischofs von Chur und weite Teile der Bündner Talschaften (Domleschg, Schams, Rheinwald, Oberhalbstein, Albulatal, Oberengadin, Bergell und Münstertal), wobei diese Talschaften als Gerichtsgemeinden mit je eigenem Ammann eine weitgehende Selbstständigkeit besaßen. Im Bergell, in Schams und Rheinwald war der Bischof im Besitz alter Grafenrechte, in der Surselva und im Unterengadin verfügte er über Streubesitz und die niedere Gerichtsbarkeit. Im Vinschgau schließlich hatte der Churer Oberhirte die Immunitätsgerichtsbarkeit inne (dies betraf Besitzungen in Nauders, Mals, Burgeis und Schlanders). Außerhalb des kirchlichen Sprengels besaßen die Churer Bischöfe die Herrschaft Großengstingen[18] und um Landeck Land und Rechte, nicht aber die Landesherrschaft. Diverse Burgen, welche vom Bischof zu Lehen gegeben wurden, dienten in diesen Gebieten als Verwaltungssitze; unter ihnen ragten neben dem bischöflichen Hauptsitz auf dem Hof in Chur insbesondere Fürstenau im Domleschg, Gräpplang in der Herrschaft Flums, Remüs im Unterengadin und Fürstenburg bei Burgeis im oberen Vinschgau heraus[19].

17 Der Bischof konnte in der Stadt Chur folgende weltliche Ämter frei besetzen: die Mitglieder des Stadtrates und den Stadtammann; letzterer *sol all fritag ze gericht sitzen ze Chur in der statt vnd richten vmb win vnd brot, vmb saltz vnd flaisch – vnd vmb alle æssige ding* [...] (BAC, 342.02 Urbar R, 27). Ferner vergab der Bischof das Vizdumamt. *Ain vitzdum sol versorgen, das ains byschoffs zu Chur zinsslehen vnd gueter nit vngebuwen, noch wuest ligen vff dem veld zu Chur, und sol die helfen besetzen mit ains herren ider sins schafners ræt.* (Ebd., 29). Des Weiteren hatte der Inhaber dieses Amtes dafür zu sorgen, dass die Zinsen rechtzeitig am bischöflichen Hof abgeliefert wurden. Darüber hinaus hatte er jeden Montag zu Gericht zu sitzen *vmb all redlich gelt schuld vnd vmb aigne gueter vnd vmb lehen* (Ebd., 29). Zudem ernannte der Churer Bischof den Kanzler (versah das Siegelamt), den Proveid, besetzte das Zoll-, Marchstall-, Becher-, Keller-, Torwart-, Schmid-, Jagd- und Forstamt sowie diverse Hofämter (u. a. dasjenige des bischöflichen Hofmeisters [Verwalters]).

18 Die heutige Gemeinde Engstingen im Landkreis Reutlingen auf der Schwäbischen Alb besteht aus den Gemarkungen Großengstingen, Kleinengstingen und Kohlstetten. Die Herrschaft Großengstingen war über Jahrhunderte im Besitz des Bistums Chur (ca. 937 bis zum Verkauf an das Kloster Zwiefalten 1694), welche bis 1637 vom Churer Ordinarius zu Lehen gegeben wurde. Lehensträger waren zuerst die Herren von Engstingen, dann die Herren von Liechtenstein (bis 1439) sowie von 1439 bis 1635 die Herren von Neuhausen. Ausführlich: Rainer Loose, Der Bischof von Chur, Herr von Großengstingen. Zur Geschichte der bischöflichen Enklave in Schwaben, in: Jahrbuch der Historischen Gesellschaft von Graubünden 121, 1991, 141–167. – Diverse Akten aus dem 16. bis 18. Jahrhundert zur Herrschaft Großengstingen sind im Bischöflichen Archiv greifbar (BAC, 323 Herrschaft Großengstingen).

19 Aus dem Jahre 1410 stammt das bereits in Anm. 17 zitierte Urbar R, oder das *buoch der vestinen, so dem stifft Chur zuo hörent* [...] (Original im BAC, 342.02). Die Zahl der darin aufgeführten Burgen in Bünden und in der Grafschaft Tirol, welche damals (noch) im Besitz des Hochstifts Chur waren und zu Lehen gegeben wurden, beläuft sich neben der Residenz auf dem Hof in Chur auf 31. In alphabetischer Reihenfolge waren dies: Alt-Aspermont, Neu-Aspermont (Gemeinde Trimmis), Bärenburg (Gde. Andeer), Baldenstein (Gde. Sils i. D.), Castelmur als Teil der Talsperre oberhalb Promontogno / Bergell (Gde. Bondo), die mittelalterliche Wehranlage Castrisch (Gde. Castrisch), Churburg (Gde. Schluderns, Vinschgau), Falkenstein (Gde. Igis), Gräpplang (Gde. Flums), Friedau (Gde. Zizers), Fürstenau (heute: Unteres oder Bischöfl. Schloss, Gde. Fürstenau), Fürstenburg (Gde. Burgeis, Vinschgau), Greifenstein (Gde. Filisur), Guardaval (Gde. Madulain), Haldenstein (Gde. Haldenstein), Hochjuvalt (Gde. Rothenbrunnen), Hohenrätien (Gde. Sils i. D.), Marschlins (Gde. Igis), Naudersberg (Gde. Nauders, Vinschgau), Ortenstein (Gde. Tomils), Plantaturm (bischöfl.

Der bischöfliche Herrschaftsausbau vollzog sich auf der Grundlage der Lehenvergabe einzelner Gebiete (sog. Vogteien) an Amtsleute, Burgvögte und Vizdume (Statthalter), welche nicht dem Hochadel angehörten und so unerwartet der Bischofsherrschaft zur Konkurrenz erwachsen konnten, obwohl die Ernannten keineswegs immer loyal der Sache des Bischofs dienten[20].

Eine erste spürbare Schwächung der bischöflich-weltlichen Machtstellung machte sich im Laufe des 14. Jahrhunderts bemerkbar. Ausschlaggebend waren hierfür die stärkere Anlehnung der Churer Bischöfe an die aufstrebende Großmacht Österreich und deren zunehmende Einflussnahme im rätischen Raum einerseits sowie die Autonomiebestrebungen der Stadt Chur und einzelner Gerichtsgemeinden in Bünden (nicht zuletzt in Fragen der Seelsorge)[21] andererseits. Beide Entwicklungen führten zu der übergreifenden politischen Organisationsform der landständischen Ordnung, wie dem Gotteshausbund (1367)[22], dem Oberen oder Grauen Bund (1395/1424)[23] und dem Zehn-

Residenz) im Kloster Müstair (Gde. Müstair), Senwelen-Turm in Vicosoprano / Bergell (Gde. Vicosoprano), Reichenberg (Gde. Taufers, Vinschgau), Remüs / Ramosch [Burg Tschanüff] (Gde. Ramosch), Rietberg (Gde. Pratval), Riom (Gde. Riom / Reams), Rotund (Gde. Taufers, Vinschgau), Schroffenstein (Gde. Stanz bei Landeck, Tirol), Steinsberg (Gde. Ardez), Wynegg (Gde. Malans) und Wiesberg (Gde. Tobadill, Tirol). – Zu den Burgen im heutigen Kanton Graubünden siehe Otto P. Clavadetscher / Werner Meyer, Das Burgenbuch von Graubünden, Zürich 1984. – Zur Fürstenburg: Mercedes Blaas / Martin Laimer / Helmut Stampfer u. a., Die Fürstenburg (Veröffentlichungen des Südtiroler Kulturinstitutes 1), Lana 2002. – Zu den Burgen im oberen Vinschgau siehe Oswald Trapp, Tiroler Burgenbuch, Bd. I: Vinschgau, Bozen / Wien [2]1976.

20 Hierzu Roger Sablonier, Politik und Staatlichkeit im spätmittelalterlichen Rätien, in: Handbuch der Bündner Geschichte, Bd. 1: Frühzeit bis Mittelalter, Chur 2000, 245–294, hier: 268.

21 Ausführlich Immacolata Saulle Hippenmeyer, Nachbarschaft, Pfarrei und Gemeinde in Graubünden 1400–1600 (QBG 7), Chur 1997, 13–170. – Dazu: Nachbarschaft, Pfarrei und Gemeinde in Graubünden 1400–1600. Quellen, bearb. v. Immacolata Saulle Hippenmeyer u. Ursus Brunold (Quellen und Forschungen zur Bündner Geschichte 8), Chur 1997.

22 Der Gründungsakt des Gotteshausbundes ist niedergelegt in der zu Chur ausgestellten Urkunde vom 29. Januar 1367 (Original in BAC, 013.0412; dt. Text abgedruckt in: BUB VI [2010], Nr. 3575). Der Zusammenschluss von Domkapitel, bischöflichen Ministrialen, Bürgern der Stadt Chur und allen Gotteshausleuten, also der elf [bischöflichen] Hochgerichte Chur, Vier Dörfer (seit 1450), Domleschg (mit Ortenstein und Fürstenau), Greifenstein (mit Obervaz und Bergün), Oberhalbstein, Remüs-Stalla-Avers, Oberengadin, Unterengadin, Bergell, Puschlav (seit 1408) und Calven (mit Münstertal und Obervinschgau [bis 1618]), bezweckte die Erhaltung der Selbstständigkeit des churrätischen Bischofsstaates. Insbesondere sollte der Churer Bischof daran gehindert werden, das Territorium durch Abtretung von Hoheitsrechten an Österreich zu destabilisieren. Außerdem sollte Abhilfe gegen diverse Missstände in der bischöflichen Verwaltung geschaffen werden. Ausführlich: Festschrift 600 Jahre Gotteshausbund. Zum Gedenken an die Gründung des Gotteshausbundes am 29. Januar 1367, hg. unter dem Patronat der Historisch-antiquarischen Gesellschaft des Kantons Graubünden, Chur 1967.

23 Der Obere oder Graue Bund entstand 1395 als Reaktion auf zahlreiche Fehden und Kleinkriege zwischen den Adelsgeschlechtern Belmont, Sax-Misox, Rhäzüns, Vaz, Werdenberg, dem Kloster Disentis und dem Bischof von Chur. Den Bund beschworen in Trun am 16. März 1424 der Abt und das Gericht Disentis, der Freiherr Hans Brun von Rhäzüns für sich, seine Herrschaft Rhäzüns und die Gemeinden Safien, Tenna und Obersaxen, Hans von Sax-Misox für sich und die Gerichte Ilanz, Gruob, Lugnez, Vals, Castrisch und Flims, der Graf von Werdenberg-Heiligenberg mit allen seinen Untertanen sowie die Gerichte Trins und Tamins, die Freien von Laax sowie die Gemeinden im Rheinwald und im Schams. Noch vor 1440 traten die Herrschaften Löwenberg, Thusis, Tschappina und Heinzenberg bei, 1441 schloss sich das Kloster Cazis an, 1480 die Nachbarschaften Mesocco und Soazza und 1496 als letzter der Graf von Misox, Gian Giacomo Trivulzio (1440–1518), mit den

gerichtebund (1436)[24], was im Laufe des 15. Jahrhunderts zu einer »Verschiebung der Gewichte im bischöflich-landständischen Territorium« führte, indem sich »die Bindung der bischöflichen Amts- und Dienstleute an die Gemeinden [zu Ungunsten des Bischofs] verstärkte«[25]. Die Entwicklung der Stadt Chur macht dies deutlich: Nach jahrelangem Ringen und vermehrten Konflikten mit den oft von Chur abwesenden Bischöfen erreichte die Stadt Chur mit der Einführung der Zunftverfassung (1464/65)[26], dem kaiserlichen Zugeständnis, Bürgermeister und Stadtrat selbst einzusetzen, und der Auslösung der Reichsvogtei mit Einschränkung auf das eigentliche Stadtgebiet (1489)[27] – das Gebiet der Vier Dörfer blieb in der Hand des Bischofs – eine weitgehende Selbstständigkeit. Das angestrebte Ziel einer freien Reichsstadt konnte hingegen nicht erreicht werden. Entscheidende Veränderungen der landesfürstlichen Herrschaft im Hochstift Chur erfolgten jedoch erst im Zuge der Einführung der Reformation in Bünden im 16. Jahrhundert.

3. Die Reformation in Bünden und der Verlust weltlicher Herrschaftsausübung des Churer Bischofs

In den folgenden Ausführungen soll keineswegs die Bündner Reformationsgeschichte[28] nachgezeichnet, sondern in der hier gebotenen Kürze aufgezeigt werden, wie im Zuge der nach 1520 erfolgten Maßnahmen zur Beseitigung der bischöflich-weltlichen Macht, insbesondere auf dem Territorium des Gotteshausbundes, und der so geschaffenen (Ge-

Gerichten Misox und Calanca. Dem Bündnis gehörten insgesamt acht Hochgerichte an (Disentis, Lugnez, Gruob, Waltensburg, Rhäzüns, Schams-Rheinwald, Thusis und Misox).

24 Nach dem Aussterben der Grafen von Toggenburg schlossen deren Untertanen im heutigen Gebiet des Kantons Graubünden am 8. Juni 1436 einen Bund, der gegenseitige Hilfe und »ewige« Verbundenheit der Bündnispartner garantieren sollte. Gerichtet war der Zusammenschluss ebenfalls gegen die Expansionsgelüste Habsburgs nach Bünden. Beteiligt waren, wie der Name es besagt, die Zehn-Gerichte Belfort, Davos, Klosters, Castels, Schiers, Schanfigg (St. Peter), Langwies, Strassberg (Churwalden), Maienfeld und Neu-Aspermont (mit Jenins und Malans) [Gebiet von sieben Hochgerichten].

25 Sablonier, Politik (wie Anm. 20), 271.

26 Ursula Jecklin, Zunftgründung und Zunftentwicklung, in: Churer Stadtgeschichte. Bd. I: Von den Anfängen bis zur Mitte des 17. Jahrhunderts, Chur 1993, 303–323.

27 Dies., Die Stadt und ihr Verhältnis zu Bischof und Reich, in: Ebd., 324–355.

28 Wenig beachtet blieb lange die zwischen 1771 und 1777 von Petrus Dominicus Rosius à Porta (1734–1806) erstmals auf quellenkritischer Basis verfasste *Historia Reformationis Ecclesiarum Raeticarum* (zu Portas Leben und Werk siehe Jan-Andreas Bernhard, Rosarius à Porta [1734–1806]. Ein Leben im Spannungsfeld von Orthodoxie, Aufklärung und Pietismus [Zürcher Beiträge zur Reformationsgeschichte 22], Zürich 2005). – Grundlegend auch Emil Camenisch, Bündner Reformationsgeschichte, Chur 1920. – Rudolf Pfister, Kirchengeschichte der Schweiz, Bd. 2: Von der Reformation bis zum zweiten Villmerger Krieg, Zürich 1974, 124–138. – Hans Berger, Bündner Geschichte, 2. Teil: Die Reformation, hg. v. Evangelischen Kirchenrat Graubünden, Chur 1986. – Einen Überblick auf der Basis neuerer Forschungen bietet Ulrich Pfister, Konfessionskirchen und Glaubenspraxis, in: Handbuch der Bündner Geschichte, Bd. II: Frühe Neuzeit, Chur 2000, 203–236. – Ferner: Martin Bundi, Der Entscheid für die Reformation und dessen Umsetzung im Freistaat der Drei Bünde, in: Durst, Studien (wie Anm. 11) 83–112. – Randolph C. Head, »Nit alss zwo Gmeinden, oder Partheyen, sonder ein Gmeind«. Kommunalismus zwischen den Konfessionen in Graubünden 1530–1620, in: Landgemeinde und Kirche im Zeitalter der Konfessionen, hg. v. Beat Kümin, Zürich 2004, 21–57. – Ulrich Pfister, Konfessionskirchen, Glaubenspraxis und Konflikt in Graubünden 16.–18. Jahrhundert (Religion und Politik 1), Würzburg 2012.

meinde-)Autonomie eine Plattform entstand, auf der sich das reformatorische Glaubensgut (Zwinglianismus) wirksam ausbreiten konnte. Die Reformation und ihre Auswirkungen in Teilen des Bistums Chur, dies sei mit Nachdruck betont, unterscheiden sich von der Durchsetzung und den Folgen der Glaubenserneuerung in den eidgenössischen Orten. Statt einer tragfähigen, politisch starken Obrigkeit wie Ordnungsmacht (vergleichbar etwa mit dem Ratsregiment in Zürich, Bern oder Freiburg) erwuchs das »bäuerlich-partikularistische Element«[29] zum wichtigsten Instrument auf dem Weg zu einer völligen Autonomie der (Kirch-)Gemeinden, aber auch zu einer politischen Anarchie in Bünden, dessen Territorium im 16./ 17. Jahrhundert in die völlige Abhängigkeit der diese umschließenden Großmächte (Frankreich, Republik Venedig, Spanien und Österreich) geriet.

Die Zeit um 1500 war für den rätischen Dreibündenstaat, welcher sich aus den oben genannten drei Bünden 1471 zum Freistaat Gemeiner Drei Bünde (bis 1797) zusammengeschlossen hatte und seit 1497 als zugewandter Ort zur Eidgenossenschaft zählte, eine entscheidende Periode des Umbruchs: Die erlangte Souveränität rief einerseits zu voller politischer Mündigkeit, andererseits zu wirtschaftlicher Befreiung (Ablösung von grundherrlichen Abgaben bzw. Zehnten), was diverse (Zwangs-)Maßnahmen zur Eindämmung der bischöflichen Herrschaft nach sich zog. Drittens bildeten sich auf der Plattform von eigens erlassenen, reformorientierten Kirchenordnungen[30] bereits vor der eigentlichen Reformation in Bünden *frye pfarrkilchen*, in denen dank einer intensiven Stiftungstätigkeit »die Kontrolle über das kirchliche Leben [etwa mittels Patronatsrecht, autonomer Pfarrwahl und Verwaltung des Kirchenvermögens] gänzlich in die Hände der Kirchgenossen«[31] fiel.

Innerhalb des Gotteshausbundes wurde die Beseitigung der bischöflichen Vormachtstellung als Landesherr eingeleitet mit den sog. Ersten Ilanzer Artikeln vom 4. April 1524[32], einem »Reformversuch der Bündner Gemeinden« im Bereich des Benefizienwesens und der geistlichen Judikatur, aber »ohne jede Mitwirkung der kirchlichen Obrigkeit«[33]. Die 18 Artikel enthielten Bestimmungen gegen zum Teil gravierende Missbräuche bei kirch-

29 Helvetia Sacra I/1, Bern 1972, 452.

30 Hierzu: Bundi, Entscheid (wie Anm. 28), 84–92.

31 Immacolata Saulle Hippenmeyer, Der Weg zur Gemeindekirche. Graubünden 1400–1600, in: Geist, Gesellschaft, Kirche im 13.–16. Jahrhundert (Colloquia mediaealia Pragensia 1), Prag 1999, 279–288, hier: 288. – Saulle Hippenmeyer vermochte in ihren Untersuchungen nachzuweisen, dass am Vorabend der Reformation mehr als ein Drittel der kirchlichen Pfründen in Bünden bereits der Aufsicht der Dorfgemeinden unterstanden. Wo Kirchgenossen für ihre Geistlichen selbst aufkamen, erlangten sie bei der Besetzung der Seelsorgestellen ein gewichtiges Mitspracherecht. Infolge verschlechterte sich da und dort die Stellung der Geistlichen, »denn diese wurden wie andere Gemeindebeamten von den Pfarrgenossen nicht nur gewählt, sondern z. T. auch abgesetzt oder nur auf befristete Zeit angestellt« (Saulle Hippenmeyer, Nachbarschaft [wie Anm. 21], 169f.).

32 Originale im Staatsarchiv Graubünden [StAGR], AI/1, Nrn. 69–71 (a–c); abgedruckt in: Constanz Jecklin (Hg.), Urkunden zur Verfassungsgeschichte Graubündens, Heft 2: Zeit der Reformation bis zum Ende des 16. Jahrhunderts (Beilage zum Jahrbuch der Historischen Gesellschaft von Graubünden 1883), Chur 1884, 78–83 (Nr. 37). – Zum Ersten Ilanzer Artikelbrief sowie zu weiteren wichtigen Erlassen in Bünden im zweiten Dezennium des 16. Jahrhunderts s. Martin Bundi, Zur Dynamik der frühen Reformbewegung in Graubünden. Staats-, kirchen- und privatrechtliche Erlasse des Dreibündenstaates 1523–1526, in: Zwingliana 38, 2011, 1–34.

33 Oskar Vasella, Der Bruch Bischof Paul Zieglers von Chur mit den Drei Bünden im Jahre 1524, in: ZSG 23, 1943, 271–278; Neudruck in: Ders., Geistliche und Bauern. Ausgewählte Aufsätze zu Spätmittelalter und Reformation in Graubünden und seinen Nachbargebieten, hg. v. Ursus Brunold u. Werner Vogler, Chur 1996, 372–379, hier: 372.

lichen Pflichten. Jeder Pfründeninhaber wurde zur Residenz verpflichtet, damit *dem gemeinen man das wortt vnnd ler Christi trülicher fürgehalten vnnd* [er] *nitt in irrung gefürt werd*[34]. Den einzelnen Gemeinden verschafften sie das Recht der Pfarrwahl, schränkten die geistliche Gerichtsbarkeit sowie die bischöfliche Jurisdiktionsgewalt ein und unterbanden die Appellation an den Bischof. Die Artikel enthielten zwar keine Bestimmungen zur Einführung der Reformation, aber auch keine zum Schutz des katholischen Glaubens (wie etwa das eidgenössische Glaubenskonkordat von 1525)[35].

Noch im Sommer 1524 flüchtete der Churer Ordinarius Paul Ziegler (1505/09–1541)[36], der zu Recht die Annahme und Besiegelung des Artikelbriefs verweigerte, in den Vinschgau auf die Veste Fürstenburg und leitete mit seinem Weggang aus der Bischofsstadt eine schwere Spannung ein zwischen dem Haupt des Gotteshausbundes, das er selbst war, und den Bündner Gemeinden – eine Spannung, die auf alle nachfolgenden kirchenpolitischen und religiösen Ereignisse dunkle Schatten warf und den Kampf der Neugläubigen gegen das Hochstift Chur fraglos wesentlich erleichtert hat. Die Verantwortung der bischöflichen Religionspolitik lastete ab 1524 bis fast zum Ende des 16. Jahrhunderts auf dem Churer Domkapitel[37], deren Mitglieder Ziegler wiederholt aufforderten, nach Chur zurückzukehren – ohne Erfolg; seine Residenz auf dem Hof zu Chur betrat Ziegler bis zu seinem Tod am 25. August 1541 nicht mehr.

Im Zuge der beginnenden konfessionellen Umorientierung im Land, die gekoppelt war mit der Erhebung bündnerischer Bauern (vor allem aus dem Gotteshausbund) gegen die weltliche Herrschaft des Bischofs, verfasste der Bundestag als gemeinsames, nicht aber exekutives Organ aller Gerichtsgemeinden des Freistaates Gemeiner Drei Bünde, wiederum in Ilanz am 25. Juni 1526 den Zweiten Ilanzer Artikelbrief[38] als einseitigen wie willkürlichen Akt und als einen »revolutionären Bruch«[39] mit allen bisher geltenden Verträgen und Rechten. Gemäß der darin enthaltenen staatsrechtlichen Bestimmungen wurden dem Churer Bischof als dem nominellen Haupt des Gotteshausbundes alle weltlichen Rechte und damit sein politischer Einfluss entzogen, die zahlreichen bischöflichen Lehensgüter in Erblehen mit hohen Zinssätzen umgewandelt und dem geistlichen Reichsfürsten verboten, als weltliche Appellationsinstanz (z. B. bei Lehenshändel, Weiderecht- oder Erbstreitigkeiten) zu wirken. Die Gerichtsgemeinden rissen diese Vorrechte an sich. Die Drei Bünde »erklärten sich faktisch zu einer freien Republik«[40]. Alle geist-

34 Jecklin, Urkunden (wie Anm. 32), 79.

35 Peter Stalder, Das Zeitalter der Gegenreformation, in: Handbuch der Schweizer Geschichte I, Zürich ²1980, 571–672, hier: 575.

36 Pierre L. Surchat, Art. Ziegler, Paul (1471–1541), in: Gatz, Bischöfe 1996, 771–773 (Lit.).

37 Eine Gesamtdarstellung zur Geschichte des Churer Domkapitels ist nach wie vor ein Desiderat; zur Entwicklung der Institution im 16. Jahrhundert siehe Giusep Capaul, Das Domkapitel von Chur 1541–1581. Ein Beitrag zur Geschichte seiner Reform, Disentis / Mustér 1973. – Die Liste der Churer Residentialkanoniker seit dem 15. Jahrhundert bis zur Gegenwart ist vom Autor zusammengestellt worden und kann abgerufen werden unter: www.bistumsarchiv-chur.ch/index_htm_files/Domkapitel (Stand: 27. Oktober 2014).

38 Originale in: StAGR, A I/1, Nrn. 74–76 (a–c); A / 2a, Nr. 44; abgedruckt in: Eidgenössische Abschiede [EA] IV/1a, 947–951. – Jecklin, Urkunden (wie Anm. 32), 89–94 (Nr. 38b). – Zur Bedeutung der Stadt Ilanz als Drehscheibe wichtiger Entscheide auf dem Weg zur Reformation in Bünden siehe Martin Bundi, Zur Führungsrolle des Grauen Bundes und der Stadt Ilanz in der frühen Reformbewegung Graubündens, in: Zwingliana 39, 2012, 23–50.

39 Oskar Vasella, Die Entstehung der bündnerischen Bauernartikel vom 25. Juni 1526, in: ZSG 21, 1941, 58–78; Neudruck in: Ders., Geistliche und Bauern (wie Anm. 33), 263–283, hier: 275.

40 Saulle Hippenmeyer, Nachbarschaft (wie Anm. 21), 174.

lichen Amtsleute wurden aus weltlichen Räten entfernt. Respektiert blieb allein die bischöfliche Souveränität über den Churer Hofbezirk, die Steuerfreiheit, die Justiz- und Polizeihoheit sowie das Münzregal.

Verheerend wirkten sich die kirchenrechtlichen Bestimmungen aus, welche jene von 1524 verschärfend ergänzten. Sie stellten Klöster unter staatliche Verwaltung und Aufsicht; die Aufnahme von Novizen war verboten. Geistliche Pfründen durften allein noch von Bündnern besetzt werden (Indigenatsprinzip) mit Ausnahme jener des Bischofs; dessen Wahl sollte jedoch nur nach eingeholtem Rat und mit Einverständnis des Gotteshausbundes vom Domkapitel vorgenommen werden. Die Gemeinden maßten sich zudem das freie, aber auch willkürliche Wahl- und Absetzungsrecht der Geistlichen an, schlossen damit die überlieferten Kollaturrechte aus und konnten dem Pfarrer laut Artikel *ain zimliche vnd erliche narung nach ains yedenn verdienen* geben, *usz welchem guott dann ain yedliche gemaindt gutt sin bedunckt nach billichait*[41]. Der Pfarrer verkam zum »Gemeindebeamten», »bezüglich seiner beruflichen sowie materiellen Sicherheit ausschließlich von der Gunst der Gemeinde abhängig«[42]. Die Stoßrichtung der Formulierungen zielte konkret auf die Etablierung einer Gemeindekirche.

Obwohl auch in den zweiten, noch radikaler formulierten Artikeln von 1526, die – bereits rechtswidrig gesiegelt – nie in den Gerichtsgemeinden zur Abstimmung (dem »Mehren«)[43] unterbreitet worden waren und von Anfang an nie als »Landesgesetz« Geltung erlangten und Beobachtung einfordern konnten[44], keine Silbe von kirchlichen Veränderungen stand, waren die landesherrliche Entmachtung des Bischofs und der Beschluss zur Abschaffung der Stiftsmessen ein deutliches Signal zum Abfall vom alten Glauben.

Mit dem vollständigen Übergang der Stadt Chur zum Protestantismus (1527–1530) begann »der Existenzkampf der Churer Bischöfe«[45]. Der Fürstbischof verlor wie andere Feudalherren im Gotteshausbund durch die usurpierte Judikatur der Gemeinden nach und nach einen Großteil seiner Herrschaftsrechte und damit seiner Einkünfte[46]. Die prekäre Situation der Churer Bischöfe im 16. Jahrhundert verschärfte sich durch einen weiteren Umstand: Die Tiroler Landesfürsten suchten die Gotteshausleute im oberen Vinschgau (Untercalven), die weitgehende Privilegien besaßen und dem Bischof von Chur seit alters »in temporalibus et spiritualibus« unterstellt waren, zu integrieren[47]. »Damit un-

41 Jecklin, Urkunden (wie Anm. 32), 92f.

42 Saulle Hippenmeyer, Nachbarschaft (wie Anm. 21), 177.

43 Zum Begriff »Mehren« s. Friedrich Pieth, Das altbündnerische Referendum, in: Bündner Monatsblatt 1958, 137–153.

44 S. hierzu die Ausführungen in: Albert Fischer, Reformatio und Restitutio – Das Bistum Chur im Zeitalter der tridentinischen Glaubenserneuerung. Zugleich ein Beitrag zur Geschichte der Priesterausbildung und Pastoralreform (1601–1661), Zürich 2000, 120f.

45 Jürgen Bücking, Frühabsolutismus und Kirchenreform in Tirol (1565–1665). Ein Beitrag zum Ringen zwischen »Staat« und »Kirche« in der frühen Neuzeit (Veröffentlichungen des Instituts für Europäische Geschichte 66), Wiesbaden 1972, 241.

46 Oskar Vasella vermochte anhand diverser Quellen nachzuweisen, dass man nach der Verfassung der Ilanzer Artikel von 1526 keinesfalls von einem kampflosen Übergang der Herrschaftsrechte des Bischofs an die Gerichtsgemeinden sprechen kann, sondern dass im Widerstreit um die Artikel bis weit über die Mitte des 16. Jahrhunderts teils heftige Auseinandersetzungen (vor Appellationsgerichten) um die Existenz des Hochstifts stattgefunden haben. Ausführlich: Oskar Vasella, Die bischöfliche Herrschaft in Graubünden und die Bauernartikel von 1526, in: ZSG 22, 1942, 1–86; Neudruck in: Ders., Geistliche und Bauern (wie Anm. 33), 284–369.

47 Bis ca. 1560 übte der Tiroler Landesfürst die hohe Gerichtsbarkeit über die Gotteshausleute im Vinschgau aus, in allen übrigen Fällen unterstanden sie dem Churer Bischof bzw. dessen Rechtspre-

ternahmen die Landesfürsten – genau besehen – nichts anderes als die befehdeten bündnerischen Ratsboten auch: Die weltliche Entmachtung des Churer Bischofs«[48]. Lediglich durch kluge Politik und mancherlei Kompromisse gelang es der Churer Diözesanleitung zusammen mit dem Domkapitel, im Laufe des 16. Jahrhunderts die wiederholt drohende Säkularisation bündnerischer Bistumsteile abzuwenden und aus dem Erwerb, welcher nur noch regelmäßig aus den österreichischen Anteilen floss, die materielle Existenz des Bistums und eines auf wenige Restgebiete geschrumpften Hochstifts (Hof zu Chur, Fürstenau, Remüs, Gräpplang, Fürstenburg) zu sichern. Der Abbau von beängstigend wachsenden Schuldenbergen blieb bis weit ins 17. Jahrhundert ein ständiger Kampf, dem sich die Churer Bischöfe zu stellen hatten[49].

Werfen wir im Anschluss an diese Ausführungen noch einen Blick auf die Konfessionskarte, so wird folgendes deutlich: Zählte das Bistum Chur um 1525 noch 191 katholische Pfarrgemeinden, so breitete sich die Reformation ab 1540 wegen der Autonomie der Kommunen unterschiedlich rasch in Bünden aus, ohne jedoch das Sarganser- und Gasterland, Liechtenstein, den Walgau oder Vinschgau im alten Glauben ernsthaft zu gefährden; es verlor 73 Pfarreien[50].

Den Gemeinden in der Bündner Herrschaft – Fläsch und Maienfeld (1524 bzw. 1525/29) – und der Stadt Chur (1527) folgten zunächst weitere deutschsprachige Gemeinden im Zehngerichtenbund (Prättigau und Schanfigg) sowie Ilanz (1526) mit einigen benachbarten Dörfern bis Waltensburg (1526/27), ferner Thusis (1535) mit dem Heinzenberg, das Schams und der Rheinwald (ca. 1530) im Oberen / Grauen Bund. Im Misox jedoch vermochte die Reformation nach kleinen Anfängen in Mesocco und Roveredo durch den Einfluss Carlo Borromeos (1538–1584) keine bleibenden Wurzeln zu schlagen.

chern. »Seit 1580 konnten die Gotteshausleute im Gericht Schlanders den Posten eines Gotteshausrichters nicht mehr besetzen und unterstellten sich freiwillig dem tirolischen ›Stab‹ (= Gerichtsbarkeit). Eine Generation später hatte dieser lautlose Prozess auch die Kerngebiete Mals und Glurns (›Gerichte unter der Calven‹) erfasst. ›Eigens Erbieten‹ tauschten die dortigen dezimierten Gotteshausleute ihre Sondergerichtsbarkeit gegen die tirolische Jurisdiktion ein. [...] Das Gericht Nauders hatte nie einen eigenen Gotteshausrichter gehabt; dessen Bündner erkannten den bischöflich-churerischen Hauptmann der Fürstenburg als ihren Richter an, doch nahm zu einem ungenannten Zeitpunkt um 1560 Kaiser Ferdinand I. dieses Recht an sich.« (Bücking, Frühabsolutismus [wie Anm. 45], 247f.). Hingegen fiel dem Landesfürsten erst 1657 bzw. 1665 die hohe Gerichtsbarkeit vertragsrechtlich zu.

48 Bücking, Frühabsolutismus (wie Anm. 45), 242.

49 In der Amtszeit des Bischofs Josef Mohr (1627–1635) wuchs die Schuldenlast von 45.000 fl. um satte 15.756 fl. auf fast 68.000 fl. 1639 sandte Bischof Johann VI. Flugi von Aspermont (1636–1661) aus Chur eine *informatione del stato* (Entwurf in: BAC, 021.17 Cartular R, fol. 170–177 [289–296]), worin er dem Nuntius in Luzern auch den gegenwärtigen finanziellen Zustand seines seit den Wirren der Reformation bedrängten und hochverschuldeten Sprengels offenlegte; er bezifferte die Schuldenlast mit *a poco meno di 40 000 ducatori* (Ebd., fol. 170 [289]; Dukaten sind Goldmünzen; damals stand der Wert eines Dukaten zu einem Gulden 150 : 100), umgerechnet also gegen 60.000 Gulden. Eine auf den 17. Mai 1659 datierte Zusammenstellung errechnete dann die *debiti del vescovato in capitali* noch auf 21.372 fl. 10 xr. (BAC, 021.20 Cartular U, fol. 155), was innerhalb von 20 Jahren eine erfolgreiche Reduzierung um zwei Drittel bedeutete. Angaben aus: Albert Fischer, Das Churer Domkapitel und seine Wahlkapitulationen. Instrument der Einflussnahme auf die Episkopate im 17. Jahrhundert (bis zum päpstlichen bzw. kaiserlichen Verbot 1695/1698) [in Vorbereitung].

50 Siehe tabellarische Auflistung in: Fischer, Reformatio (wie Anm. 44), 128–136. – Ferner: Pfister, Konfessionskirchen (wie Anm. 28), 209. – Ders., Konfessionskirchen (wie Anm. 28), 465–478.

Interessanterweise errang im Gotteshausbund das evangelisch-zwinglianische Bekenntnis erst ab 1550 die Oberhand, entscheidend im Ober- und Unterengadin sowie im Bergell. Der gesamte Prozess zog sich – anders als in der Eidgenossenschaft – bis ins zweite Jahrzehnt des 17. Jahrhunderts hin, wobei sich die meisten Gebiete noch in der zweiten Hälfte des 16. Jahrhunderts für den neuen Glauben entschieden.

4. Wichtige Rahmenbedingungen für die innerkirchliche Reformarbeit und einen pastoralen Neuaufbau in den katholischen Teilen des Bistums Chur

Die erzwungene Einflussnahme der staatlichen Behörden auf Leitung und Besitz des Bistums als auch die fortschreitende Reformation in den Drei Bünden ließen Johann Georg Mayer (1845–1912) zu der Beurteilung kommen, es gebe keine Zeitspanne, in welcher die Diözese Chur »in so schlimmer Lage und in solcher Gefahr des gänzlichen Untergangs« gestanden habe als das 16. Jahrhundert. Dieses Urteil des Verfassers der zweibändigen Churer Bistumsgeschichte von 1907/14 schließt auch die unerfreulichen innerkirchlichen Zustände jener Zeit mit ein. Wenn es vielerorts an einem geistig und sittlich hochstehenden Klerus mangelte, dann waren damit in erster Linie die weite Verbreitung wie Akzeptanz des priesterlichen Lebens im Konkubinat angesprochen, schloss aber auch die Pfründenhäufung und Vernachlässigung der Seelsorge mit ein. Dieser Entwicklung standen die Churer Bischöfe, zum Teil selbst enge Beziehungen mit weiblichen Personen pflegend, lange tatenlos gegenüber. Wohl wurden dagegen häufig Geldstrafen (Buße für Konkubinarier: vier bis acht Gulden) verhängt, deren Erträge eine leere Bistumskasse nur zu gerne aufnahm; ansonsten aber zeigten sie keine Wirkung.

Ein weiteres Malum stellte der fortschreitende Niedergang der Klerusbildung dar, was aber bis in die 50er-Jahre des 16. Jahrhunderts nicht im Zusammenhang stand mit mangelnder Allgemeinbildung. Forschungen ergaben, dass zwischen 1500 und 1530 nahezu 58 % der späteren (residierenden) Churer Domherren – wohl stammten nicht alle aus dem Bistumsgebiet – an Universitäten eingeschrieben waren und dort einen akademischen Grad erlangt hatten[51]. Von den 45 Domherren, die zwischen 1541 und 1581 dem Churer Kapitel angehörten, studierten 31 an Hochschulen, von welchen wiederum für 13 ein akademischer Abschluss nachgewiesen werden kann[52]. Als katholischer Studienort hatte Freiburg im Breisgau Priorität. Auch vom diözesaneigenen Seelsorgeklerus studierten nachweislich 41 % an Universitäten, was damals durchaus einem regen Bildungsinteresse entsprach. Die seelsorgerliche Ausbildung hingegen beruhte keineswegs auf einem Universitätsstudium mit akademischem Abschluss und war bis zum Ausbruch der Reformation nie Bedingung für die Zulassung zu den Weihen und damit zur Seelsorge. Die Verantwortung der spezifischen Vorbereitung auf die Gemeindepastoral lag bei Welt- wie Ordensgeistlichen, welche der künftigen Priestergeneration parallel zum

51 Oskar Vasella, Untersuchungen über die Bildungsverhältnisse im Bistum Chur mit besonderer Berücksichtigung des Klerus. Vom Ausgang des 13. Jahrhunderts bis um 1530, in: Jahrbuch der Historischen Gesellschaft von Graubünden 62, 1932, 1–212.

52 Capaul, Domkapitel (wie Anm. 37), 10–15.

Universitätslehrgang das Rüstzeug auf Ebene der Pfarrei mitgaben, das in der Qualität je nach Priesterpersönlichkeit entsprechend unterschiedlich ausfiel[53].

Die auf dem Konzil von Trient (1545–1563)[54] angestoßenen Reformen initiierten – zuerst mit entscheidender Hilfe von außen (Präsenz der Nuntien und Carlo Borromeos)[55] – die Churer Bistumsleitung ab etwa 1590 zu eigener und allmählich greifender innerkirchlicher Erneuerungsarbeit. So wurden 1595 auf Drängen des Erzherzogs von Österreich im Auftrag des Bischofs die beiden Dekanate Walgau und Vinschgau erstmals gründlich visitiert[56]. Der Stand der Seelsorge in diesen von der Reformation verschont gebliebenen katholischen Stammlanden des Bistums zeigte wenig Erfreuliches. Pastorale Unwissenheit, Tiefstand in der Frömmigkeit, zur Gleichgültigkeit verkommener Seeleneifer und beklagenswerter moralischer Lebenswandel beim Klerus riefen nach einer gründlichen Um- und Neugestaltung der (Pfarr-)Seelsorge. Einer der damaligen Visitatoren, Johann Flugi (1550–1627), Pfarrer in Feldkirch (1585–1597) und von 1597 bis 1601 Domdekan, wurde am 9. Februar 1601 vom Churer Domkapitel zum Bischof gewählt.

Die vielschichtig ineinander verwobenen und sich überstürzenden Ereignisse im Freistaat der Drei Bünde im europäischen Spannungsfeld des 17. Jahrhunderts – hervorgerufen durch Parteienkampf zwischen französisch-venezianisch und spanisch-habsburgisch Gesinnten, Bündnisversprechungen gegenüber den politischen Großmächten und Bestechungen – führten zu einem jahrelangen gespannten Verhältnis zwischen »Staat« und »Kirche«, das die Regierungszeit des ersten nachtridentinischen Reformbischofs des Bistums Chur (1601–1627)[57] sowie das Voranschreiten bzw. Hinhalten in Fragen der innerkirchlichen Reform maßgeblich bestimmte. Das von Johann V. Flugi 1605 herausgegebene und in Konstanz gedruckte Reformmandat *Decreta et Constitutiones pro sui Episcopatus Clero* mit den beiden Brennpunkten Klerusreform und Erneuerung bzw. Intensivierung der Sakramentenpastoral blieb über seine Amtszeit hinaus richtungsweisend[58]. In Bünden selbst gelangen unter Johann V. im Dekanat Misox 1605, 1611 und 1626 Visitationen, im Dekanat Ob dem Churer Wald 1623. Ferner erlaubten die weltlichen Behörden auf altgläubigem Territorium die Publikation aus Teilen der Trienter Konzilsdekrete (u. a. das Ehedekret »Tametsi«) und die Einführung des Gregorianischen Kalenders. Entscheidend für das Vorankommen der innerkirchlichen Reformarbeit und für den pastoralen Neuaufbau in den katholischen Pfarreien des Bistums, insbesondere Bündens,

53 Im Bistum Chur sind erst für die Jahre nach dem Tridentinum 1567/68 und 1570/72 Examensprotokolle von Klerikern erhalten; diese zeigen (wieder) eine deutlichere Kontrolle über das pastoral-theologische Grundwissen der Weihekandidaten (BAC, 761.01). Abgedruckt in: Oskar VASELLA, Über das Problem der Klerusbildung im 16. Jahrhundert. Nebst Protokollen von Weiheprüfungen des Bistums Chur (1567–1572), in: DERS., Geistliche und Bauern (wie Anm. 33), 611–626, hier: 622–626.

54 Wegen der Fülle der Literatur zum Konzil von Trient sei hier lediglich verwiesen auf Gerhard MÜLLER, Art. Tridentinum, in: TRE 34, 2002, 62–74, welcher reichhaltige Literaturverweise bietet.

55 Hierzu: FISCHER, Reformatio (wie Anm. 44), 148–179. – PFISTER, Konfessionskirchen (wie Anm. 28), 161–168.

56 FISCHER, Reformatio (wie Anm. 44), 195–198, 664–680. – Zu den Churer Visitationen im Dekanat Vinschgau ausführlich: DERS., »Visitiere deine Diözese regelmässig!« Klerus und kirchliches Leben im Dekanat Vinschgau im Spiegel der Churer Visitationen zwischen 1595 und 1779 (Schlern-Schriften 358), Innsbruck 2012, 94–101 (für 1595).

57 Zu Person und Episkopat ausführlich: FISCHER, Reformatio (wie Anm. 44), 221–290.

58 Original in: BAC, 722.02.01. – Zu seinem Inhalt ausführlich: FISCHER, Reformatio (wie Anm. 44), 267–288. – DERS., Klerus (wie Anm. 56), 68–76.

waren die Formulierungen eines 1622 ausgehandelten Vertrags in Lindau und die darauf aufbauenden Restitutionsartikel, die sog. Scappischen Artikel von 1623[59].

Im ersten, am 30. September 1622 in Lindau am Bodensee besiegelten Vertrag[60] wurde nicht nur vonseiten Österreichs, dessen Vormachtstellung zum damaligen Zeitpunkt unverkennbar war, die Rekatholisierung der Acht Gerichte im Prättigau und des Unterengadins verankert, sondern darüber hinaus festgeschrieben, dass sämtliche 1524/26 ausgesprochenen Artikel gegen die Freiheit der katholischen Kirche *genzlich uncrefftig, ungültig und todt*[61] seien. Bischof und Churer Domkapitel wurden in ihre *zugehörige Residenz wider eingelassen, an allen Ehren, Würden, Freyheiten, geist- und weltlichen Jurisdiction, Haab und Güeter, Einkhommen, Gesellen und Nutzbarkhaiten allerseits redintegriert und in alten rechtmeßigen Standt gesezt*[62]. Damit legte der Lindauer Vertrag als deutliche Rückbindung von Freistaat und Bistum Chur an die mächtige Casa d'Austria mit den Grund zu einem neu aufkommenden Selbstbewusstsein der Altgläubigen in Bünden und darüber hinaus, das sich alsbald im erfolgreichen Bemühen um eine ›reformatio catholica‹ widerspiegeln sollte.

Im zweiten Werk, den sog. 18 Scappischen Artikeln[63], welche auf Druck des Nuntius Alessandro Scappi (1621–1628) am 18. Dezember 1623 in Chur von Bischof Johann V. und Vertretern des Grauen / Oberen Bundes sowie des Gotteshausbundes unterzeichnet und besiegelt worden waren, annullierte man mit ausdrücklichem *vorwissen vnd gesammter verwilligung* der Bundeshäupter und Räte oben genannter Bünde sowie der Herrschaft Maienfeld die Ilanzer Artikel von 1526. Der ebenfalls in beiden Vertragswerken verankerten Forderung nach Restitution der verlustig gegangenen Hochstiftsgüter war langfristig kein Erfolg beschieden, da insbesondere Österreich als verbriefter »Schirmherr« des Bistums Chur entgegen den Erwartungen der Bistumsleitung auf ein aktives Eingreifen verzichtete und die Restitution als intern zu regelnde Angelegenheit zwischen Bischof, Domkapitel und den einzelnen (Gerichts-)Gemeinden betrachtete.

Als eine wichtige Markierung auf dem Weg zur innerkirchlichen Stabilisierung erwies sich die in Lindau festgeschriebene Garantie, *die catholische Religion aller Orthen in den Püntten und Herrschafft Mayenfeld* könne *ungehindert* praktiziert werden[64]. Der Garantie der Religionsfreiheit folgte die uneingeschränkte Akzeptanz kirchlich anerkannter Ordensgemeinschaften[65]. Damit wurde der rätischen Kapuzinermission rechtlich der Weg frei gemacht. Schließlich führte das Scappische Traktat zur Wiedererweckung des Geistlichen Gerichts (Konsistorium) und ermöglichte die Appellationen in geistlichen Sachen wieder vor diesem bischöflichen Forum und nicht mehr vor einem weltlichen Gericht. Konkrete Auswirkungen auf die Pastoral in Katholisch-Bünden sowie in den anderen Bistumsregionen hatte dies auf:

59 Ausführlich: Albert FISCHER, Lindauer Vertrag (1622) und Scappische Artikel (1623) als außenpolitische Rahmenbedingungen für einen erfolgreichen Fortgang der katholischen Reform im bündnerischen Teil des Bistums Chur, in: Konfessionalisierung und Konfessionskonflikt in Graubünden, 16.–18. Jahrhundert. Akten der historischen Tagung des Instituts für Kulturforschung Graubünden Poschiavo, 30. Mai bis 1. Juni 2002, hg. v. Georg JÄGER u. Ulrich PFISTER, Zürich 2006, 111–129.

60 Original in: StAGR, A I/1, Nr. 222; Wortlaut abgedruckt in: EA V/2, 2095–2102.

61 EA V/2, 2098.

62 Ebd.

63 Ital. Original (Pergament) in: StAGR, A I/1, Nr. 223; Abschriften in: BAC, 212.02.02 Historia religionis, Bd. B, 176f.; BAC, 021.04 Cartular D, 214.

64 EA V/2, 2098.

65 Ebd.

1. die zunehmende Visitationstätigkeit, verbunden mit Firmspendungen und Kirchweihen durch den Bischof (Generalvisitation des gesamten Churer Bistums zwischen September 1638 und Oktober 1643);
2. die Einsetzung reformeifriger und an von Jesuiten geführten Bildungsstätten im nahegelegenen Ausland ausgebildeter Priester in den Gemeinden;
3. die vermehrte Dismembrationen von großen (Tal-)Pfarreien mit dem Zweck, die Pfarrei als Seelsorgezentrum zu stärken, und
4. die Förderung und Ausdehnung der Kapuzinermission, insbesondere in den Dekanaten Surselva und Ob dem Churer Wald.

Zudem wurden im Laufe des 17. Jahrhunderts auf Diözesanebene – nicht aber auf Bündner Hoheitsgebiet – vier Kapuzinerklöster eingeweiht (in Feldkirch 1604, Meran 1616, Bludenz 1645 und Mels 1650).

Die beiden Traktate von 1622/23 bildeten »die entscheidende Voraussetzung«[66] für die Durchführung der katholischen Reform und die Stabilisierung des Bistums. Diese Entwicklung führte letztlich dahin, dass die Diözese Chur und seine Bischöfe als geistliche Reichsfürsten nach dem Westfälischen Frieden (1648) ihre Beziehungen zum Reich im Gegensatz zur Eidgenossenschaft und dem Freistaat Gemeiner Drei Bünde wieder intensiver gestalteten.

5. Neupositionierung des Churer Bischofs als geistlicher Reichsfürst auf dem Parkett der Reichspolitik

Die politischen Zerwürfnisse der vergangenen Jahrzehnte zwischen Bünden und den einflussreichen Machtblöcken Spanien und Österreich konnten zwar durch die wiederholte Erneuerung der Erbeinigung aus dem Jahre 1518[67], welche in den Grundzügen bis 1800 in Geltung blieb, größtenteils friedlich beigelegt werden, im innerkirchlichen Bereich jedoch gelang Johann VI. Flugi von Aspermont (1636–1661)[68], einem Neffen Johanns V. auf dem Churer Bischofstuhl (1601–1627), lediglich, den Status quo für die katholischen Teile der Drei Bünde zu halten. Die Hoffnung auf Wiedergewinnung der verlorenen Herrschaftsrechte oder zumindest auf eine angemessene finanzielle Entschädigung dafür musste hingegen endgültig aufgegeben werden. Noch auf den Friedensverhandlungen von Münster und Osnabrück[69], die das Ende des 30-jährigen Krieges besiegelten, versuchte der Churer Bischof, der als Herr von Großengstingen und als geistlicher Reichsfürst 1645 die seit der Reformation unterbrochenen Beziehungen zum Reichstag wieder aufgenommen hatte, durch seinen Agenten Pater Cristoforo da Toscolano OFMCap († 1681)[70] und seinen of-

66 PFISTER, Konfessionskirchen (wie Anm. 28), 224.
67 Wortlaut abgedruckt in: EA III/2, 1417–1421.
68 Zu Person und Episkopat siehe ausführlich: FISCHER, Reformatio (wie Anm. 44), 319–412.
69 Hierzu ausführlich: Fritz DICKMANN, Der Westfälische Frieden, Münster [7]1998. – Heinz DUCHHARDT (Hg.), Bibliographie zum Westfälischen Frieden, bearb. v. Eva ORTLIEB u. Matthias SCHNETTGER (Schriftenreihe der Vereinigung zur Erforschung der Neueren Geschichte 26), Münster 1996. – DERS., Der Westfälische Friede. Diplomatie – politische Zäsur – kulturelles Umfeld – Rezeptionsgeschichte, München 1998.
70 Die Aufgabe des Kapuzinerpaters bestand darin, in Münster die Interessen des Bistums Chur und der katholischen Kirche in den Gemeinden Drei Bünde den kirchlichen Verhandlungsführern darzulegen und, als mit den rätischen Verhältnissen vertraut (seit 1633 Missionar in Sagogn und

fiziellen Vertreter Franz Wilhelm von Wartenberg, Bischof von Osnabrück (1625–1661) und Regensburg (1649–1661)[71], vergeblich, die Anerkennung der Scappischen Artikel durch die katholischen Großmächte zu erreichen[72].

Aus Anlass der Wiedererlangung von Sitz und Stimme auf den Reichstagen ab 1645[73], wodurch sich der Churer Bischof zwar als verschuldeter, aber legitimer Reichsfürst auswies und auf dem Parkett der europäischen Politik zurückmeldete, verfasste Johann VI. auf seinem 1641 erworbenen Privatsitz Knillenberg in Obermais bei Meran die 1645 in Hohenems bei Bartholomäus Schnell gedruckte Schrift *Catalogus oder ordentliche Series der Bischoffen zu Chur*, deren zweiter Teil eine detaillierte Aufzählung ehemaliger bischöflicher Herrschaftsrechte beinhaltet (*Verzeichnus Ettlicher Herrschafft / Hoch- vnd Gerechtigkeiten / welche dem Vuralten Bistumb Chur / Kauffs / Tausch- oder verehrsweis einverleibt / meisttheils aber / nach dem Religionsabfall / demselben von den Calvinischen Graw-Pündtnern / selbst eygens gewalts entzogen vnnd vorgehalten worden*), mit Karl dem Großen (747/748–814) beginnt und bis ins Jahr 1635 (Erwerb von Großengstingen)

seit 1649 in Sevgein), diesen als Berater zur Seite zu stehen. 1659 wurde P. Cristoforo Provinzial mit Sitz in Brescia. Die Stellung des bischöflichen Agenten im Ordensgewand auf den Friedensverhandlungen zu Münster hat jüngst Philipp Zwissig in seiner Masterarbeit in Geschichte (Universität Bern) untersucht: Philipp Zwissig, Katholische Reform und Außenverflechtung in den Drei Bünden. Der Churer Bischof Johann VI. Flugi von Aspermont (1636–1661) und seine Einbindung in grenzüberschreitende Beziehungsnetzwerke, 2011 (unveröffentlicht), 79–82 [Exemplar in: BAC, 213 Diplom-/Masterarbeiten und Dissertationen zu Themen der Geschichte des Bistums Chur].

71 Zu Person und Wirken s. Karl Hausberger, Art. Wartenberg, Franz Wilhelm (seit 1602) Reichsgraf von, in: Gatz, Bischöfe 1990, 558–561.

72 In einem Antwortschreiben Wartenbergs an Flugi aus Münster vom 18. Januar 1647, worin er den Erhalt der Eingaben aus Chur (zwei Schreiben vom 15. und 22. Dezember 1646) verdankte, weckte der Bischof von Osnabrück noch die Hoffnung, dem Ansuchen des Churer Bischofs um Anerkennung der Bestimmungen von Lindau und Chur von 1622/23 würde eventuell entsprochen ([...] *anderß selbst nicht begehren, alß daß die sachen in den standt wird gestelt, worinnen die anno 23 vnd 24* [sic!] *nach inhalt des mit dem pabstlichen nuncio Scappio aufgerichteten vergleichs gewesen vnnd solches eben terminiert ist* [BAC, 211.03 Bistum Chur, nicht gebundene Akten 17. Jahrhundert]). Ebenso habe er die Angelegenheit um Restitution *auf allen fall sowol bey dem französischen alß Chur Maintzischen directorio vorgebracht* (ebd.). Zwei weitere Schreiben, eines von Flugi an Wartenberg aus Chur vom 15. März 1647, das andere von Wartenberg an Flugi aus Münster vom 26. Juli 1647 finden sich in: BAC, 212.02.04 Historia Religionis, Bd. D, fol. 292–294, 499–503.

73 Die Reichstage alter Art waren »prinzipiell Fürstenversammlungen, auf denen der Kaiser meist nur Geld wollte, deren gesetzgeberischer Initiative er aber misstraute« (Walter Fürnrohr, Der Immerwährende Reichstag zu Regensburg. Das Parlament des Alten Reiches. Zur 300-Jahrfeier seiner Eröffnung 1663, Regenburg / Kallmünz ²1987, 7). Auch die Einberufung des Immerwährenden Reichstages von 1663 nach Regensburg, dem Ort der ab diesem Datum ständig tagenden Reichsversammlungen, entsprang aus der Notlage, dass Kaiser Leopold I. († 1705) (finanzielle) Hilfe gegen den drohenden türkischen Angriff benötigte. Nach Erhalt der gewünschten Reichshilfe reisten Kaiser und Fürsten ab, zurück blieben zur restlichen Abwicklung der Sachgeschäfte ihre Gesandten. Ohne Absicht entstand so der Reichstag neuer Art: »eine Versammlung von weisungsgebundenen Bevollmächtigten« (Fürnrohr, Reichstag 7), und diese entwickelte sich mit der Zeit zu einem »immerwährenden« Reichstag in der Form einer ständigen Gesandtenkonferenz der Reichsstände in der Zusammensetzung von [a] 7 bis 9 Kurfürsten mit je einer Stimme, [b] von geistlichen und weltlichen Reichsfürsten mit insgesamt 100 Stimmen und [c] von Reichsstädten mit (zuletzt) rund 50 Stimmen (ebd., 8). – Siehe auch die einzelnen Beiträge im Sammelband: Regensburg – Stadt der Reichstage. Vom Mittelalter zur Neuzeit, hg. v. Dieter Albrecht (Schriftenreihe der Universität Regensburg 21), Regensburg 1994.

reicht[74]. Die Schrift aus der Feder Johanns VI. mit dem Verzeichnis seiner bischöflichen Amtsvorgänger, das er irrtümlicherweise bis auf den Bistumspatron Luzius zurückführt, und der gedrängten Aufzählung ehemaliger Herrschaftsrechte (Hochstift Chur) ist ein deutlicher Versuch eines machtlos gewordenen geistlichen Reichsfürsten, sich im Rund der ihn umgebenden Reichsgesandten unter Rückbesinnung auf historische Werte und Rechte neu zu positionieren.

6. Zusammenfassung

Als in St. Gallen am 23. Oktober 1833 Karl Rudolf von Buol-Schauenstein verschied, starb mit ihm überhaupt der letzte geistliche Reichsfürst des 1806 untergegangenen Heiligen Römischen Reiches deutscher Nation. Das Bistum Chur, dem Buol-Schauenstein beinahe 40 Jahre vorgestanden hatte, erfuhr zwar erst im 19. Jahrhundert eine eingreifende Umgestaltung seines Territoriums, seine Amtsvorgänger verloren jedoch bereits im 16. Jahrhundert den größten Teil ihres bis dahin ansehnlichen weltlichen Besitzes innerhalb ihres Sprengels und ihrer damit verbundenen Rechte (Hochstift Chur). Aus der Reihe dieser »machtlos« gewordenen geistlichen Reichsfürsten erwuchsen seit Beginn des 17. Jahrhunderts kraftvoll auftretende Bischöfe, welche die innerkirchliche Reformarbeit und den pastoralen Neuaufbau in den katholisch gebliebenen Teilen ihres Bistums mit Unterstützung der Nuntien, diverser Mitglieder des Churer Domkapitels, beispielhafter Diözesangeistlicher und Ordensleuten (v. a. Kapuziner) sowie »im Windschatten der zeitweise starken militärischen Stellung Habsburgs in den Drei Bünden«[75] – vertraglich abgesichert – erfolgreich vorantreiben konnten.

Das Bistum Chur ist in seiner Entwicklung zwischen Reformation und Katholischer Reform (während des 16./17. Jahrhunderts) ein sprechendes Beispiel dafür, dass die »potestas ecclesiae« letztlich nicht im weltlichen Besitz ihre Stabilität und Sicherheit finden kann, sondern dass die wahre Stärke in der Verankerung und Festigung des katholischen Glaubens in Pfarrei und Volk zum Ausdruck kommen muss.

74 Originalhandschrift Johanns VI. und Druckausgabe von 1645, in: BAC, 233.03. Der Text wurde wieder abgedruckt in: Johann G. Mayer/Fritz Jecklin (Hg.), Der Katalog des Bischofs Flugi vom Jahr 1645, in: Jahrbuch der Historischen Gesellschaft von Graubünden 23, 1900, 3–37.

75 Ulrich Pfister, Das Bistum Chur zwischen Graubünden und Habsburg, etwa 1500–1813, in: Bündnerisch-tirolische Nachbarschaft Calven 1499–1999, hg. v. Südtiroler Kulturinstitut in Zusammenarbeit mit dem Institut für Geschichte Innsbruck, dem Staatsarchiv Graubünden und dem Verein für Bündner Kulturforschung (Vorträge der wissenschaftlichen Tagung im Rathaus Glurns vom 8. bis 11. September 1999 anlässlich des 500-Jahr-Gedenkens der Calvenschlacht), Bozen 2001, 207–217, hier: 213.

MELANIE PRANGE

Thesaurus Ecclesie Nostre

Der Konstanzer Domschatz und seine Bedeutung für Bischof, Domkapitel und Stadt

1. Einführung

Thesaurus ecclesie nostre – so wird der Konstanzer Domschatz in dem ältesten erhaltenen Schatzinventar des Münsters aus dem Jahr 1343 bezeichnet[1]. Das Zitat stammt aus dem von Propst, Dekan und Domkapitel erlassenen Statut, das sich an die Verantwortlichen für Bibliothek und Schatz richtet. Kustos und Subkustos werden darin aufgefordert, den Schatz verantwortungsvoll zu bewahren und keine Objekte aus der Hand zu geben, zu tauschen oder zu verschenken.

Das von dem Domkanoniker Otto von Rheinegg verfasste Inventar listet mit 192 Schriften sowohl den Bibliotheks- als auch mit 47 Kleinodien den Inhalt der Schatzkammer auf[2]. Neben zahlreichen Reliquiaren sind Monstranzen, Kelche, Kreuze und Ziborien sowie Bischofsringe, Schalen, Öl- und Weihrauchgefäße verzeichnet. Die kostbarsten Zimelien – etwa die prächtigen Reliquienschreine – werden dabei mit außergewöhnlicher Präzision beschrieben[3].

Diese genaue Dokumentation des Domschatzbestandes um die Mitte des 14. Jahrhunderts ist gerade in Konstanz ein großer Glücksfall. Denn knappe 200 Jahre später wurde das Münster wie alle Konstanzer Kirchen im Zuge der Reformation seiner Altäre, seiner Bilder und Skulpturen beraubt und der Schatzbestand sukzessive eingeschmolzen[4]. Von

1 Inventar des Konstanzer Domschatzes von 1343, Württembergische Landesbibliothek Stuttgart, Cod. don. 618, fol. 4r, ed. in: Der Konstanzer Domschatz. Quellentexte zu einem verlorenen Schatzensemble des Mittelalters und der Frühen Neuzeit, ed. u. bearb. v. Melanie PRANGE (= Veröffentlichungen der Kommission für geschichtliche Landeskunde in Baden-Württemberg, Reihe A, Quellen 56), Stuttgart 2012, 2.

2 Das gesamte Inventar ed. in: Der Konstanzer Domschatz (wie Anm. 1), 2–28. – Zum Inventar und seiner Entstehungsgeschichte s. ebd., XXXIII–XLIV sowie Melanie PRANGE, *Thesaurus Ecclesiae Constantiensis*. Der mittelalterliche Domschatz von Konstanz. Rekonstruktion eines verlorenen Schatzensembles, Diss. Univers. Stuttgart 2009, Aachen 2012, 17–42. – Zum Domkanoniker Otto von Rheinegg siehe Andreas BIHRER, Der Konstanzer Bischofshof im 14. Jahrhundert. Herrschaftliche, soziale und kommunikative Aspekte (= Residenzenforschung 18), Ostfildern 2005, 314f. u. 346. – PRANGE, *Thesaurus Ecclesiae Constantiensis* (wie oben), 33f.

3 Die kunsthistorische Auswertung des Inventars in: PRANGE, *Thesaurus Ecclesiae Constantiensis* (wie Anm. 2), 116–243.

4 Zur Reformation in Konstanz siehe Hans-Christoph RUBLACK, Die Einführung der Reformation in Konstanz von den Anfängen bis zum Abschluss 1531 (= Quellen und Forschungen zur Reformationsgeschichte 40; Veröffentlichungen des Vereins für Kirchengeschichte in der evangelischen Landeskirche in Baden 27), Gütersloh/Karlsruhe 1971.

dieser Maßnahme wurde keine geistliche Institution der Stadt verschont, sodass in dem Protokoll der Einschmelzungen vom Stadtschreiber Jörg Vögeli (1481/85–1562) der Satz zu lesen ist: *Allso ist alles silber und gold, was im Münster und allen andern kirchen gwesen ist, gebrochen*[5].

Wie das Schatzinventar von 1343 veranschaulicht, ging mit der Einschmelzung des Konstanzer Domschatzes eines der bedeutendsten Schatzensembles am Bodensee unwiederbringlich verloren.

Die Einschmelzung bedeutete jedoch nicht nur einen gravierenden materiellen Verlust für Bischof und Domkapitel, denn die materielle Kostbarkeit der Zimelien war nur Spiegel ihrer theologischen Bedeutung. Die *vasa sacra* und *vasa non sacra*, die Reliquiare und Textilien dienten wie die Ausstattung des Kirchenraums der Vergegenwärtigung des Heilsgeschehens und waren Ausdruck für die Gegenwart Gottes. Das über Jahrhunderte hinweg angewachsene Ensemble repräsentierte gleichzeitig aber auch die Geschichte des Bistums und war damit Teil seiner Identität. Die Zerstörung der altehrwürdigen Schatzstücke war deswegen ein hoch symbolischer Akt und weitaus mehr als ein Eingriff in den Besitz der sakralen Gemeinschaft.

Im Folgenden werden einige Kleinodien des Konstanzer Domschatzes anhand der überlieferten Schriftquellen vorgestellt und es wird aufgezeigt, welchen materiellen und ideellen Wert sie innerhalb des Schatzes besaßen. Vor allem die mit Pelagius, Maria und Konrad in Zusammenhang stehenden Schatzstücke werden eine Rolle spielen, die zum Teil formale Bezüge zueinander aufwiesen und die Präsenz und die Wirkungsmacht der drei Konstanzer Dom- und Stadtpatrone veranschaulichten.

2. Der Pelagiusschrein

Einen besonderen Stellenwert innerhalb jedes Kirchenschatzes besitzen naturgemäß der Gründungsbestand oder aber Schatzobjekte aus einer besonderen Hochphase der Gemeinschaft, vor allem dann, wenn die Kleinodien mit bedeutenden – oft auch als heilig verehrten – Persönlichkeiten wie Gründern oder besonders verdienstvollen Stiftern in Verbindung gebracht werden.

Auch in Konstanz gab es ein Schatzobjekt, das die Entstehungszeit und die erste Blüte des Bistums besonders prägnant veranschaulichte und das deswegen von herausragender Bedeutung war: der Schrein des Märtyrers und Dompatrons Pelagius. Gerade im Schatzverzeichnis von 1343 ist diese wichtige Stellung des Reliquiars abzulesen, da es gleich an erster Position erwähnt und mit der ausführlichsten Beschreibung im ganzen Schriftstück gewürdigt wird[6].

5 Auflistung des 1528–1546 eingeschmolzenen Edelmetalls, Jörg Vögeli, o.D. [Konstanz, 1546], Konstanz, Stadtarchiv, G II 111, II, fol. 16r, ed. in: Der Konstanzer Domschatz (wie Anm. 1), 59. – Neben dem Münsterschatz sind in der Auflistung auch die eingeschmolzenen Schätze aus St. Lorenz, St. Stephan, St. Paul, St. Johann, St. Jakob, der Wallfahrtskirche Bernrain, der Leonhardkapelle, dem Dominikanerkloster, dem Franziskanerkloster, dem Schottenkloster und dem Augustinerkloster verzeichnet. Die gesamte Auflistung in: Der Konstanzer Domschatz (wie Anm. 1), 42–65. – Zur Quelle siehe auch: Ebd., LV–LXVII sowie PRANGE, *Thesaurus Ecclesiae Constantiensis* (wie Anm. 2), 93–108.

6 Vgl. Inventar des Konstanzer Domschatzes von 1343, fol. 10r–10v, ed. in: Der Konstanzer Domschatz (wie Anm. 1), 4–9.

Der frühchristliche Märtyrer Pelagius stammte laut der ersten überlieferten *Passio* aus der Stadt Emona in der römischen Provinz Oberpanonien und starb bei der Christenverfolgung unter dem römischen Kaiser Numerian (283–284) im späten 3. Jahrhundert. Fredy Meyer konnte in seiner Studie zum Pelagiuskult in Konstanz aufzeigen, dass die Pelagiusreliquien durch den Konstanzer Bischof Salomo I. (838/839–871) in der zweiten Hälfte des 9. Jahrhunderts nach Konstanz transloziert und dort vermutlich zunächst in der *confessio* der Krypta beigesetzt worden waren[7].

Zur Förderung des Pelagiuskults trug aber vor allem Bischof Salomo III. (891–919, † 920) bei. Er gilt als einer der verdienstvollsten Konstanzer Bischöfe[8]. Als Kaplan und Kanzler gehörte er zum engsten Kreis des Königs und war neben elf anderen Klöstern auch Vorsteher der bedeutenden Abtei St. Gallen. Salomo machte aus der Konstanzer Kirche St. Stephan ein bischöfliches Stift und gründete dort eine Marktsiedlung. Außerdem ließ er die Bischofspfalz errichten und eine Stadterweiterung vornehmen. Die St. Galler Klostergeschichten aus dem frühen 11. Jahrhundert berichten davon, dass Salomo mehrere kostbare Goldschmiedearbeiten in Auftrag gab, unter anderem auch den Pelagiusschrein für die Domkirche. Durch die Anfertigung des prächtigen und mobilen Reliquiars konnten die Heiltümer des Patrons in Prozessionen mitgeführt und auf den Altären ausgesetzt werden, was sicherlich ein Mittel der Kultförderung war. Für eine Zunahme des Pelagiuskults unter Salomo III. sprechen jedenfalls die steigenden Pilgerzahlen und die Prägung der ersten Konstanzer Münze[9].

In der ausführlichen Schilderung des Schatzinventars von 1343 liegt also die detaillierte Beschreibung eines spätkarolingischen Reliquienschreins vor[10]. Der Schrein hatte eine Länge von drei Handspannen (*trium palmarum extensarum*) und war mit Gold beschlagen (*laminis aureis circumductum*)[11]. Er war auf jeder Seite individuell ausgestaltet

7 Vgl. Fredy Meyer, Sankt Pelagius und Gregor der Große. Ihre Verehrung im Bistum Konstanz (= Forschungen zur oberrheinischen Landesgeschichte 47), Freiburg i. Br. / München 2002, 45–70. – S. a. Prange, *Thesaurus Ecclesiae Constantiensis* (wie Anm. 2), 117ff. – Drei Konstanzer Bischöfe aus dem alemannischen Hochadel trugen den Namen Salomo: Salomo I. war der Onkel Bischof Salomos II. (875/876–889) und dieser wiederum der Onkel von Salomo III. Vieles spricht dafür, dass die adelige Familie im Linzgau ihren Stammsitz hatte. Vgl. Ulrich Zeller, Bischof Salomo III. von Konstanz, Abt von Sankt Gallen (= Beiträge zur Kulturgeschichte des Mittelalters und der Renaissance 10), Berlin / Leipzig 1910, 12ff. – Helmut Maurer, Konstanz im Mittelalter, 2 Bde. (= Geschichte der Stadt Konstanz 1 / 2), Konstanz ²1996, Bd. 1, 52. – Ders., Das Bistum Konstanz, Bd. 2: Die Konstanzer Bischöfe vom Ende des 6. Jahrhunderts bis 1206 (= Germania Sacra, N.F. 42,1: Die Bistümer der Kirchenprovinz Mainz, Das Bistum Konstanz 2), Berlin / New York 2003, 67f. – Zur Konstanzer Münsterkrypta s. Wolfgang Erdmann / Alfons Zettler, Die Krypta im Münster Unserer Lieben Frau zu Konstanz, in: Schriften des Vereins für Geschichte des Bodensees und seiner Umgebung 95, 1977, 1–18. – Dies., Zur Archäologie des Konstanzer Münsterhügels, in: Schriften des Vereins für Geschichte des Bodensees und seiner Umgebung 95, 1977, 19–134, hier: 65.

8 Vgl. Das Bistum Konstanz. Das Erzbistum Mainz. Das Bistum St. Gallen (= Helvetia Sacra, Abt. 1, I/2), hg. v. Kuratorium der Helvetia Sacra, Basel / Frankfurt a. M. ²1996, 252ff.

9 Die zunehmende Popularität des Heiligen verdeutlicht auch die Erbauung der Pelagiuskirche auf der Reichenau unter Abt Hatto III. (888–913). Vgl. Maurer, Konstanz im Mittelalter (wie Anm. 7), Bd. 1, 58. – Meyer, Sankt Pelagius (wie Anm. 7), 32f.

10 Zur Rekonstruktion und kunsthistorischen Einordnung des Reliquiars siehe Prange, *Thesaurus Ecclesiae Constantiensis* (wie Anm. 2), 116–154.

11 Inventar des Konstanzer Domschatzes von 1343, fol. 10r–10v, ed. in: Der Konstanzer Domschatz (wie Anm. 1), 4 u. 8. – Zur Maßeinheit der Handspanne siehe Helmut Kahnt / Bernd Knorr, Alte Maße, Münzen und Gewichte, Mannheim / Zürich / Wien 1986, 210. – Elisabeth Pfeiffer, Die alten Längen- und Flächenmaße. Ihr Ursprung, geometrische Darstellungen und arithmetische

und überwiegend mit ornamentalen Schmuckformen wie Rosetten oder geometrischen Motiven verziert, was Otto von Rheinegg mit Begriffen wie *figure* […] *quadrangularis, igure* […] *rotunda, figure ad modum rosarum* usw. beschreibt[12]. Der Dekor war belebt von goldenen Tierfiguren wie Löwen (*figura leonis*), Fischen oder fischähnlichen Wesen (*figuras piscium aureas*) und Adlern (*figuras aureas ad modum aquilarum*)[13]. Besonders eine Seite des Schreins setzte sich von den restlichen Wandungen ab, da hier drei Emailmedaillons mit figürlichen Darstellungen erwähnt werden, die als *ymagines qui vulgo dicuntur ›Geschmeltzt‹* bezeichnet sind[14]. Neben dem Goldbeschlag bezeugt auch die Menge der Schmucksteine und Perlen die Kostbarkeit des Schreins. Allein auf der Seite mit den Emailbildnissen werden 330 Schmucksteine erwähnt, wobei Otto von Rheinegg explizit auf den Verlust von 50 Steinen hinweist[15]. Die Menge an Edelsteinen und Perlen, die Art der Gliederung durch Schmuckbänder und das Vorkommen von Tierfiguren entspricht erhaltenen Reliquiaren des 9. und 10. Jahrhunderts – etwa dem sog. Reliquiario del dente[16] in Monza oder dem Trierer Egbertschrein[17].

Nur aufgrund der ungewöhnlich genauen Beschreibung des Kanonikers Otto von Rheinegg ergibt sich ein relativ präzises Bild von dem verlorenen Konstanzer Reliquienschrein. Mag die Aufzählung der Schmucksteine oder der Vermerk zum Goldbeschlag durchaus darin begründet liegen, dass der Schrein einen hohen Materialwert besaß, den es zu schützen galt, so ist die detaillierte Schilderung der Formen und Motive sicherlich auf die ideelle Wertschätzung des Objekts zurückzuführen.

Für seine wichtige Stellung im Schatzensemble spricht auch die Tatsache, dass der Schrein bis zur Reformation erhalten blieb und sein wertvolles Material nicht wie an anderen Orten für neue Schatzobjekte verwendet wurde. So erwähnt das im Jahr 1500 vom Notar des Domkapitels Johannes Will angefertigte Domschatzinventar den Schrein im Bestand der Schatzkammer: *Undan in dem selben hußli ist Sanct Polayen sarch gantz guldi*[18]. Die Auflistung des Edelmetalls aus der Reformationszeit nennt ihn schließlich unter den am 27. August 1530 eingeschmolzenen Objekten[19].

Bis zu seiner Zerstörung war der Pelagiusschrein als Stiftung Salomos III. also das zentrale Schatzobjekt, quasi der ideelle Grundstein des Domschatzes, um den sich das

Werte (= Sachüberlieferung und Geschichte. Siegener Abhandlungen zur Entwicklung der materiellen Kultur 2), 2 Bde., St. Katharinen 1986, Bd. 1, 23ff.

12 Inventar des Konstanzer Domschatzes von 1343, fol. 10r–10v, ed. in: Der Konstanzer Domschatz (wie Anm. 1), 4–7.

13 Ebd.

14 Inventar des Konstanzer Domschatzes von 1343, fol. 10v, ed. in: Der Konstanzer Domschatz (wie Anm. 1), 6–9.

15 Ebd., 8f.

16 Zum Reliquiario del dente siehe Victor H. Elbern, Goldschmiedekunst im frühen Mittelalter, Darmstadt 1988, 69ff.

17 Zum Trierer Egbertschrein siehe Hiltrud Westermann-Angerhausen, Überlegungen zum Trierer Egbertschrein, in: Trierer Zeitschrift für Geschichte und Kunst des Trierer Landes und seiner Nachbargebiete 40/41, 1977/1978, 201–220.

18 Inventar des Konstanzer Domschatzes von 1500 (kommentierte Abschrift des von Johannes Will verfassten Domschatzinventars und Notariatsinstruments vom 19. August 1500 bzw. 25. Juni 1519, Verfasser unbekannt, Konstanz, 15. März 1527, Konstanz, Stadtarchiv, G II 111, II.), fol. 29r, ed. in: Der Konstanzer Domschatz (wie Anm. 1), 37. – Zum Inventar s. ebd., XLV–LIV. – Prange, *Thesaurus Ecclesiae Constantiensis* (wie Anm. 2), 43–74.

19 Auflistung des 1528–1546 eingeschmolzenen Edelmetalls, fol. 12v, ed. in: Der Konstanzer Domschatz (wie Anm. 1), 55.

anwachsende Ensemble sukzessive gruppierte und an dem man sich bei der Anfertigung anderer Kleinodien offensichtlich orientierte, was noch zur Sprache kommen wird.

3. Der Marienschrein

An zweiter Position im Schatzverzeichnis von 1343 wird der Schrein der Gottesmutter Maria beschrieben[20]. Maria war die erste Patronin der Domkirche – ihr Patrozinium ist bereits in der frühesten Quelle zum Konstanzer Münster aus der zweiten Hälfte des 7. Jahrhunderts bezeugt[21].

Der Marienschrein wies Otto von Rheinegg zufolge an den Seitenwandungen zwölf getriebene Figuren auf (*ad ante et retro sunt ymagines similiter elevate et per ciborias singulariter distincte numero duodecim*)[22]. Bei diesen Figuren könnte es sich um die Darstellung der zwölf Apostel gehandelt haben, wie sie z. B. am Marienschrein (um 1220–1238) in Aachen aus der ersten Hälfte des 13. Jahrhunderts zu sehen ist[23]. Auf der einen Dachseite war im Zentrum Christus dargestellt, dessen Figur von vier Heiligen flankiert wurde (*in cuius tecto ab una parte est ymago salvatoris nostri. Et ab utroque latere eiusdem dextro et sinistro sunt ymagines sanctorum quatuor*)[24]. Christus gegenübergestellt befand sich in der Mitte der anderen Dachseite eine Darstellung der Gottesmutter, die ebenfalls von vier Heiligen umgeben war (*Item in alia parte tecti et in medio eiusdem simili modo desculpta est ymago virginis cum quatuor ymaginibus elevatis a lateribus dextro et sinistro*)[25].

Das figürliche Programm spricht dafür, dass das Marienreliquiar wesentlich später entstand als der Pelagiusschrein. Die Anordnung der Figuren, wie sie im Inventar beschrieben wird, ist mit jener auf zwei fragmentarisch erhaltenen Schreinlangseiten im Domschatz von Chur vergleichbar: dem sogenannten Luciusschrein von 1252 und dem um 1280 wohl in Konstanz entstandenen Florinusschrein[26].

20 Inventar des Konstanzer Domschatzes von 1343, fol. 11r, ed. in: Der Konstanzer Domschatz (wie Anm. 1), 8–11. – Eine ausführliche Rekonstruktion des Reliquiars in: Prange, *Thesaurus Ecclesiae Constantiensis* (wie Anm. 2), 155–174.

21 Es handelt sich um die älteste erhaltene Gallus-Vita, die sog. *Vita vetustissima*, aus der Zeit um 680. Vgl. *Vitae Galli Vetustissimae Fragmentum*, ed. v. Bruno Krusch, in: MGH SS Merov., Hannover 1841, Bd. 4, 251–256, hier: 253ff. – Zur Gallus-Vita s. Walter Berschin, *Gallus Abbas Vindicatus*, in: Historisches Jahrbuch der Görres-Gesellschaft, Bd. 95, Freiburg i. Br. / München / Münster 1975, 257–277.

22 Inventar des Konstanzer Domschatzes von 1343, fol. 11r, ed. in: Der Konstanzer Domschatz (wie Anm. 1), 8.

23 Zum Aachener Marienschrein s. Ernst G. Grimme, Aachener Goldschmiedekunst von Karl dem Großen bis zu Karl V., Köln 1957, 48–51. – Ders., Der Aachener Domschatz (= Aachener Kunstblätter 42), Aachen 1972, 71ff. – Ders., Die ideengeschichtliche Bedeutung des Aachener Domschatzes im Mittelalter, in: Zeitschrift des Aachener Geschichtsvereins 98/99, 1992/1993, 57–67. – Ders., Der Dom zu Aachen. Architektur und Ausstattung, Aachen 1994, 176–189. – Ders., Der Karlsschrein und der Marienschrein im Aachener Dom, Aachen 2002, 68–109. – Herta Lepie, Zur Konservierung des Karlsschreins und des Marienschreins, in: Die gotische Chorhalle des Aachener Doms und ihre Ausstattung. Baugeschichte – Bauforschung – Sanierung (= Arbeitsheft der rheinischen Denkmalpflege 58), hg. v. Udo Mainzer, Petersberg 2002, 275–298, hier: 284–298.

24 Inventar des Konstanzer Domschatzes von 1343, fol. 11r, ed. in: Der Konstanzer Domschatz (wie Anm. 1), 8.

25 Ebd.

26 Zum Luciusschrein (Chur, Domschatz, Inv. Nr. RE.II.3) s. Erwin Poeschel, Die Kunstdenkmäler des Kantons Graubünden, Bd. 7: Chur und der Kreis Fünf Dörfer (= Die Kunstdenkmäler

Beide Reliquiare weisen auf Dach- und Seitenflächen getriebene Einzelfiguren unter Arkaden auf. Beim Luciusschrein entspricht die Anzahl der Figuren sogar jener auf dem verlorenen Marienreliquiar und wie einst dort nimmt Christus hier das Zentrum der Dachfläche ein. Möglicherweise entstand auch der Konstanzer Marienschrein im 13. Jahrhundert. Anlass für diese These geben nicht nur die Übereinstimmungen mit den Churer Reliquiaren, sondern auch die Weihe eines neuen Marienaltars und der Erwerb von Heiltümern der Gottesmutter in der Amtszeit von Eberhard II. von Waldburg, der von 1248 bis 1274 Bischof von Konstanz war[27].

Obwohl der Marienschrein also sehr wahrscheinlich deutlich später entstand als der Pelagiusschrein, ist aus dem Schatzverzeichnis von 1343 zu erschließen, dass er die gleichen Maße besaß wie das karolingische Reliquiar (*habetque longitudinem trium palmarum extensarum*)[28]. Höchstwahrscheinlich orientierte man sich bei der Anfertigung der jüngeren Goldschmiedearbeit also an den Maßen des altehrwürdigen Reliquiars, sodass die Schreine der Patrone bei einer gemeinsamen Präsentation, wie sie z.B. das *Processionale Ecclesie Constantiensis* – eine liturgische Handschrift aus dem frühen 16. Jahrhundert – mehrfach belegt, als inhaltliches Ensemble wahrgenommen werden konnten[29]. Ensemblebildungen lassen sich mehrfach im Schatz nachvollziehen. Besonders offensichtlich ist die Gruppenbildung vor allem bei den Reliquiaren für die beiden männlichen Dompatrone Konrad und Pelagius, auf die später noch eingegangen wird.

4. Die Schatzobjekte des heiligen Konrad

Im Konstanzer Domschatz war neben Pelagius und Maria natürlich auch der dritte Patron des Münsters, der heilige Bischof Konrad von Konstanz (934–975), mit mehreren Schatzobjekten vertreten.

der Schweiz 10,7), Basel 1948, 166f. – Hans-Jörgen HEUSER, Oberrheinische Goldschmiedekunst im Hochmittelalter, Berlin 1974, WK 51, 152f. – Luzi DOSCH, Das Dommuseum in Chur (Graubünden) (= Schweizerische Kunstführer, Serie 43, Nr. 422), Bern 1988, 6–9. – Gold. Schatzkunst zwischen Bodensee und Chur, Ausstellungskatalog Vorarlberger Landesmuseum Bregenz, hg. v. Tobias G. NATTER, Ostfildern 2008, 82 (Anna B. MÜLLER-FULDA). – Zum Florinusschrein (Chur, Domschatz, Inv. Nr. RE.II.2) s. POESCHEL, Die Kunstdenkmäler des Kantons Graubünden (wie oben), 169ff. – HEUSER, Oberrheinische Goldschmiedekunst (wie oben), WK 50, 150ff. – Gold und Silber aus Konstanz. Meisterwerke der Goldschmiedekunst des 13.–18. Jahrhunderts, bearb. v. Elisabeth VON GLEICHENSTEIN u. Christoph A. GRAF DOUGLAS, Konstanz 1985, Kat. Nr. 2, 81f. – DOSCH, Das Dommuseum in Chur (wie oben), 9f. – Gold. Schatzkunst zwischen Bodensee und Chur (wie oben), 244–247 (Anna B. MÜLLER-FULDA).

27 Vgl. Regesten zur Bau- und Kunstgeschichte des Münsters zu Konstanz (= Sonderheft der Schriften des Vereins für Geschichte des Bodensees und seiner Umgebung), ed. v. Elisabeth REINERS-ERNST, Konstanz 1956, Nr. 72 u. 85.

28 Inventar des Konstanzer Domschatzes von 1343, fol. 11r, ed. in: Der Konstanzer Domschatz (wie Anm. 1), 8.

29 *Processionale ecclesie Constantiensis* (Konstanz, Stadtarchiv, GII, 36), ed. u. komm. v. Paul ZINSMAIER, in: DERS., Eine unbekannte Quelle zur Geschichte der mittelalterlichen Liturgie im Konstanzer Münster, in: Zeitschrift für die Geschichte des Oberrheins 104, 1956, 52–104. – Zur Quelle und ihrer Auswertung im Bezug auf den Domschatz s. PRANGE, *Thesaurus Ecclesiae Constantiensis* (wie Anm. 2), 86–92.

Der aus der Familie der Welfen stammende Konrad war für den Ausbau der Bischofsstadt mindestens ebenso bedeutend wie Salomo III., was Helmut Maurer in seiner Abhandlung zum Bischofssitz Konstanz in ottonischer Zeit ausführlich dargelegt hat[30].

Inspiriert von seiner Romreise in den Jahren 961/962 ließ Konrad in Konstanz drei Kirchen erbauen – St. Johann, St. Paul und St. Lorenz –, deren Anordnung in der Stadttopografie und deren Patrozinien sich an Rom orientierten[31]. Als weitere Stiftung Konrads ist das Hospital *crucelin*, das spätere Kreuzlingen, zu nennen, dem er eine in Jerusalem erworbene Reliquie des heiligen Kreuzes schenkte[32]. Auch am Münster war Konrad als Bauherr tätig, wo er unter dem Eindruck seiner Jerusalemreisen die dem heiligen Mauritius geweihte Rotunde mit einer Heiliggrab-Anlage erbaute, an deren westlichen Außenwand er sich bestatten ließ[33].

Als Bauherr und Stifter entsprach Konrad damit geradezu dem Idealbild eines Bischofs, weswegen seine Nachfolger – zunächst Gebhard III. von Zähringen (1084–1110), dann Ulrich I. von Dillingen (1111–1127) – seine 1123 vollzogene Heiligsprechung propagierten. Ulrich von Dillingen gab zu diesem Zweck die Vita seines Amtsvorgängers in Auftrag, in der Konrad als Wohltäter gegenüber dem Domkapitel, allen anderen sakralen Gemeinschaften von Konstanz sowie gegenüber den Laien dargestellt wird[34]. Auch die beiden Translationen des Konradleibs innerhalb des Münsterbezirks dienten der Kultförderung. Nachdem Konrads Gebeine unter Gebhard III. – also zwischen 1084 und 1110 – aus seinem Grab an der Mauritiusrotunde in den Dom überführt worden waren, wo man sie sehr wahrscheinlich in dem für die Kanoniker reservierten Bereich bestattet hatte, ließ Ulrich von Dillingen sie 1123 wieder an die Stelle seines ursprünglichen Grabes translozieren. Im Gegensatz zum Chor der Bischofskirche war die Grabstelle dort für Pilger zugänglich und erlaubte somit eine Verehrung durch Laien[35].

Die zunehmende Bedeutung des heiligen Konrad zeichnet sich auch im Schatzbestand ab. Das Inventar des 14. Jahrhunderts nennt zum Beispiel einen als *cyphus* bezeichneten Becher oder Kelch, in dessen Grund Konrad beim Altardienst dargestellt war (*ymago*

30 Vgl. Helmut Maurer, Konstanz als ottonischer Bischofssitz. Zum Selbstverständnis geistlichen Fürstentums im 10. Jahrhundert (= Veröffentlichungen des Max-Planck-Instituts für Geschichte 39; Studien zur Germania Sacra 12), Göttingen 1973. – S. a. Ders., Bischof Konrad von Konstanz in seiner ottonischen Umwelt, in: Der heilige Konrad. Studien aus Anlass der tausendsten Wiederkehr seines Todesjahres (= Freiburger Diözesan-Archiv 95/3. F. 27), hg. v. Dems., Wolfgang Müller u. Hugo Ott, Freiburg i. Br. 1975, 41–55. – Das Bistum Konstanz (wie Anm. 8), 255–257.

31 Während die Johanneskirche in der sog. Niederburg noch *infra urbem* lag, befanden sich die Kirche St. Paul wie das römische Vorbild San Paolo fuori le mura außerhalb der Stadtmauern. Im Bereich zwischen St. Johann und St. Paul errichtete Konrad eine dritte Kirche mit dem Laurentiuspatrozinium. Vgl. Maurer, Bischof Konrad (wie Anm. 30), 48f.

32 Vgl. Maurer, Konstanz im Mittelalter (wie Anm. 7), Bd. 1, 74 u. 95f.

33 Vgl. *Vita Chounradi Constantiensis episcopi. Vita prior auctore Oudalscalcho*, ed. v. Georg H. Pertz, in: MGH SS, Bd. 4, Hannover 1841, 430–436, c. 6, 432. – *Vita Chounradi Constantiensis episcopi. Vita altera auctore anonymo*, ed. v. Georg H. Pertz, in: MGH SS, Bd. 4, Hannover 1841, 436–445, c. I.18, 439. – *Martyrologium Hermanni* (Württembergische Landesbibliothek Stuttgart, Cod. theol. 20 209), fol. 105v–106r.

34 Zur Kultförderung durch Ulrich von Dillingen s. Andreas Bihrer, Bischof Konrad als Patron von Konstanz. Zur Stiftung städtischer Identität durch Bischof Ulrich I. (1111–1127), in: Zeitschrift für die Geschichte des Oberrheins 148, 2000, 1–40.

35 Vgl. Erdmann / Zettler, Zur Archäologie des Konstanzer Münsterhügels (wie Anm. 7), 65.

beati Cunradi cum administrantibus in altari)[36]. Ein zweites Gefäß wird im Inventar ausdrücklich als *nappa sive cyphus beati Cunradi* bezeichnet[37]. Der Beschreibung nach wies es keine Darstellung des Heiligen auf, weswegen davon auszugehen ist, dass die Bezeichnung als Konradsbecher auf die Verehrung des Gefäßes als Sekundärreliquie des Heiligen zurückzuführen ist.

Ein vergleichbares Objekt ist der Godehardbecher aus St. Godehard in Hildesheim, der Quellen des 16. Jahrhunderts zufolge als Relikt des heiligen Abtes verehrt wurde[38]. Aus dem dort als *ciphus* bezeichneten Gefäß tranken die Mönche noch im 17. Jahrhundert. Auch für den Konstanzer Konradskelch ist durch das *Processionale ecclesie Constantiensis* seine Einbindung in die Liturgie überliefert. Aus ihm tranken die Domherren sowohl an Mariä Verkündigung als auch am Fest der Beschneidung Christi[39]. Obwohl nicht zu entscheiden ist, ob die Trinkbräuche explizit dem Andenken des heiligen Konrad dienten oder ob sie mit den an diesen Tagen gefeierten Festen in Verbindung zu bringen sind, ist doch eindeutig, dass das Trinken aus der Sekundärreliquie des heiligen Bischofs, der sich durch seine Nähe zum Domkapitel ausgezeichnet haben soll, als Gemeinschaft stiftender Akt zu verstehen ist.

Im Schatz lässt sich auch ein Reliquiar für Heiltümer des heiligen Konrad nachweisen, das die Form eines Armes hatte (*brachium sancti Cunradi*)[40]. Darin wurde sehr wahrscheinlich jene Reliquie geborgen, die dem Heiligen seiner Vita zufolge bei der zweiten Translation im Jahr 1123 entnommen worden war[41]. Bei dem Armreliquiar muss es sich um eine außergewöhnlich kostbare Goldschmiedearbeit gehandelt haben, da das Verzeichnis von 1343 es als vollkommen golden (*undique deauratum*) und mit reichem Edelsteinbesatz (*lapidibus preciosis ornatum*) sowie vier Bischofsringen an den Fingern beschreibt (*quatuor anulos equibus*)[42]. Die Beschreibung erinnert an kostbare frühe Reliquienarme, etwa den mit Goldblech verkleideten und mit Perlen, Gemmen und Kameen verzierten Blasiusarm (um 1040/1050) in Braunschweig[43].

36 Inventar des Konstanzer Domschatzes von 1343, fol. 20v, ed. in: Der Konstanzer Domschatz (wie Anm. 1), 26. – Zur Rekonstruktion des Gefäßes s. PRANGE, *Thesaurus Ecclesiae Constantiensis* (wie Anm. 2), 236f.

37 Inventar des Konstanzer Domschatzes von 1343, fol. 21r, ed. in: Der Konstanzer Domschatz (wie Anm. 1), 26. – Zur Rekonstruktion des Gefäßes siehe PRANGE, *Thesaurus Ecclesiae Constantiensis* (wie Anm. 2), 239–242.

38 Vgl. Der Schatz von St. Godehard, Ausstellungskatalog Dom- und Diözesanmuseum Hildesheim, hg. v. Michael BRANDT, Hildesheim ²1988, Kat. Nr. 31, 94–97 (Michael BRANDT). – Abglanz des Himmels. Romanik in Hildesheim, Ausstellungskatalog Dom- und Diözesanmuseum Hildesheim, hg. v. Michael BRANDT, Regensburg 2001, Kat. Nr. 4.31, 193 (Michael BRANDT).

39 Vgl. ZINSMAIER, *Processionale ecclesie Constantiensis* (wie Anm. 29), 66 u. 68.

40 Inventar des Konstanzer Domschatzes von 1343, fol. 18r, ed. in: Der Konstanzer Domschatz (wie Anm. 1), 20ff. – Zur Rekonstruktion des Objektes s. PRANGE, *Thesaurus Ecclesiae Constantiensis* (wie Anm. 2), 211–225.

41 Vgl. Vita Chounradi Constantiensis episcopi. Vita altera auctore anonymo (wie Anm. 33), c. III.6, 444.

42 Inventar des Konstanzer Domschatzes von 1343, fol. 18r, ed. in: Der Konstanzer Domschatz (wie Anm. 1), 20ff.

43 Zum Blasiusarm (Braunschweig, Herzog Anton Ulrich-Museum, Inv. Nr. MA 60) siehe Heinrich der Löwe und seine Zeit. Herrschaft und Repräsentation der Welfen 1125–1235, Ausstellungskatalog Herzog Anton-Ulrich-Museum Braunschweig, 3 Bde., hg. v. Jochen LUCKHARDT u. Franz NIEHOFF, München 1995, Bd. 1, Kat. Nr. D 59, 244f. (Franz NIEHOFF). – Martina JUNGHANS, Die Armreliquiare vom 11. bis zur Mitte des 13. Jahrhunderts, Diss. Bonn 2002, Teil II, Kat. Nr. 1, 5–14. – Michael PETER, Der Gertrudistragaltar aus dem Welfenschatz. Eine stilgeschichtliche Untersuchung (= Schriften des Dom-Museums Hildesheim 2), Mainz 2001, 178–189.

Die seit der Kultförderung durch Ulrich von Dillingen im 12. Jahrhundert stetig angewachsene Bedeutung von Konrad als heiligem Vorgänger der Bischöfe sowie als Identifikationsfigur für die Kleriker und Laien von Konstanz spiegelte sich also eindeutig in den Objekten des Domschatzes. Noch bis zum Ausgang des Mittelalters wurden immer wieder neue, wertvolle Kleinodien für seine Reliquien geschaffen. So ist für das Jahr 1460 die Fertigstellung eines prächtigen Konradschreins durch Kasper Schwartz (nachweisbar 1431–1476)[44] – einem Mitglied der führenden Konstanzer Goldschmiedefamilie – überliefert[45].

5. Die Objektpaare um Konrad und Pelagius

Trotz der Zunahme des Konradkults entstanden auch noch im späten Mittelalter Schatzobjekte für die Heiltümer des Pelagius. Offensichtlich wollte man den Kult des frühchristlichen Märtyrers, dessen Reliquien den Grundbestand des Konstanzer Heiltumsschatzes gebildet hatten, neben dem Bekenner Konrad nicht in Vergessenheit geraten lassen bzw. ihn mit jenem des Konstanzer Bischofs verbinden. Dafür spricht zum Beispiel die Nachricht, dass man in den 1460 vollendeten Konradschrein auch das Märtyrergewand des heiligen Pelagius legte[46].

Die in den Quellen erwähnten Schatzobjektpaare für Konrad und Pelagius stützen diese Annahme ebenfalls. So beschreibt das Inventar von 1343 direkt nach dem Konradarm ein Reliquiar des heiligen Pelagius, das eine linke Hand darstellte (*manus sinistra beati Pelagii*)[47]. Die Form von linken Händen und Armen war im Mittelalter eher ungewöhnlich, da mit der linken Seite negative Eigenschaften verbunden waren[48]. Linke Arme und Hände kommen daher überwiegend bei Arm- oder Handpaaren vor wie z. B. bei zwei Reliquiaren in Münster (erstes Drittel 13. Jahrhundert)[49]. Es ist also sehr wahrscheinlich, dass das Handreliquiar des Pelagius als Pendant zum Konradarm angefertigt worden war.

Ein weiteres Objektpaar für die Reliquien von Konrad und Pelagius ist durch spätere Schriftquellen überliefert. So nennt das Schatzinventar von 1500 zwei silbervergoldete Reliquienbüsten der Heiligen (*Ist oben Sanct Polayen unnd Sanct Cyprians houpter silbri unnd vergult* [...] *Item Sanct Cunrats houpt silbri unnd vergult*)[50]. Die Büsten müssen

44 Zur Goldschmiedefamilie Schwartz s. PRANGE, *Thesaurus Ecclesiae Constantiensis* (wie Anm. 2), 255ff.

45 Vgl. Quellen und Forschungen zur südwestdeutschen und schweizerischen Kunstgeschichte im XV. und XVI. Jahrhundert, Abt. 1: Bodenseegebiet, Text und Quellen, ed. v. Hans ROTT, Stuttgart 1933, Quellen, 115. – S. a. Regesten zur Bau- und Kunstgeschichte (wie Anm. 27), Nr. 319.

46 Vgl. Quellen und Forschungen (wie Anm. 45), Quellen, 112 u. 115.

47 Inventar des Konstanzer Domschatzes von 1343, fol. 18r, ed. in: Der Konstanzer Domschatz (wie Anm. 1), 22f. – Zur Rekonstruktion des Objektes s. PRANGE, *Thesaurus Ecclesiae Constantiensis* (wie Anm. 2), 225–228.

48 Vgl. Otto NUSSBAUM, Die Bewertung von Rechts und Links in der römischen Liturgie, in: Jahrbuch für Antike und Christentum 5, 1962, 158–171.

49 Zum Armpaar (Münster, Kathedralkirche St. Paulus, Domschatzkammer, Inv. Nr. E 8a u. E 8b) s. JUNGHANS, Die Armreliquiare (wie Anm. 43), Kat. Nr. 25 u. 26, 152–159. – Kirchenschätze. 1200 Jahre Bistum Münster, 2 Bde., hg. v. Udo GROTE u. Reinhard KARRENBROCK, Münster 2005, Bd. 2, 135.

50 Inventar des Konstanzer Domschatzes von 1500, fol. 27v u. 29v, ed. in: Der Konstanzer Domschatz (wie Anm. 1), 35 u. 37. – Eine ausführliche Rekonstruktion und kunsthistorische Einordnung der Büsten in: PRANGE, *Thesaurus Ecclesiae Constantiensis* (wie Anm. 2), 257–266.

vor 1417 angefertigt worden sein, da die Chronik des Konstanzer Konzils von Ulrich Richental (um 1360–1437) die Kleinodien im Zusammenhang mit der Salbung Papst Martins V. (1417–1431) am 21. November dieses Jahres nennt. Bei diesem Anlass wurden sie gemeinsam auf dem Altar präsentiert (*Och was uff dem altar Sant Conratz und Sant Pelayen höpter*)[51]. Die Papstsalbung Martins V. ist in der Richental-Chronik durch mehrere Abbildungen illustriert. So sind auf folio 101r im Hintergrund zwei Büsten zu erkennen, von denen die linke durch die Mitra als Konradbüste, das rechte mit Krone dargestellte Reliquiar als Pelagiusbüste zu identifizieren ist. Dass die Büste des Märtyrers tatsächlich mit einer Krone ausgezeichnet war, bestätigt das Protokoll der Einschmelzungen. Dort heißt es: *Item die zway großen, vergulten houpter, ains mit ainer cron und ains mit ainer inflen*, wobei mit dem zweiten infulierten Haupt die Büste des heiligen Bischofs Cyprian gemeint gewesen sein muss, die im Domschatzinventar aus dem Jahr 1500 belegt ist[52]. Die Konradbüste wird ein paar Zeilen weiter oben genannt: *Item mer habent sy gebrochen* [...] *Sanct Cunrats bischofshopt, hat gewogen 46 ½ marck*[53]. Dies belegt den hohen Wert der Büste, da 46,5 Konstanzer Mark einem Gewicht von etwa 11 kg Edelmetall entsprechen[54].

Dass das Büstenpaar im Domschatz von hoher künstlerischer Qualität war, verdeutlicht ein Vergleich mit zwei erhaltenen Büstenreliquiaren im Churer Domschatz, die beide in Konstanz hergestellt wurden: Die Placidus- (um 1480) und die Luciusbüste (1499)[55]. Für die Placidusbüste ist die Entstehung in der Werkstatt der Konstanzer Goldschmiedefamilie Schwartz sogar archivalisch belegt, die – wie bereits erwähnt – auch Arbeiten für das Konstanzer Domkapitel anfertigte.

Das Beispiel der anthropomorphen Reliquiare zeigt, dass die Schatzobjektgruppe um die Dompatrone bis ins späte Mittelalter sukzessive erweitert wurde. Wie Bruno Reudenbach und Klaus Gereon Beuckers aufzeigen, verdeutlichten gerade die Reliquiare in Form von Körperteilen – und hier v. a. die Büsten, die im Laufe der Zeit immer individuellere Züge erhielten –, die Wirkungsmacht der Heiligen und ihre Handlungsfähigkeit als aktive Fürsprecher am Tag des Gerichts[56]. Durch das Mitführen der Reliquiare in Prozessionen waren die Konstanzer Dom- und Stadtpatrone in dieser Funktion auch der Bevölkerung gegenwärtig. So etwa bei der seit 1324 als Dank für die Errettung von der österreichischen

51 Chronik des Konstanzer Konzils 1414–1418 von Ulrich Richental, hg. v. Thomas M. Buck, Ostfildern ²2011, 111.

52 Auflistung des 1528–1546 eingeschmolzenen Edelmetalls, fol. 13v, ed. in: Der Konstanzer Domschatz (wie Anm. 1), 56f.

53 Ebd., fol. 13r, ed. in: Der Konstanzer Domschatz (wie Anm. 1), 56.

54 Konstanzer Mark (= 235,19 g), Lot (= 14,70 g). Vgl. Kahnt / Knorr, Alte Maße, Münzen und Gewichte (wie Anm. 11), 178ff.

55 Zur Placidusbüste (Chur, Domschatz, Inv. Nr. RE.I.2) s. Gold und Silber aus Konstanz (wie Anm. 26), 102. – Dosch, Das Dommuseum in Chur (wie Anm. 26), 12f. – Gold. Schatzkunst zwischen Bodensee und Chur (wie Anm. 26), 256f. (Anna Barbara Müller-Fulda). – Zur Luciusbüste (Chur, Domschatz, Inv. Nr. RE.I.1) s. Dosch, Das Dommuseum in Chur (wie Anm. 26), 12f.

56 Vgl. Bruno Reudenbach, Reliquiare als Heiligkeitsbeweis und Echtheitszeugnis. Grundzüge einer problematischen Gattung, in: Vorträge aus dem Warburg-Haus, Bd. 4, Berlin 2000, 1–36, hier: 18f. – Ders., Heil durch Sehen. Mittelalterliche Reliquiare und die visuelle Konstruktion von Heiligkeit, in: Von Goldenen Gebeinen. Wirtschaft und Reliquie im Mittelalter, hg. v. Markus Mayr, (= Geschichte und Ökonomie 9), Innsbruck 2001, 135–147, hier: 140. – Klaus G. Beuckers, Individuelle Fürbitte. Spätgotische Reliquienbüsten als personales Gegenüber, in: *Pro remedio et salute anime peragemus.* Totengedenken am Frauenstift Essen im Mittelalter (= Essener Forschungen zum Frauenstift 6), hg. v. Thomas Schilp, Essen 2008, 129–162.

Belagerung jährlich stattfindenden Prozession, die in den Quellen als *St. Conrads und Pelayen crützgang* bezeichnet wird[57]. In der Richental-Chronik wird z. B. die Fronleichnamsprozession aus dem Jahr 1415 illustriert, bei der nicht nur die sakralen Gemeinschaften mit dem Allerheiligsten und den Reliquiaren abgebildet sind, sondern auch Vertreter aller Stände, sodass Konstanz hier als die sich um Christus und die Heiligen scharende Gesamtkirche – als *urbs sancta* – dargestellt ist[58].

6. Resümee

Die genannten Beispiele verdeutlichen, welche Rolle der Schatz bzw. die einzelnen Objekte für Bischof und Domkapitel, aber auch für die Laien als Heilsgarant, als Amtslegitimation sowie als Mittel der Stiftung oder Wahrung von Identität spielten.

Abschließend seien die einzigen »Schatzobjekte« im weitesten Sinn genannt, die sich aus dem Mittelalter erhalten haben und an denen sich das Gesagte noch einmal exemplarisch zusammenfassen lässt: die wichtige Stellung von altehrwürdigen Objekten, die auf einen bedeutenden Stifter oder einen heiligen Amtsinhaber zurückgeführt werden können, die sukzessive Ergänzung des Schatzbestandes durch neue, sich zum Teil formal ähnelnde Kleinodien und die damit zusammenhängende inhaltliche Erweiterung und schließlich die Bedeutung der Dom- und Stadtpatrone für die Identität des Bistums und der Stadt. Diese Aspekte können an der bedeutenden ottonischen Goldscheibe der *Maietas Domini* und den im 13. Jahrhundert ergänzend hinzugekommenen Scheiben der Patrone Konrad und Pelagius aufgezeigt werden.

Aufgrund von Übereinstimmungen zur Reichenauer Buchmalerei datiert Ulrich Kuder die *Maiestas*-Scheibe in die erste Hälfte des 10. Jahrhunderts und damit in die Amtszeit des Bischofs Konrad[59]. Kuder geht davon aus, dass die Scheibe ursprünglich im Gewölbe der Mauritiusrotunde – also über der Heilig-Grab-Anlage – hing und somit eine eschatologische Bedeutung besaß[60].

Unter Bischof Eberhard II. von Waldburg (1248–1274) wurde die Rotunde im 13. Jahrhundert umgebaut, das ottonische Heilige Grab wurde durch die gotische Anlage aus Stein ersetzt[61]. Erhalten blieb jedoch die *Maiestas*scheibe, die an das Wirken des heiligen Amtsvorgängers der Konstanzer Bischöfe erinnerte. Die *Maiestas*scheibe wurde um die

57 Vgl. Gregor Mangolt, *Chronicon Constantiense*, Konstanz, Stadtarchiv, A I 3, fol. 26r–26v. S. a. *Processionale ecclesie Constantiensis* (wie Anm. 29), 97, Anm. 107. – Bihrer, Der Konstanzer Bischofshof (wie Anm. 2), 533. – 1525 wurde die städtische Prozession aufgehoben, vgl. Rublack, Die Einführung der Reformation (wie Anm. 4), 52.

58 Ulrich Richental, Das Konzil zu Konstanz, Faksimile- und Kommentarbd., ed. v. Otto Feger, Konstanz / Starnberg 1964, fol. 52r.

59 Vgl. Ulrich Kuder, Die Konstanzer Christusscheibe, in: Schriften des Vereins für Geschichte des Bodensees und seiner Umgebung 115, 1997, 1–87. – Ders., Nachtrag zur »Konstanzer Christusscheibe«, in: Schriften des Vereins für Geschichte des Bodensees und seiner Umgebung 117, 1999, 1–10.

60 Vgl. Kuder, Die Konstanzer Christusscheibe (wie Anm. 59), 57–78.

61 Zum gotischen Heiligen Grab siehe Peter Kurmann, Zur Architektur des Konstanzer Hl. Grabes, in: Unsere Kunstdenkmäler 20, 1969, 65–75. – Ders., Das Konstanzer Heilige Grab. Sein stilistisches und zeitliches Verhältnis zu französischen Vorbildern, in: Kunstchronik 25, 1972, 333f. – Ders., Das Heilige Grab in Konstanz, Gestalt und Funktion, in: Konstanz 1985. Dokumentation. Tagung der Dombaumeister, Münsterbaumeister, Hüttenmeister, 10.–14. September 1985 in Konstanz, Konstanz 1985, 71–79.

Darstellungen von Konrad, Pelagius und der Heilig-Geist-Taube ergänzt und anschließend am Chorgiebel des Münsters angebracht[62]. Durch die Erweiterung um die Bildnisse von Konrad und Pelagius wurde das ursprünglich allgemein eschatologische Programm auf Konstanz und das Wirken der beiden Dom- und Stadtpatrone ausgerichtet.

Die exponierte Aufhängung der Scheiben spielte gerade um die Mitte des 13. Jahrhunderts eine wichtige Rolle, denn zu dieser Zeit führte die zunehmende Unabhängigkeit der Bürger vom Bischof, dem einstmals alleinigen Stadtherrn, zu Konflikten[63]. Mit dem Anbringen der Goldscheiben am Chorgiebel, die damit für jedes ankommende Schiff schon von weitem zu sehen waren, demonstrierte und bekräftigte man die Einheit der Stadt unter der Leitung des Bischofs und dem Schutz der Patrone.

62 Zur Konrad- und Pelagiusscheibe (um 1240–1250) sowie zur sog. Adlerscheibe (um 1240–1250) s. Kuder, Die Konstanzer Christusscheibe (wie Anm. 59), 7. – Da die Inschrift der sog. Adlerscheibe zum großen Teil nicht ursprünglich ist, könnte der Vogel ursprünglich die Taube des Heiligen Geistes dargestellt haben (vgl. ebd.).

63 Im Jahr 1225 gestattete Kaiser Friedrich II. (1220–1250) der seit 1213 bestehenden Reichsstadt den Konstanzer Stadtrat, der sich aus zehn Mitgliedern (außer dem Ammann) zusammensetzte und der zukünftig die Innen- und Außenpolitik der Stadt lenkte. Vgl. Maurer, Konstanz im Mittelalter (wie Anm. 7), Bd. 1, 116.

FRANZ XAVER BISCHOF

Die Säkularisation des Hochstifts Konstanz 1802/1803

Wo Gewalt für Recht gilt, da ist kein Schutz für den Schwachen und [...] bleibt den unschuldigen Schlachtopfern ungerechter Vergrößerungssucht nichts übrig, als durch fortgesetzte Behauptung ihrer Würde im Unglück und durch einen ehrenvollen Untergang den Unterdrückern ein ewiges Schandmal zu setzen. Vergebens werden die geistlichen Stände zu Lüneville oder zu Regensburg das Ungewitter beschwören. Um ihren politischen Zustand zu retten, hätten sie ihre Maasregeln früher ergreifen müssen. Jezt kämen sie zu spät, blieben unwirksam, oder vielmehr sind nimmer möglich. Doch einschläfern sollen sie sich nicht lassen durch die Unvermeidlichkeit ihres Schicksals. [...] Die geistlichen Stände haben bei weitem nicht alles verlohren, wenn sie über den Trümmern ihrer weltlichen Hoheit dasjenige retten, was höher ist und edler und unveräußerlicher, [nämlich] ihre Ehre, die Würde ihres Standes und den blühenden Zustand der ihrer Obsorge vorzüglich anvertrauten heiligen Religion. Auf die Rettung dieser unvergänglichen Schätze müssen sie also jezt vornehmlich bedacht seyn. [...] Hiedurch allein können die geistlichen Reichsstände ihre Widersacher zu Schanden machen, und ihr politisches Schicksal [...] überleben, vielleicht sogar für die Zukunft eine Verbesserung ihres Zustandes vorbereiten[1].

Mit dieser realistischen Einschätzung der politischen Großwetterlage beginnt der Maßnahmenkatalog *Was haben die geistlichen Reichsstände und die Domkapitel jezt zu thun?*, den Ignaz Heinrich von Wessenberg (1774–1860)[2] zu Beginn des Jahres 1801 mit Blick

1 Ignaz Heinrich von Wessenberg, Was haben die geistlichen Reichsstände und die Domkapitel jezt zu thun?, 1801. Handschriftliches Original: StadtA Konstanz Wessenberg-Nachlass 2710/25.
2 Über Wessenberg, besonders über sein kirchenpolitisches und kirchenreformerisches Wirken in Auswahl: Franz Xaver Bischof, Ignaz Heinrich (Karl Joseph Thaddäus Fidel Dismas) von Wessenberg-Ampringen, in: Helvetia Sacra I/2: Das Bistum Konstanz. Das Erzbistum Mainz. Das Bistum St. Gallen, hg. vom Kuratorium der Helvetia Sacra, 2 Teile, Basel/Frankfurt a.M. 1993, 479–489. – Ders., Das Ende des Bistums Konstanz. Hochstift und Bistum Konstanz im Spannungsfeld von Säkularisation und Suppression (1802/03–1821/27) (MKHS 1), Stuttgart/Berlin/Köln 1989. – Ders., Ignaz Heinrich von Wessenberg (1774–1860). Kirchenreformer im frühen 19. Jahrhundert, in: Theologische Profile. Schweizer Theologen und Theologinnen im 19. und 20. Jahrhundert, hg. v. Bruno Bürki u. Stephan Leimgruber, Freiburg/Schweiz 1998, 19–33 (Lit.). – Michael Bangert, Bild und Glaube. Ästhetik und Spiritualität bei Ignaz Heinrich von Wessenberg (1774–1860) (Studien zur christlichen Religions- und Kulturgeschichte 11), Fribourg/Stuttgart 2009. – Ignaz Heinrich von Wessenberg 1774–1860. Kirchenfürst und Kunstfreund, hg. v. Barbara Stark für die Städtische Wessenberg-Galerie Konstanz, Konstanz 2010. – Manfred Weitlauff, Ignaz Heinrich von Wessenberg (1774–1860), Domkapitular von Konstanz und Augsburg, Generalvikar des Bistums Konstanz. Kirchlicher Reformer und Kirchenpolitiker zwischen Säkularisation und Neuorganisation der Kirche Deutschlands. Mit einem Quellen- und Dokumentenanhang, in: JVABG 44/1, 2010, 1–335. – Franz Xaver Bischof, »Die Einheit der Nationalkirche schien mir zunächst das Wesentliche, wenn sich das religiös-kirchliche Leben unseres Volkes heben und gedeihlich entwickeln soll«. Wessenberg auf dem Wiener Kongress, in: Der Wiener Kongress – eine kirchenpolitische Zäsur?

auf den bevorstehenden Frieden von Lunéville (9. Februar 1801) verfasste. Der junge Konstanzer Domkapitular erkannte klar sehend, dass die Säkularisation der Reichskirche nicht aufzuhalten war. Er stellte deshalb Maßregeln auf, die seiner Ansicht nach bei der Durchführung der Säkularisation zu beachten waren. Konkret plädierte er insbesondere für ein gemeinsames Vorgehen der geistlichen Reichsstände, forderte ein enges Zusammenwirken der Domkapitel mit ihren Bischöfen und richtete den Blick bereits auf die Zukunft der deutschen Kirche nach dem Wegfall ihrer bisherigen Verfassung und Struktur. Vorrangiges Ziel müsse es sein, die Funktionstüchtigkeit der Kirche als geistlicher Organisation zu erhalten sowie Sorge zu tragen, dass Verwaltung und Aufsicht der kirchlichen Stiftungen in der Hand von Bischof und Geistlichkeit blieben[3].

Wessenbergs Lagebeurteilung wurde durch den Frieden von Lunéville bestätigt. Der Friedensvertrag beendete den Zweiten Koalitionskrieg (1799–1801) und legalisierte völkerrechtlich die Annexion und Abtretung der linksrheinischen Gebiete des Heiligen Römischen Reiches von der schweizerischen bis zur holländischen Grenze an Frankreich. Die weltlichen Reichsfürsten, die linksrheinisch Verluste erlitten hatten, sollten auf der rechten Rheinseite (»aus dem Schoße des Reiches«[4]) entschädigt werden, wozu das Säkularisationsprinzip, das bei den Rastatter Friedensverhandlungen (1797–1799) mit Zustimmung Österreichs vereinbart worden war, Anwendung finden sollte. Vergeblich suchte Wessenberg nunmehr in zwei ohne Verfasserangabe veröffentlichten Schriften *Die Folgen der Säkularisation. Cuique suum*[5] und *Der Geist des Zeitalters. Ein Denkmal des achtzehnten Jahrhunderts, zum Besten des neunzehnten errichtet von einem Freunde der Wahrheit*[6] vor den Folgen einer radikalen Säkularisation zu warnen; es gelang nicht einmal, die geistlichen Reichsfürsten für ein einheitliches Vorgehen in der Säkularisations- und Kirchenfrage zu gewinnen. Nach monatelangen Auseinandersetzungen zwischen den Reichsständen beschloss der Reichstag in Regensburg im Oktober 1801, eine außerordentliche Reichsdeputation zur Regelung der Säkularisationsfrage einzusetzen. Ihre Beratungen, die am 24. August 1802 in Regensburg begannen, standen unter dem Einfluss Frankreichs und Russlands, die zwar an der Grundstruktur des Reiches festhalten wollten, aber für eine vollständige Säkularisation der geistlichen Staaten votierten, mit Ausnahme nur des Staats des Mainzer Kurfürsten, der in Personalunion Erzkanzler des Reiches war. Die Verhandlungen endeten am 25. Februar 1803 mit dem bekannten Reichsdeputations-Hauptschluss[7]. Er verfügte die Säkularisation der geistlichen Staaten und die Mediatisierung der meisten kleineren weltlichen Reichsstände. Nur der Deutsche Orden und der Malteserorden blieben bis 1809 erhalten und aus reichsverfassungsrechtlichen Gründen bis 1810 der neugeschaffene Staat des Mainzer Erzbischofs und Erzkanzlers Karl Theodor

(Veröffentlichungen des Instituts für Europäische Geschichte Mainz. Abteilung Universalgeschichte 97), hg. v. Heinz DUCHHARDT u. Johannes WISCHMEYER, Göttingen 2013, 99–111.

3 WESSENBERG, Was haben die geistlichen Reichsstände und die Domkapitel jezt zu thun? (wie Anm. 1).

4 Der entscheidende Artikel 7 des Lunéviller Friedens von 1801, gedruckt in: Ernst Rudolf HUBER/Wolfgang HUBER, Staat und Kirche im 19. und 20. Jahrhundert. Dokumente des deutschen Staatskirchenrechts. Bd. 1: Staat und Kirche vom Ausgang des alten Reichs bis zum Vorabend der bürgerlichen Revolution, Berlin 1973, 15.

5 Germanien [Zürich] 1801.

6 Zürich 1801.

7 Text des Reichsdeputationshauptschlusses vom 24. August 1802, in: Ernst Rudolf HUBER, Dokumente zur deutschen Verfassungsgeschichte, Bd. 1, Stuttgart ³1978, 1–28.

von Dalberg (1744–1817)[8], dessen Sitz von Mainz nach Regensburg transferiert wurde. Der Reichsdeputationshauptschluss besiegelte damit den folgenreichsten Umbruch in der Verfassungsstruktur des Reiches seit dem Westfälischen Frieden 1648, und er begünstigte jene deutschen Staaten, die sich mit Frankreich gut gestellt hatten. Das zeigte sich besonders deutlich im deutschen Südwesten mit seiner Vielzahl geistlicher und weltlicher Klein- und Kleinststaaten, zu denen auch das Hochstift Konstanz gehörte. Hier kam es zu einer eigentlichen Flurbereinigung der politischen Landkarte zugunsten Badens und Württembergs, die ihre Territorien durch Säkularisationen und Mediatisierungen zu den heutigen modernen Flächenstaaten ausbauen konnten[9]. Der folgende Beitrag schildert nach einer kurzen Charakteristik des Hochstifts Konstanz das Säkularisationsgeschehen, wie es bei anderen von Baden in Besitz genommenen geistlichen Staaten gleich oder ähnlich verlaufen ist, und schließt mit einem Ausblick auf die Folgen der Säkularisation für den Fortbestand des Bodenseebistums Konstanz, das länderübergreifend vom Gotthard bis zum mittleren Neckar und vom Rhein bis zur Iller reichte und in der Frühen Neuzeit die flächenmäßig größte Diözese des Heiligen Römischen Reiches gebildet hatte.

8 Über Dalberg, sein kirchenpolitisches Wirken und seinen Einsatz für die Erhaltung der deutschen Kirche in Auswahl: Klaus Rob, Karl Theodor von Dalberg (1744–1817). Eine politische Biographie für die Jahre 1744–1806 (Europäische Hochschulschriften. Reihe III: Geschichte und ihre Hilfswissenschaften 231), Frankfurt a.M. 1984. – Bischof, Das Ende des Bistums Konstanz (wie Anm. 2), 110–190. – Ders., Die Konkordatspolitik des Kurerzkanzlers und Fürstprimas Karl Theodor von Dalberg und seines Konstanzer Generalvikars Ignaz Heinrich von Wessenberg in den Jahren 1803–1815, in: ZKG 108, 1997, 75–92. – Manfred Weitlauff, Dalberg als Bischof von Konstanz und sein Generalvikar Ignaz Heinrich von Wessenberg, in: Ders., Kirche zwischen Aufbruch und Verweigerung. Ausgewählte Beiträge zur Kirchen- und Theologiegeschichte des 19. und 20. Jahrhunderts, hg. v. Franz Xaver Bischof u. Markus Ries als Festgabe für Manfred Weitlauff zum 65. Geburtstag, Stuttgart 2001, 50–73. – Herbert Hömig, Karl Theodor von Dalberg. Reichskanzler und Kirchenfürst im Schatten Napoleons, Paderborn 2011. – Karl Hausberger, Dalbergs Konkordatspläne für das Reich und den Rheinbund, in: Duchhardt / Wischmeyer, Der Wiener Kongress (wie Anm. 2), 11–39.

9 Eine kritische Gesamtdarstellung der Säkularisation ist noch immer Desiderat. Wichtige Arbeiten in Auswahl: Thomas Nipperdey, Deutsche Geschichte 1800–1866. Bürgerwelt und starker Staat, München ³1985, 11–101. – Karl Otmar Freiherr von Aretin, Heiliges Römisches Reich 1776–1806. Reichsverfassung und Staatssouveränität, 2 Bde. (Veröffentlichungen des Instituts für Europäische Geschichte Mainz. Abteilung Universalgeschichte 38), Wiesbaden 1967. – Ders., Das Alte Reich 1648–1806, 4 Bde., Stuttgart 1993–2000. – Zur Säkularisation geistlicher Institutionen im 16. und im 18. / 19. Jahrhundert, hg. v. Irene Crusius, Göttingen 1996. – Manfred Weitlauff, Der Staat greift nach der Kirche. Die Säkularisation von 1802/03 und ihre Folgen, in: Ders., Kirche zwischen Aufbruch und Verweigerung (wie Anm. 8), 74–102. – Konstantin Maier, Das Ende der Reichskirche nach dem Frieden von Lunéville 1801, in: ZWLG 61, 2002, 273–284. – Alte Klöster – Neue Herren. Die Säkularisation im deutschen Südwesten 1803, 2 Bde., hg. v. Volker Himmelein u. Hans Ulrich Rudolf, Ostfildern 2003. – Klaus Herbers / Helmut Neuhaus, Das Heilige Römische Reich. Schauplätze einer tausendjährigen Geschichte (843–1806), Köln / Weimar / Wien 2006, 283–287.

1. Das Hochstift Konstanz. Charakteristik eines fürstbischöflichen Kleinstaats

Im Unterschied zur weiträumigen Diözese Konstanz[10] war das weltliche Herrschaftsgebiet der Konstanzer Fürstbischöfe klein und zersplittert. Es beschränkte sich seit dem 14. Jahrhundert hauptsächlich auf Ämter und Orte beidseits von Bodensee und Hochrhein, darunter das Oberamt Meersburg mit der gleichnamigen Stadt, in welcher die Konstanzer Fürstbischöfe seit der Reformation residierten[11]. Eine Landeshoheit in einem größeren zusammenhängenden Territorium aufzubauen war den Konstanzer Bischöfen im Laufe des Mittelalters nicht gelungen, vor allem aufgrund der Lage des Bischofssitzes zwischen den Benediktinerabteien Reichenau und St. Gallen. Doch brachten die Inkorporationen des Augustinerstifts Öhningen (1534/36) und der Abtei Reichenau (1540) im 16. Jahrhundert noch einmal einen beträchtlichen Zuwachs an Grundbesitz und herrschaftlichen Rechten. Am Untersee entstand dadurch ein fast geschlossenes Konstanzer Herrschaftsgebiet. Hinzu kamen die staatsrechtlichen Verhältnisse, die hoch kompliziert waren, zumal nachdem der Schwabenkrieg 1499 zur faktischen Unterscheidung zwischen Ämtern *auf Reichsboden* und *auf Schweizer Boden* geführt hatte. Die volle Landeshoheit besaßen die Konstanzer Fürstbischöfe im ausgehenden 18. Jahrhundert nur in den nördlich des Bodensees gelegenen Ämtern Meersburg, Markdorf und Ittendorf; in wenigen anderen Herrschaften stand ihnen das Hochgericht zu, das einen wesentlichen Teil der Landeshoheit bildete: auf Reichsboden in den Ämtern Bohlingen-Gaienhofen, Öhningen und Reichenau; auf Schweizer Boden bis 1798 nur in den gemischtkonfessionellen Städten Arbon (samt der Dorfschaft Horn) und Bischofszell. Die Militärhoheit lag hier seit dem Ende des 15. Jahrhunderts faktisch bei der eidgenössischen Landvogtei Thurgau – ungeachtet des bis zur Säkularisation nicht aufgegebenen Konstanzer Anspruchs auf integrale Landeshoheit. In den heutigen Kantonen Thurgau, Aargau und Schaffhausen besaß das Hochstift Konstanz in mehreren Orten die niedere Gerichtsbarkeit. In wirtschaftlicher Hinsicht bedeutsam waren die so genannten Kameralämter außerhalb des Hochstifts, die nur ökonomischen Besitz verwalteten, im Vergleich zu den Hochstiftsämtern aber ertragreicher waren[12].

Der geistliche Kleinstaat am Bodensee gehörte mit seinen rund fünf Quadratmeilen zu den kleinsten geistlichen Territorien des Reiches. Er konnte sich mit bedeutenden Erz-

10 Zur Geschichte der Diözese Konstanz: Helvetia Sacra I/2 (wie Anm. 2) (QQ u. Lit.). – Die Bischöfe von Konstanz. Geschichte und Kultur, 2 Bde., hg. v. Elmar L. KUHN, Eva MOSER, Rudolf REINHARDT u. Petra SACHS, Friedrichshafen 1988. – BISCHOF, Das Ende des Bistums Konstanz (wie Anm. 2). – Der schweizerische Teil der ehemaligen Diözese Konstanz, hg. v. Brigitte DEGLER-SPENGLER, Basel 1994. – Dominik BURKARD, Bistum Konstanz, in: Die Bistümer des Heiligen Römischen Reiches von ihren Anfängen bis zur Säkularisation, hg. v. Erwin GATZ unter Mitwirkung von Clemens BRODKORB u. Helmut FLACHENECKER, Freiburg i. Br. 2003, 294–314. – Helmut MAURER/Franz Xaver BISCHOF, Konstanz (Diözese), in: Historisches Lexikon der Schweiz 7, 2008, 382–385 (Lit.).

11 Dazu jetzt: Neues Schloss Meersburg 1712–2012. Die bewegte Geschichte der Residenz – Von den Fürstbischöfen bis heute, hg. v. Staatliche Schlösser und Gärten Baden-Württemberg, Regensburg 2013.

12 Zur Geschichte des Hochstifts Konstanz: Helvetia Sacra I/2 (wie Anm. 2), 54–77. – BISCHOF, Das Ende des Bistums Konstanz (wie Anm. 2), 65–250. – DERS., Art. Konstanz (Fürstbistum), in: Historisches Lexikon der Schweiz 7, 2007, 385f. (mit Karte des gesamten länderübergreifenden Hochstifts). – DERS., Das Fürstbistum Konstanz im 18. Jahrhundert, in: Neues Schloss Meersburg (wie Anm. 11), 19–25.

und Hochstiften des Reiches wie Mainz, Bamberg oder Würzburg nicht messen; ja nicht einmal mit benachbarten Benediktinerabteien wie St. Blasien, Weingarten oder St. Gallen, die das Hochstift Konstanz an Finanzkraft und wirtschaftlicher Potenz sowie kultureller Ausstrahlungskraft bei weitem übertrafen[13]. Am Ende des 18. Jahrhunderts gebot der Fürstbischof von Konstanz lediglich über rund 12.000 meist bäuerliche Untertanen, die von Ackerbau, Viehzucht und Weinbau lebten. Nur in den Städten Arbon und Bischofszell hatte sich im 18. Jahrhundert eine prosperierende Leinwand- und Baumwollindustrie entwickelt, die vornehmlich von reformierten Industriellen betrieben wurde und zwischen 1780 und 1790 ihren Höhepunkt erreichte. Zur Ausbildung von Landständen oder eines eigenen Landrechts war es nie gekommen. Das Ensemble der fürstbischöflichen Residenz über der Stadt Meersburg mit Altem und Neuem Schloss und Wirtschaftsgebäuden hielt sich im Vergleich mit den Residenzen anderer Fürstbischöfe oder Fürstäbte in bescheidenem Rahmen.

Dennoch bildete das Hochstift Konstanz einen Reichsstand gleich vielen anderen Territorien im Südwesten des Reiches. Damit verbunden war die Mitgliedschaft im Reichstag zu Regensburg, wo der Konstanzer Fürstbischof den siebten Platz auf der geistlichen Fürstenbank zwischen Straßburg und Augsburg einnahm. Bedeutung verlieh seiner weltlichen Stellung in der Frühen Neuzeit weniger sein Territorium als der Umstand, dass er unter den geistlichen Reichsfürsten im schwäbischen Raum den ersten Rang einnahm. Im Reichskreis Schwaben führte er zusammen mit dem protestantischen Herzog von Württemberg seit 1543 das Kreisausschreibeamt, das ihn zum wichtigen Partner für den Kaiser machte. Es verlieh dem Konstanzer Fürstbischof zeitweise erhebliches politisches Gewicht, insbesondere wenn es in Kriegszeiten, wie in den 1790er-Jahren, darum ging, die finanziellen und militärischen Ressourcen des Schwäbischen Kreises zu mobilisieren[14].

2. Auf dem Weg zur Säkularisation. Aktionen Dalbergs zur Rettung des Hochstifts

Während andere geistliche Staaten in der zweiten Hälfte des 18. Jahrhunderts ihre Territorien gezielt modernisierten oder wie das benachbarte St. Blasien eine eigentliche Blütezeit erlebten[15], vermochte Konstanz an dieser Entwicklung nur ansatzweise zu partizipieren. Die prekäre finanzielle Lage des Hochstifts – der Kleinstaat stand Ende der 1780er-Jahre kurz vor dem Ruin – und die den Konstanzer Interessen zuwider laufende Kirchenpolitik Kaiser Josephs II. (1765/80–1790), insbesondere seine dann nicht ausgeführten Diözesan-

13 Eine Finanz- und Wirtschaftsgeschichte des Hochstifts Konstanz in der Neuzeit steht noch aus. Zum weithin strukturell bedingten wirtschaftlichen Niedergang von Hochstift und Diözese Konstanz in der Neuzeit: Rudolf REINHARDT, Zur Wirtschafts- und Finanzgeschichte von Hochstift und Diözese Konstanz in der Neuzeit, in: Aus südwestdeutscher Geschichte. Festschrift für Hans-Martin Maurer. Dem Archivar und Historiker zum 65. Geburtstag, hg. v. Wolfgang SCHMIERER, Günter CORDES, Rudolf KIESS u. Gerhard TADDEY, Stuttgart 1994, 539–545.

14 Vgl. Bernd WUNDER, Der Bischof im Schwäbischen Kreis, in: KUHN u.a., Bischöfe (wie Anm. 10), 189–198. – Winfried DOTZAUER, Die deutschen Reichskreise (1383–1806). Geschichte und Aktenedition, Stuttgart 1998, 142–179.

15 Vgl. Franz Xaver BISCHOF, Die »Klosterakademie« St. Blasien in der zweiten Hälfte des 18. Jahrhunderts, in: Grenzüberschreitungen und neue Horizonte. Beiträge zur Rechts- und Regionalgeschichte der Schweiz und des Bodensees (Europäische Rechts- und Regionalgeschichte 1), hg. v. Lukas GSCHWEND, Zürich/St. Gallen 2007, 197–211.

regulierungspläne in Vorarlberg sowie das staatliche Verbot, den Konstanzer Diözesankatechismus in den österreichischen Teilen des Bistums einzuführen, führten 1788 zur Wahl Karl Theodor von Dalbergs zum Koadjutor des austrophilen Konstanzer Fürstbischofs Maximilian Christoph von Rodt (1775–1800)[16]. Dalberg, der als Auswärtiger dem Konstanzer Domkapitel nicht angehörte, war zum Zeitpunkt der Konstanzer Wahl bereits Koadjutor in Mainz und Worms. Als künftiger Mainzer Erzbischof und Erzkanzler des Reiches bot er die Gewähr, dass durch ihn das Hochstift Konstanz finanziell nicht weiter belastet werde und er außerdem der österreichischen Kirchenpolitik wirksam entgegentreten könne. Dalberg hielt sich in den 1790er-Jahren wiederholt in Meersburg auf und war bemüht, im Rahmen seiner sehr beschränkten Möglichkeiten als Koadjutor Ordnung in Verwaltung und Finanzen zu bringen.

Zu diesem Zeitpunkt war die Fortexistenz des Hochstifts indes längst fraglich geworden. Der französisch-badische Sonderfrieden vom 22. August 1796 hatte dem Markgrafen von Baden als Entschädigung für dessen Verluste auf der linken Rheinseite in Geheimartikeln bereits auch die rechtsrheinischen Teile des Hochstifts Konstanz sowie den Besitzstand des dortigen Domkapitels wie der Dompropstei Konstanz in Aussicht gestellt[17]. 1798 erfolgte mit der Errichtung der Helvetischen Republik auch der Zugriff auf die einträglichen Konstanzer Einkünfte auf Schweizer Boden. Als sich im gleichen Jahr die Säkularisationsgerüchte verdichteten und der Rastatter Kongress (1797–1799) dem Säkularisationsprinzip mit Zustimmung Österreichs zum Durchbruch verhalf, reiste Dalberg nach Wien, um den Kaiserhof in monatelangen Verhandlungen für die Erhaltung des Hochstifts Konstanz und der schwäbischen Reichsprälaturen zu gewinnen. Über die dort erhaltenen Zusagen machte sich Dalberg keine Illusionen, obschon die kaiserliche Instruktion für die Friedensverhandlungen von Lunéville die Weisung enthielt, außer der Existenz der drei geistlichen Kurfürsten von Mainz, Köln und Trier nach Möglichkeit auch den Fortbestand des Konstanzer Hochstifts und der Mitglieder des Schwäbischen Reichsprälatenkollegiums zu sichern[18].

3. Militärische Okkupation und Besitzergreifung des Hochstifts Konstanz

Tatsächlich gehörte das Hochstift Konstanz zusammen mit den Überresten der Hochstifte Basel, Straßburg und Speyer, eines Teils der rechtsrheinischen Kurpfalz sowie einer Reihe von Abteien und freier Reichsstädte zur Entschädigungsmasse, welche der Reichsdeputationshauptschluss 1803 der Markgrafschaft Baden zusprechen sollte, die gleichzeitig zum Kurfürstentum erhoben wurde[19]. Wie Preußen, Österreich, Bayern und andere

16 Über ihn: Rudolf Reinhardt, Rodt, Maximilian Augustinus Christoph Reichsfreiherr von, in: Die Bischöfe des Heiligen Römischen Reiches 1648 bis 1803. Ein biographisches Lexikon, hg. v. Erwin Gatz, Berlin 1990, 384f.

17 Text des Vertrags in: Politische Correspondenz Karl Friedrichs von Baden 1783–1806, Bd. 2, hg. v. Bernhard Erdmannsdörffer u. Karl Obser, Heidelberg 1892, 480–484 (Nr. 545).

18 Zur Wiener Mission (1798/99) Dalbergs: Bischof, Das Ende des Bistums Konstanz (wie Anm. 2), 160–176.

19 RDHS § 5 und § 31.

weltliche Fürsten wartete auch der Markgraf Karl Friedrich von Baden (1746–1811)[20] die reichsrechtliche Neuordnung nicht ab. Am 14. September 1802 setzte er Dalberg, der im Januar 1800 die Nachfolge in Bistum und Hochstift Konstanz angetreten hatte, über die bevorstehende badische Okkupation des konstanzischen Territoriums in Kenntnis. Der Markgraf begründete die militärische Aktion unverblümt mit dem Vorprellen der anderen Reichsstände und damit, dass er sich nicht den Vorwurf der Vernachlässigung seiner Ansprüche zuziehen wolle[21]. Zwei Wochen später, am 2. Oktober 1802, rückten 100 Mann des Rastatter Füsilierbataillons in Begleitung von zwei Besitzergreifungskommissaren in Meersburg ein. Diese schlugen in allen auf Reichsboden gelegenen Ämtern Patente an, welche die provisorische Besitzergreifung des Hochstifts durch Baden verkündeten. Die fürstbischöfliche Regierung in Meersburg und das Domkapitel in Konstanz leisteten keinen Widerstand. Sie verhielten sich der Weisung Dalbergs folgend passiv. Nur gegen die ihnen zugemutete Mitwirkung bei der Okkupation der Hochstiftslande und gegen Eingriffe in die laufenden Regierungsgeschäfte verwahrten sich die fürstbischöflichen Beamten. Entsprechend lautete der Okkupationsbericht der badischen Besitzergreifungskommissare:

> Es sei *alles gut von statten gegangen* und *nichts Bescheid bedürftiges* habe sich ergeben[22]. *Wir fanden* [vielmehr] *ein aeüßerst schoenes, fruchtbares, meistens zum Weinbau benutztes, aber auch mit schoenen Fruchtfeldern und herrlichen, wohl unterhaltenen Waldungen versehenes Land, freundliche gutmüthige Einwohner, Regierungsgrundsaetze, die mit denen in unserm Vaterland sehr übereinstimmen, und gar manches weit besser, als wir es erwartet hatten*[23].

Nach Regelung der Übergabemodalitäten folgte am 24. und 29. November 1802 die förmliche Besitzergreifung des Hochstifts und der Besitzungen von Domkapitel und Dompropstei. Der bevollmächtigte Statthalter Dalbergs, Domkapitular Franz Joseph von Reinach (1749–1820)[24], entließ die Beamten und Bediensteten des Hochstifts aus der Pflicht ihres bisherigen Landesherrn. Sie wurden mit Handgelübde und unter Zusicherung ungeschmälerter Besoldung sofort in den badischen Staatsdienst übernommen. Das fürstbischöfliche Militärkontingent, bestehend aus 39 Mann im aktiven Dienst, wurde aufgelöst. Die Untertanen leisteten ihren Eid auf den neuen Landesherrn. Regierung und Hofkammer sahen sich angewiesen, ihre Amtsgeschäfte unter Beibehaltung der bisherigen Entscheidungskompetenzen in Justiz-, Polizei- und Finanz-Angelegenheiten fortzusetzen. Das von der Hochstiftsverwaltung exemte Territorium der Konstanzer Dompropstei, die Herrschaft Konzenberg bei Tuttlingen, wurde zusammen mit den mediatisierten Reichsstädten Pfullendorf, Überlingen und Biberach (1806 an Württemberg abgetreten) der neuen Meersburger Verwaltung unterstellt. Diese Gebietsteile wurden zusammen mit den ehemals bedeutenden Reichsabteien Petershausen und Salmansweiler als so genanntes oberes Fürstentum dem badischen Staatswesen eingegliedert[25].

20 Über ihn: Klaus GERTEIS, Karl Friedrich von Baden, in: NDB 11, 1977, 221–223. – Gerald Maria LANDGRAF, »Moderate et prudenter«. Studien zur aufgeklärten Reformpolitik Karl Friedrichs von Baden (1728–1811), elektronische Publikation Universität Regensburg.

21 Karl Friedrich von Baden an Dalberg, Karlsruhe, 14. September 1802 (Abschrift). GLA 48/5490.

22 Protokoll des Geheimen Rats, 14. Oktober 1802 (Nr. 2009). GLA 61/14922.

23 Bericht der badischen Besitznahmekommissare Reinhard und Maler, Meersburg, 8. Oktober 1802. GLA 48/5631.

24 Über ihn: BISCHOF, Das Ende des Bistums Konstanz (wie Anm. 2), 76.

25 Ebd., 208–211. – Vgl. Franz Xaver BISCHOF, »Wir fanden ein äeußerst schoenes, fruchtbares Land und gar manches weit besser, als wir es erwartet hatten ...«. Das Ende von Hochstift und Bis-

Die bischöflich-geistliche Regierung in Konstanz wurde ersucht, den Klerus anzuweisen, den protestantischen Markgrafen von Baden als neuen Landes- und Kirchenlehensherrn anzuerkennen und für ihn und seine Familie das Kirchengebet zu verrichten. Domkapitular Ignaz Heinrich von Wessenberg, seit April 1802 Generalvikar des Bistums Konstanz, entsprach diesem Ansuchen mit Ordinariatszirkular vom 30. November 1802. Er weigerte sich jedoch, in diesem Schreiben auch den Übergang der fürstbischöflichen Patronatsrechte an den Markgrafen anzuerkennen, wie das Karlsruhe verlangt hatte[26]. In dem darüber ausbrechenden Konflikt zwischen Fürstbischof Dalberg und Karl Friedrich von Baden verteidigten Ordinariat und Domkapitel die bischöflichen Patronatsrechte ebenso entschieden wie staatlicherseits »die Forderung nach allen Patronatsrechten eisern aufrechterhalten und historische wie kanonistische Untersuchungen ihres jeweiligen Ursprungs für zwecklos erklärt«[27] wurden. Die Streitfrage konnte erst 1804 durch vertragliche Festlegung beigelegt werden. Baden setzte alle seine Ansprüche durch, mit Ausnahme der fünf Kaplaneien des Meersburger Priesterseminars. Dem Bischof von Konstanz verblieb nur die Besetzung der Seelsorgestellen in den österreichischen und schweizerischen Teilen der Diözese[28].

Wie in allen geistlichen Staaten wurde die Säkularisation auch im Falle des Hochstifts Konstanz zum Anlass einer sorgfältigen Bestandsaufnahme der finanziellen Verhältnisse. Der Rechnungsabschluss vom 30. November 1802 ergab eine Barschaft von bescheidenen 5.786 Gulden, insgesamt und einschließlich eines erheblichen Naturalienvorrats jedoch ein Reinvermögen von 193.798 Gulden. Diesem Betrag standen allerdings Schulden in Höhe von 628.372 Gulden gegenüber, die auf rechtsrheinischen und linksrheinischen Ämtern lasteten[29]. In Anbetracht der seit 1798 nahezu vollständig ausgebliebenen Einkünfte aus der Schweiz und der enormen Summe von über 216.000 Gulden, die das Hochstift Konstanz in den 1790er-Jahren kriegsbedingt hatte aufbringen müssen, war die Verschuldung nach Ansicht der badischen Besitznahmekommissare *nicht übermaesig*[30]. In der Vermögenserhebung nicht berücksichtigt waren der im Urteil der Besitzergreifungskommissare wertvolle Pretiosen-[31] und Silberbestand (Schau- und Tafelsilber), soweit letzterer nicht schon 1799 zusammen mit Teilen des Konstanzer Münsterschatzes und des fürstbischöflichen Privatsilbers als Kriegskontribution eingeschmolzen worden war[32]; außerdem die fürstbischöfliche Bibliothek, die Bilderhauerarbeiten, die Gemäldesammlung, zu der auch die Originalzeichnungen aus dem Nachlass des Augsburger Hofmalers Karl Wilhelm von Hamilton (1668–1774) gehörten, die so genannte »Hamil-

tum Konstanz und der rechtsrheinischen Teile der Hochstifte Basel und Straßburg, in: Alte Klöster – Neue Herren (wie Anm. 9), Bd 2/1, 347–360.

26 Erzbischöfliches Ordinariatsarchiv Freiburg, Konstanz Generalia, Rubrik: Kirche und Staat, Baden 1.

27 Hermann Schmid, Das Ringen Karl Theodors von Dalberg mit Kurbaden um die bischöflichkonstanzischen Patronatrechte (1802–1804), in: FDA 102, 1982, 77–119, hier: 92.

28 Vgl. Pfründenscheidungsvertrag zwischen der Diözese Konstanz und Kurbaden vom 25. Juni 1804 mit der Ratifikation Karl Friedrichs vom 27. Juli 1804 und zwei Verzeichnissen der Pfründen. Druck in: Ebd., 110–119.

29 Eine detaillierte Auflistung der finanziellen Verhältnisse 1802 in: Bischof, Konstanz (wie Anm. 2), 214–221. – Die Beträge sind jeweils auf ganze Gulden gerundet.

30 Bericht der badischen Besitznahmekommissare Reinhard und Maler, Meersburg, 14. Januar 1803. GLA 48/5636.

31 Pretiosenverzeichnis. GLA 48/5636.

32 Andrea Huber, »... Höchstderoselben Tafel zu garniren ...« – das Augsburger Silber des Fürstbischofs Franz Conrad von Rodt, in: Neues Schloss Meersburg (wie Anm. 11), 131–139, hier: 139.

tonische Schule«[33], die in die markgräfliche Grafiksammlung integriert wurde, ferner das Naturalienkabinett mit Seltenheiten aus aller Welt, die in Teilen an das Hof-Naturalienkabinett Karlsruhe und das Mineralienkabinett der Universität Freiburg kamen[34], sowie schließlich der Reichenauer Kirchenschatz mitsamt dem dort verwahrten Bestand von 434 alten, teilweise aus dem 9. / 10. Jahrhundert stammenden Handschriften[35]. Das Mobiliar der fürstbischöflichen Residenz – von Dalberg auf 100.000 Gulden geschätzt[36] – sowie des Schlosses Hegne wurde inventarisiert und auf dieser Grundlage entschieden, welche Stücke nach Karlsruhe gebracht und welche direkt verkauft werden sollten[37].

Im Unterschied zum hoch verschuldeten Hochstift wies der Vermögensstand der Konstanzer Dompropstei eine makellose Bilanz auf. Sie hatte bei einem durchschnittlichen Jahreseinkommen von rund 10.000 Gulden in den 1780er- / 1790er-Jahren keine Passivkapitalien aufzuweisen, mit Ausnahme von kriegsbedingten Gemeindeschulden in Höhe von 62.020 Gulden[38].

Mit dem Erwerb des Hochstifts Konstanz hatte Baden die Pensionspflicht des Fürstbischofs und der Domkapitulare übernommen. Da sich die Karlsruher Regierung in dieser Frage nicht festlegen wollte, zeigte Dalberg im Dezember 1802 insofern Entgegenkommen, als er sich für das Hochstift Konstanz mit dem von der Reichsdeputation ausgesetzten Minimum von jährlich 20.000 Gulden begnügen wollte, zahlbar in vierteljährlichen Raten ab dem 1. Dezember 1802[39]. Ungleich schwieriger gestaltete sich die Pensionsfestsetzung der 14 zum Zeitpunkt der Säkularisation im Genuss einer Pfründe stehenden Konstanzer Domkapitulare. Diese pochten entschieden auf ihre Rechte und widersetzten sich den badischen Minimalvorstellungen. Nach zäh geführten Verhandlungen einigten sich die Verhandlungspartner Ende November 1803 zur Zufriedenheit der Domkapitulare und der beiden Domizellare Johann Paul von Thurn-Valsassina (1770–1832) und Maximilian Joseph von Königsegg (1757–1831), die 1803 und 1804 als letzte in das Konstanzer Domkapitel aufgenommen wurden, auf eine jährliche Pension von 2.300 Gulden, zahlbar in vierteljährlichen Raten. Hinzu kamen 1.600 Gulden für das so genannte Mortuarium sowie Naturalbezüge für jene Domkapitulare, die ihren ständigen Wohnsitz in Konstanz behielten[40]. Die zwei jüngsten Domizellare Joseph Ignaz von Beroldingen (1780– 1868) und Franz Xaver von Welden (1785–1856) traten in württembergischen und badischen Staatsdienst. Sie erhielten eine jährliche Pension von 1.200 Gulden und eine Einmalzahlung von 800 Gulden für das Mortuarium bei gleichzeitigem Verzicht

33 Markus Lörz, »Die Hamiltonische Schule« aus dem Neuen Schloss in Meersburg, in: Ebd., 157–163.

34 Norbert Fromm, Das fürstbischöfliche Naturalienkabinett, in: Ebd., 165–168; Ders., Conchylien aus dem fürstbischöflichen Naturalienkabinett, in: Ebd., 169–176. – Samuel Giersch, Die Öhninger Fossilien, in: Ebd., 177–184.

35 Bischof, Das Ende des Bistums Konstanz (wie Anm. 2), 218.

36 Dalberg an den kurmainzischen Staatsminister Franz Joseph von Albini, Aschaffenburg, 12. Dezember 1802, in: Briefe Karl Theodors von Dalberg an Franz Joseph von Albini, hg. v. Alois Gerlich, in: Geschichtliche Landeskunde 7, Wiesbaden 1972, 118 (Nr. 108).

37 Die Inventare und die entsprechende Regierungsanweisung in: GLA 48/5636.

38 Dazu Bischof, Das Ende des Bistums Konstanz (wie Anm. 2), 220f.

39 Dalberg an Albini, Aschaffenburg, 12. Dezember 1802, in: Gerlich, Briefe (wie Anm. 36), 118 (Nr. 108) und Dankschreiben Karl Friedrichs von Baden an Dalberg, Karlsruhe, 4. Januar 1803. StadtA Konstanz. Wessenberg-Nachlass 97/7.

40 Vergleichsvertrag zwischen dem Domkapitel Konstanz und Kurbaden, Konstanz / Karlsruhe, 20. / 30. November 1803. StAK WN 1182/4 bzw. GLA 48/5639. – Biogramme der 14 Domkapitulare und der beiden Domizellare in: Bischof, Das Ende des Bistums Konstanz (wie Anm. 2), 75–80.

auf die ihnen zustehende Kanonikatswohnung. Der Vergleich mit den Dignitären des Konstanzer Domkapitels sicherte diesen für ihre verlorenen Einkünfte zusätzlich jährliche Pensionsgelder und zwar stattliche 9.000 Gulden für den Dompropst, 900 Gulden für den Domdekan, 946 Gulden für den Domkustos und 300 Gulden für den Domkantor[41].

Keinen Zugriff hatte Baden aufgrund der politischen Verhältnisse auf jenen ansehnlichen Teil der konstanzischen Besitzungen und Einkünfte, die in der Schweiz lagen und die 1798 der Helvetischen Republik einverleibt worden waren. Weil aber der Reichsdeputationshauptschluss Baden das Hochstift Konstanz als Ganzes zugesprochen hatte, ließ Karlsruhe nichts unversucht, Hand auch auf den linksrheinischen Besitz von Hochstift und Domkapitel zu legen. Der badische Besitzanspruch kollidierte hier jedoch mit den Interessen der Helvetischen Republik, welche die konstanzischen Besitz- und Vermögenswerte in der Schweiz als helvetisches Kircheneigentum betrachtete und die ihrerseits auf den Reichsdeputationshauptschluss rekurrieren konnte, der in § 29 festgelegt hatte, dass alle auswärtigen hoheitlichen und feudalen Rechte in der Schweiz entschädigungslos aufgehoben bleiben sollten. Derselbe Paragraph hatte darüber hinaus der Helvetischen Republik – ab 1803 den mediatisierten Kantonen – das Recht eingeräumt, alle Besitzungen und Einkünfte auswärtiger Fürsten nach den durch die helvetischen Gesetze festgelegten Grundsätze abzulösen. Umgekehrt hatte die Eidgenossenschaft als Entschädigung für den auf Reichsboden verlorenen Besitz schweizerischer Klöster, beispielsweise Neuravensburg oder Wangen, lediglich das Hochstift Chur und die im Unterengadin gelegene österreichische Herrschaft Tarasp erhalten. Damit war die Auflage verbunden, für die Pension des Churer Fürstbischofs und Domkapitels aufzukommen. Während die auf Reichsgebiet gelegenen Besitzungen der Benediktinerabteien Einsiedeln, Muri und St. Gallen jährlich zusammen rund 300.000 Gulden abwarfen, waren die beiden Erwerbungen in der Schweiz so unbedeutend – Chur wegen seines auf den Churer Hofbezirk beschränkten Territoriums, Tarasp wegen des auf 400 bis 500 Gulden berechneten Jahresertrags –, dass die Eidgenössische Tagsatzung 1804 auf die Säkularisation des fürstbischöflichen Besitzstands in Graubünden verzichtete. Die vorhandenen Vermögenswerte reichten schlicht nicht aus, um die Pensionspflicht für Bischof und Domkapitel zu erfüllen. In der Folge behielt der fürstbischöfliche Hofbezirk innerhalb der reformierten Stadt Chur über die Säkularisation hinaus eine Sonderstellung mit eigenem Gericht und eigenständiger Verwaltung. Erst 1852 wurde er in einem markant veränderten politischen Umfeld in die Stadt Chur eingemeindet[42].

Im Falle des Hochstifts Konstanz hingegen ergab die gemeinsame badisch-eidgenössische Berechnung der konstanzischen Besitzungen und Einkünfte in der Schweiz nach Abzug aller Schulden und Verpflichtungen ein Nettovermögen von 740.000 Gulden. Die Verhandlungen hierüber und über die Verteilung dieser ansehnlichen Summe wurden ab dem 5. Dezember 1803 von den Bevollmächtigten der Schweizerischen Eidgenossenschaft und Kurbadens in Schaffhausen geführt und endeten mit dem badischen-schweizerischen Staatsvertrags vom 6. Februar 1804. Darin trat Baden den gesamten Besitz von Hochstift und Domkapitel Konstanz links des Rheins auf den 1. Januar 1805 an die betroffenen Kantone Aargau, Schaffhausen, St. Gallen, Thurgau und Zürich ab. Die Kantone ihrerseits entschädigten Baden mit 440.000 Gulden und errichteten zur Finanzierung einer künftigen Kircheneinrichtung in der Schweiz einen Diözesanfonds von 300.000 Gulden.

41 Zur Pensionsfrage ausführlich: Ebd., 222–235. – Zu Beroldingen und Welden ebd., 80.

42 Albert Gasser, Der Untergang des Fürstbistums Chur, unveröffentlichte Lizentiatsarbeit, Universität Freiburg/Schweiz 1969. – Pierre Surchat, Chur (Diözese), in: Historisches Lexikon der Schweiz 3, 2004, 381–385, hier: 384.

Denn es war beschlossene Sache, dass die Schweiz an einem reorganisierten Bistum Konstanz, wie immer dieses aussehen sollte, keinen Anteil mehr haben würde. Aus dem Diözesanfonds wurde zunächst der schweizerische Anteil an den Pensionen der Konstanzer Domkapitulare – während 15 Jahren jährlich 3000 Gulden – sowie die Hälfte der Pension des Konstanzer Fürstbischofs Dalberg bestritten, solange dieser die bischöfliche Jurisdiktion im schweizerischen Teil des Bistums Konstanz ausübte (bis 31.12.1814)[43].

4. Ausblick

Das Bistum Konstanz mit seinen 1.233 Pfarreien (Stand: 1794) blieb auch nach der Säkularisation des Hochstifts in seinem Bestand wie in seinen zentralen Institutionen intakt. Die bischöfliche Kathedrale in Konstanz war zugleich Stadtpfarrkirche und deshalb von der Säkularisation nicht betroffen. In der Person des Konstanzer Domdekans Ernst Maria von Bissingen (1750–1820)[44] besaß Konstanz bis 1813 auch einen Weihbischof. Bereits im Jahr 1800 hatte Fürstbischof Dalberg auch wieder die volle bischöfliche Jurisdiktion über das Territorium der Fürstabtei Sankt Gallen übernommen, nachdem die Helvetische Republik die stift-sankt-gallische Exemtion aufgehoben und Papst Pius VII. (1800–1823) dieser Maßnahme mit Breve vom 4. Dezember 1801 zugestimmt hatte[45]. Intakt blieb als kirchliche Institution auch das Konstanzer Domkapitel. Obschon enteignet und ausschließlich adelig zusammengesetzt, löste es sich als eines der ganz wenigen Domkapitel des Reiches nach der Säkularisation nicht auf und verblieb in Konstanz.

Die Leitung der Diözese aber hatte Dalberg nach seinem Regierungsantritt in Mainz 1802 dem Konstanzer Domkapitular Wessenberg übertragen. Dieser entfaltete in der Folge während seiner 25-jährigen Tätigkeit als Generalvikar (1802–1815) und Kapitularvikar (1817–1827) eine vielseitige reformerische Wirksamkeit und prägte den Klerus im süddeutsch-schweizerischen Raum in den ersten Jahrzehnten des 19. Jahrhunderts maßgeblich. Dass indes die Diözese Konstanz in ihrem bisherigen Umfang nicht erhalten bleiben konnte, stand spätestens seit dem Abschluss des französischen Konkordats (Napoleonkonkordat) von 1801 fest. Darin hatte der Heilige Stuhl das schon von Kaiser Joseph II. durchgesetzte Prinzip der Übereinstimmung von staatlichen und kirchlichen Grenzen erstmals anerkannt. Die Aufteilung des grenzübergreifenden Bistums begann mit der politisch zwar gewollten, jedoch ohne die erforderliche Vorbereitung erfolgten Abtrennung der konstanzischen Bistumsgebiete in der Schweiz, die der Luzerner Nuntius zum Jahreswechsel 1814/15 ebenso überstürzt wie eigenmächtig vollzog[46]; es folgten 1817 die Abtrennung der württembergischen und bayerischen, 1819 jene der österreichischen Teile der Diözese. 1821 vollzog Papst Pius VII. mit der Bulle *Provida solersque*[47]

43 Wortlaut des Vertrags in: Eugen ISELE, Die Säkularisation des Bistums Konstanz und die Regorganisation des Bistums Basel dargestellt mit besonderer Berücksichtigung der Entstehung und Rechtsnatur des Diözesanfonds, Basel/Freiburg 1933, 462–466. – Zu den Verhandlungen umfassend: BISCHOF, Das Ende des Bistums Konstanz (wie Anm. 2), 236–250.

44 Über ihn: Bernd OTTNAD, Bissingen, Ernst Maria Ferdinand Freiherr von, in: GATZ, Die Bischöfe (wie Anm. 16), 31.

45 Franz Xaver BISCHOF/Cornel DORA, Ortskirche unterwegs. Das Bistum St. Gallen 1847–1997. Festschrift zum hundertfünfzigsten Jahr seines Bestehens, St. Gallen 1997, 21.

46 Dazu umfassend: BISCHOF, Das Ende des Bistums Konstanz (wie Anm. 2), 337–414.

47 Original der Bulle *Provida solersque* vom 16. August 1821, in: Hauptstaatsarchiv Stuttgart E 100 Nr. 489. Druck in deutscher Übersetzung in: HUBER/HUBER, Staat und Kirche (wie Anm. 4), 246–257.

schließlich die von Rom erstrebte vollständige Unterdrückung des Bistums Konstanz[48]. Dass dabei der Name des Bistums und damit seine Tradition, die bis in die Anfänge der Christianisierung des Bodenseeraumes zurückreichte, bei der kirchlichen Neuordnung nicht auf das neu errichtete Erzbistum Freiburg übertragen wurden, wie es sonst üblich und 1817 bei der Transferierung des Bistum Freising nach München auch geschehen war, hatte allerdings rein kirchenpolitische Gründe und war nicht Folge der Säkularisation[49].

48 Zur kirchlichen Neuordnung in den südwestdeutschen Staaten Baden, Württemberg, Hessen-Darmstadt, Hessen-Kassel und Nassau mit der freien Stadt Frankfurt: BISCHOF, Das Ende des Bistums Konstanz (wie Anm. 2), 438–539. – Dominik BURKARD, Staatskirche – Papstkirche – Bischofskirche. Die »Frankfurter Konferenzen« und die Neuordnung der Kirche in Deutschland nach der Säkularisation (RQ Supplement-Bd. 53), Rom / Freiburg / Wien 2000. – Manfred WEITLAUFF, Die Neuorganisation der katholischen Kirche Deutschlands im 19. Jahrhundert im Widerstreit von Staatskirchenrecht und römisch-kanonischem Recht, in: JVABG 47, 2013, 349–433, hier: 409–421.
49 Vgl. dazu: BISCHOF, Das Ende des Bistums Konstanz (wie Anm. 2), 500–518. – BURKARD, Bistum Konstanz (wie Anm. 10), 312.

DOMINIK BURKARD

Die Domkapitel und das »regimen ecclesiasticum«.

Thesen zu Wandel und Kontinuität einer alten Institution

Günter Christ, einer der besten Kenner der Reichskirche in der frühen Neuzeit, publizierte 1989 einen nicht nur umfangreichen, sondern auch grundlegenden Aufsatz über Selbstverständnis und Rolle der Domkapitel, jener »bemerkenswertesten korporativen Gebilde des Heiligen Römischen Reiches Deutscher Nation«[1]. Christ beschränkte sich bewusst auf die *politische* Funktion der Domkapitel, klammerte also deren *innerkirchliche* Funktion für das »regimen ecclesiasticum« aus. In der Tat trat – historisch gesehen – die kirchliche Bedeutung der Domkapitel fast immer hinter ihre politische Bedeutung zurück[2]. Der Frage, inwieweit die Domkapitel durch die Geschichte hindurch an der eigentlichen Leitung der Kirche beteiligt waren, möchte ich im Folgenden thesenartig in zehn Punkten nachgehen[3].

1 Günter CHRIST, Selbstverständnis und Rolle der Domkapitel in den geistlichen Territorien des alten deutschen Reiches in der Frühneuzeit, in: Zeitschrift für Historische Forschung 16, 1989, 257–328, hier: 257.

2 Die Domkanonikate der alten Reichskirche waren lukrativ v. a. als Versorgungsmöglichkeit für nachgeborene Söhne des katholischen Adels. Von Bedeutung waren neben dem fiskalischen Aspekt die Möglichkeit politischer Einflussnahme (etwa auf den Landtagen, in anderen Hof- und Regierungsämtern, für die Bischofswahlen und damit die Reichspolitik) sowie das mit ihnen verbundene soziale Prestige. Die mit den Pfründen verbundenen Pflichten waren weithin gering gehalten, selbst das vorgeschriebene Chorgebet wurde teilweise der niederen Domgeistlichkeit, den Domvikaren, überlassen.

3 Die hier vorgelegten Ergebnisse fußen auf früheren Überlegungen und Studien des Verfassers. Diese waren jedoch ganz auf die neuzeitliche Entwicklung beschränkt und sollten einer vorgegebenen Fragestellung nachgehen, die sich vom Umbruch infolge der Säkularisation her ergab. Vgl. Dominik BURKARD, Zum Wandel der Domkapitel von adeligen Korporationen zum Mitarbeiterstab der Bischöfe, in: RQ 99, 2004, 134–162. – DERS., Staatskirche – Papstkirche – Bischofskirche. Die »Frankfurter Konferenzen« und die Neuordnung der Kirche in Deutschland nach der Säkularisation (RQ, Suppl. 53), Rom/Freiburg i. Br./Wien 2000, insbes. 215–230, 462–464, 721–724. – An älterer Literatur wurden damals u. a. folgende ältere Studien berücksichtigt: Philipp SCHNEIDER, Die Bischöflichen Domkapitel, ihre Entwicklung und rechtliche Stellung im Organismus der Kirche, Mainz ²1892. – Philipp HOFMEISTER, Bischof und Domkapitel nach altem und nach neuem Recht, Beresheim 1931. – Klaus KLÄSS, Das autoritäre Prinzip in der katholischen Diözesanregierung. Dargestellt am Verhältnis von Bischof und Domkapitel, Leipzig 1939. – Beim vorliegenden Beitrag handelt es sich um die schriftliche Fassung eines weiterführenden Vortrags auf der Tagung »Potestas Ecclesiae. Zur geistlichen und weltlichen Herrschaft von Bischöfen und Domkapiteln im Südwesten des Reiches« (20.–22. September 2012 in Weingarten). – Konsultiert wurden folgende Archive: Hauptstaatsarchiv Stuttgart (HStAS); Diözesanarchiv Würzburg (DAW); Staatsarchiv Ludwigsburg (StAL).

1. Frühe Erlangung von Anteilen am »regimen ecclesiasticum«

Von frühesten Zeiten an kam dem »Presbyterium« als dem Senat und der Beratungsbehörde des Bischofs eine herausgehobene Bedeutung zu. Als seit dem ausgehenden 8. Jahrhundert der Klerus zunehmend der *canonica vita* unterworfen wurde und sich die Stadtgeistlichkeit in verschiedenen Kollegiatstiften (Kollegiatkapiteln) – neben dem bischöflichen Kapitel – organisierte, kam es allmählich zur Umbildung des Presbyteriums zum Domkapitel[4]. Es lag auf der Hand, bei der regelmäßigen Administration des Bistums nun vor allem auf die Mitglieder des bischöflichen Kapitels zurückzugreifen, dem seit dem 10. Jahrhundert zunehmend das ursprünglich dem gesamten Klerus zustehende Konsensrecht zu bischöflichen Verwaltungsmaßnahmen zugesprochen wurde; eine Entwicklung, die im 13. Jahrhundert abgeschlossen war[5].

Zur selben Zeit erlangten aber auch Einzelne, insbesondere die Archidiakone, hervorragenden Anteil an der Leitung der Diözese. Der Einfluss wuchs so sehr, dass mitunter die Gewalt der Bischöfe ausgehöhlt wurde, weshalb im 12. und 13. Jahrhundert die Macht der Archidiakone zurückgestutzt werden musste[6]. Die Konstruktion der archidiakonalen Macht sowie deren Verhältnis zum Domkapitel konnten sehr unterschiedlich sein; erkennbar tritt jedoch das Bemühen der Domkapitel zutage, die Archidiakonate wenigstens teilweise an sich zu ziehen[7].

4 Guy P. MARCHAL, Art. Domkapitel, in: TRE 9, 1982, 136–140, hier: 136 weist entschieden darauf hin, dass in diesem Prozess unterschiedliche lokale Begebenheiten eine starke Rolle spielten und das allgemeine Kirchenrecht die Entwicklung im Grunde erst nachvollziehend regulierte. – Zum Ganzen auch: Rudolf SCHIEFFER, Die Entstehung von Domkapiteln in Deutschland (Bonner historische Forschungen 43), Bonn ^{2}1982.

5 Die Wurzeln des Konsensrechts liegen in der beratenden und zustimmenden Funktion der altkirchlichen Presbyterien seit dem 3. Jahrhundert. Weitere Impulse aus der Benediktsregel werden vermutet. Vgl. Guy MARCHAL, Einleitung: Die Dom- und Kollegiatstifte der Schweiz, in: Helvetia Sacra, Abt. II, Teil 2: Die weltlichen Kollegiatstifte der deutsch- und französischsprachigen Schweiz, Bern 1977, 27–102, hier: 43f. – Weitergeführt in: DERS., Was war das Kanonikerinstitut im Mittelalter? Dom- und Kollegiatstifte. Eine Einführung und eine neue Perspektive, in: Revue d'Histoire Ecclésiastique 94, 1999, 761–807 und 95, 2000, 7–53.

6 Vgl. den wenn auch allzu homogenisierenden Überblick von [Karl J.] VON HEFELE, Archidiacon und Archidiakonat, in: WWKL^{2} 1, 1882, 1253–1256. – Exemplarisch für die zahlreichen Archidiakonatsstreitigkeiten: Julius KRIEG, Der Kampf der Bischöfe gegen die Archidiakone im Bistum Würzburg bis in die erste Hälfte des 14. Jahrhunderts (Kirchenrechtliche Abhandlungen 82), Stuttgart 1914. – Das Archidiakonat rückte auch ins Visier der Reformbemühungen auf dem Trienter Konzil. Vgl. Rudolf REINHARDT, Das Archidiakonat auf dem Konzil von Trient, in: ZSRG.K 61, 1975, 84–100.

7 In Münster schufen sich die Archidiakone früh eine bedeutende Machtstellung neben dem Bischof; ihre Zahl nahm stetig zu. 1314 wurde statutarisch festgelegt, dass bestimmte Archidiakonate nur an »emanzipierte Domherren« übertragen werden durften; damit wurde der Zersplitterung der Macht entgegen gesteuert. Die Ämter des (vom Domkapitel gewählten) Dompropstes, des (vom Bischof ernannten) Domküsters und Vicedominus sowie des (vom Kapitel ernannten) Domkellners wurden mit Archidiakonaten verbunden. Vgl. Friedrich KEINEMANN, Das Domkapitel zu Münster im 18. Jahrhundert. Verfassung, persönliche Zusammensetzung, Parteiverhältnisse (Veröffentlichungen der Historischen Kommission Westfalens XXII, Geschichtliche Arbeiten zur westfälischen Landesforschung 11), Münster 1967, 51f. – In Paderborn waren fünf von zehn Archidiakonaten mit Kapitelsdignitäten verbunden: der Dompropst, der Domdekan, der Domküster, der Domkantor sowie der Domkämmerer. Zwei weitere Domherren waren ebenfalls stets Archidiakone. Vgl. Joseph OHLBERGER, Geschichte des Paderborner Domkapitels im Mittelalter, Hildesheim

Von der Beschneidung der Befugnisse der Archidiakone dürften die Domkapitel als solche profitiert haben. Hatten sich deren Befugnisse zunächst auf die Güterverwaltung beschränkt, so konnten sie ihre Kompetenzen bald weiter ausdehnen, nicht zuletzt durch das Instrument der Wahlkapitulationen, in denen immer wieder bischöfliche Ämter für Domkapitulare reserviert wurden[8]. Einen wichtigen Impuls zur Aufwertung der Domkapitel hinsichtlich der Mitarbeit in der Diözesanverwaltung hatte aber bereits – infolge des Investiturstreits – die Restitution des Bischofswahlrechts der Domkapitel durch das Wormser Konkordat von 1122 gegeben. Überhaupt scheint die Initiative zur kirchlichen Aufwertung der Domkapitel seit dem 12. Jahrhundert vor allem von den Päpsten ausgegangen zu sein. Diese versuchten, die Bischöfe bei ihrer kirchlichen Verwaltung wieder stärker an die Domkapitel zu binden – möglicherweise in Reaktion auf Bestrebungen der Bischöfe, unter Umgehung gemeinschaftlicher Beratungen eigenmächtig zu handeln[9].

1911, 102. – Zu Augsburg vgl. Alfred SCHRÖDER, Der Archidiakonat im Bistum Augsburg, Dillingen 1921. – In Konstanz waren die Befugnisse der Archidiakone zunächst auf die Kathedralstadt beschränkt, sie waren also »Kathedraldignitäten«, diese wurden später aber zum »Instrument« der Verwaltung der großen Diözesansprengel. Ihre Zahl war auf zehn begrenzt – im Gegensatz zu den Klein- und Kleinstdiakonaten in etlichen west- und norddeutschen Bistümern. Auch verwalteten sämtliche Archidiakone ihre Sprengel von der Kathedralstadt aus. Ebenfalls auffallend waren die wenigen Rechte und Pflichten der Konstanzer Archidiakone; sie bestanden eigentlich nur aus der Sendgerichtsbarkeit, und diese wurde oft weitergereicht. Seit Anfang des 14. Jahrhunderts wurden die Bischöfe in den Wahlkapitulationen verpflichtet, die Archidiakonate nur an Mitglieder des Domkapitels zu verleihen. Da es im Wesentlichen um den Bezug von Bannalien ging, degenerierten die Archidiakonate bald zum Instrument des bischöflichen Nepotismus. So kam es vor, dass bis zu vier Archidiakonate einem einzigen Domherrn übertragen wurden, was beanstandet und in den Wahlkapitulationen ab 1334 verboten wurde; nun durfte jedem Domherrn nur noch ein Archidiakonat übertragen werden. Die Fiskalisierung des Amtes führte zu seiner faktischen Bedeutungslosigkeit. Bis zur Kirchenspaltung von 1378 waren sechs bis acht Domherren zugleich Archidiakone. Seit dem ausgehenden 14. Jahrhundert wurden die Archidiakonate – entgegen den Bestimmungen – immer öfter vom Papst an Nichtmitglieder des Domkapitels vergeben. Als ab dem 16. Jahrhundert die Bannalien meist nicht mehr gezahlt wurden, nahm die Zahl der Archidiakone ständig ab, bis im 17. Jahrhundert schließlich nur noch zwei Archidiakonate existierten. Archidiakone waren nun meist Weihbischöfe und Generalvikare. Bemühungen im frühen 18. Jahrhundert, zwei neue Archidakonate als reine Dienstämter für die Diözesanverwaltung, an der Domkirche, nicht aber im Domkapitel einzurichten, scheiterten. Unter zwei Bischöfen blieb das Domkapitel bei der Besetzung der zwei verbliebenen Archidiakonate wieder unberücksichtigt, was zu heftigem Protest führte. Gegen Ende des 18. Jahrhunderts kam es zu einer prestigemächtigen Aufwertung des einzig verbliebenen »Kathedralarchidiakonats«, möglicherweise auf dem Hintergrund des Bestrebens, an die Anfänge der kirchlichen Verfassung im 10. Jahrhundert anzuknüpfen. Vgl. Rudolf REINHARDT, Die Archidiakone, in: Helvetia Sacra, Abt. 1, Bd. 2: Erzbistümer und Bistümer II, 2. Teil: Das Bistum Konstanz. Das Erzbistum Mainz. Das Bistum Sankt Gallen, 2 Bde., bearb. v. Franz X. BISCHOF u. a., Basel/Frankfurt a. M. 1993, 851–857. – Außerdem Brigitte HOTZ, Päpstliche Stellenvergabe am Konstanzer Domkapitel. Die avignonesische Periode (1316–1378) und die Domherrengemeinschaft beim Übergang zum Schisma (1378) (Vorträge und Forschungen, Sonderbd. 49), Ostfildern 2005, 326.

8 Vgl. MARCHAL, Domkapitel (wie Anm. 4), 138. – Zu den Wahlkapitulationen vgl. den hervorragenden Überblick bei CHRIST, Selbstverständnis (wie Anm. 1), 281–315.

9 Hierzu vgl. Paul HINSCHIUS, System des katholischen Kirchenrechts mit besonderer Rücksicht auf Deutschland (Das Kirchenrecht der Katholiken und Protestanten in Deutschland), Bd. 2, Berlin 1878, hier: 49–61, insbes. 59–61.

2. Konsensuale und konsiliare Mitbestimmung der Domkapitel

Genaue Vorschriften über die Art der Beteiligung der Domkapitel, und damit zusammenhängend über das Verhältnis von episkopaler und kapitularischer Gewalt, wurden erst im 13. Jahrhundert erlassen. Eingeführt wurde damals die wichtige, theoretisch bis heute geltende Unterscheidung von Maßnahmen, die der *Zustimmung* (also dem consensus capituli), und Maßnahmen, die nur des *Rates* der Kapitel (des consilium capituli) bedurften. Erstere waren gegen den Willen des Domkapitels nicht durchzusetzen. Bei letzteren musste der Bischof nur die Ansicht des Kapitels einholen, nicht aber befolgen.

Dem *consensus capituli* unterlagen im Allgemeinen folgende Maßnahmen:

1.	Vermögensangelegenheiten der Kathedrale oder der Diözesaninstitute (also z. B. die Veräußerung von Kirchengut)
2.	Wichtige strukturelle Veränderungen im Benefizialwesen (Inkorporationen, Unionen, Suppressionen, Errichtung neuer Kanonikate, Pfarreien etc.)
3.	Annahme eines Koadjutors (falls dem Kapitel das Wahlrecht zustand)
4.	Einführung eines de praecepto zu feiernden Festes (also der kirchliche Festkalender)
5.	Angelegenheiten, welche die Stellung und die kirchlichen Rechte des Kapitels *präjudiciell* berührten
6.	Strafjurisdiktion über den Klerus (Zensuren, Suspensionen, Depositionen, Degradationen, auch Interdikte etc.)
7.	Ernennung von Prosynodal-Examinatoren für den Pfarrkonkurs (es handelte sich um eine päpstliche Fakultät, die meist von der Zustimmung des Kapitels abhängig gemacht wurde)

Dem *consilium capituli* unterlagen folgende Maßnahmen:

8.	Die Ein- und Absetzung kirchlicher Würdenträger und anderer geistlicher Personen (inwieweit hier Unschärfen vorlagen bzgl. der Strafjurisdiktion über den Klerus [vgl. Nr. 6], wäre zu klären),
9.	dann die Erteilung von Dispensen und Konfirmationen,
10.	Angelegenheiten geringerer Bedeutung, die das Interesse des Kapitels berührten (vgl. Überschneidungen mit Nr. 5)
11.	und schließlich wichtige Geschäfte der bischöflichen Verwaltung wie z. B. Anordnung öffentlicher Prozessionen, Einberufung von Diözesansynoden, Errichtung von Klöstern etc.

Consensus und consilium mussten – das ist wichtig, weil es den korporativen und verfassungsrechtlichen (nicht personenrechtlichen) Charakter unterstreicht – *capitulariter* abgegeben werden, d. h. es waren stets eine Sitzung und förmliche Beschlussfassung des Kapitels nötig. Weil das Domkapitel hier aber nicht als selbstständige Korporation sondern als *Senat des Bischofs* zusammentrat, kam dem Bischof auch das Recht zur Einberufung, zum Präsidium und zur Leitung der Verhandlung zu. Über die Frage, ob der Bischof ein eigenes Stimmrecht besaß oder nicht, gehen die Ansichten auseinander. Möglicherweise gab es hier auch unterschiedliche Rechtsauffassungen und Rechtspraktiken[10].

Die eben genannten Bestimmungen galten als Norm bis weit in die Frühe Neuzeit hinein, eigentlich bis zum Ende des Alten Reiches. Denn das Konzil von Trient (1545–1563) übernahm sie und führte lediglich eine dritte Kategorie von Maßnahmen ein, bei denen vom Bischof weder die Zustimmung des Kapitels noch dessen Rat einzuholen war. Es genügte der *Rat zweier Domherren*. Dies betraf:

12.	die Verkündigung von Ablässen,
13.	die Umwandlung von Stiftungen
14.	und die Errichtung bzw. Organisation von Knabenseminaren, was ja erst mit dem Konzil ein Thema geworden war.

All dies zeigt vor allem eines: Die alten Domkapitel waren durch ihre mal beratende, mal beschließende Mitwirkung in kirchlichen Dingen doch in beträchtlichem Maße am »regimen ecclesiasticum« beteiligt, und zwar als Korporation[11]. Einfluss wurde ihnen in verschiedensten Bereichen zuerkannt: Bei den Finanzen (1, 2, 12, 13, 14), in Personalangelegenheiten (3, 6, 7, 8, 9, 14), aber auch im Bereich der Seelsorge (4, 11, 12, 14) und selbstverständlich bei allen das Kapitel als Korporation betreffenden Angelegenheiten (5, 10). Allerdings: Der »harte« Einfluss des Kapitels, seine notwendige mehrheitliche *Zustimmung*, beschränkte sich weitgehend auf *schwerwiegende* Struktur-, Finanz- und Personalentscheidungen. Die seit dem 13. Jahrhundert auftauchenden Kurialämter des Generalvikars und Offizials dürften demgegenüber den Versuch der Bischöfe darstellen, die Machtstellung der Domkapitel zu steuern. Obwohl auch Domkapitulare in diesen Ämtern auftauchen, waren diese tatsächlich ein effektives Instrument, den Einfluss der Domkapitulare zu beschränken[12].

3. Sedisvakanzrechte der Domkapitel

Zu dieser »normalen« Beteiligung an der Diözesanregierung kam die zeitweilige besondere Verantwortung des Domkapitels für das Bistum, und zwar im Fall der Sedisvakanz. Umstritten war, ob die Domkapitel in diesen Fällen nur im Sinne von »Vormündern« oder als »Väter und Haushalter« agieren, also wirklich reale Herrschaft ausüben konn-

10 Anders lag der Fall, wenn der Bischof zugleich Kapitular des Domkapitels war. Eine andere Ansicht vertritt Georg A. von Huller, Die juristische Persönlichkeit der katholischen Domcapitel in Deutschland und ihre rechtliche Stellung, Bamberg 1860.

11 Erwin Gatz, Domkapitel und Bischofswahlen in den deutschsprachigen Ländern seit dem 19. Jahrhundert, in: Kirche, Staat und katholische Wissenschaft in der Neuzeit. FS für Heribert Raab zum 65. Geburtstag am 16. März 1988, hg. v. Albert Portmann-Tinguely (Quellen und Forschungen aus dem Gebiet der Geschichte N.F. 12), Paderborn / München / Wien 1988, 397–409, hier: 397. – Indiz dafür, dass diese Aufgaben seit dem 16. Jahrhundert oft den ursprünglichen gottesdienstlichen Zweck überlagerten, zeigt das Aufkommen der »Forensen«, der auswärts residierenden und nicht mehr zum Chordienst verpflichteten Domherren, die aber zur beratenden Mitwirkung in den Diözesangeschäften verpflichtet waren. Vgl. Marchal, Einleitung (wie Anm. 5), 74.

12 Vgl. Marchal, Einleitung (wie Anm. 5), 46.

ten[13]. Es zeigen sich mitunter Tendenzen, die interimistische Verantwortung des Domkapitels über den Zeitpunkt der Wiederbesetzung des Bistums hinaus zu verlängern. Sie konnte fortdauern, selbst wenn ein Bischof bereits gewählt und bestätigt war. In Münster beispielsweise dauerte die Diözesanregierung des Kapitels mindestens ein Jahr und sechs Wochen[14].

Die Führung der Sedisvakanzgeschäfte durch die Domkapitel stand allerdings nicht immer im besten Ansehen[15]. Die meisten Kapitulare – so lautete der Vorwurf – suchten in dieser Zeit vor allem, sich selbst und ihre Familie zu bereichern[16]. Mit derartigen Missständen des bisherigen Sedisvakanzrechts wird gemeinhin die Entmachtung der Domkapitel während der Sedisvakanz durch das Konzil von Trient begründet: Die interimistische Diözesanverwaltung bei Erledigung des bischöflichen Stuhles sei *aus diesem Grund* dem kollegialen Einfluss der Domkapitel entzogen worden, indem das Konzil diese verpflichtete, für die Diözesanverwaltung innerhalb von acht Tagen einen Kapitularvikar zu wählen. Dieser schuldete aber nicht mehr dem Kapitel, sondern allein dem nachfolgenden Bischof Rechenschaft[17]. Die Wahl durfte, und dies legte das Konzil ausdrücklich nahe, durch Beibehaltung des bisherigen Generalvikars als Kapitularvikar ersetzt werden[18]. Auch damit *könnte* eine (von den Bischöfen gewünschte) weitere Schmälerung des Einflusses des Kapitels intendiert gewesen sein. Hinsichtlich der Auslegung dieser Bestimmung gab es deshalb durchaus unterschiedliche Ansichten. Während die Ansicht,

13 Vgl. Konstantin MAIER, Das Domkapitel von Konstanz und seine Wahlkapitulationen. Ein Beitrag zur Geschichte von Hochstift und Diözese in der Neuzeit (Beiträge zur Geschichte der Reichskirche in der Neuzeit 11), Stuttgart 1990, 13. – CHRIST, Selbstverständnis (wie Anm. 1), 271–281. – Zur Situation seit 1917: SCHNEIDER, Domkapitel (wie Anm. 3), 413–467.

14 Dasselbe galt für die Fälle der *sedes impedita*. Vgl. KEINEMANN, Domkapitel zu Münster (wie Anm. 7), 59. – Die (möglicherweise durchaus pragmatischen) Gründe für derartige Regelungen wären einmal näher zu erforschen.

15 Zu einem in dieser Hinsicht ausgewogenen Urteil kommt Heinrich BRÜCK, Geschichte der katholischen Kirche im 19. Jahrhundert, 4 Bde., Münster ^{2}1902–1908, Bd. I, 127f.: *Auch der gegen die Domcapitel und religiösen Corporationen erhobene Vorwurf der Erschlaffung und des Verfalls, welcher ihre Unterdrückung minder gehässig machen soll, ist theils ganz unbegründet, theils sehr übertrieben. Die Mißstände, welche sich in die Domcapitel und Stifter eingeschlichen hatten, sollen durchaus nicht in Abrede gestellt werden. »Ein großer Theil der Domherren aus altadeligen Geschlechtern«, schreibt Menzel, »besaß mehrere Canonicate in vier oder fünf Städten, und befand sich beständig auf Reisen, um in jeder derselben die vorgeschriebenen Residenzmonate abzuhalten, und an den bestimmten Tagen in den Kirchen gegenwärtig zu sein, an welchen der größere Theil der Einkünfte an die anwesenden Pfründner vertheilt wurde; sie gingen in weltlicher Kleidung, wohnten Gastmählern bei, besuchten die Theater und nahmen sogar, vermischt mit dem Militär, an Tanzvergnügungen Theil«; »neben diesen Schattenseiten«, fährt derselbe Schriftsteller fort, »gab es jedoch auch eine Lichtseite des geistlichen Staatsthums. In allen Capiteln der Metropolitan- und bischöflichen Kirchen saßen neben jenen Lebemännern auch Prälaten und Domherren, welche mehr als mittelmäßig in den canonischen Wissenschaften unterrichtet waren, und durch einen ihrem Stande und den kirchlichen Vorschriften angemessenen Wandel gute Beispiele gaben«.*

16 Vgl. KEINEMANN, Domkapitel zu Münster (wie Anm. 7), 60.

17 Vgl. MARCHAL, Einleitung (wie Anm. 5), 75.

18 Zum ganzen Komplex vgl. insbes. J[ohann] St. RAU, Die Rechte der Domkapitel während der Erledigung und Behinderung des bischöflichen Stuhls, in: ThQ 24, 1842, 394–412. – Joseph I. RITTER, Der Kapitular-Vicar, Münster 1842. – Ludolfus HERMES, Dissertatio historico-canonica de capitulo sede vacante vel impedita et de vicario capitulari, Lovanii 1873. – Heinrich KORN, Die rechtliche Stellung des Capitularvicars, Diss. jur. Breslau 1882. – Wilhelm BODEN, Begriff und Wirkungen der Sedisvakanz und Sedes impedita, Trier 1912.

das Kapitel *müsse*, wenn der Generalvikar die erforderlichen Eigenschaften besitze, ihn zum Kapitularvikar wählen[19], eine Einzelansicht zu sein scheint, so erachten doch andere einen eigentlichen Wahlakt in einer bestimmten Form als nicht notwendig, halten selbst einen »consensus tacitus« für ausreichend[20]; eine nicht ungefährliche Meinung angesichts des von Trient formulierten Devolutionsrechts[21].

Als letzte, gravierende, mitunter (aber keinesfalls automatisch) nachhaltigste Einflussnahme auf die Bistumsleitung ist schließlich die Mitwirkung der Domkapitel bei Besetzung der Bischofsstühle zu nennen[22].

4. Der Kampf um eine größere Teilhabe des Domkapitels an der Diözesanverwaltung

Seit dem hohen Mittelalter verlangten die Domkapitel zunehmend ihre Berücksichtigung auch bei den höheren bischöflichen Ämtern (Archidiakonat, Offizial, Generalvikar, Weihbischof), um nicht nur an der Normgebung, sondern auch direkt an der Verwaltung des Bistums Anteil zu erhalten[23]. Inwieweit hier die Schwächung der Bischöfe während des Großen Abendländischen Schismas eine Rolle spielte, wäre näher zu untersuchen, denn die faktische Existenz mehrerer konkurrierender Bischöfe machte diese »erpressbar« und machte es leicht, ihnen Rechte und Zugeständnisse abzutrotzen[24].

Diese Anstrengungen der Domkapitel, im eigentlichen Sinne geistliche »Mitregenten« zu werden bzw. diesbezügliche Rechte neu verbriefen zu lassen, scheinen spätestens seit dem 15. Jahrhundert noch einmal verstärkt worden zu sein. Die Entwicklung fand schließlich im 18. Jahrhundert ihren Höhepunkt[25].

Im Bistum Konstanz etwa beanspruchte das Domkapitel nicht nur das Recht, die bischöfliche Regierung zu kontrollieren, Missstände anzuklagen oder gerichtlich gegen den Bischof vorzugehen. 1483 verlangte man vom Bischof die Errichtung eines siebenköpfigen Ratskollegiums, in dem alle Bistumsgeschäfte beraten werden sollten. Dessen Mitglieder sollten im Einvernehmen mit dem Kapitel bestellt werden. Wöchentlich fanden zwei Sitzungen statt[26]. 1491 verlangte man darüber hinaus, dass in diesem Gremium

19 So RAU, Rechte (wie Anm. 18), 394, 400. – Dagegen RITTER, Kapitular-Vicar (wie Anm. 18), 60.

20 So Ludwig KAAS, Das Trierer Apostolische Vikariat in Ehrenbreitstein (1816–1824). Ein Beitrag zur Geschichte und zum Recht der Sedes vacans, Weimar 1917, 76f.

21 Zum Devolutionsrecht äußern sich fast alle einschlägigen Untersuchungen, vgl. insbes. aber monographisch Godehard J. EBERS, Das Devolutionsrecht, vornehmlich nach katholischem Kirchenrecht (Kirchenrechtliche Abhandlungen 37/38), Stuttgart 1906.

22 Dies braucht an diesem Ort nicht näher entfaltet zu werden. Vgl. anstelle der breit vorhandenen Literatur: Klaus GANZER, Zur Beschränkung der Bischofswahl auf die Domkapitel in Theorie und Praxis des 12. und 13. Jahrhunderts, in: ZSRG.K 57, 1971, 22–82 und 58, 1972, 166–197. – Hans E. FEINE, Die Besetzung der Reichsbistümer vom Westfälischen Frieden bis zur Säkularisation 1648–1803 (Kirchenrechtliche Abhandlungen 97/98), Stuttgart 1921, ND Amsterdam 1964. – CHRIST, Selbstverständnis (wie Anm. 1), 259–271.

23 Vgl. MAIER, Domkapitel (wie Anm. 13), 279, 285.

24 Ähnliches könnte auch für die Emanzipationsbewegung der Bischofsstädte von ihren Bischöfen gelten. Vgl. zu der Duplizierung von Ämtern während des Schismas: HOTZ, Stellenvergabe (wie Anm. 7).

25 MAIER, Domkapitel (wie Anm. 13), 282.

26 Georg WIELAND, Die Präsidenten des Geistlichen Rats, in: Helvetia Sacra I/2: Das Bistum Konstanz, das Erzbistum Mainz, das Bistum St. Gallen, 2 Bde., red. v. Brigitte DEGLER-SPENGLER, Basel 1993, Bd. II, 641–664, hier: 641.

immer drei der Domherren als bischöfliche Räte vertreten sein – und das hieß: mitregieren – sollten. 1496 wurde der Bischof in seiner Geschäftsführung an die Domherren, die geistlichen Räte und die anderen Beamten gebunden; die Berufung der letzteren wurde vom Einverständnis des Domkapitels abhängig gemacht[27].

Man versteht, wenn die Bischöfe auf dem Konzil von Trient versuchten, das Mitspracherecht der Kapitel wieder einzuschränken bzw. wenigstens in den bisherigen Grenzen zu halten. Gleichwohl hat das Konzil die Rechtsstellung der Domkapitel so gut wie nicht verändert, abgesehen von der oben vermerkten Zurückdrängung in der Sedisvakanz. Konsens und Consilium blieben erhalten[28]. Indirekt jedoch büßte das Domkapitel aufgrund des Trienter Seminardekrets jedoch auch seine Mitsprache bei der Ausbildung des Diözesanklerus ein. Denn die Diözesanseminare, die an die Stelle der alten Dom- und Stiftsschulen treten sollten, sollten der alleinigen Aufsicht und Verwaltung der Bischöfe unterstehen[29]. Auch wurde im 17. Jahrhundert zunehmend das bisherige Statuierungsrecht der Domkapitel in eine Statuierungspflicht umgewandelt; die Kapitelsstatuten konnten zudem erst nach Approbation des Bischofs in Kraft treten[30]. Wenn das Konzil zudem verlangte, dass die Hälfte der Domkapitulare einerseits Priester, andererseits Graduierte sein müssten, so wird man darin das Bekenntnis erkennen müssen, bei den Diözesangeschäften stärker auf Fachleute in den Kapiteln zurückgreifen zu wollen[31].

Nach Trient kam es in Konstanz zur Ausdifferenzierung der Bistumsverwaltung. 1591 wurden die Aufgaben des bisherigen Rats auf drei Gremien – den Weltlichen Rat, den Kammerrat und den Geistlichen Rat – verteilt. Letzterer befasste sich künftig nur noch mit Gerichts- und Verwaltungsangelegenheiten im kirchlichen Bereich, war kollegial verfasst und unterstand einem eigenen Präsidenten, also nicht dem Generalvikar[32].

27 Vgl. MAIER, Domkapitel (wie Anm. 13), 43f.

28 Dazu vgl. Johann HIRNSPERGER, Die Statuten des Salzburger Domkapitels (1514 bis 1806). Eine rechtshistorische Untersuchung zur inneren Verfassung des weltgeistlichen adeligen Salzburger Domkapitels, Graz 1998, 75–77. – Zwar wird in der Bielefelder Ausgabe der Konzilsbeschlüsse im Sachregister behauptet, dem Bischof gebühre »im Kapitel der Vorsitz und die höchste Autorität im Geschäftsgange«, doch ist dies durch den Text nicht gedeckt. Hier heißt es nur: »Den Bischöfen soll überdies allenthalben jene Ehre erwiesen werden, welche ihrer Würde gemäß ist, und im Chore und im Kapitel, bei den Prozessionen und anderen öffentlichen Handlungen gehöre der erste Sitz, und der Ort, den sie selbst auswählen, und die Haupt-Autorität in allen zu verhandelnden Sachen ihnen zu«. (Des hochheiligen, ökumenischen und allgemeinen Concils von Trient Canones und Beschlüsse, nebst den darauf bezüglichen päpstlichen Bullen und Verordnungen und einem vollständigen Inhaltsverzeichnisse. Mit gegenüberstehendem lateinischem Texte und nach den besten Ausgaben, mit besonderer Berücksichtigung der neuesten römischen Ausgabe vom Jahre 1845. In treuer Verdeutschung nebst einem geschichtlichen Abrisse des Concils, hg. v. Wilhelm SMETS, Bielefeld [4]1854, 184, 325.)

29 Vgl. MARCHAL, Einleitung (wie Anm. 5), 75.

30 Vgl. ebd., 76.

31 Zur Rezeption dieser Bestimmung vgl. Brigitte HOTZ, Universitätsbildung als Wegbereiter sozialer Umschichtungsprozesse in spätmittelalterlichen Stiftsgemeinschaften. Die Bevorzugung von Hochschulabsolventen bei der päpstlichen Stellenvergabe am Konstanzer Domkapitel (1362–1378), in: Stiftsschulen in der Region. Wissenstransfer zwischen Kirche und Territorium (Schriften zur südwestdeutschen Landeskunde 50), hg. v. Sönke LORENZ, Martin KINTZINGER u. Oliver AUGE, Ostfildern 2005, 83–108. – Vgl. insgesamt auch Rudolf REINHARDT, Die deutschen Domkapitel in der neueren Forschung. Zu einer sozialgeschichtlichen Neuanalyse für das 17. und 18. Jahrhundert, in: Vierteljahrschrift für Sozial- und Wirtschaftsgeschichte 74, 1987, 351–358.

32 Rudolf REINHARDT, Geschichte. III. Das Bistum in der Neuzeit, in: Helvetia Sacra I/2 (wie Anm. 26), Bd. I, 122–152, 160–163, hier: 131. – Auch in Salzburg war man früh zu einer kolle-

Allerdings gehörte der Generalvikar ebenso wie der Offizial zu den geborenen Mitgliedern des Rates, seit spätestens 1610 auch der Insigler bzw. der Fiskal, d.h. die eigentlichen Beamten des Bischofs blieben nicht außen vor. Neu war aber, dass die Beamten sich einem acht- bis zwölfköpfigen Gremium einfügen mussten, dem neben Kanonisten und Theologen (meist aus den Konstanzer Kollegiatstiften) mindestens drei Domherren angehörten. Der Präsident des kollegial entscheidenden Rates war ebenfalls ein Domkapitular. Häufig wurden Weihbischöfe, welche durch ihre Reisen die Verhältnisse in der Diözese gut kannten, zu Präsidenten des Geistlichen Rats ernannt. Zu den Zuständigkeiten des Geistlichen Rates gehörten unter anderem das Visitationswesen, Streitfragen um die bischöflichen Jurisdiktionsrechte in den Pfarreien, Rechts- und Vermögensfragen, das Pfründ- und Stiftungswesen, die Besetzung von Pfarrstellen, die Regelung kirchlicher Bräuche, die liturgischen Bücher, die Reform des Klerus und die Disziplinarfälle.

Nicht zuletzt wieder mit Hilfe von Wahlkapitulationen versuchten die Domkapitel vom 16. bis ins 18. Jahrhundert hinein, auf die eigentliche Diözesanregierung Einfluss zu nehmen, und so unter anderem den Tridentinischen Reformforderungen (Abhaltung von Diözesansynoden mit Konsens des Kapitels, Empfang der Priester- und Bischofsweihe, Ausübung bischöflicher Funktionen, regelmäßige Dekanekonferenzen, Residenzpflicht, Administration im Falle der Verhinderung, Visitationen, geistliche Kleidung, Priesterseminar) zum Durchbruch zu verhelfen[33]. Auch der Einfluss auf die wichtigeren bischöflichen Personalentscheidungen bzw. auf die geistliche Regierung wurde intensiviert und – zumindest als Forderung – festgeschrieben: so die Administration der Diözese durch das Kapitel bei längerer Abwesenheit des Bischofs (gerade bei den Kardinälen unter den Konstanzer Bischöfen); die Verleihung der Dompropstei durch das Kapitel; die Berufung von Domherren zu Ratgebern des Bischofs in wichtigen Geschäften; die Nomination von Weihbischof, Generalvikar und Offizial, und zwar möglichst aus der Reihe der Domherren; die Verpflichtung von Weihbischof, Generalvikar und Offizial gegenüber dem Domkapitel; die Bestellung von Domherren zu Mitgliedern des Geistlichen Rats; und schließlich die Akzeptanz des Domkapitels als *consilium intimum* des Bischofs[34].

Eine retardierende Entwicklung setzte in Konstanz 1736 ein, als der Bischof die Kompetenzen des Geistlichen Rats dadurch beschnitt, dass er ihm ein »Offizialatamt« und ein »Vikariatamt« als konkurrierende Organe zur Seite stellte. Das letztere übernahm 1740 die Aufgaben des Geistlichen Rats, bevor es 1743 auch dessen Namen erhielt. Die entscheidende Veränderung bestand darin, dass nicht nur die Offizialatsgeschäfte ausgeschieden wurden, sondern dass das Präsidentenamt künftig mit dem Amt des Generalvikars verbunden und damit der Geistliche Rat dem hierarchischen Prinzip untergeordnet wurde.

Nur kurz sei noch auf eine andere Diözese verwiesen: Auch in Passau hatte gegen Ende des 18. Jahrhunderts ein Geistlicher Rat die eigentliche Diözesanverwaltung inne. An dessen Spitze standen zwei Domherren als Präsident und Vizepräsident, sowie unter ihnen ein Direktor. Interessanterweise gelang es dem Passauer Fürstbischof, bevor er 1803 seinem Bistum den Rücken kehrte, seinen Generalvikar und Offizial zum »Chef der geistlichen Diözesangeschäfte mit allgemeiner Vollmacht« zu machen. Dies war aber nur

gialen Geschäftsführung übergegangen, 1631 geschah dasselbe in Brixen. Vgl. Josef Gelmi, Kirchengeschichte Tirols, Innsbruck 1986, 150f. – Zum Folgenden Wieland, Präsidenten (wie Anm. 26), 642–646.

33 Vgl. etwa die Konstanzer Wahlkapitulation von 1704, Regest bei Maier, Domkapitel (wie Anm. 13), 420–433, hier die Nummern 2, 7, 19, 24, 42, 46.

34 Ebd., 420–433, hier die Nummern 8, 10, 13, 14, 35, 51.

nominell so; die tatsächliche Regierung verblieb beim Geistlichen Rat. Konsequenterweise übertrug denn auch der Generalvikar 1806, als er das Bistum verließ und nach Olmütz zurückkehrte, seine Vollmachten dem Geistlichen Rat[35].

5. (Quantitative und repräsentative) Schwächung der Domkapitel nach der Säkularisation

Auch für die Domkapitel bedeutete die Säkularisation zu Beginn des 19. Jahrhunderts einen tiefgreifenden Einschnitt. Bei ihrer Wiederbegründung kam es, gemessen an den Verhältnissen im Alten Reich[36], zu einer deutlichen *Verschlankung*. Die Stellung der Kanoniker wurde nicht nur vereinfacht[37], sondern auch die Zahl der Kapitulare und Vikare sowie der Dignitäten reduziert[38]. Die neuen Domkapitel – bzw. die sie finanzierenden weltlichen Staaten – leisteten sich nur mehr wenige Pfründen. Preußen zeigte sich mit jeweils 10 Kapitularen und 8 Vikaren für die Erzbistümer sowie 8 Kapitularen und 8 bzw. 6 Vikaren für die Bistümer noch am großzügigsten[39]. Es folgte Bayern mit derselben Anzahl an Kapitularen, jedoch weniger Vikariatspfründen. Mit mindestens zwei Domherren weniger wurden die Bistümer der Oberrheinischen Kirchenprovinz und Hannovers wesentlich schlechter ausgestattet.

Bei den Dignitäten verzichtete man auf die alten Ämter (eines Theologen, Domscholasters, Domküsters oder Vicedominus). Preußen und Bayern gestatteten je zwei Dignitäten, die Oberrheinischen Staaten und Hannover nur je eine, die des Dekans. Ein Propst wurde hier als ein »bloßer Artikel des Luxus« gewertet[40]. Auch die bayerische Bestellung eines Theologus erntete nur Spott. Das Amt erinnere an »die alten Zeiten, wo die Theologie in den Domstiften wenig zu Hause war«. Die Wiedereinführung »dieser veralteten Stelle« sei daher nichts anderes als »eine wahre Satyre auf die neuen Domkapitel«[41].

35 Vgl. Herbert W. Wurster, Das Bistum Passau vom Ende des Fürstbistums bis zum Anbruch der »Aera Saileriana« (1803–1826), in: Das Bayerische Konkordat 1817, hg. v. Hans Ammerich, Weißenhorn 2000, 137–176, hier: 163–165.

36 Nur zwei Beispiele: Zum alten Würzburger Kapitel gehörten 24 Kapitulare und 30 Domizellare. Das Basler Domstift umfasste bis zur Reformation 24, danach immerhin noch 18 Kanonikate; seit dem Beginn des 18. Jahrhunderts wurden allerdings nicht mehr alle besetzt. Neben der Dompropstei und dem Domdekanat zählte das Kapitel vier weitere Dignitäten: Kantorat, Archidiakonat, Kustodie und Scholasterei. Vgl. Thomas Wehner, Das Bistum Würzburg im Spannungsfeld zwischen Säkularisation, Konkordat und Neuorganisation, in: Das Bayerische Konkordat (wie Anm. 35), 231–270, hier: 251. – Markus Ries, Das neue Basler Domkapitel und seine ersten Statuten, in: MThZ 46, 1995, 119–134, hier: 120.

37 Canonici juniores, domicellares und exspectantes entfielen ebenso wie die Verschiedenheit der Präbenden. Allein die Professorenpfründen erhielten sich in Preußen in rudimentärer Form. Vgl. Hinschius, System (wie Anm. 9), Bd. II, 81, 83.

38 Ein absoluter Ausnahmefall ist in dieser und anderer Hinsicht das neue Basler Domkapitel mit 21 Kanonikaten (13 residierende und 8 nichtresidierende Domherren). Vgl. Ries, Basler Domkapitel (wie Anm. 36), 124.

39 Wessenberg hatte in seinem Entwurf zwölf Kapitulare und unter diesen drei Dignitäten vorgesehen. Vgl. [Ignaz H. von Wessenberg], Die deutsche Kirche. Ein Vorschlag zu ihrer neuen Begründung und Einrichtung, [Freiburg i. Br.] Im April 1815, 39.

40 [Benedikt M. Werkmeister], Bemerkungen über das neue Baiersche Konkordat, verglichen mit dem neuen Französischen, und dem früheren Baierschen vom Jahre 1807, Im Januar 1818.

41 Ebd.

6. (Qualitative) Stärkung der Domkapitel nach der Säkularisation

Der quantitativen Schwächung der Domkapitel stand das Bemühen um eine qualitative Stärkung gegenüber. In den alten Domkapiteln war zum Erwerb eines Kanonikates vor allem eines nötig gewesen: die adelige Herkunft[42]. Im 16. und 17. Jahrhundert war dem Adel zwar unter den bürgerlichen, meist jesuitisch erzogenen Doktoren eine gefährliche Konkurrenz erwachsen, nach 1648 erhielten Bürgerliche aber zu vielen Domkapiteln nur noch ausnahmsweise Zutritt. Die weiteren Voraussetzungen für die Aufnahme ins Domkapitel waren leicht zu unterlaufen gewesen. Das Mindestalter wurde oft dadurch relativiert, dass dem Kanonikat im Alter von 14 Jahren der Erwerb einer Präbende vorausgehen konnte. Das akademische Studium musste keine zwei Jahre dauern und diente meist nicht nur dem Erwerb theologischer bzw. kanonistischer Kenntnisse, sondern vor allem der Vorbereitung auf Kavalierstouren. Auch die Zugehörigkeit zum Klerus war relativ unverbindlich und beschränkte sich in der Regel auf die niederen Weihen[43]. Die Residenzpflicht wurde meist locker gehandhabt.

Hier setzte man bei der Neuordnung im 19. Jahrhundert an. So formulierte etwa der württembergische Kirchenrat Benedikt Maria Werkmeister (1745–1823), einer der maßgeblichen Köpfe bei der kirchlichen Neuordnung, 1816 einen qualitativen Anforderungskatalog[44]. Für alle Glieder der künftigen kirchlichen Elite, also für Bischöfe und Domkapitulare, sollten folgende Voraussetzungen gelten: 1. Zugehörigkeit zum Klerus des jeweiligen Landes, 2. ausgezeichnete Kenntnisse in der Theologie, im Schulwesen, in den Sprachen und im Kirchenrecht, 3. Studium an einer staatlichen Universität, 4. eine genaue Kenntnis der Landesverfassung, 5. ein Mindestalter von 30 Jahren, 6. ein untadelhafter

42 Sie war durch 16, ja bis zu 32 Ahnen nachzuweisen. Maier, Domkapitel (wie Anm. 13), 5–7. – Vgl. v.a. auch Sophie-Mathilde Gräfin zu Dohna, Die ständischen Verhältnisse am Domkapitel von Trier vom 16. bis zum 18. Jahrhundert, Trier 1960. – Peter Hersche, Adel gegen Bürgertum? Zur Frage der Refeudalisierung der Reichskirche, in: Weihbischöfe und Stifte. Beiträge zu reichskirchlichen Funktionsträgern der Frühen Neuzeit (Beiträge zur Mainzer Kirchengeschichte 4), hg. v. Friedhelm Jürgensmeier, Frankfurt a.M. 1995, 195–208.

43 Hatte das Konzil von Vienne 1311 die Subdiakonatsweihe vorgeschrieben, so musste nach den Bestimmungen von Trient wenigstens die Hälfte der Domkapitulare die Priesterweihe empfangen haben. In den westfälischen Domkapiteln hielt man sich jedoch nicht an diese Vorschrift, sondern begnügte sich mit den niederen Weihen.

44 Der Bischof müsse 1. Landeskind sein, 2. mindestens 33 Jahre zählen, 3. die theologischen Studien mit gutem Erfolg absolviert haben, 4. acht Jahre lang der Seelsorge, kirchlichen Geschäften oder einem theologischen Lehramt vorgestanden haben, 5. unbescholtene Sitten haben und 6. *durch Wissenschaft, Tugend, Thätigkeit und Geschäftskunde sich vorzüglich auszeichnende Geistliche des Landes* sein. [Benedikt M. Werkmeister], Entwurf einer neuen Verfassung der deutschen katholischen Kirche in dem deutschen Staatenbunde, [Karlsruhe] 1816, 61f. – Nicht ganz so weit war Kopp gegangen. Für die Domkapitulare hatte dieser wenigstens zwei Jahre in der Seelsorge und ein Alter von 28 Jahren vorgeschlagen: [Georg L. C. Kopp], Ideen zu der Organisation der teutschen Kirche. Ein Beitrag zum künftigen Konkordat, Frankfurt a.M. 1814, ND Egelsbach u.a. 1992, 50f. – Bei der Frage, ob die Domkapitulare einen akademischen Grad vorweisen müssten, gingen die Ansichten auseinander. Während Werkmeister darauf verzichten wollte und allein auf praktische Erfahrung und Tüchtigkeit drängte, glaubte Kopp für je zwei der Domkapitulare den theologischen bzw. den Doktor beider Rechte verpflichtend vorschreiben zu müssen.

Lebenswandel und 7. eine mindestens sechsjährige Erfahrung in der Seelsorge, bzw. in einem anderen Kirchen- oder öffentlichen Lehramt[45].

Werkmeisters Forderungen wurden von den Staaten mehr oder weniger umgesetzt. Im Vergleich zu den alten Domkapiteln zeigt sich eine konsequente Klerikalisierung (alle mit Priesterweihe, zumindest mit höherer Weihe). Dem Adel wurde kein Vorrang mehr eingeräumt, Stand und Geburt sollten in Zukunft keinen *Rechts*unterschied mehr begründen[46]. Das wesentlich höhere Eintrittsalter, die Betonung eines soliden Studiums und mehrjähriger praktischer Erfahrung weisen zudem auf das neue Profil der Domkapitulare als Mitarbeiter in der diözesanen Verwaltung hin.

7. Mitwirkung an der Diözesanregierung als Recht der Domkapitulare?

Das alte Chorsingen wird wieder aufgenommen. Wann sollen sie denn arbeiten? Warum will man noch in unsern Zeiten solche Reliquien der alten Verderbnisse beibehalten? Wer jemals den Chorgesang in den Domstiftern mit angehört hat, weiß, wie scandalös jener Gesang war! Kann denn der höhere Klerus in seiner wichtigen Sphäre nichts besseres thun, als im Chor singen?[47] – So lautete 1818 die ungehaltene öffentliche, weil publizierte Reaktion des württembergischen Kirchenrats Benedikt Maria Werkmeister auf das Bayerische Konkordat und dessen Bestimmungen zur Neuregelung der Domkapitel[48].

Drei Jahre zuvor hatte der Konstanzer Generalvikar Ignaz Heinrich von Wessenberg (1774–1860) ein positives Gegenbild entwickelt: *Die Bestimmung des Domkapitels verlangt, dass der Bischof bey allen wichtigen Angelegenheiten seines Kirchensprengels dasselbe zu Rath ziehe; dass er dessen Mitglieder mit einzelnen Theilen der Bisthumsverwaltung beauftrage; endlich dass das Kapitel bey Erledigung des bischöflichen Stuhls nach kanonischer Vorschrift für die Bisthumsverwaltung Sorge trage, und auch an der Wiederbesetzung gesetzmäßigen Antheil nehme*[49].

Die Frage nach den Aufgaben der neuen Domkapitel wurde im frühen 19. Jahrhundert unterschiedlich beantwortet. In der Zirkumskriptionsbulle für die Bistümer *Hannovers* wurde lediglich das Recht des Domkapitels zur Bischofswahl festgeschrieben. Dass das Domkapitel an der Diözesanverwaltung beteiligt sein sollte, wird nicht gesagt. Im

45 *Allgemeine Grundsätze, nach welchen ein Konkordat abzuschließen wäre*, B 11 und B 12. HStAS E 201 a Bü 38. – *Grundzüge zu einer Vereinbarung über die Verhältnisse der katholischen Kirche in den deutschen Bundesstaaten* § 29, abgedr. in: BURKARD, Staatskirche (wie Anm. 3), 745–770, hier: 752.

46 *De salute animarum* XIX, abgedr. in: Staat und Kirche im 19. und 20. Jahrhundert. Dokumente zur Geschichte des deutschen Staatskirchenrechts. Bd. 1: Staat und Kirche vom Ausgang des alten Reichs bis zum Vorabend der bürgerlichen Revolution, hg. v. Ernst HUBER u. Wolfgang HUBER, Berlin 1973, 204–221, hier: 207.

47 [WERKMEISTER], Bemerkungen (wie Anm. 40), § 8.

48 Zwar hatte das Konkordat die Möglichkeit eröffnet, Domherren als Räte zur Verwaltung der Diözese heranzuziehen, doch blieben die diesbezüglichen Bestimmungen bewusst unklar. Klar war nur, dass der Bischof als ausschließlicher Leiter der Bistumsverwaltung betrachtet wurde, dem es freistand, einzelne Räte zu besonderen Diensten heranzuziehen. Vgl. Staat und Kirche (wie Anm. 46), Bd. I, 172.

49 [WESSENBERG], Die deutsche Kirche (wie Anm. 39), 36.

Gegenteil: Die Bestimmung, der Osnabrücker Generalvikar habe die jährlich anzuweisende Summe für die Besoldung »derjenigen Geistlichen« zu verwenden, »welche demselben bei seiner Amtsführung Beistand leisten«[50], ist eher ein Hinweis darauf, dass an eine generelle Diözesanverwaltung durch das Domkapitel nicht gedacht war.

Ähnlich verhielt es sich bei der Zirkumskriptionsbulle für die *preußischen* Bistümer. Die Domkapitel haben die *Pflicht zur Seelsorge* an der Domkirche, außerdem neben dem Recht zur Bischofswahl das Recht, ihre eigenen Belange (nach Maßgabe des Konzils von Trient) und unter dem Vorsitz und mit Genehmigung des Bischofs zu regeln[51]. Von einer Mitwirkung an der Diözesanverwaltung ist nicht die Rede.

Das *Bayerische Konkordat* spricht den Domkapiteln kein Bischofswahlrecht zu. Ihre Aufgabe besteht vor allem im *Chordienst* an der Domkirche. Doch haben die Domkapitulare auch als Räte in der Verwaltung ihrer Diözese zu dienen. Damit ist aber keineswegs das Domkapitel an sich gemeint[52]. Denn zum einen ist nur von *einzelnen* Domkapitularen die Rede, zum anderen hat deren Hinzuziehung zur Verwaltungstätigkeit *nach Maßgabe des Bischofs* zu geschehen. Der Bischof hat die Verwendung der Kapitulare »zu den einzelnen besondern Verrichtungen und Geschäften ihres Amtes nach Gutbefinden zu bestimmen«[53]. An anderer Stelle des Konkordats wird dies noch einmal deutlicher ausgedrückt. Dort heißt es: »In Leitung der Diöcesen sind die Erzbischöfe und Bischöfe befugt, alles dasjenige auszuüben, was ihnen vermöge ihres Hirtenamtes kraft der Erklärung oder Anordnung der canonischen Satzungen nach der gegenwärtigen und vom heiligen Stuhle bestätigten Kirchendisciplin zusteht, und insbesondere [...] zu Vikaren, Rathgebern und Gehülfen in ihrer Verwaltung Geistliche, welche sie immer hiezu tauglich finden werden, aufzustellen«[54]. Das heißt: Die Domkapitulare waren keineswegs automatisch oder gar zwingend an der Diözesanverwaltung beteiligt[55].

50 *Impensa Romanorum Pontificum*, abgedr. in: Staat und Kirche (wie Anm. 46), 299–308, hier: 301.

51 Die Exemtion der Domkapitel von der bischöflichen Gewalt war umstritten. Durch die Beschlüsse des Konzils von Trient wurde sie nicht abgeschafft, doch erhielt der Bischof einen etwas größeren Spielraum. Vgl. Klaus GANZER, Exemtion und Reform. Der Streit um die Exemtion der Domkapitel auf dem Konzil von Trient, in: Papsttum und Kirchenreform. Historische Beiträge. Festschrift für Georg Schwaiger zum 65. Geburtstag, hg. v. Manfred WEITLAUFF u. Karl HAUSBERGER, St. Ottilien 1990, 391–404.

52 Der Text des Konkordats gibt zumindest keine hinreichende Möglichkeit für die Interpretation, die bayerischen Kapitel seien »ex officio an der Diözesanverwaltung beteiligt und somit faktisch vielleicht von noch größerem Einfluß auf die Diözesanleitung«. GATZ, Domkapitel (wie Anm. 11), 401f. – Vgl. auch SCHNEIDER, Domkapitel (wie Anm. 3), 375.

53 *Bayerisches Konkordat*, Art. III, abgedr. in: Staat und Kirche (wie Anm. 46), Bd. I, 170–177, hier: 172.

54 *Bayerisches Konkordat*, Art. XII, abgedruckt in: Ebd., 176.

55 Ausdrücklich wird den Kapitularen übrigens Residenzpflicht (unbeschadet der Autorität des Heiligen Stuhls) und Kumulationsverbot eingeschärft. *Bayerisches Konkordat*, Art. X, abgedruckt in: Ebd., 174f.

Bayern folgte in diesem Punkt weitgehend – wenn auch widerwillig[56] – dem österreichischen Vorbild[57], welches das Generalvikariat und das Domkapitel scharf unterschied. Zwar wurde auch letzteres als »Senat« des Bischofs betrachtet, der in wichtigen Fragen konsultiert werden musste, der Rat hatte aber in den seltensten Fällen bindende Kraft[58]. Tatsächlich war mit dem Tagesgeschäft jedoch ein Geistlicher Rat befasst[59].

8. Das Domkapitel als ordentliches bischöfliches Verwaltungsgremium

Wesentlich weiter als in den übrigen deutschen Ländern gingen die *Oberrheinischen Staaten*, die sich seit 1818 auf den sogenannten »Frankfurter Konferenzen« zur Neuregelung

56 So hatte man 1814 ausdrücklich verlangt, die »Kapitel sollen der eigentliche bischöfliche Rath seyn, und künftig die Geschäfte der Konsistorien, oder der bisherigen General-Vikariate etc. in ihrem ganzen Umfange besorgen« (Konkordatsentwurf vom 3. Oktober 1814, zit. nach Thomas Groll, Das Augsburger Domkapitel von der Wiedererrichtung (1817/21) bis zum Ende des Zweiten Weltkriegs [1945] [Münchener Theologische Studien 1, Hist. Abt. 34], St. Ottilien 1996, 232). – Der Heilige Stuhl hatte sich aber vehement geweigert, den Satz »dass die Kapitel den eigentlichen bischöflichen Rath zur Besorgung der bisherigen Generalvikariate bilden sollten«, als dem Kirchenrecht widersprechend ins Konkordat aufzunehmen (vgl. Schneider, Domkapitel [wie Anm. 3], 377–379). – Die unmittelbar auf die Reorganisation folgende Praxis in Bayern bestätigt übrigens die hier vertretene Interpretation. So verteilte etwa der Augsburger Generalvikar die anfallenden Arbeiten an die Domkapitulare nach eigenem Gutdünken und »mit Rücksicht auf die Kenntnisse und Neigungen eines jeden unter denselben«; jeder Rat konnte zwar ein Votum abgeben, der Generalvikar war aber an die Mehrheitsmeinung nicht gebunden. Seit 1823 wurden der Sitzung ohnehin nur noch Gegenstände vorgelegt, die sich für eine Diskussion »eigneten«, ansonsten durfte der Generalvikar entweder sogleich oder nach Einholung der Stellungnahme des zuständigen Referenten entscheiden (vgl. Groll, Augsburger Domkapitel [wie Anm. 56], 234). Dass sich dies 1826 wirklich änderte, wie Groll (236) behauptet, ist zu bezweifeln.

57 *Der Generalvikar führt dabey in Abwesenheit des Bischofs den Vorsitz, sammelt die Stimmen, und gibt, wenn diese gleich sind, durch seine Stimme den Ausschlag. Uebrigens macht das Konsistorium bloß den Rath, und das Tribunal des Bischofs aus, und die Gewalt desselben ist ganz von diesem abhängig. Daraus folget, daß der Bischof selbst an die Stimmenmehrheit, und an die Beschlüsse des Konsistoriums nicht gebunden sey, und daß er die Macht, und den Wirkungskreis desselben nach Gutbefinden einschränken, und sich gewisse Gegenstände besonders vorbehalten könne.* (Georg Rechberger, Handbuch des österreichischen Kirchenrechts, 2 Bde., Linz 1815, hier: Bd. I, § 209).

58 Allerdings war der Bischof nur in bestimmten Fällen an den Rat seines Kapitels gebunden. Vgl. Rechberger, Handbuch (wie Anm. 57), Bd. I, §§ 212f.

59 Vgl. etwa für Würzburg die Serie der Sitzungsprotokolle des Geistlichen Rats im 19. Jahrhundert. – 1824 sträubten sich die bayerischen Bischöfe heftig gegen die Übernahme der Diözesanverwaltung durch die Domkapitel. Einen publizistischen Vorstoß in dieser Richtung hatte 1924 der Würzburger Professor Josef Adam Onymus (1754–1836) unternommen, der wenig später zum Würzburger Domdekan ernannt wurde: Josef A. Onymus, Presbyterium eiusque partes in regimine ecclesiae, Würzburgum 1824. – In seinem Versuch, die Diözesanverwaltung den Domkapiteln zuzuschreiben, sahen die Bischöfe eine *Tendenz […], die ganze hierarchische Verfassung umzustürzen.* Demgegenüber wollte man die Ordinariate *nur als delegierte Bischöfliche Behörden* handeln lassen. (11. November 1824, Bischof Groß-Trockau, Würzburg, an den Bamberger Erzbischof Fraunberg, DAW, Bischöfliche Manualakten 1821–1948. A.12.2).

ihrer kirchlichen Angelegenheiten zusammenfanden[60]. In ihrer Deklaration an den Papst formulierten die »stati protestanti uniti« folgendermaßen: »An jeder Domkirche wird als Presbyterium, oder kirchlicher Senat ein Kapitel von Canonikern gebildet werden, deren hauptsächliche Bestimmung, außer dem Gottesdienste und der Seelsorge, sein soll, den Bischof in der Verwaltung seiner Diözese zu unterstützen«[61]. Hier wurde also die Diözesanverwaltung als wichtigste Aufgabe, und zwar nicht einzelner vom Bischof designierter Kapitulare, sondern des Kapitels an sich, definiert.

Noch prägnanter war dies in der *Frankfurter Kirchenpragmatik* von 1820 und der *Landesherrlichen Verordnung* von 1830 ausgedrückt: »Das Domkapitel einer jeden Cathedralkirche tritt in den vollen *Wirkungskreis der alten Presbyterien*, und bildet unter dem Bischof die *oberste Verwaltungsbehörde* der Diözese. Der *Dekan* führt die Direktion. Die Verwaltungsform ist *kollegialisch*«[62].

Auch das Bischofswahlrecht wurde in den Oberrheinischen Staaten den Domkapiteln in ihrer Eigenschaft als Presbyterien zuerkannt[63]. Ausdrücklich sollte damit an die Praxis der alten Kirche angeknüpft und die römische Doktrin vom Ernennungsrecht des Papstes zurückgewiesen werden[64].

Das heißt: Nach dem Frankfurter System wurde allen unklaren Mischformen und Kompetenzüberschneidungen eine Abfuhr erteilt. Das Kapitel war hier zugleich das einzige kirchliche Verwaltungsgremium; Domkapitel und Generalvikariat waren identisch[65].

60 Hier ist GATZ, Domkapitel (wie Anm. 11), 402, zu korrigieren, wo es heißt: »Die Bedeutung der bayerischen Domkapitel ist infolge ihres Rechtes der teilweisen Selbstergänzung und ihrer konkordatär verankerten Mitwirkung bei der Diözesanverwaltung faktisch größer als die der übrigen deutschen Kapitel, obwohl ihnen das Bischofswahlrecht fehlt«.

61 *Deklaration*, abgedr. in: Staat und Kirche (wie Anm. 46), Bd. I, 241–245, Nr. III.

62 *Landesherrliche Verordnung* § 21, abgedr. in: Staat und Kirche (wie Anm. 46), Bd. I, 280–284, hier: 283 (Hervorhebungen vom Verf.). – Unter den Dalberg-Schülern urteilte man im selben Jahr: Die *Kapitel haben eine bessere Stellung erhalten, sie sind nun das geworden, was sie früher waren – was sie allzeit hätten seyn sollen: (Senatus episcopi) die Räthe und Gehülfen des Bischofs.* (Georg L.C. KOPP, Die Katholische Kirche im neunzehnten Jahrhundert und ihre zeitgemäße Umgestaltung ihrer äusseren Verfassung mit besonderer Rücksicht auf die in dem ehemaligen Mainzer, später Regensburger Erzstifte hierzu getroffenen Anstalten und Anordnungen, Mainz 1830, 3).

63 Vgl. die zugrunde gelegte Doktrin bei Peter A. FRANK, Etwas über die Wahlkapitulationen in den geistlichen Wahlstaaten. Aus Veranlassung des Entschlusses, eine beständige Wahlkapitulation für das mainzische Erzstift zu errichten, Frankfurt 1788, 16.

64 Dabei folgte man dem altkirchlichen Grundsatz, der Bischof müsse von seinem Klerus gewählt werden. Um diesen Grundsatz fest zu verankern, sollte auch der Pfarrklerus an der Bischofswahl beteiligt werden. Man kreierte sogenannte Wahlkapitel, bestehend aus den Domherren und hinzugewählten Dekanen. Diese hatten eine Terna von Kandidaten zu bestimmen. Dem Landesherrn sollte vor der Wahl eine Exklusive, nach der Wahl aber die Ernennung zukommen, dem Papst verblieb allein die kanonische Institution. Hier wurde also zwischen den unterschiedlichen Interessen von Ortskirche, Staat und Kurie vermittelt. Das neue Modell baute auf die Verantwortlichkeit des Klerus und erhöhte die Bedeutung der Domkapitel. Man war sich einig, dass die Bischofswahl das einzige Mittel war, *der deutschen Kirche den Grad von Unabhängigkeit vom Kurieneinfluss, der für sie anzusprechen ist, zu verschaffen.* (Vgl. BURKARD, Staatskirche [wie Anm. 3], 457f.). – Interessanterweise wurde in Preußen das Wahlkollegium de facto genehmigt, und zwar mit Hilfe des Konstrukts der Ehrendomherren. Diese wurden aus den Dekanen ausgewählt, womit eine breitere Repräsentation des Klerus bei der Wahl gegeben war. (Vgl. GATZ, Domkapitel [wie Anm. 11], 399).

65 Zur Frage der Identität von Domkapitel und Ordinariat von kirchenrechtlicher Seite Joseph MÜLLER, Die Bischoflichen Diözesanbehörden, insbesondere das bischöfliche Ordinariat (Kirchenrechtliche Abhandlungen 15), Stuttgart 1905, ND Amsterdam 1963, 111–128. – Vgl. auch Hubert

Die Domherren wurden zur Mitarbeit in der diözesanen Verwaltung berechtigt und verpflichtet, dem Domkapitel alten Stils als »teuerstem Gesangsverein der Diözese« wurde eine Abfuhr erteilt[66]. Intendiert war ein effizient arbeitender Verwaltungsapparat. Wir haben es in den Oberrheinischen Staaten mit einem Modell zu tun, das bei der diözesanen Mitbestimmung der Domkapitel wohl am weitesten geht.

a) Das Domkapitel als Presbyterium

Der Zentralgedanke des oberrheinischen Modells war, die diözesane Kirchenverfassung gewissermaßen von unten her aufzubauen. Dahinter stand die jahrelange, schmerzvolle Erfahrung, dass alle Versuche zur Errichtung einer definitiven kirchlichen Landeshierarchie gescheitert waren, mal an Napoleon (1769–1821), mal am Widerstreben des Heiligen Stuhls. Sollten die Diözesen eine von äußeren Einflüssen unabhängige Kirchengewalt erhalten, so mussten die Domkapitel nach Art der alten Presbyterien organisiert, das heißt vom Klerus gewählt werden. Denn »nach der ursprünglichen apostolischen Kircheneinrichtung« – so die Ansicht – war es das Presbyterium selbst, *welches mit einem Bischofe oder Bischofsverweser, als dirigierendem Vorsteher, an seiner Spitze, die Repräsentation und damit zugleich die oberste Verwaltungsbehörde der Diözese* bildete, und zwar »aus eigenen Rechten«[67].

Dieser Doktrin eignete nicht nur eine antirömische Stoßrichtung, sie hatte auch Konsequenzen für die Verteilung der kirchlichen Gewalt innerhalb der Diözesanleitung. Denn das Domkapitel verlor sein für die Vakanz des Bischofsstuhles festgeschriebenes Verwaltungsrecht über die Diözese selbst dann nicht, wenn ein Bischof ernannt worden war, *indem diesem eigentlich nur die Pontifikalhandlungen und was damit in unzertrennlicher Verbindung steht, namentlich auch die Ordination der Geistlichen, zukommt*[68]. Zugespitzt heißt das: Domkapitel und Diözesanbischof kam *nur gemeinsam* das Recht und die Pflicht zur Diözesanleitung zu[69].

WOLF, Das Domkapitel als Bischöfliches Ordinariat? Monarchische (Generalvikar) oder kollegiale (Domdekan) Diözesanleitung im Bistum Rottenburg, in: RJKG 15, 1996, 173–197. – DERS., Generalvikar oder Domdekan? Zum Streit um monarchische und kollegiale Diözesanleitung im Bistum Limburg, in: »Den Armen eine frohe Botschaft«. Festschrift für Bischof Franz Kamphaus zum 65. Geburtstag, hg. v. Joseph HAINZ, Hans-Wilfried JÜNGLING u. Reinhold SEBOTT, Frankfurt a. M. 1997, 251–265.

66 So schrieb Werkmeister 1818: *Warum will man noch in unsern Zeiten solche Reliquien der alten Verderbnisse beibehalten? Wer jemals den Chorgesang in den Domstiftern mit angehört hat, weiß, wie scandalös jener Gesang war! Kann denn der höhere Klerus in seiner wichtigen Sphäre nichts besseres thun, als im Chor singen?* ([WERKMEISTER], Bemerkungen (wie Anm. 40), § 8).

67 Bis zum Konzil von Trient hatte dem Domkapitel die gesamte Verwaltungsgewalt zugestanden. Vgl. 3. November 1818 Wangenheim an Altenstein (Abschrift), HStAS E 65 Verz. 40 Bü 120.

68 Ebd.

69 Vgl. *Grundzüge* (wie Anm. 45), § 25, hier: 751. Dies bedeutete eine gewisse Relativierung des Episkopalsystems im strengen Sinne, selbst wenn alle Domkapitulare unter die Aufsicht und Leitung des Bischofs gestellt wurden. Die Unterwerfung unter den Bischof war erst nachträglich eingefügt worden. Die Bindung des Bischofs an das Domkapitel sollte – wie der Württembergische Bevollmächtigte Freiherr von Wangenheim schrieb – einem »geistlichen Despotismus« vorbeugen: *Indem aber darnach gestrebt wird, der Kirche die ihr gebührende Freiheit zu geben, verfällt man gar leicht in den Fehler, an die Stelle des einen Despoten nur einen andern, nämlich einen geistlichen, statt eines weltlichen zu setzen.* (12. Juni 1818 Wangenheim, Frankfurt, an Innenministerium, HStAS E 201 a Bü 39).

Ein von den württembergischen Kirchenräten im September 1818 vorgelegtes Modell, welches die Wahl neuer Domkapitulare durch Kapitulare *und Landdekane* vorsah, war von diesen Überlegungen geprägt. Doch Rom verwarf die quasidemokratische Bestellung der Domherren[70]. Die Bulle *Ad dominici gregis custodiam* wies das Besetzungsrecht der Kapitelsstellen – mit staatlicher Zustimmung – alternierend dem Bischof und dem Kapitel zu[71]. Bereits früher war von den Staaten selbst die explizite Identität von Domkapitel und Generalvikariat gestrichen worden[72]. Gleichwohl hielten die Staaten an der Doktrin vom »vollen Wirkungskreis der Presbyterien« fest[73].

b) Kollegiale Verwaltungsform

Ausdrücklich festgeschrieben wurde von den Staaten – in Abweichung vom allgemeinen Kirchenrecht – das Spezifikum der kollegialen Verwaltungsstruktur des Generalvikariats. Vorbild hierfür war nicht nur die kollegiale Verfassung des staatlichen Pendants, also des katholischen Kirchenrats, oder die relativ junge und ebenfalls unter staatskirchlichen Vorzeichen entworfene Verfassung des Ellwanger Generalvikariats (1812)[74], sondern auch die kollegiale Geschäftsführung der Geistlichen Räte der Bistümer Salzburg, Konstanz und Brixen[75].

Einen heiklen Punkt bildeten hierbei Person und Amt des Generalvikars als »alter ego« des Bischofs und Leiter des Generalvikariats[76]. Musste dessen Ernennung auch notgedrungen dem Bischof zugestanden werden, so wollte man diesen doch an die (gewählten und landesherrlich bestätigten) Domkapitulare binden[77]. Außerdem eröffnete man die Möglichkeit, das Amt des Generalvikars mit dem des Domdekans als Vorstand des Domkapitels zu kumulieren, der vom Landesherrn aus der Mitte des Domkapitels gewählt werden sollte[78]. Dadurch war eine Vermittlung monarchischer und kollegialer Formen angestrebt.

Doch der Heilige Stuhl intervenierte auch hier. Die Identität von Domkapitel und Generalvikariat ging ihm zu weit. Er wollte eine Teilhabe der Domkapitulare an der Diözesanverwaltung nur in den Grenzen des kanonischen Rechts zugestehen, um »den

70 25. September 1819 Bericht Nr. 22 Schmitz-Grollenburg/Türkheim, Rom, HStAS E 201 a Bü 41.
71 *Ad dominici gregis custodiam*, abgedr. in: Staat und Kirche (wie Anm. 46), 268–271, Nr. 4.
72 Über die Hintergründe vgl. BURKARD, Staatskirche (wie Anm. 3), 229f.
73 *Landesherrliche Verordnung* (wie Anm. 62), § 21.
74 So WOLF, Domkapitel (wie Anm. 65), hier: 179.
75 Vgl. oben.
76 Vgl. WOLF, Domkapitel (wie Anm. 65). – DERS., Generalvikar (wie Anm. 65). – Allerdings geht Wolf von der Annahme aus, Frankfurt habe bereits 1818 den Domdekan zum Direktor des Generalvikariats gemacht (in den von ihm zitierten »neuesten Grundlagen« waren die *Grundzüge* abgedruckt). Dies ist ein Missverständnis. Die *Grundzüge* weisen eindeutig den vom Bischof ernannten Generalvikar als Vorstand des Generalvikariats (= Domkapitel) aus (§ 32). Dies gilt ebenso von den *Grundbestimmungen*: »Das Presbyterium der Diözese, welchem der Bischof selbst oder durch einen Vikar vorsteht, bildet die oberste Diözesanbehörde und führt in kollegialischer Form nach einer mit Genehmigung des Staats festzusetzenden Geschäftsordnung die Diözesanverwaltung« (§ 15). Erst 1820 wurde der Domdekan zum Vorsitzenden des Generalvikariats bestimmt, was tatsächlich eine entscheidende Schwächung des Bischofs bedeutete.
77 Vgl. *Grundzüge* (wie Anm. 45), § 33.
78 Vgl. ebd., § 30. Ähnlich hatte schon Wessenberg 1815 eine Kumulation der Ämter von Generalvikar und Dompropst vorgesehen. Vgl. [WESSENBERG], Die deutsche Kirche (wie Anm. 39), 39.

Streitigkeiten, welche zwischen den Bischöfen und den Kapiteln entstehen könnten, vorzubeugen«[79]. Auch suchte die Kurie, die freie, das heißt die nicht an das Domkapitel gebundene Ernennung des Generalvikars durch den Bischof einzuklagen. Die Ernennung des Domdekans reklamierte die Kurie als altes päpstliches Recht, wollte dieses aber dem Bischof überlassen[80]. Damit wäre das Ordinariat auch bei Leitung durch den Domdekan de facto bischöfliche, das heißt monarchische Behörde gewesen.

In der Bulle *Ad dominici gregis custodiam* setzte sich schließlich ein alternierendes System durch, wonach auch die Ernennung des Dekans abwechselnd dem Bischof und dem Kapitel zugestanden wurde, während der Landesherr ein Vetorecht erhielt[81]. Die Landesherrliche Verordnung fand sodann die sybillinische Formulierung, das Generalvikariat stehe unter dem Bischof, doch der Dekan führe die Direktion[82]. Ein eigener Generalvikar war staatlicherseits nicht mehr vorgesehen, im eintretenden Falle wurde die Kumulation mit dem Domdekanat quasi dadurch erzwungen, dass der Bischof sein »alter ego« aus eigener Schatulle bezahlen musste.

Die entscheidende Frage war, ob der Bischof bei der Leitung seiner Diözese, aufgrund kollegialer Geschäftsführung, von den Mehrheitsentscheidungen seines Domkapitels abhängig war[83]. Diese Frage blieb letztlich ungeklärt und wurde *in praxi* unterschiedlich beantwortet. Langfristig setzte sich – weil vom allgemeinen Kirchenrecht gedeckt – die monarchische Interpretation durch[84].

79 *Esposizione dei Sentimenti di Sua Santità sulla Dichiarazione* Nr. 8, abgedr. bei BURKARD, Staatskirche (wie Anm. 3), 771–793, hier: 775.

80 Vgl. ebd., Nr. 32f.

81 *Ad dominici gregis custodiam* (wie Anm. 71), Nr. 4.

82 *Landesherrliche Verordnung* (wie Anm. 62), § 21. – 1853 konstatierte der Tübinger Kirchenrechtler Leopold A. Warnkönig: *Was aber diese Verhältnisse betrifft, so ist kurz gefaßt in den zur Oberrheinischen Kirchenprovinz gehörigen Ländern der jetzt bestehende Zustand folgender:* [...] *Überhaupt wird dem Bischof nicht das freie Recht der Organisation eines Capitels und beliebige Wahl seiner Generalvicare zuerkannt.* (Leopold A. WARNKÖNIG, Ueber den Conflict des Episcopats der oberrheinischen Kirchenprovinz mit den Landesregierungen in derselben, Erlangen 1853, 11–13).

83 Zum Problem: MÜLLER, Diözesanbehörden (wie Anm. 65), insbes. 122–128. – SCHNEIDER, Domkapitel (wie Anm. 3), 379–381.

84 1832 erschien eine kleine Studie zur Problematik: [Franz X.] SCHÖNINGER, Darstellung der Rechtsverhältnisse der Bischöfe in der oberrheinischen Kirchen-Provinz im Allgemeinen und insbesondere hinsichtlich des Verhältnisses der Bischöfe zu den Domkapiteln, in wie weit die Bestimmungen des gemeinen kanonischen Rechtes noch Anwendung finden, in: Kirchenblätter, zunächst für das Bisthum Rottenburg, dann auch für das Ausland. Unter Mitwirkung eines großen Männer-Vereins des In- und Auslands hg. v. Lorenz LANG, 3. Jg., Bd. 2, Tübingen 1832, 20–32, 127–138, insbes. 134–137. Hier wurde entschieden die Ansicht vertreten, das Domkapitel als Presbyterium sei die oberste Verwaltungsbehörde der Diözese, die Dignitäten gehörten eigentlich nicht zum Collegium, das bischöfliche Votum unterliege ebenso wie das der Kollegen der Abstimmung. Andererseits wurde jedoch die Ansicht vertreten, der Bischof dürfe sich durch das Ordinariat in Ausübung seiner Rechte nicht stören lassen und im Zweifelsfall alleine handeln. In den *jura propria ordinis*, zu denen die Studie etwa auch Ablässe und Fastenerlasse zählte, könne der Bischof ohnehin ohne Ordinariat vorgehen. – Diese Sicht entsprach allerdings weder der staatlichen Doktrin noch der faktischen Situation. Über diese Dinge durfte sogar der Weltliche Rat im Domkapitel mit abstimmen. (Vgl. 25. Mai 1818 Innenministerium an Generalvikariat [Abschrift]. StAL E 211/I Kirchenrat 126).

9. Die Entmachtung der Domkapitel durch das neuere Kirchenrecht

Bis ins 19. Jahrhundert hinein gehörte das Domkapitel zur Grundausstattung jeder ordentlich verfassten Diözese. Im Zuge der Zentralisierung des neueren Kirchenrechts wurde – wie Erwin Gatz vor Jahren feststellte – ihre Autonomie jedoch stark beschränkt und ihre Kompetenz weitgehend auf den Kathedralgottesdienst eingegrenzt[85]. In vielen neueren Diözesen – etwa Nordamerikas – wurde auf die Errichtung von Kapiteln sogar ganz verzichtet[86].

Nach dem im CIC von 1917 kodifizierten allgemeinen Kirchenrecht haben die Domkapitel die vorrangige Aufgabe, die feierliche Gestaltung des Gottesdienstes an der Domkirche zu übernehmen. Sie sind außerdem »senatus et consilium« der Bischöfe, die Kapitulare werden vom Bischof frei ernannt. Bei der Vakanz des bischöflichen Stuhles übernimmt das Domkapitel die Regierung der Diözese; ein Bischofswahlrecht kommt ihm nicht zu[87]. Das heißt, das Domkapitel hat – abgesehen von den bischofslosen Zeiten – vor allem eine *liturgische* Funktion. Die Kapitulare gehören *nicht* automatisch zur bischöflichen Kurie, zum Ordinariat, und müssen lediglich bei bestimmten Angelegenheiten um Rat bzw. Zustimmung gefragt werden. Der Umfang dieser Bindung des Bischofs an die Mitwirkung des Kapitels entspricht – dies ist festzuhalten – nicht einmal dem Umfang der domkapitelschen Rechte der alten Domkapitel vor der Säkularisation[88]. Die Fälle, in denen die Zustimmung des Kapitels nötig ist, wurden stark vermindert. Dasselbe gilt für jene Fälle, in denen der Bischof den Rat des Kapitels einholen muss, auch wenn er daran nicht gebunden ist. Bezeichnenderweise sind nun gerade die Dinge der Diözesanverwaltung im engeren Sinn dem Bischof zur völlig freien Verfügung überlassen, und zwar neben unwichtigeren (Feste, Ablässe) auch zentrale Entscheidungen (Annahme eines Koadjutors, Dispensen, Strafjurisdiktion, Diözesansynode)[89].

Das Zweite Vatikanische Konzil (1962–1965) änderte an dieser Regelung des CIC von 1917 nichts. Die Neufassung des kirchlichen Gesetzbuches von 1983 verstärkte jedoch die Tendenz: das Domkapitel rangiert nun *hinter* dem Priesterrat und dem »Collegium

85 Vgl. auch Klaus Mörsdorf, Lehrbuch des Kirchenrechts auf Grund des Codex Iuris Canonici (Wissenschaftliche Handbibliothek), Bd. 1, München u. a. [11]1964, 446.

86 Vgl. Gatz, Domkapitel (wie Anm. 11), 398.

87 Ausgenommen vom allgemeinen Recht waren anderslautende konkordatäre Regelungen, doch geriet dieses »Sonderrecht« zunehmend unter Druck. Vgl. Erwin Gatz, Zur Besetzung von Bistümern gemäß dem Preußischen Konkordat von 1929. Nach neu zugänglichen vatikanischen Quellen, in: RQ 98, 2003, 210–235.

88 Vgl. unter Rekurs auf die Studie von Philipp Hofmeister OSB, Horst Herrmann, Beständigkeit und Wandel. Ein Beitrag zur Frage nach der Rechtsstellung des »neuen« Domkapitels, in: Alois Schröer, Das Domkapitel zu Münster 1823–1973. Aus Anlaß seines 150jährigen Bestehens seit der Neuordnung durch die Bulle »De salute animarum« im Auftrag des Domkapitels (Westfalia Sacra 5), Münster 1976, 84–97, hier insbes. 87–89.

89 Nicht überall wurden diese Bestimmungen des CIC realisiert. Eine gewisse Ausnahme macht vor allem die Schweiz. So blieb u. a. in Chur das alte Kapitelwahlrecht erhalten, es wurde nur die päpstliche anstelle der bischöflichen Bestätigung verlangt; auch in Basel und St. Gallen wurde die Bischofswahl nach den Bestimmungen der Konkordate von 1828 und 1848 beibehalten. Vgl. Marchal, Einleitung (wie Anm. 5), 80f. – Markus Ries, Die Neuorganisation des Bistums Basel am Beginn des 19. Jahrhunderts (1815–1828) (Münchener Kirchenhistorische Studien 6), Stuttgart 1992. – Ders., Synodale Mitsprache und bürgerliche Demokratie in den Schweizer Kirchen, in: Demokratische Prozesse in den Kirchen? Konzilien, Synoden, Räte, hg. v. Peter Inhoffen, Kurt Remele u. Ulrike Saringer (Theologie im kulturellen Dialog 2), Graz / Wien / Köln 1998, 133–147.

consultorum«. Auch wählt nun letzteres, nicht mehr das Domkapitel in der Vakanz eines Bistums dessen interimistischen Leiter. Der Diözesanadministrator hat den früher vom Domkapitel gewählten Kapitularvikar abgelöst[90]. In Deutschland führten diese Neuregelungen allerdings nur bedingt zu *faktischen* Änderungen; nach einem Beschluss der Deutschen Bischofskonferenz (1983) wurden die für das »Collegium consultorum« vorgesehenen Aufgaben den Domkapiteln übertragen, diese also zur Mitwirkung in der Leitung und Verwaltung der Diözese berechtigt und verpflichtet[91].

Trotz ihrer zunehmend universalkirchlichen Geringschätzung spielen die Domkapitel also in den bischöflichen Verwaltungen der deutschsprachigen Länder nach wie vor eine große Rolle. Verantwortlich ist dafür zum einen die Absicherung ihrer Rechte in den Staatskirchenverträgen und konkordatären bzw. konkordatsähnlichen Vereinbarungen des 19. und 20. Jahrhunderts[92], zum anderen die von den Deutschen und Österreichischen Bischofskonferenzen gefällten Beschlüsse, die für den einzelnen Ordinarius jedoch nicht automatisch zwingende juristische Bindekraft haben. Das heißt: Die Mitwirkungsrechte der Domkapitel im Kirchenregiment stehen heute auf tönernen Füßen.

10. Eine ausgediente Institution? Zusammenfassende Schlussbemerkung

Was hier vorgestellt wurde, waren vor allem die normativen Aspekte unserer Fragestellung in einem diachronen Durchgang. Diese müssten freilich – in synchroner Betrachtung – an den konkreten Realitäten gemessen und überprüft werden: Ein Forschungsdesiderat, das vielleicht einmal im Rahmen der *Germania Sacra* erfüllt werden kann. Die wesentlichsten Ergebnisse des vorliegenden Beitrags lassen sich in acht Punkten zusammenfassen.

1. Nicht erst die im Zuge der kirchlichen Neuordnung zu Beginn des 19. Jahrhunderts entstandenen Domkapitel, sondern auch ihre Vorgänger im Alten Reich waren durchaus in die Diözesanregierung involviert gewesen. Bereits im 12. Jahrhundert war ein Mitspracherecht der Domkapitel längst bestehend, wenn auch nicht in dem Grad der Verrechtlichung der späteren Zeit. Aber als Personen mit Herrschernähe (Königsnähe und Bischofsnähe) besaßen die Domherren mächtigen Einfluss. Was skizziert wurde, könnte als Verrechtlichungsprozess beschrieben werden. Deren Ergebnis war eine differenzierte Teilhabe des Domkapitels am *regimen ecclesiasticum*: Der Bischof war in bestimmten Fäl-

90 CIC 1983, c. 502, § 3. – Vgl. auch GATZ, Domkapitel (wie Anm. 11), 398.

91 »Mit Rücksicht auf die bereits konkordatsrechtlich dem Domkapitel zugewiesenen Aufgaben überträgt die Deutsche Bischofskonferenz gemäß c. 502 § 3 CIC die Aufgaben des Collegium Consultorum dem Domkapitel«. Beschluss der Deutschen Bischofskonferenz, abgedruckt etwa in: Kirchliches Amtsblatt für die Erzdiözese Paderborn 138, 1995, 127, Nr. 158. – Vgl. auch Amtsblatt der österreichischen Bischofskonferenz, 25. Jänner 1984, Nr. I/8. – Diese Regelung ging mitunter in die neueren Statuten von Domkapiteln ein. Vgl. etwa für Paderborn (11. Februar 1999): http://www.erzbistum-paderborn.de/dp/ansicht/kunden/generalvikariat/dom/index.phtml?ber_id=496 (Stand: 24. November 2014). – Für Österreich vgl. Franz HASENHÜTL, Die Domkapitel in Österreich nach dem CIC/1983. Statutenreform und aktuelle Rechtsgestalt (Adnotationes in Ius Canonicum 51), Frankfurt a. M. 2013.

92 Die Praxis ging zum Teil bald über jene rechtlichen Regelungen hinaus. Eine entscheidende Rolle dürfte vielmehr den Spätfolgen der Säkularisation zuzuschreiben sein. Die finanzielle Lage ermöglichte es den Bischöfen nicht, neben den vom Staat bezahlten Domkapiteln einen aus eigener Schatulle finanzierten Bischöflichen Rat zur Seite zu stellen.

len verpflichtet, den Rat seines Kapitels einzuholen, in anderen Fällen war er sogar an die Zustimmung des Kapitels gebunden. Letztere beschränkten sich allerdings vorwiegend auf wichtige Finanz- und Personalentscheidungen. Von daher sind die alten Domkapitel also durchaus in cumulo als institutionalisierter *Rat* des Bischofs bei der Diözesanregierung zu betrachten, wenn auch mit abgestufter Kompetenz[93].

2. Während die alten Kapitel im Allgemeinen eine Art *Normeninstanz* in zentralen Angelegenheiten bildeten, scheinen sie – als Korporation – in die alltägliche *Verwaltung* der Diözesen nicht involviert gewesen zu sein. Diese wurde vielmehr durch die Archidiakone und zunehmend auch durch ein vom Bischof frei bestimmtes Vikariat ausgeübt. Insofern können die alten Domkapitel – wie übrigens auch die heutigen nach allgemeinem Kirchenrecht – kaum als Mitarbeiter*stab* des Bischofs bezeichnet werden. Dies schloss allerdings nicht aus, dass *einzelne* Kapitulare Anteil an der Diözesanverwaltung erhielten, zunächst über die Archidiakonate, die oft (wenigstens zu einem Großteil) mit Domkapitularen besetzt wurden, oder indem sie (später) als Räte zum Ordinariat (Vikariat, Konsistorium, Geistlichem Rat) hinzugezogen wurden. In diesem Zusammenhang sind wohl auch die »Canonici a latere« zu nennen, die zum Hofdienst verwendet wurden[94]. Weshalb – je länger je mehr – nicht das Kapitel als Rechtskorporation, sondern nur einzelne Domherren involviert wurden, hat möglicherweise damit zu tun, dass eine Integration des ganzen Kapitels unmöglich war, zum einen aufgrund der mangelhaften Präsenz durch das System der Pfründkumulation, zum anderen aufgrund der mangelhaften Befähigung einzelner Domherren. Vielleicht war dies aber von den Bischöfen auch nicht gewünscht; durch das »divide et impera« konnte der episkopale Handlungsspielraum offen gehalten werden.

3. Bereits früh, in verstärktem Maße aber vom 15. bis ins 18. Jahrhundert, versuchten die Domkapitel über Sondervereinbarungen und insbesondere auch mit Hilfe von Wahlkapitulationen, Einfluss auf die Diözesanregierung und -verwaltung zu nehmen. Im Hintergrund stand vermutlich, dass den Domkapiteln durch die Professionalisierung der bischöflichen Beamten inzwischen eine gefährliche Konkurrenz entstanden war. Die Sicherung von Mitspracherechten war also der Versuch der Domkapitel, mit diesen konkurrierenden Kräften umzugehen und der eigenen Marginalisierung gegenzuarbeiten. Man könnte also – in Anlehnung an Guy Marchal – sagen: Die transpersonalen Handlungsoptionen blieben nur zum Teil konstant (etwa beim Kathedralgottesdienst), wurden aber teilweise auch andere, da das Umfeld der Domkapitel (etwa die bischöfliche Stellung, die bischöflichen Beamten) sich veränderte.

4. Die alten Domkapitel standen aufgrund verschiedener Erscheinungsformen (Abwesenheit, Pfründenkumulation, Klientelwirtschaft, Bestechlichkeit) in einem schlechten Ruf. Sie galten als Versorgungsanstalten des Adels, im besten Fall als liturgische Entourage der Bischöfe, auch wenn der tatsächliche Zustand der Domkapitel diesem negativen Bild nicht in jedem Fall entsprochen haben mag; die Domkapitel wiesen gerade gegen Ende des 18. Jahrhunderts durchaus auch fähige, fleißige und pflichtbewusste Mitglieder auf. Gleichwohl: Die Vielzahl an Stellen entsprach den Bedürfnissen einer zeremonialen Prachtentfaltung, die gegen Ende des 18. Jahrhunderts zunehmend suspekt wurde. Mit dem Ende bischöflicher Territorialherrschaft und Hofhaltung mussten auch diese Re-

93 Das kanonische Recht räumte bei der Bestimmung des Anteils der Kapitel an der Diözesanregierung dem Gewohnheitsrecht einen relativ großen Spielraum ein. Hinschius, System (wie Anm. 9), Bd. II, 160.

94 Vgl. Keinemann, Domkapitel (wie Anm. 7), 30.

präsentanten kirchlich-höfischer Kultur fallen. Die Säkularisation bot die willkommene Handhabe, einer als »überlebt« empfundenen Institution eine neue Gestalt zu geben. Für die Säkularisationsgewinner musste es zudem ein Gebot der Klugheit sein, dem neuen Status der in ihrer politischen und faktischen Bedeutung degradierten und marginalisierten Bischöfe auch in der Gestaltung ihrer unmittelbaren Umgebung gerecht zu werden.

5. Die Säkularisation wurde zum Anlass, den Domkapiteln die Wahrnehmung ihrer Verantwortlichkeit für die Diözese in größerem Maße als bisher zu ermöglichen und sie gleichzeitig voll in die Diözesanverwaltung einzubinden. Während hier auf Seiten kirchlicher Reformer durchaus alte Reformimpulse Pate standen (in betonter Weise wurde hier Bezug auf die »alte« oder »ursprüngliche« Verfassungsfigur der Domkapitel genommen), also historisch legitimierend argumentiert wurde, so koinzidierten diese Reformimpulse auf staatlicher Seite mit Nützlichkeitsbestrebungen aufgeklärt-utilitaristischer Couleur. Was sollte die säkularisierenden Staaten anderes motivieren, sich die teure Einrichtung von Domkapiteln zu leisten, als deren nutzbringende Indienstnahme? Die Hauptmotivation für diese (vom Staat initiierte) Umgestaltung der Domkapitel lag also vor allem im sparsamen und pragmatischen Einsatz von Finanzen. Andererseits sollte – auch das wird deutlich – der Bischof ein korrigierendes und kontrollierendes »Gegenüber« erhalten[95]. Umso auffallender, dass die logische Folge derartiger Überlegungen – Domkapitel = effizienter kirchlicher Verwaltungsapparat – nicht in allen Staaten von Anfang an vorherrschte, sondern sich erst allmählich Bahn brach. Durch die Kompetenzausweitung erfuhren die Domkapitel einerseits eine entschiedene innerkirchliche Aufwertung, andererseits war ihnen damit die beschwerliche Alltagsarbeit in der Diözesanverwaltung zugewiesen, die sie mitunter so stark band, dass ihnen in der Zukunft sowohl der kirchenpolitische Weitblick als auch die Souveränität und relative Unabhängigkeit vom Bischof verloren gingen.

6. Nicht überall wurden zu Beginn des 19. Jahrhunderts die neuen Domkapitel so radikal als Verwaltungsinstanz des Bistums konzipiert, wie in den Oberrheinischen Staaten. Bayern hatte im Sinne einer Machtverteilung (d.h. Beschränkung des Bischofs) gar kein größeres Interesse an den Domkapiteln, weil der König die Bischöfe ohnehin frei bestimmen konnte. Diese blieben deshalb auch relativ frei in der Wahl ihrer Mitarbeiter. Wohl aus pragmatischen Gründen kam es aber auch hier zunehmend zu einer Identität von Domkapitel und Ordinariat. Die neuen Domkapitel wurden – obwohl dies nicht immer intendiert war – meist zum *einzigen* Mitarbeiterstab des Bischofs. Sie zeigten ein mitunter ausgeprägtes Selbstbewusstsein und verstanden sich in der Regierung der Diözese als gleichberechtigt zum Bischof. Monarchische und kollegiale Vorstellungen stießen aufeinander und blieben lange Zeit ein (zumindest theoretisch ungelöstes) Problem.

7. Der Identität von Domkapitel und Ordinariat lagen allerdings nicht allein pragmatische Überlegungen zugrunde, sondern auch historische Einsichten. So war mancherorts bereits im 13. und 14. Jahrhundert das Amt des Generalvikars statuarisch an das Domkapitel gebunden worden. In der Praxis gab es zwar Abweichungen, sie wurden aber nicht immer unwidersprochen hingenommen[96]. Dies belegt die These, dass die Reformer des

95 Diesem Ziel dienten auch andere oberrheinische Spezifika, der Katholische Kirchenrat und der weltliche Ordinariatsrat, auf die hier nicht näher eingegangen werden kann. Vgl. dazu Dominik Burkard, Erzwungene Emanzipation oder angemaßte Kompetenz? Laien als Gestalter von Kirche in der ersten Hälfte des 19. Jahrhunderts, in: RJKG 27, 2008, 185–227, hier: 188–191 (Kirchenrat) sowie 210–212 (weltlicher Rat im Domkapitel).

96 So in Konstanz. Vgl. Hotz, Stellenvergabe (wie Anm. 7), 34f.

beginnenden 19. Jahrhunderts historisch legitimierend arbeiteten, etwa indem sie sich generell auf das Wiener Konkordat oder die Mainzer Akzeptation beriefen[97].

8. Die Entwicklung der Domkapitel hin zu »effizienten« Behörden kirchlicher Verwaltungsarbeit erreichte in der ersten Hälfte des 19. Jahrhunderts ihren Höhepunkt. Rasch zeigten sich jedoch Verfallserscheinungen, etwa wenn sie teilweise zum Rückzugsort wie auch immer verdienter Geistlicher und zu Ersatzpfründen für anderweitig entgangene Ehren wurden[98]. Zudem gelang es den Bischöfen meist, den Einfluss der Domkapitel zugunsten einer stärker monarchischen, auf den Bischof ausgerichteten Strukturierung zu beschränken. Indem die im 19. Jahrhundert errungene Identität von Kapitel und Ordinariat zunehmend verlorenging, begann die neue »Entmachtung« der Domkapitel innerhalb der Diözesanregierung. Verantwortlich hierfür war nicht zuletzt neben den generellen Bestimmungen des 1917 neu kodifizierten Kirchenrechts die in der zweiten Hälfte des 20. Jahrhunderts erfolgende Expansion der Verwaltung und die Übertragung leitender Aufgaben an »Ordinariatsräte«.

97 Vgl. den nur summarischen Hinweis bei Burkard, Staatskirche (wie Anm. 3), 176–179.

98 Genannt seien als Beispiele lediglich Johann Sebastian Drey (Rottenburg) (1777–1853), Johann Baptist Hirscher (Rottenburg/Freiburg) (1788–1865) und Franz Xaver Linsenmann (Rottenburg) (1835–1898). – So klagten nach 1850 etwa selbst ultramontane Geistliche: *Es versteht sich von selber, daß der Rath in der unmittelbaren Umgebung des Bischofs immer aus Priestern von solider Wissenschaft und sittlicher Tüchtigkeit, mit welchen Eigenschaften eine gewisse Geschäftsgewandtheit und ein sicherer Takt gepaart sein müssen, gebildet werden soll. Nur sollte man sich doch einmal auch von jener verrosteten Ansicht bekehren, als ob diese Erfordernisse ausschließlich nur an graue Haare gebunden seien. So manches Domkapitel besteht nur aus pensionsbedürftigen Mitgliedern, die einst tüchtige Kräfte in jeder Beziehung gewesen sein mögen, allein zu einer frischen und kräftigen Verwaltung in so ausgedehntem Maße unfähig geworden sind. Und wenn man, wie billig und recht, den Rath der Alten nicht entbehren will, so mische man wenigstens die Jugend und das Alter untereinander, damit was ersterem an Bedächtigkeit abgeht, durch letzteres ersetzt, und was letzterem an Kraft und Entschiedenheit mangelt, durch erstere aufgewogen wird. Das Alter führt ohnedieß eine gute Portion Grämlichkeit mit sich; das haben junge Priester schon so oft erfahren müssen, an deren Eifer und frischem Mannesmuth das Alter in seiner behördlichen Befugniß so gerne einen allzu engen, philisterhaften Maßstab legt. Will man aber junge, tüchtige Kräfte trotz dessen nicht zu solcher Rathswürde kommen lassen, so gieße man neuen Wein in die alten Schläuche wenigstens dadurch, daß man den Räthen immer junge Hilfsarbeiter, Assessoren, oder wie man sie taufen will, mittheilt. Der ganze kirchliche Organismus wird rascher pulsen und jedes lethargische Gift kräftig ausstoßen.* ([Johann B. Buohler], Conturen aus Schwaben, Schaffhausen 1861, 5f.).

III. Buchbesprechungen

1. Gesamtdarstellungen

Christian Lange: Einführung in die allgemeinen Konzilien. Darmstadt: WBG 2012. 155 S. ISBN 978-3-534-25059-2. Kart. € 14,90.

Für die Bedürfnisse von Studierenden legt der Erlangen-Nürnberger Privatdozent Christian Lange eine Einführung in die Geschichte der Konzilien vor. Auf sechs Kapiteln handelt er nach einem ersten Überblick und einigen Begriffsbestimmungen die wichtigsten Themen der 22 Allgemeinen Konzilien ab.

Seinem eigenen Forschungsschwerpunkt entsprechend nehmen die sieben Konzilien des vierten bis achten Jahrhunderts einen prominenten Platz ein. Lange arbeitet dabei mit Schaubildern, um die komplizierten dogmatischen Differenzierungen erklären zu können. Die von den Päpsten einberufenen Generalkonzilien des 12. bis 14. Jahrhunderts dienten stärker der Kirchenreform. Im 15. Jahrhundert ging es um die Überordnung eines Konzils über den Papst (Konziliarismus). Das Konzil von Trient stand im »Ringen um die Reformation« und steht für Lange im Kontext einer zunehmenden Verengung der Wirkung auf die christlichen Kirchen. Das gilt noch mehr für das Erste Vatikanische Konzil, während das Zweite Vatikanum wieder eine ökumenische Weitung eröffnet. Lange verwendet für beide den ungewöhnlichen Begriff »Erstes bzw. Zweites Konzil im Vatikan«.

Der Autor hat einen knappen und informativen Überblick über die christlichen Konzilien vorgelegt. Die Literaturangaben sind sparsam, sicher auch um Studierende nicht zu sehr zu verschrecken, lassen dadurch aber die Standardwerke zu den einzelnen Kirchenversammlungen außer Acht. Dass Texte der Konzilien zweisprachig nach den »Conciliorum Oecumenicorum Decreta« zitiert werden, ist lobenswert, doch fehlen hier die Angaben, auf welchen der drei Bände sich das Zitat bezieht. Für das Zweite Vatikanum wäre auf jeden Fall die übliche Zitation nach den Dokumenten und der Ordnungsnummer sinnvoller gewesen.

Christian Lange insistiert bei seiner Darstellung auf dem Begriff der Rezeption. Darunter versteht er zunächst die Anerkennung durch die universelle christliche Kirche. Diese sieht er beim Konzil von Nizäa (325) gegeben, in der Folge jedoch konstatiert er immer stärkere Einschränkungen der Geltung bis zu den letzten drei Konzilien, die nur noch von der katholischen Kirche anerkannt würden. Abgesehen von der viel diskutierten Frage, welche Kenntnis von den Kirchenversammlungen in den einzelnen Teilen des Römischen Reiches vorhanden war und welche Resonanz sie hatten, handelt es sich dabei eher um ein formales Kriterium. Die Rezeption darf nicht nur auf die Anerkennung fixiert werden, vielmehr muss differenziert werden, welche der Beschlüsse das kirchliche Leben und die Theologie prägten. Und hier zeigt sich etwa, um ein beliebiges Beispiel zu erwähnen, beim Konzil von Trient eine Rezeption des Kirchenbildes nicht nur in Form der Bellarminschen »societas perfecta«-Lehre, sondern auch in Form von Gallikanismus und Episkopalismus. Rezeption eines Konzils als Ganzem im Sinne der Anerkennung durch eine Teilkirche oder Konfession zu verstehen, ist deshalb nur die eine Seite. Seine Fruchtbarkeit entfaltet der Begriff erst durch seine Multidimensionalität und deshalb Produktivität in der Entwicklung neuer theologischer Zugänge. Dass auch Lange dafür sensibel ist, zeigt die in der Schlussanmerkung unter Berufung auf den theologischen Dialog zwischen römisch-katholischer und orthodoxer Kirche vorgenommene Unterscheidung zwischen einem Konzil als »Institution« und als »Ereignis«.

Joachim Schmiedl

LENELOTTE MÖLLER, HANS AMMERICH: Einführung in das Studium der Kirchengeschichte. Darmstadt: WBG 2014. 160 S. ISBN 978-3-534-23541-4. Kart. € 17,95.

Wer sich auf dem immer umfangreicheren Markt für methodische Einführungen umsieht, wird erstaunt feststellen, dass zuletzt Kurt-Victor Selge 1982 eine – der Intention, nicht der Umsetzung nach – vergleichbare Arbeit geschrieben hat, wie sie nun in der Reihe »Einführung Theologie« vorgelegt worden ist. Der Honorarprofessor und Leiter des Speyerer Bistumsarchivs, Hans Ammerich, und die Studiendirektorin Lenelotte Möller haben das ökumenische Werk verfasst. Schon der Titel formuliert den Anspruch, nicht nur in kirchenhistorisches Grundwissen einzuführen. Das Ziel der Vf. bestand darin, die »Grundsatzfragen der Kirchengeschichte allgemein verständlich anzusprechen und nach Lösungen bei der didaktischen Umsetzung der kirchengeschichtlichen Inhalte zu suchen« (S. 7). Als Adressaten geben die Vf. Oberstufenschüler/-innen, Studierende und in der kirchlichen und schulischen Praxis Stehende an. Eines vorweg: Ihre Zielgruppe hatten die Vf. jederzeit vor Augen. Das Buch ist äußerst verständlich geschrieben.

Nach der Standortbestimmung der Kirchengeschichte in der – nach Angaben der Vf. nicht gelösten – Spannung zwischen den theologischen Disziplinen und der historisch-kritischen Wissenschaft folgt unter dem Titel »Schlaglichter der Kirchengeschichte« ein 55-seitiger Abriss der Geschichte der westlichen Christenheit. Die Vf. erzählen nicht nur Ereignisse, sondern stellen Zusammenhänge her und dar. So komprimiert und verständlich, durch gut dosierte Überblickstabellen entzerrt, hat man das selten gelesen. Wo John Wyclif, Jan Hus und Girolamo Savonarola in die Reihe der Reformatoren aufgenommen werden und dem Pfälzer Kapuziner Ingbert Naab, einem Vorkämpfer gegen den Nationalsozialismus, fast eine Seite gewidmet wird, zeigen die Vf. auch ein eigenes Profil. Weil der materielle Abriss in einem solchen multifunktionalen Einführungsbuch kurz ausfallen muss und die Vf. nicht nur Ereignisse aufzählen wollten, mussten sie eine starke Perspektive einnehmen. Sie entschieden sich für den Zusammenhang von Religion, Macht und Herrschaft. Diese Perspektive bestimmt auch die hermeneutische Herangehensweise. In der Darstellung der »Aspekte der Kirchengeschichte« gehen die Vf. auf die klassischen Ansätze der Personen-, Dogmen-, Ordens-, Sozial- oder Konziliengeschichte ein. Die zweckbedingte Knappheit der Darstellung lässt nur wenig Raum für jüngere methodische Zugriffe der Kultur-, Mentalitäten-, Frömmigkeits-, Bildungs-, Wissens- oder Geschlechtergeschichte, die, zum Teil aus den Geschichtswissenschaften kommend, zum Teil einem neuen theologischen Interesse entsprechend, Eingang in die Arbeiten deutschsprachiger Kirchenhistoriker gefunden haben. Auch in der Präsentation der bewährten Quellengattungen der historischen Hilfswissenschaften im methodischen Kapitel fällt der Blick auf spezifisch kirchengeschichtliche Quellen wie Predigten und theologisches Schrifttum und auf nicht-schriftliche Quellen wie Bilder, Kunstwerke oder religiös-materielle Überreste kurz aus. Das didaktische Kapitel schließlich stellt die Relevanz (kirchen)historischen Unterrichts heraus, erklärt die föderalen Lehrpläne für den Kirchengeschichtsunterricht und endet mit einem praktischen Beispiel zur Didaktik regionaler Reformationsgeschichte. Hier wären noch weitere didaktische Umsetzungsmöglichkeiten oder -prinzipien wünschenswert gewesen.

Der Mehrwert des Buches liegt in seiner Kompetenzorientierung, die gerade im Methodenteil deutlich wird: Die Vf. befähigen die Leserin bzw. den Leser von der Quellenlektüre bis zum Aufbau und Stil der eigenen Darstellung zum kirchenhistorischen Arbeiten und bieten viele Vorschläge für die praktischen Unwägbarkeiten der Quellen- und Archivarbeit. Am Ende präsentieren sie nicht nur eine kluge und wiederum für die praktische Quellenanalyse ausgelegte Auswahl an Hilfsmitteln, sondern eine innovative Übersicht an Literatursuchmaschinen, Digitalisierungsprojekten, Online-Wörterbüchern und -Lexika sowie Fachportalen im Internet. Eine Zeittafel und eine kurze Bibliographie runden den Anhang ab. »Umsichtig« ist das Wort, das die Gesamtgestaltung dieses Studienbuches zutreffend beschreibt: benutzerfreundlich und für die kirchenhistorische Praxis konzipiert, klar und gleichzeitig profunde geschrieben, als Einführungs- und Nachschlagewerk geeignet. *Daniela Blum*

Susanne Hausammann: Gottes Wort und unsere Wörter. Der Umgang mit dem Wort Gottes in den Kirchen östlicher und westlicher Tradition. Neukirchen-Vluyn: Neukirchener 2013. 136 S. ISBN 978-3-7887-2645-4. Kart. € 24,99.

Das Buch baut Brücken: *geschichtliche* zurück in die Zeit der Kirchenväter, *konfessionelle* unter den christlichen Kirchen östlicher und westlicher Tradition und *methodische* zwischen der historisch-kritischen Exegese und einer geistlich-allegorischen Deutung der Schrift. Das Werk ist eine reife Frucht lebenslangen Forschens und lässt die enorme Vertrautheit der Verfasserin – emeritierte Professorin für Kirchengeschichte an der Kirchlichen Hochschule Wuppertal/Bethel – mit den Schriften der Kirchenväter, aber auch mit der aktuellen orthodoxen Theologie und Frömmigkeitsform erkennen.

Ein *erster* umfassender Teil (11–105) widmet sich den Grundsätzen der Schriftauslegung in den ersten vier Jahrhunderten. Die stets mit Originaltexten treffend versehene Untersuchung bewegt sich von den hauptsächlichen Vertretern der östlichen Kirchen (Origenes, Kappadokier und Antiochener) hin zu den westlichen Kirchenschriftstellern des vierten Jahrhunderts (Ambrosius, Hieronymus und Augustin). Angesichts des behandelten Zeitraums und der unterschiedlichen Theologen präsentiert sich die Zusammenfassung der detailreichen Analyse erstaunlich fokussiert. Als die wesentliche interpretationsstützende Rahmenbedingung der Schriftauslegung erscheint der Kanon (97). Die Kirchenväter wissen um die Gefahr »willkürlicher Textdeutungen« (97). Die Allegorese braucht Kriterien. Die Interpretation muss sich an anderen Schriftaussagen messen lassen und hat den Kontext der jeweiligen Textstelle zu beachten. Auch wenn nirgends »der buchstäbliche Schriftsinn grundsätzlich außer Acht gelassen wird« (97), so erschöpft sich die Bedeutung des Textes darin nicht. Es geht um die Anrede des gläubigen Lesers, den christologischen Tiefensinn der Worte und die Einordnung in den Glauben der Kirche. Die Auslegung fordert schließlich den Interpreten selbst heraus. Selbstkritisch weiß er um die Begrenztheit der menschlichen Ausdrucksfähigkeit und Auffassungsgabe, die sich auch im Verständnis des Schrifttextes als Gotteswort im Menschenkleid spiegeln.

Der *zweite* Teil der Studie (106–127) fragt nach Sinn und Grenzen der historisch-kritischen Schriftauslegung. Wer nun eine aus der Faszination gegenüber der Allegorese gespeiste Radikalkritik erwartet, wird enttäuscht. Vielmehr stellt die Verfasserin die Notwendigkeit einer auf die Entstehungsbedingungen, die Form, Grammatik, Sprache und Hermeneutik ausgerichteten Textanalyse deutlich heraus (vgl. 106f.). Besonders inspirierend erscheint das Verständnis der Allegorese als Entmythologisierungsmethode. Schon »*Origenes* und in seinem Gefolge die *drei großen Kappadokier* haben das Reden von Gott ›entmythologisiert‹, indem sie dort, wo ein Gottesverständnis herrschte, das in Gott vermenschlichende Eigenschaften festschrieb, für die Schriftauslegung die Methode der Allegorese forderten« (121). Lernbedarf besteht auf beiden Seiten: Die Allegorese bedarf kontextbezogener und sachgerechter Kriterien, wie die historisch-kritische Textbeschäftigung die geistliche Dimension und Bildsprachlichkeit des Textes in Rechnung zu stellen hat.

Ein kurzer *dritter* Teil (128–136) sondiert – mit Blick auf die geschichtlichen Entwicklungen – Gründe und Folgen des unterschiedlichen Umgangs mit der Heiligen Schrift in West und Ost. Die Einsicht in die Entstehungsbedingungen der unterschiedlichen Auslegungsansätze soll Verständnis wecken und das ökumenische Gespräch fördern. Es geht nicht um eine Einheit der Organisation oder der kompromissorientierten Einfalt, sondern um eine Einheit des Respekts und der gegenseitigen Wertschätzung, die Verschiedenheit als Reichtum und Methodenvielfalt als Chance begreift (135).

Das Werk führt versiert in die patristische Schriftauslegung ein. Wer das Buch liest, hört die Stimmen der Kirchenväter, die von der Verfasserin gekonnt miteinander ins Gespräch gebracht werden. Das Werk wendet sich an ein breites Publikum: an Einsteiger und auch – gerade durch den umfangreichen Fußnotenapparat – an Insider der Thematik. Wer historisch interessiert und wissenschaftlich reflektiert nach spirituell gehaltvollen Möglichkeiten und Methoden der Schriftauslegung sucht, greife zu und führe den – mit Hingabe und kenntnisreichem Sachverstand geführten – Dialog der Verfasserin fort.

Hans-Georg Gradl

Wolfram Kinzig, Jochen Schmidt (Hrsg.): Glaublich – aber unwahr? (Un-)Wissenschaft im Christentum (Studien des Bonner Zentrums für Religion und Gesellschaft, Bd. 10). Würzburg: Ergon 2013. 198 S. m. Abb. ISBN 978-3-89913-975-4. Geb. € 35,00.

Die vorliegende Veröffentlichung stellt eine Sammlung von zehn Beiträgen dar, von denen acht im Sommersemester 2012 im Rahmen einer Ringvorlesung an der Universität Bonn vorgetragen wurden. Die Leitvorstellung war hierbei, Fragen und Probleme zu thematisieren, »die in der theologischen Wissenschaft überwiegend nicht ernst genommen werden, weil sie als trivial oder unseriös gelten, die aber gleichwohl viele Menschen umtreiben [...], wodurch Exzentrikern und Verschwörungstheoretikern, Okkultisten und Scharlatanen Tür und Tor geöffnet werden« (S. 7). Um dem entgegenzuwirken, erörtern Fachvertreter der – evangelischen und katholischen – Theologie wie auch der Religionswissenschaft, der Literaturwissenschaft und der Klassischen Philologie einzelne Fragen und Probleme, um so Antworten zu präsentieren und zugleich die wissenschaftliche Bedeutung pseudowissenschaftlicher Theorien zu ergründen. Von kirchengeschichtlichem Interesse sind vor allem sechs Beiträge: Wolfram Kinzig betrachtet zum einen die altkirchliche Diskussion um die Auferstehung Christi und stellt vor diesem Hintergrund »die Frage nach dem Verhältnis von Geschichte (und zwar im konkret-pragmatischen Sinne von Historie) und Metaphysik« (S. 58); in einem zweiten Beitrag geht er dann verschiedenen Geschichtsbildern von Maria Magdalena nach. Manfred Hutter analysiert die Entstehung wie auch Rezeption der Legende vom Tode Jesu in Kaschmir aus religionsgeschichtlicher Perspektive und zeigt dabei auf, welche Bedeutung ihr als Thema der Religionswissenschaft zukommt, auch wenn sie in historischer Hinsicht als ›unwahr‹ zu beurteilen ist. Otto Zwierlein liefert eine Kurzfassung seiner Untersuchung über Petrus und Paulus in Rom und konzentriert sich dabei auf die Frage, ob die beiden Apostel wirklich in Rom gestorben sind, wofür er keine historischen Belege findet. Peter Nagel befasst sich mit der Entstehung und Verbreitung der apokryphen Evangelien, die er als eine bislang unausgeschöpfte Quelle der Mentalitätsgeschichte ansieht, während sie zur historischen Jesusüberlieferung nichts beitragen. Volker Mertens widmet sich der Geschichte vom ›heiligen Gral‹, indem er deren literarische Ursprungsfassung kontextualisiert und dann ihre Rezeption im 19. und 20. Jahrhundert nachzeichnet. Insgesamt liegt eine Sammlung von Beiträgen vor, die jeweils interessante Einzelaspekte beleuchten und wissenschaftlich begründete Antworten zu populär- bzw. pseudowissenschaftlichen Fragen und Problemen liefern. Ihre thematische Verknüpfung beschränkt sich jedoch auf einen knappen Problemaufriss in der vierseitigen Einleitung der beiden Herausgeber. In dieser Hinsicht kann – und sollte – das Buch dazu anregen, das Thema aufzugreifen und es in kirchengeschichtlicher sowie wissenschaftstheoretischer Hinsicht zu vertiefen.

Michael Basse

Barbara Schmal: Das staatliche Kirchenaustrittsrecht in seiner historischen Entwicklung (Jus Ecclesiasticum. Beiträge zum evangelischen Kirchenrecht und zum Staatskirchenrecht, Bd. 102). Tübingen: Mohr Siebeck 2013. XVIII, 372 S. ISBN 978-3-16-152346-5. Geb. € 79,00.

Die von Barbara Schmal vorgelegte Monographie zum staatlichen Kirchenaustrittsrecht und seiner (Vor-)Geschichte ist eine aktualisierte und leicht überarbeitete Fassung ihrer im Sommersemester 2011 von der Juristischen Fakultät der Eberhard Karls Universität Tübingen angenommenen Dissertation gleichen Titels. Vor ihr hatte sich etwa schon René Löffler im Rahmen seiner theologischen Dissertation »Ungestraft aus der Kirche austreten? Der staatliche Kirchenaustritt in kanonistischer Sicht« (= FzK 38), Würzburg 2007, 48–72 mit der rechtsgeschichtlichen Entwicklung des Kirchenaustritts befasst (aktuell gebündelt in: Georg Bier [Hrsg.], Der Kirchenaustritt. Rechtliches Problem und pastorale Herausforderung [= Herder kontrovers], Freiburg i.Br. 2013, 53–66). Eine aktuelle monographische Behandlung des Themas lag jedoch noch nicht vor und weckt daher Interesse.

Das moderne Kirchenaustrittsrecht hat seinen historischen Ursprung »in der zögerlich ausgesprochenen Möglichkeit der Konversion« und ist »aufs Engste verknüpft« mit der Entwicklung der in der Aufklärung grundgelegten Religionsfreiheit (289f.). Gleichwohl setzt die vorliegende Studie historisch in der Zeit der frühen Reichskirche an: Das erste Kapitel will im Sinne einer »gleichermaßen berichtenden wie partiell interpretierenden und analysierenden Skizze« (3) die »Entwicklung des deutschen Religionsrechts von den Anfängen bis ins 19. Jahrhundert« (7–79) nachzeichnen. Es ziele dabei auf »die Darstellung der großen historischen Entwicklungslinien mit besonderem Augenmerk auf den die spätere, juristisch konkret greifbare Entwicklung des Kirchenaustritts maßgeblich beeinflussenden Brüchen und Zäsuren« (3). Im Zuge ihrer Ausführungen über die »Rechts- und Staatsentwicklung im Zeitalter der Aufklärung« (57–70) geht die Verfasserin daher auch kurz auf die Entwicklung der Religionsfreiheit ein (69f.).

Den »Weg zu den ersten gesetzlichen Regelungen« beschreibt Kapitel II (81–154): Referiert werden Entstehungskontext und Inhalte des am Beginn einer eigenen Kirchenaustrittsgesetzgebung stehenden »Wöllnerischen Religionsedikts« vom 9. Juli 1788 (87–90), des »Allgemeinen Preußischen Landrechts« vom 1. Juni 1794 (90–103) und der preußischen »Verordnung betreffend die Geburten, Heirathen und Sterbefälle« vom 30. März 1847 (103–111), mit der die Zivileheschließung verbindlich und erstmals der Begriff »Kirchenaustritt« in einem staatlichen Gesetz erwähnt wurde (105f.). Weitere Stationen sind die Frankfurter Paulskirchenverfassung (112–128) sowie der preußische Kulturkampf (128–154), wobei das »Preußische Gesetz, betreffend den Austritt aus der Kirche« vom 14. April 1873 kein eigentliches Kulturkampfgesetz war (156–158), daher hier auch nur kurz erwähnt und erst im folgenden Kapitel III über die »Konkretisierung der Kirchenaustrittsgesetzgebung« (155–188) entstehungsgeschichtlich behandelt und ausgelegt wird (154–171, mit Ausführungen zur Kirchenfinanzierung 166–169). Auch die Situation in den übrigen deutschen Staaten kommt zur Sprache (171–183), bevor die Verfasserin überblicksartig »Reaktionen aus Rechtswissenschaft, Kirchen und Bildungsbürgertum« referiert (183–188).

Kapitel IV thematisiert »Die Entwicklung bis zum Untergang der Weimarer Reichsverfassung« (189–229): Nach dem [Kirchenaustritts-]Erleichterungsgesetz vom 13. Dez. 1918 (196–200) wurde in Art. 135 der am 14. Aug. 1919 in Kraft getretenen Weimarer Reichsverfassung (203–215) erstmals die Glaubens- und Gewissensfreiheit als Voraussetzung für den Kirchenaustritt in eine reichsweite Verfassung aufgenommen. Dessen rechtliche Regelung blieb aufgrund von Art. 137 Abs. 8 WRV jedoch weiterhin Ländersache (218, zur entsprechenden Umsetzung 221–229). Preußen erließ daraufhin 1920 ein neues »Gesetz betreffend den Austritt aus den Religionsgesellschaften öffentlichen Rechts«, in dem u.a. die 1918 abgeschaffte Karenzzeit bis zum Wirksamwerden der Austrittserklärung wieder eingeführt wurde, um den Religionsgemeinschaften ein Einwirken auf die Austrittswilligen zu ermöglichen (226f.).

Im kurzen Kapitel V (»Die Zeit der nationalsozialistischen Unrechtsherrschaft«, 231–249) referiert die Verfasserin die Entstehung der nationalsozialistischen Herrschaftsstrukturen (231–234) sowie das Verhältnis des NS-Staates zu Kirche und Religion (234–244) und nimmt dann »Im Besonderen: Die Aushöhlung des kirchlichen Mitgliedschaftsrechts« in den Blick (244–249). Die Überschrift ist allerdings missverständlich: An der Rechtslage bezüglich des Kirchenaustritts änderte sich während der NS-Diktatur trotz Gleichschaltung der Länder und verschiedentlicher Vorschläge zur Vereinfachung und Vereinheitlichung des Kirchenaustritts nichts. Lediglich im Reichsgau Wartheland wurden das Staat-Kirche-Verhältnis 1941 per Verordnung grundlegend neu geordnet und im Kirchenaustrittsverfahren eine explizite »Konfessionsabsage« ermöglicht (248).

Unter der Überschrift »Die Entwicklung des Kirchenaustrittsrechts seit 1945« referiert die Verfasserin im sechsten und letzten Kapitel (251–287) zunächst in zwei Schritten die Entwicklung des Staat-Kirche-Verhältnisses in BRD (251–259) und DDR (260–266), geht dann kurz auf die Wiedervereinigung ein (266f.) und wiederholt diesen Dreischritt anschließend in Bezug auf »Das Recht des Kirchenaustritts in seiner Entwicklung seit 1945« (267–287). Für die Zeit vor der Wiedervereinigung sowie die Situation in den neuen Bundesländern belässt sie es im Wesentlichen bei der Nennung landesrechtlicher Regelungen (267–271). U.a. weil »die Notwendigkeit einer staatlichen Regelung spätestens seit Geltung der Weimarer Reichverfassung nicht mehr ernstlich bestritten wurde« und die Auseinandersetzung über den Kirchenaustritt hauptsächlich eine innerkirchliche sei (274), habe der Kirchenaustritt im staatskirchenrechtlichen Schrifttum kein ausgeprägtes Interesse gefunden (271f.). Seine verfassungsrechtliche Grundlage ist die negative Religionsfreiheit (Art. 4 GG): Da die Religionszugehörigkeit auch im staatlichen Rechtskreis Konsequenzen hat, namentlich die Kirchensteuerpflicht, muss der Staat die Vermeidung dieser Folgen ermöglichen und dies unabhängig davon, ob das Verlassen der für ihn rechtlich fassbaren Religionsgemeinschaft auch nach deren Selbstverständnis eine Beendigung der (Mit-)Gliedschaft bedeutet (275–278). Mit Urteil vom 8. Feb. 1977 hat das BVerfG zudem die einmonatige Überlegungsfrist sowie die mindestens dreimonatige Nachbesteuerung von Ausgetretenen für verfassungswidrig erklärt (278). Bereits 1969/70 hatten erste Gerichtsurteile auch sog. modifizierte Kirchenaustritte für zulässig gehalten (281). Dieses Thema hat nicht zuletzt durch den explizit als solchen erklärten Körperschaftsaustritt des emeritierten Freiburger Kirchenrechtlers Hartmut Zapp 2007 neue Aktualität erlangt (285f.).

Aus der katholischen Debatte um den Kirchenaustritt kommt der Sache nach nur die These der Realidentität der katholischen Kirche als Körperschaft des öffentlichen Rechts mit der in Deutschland ansässigen Glaubensgemeinschaft im Sinne ihres Selbstverständnisses zur Sprache (283), nicht aber die entsprechende Gegenmeinung. Zudem ist die Wiedergabe der kanonistischen Diskussion fehlerhaft: Bruno Primetshofer hat zwar 1989 in der Festschrift für Matthäus Kaiser die Meinung vertreten, aus der Kirche Ausgetretene seien gemäß c. 915 von der Kommunion ausgeschlossen, weil sie hartnäckig in einer offenkundigen schweren Sünde verharrten. Dass die Erfüllung dieses Tatbestandes von c. 915 jedoch die Tatstrafe der Exkommunikation nach sich ziehe, steht weder im kirchlichen Gesetzbuch noch an der u. a. als Beleg angeführten (283, Fn. 239) oder einer anderen Stelle bei Primetshofer und auch nicht im ebenfalls genannten Aufsatz Joseph Listls. Des Weiteren ist der durch das Motu proprio *Omnium in mentem* Papst Benedikts XVI. mit Wirkung vom 8. April 2010 gestrichene eherechtliche Ausnahmetatbestand eines *actus formalis defectionis ab Ecclesia catholica* (cc. 1086 §1, 1117 und 1124) nie als »Glaubensabfall« behandelt worden (so aber S. 283 mit erneut unzutreffendem Verweis auf Hartmut Zapp und Georg Bier in Fn. 244). Dies wäre Apostasie und als solche mit der Tatstrafe der Exkommunikation bedroht (c. 751 i.V.m. c. 1364). Das am 24. Sept. 2012 in Kraft getretene Allgemeine Dekret der DBK hat auch nicht die bestehende Rechtspraxis bestätigt (so aber S. 284): Seit der Erklärung der DBK vom 24. April 2006 galt den deutschen Bischöfen jeder vor dem Staat erklärte Kirchenaustritt mit entsprechenden strafrechtlichen Konsequenzen als Schisma. Das 2012 erlassene Dekret hält daran gerade nicht fest: Die kirchlichen Rechtsfolgen eines Kirchenaustritts verbleiben zwar nur knapp unterhalb der Totalentrechtung einer Exkommunikation, die pauschale Identifikation jedes Kirchenaustritts mit einem Schisma haben die deutschen Bischöfe aber aufgegeben.

Das sechste Kapitel schließt mit der Feststellung, »die aktuellen Entwicklungen der Rechtsprechung« würden über das Kirchenaustrittsrecht hinaus »die Frage auf[werfen], ob das deutsche Kirchensteuersystem im Spannungsfeld zwischen dem historisch bedingten, verfassungsrechtlich bestätigten hoheitlichen Recht der Religionsgemeinschaften [sofern sie Körperschaften des öffentlichen Rechts sind; B.A.], eine Mitgliedssteuer zu erheben, auf der einen und der Religionsfreiheit der Kirchensteuerzahler auf der anderen Seite nicht an seine Grenzen stößt, da sich die Kirchenaustritte mehren und möglicherweise die grundrechtlichen Positionen der Kirchenmitglieder eine Aufwertung verdienen« (287). Bedauerlicherweise fehlen nicht nur Belege für die geltend gemachte Rechtsprechungsentwicklung, sondern auch Hinweise, welche Konsequenzen daraus ggf. zu ziehen wären. Offen bleibt auch, warum mit Inkrafttreten des zuvor lediglich neben anderen kurz erwähnten hessischen Kirchenaustrittsgesetzes von 2009 (269) »der Prozess einer modernen Kirchenaustrittsgesetzgebung in Deutschland als vollendet betrachtet werden« könne (290). Dasselbe gilt für die am Ende der kurzen »Schlussbetrachtung« (289–291) stehende Einschätzung, die »derzeitige, nach einem langen und oft widerständigen Entwicklungsprozess zu Stande gebrachte, klare und eindeutige juristische Ausformung des Rechtsinstituts des Kirchenaustritts« berge »aus staatlicher Perspektive alle Voraussetzungen, sich den Entwicklungen einer realistisch einschätzbaren nahen Zukunft flexibel anzupassen« (291).

Die Untersuchung wollte zeigen, ob bezüglich der rechtlichen Wirkungen des Kirchenaustritts eine Unterscheidung zwischen weltlichem und religiösem Bereich »in der historischen Entwicklung der Regelungen angelegt ist und ob nach den Vorstellungen der historischen Gesetzgeber und (Staats-)Kirchenrechtler dem staatlichen Kirchenaustritt nur Wirkung für den staatlichen Bereich zukommt« (5). Das Anliegen einer solchen Klärung ist zu würdigen. Ihm hätte eine entsprechende Fokussierung und Begrenzung gedient: So wäre eine gründlichere Befassung mit den nur am Rande skizzierten (272–274) konfessionell unterschiedlichen Wertungen des Kirchenaustritts möglich geworden. Schließlich nimmt die evangelische Kirche »im Unterschied zur römisch-katholischen Kirche nicht für sich in Anspruch, dass man aus ihr nicht austreten könne« (Jörg Winter, Der Kirchenaustritt im evangelischen Kirchenrecht, in: Bier [Hrsg.], Kirchenaustritt, 225–234, 225). Des Weiteren wäre die erwähnte Beteiligung der Kirchen bzw. ihrer Vertreter an früheren Gesetzgebungsprozessen durch Eingaben und Gutachten (223) einer inhaltlichen Vorstellung und (kirchen-)historischen Einordnung wert gewesen. In kirchengeschichtlicher Sicht sei nur am Rande vermerkt, dass Chlodwig 508 nicht »katholisch« geworden ist und sich die germanischen Stämme auch nicht der »römisch-katholischen Religion athanasischer Prägung« angeschlossen haben (21). Ob die Integration der Kirche in die fränkische Ordnung tatsächlich »deshalb einen so günstigen Verlauf« genommen hat, weil sich die Franken, »analog der Schlichtheit des Bilddenkens ihrer Zeit, zur Erklärung ihrer Herrschaftsstrukturen vielfältiger personaler Verflechtungen und organologischer Modelle bedienten« und ihnen deshalb das kirchliche Bild vom Leib Christi besonders eingängig war (22), sei dahingestellt. Die deutsche Wiedervereinigung bedeutete allerdings zumindest für die katholische Kirche keineswegs »das Ende der unnatürlichen Aufspaltung ihrer Organisationseinheiten und die Wiederherstellung der kirchlichen Einheit« (267).

Die Arbeit schließt mit einem Anlagenteil, der eine Auswahl einschlägiger historischer Rechtstexte enthält (293–307), einem ausführlichen Literaturverzeichnis (309–366) sowie einem Personen- und Sachregister (367–372), das einen gezielten Zugriff auf Einzelaspekte ermöglicht.

Bernhard Anuth

Kurt Andermann, Oliver Auge (Hrsg.): Dorf und Gemeinde (Kraichtaler Kolloquien, Bd. 8). Epfendorf: Bibliotheca Academica 2012. 208 S. ISBN 978-3-928471-97-8. Geb. € 29,00.

Dieser aus dem landesgeschichtlich orientierten Kraichtaler Kolloquium hervor gegangene Sammelband widmet sich dem vormodernen Dorf. Mit Roger Sablonier definiert Ko-Herausgeber Oliver Auge den Gegenstand als einen »mehr oder weniger geschlossene[n] Siedlungsverband von vorwiegend bäuerlichen Produzenten beziehungsweise Haushalten mit genossenschaftlichen Formen des Zusammenlebens und Wirtschaftens« (13). Im Anschluss an seine hilfreiche Forschungsskizze zu den mittelalterlichen Ursprüngen, die u. a. die oft postulierte Dichotomie von herrschaftlichen und genossenschaftlichen Prinzipien relativiert, konzentrieren sich sieben Aufsätze auf verschiedene Aspekte des Verhältnisses zwischen Dorf und Gemeinde.

Zunächst knüpft Franz Irsigler, in Erweiterung eines Ansatzes von Karl Siegfried Bader, den Gemeindebegriff an die fünf Kriterien Nachbarschaft, Verbandscharakter, Bezirksbezogenheit, Gemeinderechte / Niedergericht und eigene Organe. In kritischer Auseinandersetzung mit jüngeren Interpretationen von Weistümern als Ausdruck von Herrengewalt (Gadi Algazi) bzw. externen Regulierungsinteressen (Simon Teuscher) betont Sigrid Hirbodian den Aushandlungsprozess bei der Entstehung ländlicher Rechtsquellen; Regina Schäfer ihrerseits – am Beispiel des Haderbuchs aus dem ehemaligen Reichsdorf Ingelheim – die Friedenssicherung als prioritäre Funktion von Niedergerichten. Eine

Untersuchung kommunaler Siegelführung kombiniert Heidrun Ochs mit Bemerkungen zum konstitutionellen Charakter des Rheingaus, dem sie – trotz auch symbolisch starker Präsenz des Mainzer Landesherren – einen »hohen Grad der Selbständigkeit« (87) bescheinigt. Die beiden folgenden Aufsätze führen in den Bereich der Wirtschafts- und Sozialgeschichte, indem Rainer Loose die zunehmend genossenschaftlich regulierten Flurbewässerungssysteme inneralpiner Täler anhand von Ordnungen und Konflikten rekonstruiert und Tom Scott auf den signifikanten Anteil nicht-bäuerlicher Schichten in den Dorfgesellschaften des Oberrheins verweist. Im Kontext dieses Jahrbuches dürfte die abschließende Untersuchung des Verhältnisses zwischen Pfarr- und Dorfgemeinde von besonderem Interesse sein. Am Beispiel von Quellen aus den Diözesen von Worms und Speyer betont Enno Bünz die vielen Einflussmöglichkeiten der örtlichen Laienverbände, besonders mit Blick auf Kirchenfabrik/-pfleger, Stiftungswesen und Vertretung im Sendgericht. Ganz im Gegensatz zur kanonischen Theorie, so seine Bilanz, fand die hochmittelalterliche Ausbildung der Seelsorgesprengel und deren institutionelle Weiterentwicklung in enger »Wechselwirkung mit den kommunalen Tendenzen« (191) statt. Abgerundet wird das Angebot u. a. mit der (in Farbe) reproduzierten Ansicht von Heudorf bei Meßkirch, einem »Idealtypus eines vormodernen Dorfs« (Frontispiz von 1575), und einem detaillierten Register.

Auch wenn die Untersuchung vormoderner Landgemeinden v. a. dank den hier häufig zitierten Arbeiten Peter Blickles einen hohen wissenschaftlichen Reflexionsgrad erreicht hat und mittlerweile eine handliche Überblicksdarstellung zum Thema vorliegt (Werner Troßbach und Clemens Zimmermann, Die Geschichte des Dorfs, 2006), so bleibt der Forschungsbedarf angesichts der Vielzahl an regionalen und chronologischen Variablen enorm. Thematisch kohärente Beiträge wie der vorliegende Band sind deshalb besonders willkommen. Nun gilt es, neben den klassischen (rechts- und kirchengeschichtlichen) sowie neueren (wirtschafts- und sozialhistorischen) Ansätzen vor allem die kulturellen Dimensionen verstärkt mit in den Blick zu nehmen. Auch hier vermittelt »Dorf und Gemeinde« – etwa in Ochs' Interpretation von Siegeln als »Medium der Identitätsstiftung«(91) – wertvolle Impulse.

Beat Kümin

Rüdiger vom Bruch, Martin Kintzinger (Hrsg.): Studienförderung und Stipendienwesen an deutschen Universitäten von den Anfängen bis zur Gegenwart (Jahrbuch für Universitätsgeschichte, 15. Jahrgang 2012). Stuttgart: Franz Steiner 2013. 172 S. ISSN 1435-1358. Kart. € 58,20.

Nun erschien der 15. Band des Jahrbuches für Universitätsgeschichte, in dem sich die Gastherausgeber Matthias Asche und Stefan Gerber der Studienförderung und dem Stipendienwesen an deutschen Universitäten von den Anfängen bis zur Gegenwart widmen. Obwohl in den vergangenen Jahren hierzu durchaus einige Fallstudien entstanden sind, wurde doch die Erforschung des Themas an deutschen Hochschulen bisher sehr stiefmütterlich behandelt, was dazu führte, dass dieser Aspekt des Studiums in der Geschichtswissenschaft bislang ein großes Desiderat blieb – trotz oder gerade wegen der zahlreichen Quellen in den Universitätsarchiven. Dieser Befund war für die (Gast-)Herausgeber Anlass, sich des Themas anzunehmen, nicht zuletzt auch in der Hoffnung, damit Anstöße für eine weitere Erforschung zu geben. Diesem Ziel folgend ist der Band chronologisch aufgebaut.

Der erste Aufsatz von Stephanie Irrgang über *Studienförderung und Stipendienwesen an deutschen Universitäten im Mittelalter* stellt die unterschiedlichen Typen der Studienförderung vor und erläutert diese mittels einzelner Modellstudien. Dabei zeigt sie, dass die Förderung von Studenten durch Stipendien keineswegs die »Bildungsgerechtigkeit« zum Ziel hatte. Viel wesentlicher waren die Aspekte der Stiftermemoria und die Ausbildung von »Fachkräften«. Ferner zeigt die Autorin anhand von Pfründen, Bursen und Kollegien die zahlreichen Einnahmemöglichkeiten für Studenten auf.

Daran schließt sich der umfangreiche Aufsatz von Matthias Asche zu *Studienförderung und Stipendienwesen an deutschen Universitäten in der Frühen Neuzeit* an. Unter dem Blickwinkel eines konfessionellen Vergleiches beleuchtet der Autor die Entwicklung privater wie »staatlicher« Studienförderung. Inhaltlich knüpft er an den vorhergehenden Aufsatz an und zeichnet die Kontinuitäten über mehrere Jahrhunderte hinweg nach. Genauer bespricht Asche das frühneuzeitliche Konvikt als Instrument der Studienförderung. Dabei sticht der umfangreiche Anmerkungsapparat ins Auge, der als kommentierte Bibliographie zu verstehen ist und einen sehr guten Einblick in die aktuelle Forschungslage gibt.

Stefan Gerber nimmt sich dem Thema *Studienförderung und Stipendienwesen an deutschen Universitäten im ›langen‹ 19. Jahrhundert* an. Zum einen geht es ihm um die Darstellung des zunehmenden Einflusses ökonomischer Aspekte in die Organisation der Bildung. Zum anderen möchte der Autor einen Einblick in die »Forschungs- und Historiographiegeschichte« geben. Dabei kann Gerber die signifikanten Veränderungen herausarbeiten – beispielsweise die Entwicklung der Stipendien hin zur Begabtenförderung.

Der letzte Aufsatz in dieser Chronologie stammt von Thomas Adam, der sich mit *Studienförderung und Stipendienwesen an deutschen Universitäten im 20. Jahrhundert* befasst. Der Autor vergleicht die Entwicklung der Studienförderung in der BRD und der ehemaligen DDR. Dabei kann er deren Loslösung von den Universitäten und den Übergang in private und staatliche Hände aufzeigen. Da sich Adam vorrangig mit Studienordnungen beschäftigt, bleibt die Untersuchung der »Realität« unberücksichtigt. Dies trifft leider auch auf die Jahre des NS-Regimes zu, die keine Erwähnung finden.

Der abschließende Aufsatz über *Studienförderung und Stipendienwesen an deutschen und amerikanischen Universitäten von 1800 bis 1945* wurde ebenfalls von Thomas Adam verfasst. Er vergleicht beide Nationen unter dem Blickwinkel der Quantität der Studienförderung, der Stifter und der Vergabe der Stipendien. Dabei kann er nicht nur sehr unterschiedliche Entwicklungen in beiden Staaten belegen, sondern auch die Veränderungen in der Wahrnehmung von Stipendien.

Insgesamt ist zu hoffen, dass die einzelnen Aufsätze zu weiteren Untersuchungen anregen und die wissenschaftlichen Desiderate abgebaut werden.

Sandra Salomo

Patrick Bühler, Thomas Bühler, Fritz Osterwalder (Hrsg.): Zur Inszenierungsgeschichte pädagogischer Erlöserfiguren (Prisma. Beiträge zur Erziehungswissenschaft in historischer, psychologischer und soziologischer Perspektive, Bd. 19). Bern: Haupt 2013. 320 S. ISBN 978-3-258-07814-4. Kart. € 46,90.

Der Band präsentiert die Beiträge eines Kolloquiums, das 2011 an der Universität Bern stattfand. Ansatzpunkt ist, wie es die Herausgeber im »Vorwort« darlegen, die Frage nach dem »verdrängten religiösen Erbe« der modernen Pädagogik (7) sowie die These, dass die neuzeitliche Pädagogik ungeachtet dessen, dass spätestens im 19. Jh. eine »Säkularisation der Schule« stattgefunden hat, »nach wie vor starke Bezüge zur christlichen Sakralität aufweist« (8). Die Narrative der modernen Pädagogik seien der christlichen Hagiographie vergleichbar, die »großen Erzieher« würden – mit den entsprechenden rhetorischen und ikonographischen Strategien – als »Erlöser« inszeniert (9). Die These erweist sich, wenn man sich in die einzelnen Beiträge vertieft, als überaus plausibel. Die (vermeintlichen) Lichtgestalten der Pädagogik werden überzeugend dekonstruiert und erscheinen als Kinder ihrer Zeit, die sich von den christlich-konfessionellen Bindungen zwar lösen (wollen) und eine neue Hinwendung zum Kind propagieren, deren pädagogische Theorien jedoch letztlich auf anthropologisch fragwürdigen, autoritär-strukturierten Konzepten einer »Selbsterlösung« beruhen und damit ein Heilsversprechen vorgeben, hinter dem die Realitäten immer zurückbleiben müssen. In diese Richtung weisen – mit unterschiedlichen Akzentuierungen – vor allem für die Beiträge zu den Protagonisten der Reformpädagogik John Dewey *(Johannes Bellmann)*, Eduard Spranger *(Karin Priem)*, Peter Petersen *(Beate Klepper)*, Berthold Otto *(Alfred Schäfer)*, Ellen Key *(Claudia Crotti)* und Maria Montessori *(Malte Brinkmann)* wie auch zu den »Gurus der Landerziehungsheime« (121) Hermann Lietz, Gustav Wyneken und Paul Geheeb *(Jürgen Oelkers)*. Ähnliches gilt für die mit einem »Erlösungsanspruch« vertretenen und / oder rezipierten Konzepte in Psychologie und Soziologie, wie es (sehr lesenswert!) *Roland Reichenbach* und *Daniel Dietschi* für Carl Rogers und die Humanistische Psychologie und *Markus Rieger-Ladich* für die Rezeption Niklas Luhmanns in der Pädagogik zeigen. Für den aktuellen pädagogischen Diskurs – zwischen Studienseminar und Talkshow – interessant ist der entlarvende Blick *Christiane Thompsons* auf die »Erlösersemantik« (22), mit der die Verfasser von Erziehungsratgebern (hier exemplarisch: Wolfgang Bergmann und Bernhard Bueb) ihren Ausführungen Gewicht verleihen.

Die fünf letzten Beiträge des Bandes gehen zeitlich einige Schritte zurück und sind Persönlichkeiten und Konzepten gewidmet, die – anders als die »säkularisierte« Reformpädagogik – sich noch dezidiert in der christlichen Tradition sehen. *Fritz Osterwalder* und *Alexander Maier* bringen dabei auf unterschiedliche Weise das Modell des Propheten ins Spiel. *Osterwalder* interpretiert Savonarola und Zwingli als Propheten mit pädagogischem Impetus. *Maier* stellt »Kerygma und Rhetorik« des dänischen Lutheraners Nicolai Grundvig (bekannt geworden als Begründer der Volkshochschulen) vor, der sich in der ersten Hälfte des 18. Jhs. mit seinem »dualistischen Gegensatz zwischen lebensfördernder und lebensbedrohender Pädagogik« (250) als »Erzieher-Prophet« inszenierte und mit dem Ideal einer gottgewirkten oder geistigen »Lebendigkeit« letztlich ein »sakrales Bildungsziel in säkularem und nationalem Gewande« (253) transportierte. Sakrale Erlösungsrhetorik sieht *Daniel Tröhler* auch in Johann Heinrich Pestalozzis (erst postum im 20. Jh. gedruckten) »Bemerkungen zum Matthäus-Evangelium«. *Pia Schmid* verdeutlicht die postume Stilisierung August Herman Franckes als »Erlöser« im Zusammenhang mit den Jahrhundertjubiläen der Franckeschen Stiftungen 1796 und 1798. Für eine merkwürdig zwischen konservativ-katholisch und modern changierende Pädagogik im 19. Jh. steht schließlich der Trierer Pädagoge und Schulrat Lorenz Kellner, den *Patrick Bühler* vorstellt. Kellner, der sich mit seinen pädagogischen Vorstellungen auch auf Pestalozzi berief, gehörte mit seiner überkonfessionellen Orientierung im katholischen Milieu des 19. Jahrhunderts zu den Ausnahmepersönlichkeiten und wurde schon zu Lebzeiten als »ökumenischer Held« (235) stilisiert.

Die einzelnen Beiträge bieten ein breites Spektrum an Themen und stehen z. T. etwas disparat nebeneinander; auch die Anordnung der Beiträge erschließt sich weder chronologisch noch systematisch. Insgesamt vermittelt der Band jedoch mit seiner Frage nach den Inszenierungsstrategien der Pädagogen und ihrem Anspruch auf »Heilsvermittlung« durch Erziehung nicht nur neue Erkenntnisse, sondern regt dazu an, den hier angestellten Überlegungen weiter nachzugehen und noch genauer nach den geistesgeschichtlichen

Wurzeln der »säkularen« Religiosität zu fragen, die den »sakralen« pädagogischen Konzepten zugrunde liegt. Dabei wären allerdings neben den christlichen Traditionen auch die hermetisch-esoterischen Konzepte seit der Frühen Neuzeit, die hier nur indirekt präsent sind, stärker zu gewichten. Deren Heilsversprechen »Erlösung durch Erkenntnis« und die damit verbundenen pädagogischen Implikationen sind als Movens der neuzeitlichen Pädagogik noch neu zu entdecken. *Anne Conrad*

Clemens Stroppel (Hrsg.): Vorgestern – gestern – heute für morgen. Das Bischöfliche Ordinariat Rottenburg: Geschichte des Bauwerks und seiner Umgebung von den Anfängen bis zur Gegenwart. Ostfildern: Schwabenverlag AG 2013. 364 S. m. zahlr. Abb. ISBN 978-3-7966-1631-0. Geb. € 29,00.

Mit ihrer Gründung im 19. Jahrhundert zählt die Diözese Rottenburg zu den jüngeren Diözesen im deutschen Sprachraum. Die Besiedelung der Stadt Rottenburg indes reicht bis in die Römerzeit zurück, und auch die Diözesangebäude sind deutlich vor dem Gründungsjahr 1828 errichtet worden.

Im Zuge des Neubaus und umfassender Umbau- und Sanierungsmaßnahmen in den Verwaltungsgebäuden der Diözesankurie, die 2013 abgeschlossen waren, entstand der vorliegende Sammelband. Er beschreibt die Entstehungsgeschichte und Nutzung des ehemaligen Jesuitenkollegs und des als Wohnungs- und Amtsgebäude genutzten Rohrhalder Hofes, aber auch ökonomische, ökologische und ästhetische Überlegungen, die bei der Renovierung und dem Neubau der Rottenburger Kurie angestellt wurden.

Insgesamt beleuchten 15 Beiträge die Stadtgeschichte von ihren Anfängen bis heute, wobei sie sich auf drei Aspekte konzentrieren: die Besiedelungsgeschichte bis zur Aufhebung des Jesuitenordens, die Nutzung der Gebäude seit dem 18. Jahrhundert und das Projekt »Zusammenführung Kurie«.

Im ersten und mit neun Beiträgen umfangreichsten Teil wird in archäologischen, historischen und kunsthistorischen Untersuchungen die Entstehungsgeschichte des Quartiers Bischofspalais beschrieben. So liefert Martin Thoma einen detaillierten Bericht über die Rettungsgrabungen, die auch neolithische Siedlungsspuren zutage förderten. Der römischen Lebensweise nähern sich Marcus G. Meyer anhand von Artefakten und Petra Krönneck mittels aufgefundener Knochen. Somit vervollständigen die archäologischen Funde das Bild der Rottenburger Stadtgeschichte, deren künstlerisches, architektonisches und archivalisches Erbe im Zuge des verheerenden Stadtbrandes im Jahr 1644 weitgehend zerstört wurde. Die in der zweiten Hälfte des 17. Jahrhunderts einsetzende Bautätigkeit des Jesuitenordens bildet mit seinem Kolleg den Grundstock für die späteren Diözesangebäude. Um diese in den historischen Kontext einzuordnen, bietet Dieter Manz einen kurzen Abriss der Stadtgeschichte Rottenburgs, wobei er besonders auf die Bebauung des späteren Jesuitenareals eingeht. Thomas Oschmann untersucht eingehend die Entstehung und Ausstattung des ehemaligen und heute noch erhaltenen Jesuitenkollegs. Dieter Manz hingegen kann sich der Jesuitenkirche St. Josef nur mittels Stichen, Grund- und Aufrissen nähern, da die 1711 begonnene Kirche bereits 1787 wieder abgerissen wurde. Den auf dem Gebiet der Jesuitenkirche erfolgten Grabungen und dadurch gewonnenen Funden nehmen sich die Klaus-Dieter Dollhopf über die Skelette sowie Bernd Pfäffgen und Jonathan Scheschkewitz über religiöse Medaillen sowie bronzene Verschlussbleche an. Die städtebauliche Entwicklung des Quartiers Bischofspalais nach der Aufhebung des Jesuitenordens beleuchtet Karlheinz Geppert.

Im zweiten Teil befassen sich die Autoren mit der Nutzung des Kollegs als Wohn- und Amtsgebäude, nachdem die Jesuiten Rottenburg verlassen hatten. So untersucht Herbert Aderbauer, wie das Jesuitenkolleg zum Bischöflichen Palais wurde. Angela Erbacher und Herbert Aderbauer machen deutlich, wie sich die Änderungen in der Verwaltungsstruktur auch im Innenausbau des Palais niederschlugen, als aufgrund wachsender Mitarbeiterzahlen das Wohnhaus in einen Verwaltungsbau umgewandelt werden musste. Da das ehemalige Jesuitenkolleg bald nicht mehr ausreichte, wurde der Rohrhalder Hof angekauft und renoviert, wie Thomas Oschmann in seinem Beitrag ausführt.

In den letzten drei Beiträgen beschreibt Clemens Stroppel die Notwendigkeit für die Neugestaltung der Kurie und die Architekten Arno Lederer, Jórunn Ragnarsdóttir und Marc Oei führen ihre Überlegungen zum Entwurf aus. Abschließend fassen Johannes Schellinger und Stephen Minte die Baudurchführung zusammen.

Durch seine vielfältigen und durchweg sorgfältig verfassten Beiträge liefert der Sammelband einen konzentrierten Überblick über die Entstehungs- und Baugeschichte des Bischöflichen Ordinariats Rottenburg. Eine umfassende Sammlung an historischen und zeitgenössischen Grund- und Aufrissen sowie Bildern veranschaulichen die jeweiligen Entstehungsphasen; hierbei wäre es jedoch – auch aufgrund der Fülle – wünschenswert gewesen, im Text einheitlich auf die Abbildungen zu verweisen.

Katrin Sterba

2. *Quellen und Hilfsmittel*

John Kilcullen, John Scott, Jan Ballweg, Volker Leppin (Hrsg.): William of Ockham: Dialogus: Part 2, Part 3, Tract 1 (Auctores Britannici Medii Aevi: William of Ockham Opera Politica, Bd. 8). London: The British Academy (Oxford University Press) 2011. XXVI, 371 S. ISBN 978-0-19-726480-5. Geb. € 60,99.

Der »Dialogus«, dessen Name der Verfasser von einem fingierten Zwiegespräch zwischen einem Studenten und seinem Professor ableitete, gilt als das Hauptwerk Wilhelm von Ockhams (um 1280–um 1349). Der englische Franziskaner hinterließ die umfangreiche Schrift, die nach seiner Flucht vor den Häschern Johannes' XXII. an den Hof Ludwigs des Bayern (1328) entstanden war, als Fragment. Hier hatte er nach seinem Bruch mit dem Papst sein geistiges Vermächtnis der Nachwelt überliefern wollen. Ockham selbst hat die Konzeption des Werks mehrfach geändert, viele Teile sind einzeln und in unterschiedlicher Dichte überliefert und manches wurde wahrscheinlich erst nach seinem um 1349 datierten Tod von anderen dem »Dialogus« hinzugefügt. Schon sein schierer Umfang und die komplexe Überlieferungs- und Entstehungsgeschichte machen eine heutigen Anforderungen an eine kritische Edition genügende Ausgabe zu einer großen Herausforderung. Dass weder die 1476 und 1494 gedruckten Inkunabeln noch der auf dieser Grundlage von Melchior Goldast als Teil der »Monarchia sacri imperii« im Jahre 1614 veranstaltete Druck des »Dialogus« diesen Ansprüchen genügen konnte, stand seit langem außer Frage. Daher fand noch während des Zweiten Weltkriegs eine Neuausgabe auch dieses Textes auf dem Editionsplan der »Opera Politica« Ockhams durch britische Forscher ihren Platz. Der vorzustellende Band ist der erste von insgesamt fünf, die für die kritische Neuausgabe des »Dialogus« durch ein Gremium von sechs Herausgebern vorgesehen sind. Er vereint zu unterschiedlichen Zeitpunkten entstandene Texte. Als Teil 2 des »Dialogus« sind zwei Traktate überliefert, die erweisen sollten, dass die Ansichten Johannes' XXII. zur *visio beatifica* den Tatbestand der Häresie erfüllten. Zwischen 1331 und 1334 entstanden, sind sie im Gegensatz zu den übrigen Teilen des »Dialogus« nicht in Dialogform überliefert, und auch wenn sie Ockham selbst zugeschrieben werden, dürfte ihre Einfügung in den »Dialogus« wohl kaum auf Ockham selbst zurückgehen. Eine inhaltliche Nähe zum noch ausstehenden ersten Teil des »Dialogus« ist allerdings schon deswegen gegeben, weil dort die Häresie des Papstes im Mittelpunkt steht. Dieser Teil der Edition geht auf Volker Leppin und Jan Ballweg zurück, die seit längerem eine zusätzliche eigene Publikation planen. Der erste Traktat des dritten Teils, für den John Kilcullen und John Scott verantwortlich zeichnen, befasst sich mit den Rechten von Papst und Klerus. In diesem wohl um 1340 begonnenen, schon bald in Teilen zirkulierenden und doch noch heute unvollendeten Text legte Ockham nicht nur seine Ansichten über die Kirchenverfassung dar, sondern er setzte sich auch mit den Auffassungen seines Münchner Gewährsmannes Marsilius von Padua auseinander. Der weitgehend an den Editionsprinzipien der »Opera Politica« orientierte Text des Bandes präsentiert sich der Leserin bzw. dem Leser in hybrider Form: Die kritische Edition des Dialogus in einer Ockhams Vorstellungen unterstellten Fassung mit Angabe der wichtigsten Varianten in einem schlanken textkritischen Apparat und Nachweisen von Quellen und Similien wurde im Druck vorgelegt, während umfangreiches weiteres Material zur Geschichte des Textes und seiner Struktur sowie eine englische Übersetzung ausschließlich im Internet verfügbar sind. Dies mag sinnvoll erscheinen und einen maßvollen Preis ermöglichen, doch die ersten Links laufen bereits ins Leere, so etwa das Stemma der Handschriften zu Dialogus 2 (http://www.britac.ac.uk/pubs/dialogus/2DialStemma.pdf). Ob es den Herausgebern darüber hinaus tatsächlich gelingen wird, weit über ihre Lebenszeit hinaus die Verfügbarkeit des Materials zu garantieren, darf zumindest als ehrgeiziges Vorhaben gelten. Die in den Fußnoten gewissenhaft nachgewiesenen Referenzen machen in Dialogus 3.1 nur allzu deutlich, dass die Verfassung der Kirche jener Tage an keinem anderen Ort greifbarer schien als in den Büchern des Kirchenrechts. Hier fand sich der hoch errichtete Bau der mittelalterlichen Papstkirche detailgetreu abgebildet und kodifiziert, und selbst, wer wie Ockham aus einer letztlich theologischen Motivation heraus Hand an ihn legen wollte, konnte sich seine Gegenargumente bei Aristoteles oder in der Bibel oder auch bei Zeitgenossen und Kampfgefährten wie Marsilius von Padua verschaffen – den unersättlichen Hunger des fiktiven Schülers nach Belegen für die Ansichten des Meisters stillte auch Ockham überwiegend aus dem Fundus des Kirchenrechts. Wünschenswert wäre allerdings zumindest für den Abschlussband ein Index der von Ockham zitierten *auctoritates*. Auf diese Weise ließe sich feststellen, aus welchen Quellen der englische Franziskaner schöpfte, um seine revolutionären Gedanken in das Gewand gelehrter Disputation zu hüllen. Es bleibt zu hoffen, dass es gelingt, die noch ausstehenden Bände des »Dialogus« der Forschung in absehbarer Zeit zur Verfügung zu stellen.

Thomas Wetzstein

Jörg Gabriel: Rückkehr zu Gott. Die Predigten Johannes Taulers in ihrem zeit- und geistesgeschichtlichen Kontext. Zugleich eine Geschichte hochmittelalterlicher Spiritualität und Theologie (Studien zur systematischen und spirituellen Theologie, Bd. 49). Würzburg: Echter 2013. 829 S. ISBN 978-3-429-03570-9. Kart. € 66,00.

Die vorliegende Studie über die Predigten Johannes Taulers († 1361) wurde 2009/2010 von der Katholisch-Theologischen Fakultät der Ruhr Universität Bochum als Inauguraldissertation angenommen, betreut von dem dortigen Fundamentaltheologen Markus Knapp und dem Kirchenhistoriker Wilhelm Damberg. In seiner übersichtlichen Einführung (1–38) formuliert Gabriel (künftig: Vf.) bereits das Kernproblem seiner Untersuchung: »Über ... Taulers Leben ist nicht sehr viel bekannt.« (1). In der Darstellung dieser Fakten beschränkt er sich dann auch auf das Referieren des Forschungsstandes; das gilt besonders hinsichtlich des »Werkes«, denn Tauler hat außer einem um 1346 verfassten Brief an zwei Ordensschwestern aus Medingen, Elsbeth Scheppach und Margarete Ebner, nichts Schriftliches hinterlassen. Was wir von ihm besitzen, sind über 80 Predigten, von anderen aufgeschrieben. Ob Tauler selbst sie durchgesehen und autorisiert hat, ist wahrscheinlich, aber keineswegs gewiss. »Bis heute gibt es von Johannes Taulers Predigten nur einfache Textabdrucke, jedoch keine kommentierte, textkritische Taulerausgabe« (33).

Angesichts dieser prekären Situation hofft der Vf., durch Einbeziehung eines weit gespannten Kontextes den Gegenstand in drei Schritten greifbar zu machen, an die er eine weit ausholende Schlussreflexion (711–766) anschließt.

Zunächst werden unter der Überschrift »Historische Grundlagen – neue religiöse Bewegungen« (39–136) die mittelalterlichen Reformbewegungen ab dem 10. Jh. in den Blick genommen: angefangen bei der cluniazensischen Reform, über die Zisterzienser und Prämonstratenser, Waldenser und Katharer, bis hin zu den Mendikanten, den Dominikanern und Franziskanern sowie den Beginen und Begarden. Dieser Teil bringt nichts wesentlich Neues an Erkenntnis. Eher scheint der Vf., weitgehend unter Rückgriff auf Standardliteratur, sich selbst einen Überblick zu den historischen Vorstufen seines Interessensbereichs zu erarbeiten.

Sodann kommen lang und breit – in einem zweiten Teil – die geistesgeschichtlichen Grundlagen zu Wort: die »dominikanische Spiritualität und die ›deutsche Albertschule‹« (137–320). Hier hat der Vf. die maßgebliche Literatur umsichtig verwertet und in klarem Überblick gegliedert. Besonders wird deutlich, dass intensive Spezialuntersuchungen zur Theologie Taulers seit längerem nicht mehr unternommen wurden, weshalb auch die Verweise auf und Anknüpfungen zu Tauler eher marginal bleiben.

Zentrum der Untersuchung ist schließlich der dritte Teil. Überschrieben mit »Rückkehr zu Gott – Johannes Taulers Lebenslehre« (321–710) versucht er in elf quantitativ recht unterschiedlichen (von 9 bis 64 Seiten) Kapiteln die zentralen Momente von Taulers Grundanliegen in seinen Predigten auf den Punkt zu bringen: den (Rück-)Weg des Menschen zu Gott. Freilich muss der Vf. eingestehen, dass zu Taulers vielfach unzusammenhängend über das Kirchenjahr verstreuten Predigten ein systematischer Zugang kaum zu erarbeiten ist (28). Die Lösung, ein »immanentes Verständnis« (29) zum Ausgangspunkt zu machen, enthebt dennoch nicht von der Aufgabe, die gewählten Textzusammenhänge zu begründen und so die Auswahlprinzipien durchsichtig zu machen. Trotz oder gerade wegen der vorangestellten Abschnitte bleiben hier methodisch manche Wünsche offen. Wenn der Vf. bei Taulers Ansatz die Erfahrung in den Vordergrund stellt, dann setzt er sich über dessen (nicht erwähnte) eigene Feststellung hinweg, nicht auf mystische Erlebnisse zurückgreifen zu können. So lesen wir (nach der Ausg. von F. Vetter, Berlin 1910, S. 175,4–7 in Predigt V41): *Nút wenent das ich mich dis út anneme das ich út her zů komen si, allein enkein lerer nút ensúlle leren das er selber von lebende nút enhabe. Doch ist es ze nöten gnůg das er es minne und meine und nút do wider entů.* Das heißt freilich, dass er nicht selbst in den geschilderten Zustand gelangt ist, jedoch der Lehrer auch durch Liebe zur Sache, hinreichendes Nachsinnen und vor allem nicht gegenteiliges Handeln hinreichend legitimiert sein kann. Vergleichbar werden auch Publikumsbezüge unter Verweis auf die Sekundärliteratur abgehandelt, anstatt dass der Sachverhalt wirklich textimmanent über Nennungen bei Tauler selbst einer Prüfung unterzogen würde (323 A. 14). Wenn der Vf. unterstellt, Tauler »zitiert meistens aus dem Gedächtnis« (340), verwechselt er den Predigtautor mit den Schreibern der Predigttexte. Für ein einzelnes Textzitat

(385 A. 426) kann ein pauschaler Verweis auf zwei Abschnitte eines Kapitels des zweiten Teils weniger der Begründung der Bezüge als der Verwirrung der Leser dienen. Trotz dieser Nachlässigkeiten wird in stark assoziativer Anordnung ein beeindruckendes Panorama der Themen und Positionen geboten. Vereinzelte Verständnisfehler (*sehent* aus V9,42,32 in 349 A. 153) beim Übersetzen aus dem Mittelhochdeutschen sind angesichts dieser Fülle verzeihlich. Dem Erkenntnisgewinn zu den Einzelthemen tun sie vor allem deswegen keinen Abbruch, weil die subtil differenzierten Darlegungen meist über längere Strecken einzelnen Predigten verpflichtet sind. Für ihre gewinnbringende Ausschöpfung wäre jedoch angesichts des Umfangs ein Sachregister wünschenswert.

In der Schlussreflexion (711-766) wagt der Vf. einen theologischen Salto Mortale. Hatte er anfangs in seinem allzu weiten Bogen zurück bis ins 10. Jh. die Grundlagen der Spiritualität und Theologie Taulers dargestellt (erst nach rund 300 Seiten kommt er auf Tauler selbst zu sprechen), so springt er jetzt allzu rasch aus dem 14. ins 20./21. Jahrhundert. Die charitologische und gnoseologische Relevanz der *theologia spirtualis*, die für die Hermeneutik des religiösen Seelenlebens gerade im Kontext von Tugendlehre, Mystik und Aszetik zu Beginn des 20. Jhs. zentral wurde, wird nicht einmal erwähnt. Die kaleidoskopische Bedeutungsvielfalt von Spiritualität aus binnenchristlicher wie außerchristlicher Perspektive wird ebenso wie die für die spirituelle Theologie heute charakteristische Diastase von Gnade und Erkenntnis nur angedeutet. Dabei konfrontiert der Vf. nicht nur die heutige Spiritualität mit der Frömmigkeitsbestrebung Taulers, sondern sucht »Taulers christliche Spiritualität im Kontext der heutigen Spiritualitäten« zu verorten. Er findet dabei nicht so sehr die Kontinuität als den Kontrast. Einer »Wellness-Spiritualität« – welcher Provenienz auch immer – wird eine Absage erteilt. »Nach Tauler soll sich der Mensch nicht um sich selber drehen, sondern er soll zugunsten von Anderen Verzicht üben. Tauler predigt keinen Aufstieg in ein höheres göttliches Bewusstsein, sondern sein Aufstieg ist ein Abstieg – ein Abstieg in die Niederungen des Alltags. Im Alltag lebt man aus der Gemeinschaft mit Gott« (752).

Der Vf. hat Recht, wenn er feststellt, wie leicht und falsch es ist, aus Taulers Predigten bestimmte Themen herauszugreifen und sie für das Ganze zu halten: »Die Selbsterkenntnis; die Meditation des Lebens Jesu Christi mit Hilfe von Verstand und Phantasie; die Lehre vom Göttlichen im Grund der Seele; das Bild vom Einen (Gott), welches das ganze Leben in der Schöpfung umfasst und eint« (754). Auch hat der Vf. Recht, wenn er es ablehnt, wie man »einzelne Themen aus Taulers oder Eckharts Werken zusammenhanglos mit anderen, nichtchristlichen spirituellen Ansätzen in Verbindung bringt, wie dies z.B. bei Willigis Jäger geschieht. Denn dabei bleibt häufig das spezifisch Christliche, z.B. der trinitarische und christologische Charakter der Spiritualität, auf der Strecke.« (ebd.).

Doch das ist ja gerade nicht das Spezifische des Christentums. Es ist auch nicht das, worauf es Tauler in seinen Predigten, so wie wir sie kennen, ankommt. Es ist wohl überhaupt nicht so viel aus dem noch keineswegs kritisch erschlossenen Quellenmaterial zu erkennen, wie der Vf. zu erkennen vorgibt. Dabei ist es einfach banal, nach über 750 Seiten endlich festzustellen, dass Taulers Spiritualität »christlich« sei (765). Ja, was denn sonst? Die entscheidende Frage ist nur: Was versteht Tauler unter »christlich«? Der Vf. hat Recht, wenn er feststellt, dass Taulers Predigten darauf hinweisen, dass ihr Autor nicht so sehr auf die spekulativen, als vielmehr auf die praxisbezogenen Momente der Spiritualität Meister Eckharts rekurriert. Tauler legt insgesamt den Akzent auf die Beantwortung der Frage nach der Praxis religiösen Lebens. Die Um- und Abkehr von allem Weltlich-Irdischen und die Hinkehr des Einzelnen zu Jesus Christus wird gefordert.

Doch fraglich ist, ob für Tauler »die eigentliche Wirklichkeit des Seins« im Zentrum stand, selbst dann, wenn diese die Trinität Gottes ist. Fraglich ist auch, ob, wie der Vf.

behauptet, Taulers Spiritualität »die Gottesgeburt im Menschen zum Ziel« habe (764). Ist die Gottesgeburt im Menschen für Tauler nicht eher gnadenhafter Anfang als beseligender Endpunkt spirituellen Lebens, eher »causa efficiens« als »causa finalis«? Tauler spricht einem Perspektivenwandel das Wort. Die Adressaten seiner Predigten sollten nicht mehr ihren Blick auf das Äußere, sondern auf das Innere richten, ja sollten sich selbst nach innen »kehren«. Das Wort, das er zur Bezeichnung dieses Vorgangs prägte, hieß »ker« (V9: 41,2). Gemeint war damit eine radikale, durchaus leidvolle, letztlich aber beseligende Änderung der gesamten bisherigen Lebensführung. Diese erschien ihm im Blick auf seine Zeitgenossen immer wieder notwendig, damit sie den Weg des Heiles überhaupt erst einschlagen und sodann auf ihm voranschreiten könnten: um letztlich ihre Vollkommenheit in der gnadenhaft geschenkten Vereinigung mit Gott zu finden.

Deutlicher hätte herausgearbeitet werden dürfen, worin Tauler das Wesen des Christentums zu erkennen glaubt. Es besteht nach ihm nicht in einer Lehre, auch nicht in der Trinitätslehre oder in der Christologie. Wesen des Christentums ist auch nicht so etwas wie die Liebe oder die Erkenntnis. Es ist eine Person: Christus, dem es nachzufolgen gilt; und zwar bis unter das Kreuz. Diese *imitatio Christi* spart die Kreuzesnachfolge nicht aus, sondern bejaht sie. Sie verlangt zunächst eine ganzheitliche Loslösung des Menschen von sich selbst, von all dem, was er will und wonach er strebt. Der Mensch muss leer werden von sich selbst, muss sich abwenden von sich selbst und allem Vergänglichen und sich ganz öffnen für das Unvergängliche, Ewige, Eine, Göttliche und Gnadenhafte. Er muss sich in Dienst nehmen lassen, von Christus, muss ihm ganz gehorchen. »Nicht mehr ich lebe, sondern Christus lebt in mir« (Gal 2,20, vgl. 765). Mit einem Wort: Tauler sucht nicht Bücherwissen. Es geht ihm um Bekehrung, um die, neutestamentlich formuliert, *metanoia*.

Trotz all dieser notwendigen Kritikpunkte stellt der voluminöse Band eine herausragende Leistung dar, die der Taulerforschung hoffentlich weiteren Schub geben wird.

Rudolf Kilian Weigand

Christine Mundhenk (Hrsg.): Melanchthons Briefwechsel. Band T 14, Texte 3780–4109 (1545). Stuttgart – Bad Cannstatt: Frommann-Holzboog 2013. 624 S. ISBN 978-3-7728-2554-0. Geb. € 236,00.

1963 nahm die Melanchthon-Forschungsstelle an der Heidelberger Akademie der Wissenschaften ihre Arbeit auf. Umso erfreulicher ist es, dass zu ihrem 50. Jubiläum der 26. Band der gesamten Edition, der 14. Textband, erscheinen konnte. In bewährt zuverlässiger Weise hat das Team der drei Bearbeiter, die seit Band T 12 in dieser Zusammensetzung arbeiten, die 346 Stücke ediert, von denen 39 erstmals bzw. erstmals vollständig vorgelegt werden. Die sorgfältigen Register über Absender, Adressaten, Fremdstücke, Bibelstellen, Autoren und Werke bis ca. 1500 sowie Autoren und Werke ab ca. 1500 ermöglichen eine gezielte und präzise Suche.

Die sich in den Briefen widerspiegelnden Ereignisse des Jahres 1545 betreffen nahezu alle menschlichen, politischen und theologischen Bereiche, so dass der Band nicht nur zum gezielten Nachschlagen, sondern auch zum interessierten Lesen oder neugierigen Stöbern einlädt. Das beginnende Konzil von Trient wie auch der Wormser Reichstag sind dabei immer wieder zentrale Punkte des Austauschs.

Im Januar ereignete sich eine Schlägerei in der Wittenberger Bibliothek, wovon M. an seinen Schüler Johann Stigel berichtete, den er bei dieser Gelegenheit gleich zum Abendessen einlud (MBW 3801). – Der Tod Georg Spalatins am 16. Januar 1545 veranlasste

M. dazu, seiner Witwe Katharina am 24. Januar einen Trostbrief mit konkreten Hinweisen zur weiteren finanziellen Absicherung zu schreiben (MBW 3805). Luther würde sich ebenfalls bei Gregor von Brück für sie verwenden. – Nachdem Georg Helt am 6. März verstorben war, schrieb M. am 9. März einen Brief an Fürst Georg von Anhalt, in dem er seine Trauer zum Ausdruck brachte (MBW 3836). Zugleich tröstete er den fürstlichen Freund mit Hinweisen auf das ewige Leben. – Über die Freilassung Hieronymus Baumgartners Anfang August aus der Gefangenschaft bei Albrecht von Rosenberg freuten sich die Wittenberger sehr. Baumgartner war über die Briefe der Wittenberger an seine Frau sehr gerührt (MBW 3980). Philipp von Hessen war von M. und Luther nachdrücklich zu Verhandlungen mit Rosenberg gedrängt worden (MBW 3786). – Bisher unediert war ein Brief (wohl vom November), in dem M. seine Betroffenheit über den Brand in Gotha zum Ausdruck brachte, bei dem große Teile der Stadt zerstört worden waren (MBW 4060). – Auch 1545 waren vor allem Joachim Camerarius (3 von ihm; 36 an ihn) und Veit Dietrich (1 von ihm; 17 an ihn) die bevorzugten Briefpartner M.s.

Im Bereich der Politik beriet M. wie im Jahr zuvor Herzog Albrecht von Preußen zu Fragen des Promotionsrechts und zur Berufung von Professoren für seine neu gegründete Universität in Königsberg. Auf Anfrage teilt er ihm seine Meinung zu Johannes a Lascos »Epitome doctrinae ecclesiarum Frisiae orientalis« mit. – Eine gründliche Diskussion zwischen Hessen und Kursachsen löste die Stellungnahme der Wittenberger Theologen, die sogenannte »Wittenberger Reformation« (MBW 3793), über reformatorische Maßnahmen für den Wormser Reichstag aus. Die kursächsischen und hessischen Theologen sollten sich in verschiedenen Fragen verständigen (reine Lehre; Sakramente; Stellung des Bischofs; Kirchengerichte; Schulen; Unterhalt für Geistliche; Klöster), um in Worms eine gemeinsame Linie in Bezug auf die Beschickung des Konzils zu vertreten. Der Umgang mit Täufern wurde deshalb ebenso besprochen wie die Frage nach der Kindertaufe (z. B. MBW 3843). – Im November rieten die Wittenberger Theologen ihrem Kurfürsten, dass er das Konzil nicht ernst nehmen solle. Sollte der Kaiser ein erneutes Religionsgespräch ansetzen, werde man sicher über die Themen Erbsünde und Rechtfertigung, Kirche und Konzile, Beichte und Abendmahl keine Einigung herbeiführen können (MBW 4073).

Im Bereich der Theologie spielte der neu aufflammende Abendmahlsstreit zwischen Luther und den Zürchern eine große Rolle, da er für Unfrieden und Unverständnis unter den Evangelischen sorgte. Bereits im Februar wandte sich M. besorgt an Martin Frecht in Ulm mit der Bitte, dass er darauf einwirken solle, dass die Zürcher auf Luthers »Kurzes Bekenntnis« nicht antworteten (MBW 3817). Bereits im Mai klagte er jedoch, dass er die Zürcher Entgegnung »Wahrhaftes Bekenntnis der Diener der Kirche zu Zürich« für unklug halte (MBW 3894). Bereits am 22. März hatte Bucer M. gebeten, er möge Luther sagen, dass die Straßburger nichts mit der Zürcher Entgegnung zu tun hätten. Sie wollten bei der Wittenberger Konkordie bleiben (MBW 3854). – Der Streit hatte auch Auswirkungen auf M.s Briefkontakt zu Johannes Calvin. Bereits im Januar wandte sich Calvin mit der Bitte an M., er solle selbst entscheiden, ob er zwei übersandte Schriften an Luther weitergeben wolle (MBW 3803). Er versuche, die Zürcher wegen Luthers »Kurzem Bekenntnis« zu beschwichtigen. M. traute sich nicht, die Schriften Calvins an Luther weiterzugeben und übersandte nur sein Gutachten über die sogenannten Nikodemiten, also zur Frage des Bekenntnisses zum evangelischen Glauben in katholisch dominierten Gebieten wie vor allem Frankreich nach Genf (MBW 3886). Interessanterweise musste M. zweimal Anlauf nehmen, um seinen Begleitbrief zu verfassen (MBW 3884 und 3885). Im Juni nahm Calvin nochmals zur Auseinandersetzung zwischen Luther und den Zürchern Stellung, indem er beide Seiten kritisierte (MBW 3928). Dies war vorerst der letzte bekannte Austausch zwischen den beiden Reformatoren, der erst 1550 wieder bezeugt ist.

Zahlreiche weitere interessante Ereignisse spiegeln sich in den Briefen wider: 1545 erschien endlich als zweiter Band der gesamten Wittenberger Lutherausgabe der erste der lateinischen Reihe, zu der M. eine Vorrede beisteuerte (MBW 3829). Die Wittenberger Lutherausgabe spielte aber nur am Rande mancher seiner Briefe eine Rolle. So schrieb er am 24. Februar seinem Freund Camerarius, dass die Leipziger Disputationen nicht mit aufgenommen werden konnten (MBW 3824).

Die erstmals edierten Texte vertiefen das Bild vom Wirken Melanchthons. Zu nennen ist hier beispielsweise ein Empfehlungsschreiben an die Herren von Stutterheim in Golßen (in Brandenburg) für einen neuen Schulleiter vom 1. März (MBW 3826). Ein Valentin aus Görlitz, der den Brief auch selbst überbrachte, war aus M.s Sicht für diese Aufgabe bestens geeignet. – Ein weiteres Empfehlungsschreiben, das bisher noch nicht ediert war, ist das an Hieronymus Einhorn in Köln vom August, in dem er Paul Einhorn sehr für sein Studium lobte (MBW 3996). – Ebenfalls aus dem November stammt ein Bittschreiben an den Rat von Wunsiedel, durch das M. ein Stipendium für Christoph Obenander zu erhalten hoffte (MBW 4067).

Alles in allem freut sich der Rezensent schon jetzt auf das Erscheinen des nächsten Bandes. Auch wenn es wohl keine historischen Überraschungen darin geben wird, stellt die sorgfältige Neuedition der Briefe M.s einen großen Gewinn für die historische Theologie dar.

Stefan Michel

MATTHIAS MÄRKLE: Jüdische Studenten an der Universität Tübingen 1807–1871 (Tübinger Bausteine zur Landesgeschichte, Bd. 23). Ostfildern: Jan Thorbecke 2013. 256 S. ISBN 978-3-7995-5523-4. Geb. € 24,90.

Graf Eberhard im Bart von Württemberg-Urach war es, der anlässlich der Gründung der Universität Tübingen im Jahre 1477 die Ausweisung der Juden aus Tübingen verfügte; knapp 300 Jahre sollte es dauern, bis sich 1776 der erste Jude zum Studium an der Eberhard Karls Universität einschreiben durfte. Dem Zeitraum nach 1807 bis zur Reichsgründung im Jahre 1871 – damals kam die rechtliche Judenemanzipation in Deutschland zu ihrem Abschluss – ist die vorliegende Arbeit gewidmet, die mit Hilfe der im Universitätsarchiv Tübingen und im Hauptstaatsarchiv Stuttgart verwahrten Unterlagen sowie aufgrund der Akten der Israelitischen Oberkirchenbehörde aus dem Staatsarchiv Ludwigsburg das soziale Umfeld der Tübinger jüdischen Studenten im genannten Zeitraum beleuchtet. Nach einem einführenden Kapitel, das die staatlichen Rahmenbedingungen für das jüdische Leben in Württemberg behandelt und Informationen zum jüdischen Leben in und um Tübingen gibt, folgt der erste Hauptteil mit einer Analyse der vom Autor gesammelten Daten im Hinblick u. a. auf die regionale und soziale Herkunft der jüdischen Studenten, die Finanzierung ihres Studiums und ihre voruniversitäre Bildung. Für dieses letztere Thema markierte der 12. Juli 1825, der Beginn der allgemeinen Schulpflicht im Königreich Württemberg für jüdische Buben und Mädchen vom sechsten bis vierzehnten Lebensjahr, einen wichtigen Wendepunkt. Im zweiten Hauptteil folgen Informationen zu den Studienfächern der jüdischen Studenten, die sich (quantitativ in dieser Reihenfolge) der Medizin, der Rechtswissenschaft und der »mosaischen Theologie«, daneben aber auch der Philosophie/Philologie sowie den Natur- und Kameralwissenschaften widmeten. Die mosaischen Theologiestudenten und Rabbinatskandidaten schrieben sich in der philosophischen Fakultät ein, besuchten aber Vorlesungen der christlich-theologischen Fakultäten (etwa Einleitung in das Alte Testament, exegetische Vorlesungen und Kirchengeschichte), der Philosophie und der orientalischen Philologie sowie der Altphilologie

(62) und beendeten ihr Studium mit der ersten staatlichen Dienstprüfung aufgrund einer Prüfungsordnung, die vom 1828 errichteten Stuttgarter »Israelitischen Oberkirchenrat« in Zusammenarbeit mit dem Innenministerium und der Universität erarbeitet worden war (59). Die Prüfungskommission bestand aus Professoren der philosophischen und der beiden christlich-theologischen Fakultäten und einem Rabbiner (63). Besonderes Interesse finden in diesem Zusammenhang Ausführungen zum Lebensweg einiger jüdischer Theologiestudenten: Maier Hirsch Löwengard etwa, der 1833/34 bei dem protestantischen Begründer der historisch-kritischen »Tübinger Schule« F. Ch. Baur hörte, wandte sich zunächst der jüdischen Reformbewegung zu, schlug in den 1840er-Jahren als Rabbiner in Jebenhausen aber den Rückweg zur strengen Orthodoxie ein (65). Jacob Stern kam als Absolvent der radikalorthodoxen Pressburger Talmudhochschule, die – anders, als ein vom Autor zitierter anonymer Leserbrief glauben machen will – aber weder »polnisch« noch »chassidisch«, sondern »ungarisch« geprägt war, nach Tübingen und wandelte sich unter dem Einfluss westlicher Bildung zu einem Verehrer Baruch Spinozas (66). Moses Baruch Auerbacher, der 1832 mit dem Jurastudium begann, wurde unter dem Namen Berthold Auerbach später als Verfasser der volkstümlichen »Schwarzwälder Dorfgeschichten« bekannt. Ein letzter Hauptteil beschäftigt sich schließlich u.a. mit den Beziehungen zwischen jüdischen und nichtjüdischen Studenten, der Mitgliedschaft in Studentenverbindungen und dem religiösen Leben der jüdischen Studenten im Hinblick auf die Speisevorschriften und den Synagogenbesuch. Eine 149 Einträge umfassende chronologische Auflistung jüdischer Studenten und ein Exkurs zu dem Berliner Juden Benjamin Brandeburger, der sich 1776 als Medizinstudent immatrikulierte, schließen einen faktenreichen und lesenswerten Band ab, der in keiner landesgeschichtlich orientierten Bibliothek fehlen sollte. *Matthias Morgenstern*

Reutlinger Geschichtsverein: Reutlinger Geschichtsblätter 2010, Reutlingen: Stadtarchiv Reutlingen 2011. 416 S. ISSN 0486-5901, Geb. € 27,00.

Wie fruchtbar ein biografischer Ansatz für die Vermittlung von Geschichte sein kann, zeigt der Beitrag von *Wilhelm Borth* über das Schicksal der in Auschwitz ermordeten Reutlinger Jüdin Bea Maier. Auf der Grundlage von Briefen, die die Kinder von Bea Maier 2002 dem Stadtarchiv überließen, veranschaulicht Borth mit einem furchtbaren Einzelschicksal die Dimension der nationalsozialistischen Verbrechen an den jüdischen Mitbürgern. Nachdem ihr Ehemann, ein Reutlinger Immobilienhändler, durch die Boykottierung jüdischer Geschäfte in den Konkurs und Selbstmord getrieben worden war, zog Bea Maier mit ihren beiden Kindern nach Stuttgart. Zwar gelang es ihr noch, ihre Kinder in England in Sicherheit zu bringen, doch scheiterten ihre eigenen Ausreisebemühungen am für die Betroffenen tragischen Zusammenspiel von nationalsozialistischen Diskriminierungs- und Verfolgungsmaßnahmen auf der einen und den zunehmend restriktiven Reglementierungen potentieller Einwanderungsländer auf der anderen Seite. 1940, als die Nazis noch den Plan einer Verschleppung der Juden in Reservate auf Madagaskar verfolgten, wurde Bea Maier mit ihrer Schwester und ihrem Vater nach Südfrankreich deportiert. Nachdem ihnen auch von dort aus die Auswanderung nicht glückte, wurden die Schwestern im September 1942 nach Auschwitz deportiert und dort ermordet.

Die Briefe, die Bea Maier mit ihren Kindern in England wechselte, erlauben Einblicke in Gefühlslagen, in Hoffnungen, Sorgen und Ängste, die die Diskriminierung und Verfolgung, aber auch die Trennung von den eigenen Kindern auslösten. Wilhelm Borth verlässt in seiner Darstellung die Ebene des nüchternen und emotionslosen Historikers – mit vollem Recht, anders ließe sich das schreckliche Schicksal von Bea Maier und ihrer Familie auch kaum darstellen. Er bettet die einzelnen Briefe in vorbildlicher Weise in den minutiös recherchierten Hintergrund der jeweiligen restriktiven Bestimmungen, Verordnungen und Verfolgungsmaßnahmen ein. Im Anhang werden die 115 Briefe im Volltext ediert.

Weit mehr als nur lokales Interesse verdient auch der Beitrag von *Eberhard Fritz*, der sich dem Versuch der Tiroler Linie des Hauses Habsburg, sich im Dreißigjährigen Krieg die württembergische Pfandschaft Urach einzuverleiben, widmet. Die Pfandschaft war für Habsburg von besonderem Interesse, hätte sie doch eine Art Landbrücke vom Amt Günzburg zu den vorderösterreichischen Besitzungen um Rottenburg (Oberamt Hohenberg) gebildet. Der Griff nach der Pfandschaft konnte mit alten, aber strittigen Rechtstiteln (Afterlehenschaft) legitimiert werden.

Der Autor konstatiert erfolgreiche Ansätze für eine habsburgische Herrschaftsbildung. Nach der Schlacht bei Nördlingen hatte die Tiroler Erzherzogin Claudia in Pfullingen eine vorderösterreichische Verwaltung eingesetzt. Zwar leisteten die württembergischen Beamten durchaus Widerstand, doch gelang es der Regentin in den 1640er-Jahren, die Herrschaft deutlich zu intensivieren. Schlüsselpositionen der politischen Verwaltung, der Grundherrschaft und Forstwirtschaft wurden von österreichischen Amtsträgern eingenommen.

Das Spannende an der Untersuchung von Eberhard Fritz ist, dass es ihm gelingt, die konkrete Situation quellennah nachzuzeichnen. Die Zeitgenossen gerieten in Loyalitätskonflikte, die für sie unlösbar und bedrohlich waren. Die Bevölkerung musste erfahren, dass die württembergische Herrschaft sie militärisch nicht schützen konnte, und begann, sich sukzessive auf die Seite Habsburgs zu stellen: die Metzinger Bürgerschaft huldigte der Erzherzogin, in einzelnen Dörfern (Mehrstetten) sympathisierte man mit der neuen Herrschaft und verweigerte umgekehrt den württembergischen Beamten in Urach die Gefolgschaft.

Fritz unterstreicht die Bemühungen der Erzherzogin um eine Rekatholisierung der evangelischen Pfandschaft. Er stellt sich damit dezidiert gegen die Ergebnisse einer 2007 vorgelegten Untersuchung über die Konfessionspolitik in der ebenfalls bislang württembergischen Herrschaft Hohenstaufen (Claudia Riese: »[…] jedoch daneben die Catholische Religion nach und nach furchtbarlich eingefiert würde«. Kriegserfahrung, landesfürstliche Politik und Religiosität als Eckpunkte kommunalen Lebens in Göppingen zwischen 1634 und 1648, in: Hohenstaufen/Helfenstein 17), die zur gleichen Zeit in ähnlicher Weise wie die Pfandschaft Achalm von Tirol beansprucht wurde. Angesichts dieser gegenreformatorischen Maßnahmen der vorderösterreichischen Herrschaft verortet Fritz das deutlichste Widerstandspotential. Nur in Pfullingen gelang es, vorübergehend einen katholischen Pfarrer einzusetzen, doch auch hier musste die Beteiligung der Bevölkerung am Gottesdienst erzwungen werden.

Insgesamt wurde die Herrschaftsentfaltung auch dadurch gebremst, dass es keine stabile militärische Präsenz gab, nicht einmal im Pfullinger Schloss waren Soldaten stationiert. Die Erfolge der Herrschaftsentfaltung waren permanent von den Wechselfällen des Dreißigjährigen Kriegs abhängig. Interessant ist auch, dass Fritz aufzeigen kann, dass die Wiener Hauptlinie sich im Laufe des Kriegs immer weniger um die Interessen des Tiroler Familienzweigs kümmerte, so dass sich die Frage stellt, ob man überhaupt von einer strategischen und stringenten Expansionspolitik »des Hauses Habsburg« reden kann. Gegen Ende des Krieges unterminierten zudem Konrad Widerholts Beutezüge vom Hohentwiel aus die vorderösterreichische Position. Die militärischen Erfolge der schwedisch-französischen Allianz machten die österreichischen Expansionsversuche in der Pfandschaft schließlich zur Episode, die weitgehend aus dem Bewusstsein der Landesgeschichte verschwunden ist.

Im abschließenden Beitrag begibt sich *Werner Ströbele* auf Spurensuche nach einem besonderen Reutlinger Brauchtum, dem am Donnerstag nach Dreikönig gefeierten Mutscheltag. Im Gegensatz zu anderslautenden populären Deutungen kann Ströbele nachweisen, dass die sternförmigen, möglicherweise auf die Form eines Mühlrads zurückgehenden Mutscheln in den Kontext der Schwörwoche in reichsstädtischer Zeit gehören, in der sie traditionell verschenkt wurden. Für die Ausbildung des heutigen Brauchtums war die Phase des Vormärz entscheidend. Der Autor deutet dabei die Reutlinger Mutschel als »Symbol der Selbstbehauptung und des Freiheitsstrebens in schwierigen Zeiten«.

Herbert Aderbauer

Paula Kienzle: Spuren sichern für alle Generationen. Die Juden in Rottenburg im 19. und 20. Jahrhundert (Anpassung – Selbstbehauptung – Widerstand, Bd. 26). Münster: LIT 2008. 504 S. m. s/w-Abb. Kart. ISBN 978-3-825-81156-3. € 39,90.

Antje Köhlerschmidt, Karl Neidlinger (Hrsg.): Die jüdische Gemeinde Laupheim und ihre Zerstörung. Biografische Abrisse ihrer Mitglieder nach dem Stand von 1933. Laupheim: Gesellschaft für Geschichte und Gedenken e.V. 592 S. m. s/w-Abb. Geb. ISBN 978-3-00-025702-5. € 29,80.

Nicht selten müssen sich lokalhistorische Dokumentationen und Studien Einzelner oder von Geschichtswerkstätten o.ä. zu den prekären »großen« Themen aus der hohen Zunft mit einem kurzen freundlichen Zunicken oder eher dilatorischer Erwähnung in einer Fußnote begnügen. »Geschichte von unten« – natürlich fehlt den Darstellungen oft das Professionelle, die Prägnanz, laufen sie nicht selten Gefahr, die großen Linien zu verzetteln, zum Erkannten nicht viel neue Erkenntnis beizubringen, ihr Material zwar weidlich auszubreiten, aber zu wenig strukturiert und versiert. Natürlich umspielen sie vorwiegend das Individuelle: Leben, Erfahrung und Schicksal Einzelner, Blitzlichter aus einem einzelnen Ort, Verflechtungen in engeren Lebensräumen. Aber ebenso ist ihr Gewinn (im besten Fall): die direkte Lebensnähe, die Intimität der Quellen, die Variation der »großen« Linie(n) in ihre konkreten Details, die Bindung von Erinnerung(en) an den oder die Lebensräume der heute Lebenden und Ähnliches. Nimmt man solche Bücher in die Hand, gewinnt man eher, wenn man sich in seinem interessierten Lesen dem engagiert Schreibenden ein gutes Stück entgegen neigt, als mit allzu großer Reserve gegenüber (vermeintlich) allzu sehr distanzloser Darstellung. Die wirklichen Gewichtungen ergeben sich dann fast von selbst. – Solche Leser wünscht man den beiden Büchern, die im einen Fall (Kienzle) wirklich aus einem individuellen Impuls und autodidaktisch, im anderen (AG Laupheim) innerhalb eines organisierten Geflechts von »Geschichts-Arbeit« von einer durchaus eingeübten Autorengruppe unter Leitung zweier Fachhistoriker entstanden sind.

Paula Kienzles Verdienst ist vor allem anderen, an die Präsenz jüdischer Familien in der Kernstadt Rottenburg überhaupt zu erinnern – jenseits des »Judendorfs« Baisingen, das ja erst in den 70er-Jahren des vergangenen Jahrhunderts nach Rottenburg eingemeindet wurde. In akribischen, ausgedehnten und langwierigen Recherchen gelingt ihr die Rekonstruktion einer Reihe von Familien seit 1868 und ihrer Geschichte(n) aus den disparatesten Quellen, einschließlich persönlicher Korrespondenzen. Auffällig ist die starke Fluktuation der Familien wie ihrer einzelnen Köpfe. Paula Kienzle geht auch vielen Verzweigungen nach, die auf Rottenburg zu- oder von dort wieder wegführen, soweit sie ihr greifbar geworden waren. Mehrheitlich gehört diese Bevölkerungsgruppe zum wohlhabenden Besitz- und Bildungsbürgertum, entweder von Anfang an oder bald dahin aufsteigend. »Tragende« Zeichen einer gelungenen bürgerlichen Integration findet man bei der Lektüre gleichwohl wenig, dem dürfte das vorwiegend kleinbürgerliche Milieu der umgebenden Stadtgesellschaft – wahrscheinlich von beiden Seiten her – bremsend entgegen gestanden haben. Was, wie andernorts in vergleichbaren Milieus, jedoch greifbar ist, sind gegenseitige Achtung und Respekt, selten (vor 1933!) offene antisemitische Ausfälle. Zeichen von größerer, unbefangener Nähe findet man in Episoden aus der Kindergesellschaft, der die jüdischen Eleven durch »höhere« Bildungs- oder auswärtige Ausbildungs-Karrieren in der Regel aber schon früh entwuchsen.

Zu einer religiösen Gemeindegründung (kehilla) kam es in Rottenburg nie. Ein einheitliches Bild über religiöse Bindungen der Rottenburger Juden lässt sich kaum ausmachen. Vielleicht könnte man sagen: je besser situiert, desto »assimilierter« im Gebaren und desto distanzierter zur (zuständigen) Horber/Mühringer Synagoge. Ein typisches Beispiel dafür dürften die Fabrikanten-Familien Ferdinand und Albert Horkheimer sein, von denen Paula Kienzle ein gleich farbiges wie konzises Bild nachzeichnet (131–151). Immerhin scheint vom Bezirksrabbiner zeitweise Religionsunterricht in Rottenburg gegeben worden zu sein (142f.).

Die Suche nach speziellen Bezügen zwischen der Kirche in der Bischofsstadt und ihren jüdischen Mitbürgern und umgekehrt – positive wie negative – fällt enttäuschend aus. Dazu findet sich in diesem Buch praktisch nichts, weder vor noch nach 1933. Und so fällt einem dazu doch auch wieder allerhand ein.

In Laupheim, das als eine der größten Judengemeinden in Württemberg im Jahre 1870 knapp 900 jüdische Personen zählte, lebten nach dem großen Aderlass durch die jüdische Landflucht danach (in die umliegenden Städte) bzw. die Auswanderung (vornehmlich in die USA) im Jahre 1933 nur noch 270 jüdische Bürger. Der Mehrheit von ihnen gelang noch der Gang in die Emigration oder schließlich die Flucht, um die hundert wurden bis 1942 in verschiedenen Konzentrationslagern ermordet. Die »Gesellschaft für Geschichte und Gedenken e. V. Laupheim« kümmert sich seit vielen Jahren in verdienstvollster Weise um die Geschichte des jüdischen Laupheim – in guter Verbindung mit dem dortigen »Museum für Christen und Juden«. Mit dem vorliegenden Band liegt ein Arbeitsergebnis vor, das in seinen Dimensionen ganz und gar ungewöhnlich ist: von der Leistung wie vom Ergebnis her.

270 Einzelpersonen bzw. -schicksale aus 90 (Groß-)Familien werden in prosopographisch vorbildlicher Form dokumentiert und im genealogischen Kontext ihrer Familien situiert; deren gesellschaftlicher und wirtschaftlicher Rang im sozialen Gefüge Laupheims wird skizziert; vielen individuellen Biografien (durch Deportation und Mord abgebrochene ebenso wie »glückhaft« über die dunkelste Zeit hinüber gerettete) wird nach Möglichkeit – und man kann nur staunen, was hier bei entsprechender Anstrengung möglich wurde! – narrativ nachgegangen. Die stupend opulente Bebilderung des Bands suggeriert zuweilen das Gefühl unmittelbaren Dabeiseins. Hier kommen auch die dichten Beziehungen des heutigen Laupheim zu Nachkommen seiner vertriebenen oder ermordeten Mitbürgerschaft überreich zum Tragen. – Über ein Personenregister lassen sich alle im Band an unterschiedlichen Stellen erwähnten Personen nochmals leicht auffinden.

Auch wenn ihr so schnelles Zerbrechen dann doch Fragen an die – auch religiöse – Koexistenz von Juden und Christen aufgibt: so intensive und gediegene Realität wie in Laupheim war sie nicht leicht anderswo in Württemberg. Diese Verhältnisse vom allmählich verblassenden On-dit gesichert in den taghellen Status des lebensvoll belegten Dokumentiertseins überführt zu haben, ist ein nicht genug zu respektierendes Verdienst dieser entsagungsvollen, bienenfleißigen Arbeit, die in den jährlichen »Laupheimer Gesprächen« seit 2000 eine starke Motivationsquelle und dort (und anderswo) zu Recht auch ihre wissenschaftliche Anerkennung und Würdigung erfahren hat.

Abraham Peter Kustermann

Stefan Samerski: Pancratius Pfeiffer, der verlängerte Arm von Pius XII. Der Salvatorianergeneral und die deutsche Besetzung Roms 1943/44. Paderborn: Ferdinand Schöningh 2013. 311 S. m. Abb. ISBN 978-3-506-76726-4. Kart. € 29,90.

Marcus Pfeiffer (1872–1945) stand von 1915 an 30 Jahre lang als Generalsuperior an der Spitze der *Societas Divini Salvatoris*. Im Jahr 1889 war Pfeiffer nach einer Bäckerlehre aus Bayern nach Rom gekommen und unter dem Namen Pancratius in den Salvatorianerorden aufgenommen worden. Viele Jahrzehnte in der Ewigen Stadt ließen Pfeiffer zum »Deutschrömer« werden, der über beste Verbindungen in den Vatikan verfügte. Als Rom vom September 1943 bis zum Juni 1944 von der Wehrmacht besetzt war, stand Pfeiffer als gebürtiger Deutscher und Muttersprachler in verschiedenen Anliegen in engem Kontakt mit den Besatzungsbehörden.

Die biographische Studie des Münchner Kirchenhistorikers Stefan Samerski widmet sich detailreich und unter Auswertung zahlreicher Archivbestände, darunter auch des Nachlasses Pfeiffers, den Aktivitäten des Ordensgenerals in den Monaten der deutschen Okkupation Roms und hier insbesondere den Hilfeersuchen für jüdische Einwohner der Ewigen Stadt. Ob Pfeiffer während dieser Zeit wirklich der »verlängerte Arm von Pius XII.« gewesen ist, sei dahingestellt, denn quellenmäßig lassen sich nur wenige (zwei bis drei) persönliche Begegnungen Pfeiffers mit dem Papst belegen, wie Samerski eingangs einräumt (83f.). Schon dieser etwas verunglückte Buchtitel macht aber Samerskis Versuch deutlich, die Kontakte Pfeiffers zu den deutschen Besatzungsbehörden in Rom in Zusammenhang mit Pius XII. zu bringen und seine Hilfeleistungen gegenüber seinen jüdischen Einwohnern letztlich dem Papst zuzuschreiben. So geht es Samerski in seiner Studie über Pfeiffer darum, ein differenziertes Bild des Pacelli-Papstes zu zeichnen, der seit Hochhuths »Stellvertreter« (1963) im Zentrum öffentlicher Kritik steht und für den im Pontifikat Benedikts XVI. im Hinblick auf den laufenden – aber seit Franziskus' Amtsantritt zum Stillstand gekommenen – Seligsprechungsprozess besondere Rehabilitierungsanstrengungen unternommen worden sind.

1967 hat Pinchas Lapide in seiner Studie »Rom und die Juden« über Pfeiffer geschrieben: »Niemand wird zählen können, wie viele Juden er im Auftrag des Papstes dank seiner Autorität rettete, verbarg oder aufnahm.« Samerski aber macht erstmals genau diesen Versuch in einer Tabelle im Anhang des Buches (251–256), deren Ergebnisse ernüchternd sind: Aufgelistet sind 30 Fälle, in denen Pfeiffer Kontakt zu den deutschen Behörden aufnahm, in 20 war er »erfolgreich«, oft durch die Beschaffung der Taufzeugnisse bereits konvertierter Juden. Gerne hätte man mehr über Pfeiffers Motive für diese Aktivitäten erfahren, als dies mit Verweis auf seine »demokratische Grundeinstellung« (47) knapp in Kapitel 1.4 geschieht.

Insgesamt versucht der Band die zurückhaltende Politik der »uneigentlichen Rede« (Hubert Wolf) von Pius XII. gegenüber den nationalsozialistischen Verbrechen zu verteidigen, selbst dann, als sie unter »seinen Fenstern« begangen wurden. »Nicht durch nutzlose öffentliche Proteste versuchte der Papst zu helfen, sondern auf anderen, effektiveren Wegen, um den verhafteten Juden beizustehen«, so Samerski (123). Die nachfolgenden sehr kurzen Ausführungen zu diesen »anderen, effektiveren Wegen« bleiben allerdings seltsam unkonkret und zum Teil widersprüchlich. Oft fallen die Worte »vermutlich« und

»aller Wahrscheinlichkeit nach«. So erwähnt Samerski einen 1997 im römischen Mutterhaus der Salesianer erschienenen Juden, der behauptete, er sei von Pfeiffer gerettet worden, als er sich als Christ ausgegeben habe (126, Anm. 158).

Samerskis These, Pius XII. habe sich »augenblicklich zu jeder persönlichen Intervention bereit[gefunden]« (186), wird in ihrer Reichweite genauso wenig belegt, wie die Behauptung, »Transporte in Internierungs- oder Konzentrationslager zu verhindern oder zu verzögern, erwies sich häufig als nicht zum Ziele führend« (114). Stattdessen erfolgt im letzteren Falle der allgemeine Verweis auf die von Wolfgang Benz und Barbara Distel herausgegebene 9-bändige Reihe zur Geschichte der Konzentrationslager (Der Ort des Terrors, München 2005–2010).

Unwillkürlich lässt Samerskis Darstellung beim Leser die Frage aufkommen, warum Pius XII. nicht demonstrativ die während der »Judenrazzia« vom 16. Oktober 1943 festgenommenen und zur Deportation vorgesehenen jüdischen Einwohner Roms aufgesucht hat, als diese fast drei Tage lang im Collegio Militare (nicht im Militärgefängnis Regina Coeli, wie Samerski auf S. 120 schreibt) in unmittelbarer Nähe des Vatikans interniert waren? Immerhin war der Papst im Juli und im August des gleichen Jahres ohne Begleitschutz in das von Bomben getroffene San Lorenzo-Viertel im Zentrum Roms gefahren, um den Bewohnern seine Solidarität auszudrücken und um die Alliierten von weiteren Zerstörungen abzuhalten. Samerski selbst belegt, dass alle Gerüchte einer drohenden Festnahme und Entführung des Papstes durch die Deutschen jeder Grundlage entbehrten (69-73) und den Papst deshalb nicht von einem Besuch im Collegio hätten abhalten müssen.

Weitere Razzien jedenfalls wurden nicht wegen des vatikanischen Druckes unterlassen, sondern schlicht, weil es keine nennenswerte Anzahl von offen in Rom lebenden Juden mehr gab. Die meisten lebten versteckt oder flüchteten – nicht zuletzt in kirchliche Einrichtungen. Samerskis Studie führt dem Leser so eindrücklich vor Augen, dass das Verhalten der katholischen Kirche gegenüber den nationalsozialistischen Verbrechen nicht das eines geschlossenen Blocks war. Einzelne haben geholfen, wie das Beispiel Pancratius Pfeiffer zeigt. Die Initiative dazu war individueller, nicht institutioneller Natur.

René Schlott

Jörg Ernesti, Ulrich Fistill, Martin M. Lintner (Hrsg.): Karl Golser. Moraltheologe und Bischof. Eine Auswahl aus seinen Schriften (Brixner Theologisches Jahrbuch, 3. Jahrgang 2012). Innsbruck: Tyrolia 2012. 424 S. ISBN 978-3-7022-3268-9. Geb. € 29,95.

Festschrift, Zeitschriftenband, Lesebuch – die Sammlung von Texten anlässlich des 70. Geburtstags des emeritierten Bischofs Karl Golser vereint mehrere bibliografische Zwecke. Der unter anderem von M. M. Lintner, dem Lehrstuhlnachfolger Golsers, herausgegebene Band soll nicht nur dem schwer erkrankten Jubilar eine Freude bereiten, sondern auch das Werk des vielfach engagierten Theologen vorstellen.

Der 1943 geborene Moraltheologe war nach Studien in Rom und Brüssel sowie einigen Jahren der Mitarbeit in der Glaubenskongregation von 1982 bis 2009 Professor an der Philosophisch-Theologischen Hochschule Brixen und dort unter anderem Direktor des Instituts für Gerechtigkeit, Frieden und Bewahrung der Schöpfung. 2008 wurde er zum Bischof der während seiner Studienzeit errichteten Diözese Bozen-Brixen ernannt. Nebst seinen zahlreichen Kontakten in den deutschen und italienischen Sprachraum sowie in andere europäische Länder lag der Schwerpunkt seines Wirkens in seiner Südtiroler Heimat, was sich auch daran zeigt, dass viele seiner Arbeiten in den Vorläufern jener Zeitschrift (»Konferenzblatt für Theologie und Seelsorge«, »Brixner Theologisches Forum«) erschienen, die ihn nun ehrt.

Der Band bietet neben einem Publikationsverzeichnis (in dem man die zahlreichen Zeitungsbeiträge Golsers, auf die in dem Band gelegentlich verwiesen wird, vermissen könnte) und einer tabellarischen Kurzbiographie unter den Themenkreisen »Gewissen und persönliche Verantwortung«, »Ehe und Familie«, »Lebens- und Medizinethik«, »Frieden, Gerechtigkeit und Bewahrung der Schöpfung«, »Fragen der christlichen Lebensführung« und »Hirtenbriefe« eine interessante Auswahl an deutsch- und italienischsprachigen Texten, die sowohl Grundlinien in Golsers theologischem Schaffen als auch ethische Fragestellungen seiner (und teilweise auch noch unserer) Zeit erkennen lassen. Als Lebenszeugnis lesenswert ist der Beitrag »Moraltheologie in der Begegnung zwischen zwei Sprachräumen«, der dem Projekt »Theologische Ethik autobiografisch« entstammt.

Mit S. Müller, die ein Geleitwort beisteuerte (12), sehe ich in der Gewissenslehre und in den Reflexionen zur Umweltethik (die jedoch gemessen an der Vielzahl einschlägiger Publikationen in dem Band eher wenig Raum einnehmen) bedeutende Anliegen in Golsers Werk. Wie die Abhandlung »Das Gewissen als ›verborgenste Mitte im Menschen‹« zeigt, liegt ein maßgeblicher theologiegeschichtlicher Hintergrund für die Auseinandersetzung mit dem Gewissensbegriff im spannungsreichen Verhältnis von personalistischer Gewissenskonzeption (wie sie etwa in »Gaudium et Spes« aufgenommen wurde) und einer Auffassung des Gewissens als Anwendungsvermögen der ›objektiven Sittenordnung‹ (23–30) sowie in der Wiederkehr dieser Problematik in den innerkirchlichen Debatten um die Enzyklika »Humanae Vitae« (30–37). Golser plädiert dafür, in diesem Spannungsverhältnis den Gedanken der »Gradualität« zu berücksichtigen, und zwar insofern, als in der pastoralen Begleitung »immer auch Rücksicht genommen [… werden müsse] auf das, was einem Menschen hier und jetzt zugemutet werden kann«, und die Ermutigung erfolgen solle, »in einem andauernden Weg der Bekehrung sich schrittweise dem ›vollkommenen Menschen‹ zu nähern, der Christus in seiner vollendeten Gestalt darstellt (vgl. Eph 4,13)« (37). Gut 20 Jahre später wird er diese Entwicklungsperspektive in einem Hirtenbrief zur Fastenzeit aufgreifen (380f.). Für das Themenfeld der Umweltethik benennt Golser nicht nur einschlägige Impulse aus der Heiligen Schrift und der Tradition (189–197), sondern versucht auch, Prinzipien für einen verantworteten Umgang mit der Umwelt zu formulieren. Allerdings dürfte dabei beispielsweise zu denken geben, wie die umweltethischen Prinzipien »responsabilità ecologica«, »causalità« (Verursacherprinzip) und »prevenzione e precauzione« (208–213) normativ zu begründen und mit den unmittelbar zuvor referierten Sozialprinzipien (201–208) zu verbinden sind. Die Textsammlung dokumentiert also die moraltheologische Arbeit Golsers, auch mit ihren ungelösten Fragestellungen.

Johannes Reich

EBERHARD MÜHLBACHER: Immer nur Vikar. Ein ungewöhnlicher Lebensweg. Ostfildern: Schwabenverlag 2014. 277 S. m. Abb. ISBN 978-3-7966-1658-7. Geb. € 19,99.

Der Rolle des Subjekts in der Geschichte geriet seit den 1970er-Jahren immer stärker in den Fokus der Geschichts- und Kulturwissenschaften – insbesondere der Mikrohistorie, der Alltagsgeschichte und der historischen Anthropologie. Einer wachsenden Zahl Forschender genügte es nicht mehr, nur die Aktionen politischer Eliten, soziale Strukturen oder theoriegeleitete Gesellschaftsmodelle zur Erklärung historischer Prozesse heranzuziehen. Nun gerieten neue Quellengattungen in den Fokus der Wissenschaft, etwa »Ego-Dokumente« – also Erinnerungstexte wie Autobiographien, Tagebücher oder Interviews.

Der zu rezensierende Band beinhaltet Selbstzeugnisse von Eberhard Mühlbacher. Der Rottenburger Priester (Weihejahrgang 1953), Domkapitular (1972–1981) und Generalvikar (1981–1988) stellt zunächst seinen »ungewöhnlichen Lebensweg« vor, fokussiert aber auf einige für ihn besonders prägende Lebensabschnitte: Seine Arbeit an der Seite Bischof Carl Joseph Leiprechts und hier vor allem auf seine Tätigkeiten während des Zweiten Vatikanischen Konzils (1962–1965). Nur kurz streift er die Jahre als Generalvikar, während er seine »Lebensaufgabe Weltkirche« umfassender beschreibt. Seine Reisebeschreibungen gewähren Einblicke in die weltumspannenden Aufgaben des Autors und lassen die Leserschaft teilhaben an seinen Erfahrungen und Erkenntnissen, die er im Umgang in und mit Lebenswelten von Menschen anderer Kulturen gesammelt hat.

Der Band wird durch ein zweites Ego-Dokument komplettiert. Im Mai 2012, und damit nur drei Monate vor dem plötzlichen Tod des Theologen Michael Felder (1966–2012) interviewte dieser den damals 85-jährigen Emeritus Mühlbacher. Felder wollte die Erfahrungen, Erlebnisse und Interpretationen des damals 35-jährigen »Assignators« während des Zweiten Vatikanischen Konzils festhalten.

Der Interviewtext lässt ein facettenreiches Bild einer für die Diözese Rottenburg [-Stuttgart] überaus prägenden Zeit entstehen. Die Leserschaft erfährt viel über die praktische Organisation des Konzils, etwa über Abstimmungsregeln in der Konzilsaula. Eberhard Mühlbacher berichtet über den Gedankenaustausch der stimmberechtigten »Konzilsväter« außerhalb dieses inneren Zirkels, der zu einem regen Meinungsbildungsprozess zu nicht erwarteten Konsensbildungen führte, an der die deutschen Bischöfe in besonderem Maße beteiligt waren. Wir hören über den Einfluss der offiziellen Berater – und, dies sei angefügt, der Beraterinnen –, der sogenannten »Periti«, auf die Stimmberechtigten. Der Autor schildert, wie sich schon zu Beginn der ersten Session neue Sprach- und Kommunikationsstile entwickelten, und dass sich trotz der Sprachenvielfalt rasch ein tragfähiges soziales Netzwerk bildete, auf dem die reformfreudigen Bischöfe aufbauen konnten und das wiederum das Selbstbewusstsein der Vertreter der »Ortskirchen« wachsen ließ. Die Mehrheit der Konzilsteilnehmer distanzierte sich von der seit 1850 geltenden neuscholastischen Theologie, vom (römisch-)katholischen Triumphalismus, vom streng hierarchischen Klerikalismus und vom Juridismus. Sehr eindrucksvoll schildert Eberhard Mühlbacher die Folgen des Wandels für die Diözese Rottenburg[-Stuttgart]. Auch wenn es seiner Ansicht nach nicht gelungen sei, den »Geist des Konzils« – also die Begeisterung, das Verständnis, die Einsicht in dessen Ideen – in alle Ebenen der Diözese zu tragen, so macht der Autor doch auch deutlich, wie sehr die Diözese durch das Konzil und die führenden Persönlichkeiten – neben Bischof Carl Joseph Leiprecht und Bischof Georg Moser nicht zuletzt durch den Autor selbst – geprägt wurde.

Die beiden autobiographischen Texte schildern einen überaus wichtigen Ausschnitt der Diözesangeschichte in anschaulicher und spannender Weise. Die Lektüre erweitert die vorliegenden Forschungen zur Geschichte und Rezeptionsgeschichte des Konzils in der Diözese Rottenburg-[Stuttgart] – die z. B. in Band 26 des RJKG publiziert sind – und trägt auf neue Weise zu einem vertieften Verständnis dieses Zeitabschnitts und der noch heute geltenden Veränderungen bei. *Maria E. Gründig*

3. *Antike*

DIETRICH-ALEX KOCH: Geschichte des Urchristentums. Ein Lehrbuch. Göttingen: Vandenhoeck und Ruprecht 2013. 665 S. m. Abb./Tab. ISBN 978-3-525-52199-1. Geb. € 79,99.

Das voluminöse und detailliert gegliederte Buch des evangelischen Neutestamentlers Dietrich-Alex Koch (Münster) geht auf Lehrveranstaltungen zurück, die er in den vergangenen drei Jahrzehnten in Mainz und Münster gehalten hat. Dies erklärt den Charakter dieses Werkes als Lehrbuch, in dem »der Weg von der kritischen Analyse der Quellen zum Ergebnis, d.h. der geschichtlichen Darstellung offengelegt werden« soll (18). Dem Leser wird also keine schnell konsumierbare Abhandlung zu den ersten eineinhalb Jahrhunderten christlicher Geschichte geboten, kein sofort abrufbares Wissen, sondern von ihm wird Mitdenken und geduldiges Nachvollziehen der Argumentation des Verfassers erwartet, was aber zuweilen durchaus spannend sein kann, wie z.B. bei Kochs Ausführungen zum sog. Apostelkonzil (besser: Apostelkonvent [223–236]). Entschädigt wird der Leser für seine Mühe durch viele zweisprachige Quellenzitate (im Text und als Beilagen: 510–530) sowie durch Einblicke in die aktuelle Fachdiskussion, zahlreiche weiterführende Erläuterungen und Hinweise auf Literatur (allerdings v.a. evangelischer Autoren) in den dicht gesetzten Anmerkungen, die erfreulicherweise nicht gesammelt am Ende des Werkes, sondern benutzerfreundlich auf der jeweiligen Seite zu finden sind.

Das Buch, das 2014 bereits in zweiter, überarbeiteter und geringfügig erweiterter Auflage erschienen ist, gliedert sich in insgesamt 20 Kapitel. Nach einer Einführung zum Gegenstand und zur Quellenlage (21–39) sind die Kapitel 2 bis 4 den geschichtlichen Voraussetzungen gewidmet, wobei nacheinander »Die hellenistisch-römische Welt der frühen und mittleren Kaiserzeit«, »Das Judentum in Palästina und die jüdische Diaspora im Römischen Reich« sowie »Johannes der Täufer und Jesus von Nazaret« in den Blick genommen werden. Nach einem kurzen Abschnitt zu den zeitlichen Grenzen des Urchristentums, das Koch als die den Apologeten wie der Gnosis vorausliegende Zeitspanne von 30 bis 150 n. Chr. eingrenzt, werden die Urgemeinde in Jerusalem, deren Entwicklung bis 48 n. Chr. und die Entwicklung im übrigen Palästina behandelt (Kap. 6 und 7). Das nächste Kapitel nimmt sich der Entwicklung außerhalb Palästinas an, wobei zunächst die Entstehung der Christengemeinde von Antiochia am Orontes dargestellt wird. Wenn sich Koch anschließend Damaskus zuwendet, ist er beim Völkerapostel Paulus angelangt, der im Zentrum seines Werkes steht, zunächst als Mitarbeiter des Barnabas und dann – nach Apostelkonzil und Antiochenischem Streit (Kap. 9) – als selbstständiger Missionar in Europa und Kleinasien (Kap. 10 und 11). Über dessen groß angelegtes Projekt einer Kollekte der paulinischen Gemeinden für die Jerusalemer Gemeinde (Kap. 12) kommt er auf die letzten Lebensjahre des Paulus zu sprechen mit dessen Verhaftung in Jerusalem, der Haft in Caesarea und seinem Tod in Rom (Kap. 13). Die folgenden beiden Abschnitte 14 und 15 konzentrieren sich auf die Gestalt und Geschichte des Judenchristentums vom Apostelkonzil bis 150 n. Chr., und Kapitel 16 auf das frühe Christentum in der Hauptstadt Rom, wobei es hier natürlich auch um die Völkerapostel Petrus und Paulus geht. Die weiteren Kapitel sind speziellen Themen gewidmet, so das 17. dem Wachstum und der Ausbreitung des Christentums, das 18. der Entwicklung der Gemeindeorganisation zwischen 90 und 150 n. Chr. und das 19. Kapitel den Konflikten mit der paganen Mehrheitsgesellschaft anhand der Kaiser Nero, Domitian, Trajan und Hadrian. Ein Rückblick und Ausblick (Kap. 20) beschließen den Hauptteil des Werkes, dem 18 sorgsam abwägende Exkurse folgen, die besondere Erwähnung verdienen. Unter Adjektiven wie »irreführend«, »widersprüchlich« oder »fraglich« werden hier Einzelprobleme und Kontroversen der frühen Christentumsgeschichte, z.B. bezüglich der Orte der Erscheinungen des Auferstandenen, der Gütergemeinschaft der Jerusalemer Urgemeinde oder dem Grab des Petrus historisch bzw. exegetisch solide erörtert, so dass deutlich wird, was jeweils vertretbar ist und was nicht.

Wer nach »vermeintlichen Enthüllungen, mediengerechten Sensationen oder plakativen Urteilen« sucht (18), wird dieses Buch enttäuscht aus der Hand legen. Wer aber nach einem seriösen, umfassend informierenden und flüssig geschriebenen Überblick zum Urchristentum Ausschau hält, hat mit dem durch Stellen-, Namen-, Orts- und Sachregister mustergültig erschlossenen Werk Kochs das zur Zeit beste deutsche Lehrbuch zu diesem Sujet gefunden. *Manfred Eder*

Pedro Barceló: Das Römische Reich im Religiösen Wandel der Spätantike. Kaiser und Bischöfe im Widerstreit. Regensburg: Pustet 2013. 224 S. m. Abb. ISBN 978-3-7917-2529-1. Geb. € 26,95.

Pedro Barcelós (B.) im Jahr 2013 erschienene Studie befasst sich mit einem ganz zentralen Bereich der altertumswissenschaftlichen Forschung zur Spätantike: dem Verhältnis von Kaisern und Bischöfen im Zusammenhang des religiösen Wandels des 4. bis 5. Jahrhunderts. Die Arbeit stößt in das Zentrum der Auseinandersetzung zwischen Antike und Christentum, zwischen griechisch-römischer und christlicher Religion sowie ihrer politischen Kontextuierung. B.s Perspektive auf die Entwicklung des Verhältnisses von Kirche und Staat ist dabei von einer grundlegenden These geprägt, der zufolge die Aszendenz der bischöflichen Macht mit einer zunehmenden Deszendenz des kaiserlichen Einflusses von Konstantin an einhergehe.

B. hat seine Studie folgendermaßen aufgebaut: Im Anschluss an eine Einleitung (13–16) geht der Vf. im ersten Kapitel auf das traditionelle römische Religionsverständnis (die Verehrung der »richtigen« Götter gilt als Garant der Staatswohlfahrt) und die Stellung der Christen in den ersten drei Jahrhunderten ein (19–37). Die Ausführungen bilden den Hintergrund, vor dem die Veränderungen des 4. Jahrhunderts eingeordnet und verstanden werden müssen. Mit dem zweiten Kapitel (39–51) hebt die weitgehend chronologisch angelegte Analyse einzelner Herrscher und ihres Verhältnisses zu Bischöfen und Synoden an. Die Konzilien zur Zeit Konstantins (u.a. Rom v. J. 313, Arles v. J. 314 und Nizäa v. J. 325) sind Gegenstand des dritten Kapitels (53–67); es folgt eine Darstellung der verwirrenden und in ihren jeweiligen Positionen oft schwer zu differenzierenden Synoden der 50er-Jahre des 4. Jahrhunderts (69–87). Nichtliterarische archäologische Quellen der Spätantike wertet B. im fünften Kapitel aus (89–99); besonders die Sakralkunst dient hier als Spiegel theologischer Entwicklungen. Es folgen Abschnitte über die kurze Episode der Herrschaft Julians (101–109), den (auch) christlichen Herrscherkult (111–127) und das Ringen um die Orthodoxie, in dem der Vf. auf die Entschiedenheit der Bischöfe in den Auseinandersetzungen mit den Herrschern abstellt (129–153). Die Kapitel neun und zehn thematisieren den Niedergang der kaiserlichen Macht im religiösen Bereich (155–169) und die christologischen Auseinandersetzungen bis zum Konzil von Chalkedon vom Jahre 451 (171–182). Ein Vor- (von Peter Brown) und Nachwort (von Manfred Clauss) flankieren das Werk (9–12. 183f.), das von einem Anmerkungsteil (185–203), einem Quellen- (204f.) und Literaturverzeichnis (206–217) sowie einem Namensregister (218f.) und einem Bildnachweis (220) beschlossen wird.

Das Verhältnis von Kaisern und Bischöfen, mithin die Beziehung zwischen Kirche und Staat in der Spätantike ist wiederholt Gegenstand der Forschung gewesen. Einzelne Episoden fanden dabei besondere Aufmerksamkeit (etwa das sog. erste ökumenische Konzil von Nizäa v. J. 325 und Kaiser Konstantin oder Ambrosius und Kaiser Theodosius). B.s Studie entwickelt ausgehend von älteren Erkenntnissen eine neue Zusammenschau der rund 150 Jahre vom ersten christlichen Kaiser bis Chalkedon, die von der oben genannten Grundthese eines Verlusts kaiserlichen Einflusses im religiösen Bereich und eines Anstiegs bischöflicher Macht geprägt ist.

Im Rahmen dieser notwendig knappen Rezension ist besonders die gelungene Darstellung der Vernetzung staatlicher und religiöser Kontroversen hervorzuheben, die oftmals zu einer Instrumentalisierung und Politisierung der Theologie führte. Zu Recht hebt B. beispielsweise hervor, dass Konstantins Interesse an der Schlichtung des arianischen Streits weniger theologischer, denn staatlicher Natur gewesen sei (60–63); und dem Vf. ist auch zuzustimmen, wenn er die Auseinandersetzungen um Athanasius als »innenpolitischen Streitfall zwischen konkurrierenden Reichsteilen« charakterisiert (73).

Die Fülle der spätantiken Entwicklungslinien bringt es mit sich, dass B. nicht alle Aspekte in gleichem Umfang behandeln kann. Aufgrund der Fokussierung auf das Verhältnis von Kaisern und Bischöfen bleibt die Studie weitgehend auf die provinzübergreifenden Synoden sowie die »großen«, bedeutenden Bischöfe begrenzt. Die zahlreicheren Provinzsynoden werden hingegen kaum berücksichtigt, deren Auswertung für die Frage aufschlussreich sein könnte, inwieweit die Kirche in der Breite theologische Kontroversen rezipierte und welche Veränderungen sich durch die neue staatliche Privilegierung bis auf die Ebene einzelner Gemeinden hinab einstellten. Für eine stärker sozialgeschichtliche Perspektive des religiösen Wandels der Spätantike könnten zudem Predigten von Interesse sein (etwa von Johannes Chrysostomus und Augustinus), die Einblicke in die pastorale Situation und die Neuerungen des 4. und 5. Jahrhunderts erlauben. B. hat hierzu durch die Berücksichtigung der christlichen Sakralkunst bereits einen ersten Ansatz geleistet (zum Verhältnis spätantiker Kunst und zeitgenössischer theologischer Diskurse auch J. Engemann, Deutung und Bedeutung frühchristlicher Bildwerke [Darmstadt 1997] 130–156). Hierüber könnten im Rückschluss neue Erkenntnisse über das Verhältnis von Kaiser und Bischöfen im Widerstreit gezogen werden.

Zusammenfassend lässt sich Folgendes festhalten: B.s Studie behandelt fokussiert und aufschlussreich den Wandel des Verhältnisses von Kaisern und Bischöfen zwischen Konstantin und dem Konzil von Chalkedon. In ihrer Zusammenschau der verschiedenen Ereignisse ist sie der überaus gelungene Versuch, über Details hinaus grundsätzliche Entwicklungslinien aufzuzeigen.

Christian Hornung

Walter Ameling (Hrsg.): Topographie des Jenseits. Studien zur Geschichte des Todes in Kaiserzeit und Spätantike (Altertumswissenschaftliches Kolloquium, Bd. 21). Stuttgart: Franz Steiner 2011. 193 S. m. Abb. ISBN 978-3-515-09882-3. Kartoniert. € 38,00.

Die Untersuchungen, die in diesem Sammelband zusammengefasst sind, machen sich eine Fülle von Zeugnissen verschiedener Auffassungen vom Jenseits zum Gegenstand: vor allem Schilderungen von Visionen bzw. Offenbarungen jüdisch-christlicher oder heidnischer Herkunft, Äußerungen von christlichen Theologen und Exegeten, sowie von nichtchristlichen Neuplatonikern dazu, ferner auch Sarkophagen- und andere Darstellungen. Den unterschiedlichen einzelnen Beiträgen ist die doppelte Intention gemeinsam, einerseits zwischen christlichen und heidnischen Traditionen zu vergleichen und Einflüsse in der einen oder anderen Richtung auszumachen und zu bewerten, andererseits die tiefe Veränderung deutlich zu machen, die im Lauf der ersten nachchristlichen Jahrhunderte bestimmte Jenseitsvorstellungen durchmachten.

Jan Bremmer zieht einen punktuellen Vergleich zwischen zahlreichen Höllenfahrten griechischer, jüdischer, römischer und frühchristlicher Provenienz, um festzustellen, dass zwischen zwei distinkten Traditionen zu unterscheiden ist, einer heidnisch-orphischen und einer jüdisch-enochschen. Jedoch seien beide Traditionen in den ersten nachchristlichen Jahrhunderten kreativ gemischt worden, so dass in den – vorwiegend christlichen – Höllenfahrts-Texten jener Zeit Elemente der einen Tradition zur Erklärung der jeweils anderen heranzuziehen sind.

Tobias Nicklas beschäftigt sich mit der Petrusoffenbarung und argumentiert gegen die in der Forschung vertretene These, dass die Schrift im direkten Zusammenhang einer Verfolgung der Christen Palästinas durch Bar Kochba entstanden sei. Er hält (mit J. Bremmer) eine Entstehung in Alexandrien für wahrscheinlicher; der konkrete Kontext sei eine Bedrohung der Christen durch eine bevorstehende Verfolgung, wobei der Märtyrer Petrus als Vorbild fungiert.

In seiner Studie zu den Jenseitsvorstellungen der griechischen Vita Adae et Evae widmet *Karl-Wilhelm Niebuhr* besondere Aufmerksamkeit der Position und Rolle von heidnischen Erzählelementen in dieser Schrift jüdischer Herkunft, die der frühjüdischen und der christlichen Frömmigkeit gleichermaßen entsprach. Darunter ist der Acherusische See, der sich allerdings nicht in der Unterwelt (wie etwa im platonischen Phaidon), sondern im Himmel befindet, am auffälligsten: Dennoch spielt dieser in der Vita Adae et Evae keine Rolle für das Geschick der Seelen nach dem Tod, während er in Phaidon der Ort der Entscheidung darüber ist. Aus einer Reihe solcher Bemerkungen heraus schließt *Niebuhr,* dass die biblisch-jüdische Überlieferung hier stets leitend bleibt, während heidnische Elemente Versatzstücke bleiben.

Walter Ameling betrachtet die Jenseitsvisionen von Märtyrern, wie sie in den erhaltenen frühchristlichen Märtyrerakten zu finden sind. Er vergleicht diese Visionen miteinander, sowie auch mit anderen frühchristlichen Jenseitsschilderungen aus unterschiedlichen Kontexten, und hebt einige distinkte gemeinsame Züge der Märtyrervisionen hervor: Die äußere Gestalt des Jenseits bzw. des Paradieses ist die eines Gartens, auch weitere Bezüge auf das Buch Genesis (wie die Schlange in der 4. Vision des Martyriums von Perpetua) fehlen nicht; die meisten Bildelemente des Paradieses sind ausschließlich christlichen Ursprungs, wie insbesondere die Eucharistie und die Begegnung mit Christus, während Gemeinsamkeiten mit heidnischen Jenseitsvorstellungen (wie »orphische« Rosen) am Rand der Visionen bleiben. Es fehle ferner an Bildern von einer Zwischensituation bzw. von Zwischenstationen und -orten zwischen individuellem Tod und allgemeiner Auferstehung (mit Ausnahme der Vision Perpetuas von ihrem verstorbenen Bruder). Der Raum der Vision wird ganz von der Sicherheit durchdrungen, »noch am Tage des Märtyrertodes mit Christus im Paradies zu sein.« So vermögen diese Visionen die Märtyrer vor dem Tod zu ermuntern.

Der neutestamentliche »Schoß Abrahams« und seine Auslegung durch die Kirchenväter ist das Thema des Beitrags von *Andreas Merkt.* Sein Durchgang durch die Väterliteratur zeigt, wie vielfältig die Deutung und Funktion dieses Bildes vom Schoß Abrahams war. Abraham steht einerseits für die Einheit zwischen dem Alten und dem Neuen Bund, aus dem allerdings das Judentum jetzt ausgeschlossen ist; andererseits steht Abraham für Gerechtigkeit im Jenseits, wie an der Rezeption der lukanischen Erzählung vom reichen Mann und armen Lazarus (LK 16, 19–31) ersichtlich wird. Der Schoß Abrahams an sich ist aber eine Ruhestätte, Ort der Sicherheit und der »liebevollen Geborgenheit« (Tertullian: wie die elysischen Felder!); er konnte sogar auch im Sinne einer eschatologischen Mahlgemeinschaft vorgestellt werden.

Dagmar Hofmann widmet ihren Beitrag der Frage, wo und wie das »refrigerium« der Verstorbenen in den literarischen Quellen sowie in Grabinschriften und Sarkophagendarstellungen lokalisiert wird. Sie zeigt, dass sich die Vorstellung vom refrigerium im 3. und 4. Jh. stark gewandelt hat: Die ursprüngliche Bedeutung des Labsales ist auf die Bedeutung eines Zwischenzustandes der Verstorbenen bis zur allgemeinen Auferstehung (mindestens bei Tertullian) übergegangen und in einem weiteren Schritt wurde der Begriff sogar mit dem endzeitlichen Heil assoziiert.

Joseph Verheyden stellt eine neue These über die rätselhafte Visio Dorothei auf, eine Schilderung einer mystischen Erfahrung sehr merkwürdigen Inhalts, die wohl in der zweiten Hälfte des 4. Jhs. in Oberägypten verfasst wurde. Verheyden macht besonders auf einige inhaltliche Merkwürdigkeiten im Text aufmerksam: Der Autor Dositheos etwa soll sich, jenseits der Welt, zum himmlischen Palast und Wohnort Gottes begeben haben, was er aber dort erfährt, ist nicht Seligkeit, sondern äußerst schmerzhafte Besserung seiner eigenen Laster (Respektlosigkeit, Hochmut, Feigheit) auf Geheiß Gottes. Die Schilderung seiner Bestrafung würde eher in eine Höllen- oder allenfalls Purgatoriums- als in eine Paradiesvision passen. Dadurch wird jedoch Dorotheos am Ende gänzlich verklärt. Diese Tilgung der Sünde durch schreckliche Strafen interpretiert Verheyden (anders als in der bisherigen Forschung) als Metapher für eine durchlebte und überwundene »existenzielle Krise«, in der der Autor sein ganzes bisheriges Leben, quasi im Albtraum, als Weg zur ewigen Strafe empfunden hat.

Meinolf Vielberg widmet dem Gedicht des Ausonius Cupido cruciatus und dessen Jenseitsvision von einer grausamen Peinigung des Amor durch Frauen, die in ihrem Leben unter ihm gelitten hatten, eine eingehende literarische Analyse und versucht, Ausonius' Virtuosität im Umgang mit den poetischen Techniken der Tradition, der er angehörte, aufzuzeigen, insbesondere in der dichterischen Umkleidung des Phantastischen, in der Schilderung eines Traumes, in der die Regeln der Logik aufgehoben werden.

Anja Heilmann behandelt die neuplatonischen Kommentare zum Phaidon-Mythos und dessen räumlicher Dreiteilung des Universums. Betont wird nach einem Durchgang durch die einschlägigen Exegesen von Proklos, Olympiodor und Simplikios der Beitrag des Damaskios, der in seinem Phaidon-Kommentar eine Entsprechung zwischen den drei »Regionen« der Erde einerseits und drei verschiedenen Existenzweisen bzw. Stufen des menschlichen Körpers andererseits – eine »Drei-Leiber-Lehre« nach Heilmann – postuliert: dem sichtbaren Körper, dem – ebenfalls vergänglichen und leidensfähigen – pneumatischen Leib und dem körperlosen, unvergänglichen, leidensunfähigen Leib, der den im Diesseits vollendeten Philosophen vorbehalten wird. Damit greift Damaskios über das Herkömmliche hinaus.

Rainer Thiel wendet sich schließlich dem Begriff des Todes im Neuplatonismus zu und versucht, den Unterschied zwischen zwei verschiedenen Bedeutungen des Wortes insbesondere im Phaidonkommentar Olympiodors hervorzuheben: Der natürliche Tod, der, von der freien Zustimmung des Menschen unabhängig, als Trennung des Körpers von der Seele eintritt, wird dort dem »Philosophentod« gegenübergestellt, der in der freiwilligen Loslösung der Seele des Philosophen vom Leben der (körperzentrierten) Leidenschaften, d. h. in der Askese, besteht.

Die originellen Stellungnahmen vieler Autoren zu Fachdebatten über die einzelnen Visionstexte werden von der weiteren Diskussion beurteilt werden. Insgesamt lässt sich hier sagen, dass der Leser sich aus den Beiträgen des vorliegenden Bandes ein facettenreiches, zugleich auch kohärentes Bild von der Entwicklung der Jenseitsvorstellungen im

Mittelmeerraum der Kaiserzeit und Spätantike machen kann. Aus den meisten vergleichenden Untersuchungen scheint dabei hervorzugehen, dass es hochinteressante Kontakte zwischen jüdisch-christlicher und heidnischer Tradition gegeben hat, auch wenn die gegenseitige Beeinflussung nicht den Kern der beiden Jenseitsanschauungen erreicht hat.

Nestor Kavvadas

Robert Born: Die Christianisierung der Städte der Provinz Scythia Minor. Ein Beitrag zum spätantiken Urbanismus auf dem Balkan (Spätantike – Frühes Christentum – Byzanz, Reihe B, Bd. 36). Wiesbaden: Reichert 2012. 261 S. mit Abb. ISBN 987-3-895-00782-8. Geb. € 58,00.

Die Provinz Scythia Minor liegt zum großen Teil auf dem Gebiet der Dobrudscha in Rumänien, ein kleiner Teil, die ehemalige Südgrenze, im heutigen Bulgarien. Obwohl sich diese Region durch eine Vielzahl an erhaltenen Denkmälern aus spätantiker und frühchristlicher Zeit auszeichnet, sind diese wenig bekannt und werden nur selten diskutiert, wohl nicht zuletzt deswegen, weil rumänisch eine nur selten beherrschte Sprache ist. Daher ist es sehr begrüßenswert, dass sich Robert Born in seiner Leipziger kunsthistorischen Dissertation dieser Region angenommen hat. Die Scythia Minor ist eine der ersten unter Diokletian geschaffenen Verwaltungseinheiten und war ursprünglich als Prototyp zur Erprobung der Reformen dieses Kaisers gedacht. Der zeitliche Rahmen umfasst somit die Tetrarchie und reicht bis an das Ende des 7. Jhs. Die Scythia Minor empfiehlt sich ferner als Studienobjekt, weil sie einerseits mit der gleichnamigen Kirchenprovinz identisch und andererseits seit dem 6. Jh. ein Drehpunkt des überregionalen Handels und ein ethnischer Schmelztiegel ist (13). Die Vielfalt der Funde, die im Kontext dieser Leipziger Dissertation nicht in extenso diskutiert werden können, laden zur weiteren Beschäftigung mit ihnen ein, zumal einiges noch nicht abschließend vorgelegt ist (wie das »Bischofsgrab« östlich der Apsis der Transeptbasilika in Histria [97f.]).

Die Probleme der Christianisierung werden anhand der Städte Tomis (Constanţa), Histria (Istros) und Tropaeum Traiani (Adamclisi) diskutiert. Erfahrungsgemäß sind die Anfänge des Christentums überall schwer zu fassen, hat doch die Präsenz von Christen nicht notwendig Reste in Form von Denkmälern oder auch von schriftlichen Quellen hinterlassen. Eine Gemme wie die angeblich in Constanţa gefundene mit einer Kreuzigungsdarstellung, deren Authentizität, anders als der Autor schreibt (26, Abb. 7), seit einigen Jahren gesichert ist und als akzeptiert gilt (s. J. Engemann, The Argument from Silence. Iconographic Statements of 1981 on Faked Gems Reconsidered, in: »Gems of Heaven«. Recent Research on Engraved Gemstones in Late Antiquity, c. AD 200–600, London 2011, 208f.), weist nicht zwingend auf die Glaubenszugehörigkeit desjenigen hin, der sie eines Tages verloren hat; gerade die Kreuzigung Jesu Christi begegnet auch auf den »magischen« Gemmen. Diese lassen eher auf einen nichtchristlichen Besitzer schließen, auch wenn ein an magischen Praktiken interessierter Christ ebenfalls eine solche Gemme mit sich führen konnte (J. Dresken-Weiland, Zur Entstehung der frühchristlichen Kunst, in: Das Münster 65, 2012, 249).

Auf sicherem Grund ist man deswegen mit den Kirchenbauten, die in allen drei Orten seit der zweiten Hälfte des 4. Jhs. nachgewiesen sind. Die Bautätigkeit verstärkt sich im Laufe der Zeit, denn aufgrund des Zuzugs der Bevölkerung vom Land in die Städte ist eine entsprechende Nachfrage vorhanden. Außerdem werden Kirchenbauten auch durch die Kaiser Anastasius und Justinian gefördert, so dass die Christianisierung der Scythia als »von oben« gesteuert bezeichnet werden kann (136), auch wenn sie eine auf breiter

Basis und in der gesamten Oikumene stattfindende Erscheinung war. Bemerkenswert ist, dass sich wohltätige Einrichtungen nicht sicher nachweisen lassen; der Autor spricht sicher zu Recht von einer Überlieferungslücke (136). Das Einsetzen von innerstädtischen Bestattungen lässt sich wie auch andernorts hier seit dem 5. Jh. beobachten. Dass der »Zusammenhang zwischen Reliquientranslationen und dem Einzug der Gräber in die Stadt« »eine zunehmende Abkehr vom Glauben an eine kollektive Auferstehung zugunsten eines Strebens nach individueller Erlösung« (137f.) widerspiegelt, wird man nicht unwidersprochen stehen lassen: Die Auferstehung am Jüngsten Tag wird theologisch für alle Menschen erwartet; die Nähe zu Reliquien und die Bestattung am geweihten Ort in der Nähe heiliger Körper können in der Vorstellungswelt der Christen dieser Zeit für das jenseitige Schicksal und bei der Auferstehung von Vorteil sein und waren deswegen überaus beliebt. Dies ist eine Entwicklung, die bereits im frühen 4. Jh. einsetzt und die gesamte Oikumene betrifft.

Die Unterschiede zwischen diesen drei Orten werden ebenfalls deutlich: Tomis, die ehemalige Hauptstadt, lebt vom Handel, so dass wohl in der ersten Hälfte des 4. Jhs. der große Mosaikbau-Komplex errichtet wird, der Lagerräume zur Verfügung stellt, auf der zweitobersten Ebene einen mit einem (in seiner Datierung umstrittenen) Mosaikboden versehenen, langgestreckten Saal, dessen Funktion unklar ist (42–44), der aber zu einem späteren Zeitpunkt wohl, wie der Einbau einer mit Marmorplatten verkleideten Tribüne in eine Längswand zeigt, für die Aufstellung einer Kaiserstatue und damit für den Kaiserkult genutzt worden sein könnte (44, Abb. 28). In Histria hat sich ein Komplex mit gehobenem Wohnkomfort erhalten, der durch Schleusen an den Zufahrtsstraßen die Zugänglichkeit beschränkte (103, 109) – ein Vorgänger der »gated communities«? In Tropaeum Traiani, einer »Stadtneugründung« des frühen 4. Jhs. (113), entstand aufgrund der wirtschaftlich schlechten Lage erst gar kein Villenviertel (134); dafür wurde das Stadtbild durch die Errichtung der Zisternenbasilika in der zweiten Hälfte des 4. Jhs. und der Marmorbasilika in der gleichen Zeit (121) bewusst gestaltet.

Insgesamt hat der Autor eine gelungene Studie zu einer wenig bekannten Provinz vorgelegt, die man gern wieder zur Hand nehmen wird.

Jutta Dresken-Weiland

4. Mittelalter

Volker Leppin: Geschichte des mittelalterlichen Christentums (Neue Theologische Grundrisse). Tübingen: Mohr Siebeck 2012. XV, 459 S. ISBN 978-3-16-150677-2. Kart. € 39,00.

So erstaunlich das auch klingt, ist eine umfassende, monographische Geschichte des mittelalterlichen Christentums in deutscher Sprache seit langem ein Desiderat, das mit dem hier anzuzeigenden Buch des Tübinger Theologen Volker Leppin bestens eingelöst wird. Es ist zugleich ein weiterer Markstein für die seit längerem einsetzende Öffnung der evangelischen Kirchengeschichte gegenüber dem Mittelalter, das inzwischen als »Teil der eigenen Geschichte« (so Leppin [10]) anerkannt ist. Die Bedeutung des Christentums im Mittelalter ist schließlich unabweisbar. Mit dieser Gesamtdarstellung erlebt die Thematik nun nicht nur einen Aufriss, sondern gleich einen Höhepunkt. Den Wandlungen des langen Zeitalters von 500 bis 1500 gerecht werdend, unterteilt Leppin sein Werk in fünf chronologisch gegliederte, unbeschadet der eigenen Forschungsschwerpunkte recht gleichmäßig aufgeteilte Kapitel und in insgesamt 20 durchgezählte Paragraphen, die jeweils wiederum einzelne Aspekte beleuchten. Insgesamt bleibt eigentlich nichts, das man vermissen könnte, wenn man die – schon aus Kompetenzgründen notwendige – Beschränkung auf die lateinische Christenheit akzeptiert.

Kapitel 1 über die Genese der christlichen Gesellschaft des lateinischen Mittelalters (ca. 500–750) stellt zunächst die neue Geographie vor und verknüpft das mit der neuen Religionslandschaft (§ 1). Unter der Überschrift »Gestalten des Mittelalters« (§ 2) werden vor allem die allmähliche Durchsetzung des katholischen Christentums, samt seinen »Varianten« etwa auf den Britischen Inseln, sowie die Missionsbemühungen vorgestellt. Mit den »christlichen Sozialformen« (§ 3) werden Eigenkirchen, Kirchenhierarchie und frühes Klosterwesen behandelt, während mit dem »neuen christlichen Zeichensystem« (§ 4) die »kulturelle Transformation« veranschaulicht wird, die, völlig richtig, weder als »Germanisierung« noch als »Synkretismus«, sondern als »kulturelle Überlagerung« zu verstehen ist. Der Abschnitt über »Individuum und Gesellschaft« informiert sowohl über die Neustrukturierung der Zeit (mit Festtagen und sonntäglicher Messe) als auch über Priestertum, Patenschaft, Bußwesen und Begräbnissitten. Gewandelt erscheinen auch die Christusbilder – Christus wird zum irdischen Helfer – und die Verehrung der (fürbittenden) Heiligen. Dass die Eschatologie zeitlich und räumlich parallel verläuft (99), erklärt sich wohl treffender mit der ›Parallelität‹ von (zeitloser) Ewigkeit und irdischer Zeit (mit dem Heiligen als Mittler). Insgesamt zeigt sich der Wandel von der Antike zum Mittelalter damit nicht zuletzt in der Entwicklung des Christentums.

Kapitel 2 begreift die Zeit von 750 bis 1050 als »Verfestigung christlicher Lebensformen zwischen Diesseits und Jenseits« und beginnt mit dem »neuen Machtgeflecht« (§ 5) der Karolingerherrschaft mit ihrer Papstbindung und der Neubegründung des Kaisertums wie auch der »Selbstkonstitution des Westens« durch Abgrenzung von Byzanz ebenso wie gegenüber dem spanischen Adoptionismus auf der Frankfurter Synode von 794. »Die christliche Entwicklung des Westens« (§ 6) legt den Akzent auf die christliche und kirchliche Durchdringung der Gesellschaft (Pfarreistruktur, Zehnt), die staatlichen Anordnungen und Bemühungen (Hofschule und »karolingische Renaissance«), aber auch auf die theologischen Debatten (Abendmahls- und Prädestinationsstreit), auf die Klosterreform Benedikts von Aniane und die Frömmigkeitspraxis mit Fürbitten, Reliquienkult und Stiftungen. Die »Verschiebungen in der christlichen Landkarte Europas« (§ 7) umfassen Wandlungen und Einfluss der Kirche in den christlichen Gebieten West-, Mittel- und Südeuropas und die Ausbreitung des Christentums im Norden und Osten. Die Intensivierung des monastischen Lebens (§ 8) informiert gut über die verschiedenen Klosterreformen, während die Einbindung der Klöster in die Gesellschaft etwas zu kurz kommt. Im Gegensatz dazu wird mit dem »Leib Christi und seine(n) beiden diesseitige(n) Körper(n)« (§ 9) das Zusammenwirken von Papsttum / Kirche und Königen intensiv in seiner Entwicklung behandelt, bis hin zur »Vision eines europäischen Gesamtreichs« unter Otto III. Ob das tatsächlich mit einer massiven Endzeiterwartung zusammenhängt, sei dahingestellt.

Im Zentrum des dritten Kapitels über das Hochmittelalter (»Christliche Einheit und ihre Strittigkeit, ca. 1050–1215«) stehen Kirchenreform, Reformpäpste und »Grenzziehungen zwischen weltlicher und geistlicher Sphäre« (§ 10) im Kontext des sog. Investiturstreits. Das Ergebnis ist eine »päpstliche Oberhoheit über die Welt« (§ 12), die mit Innozenz III. ihren Höhepunkt erreicht. Dazwischen aber werden mit den »Kulturelle(n) Zentren« (§ 11) zu Recht sehr ausführlich die mit dem Aufkommen der Städte einhergehenden geistigen Leistungen der Kathedralschulen Frankreichs (Frühscholastik) sowie die klösterliche Bildung und die neuen Orden, vor allem Zisterzienser und Prämonstratenser, besprochen, wird völlig richtig aber auch Leclercqs Trennung zwischen »Scholastik« und

»Monastik« relativiert. Abschließend werden noch klerikale und laikale Kulturen vorgeführt, wobei man bei Frömmigkeitsformen wie Magie, Reliquien, Bilderverehrung oder Wallfahrt allerdings eine weniger strenge Trennlinie ziehen könnte. Hier gibt es sicherlich unterschiedliche Ausdrucksformen, doch ist das alles grundsätzlich auch Bestandteil der »klerikalen« Kultur, von der sie zumeist ausgehen oder in die sie jedenfalls längst integriert sind. Sehr schön ist aber dargelegt, dass es sich nun um eine (stärker) »kontrollierte Frömmigkeit« handelt, für die treffend mehrfach Quellenausschnitte des 4. Lateranums angeführt werden.

Kapitel 4 (»Reale Kirche und ideale Kirche«) über die Zeit von 1200 bis 1325 stellt vor allem die Spannungen dieses Zeitalters heraus, die nicht nur von außen bewirkt sind, sondern sich nicht zuletzt aus inneren Reformbewegungen ergeben: Die Armutsfrömmigkeit führt nicht zuletzt zu den neuen ›Bettelorden‹ der Franziskaner und Dominikaner, strahlt aber auch ins Laientum aus (Elisabeth von Thüringen, Mystik, Beginen). Dem Anspruch des Papsttums auf eine ganz auf den Papst zugeschnittene Kirche in der Bulle ›Unam sanctam‹ Bonifaz' VIII. steht die reale Abhängigkeit vom französischen König gegenüber. In der Wissensvermittlung wirkt sich jetzt die Entstehung der Universitäten ebenso aus wie die Aristotelesrezeption, die schon bald aber auch in eine Aristoteleskritik einmündet, die vielfach nur die (alte) Logik ungeschoren lässt.

Das letzte Kapitel (»Polaritäten im späten Mittelalter«) fokussiert in den beiden letzten Jahrhunderten des Mittelalters solche Gegensätze: das Papstschisma und den Streit um den Einfluss der Konzilien, die frühreformatorische Neuorientierung der Theologie (mit Wyclif und Hus). Frömmigkeitskulturen stehen »zwischen Veräußerlichung und Verinnerlichung«, »zwischen Diesseits und Jenseits«: einerseits »Quantifizierung« (mit Ablass und Heiligenspezialisierung auf bestimmte Wunderheilungen), andererseits Mystik und Andacht, Reformorden, universitäre Wissenschaft und humanistische Wissenskultur. Die »Sozialgestalt der Kirche« steht »zwischen klerikaler Leitung und Partizipation der Laien«, die, mit traditioneller Weiterentwicklung (etwa die zahlreichen gestifteten Seitenkapellen der Kirchen), zugleich – und hier kommt wieder der evangelische Theologe zu Wort – in die Reformationsära überleitet, die aber auf zahlreiche Vorformen zurückgreifen kann und damit noch einmal die Bedeutung des Mittelalters auch aus dieser Perspektive herausstellt.

Das Buch bietet ein reiches Repertoire über alle Aspekte des katholisch-abendländischen Christentums im Mittelalter. Die chronologische Ordnung und die historische Einordnung bewirken eine gelungene »Historisierung« des Themas, auch wenn die Einzelaspekte (beispielsweise die Entwicklung des Mönchtums oder des Reliquienkultes) dadurch zwangsläufig auseinandergerissen werden und es nicht leicht sein dürfte, alle Erwähnungen zu einem bestimmten Aspekt aufzufinden. Ein Sachregister wäre hier hilfreich gewesen und wird durch die Marginalbegriffe zum Text nicht wirklich ersetzt, zumal sie optisch nicht zwischen Ober- und Unterbegriffen unterscheiden. Das Werk ist dadurch, trotz seiner hervorragenden Einzelinformationen, eher zur (sehr empfehlenswerten) Lektüre als zum Nachschlagen geeignet.

Leppin ist insgesamt gewissermaßen die Zirkulatur des Quadrats gelungen, indem er nicht nur einen soliden Gesamtüberblick über die Geschichte des mittelalterlichen Christentums vorlegt, sondern die strukturelle Besprechung der Einzelaspekte durchweg mit anschaulichen Beispielen zu einzelnen Phänomenen und Personen sowie mit kurzen Quellenausschnitten unterfüttert. Das Ergebnis ist ein Überblickswerk, das kaum Wünsche offen lässt. Die Zahl der Aspekte, bei denen von geschichtswissenschaftlicher Seite her eventuell etwas mehr Differenzierung eingefordert werden könnte, hält sich in engen Grenzen. Lediglich gegenüber dem Eigenkirchenwesen wäre nach jüngeren Forschungen vielleicht etwas mehr Vorsicht angebracht gewesen, und die ›Friedelehe‹ ist zuletzt sehr unter Beschuss geraten. Man wird wohl auch darüber streiten können, ob jüngste, sehr angreifbare Thesen über den Canossagang Heinrichs IV. die ihnen hier entgegengebrachte Aufmerksamkeit verdienen, doch macht es gerade den Wert des Buches aus, dass Leppin nicht nur darlegt, sondern durchweg auch – mit dem neuen Forschungsstand – problematisiert (die Darlegungen über Chlodwigs Taufe zum Beispiel gehören zu dem Besten, was darüber geschrieben worden ist). Die Leser werden dadurch nicht nur trefflich über die Vielzahl der verschiedenen Aspekte und ihren durchweg berücksichtigten historischen Hintergrund, sondern auch über Forschungsdebatten und inhärente Probleme informiert. Gerade der Versuch, alle Aspekte samt ihren Hintergründen zu berücksichtigen, zeigt, wie wenig die Geschichte des mittelalterlichen Christentums von der Geschichte des abendländischen Mittelalters schlechthin zu trennen ist, das hier treffend in seinen Eigenarten vorgestellt wird. Vielleicht mag mancher Leser die großen Linien und Thesen vermissen, aber gerade die konkreten, detaillierten Beschreibungen werden das Buch noch langfristig benutzbar machen. Man kann Volker Leppin zu diesem Meisterwerk nur gratulieren. *Hans-Werner Goetz*

Carmen Cardelle de Hartmann, Susanne Uhl (Hrsg.): Heilige Bücher (Das Mittelalter. Perspektiven mediävistischer Forschung. Zeitschrift des Mediävistenverbandes, Bd. 18, Heft 1). Berlin: Akademie Verlag 2013. 176 S. m. Abb. ISSN 0949-0345. Kart. € 27,00.

Sechs von vierzehn Vorträgen, die im Rahmen der interdisziplinären Ringvorlesung »Heilige Bücher im Mittelalter« im Herbstsemester 2011 an der Universität Zürich gehalten wurden, findet man in dem hier anzuzeigenden Heft der Zeitschrift des Mediävistenverbandes in Aufsatzform abgedruckt. Ein weiterer Beitrag wurde nachträglich aufgenommen. Diesen sieben Aufsätzen geht eine Einleitung voraus, die bestrebt ist, den Inhalt des Sammelbandes zwecks Ausweis innerer Kohärenz bestimmten thematischen Schwerpunkten zuzuordnen und die Zuordnungen zu begründen. Dabei werden auch jene Vorträge berücksichtigt, die andernorts publiziert wurden bzw. publiziert werden sollen. Dies hat zumindest beim ersten Schwerpunkt (»Textfixierung und Textproduktion«) zur Folge, dass die in der Einleitung gebotenen Erläuterungen zur Phänomenologie des heiligen Buches (etwa zu der von Autorisierungs- und Auratisierungsnarrativen begleiteten Arbeit am heiligen Text) insofern in die Leere führen, als sie von den beiden zugehörigen Beiträgen des Heftes – sie stammen vom Theologen Jörg Frey und der Orientalistin Renate Würsch – nicht eingeholt werden. Auch die Fragen, die die Aufsätze von Frey und Würsch einführen, scheinen sich eher auf den Vortrag von Peter Stotz zu beziehen, der, wie in Anm. 3 mitgeteilt wird, in erweiterter Fassung separat erschienen ist.

Die ersten beiden Aufsätze widmen sich heiligen Schriften im engeren Sinn (Tanach, Bibel, Koran) und bieten Einblicke in deren Kanonisierung und Rezeption. Bei der Lektüre des Beitrags von Jörg Frey fällt vor allem auf, wie reserviert sich der Autor im Zusammenhang seiner Betrachtungen zur »Herausbildung des biblischen Kanons im antiken Judentum und im frühen Christentum« (Aufsatztitel) gerade gegenüber der Kategorie der medial vermittelten Heiligkeit verhält. Statt diese zu ergründen, fokussiert Frey den an Lehrinhalten (und nicht an den Kategorien Inspiration, Aura oder Sakralität!) gebundenen Prozess der Kanonbildung und betont mit Hinweis auf die Textfunde von Qumran, dass die Frage, was in einer bestimmten Gemeinde des antiken Judentums (und auch des frühen Christentums) als kanonisch galt, von kontingenten Faktoren abhing, und dass die Kanonizität einer Schrift die Fixiertheit des Wortlauts und des Textbestands keineswegs impliziert. Vielmehr gilt: »Bis zu einem gewissen Grad konnte man in Qumran (und nicht nur dort) auch noch an den ›heiligen Büchern‹ arbeiten« (16). Das heißt, von heiligen Büchern im Sinne der in der Einleitung (3f.) gebotenen Definition (»konstitutive und normative Grundlagen einer Religion«, die »absolute Gültigkeit und höchste Autorität« beanspruchen und dies »ebenso mit Blick auf ihre Materialität wie auf ihren Inhalt und genauen Wortlaut«) kann zu diesem Zeitpunkt in Bezug auf das, was später einmal Bibel heißen wird, noch nicht die Rede sein (wobei freilich zu beachten ist, dass die absolute Invarianz des Wortlauts selbst bei der Vulgata eher ein anzustrebendes Ideal als die Wirklichkeit war [vgl. Cornelia Linde, How to Correct the Sacra Scriptura? Textual Criticism of the Latin Bible between the Twelfth and Fifteenth Century, Oxford 2012]). Die Kontingenz der Kanonbildung dürfte der Grund dafür sein, dass Frey Attribute wie ›heilig‹ und ›inspiriert‹ im Zusammenhang der später als solche geltenden alt- und neutestamentlichen Bücher / Schriften nur in Anführungsstrichen gebraucht (16f.) – sofern er sie überhaupt gebraucht, denn der Aspekt der Heiligkeit / Inspiration stellt keinen thematischen Fluchtpunkt des Beitrags von Frey dar. Das erkennt man auch daran, dass er einen an sich durchaus erklärungsbedürftigen Ausspruch aus der Mischna, wonach Schriften, die »die Hände verunreinigen«, »heilig« seien, jene aber profan, die »die Hände nicht verunreinigen«, lediglich referiert, aber nicht kommentiert (14). Was Frey interessiert, sind nicht die narrativen Strategien oder gar die kulturellen Praktiken, mit denen für bestimmte Schriften / Bücher Gültigkeit oder gar Aura reklamiert wird. Vielmehr beschäftigt ihn der Prozess, wie sich bestimmte Schriften durchgesetzt, das heißt, kanonische Gültigkeit erlangt haben. Dass es sich dabei um einen Prozess handelt, der nicht auf die Konstituierung eines bestimmten Kanons hinausläuft, also teleologisch ausgerichtet ist, und auch nicht an bestimmten Punkten der Geschichte durch offizielle Verlautbarungen und / oder kirchliche Instanzen entschieden wird, sondern von vielen Zufälligkeiten abhängt, macht Frey in aller Deutlichkeit klar.

Der Koran und seine Rezeption stehen im Mittelpunkt des Beitrags von Renate Würsch. Nach einer Einführung in die formalen und inhaltlichen Gegebenheiten des Korans widmet sich Würsch unterschiedlichen Aspekten der Textgeschichte und der (innerislamischen) Rezeption. Als Fachfremder ist man für die Fülle an dargebotenen Informationen dankbar. Freilich hätte man sich gerade als Leser des vorliegenden Heftes gewünscht, mehr über den vom Koran erhobenen Anspruch auf Verbalinspiration bzw. den Umgang der Gläubigen mit diesem (auch und vor allem im Bereich der Textkritik) zu erfahren und dies vor allem wegen der in der Einleitung mit generalisierendem Anspruch skizzierten Bedeutung von Autorisierungs- und Auratisierungsnarrativen bei der Etablierung von heiligen Büchern. Desgleichen wäre im Hinblick auf das Leitthema des Heftes interessant gewesen, die auch im christlichen Bereich bekannte Idee des präexistenten Buches, des göttlichen Exemplars, ausführlicher zu behandeln, gilt doch der Koran nach islamischem Verständnis als Abschrift der himmlischen Urschrift, die diese einzig unverfälscht »repräsentiert« (37) und so alle vorangehenden Offenbarungsschriften der Juden und Christen, denen die gleiche Herkunft konzediert wird, in den Schatten stellt. Würsch spricht von Repräsentation, doch stellt sich angesichts des von der Autorin in einem anderen Zusammenhang angesprochenen Dogmas von der Ungeschaffenheit des Korans (40) die Frage, ob der Koran die himmlische Urschrift wirklich nur repräsentiert, ob ihm also nur die Funktion des Abbilds zukommt. Diese Frage drängt sich umso mehr auf, als abgesehen vom Eröffnungsgebet (Fatiha), »das von den Gläubigen an Gott gerichtet wird«, im Koran sonst »immer Gott der Redende« ist (29). Der Gedanke, dass eine solche Sprechhaltung das Verhältnis der Rezipienten zum Wortlaut affiziert, liegt nahe. Das Phänomen lässt sich auch im christlichen Kontext, allen voran im Bereich der spätmittelalterlichen mystischen Literatur beobachten, für die ebenfalls ein »Sprechen vom Anderen her« (Burkhard Hasebrink) als Verfahren der Geltungsbehauptung und – damit zusammenhängend – ein rezipientenseitiges Interesse am originalen (weil als inspiriert geltenden) Wortlaut charakteristisch ist (für Textbeispiele siehe Balázs J. Nemes, Von der Schrift zum Buch – vom Ich zum Autor. Zur Text- und Autorkonstitution in Überlieferung und Rezeption des ›Fließenden Lichts der Gottheit‹ Mechthilds von Magdeburg, Tübingen 2010, 362–379). Vor diesem Hintergrund überrascht es wenig, auf das dem Denken in archetypischen Kategorien verpflichtete Konzept des präexistenten Buches, des göttlichen Exemplars, nicht nur beim Koran, sondern auch und gerade in den Texten der christlichen Mystik zu stoßen. Als Belege seien neben den von Katrin Graf, Bildnisse schreibender Frauen im Mittelalter. 9. bis Anfang 13. Jahrhundert, Basel 2002, 170–177 aufgeführten Textbeispielen Elisabeth von Schönau und Mechthild von Magdeburg genannt (vgl. Elisabeth von Schönau, Werke. Eingeleitet, kommentiert und übersetzt von Peter Dinzelbacher, Paderborn 2006, 108, Kap. 6 und Mechthild von Magdeburg, Das fließende Licht der Gottheit, hg. v. Gisela Vollmann-Profe, Frankfurt a. M. 2003, 136,12–15, Buch II, Kap. 26).

Liest man die Ausführungen von Würsch über die spezifische Textualität des Korans vor dem Hintergrund des Beitrags von Frey, so macht man folgende Beobachtung: Anders als in den von Frey beschriebenen jüdisch-(früh)christlichen Kontexten scheint die Wahrheit der Schrift im islamischen Bereich stärker am Wortlaut gebunden zu sein, was auch die von Würsch auf S. 34 angedeutete innerislamische Diskussion um den wahren Korantext zeigt, deren Auslöser die von den Schiiten behauptete sunnitische Koranfälschung war. Dass dem Wortlaut im Islam eine solch bedeutende Rolle zukommt, hängt wiederum damit zusammen, dass die Kanonbildung hier schneller und vor allem anders ablief als in den von Frey behandelten monotheistischen Nachbarreligionen: Die Kodifizierung erfolgt nur wenige Jahrzehnte nach dem Tod des Propheten und führt unter der Regie einer dafür einberufenen Kommission zur Herstellung des verbindlichen Textes in Form eines mustergültigen Exemplars, das seinerseits zum Ausgangspunkt von weiteren Abschriften wird. Konkurrierende (ältere) Textfassungen werden nicht geduldet und sollen vernichtet werden, »was sich allerdings erst während eines länger dauernden Prozesses vollzog« (34). Jene Phänomene, die nach der Etablierung des autoritativen (arabischen) Korantextes im Bereich der Kommentierung und Übersetzung beobachtet werden können (37f.), ließen sich durch Beispiele auch im Umgang der Christen mit ihrer heiligen Schrift, der Bibel, belegen. Nicht vergleichbar ist dagegen jene im 10. Jahrhundert aufgekommene Ansicht, die den Koran zu einem unnachahmbaren sprachlich-literarischen Kunstwerk erklärt. Diese Apostrophierung darf nicht dazu verleiten, betont Würsch, den Koran mit Poesie zu verwechseln, denn sein Verhältnis zur zeitgenössischen arabischen Dichtung ist durchaus abweisend und zeichnet sich durch »negative Intertextualität« (Thomas Bauer) aus: »Sie besteht darin, dass gewisse für die Dichtung typische grammatische, rhetorische und ästhetische Phänomene im Koran bewusst vermieden werden« (44). Auch wenn die Bibel nichts Vergleichbares bietet, kann der interpretatorische Umgang mit ihr trotzdem dazu führen, dass sich ein ähnliches Spannungsverhältnis zwischen der heiligen Schrift der Christen und der darauf aufbauenden Dichtung auftut. Diesem Thema ist der Beitrag der Germanistin Aleksandra Prica (»Toter Buchstabe – lebendiger Geist. Bibelauslegung als Lektüreereignis«) gewidmet. Er steht am Beginn eines neuen thematischen Abschnitts, den die Herausgeberinnen des Mittelalter-Heftes »Heilige Bücher« mit folgender Überschrift versehen haben: »Formen der Rezeption heiliger Bücher: Der ›Sitz im Leben‹«.

Standen die heiligen Schriften im engeren Sinne im Fokus der ersten beiden Beiträge, so konzentrieren sich die folgenden vier auf den Umgang mit und die Übertragung von ihnen »in andere Kontexte und Vermittlungsformen« (3). Besonders interessant und einschlägig in Bezug auf das Leitthema des hier besprochenen Sammelbandes scheint mir der oben genannte Beitrag von Prica und jener der Musikhistorikerin Therese Bruggisser-Lanker über den »Mythos Gregor und die Grundlegung der *musica sacra* im heiligen Buch« zu sein. Während sich die Untersuchungsgegenstände dieser Aufsätze mit bestimmten Charakteristika der heiligen Schriften/Bücher (in diesem Fall der Bibel) in Beziehung setzen lassen, sind solche Bezüge bei den beiden anderen nicht so evident. Dies gilt zum einen für die von Thomas Flum in bewährter kunsthistorischer Manier untersuchten Titelbilder der französischsprachigen »Bible historiale«, die konzeptionell »zwischen Standardisierung und Personalisierung« (Untertitel) verortet werden: Die auf Bildinhalte und -programme, Vorlagen und Auftraggeber konzentrierten Ausführungen von Flum zu diesen Bildern haben wenig mit dem Leitthema des vorliegenden Heftes zu tun und dies, obwohl über den im Untertitel eingeführten Begriff der Personalisierung – er wird im Verlauf des Beitrags nicht mehr aufgegriffen und scheint die Tatsache zu bezeichnen, dass sich einige Illustrationen »ikonographisch und malerisch von dem erreichten Standard abhoben und individuelle Akzente setzten« (84) – gegebenenfalls Bezüge zu Phänomenen der Textaneignung hätten hergestellt werden können, die Prica in ihrem Beitrag beschreibt (dazu weiter unten). Dass der Beitrag im hier besprochenen Band erscheint, hängt wohl vor allem damit zusammen, dass die untersuchten Bilder der französischen Übertragung der »Historia Scholastica«, einer kommentierenden Paraphrase der historischen Bücher der Bibel, gelten, die im Laufe ihres Gebrauchs vollständigkeitshalber mit der Übersetzung anderer biblischer Bücher ergänzt und so in ihrem Textbestand der Vulgata angenähert wurde. Dies allein reicht für Flum, um die »Bible historiale« zu einem heiligen Buch zu erklären (vgl. 67 und v. a. 84).

Der andere Beitrag, der über argumentative Umwege in das vorliegende Heft Eingang gefunden hat, ist jener von Jürg Glauser. Er handelt laut Untertitel von der »Implosion mythischen Erzählens in der ›Prosa-Edda‹«, dem »Hauptwerk zur Mythographie und Poetik des skandinavischen Mittelalters« (107). Was die in der »Prosa-Edda« versammelten Texte zu »unheiligen Büchern« (so der erste Teil des Aufsatztitels) werden ließ, erschließt sich dem Leser erst gegen Ende des Aufsatzes. Hier wird die Ansicht esoterischer Kreise referiert, »›Die Edda‹ sei ein heiliges Buch, womöglich ›Das heilige Buch der Germanen‹ schlechthin und geradezu eine ›Heidnische Bibel‹ gewesen« (120). »Dies war mit Sicherheit nicht der Fall«, stellt Glauser fest und fügt hinzu: »Ganz im Gegenteil: Zumindest die ›Prosa-Edda‹ entstand in ihren zentralen Teilen in einem kreativen Prozess des Mythen-*rewriting*, den man im vorliegenden Zusammenhang am besten als Entheiligung bezeichnen könnte« (120f.). Ob diese Etikettierung zutreffend ist, scheint mir fraglich. Besser wäre gewesen, von Entmythifizierung zu sprechen, zumal sich an einer Textstelle gegen Ende der »Gylfaginning« (›Täuschung des Gylfi‹) zeigen lässt, wie mythisches Erzählen »dort implodieren kann, wo die mythische Realitätsebene aufgebrochen wird« (120). Dass diese Ebene in der von Glauser untersuchten Handschrift, die als einzige unter den mittelalterlichen »Prosa-Edda«-Handschriften »eine beträchtliche Anzahl von Zeichnungen aus mittelalterlicher und nachmittelalterlicher Zeit aufweist« (109), einer systematischen Erosion unterworfen ist, zeigen auch die christlichen und historisierenden Rahmentexte und -bilder, in die jene Textpartien eingespannt sind, die einen Bezug zur autochthonen nordischen Mythologie aufweisen: Die Funktion dieser Rahmentexte besteht darin, stellt Glauser selbst fest (vgl. S. 115f.), Distanz gegenüber der Mythographie zu schaffen. Allem Anschein nach gilt die ›Arbeit am Text‹ in dieser Handschrift nicht dem Konzept der Heiligkeit, sondern dem Mythos. An dieser Stelle möchte ich nicht nur die in der Handschrift anzutreffende Arbeit am Text sondern auch Glausers Arbeit mit dem Text und vor allem der Handschrift hervorheben, denn sie ist durch ihren Anschluss an die (inzwischen in Material Philology umgetaufte) New Philology, durch das Einbinden materialphilologischer Detailarbeit in übergreifende Fragestellungen (etwa der Editionsphilologie, der Poetologie oder der Mythoskritik) methodologisch wegweisend und greift aktuelle Tendenzen auf, die sich auch in anderen Mittelalterphilologien beobachten lassen. Ich erlaube mir in diesem Zusammenhang, auf einen eigenen Aufsatz hinzuweisen, der in seinem methodologischen Teil einen bibliographisch fundierten Überblick über aktuelle Tendenzen im Umgang mit der mittelalterlichen Handschrift speziell in der germanistischen Mediävistik bietet, vgl. Re-Skript und Re-Text – Wertlos und entstellt? Oder: Über die guten Seiten einer ›schlechten‹ Eckhart-Handschrift (Ein Fundbericht), in: Zeitschrift für deutsche Philologie 131 (2012) 73–102 (zur Aktualität des materialphilologischen Paradigmas in den Mittelalterphilologien siehe demnächst auch das von Markus Stock (Toronto) mitherausgegebene Sonderheft von »Florilegium« zum Thema »Rethinking Philology: 25 Years after the New Philology«).

Glauser begreift die eruierte Implosion mythischen Erzählens als Möglichkeit, »dass aus der Verbindlichkeit des Mythos die Potentialität der Fiktion wird« (120). Solche »Absetzungsbewegung[en] weg vom ›Glauben‹ und die Annäherung an die ›Literatur‹« (ebd.) beschäftigen auch Aleksandra Prica in ihrem Beitrag, dessen Titel in Anlehnung an Nietzsche auch »Die Geburt der Dichtung aus dem Geist der Bibellektüre« heißen könnte. An Fallbeispielen paradigmatischen Charakters werden Formen der Bibellektüre erarbeitet, in denen der Lesevorgang »als Schlüssel für eine Vermittlung von Buchstabe und Geist fungiert« (51). Was Prica interessiert, ist die Frage, »ob und, wenn ja, inwiefern die an die Lektüre der Bibel gekoppelte Auslegung dem im Umfeld des *kanonischen* Textverständnisses *verbindlichen* Buchstaben immer wieder gerecht zu werden vermag und ihn zugleich stets von Neuem überwindet« (52, Hervorhebungen im Original). Das Lesen der Bibel und das Lesen von Lektüren der Bibel werden als eine Kippfigur begriffen, in der sich der Umschlag der Lektüre ins Poetische besonders gut beobachten lässt. Diesen »an ein Unerwartetes, Sich-Einstellendes oder Innovatives geknüpfte[n] und historisch gesehen alles andere als unproblematische[n]« Aspekt der Lektüre begreift Prica als »Lektüreereignis« (ebd.). Vor diesem Hintergrund wird »Bibelauslegung als Lektüreereignis lesbar, in dem Hergebrachtes und Neues, Kontinuität und Diskontinuität, Buchstabe und Geist zusammentreten und eine Auslegungsdynamik sich nur unter der Bedingung dieses Verhältnisses entfaltet« (ebd.). Dies macht Prica an drei Beispielen deutlich: an Augustinus' »Confessiones«, die für das Eindringen des »poetische[n] Moment[s] der individuellen Aneignung und damit der Abweichung und der Umschrift« in die Exegese der Bibel stehen; an der Lektüreanleitung in Hugos von St. Viktor »Didascalion de studio legendi«, die an die Imagination des Lesers appelliert, ohne diese aus der Bindung durch den Buchstaben zu entlassen; und der »Vita Christi« Ludolfs von Sachsen, in der das Imaginierte wieder zum Buchstaben wird und zwar mit der Folge, dass sich die Grenzen zwischen Dichtung und Bibel bis zur Unkenntlichkeit verwischen (nebenbei bemerkt: der Anspruch, es handle sich »um den Bibeltext bzw. um die getreue Wiedergabe der Heilsereignisse" [59], ist nicht nur für Ludolfs »Vita«, sondern auch für die Historienbibeln charakteristisch, vgl. Ute von Bloh, Die illustrierten Historienbibeln. Text und Bild in Prolog und Schöpfungsgeschichte der deutschsprachigen Historienbibeln des Spätmittelalters, Bern 1993, 22). Diese Beispiele dienen Prica dazu, den Vorgang der Bibellektüre anhand der Kategorien der Notwendigkeit und des Risikos zu beschreiben: »Notwendig ist die Lektüre, insofern sie Interpretation und Aktualisierung ermöglicht, risikoreich ist das Lesen der Bibel gerade aufgrund dieser Notwendigkeit, insofern es potentiell stets eine Gefährdung der Kanonizität durch Veränderung oder Ergänzung nach sich ziehen kann« (54). Dass diese Ambiguität in die Bibellektüre von Anfang an eingeschrieben ist, verdeutlicht Prica auch anhand der Kreuzigungsszene aus dem Johannesevangelium: Sie soll in Kenntnis und in bewusster Auseinandersetzung mit den entsprechenden Berichten der kanonischen Evangelien gestaltet worden sein. Ob dies zutrifft, werden Bibelwissenschaftler besser beurteilen können als der Rezensent. Jedenfalls lassen einzelne Formulierungen im Beitrag von Frey (vgl. 20f.) darauf schließen, dass es keine letzte Gewissheit in dieser Frage geben kann.

Momente des Poetischen »ereignen sich dort, wo eine bekannte Geschichte neu gelesen und schließlich – als Folge dieser Relektüre – neu erzählt bzw. beredet und immer weiter fortgeschrieben wird«, heißt es bei Prica (52). Diese Feststellung findet ihre Bestätigung nicht nur bei den Bibellektüren, sondern auch bei der karolingischen Rezeption des *cantus romanus*: Die Musikologin Therese Bruggisser-Lanker weist in ihrem Beitrag darauf hin, dass die Rezeption als »produktive Aneignung, als Akt der Rekontextualisierung und der Integration« (101) begriffen werden kann, dass die kreativen musikalisch-dichterischen Neuformulierungen der Gesänge der aus Rom übernommenen Liturgie bereits zum Zeitpunkt der ersten Kodifizierung im Zusammenhang der karolingischen *renovatio* einsetzen. Bemerkenswerterweise erfolgt ihre Legitimierung, indem das für heilige Schriften charakteristische Paradigma der Verbalinspiration, das das (künstlerische) Schaffen als divinatorischen Akt, als Erfahren der göttlichen Offenbarung durch den als Gefäß begriffenen Einzelnen erscheinen lässt, in der karolingischen Ikonographie und Historiographie mit einer Translationsgeschichte verbunden wird, die Papst Gregor den Großen zu einer Symbolfigur mit prophetischen, pastoralen und herrscherhaften Qualitäten werden lässt und das (angeblich) von ihm zusammengestellte authentische (weil göttlich inspirierte und autorisierte) Exemplar des *cantus romanus* zur unmittelbaren Quelle und zur Richtschnur (*norma rectitudinis*) des im Karolingerreich seit der Mitte des 8. Jahrhunderts rezipierten gregorianischen Chorals erklärt. Wie bei den Bibellektüren können Momente der Notwendigkeit und des Risikos auch bei diesem Rezeptionsvorgang beobachtet werden: Die Notwendigkeit des Unterfangens ergibt sich aus den religiös-ethischen Implikationen des karolingischen *renovatio*-Gedankens, das Risiko äußert sich darin, dass »[d]urch die neu aufblühende, kreative Musikkultur [...] die Sinnstiftungsstrategien des kirchenpolitischen Machtapparats, der den (vermeintlich) ›rein‹ römischen Kult kanonisierte, gleichsam unterlaufen [wurden], weshalb bereits in diesen Anfängen eine Kluft zwischen den ›offiziellen‹, auf Unverfälschtheit bedachten Hütern des theologisch zu begründenden Dogmas und den nach Durchgeistigung und Schönheit trachtenden monastisch-klerikalen ›Kunstschaffenden‹ aufbrach« (103). Letztere legitimieren ihr dichterisches und musikalisches Schaffen durch die Reaktivierung des Inspirationsparadigmas. So stellen auch sie sich in die Nachfolge Gregors und legen dabei den Grundstein zu einem bis in die Neuzeit hinein wirksamen Konzept von Autorschaft, das Komposition als »divinatorische[n] Akt, hohe Kunst als Epiphanie ewiger Wahrheiten« (104f.) versteht und letztlich zur Geburt des Autors aus dem Geist der Inspiration führt.

Die oben vorgestellten Beiträge von Glauser und Bruggisser-Lanker hätten im Grunde auch in der dritten, dem Thema »Funktionserweiterung und -verschiebung« gewidmeten Abteilung des hier besprochenen Heftes untergebracht werden können, findet man doch hier Phänomene angesprochen, »bei denen es nicht im eigentlichen Sinne um heilige Bücher geht, sondern um Texte, deren Verfasser oder Inhalte als heilig gelten (z.B. Schriften der Kirchenväter) oder die im Kontext einer sakralen Handlung (z.B. der Liturgie) verwendet werden« (5). Den einzigen Aufsatz, der den Schwerpunkt des dritten Themenblocks bedient und der aus der Reihe der Züricher Vorträge in das Mittelalter-Heft eingegangen ist, stellt jener von Rainer Hugener über »Lebendige Bücher. Materielle und mediale Aspekte der Heilsvermittlung in der mittelalterlichen Gedenküberlieferung« dar. Wie bei Bruggisser-Lanker gehen Materialität und Sakralität des Buches auch bei Hugeners Untersuchungsgegenstand, der von den frühmittelalterlichen Verbrüderungsbüchern über die klösterlichen Nekrologien und Anniversarien bis zu den Seel- oder Jahrzeitbüchern von Kollegiatstiften und Pfarrkirchen des späteren Mittelalters reicht, Hand in Hand und bedingen sich gegenseitig. Darüber hinaus lässt sich auch hier beobachten, wie pragmatische Interessen an das sakrale Buch herangetragen werden. Hugener geht in seinem Beitrag der Frage nach, »wie die Heilsvermittlung in mittelalterlichen Gedenkbüchern funktionierte bzw. konzipiert wurde« (123). Zu diesem Zweck untersucht er die Gestaltung der entsprechenden Handschriften, die der »reichhaltigen Überlieferung« (ebd.) aus dem Gebiet zwischen Bodensee und Alpen entstammen. »Konkret gilt es darauf zu achten, welche Informationen schriftlich festgehalten und nach welchen Kriterien sie im Schriftraum angeordnet wurden. Die Medialität des Heils wird demnach zur Materialität der Schriftstücke in Beziehung gesetzt« (ebd.). Wer vor diesem Hintergrund eine Untersuchung im Zeichen des *material* oder des *spatial turn* erwartet, wird enttäuscht, denn Hugener bemüht sich nicht, seinen Untersuchungsgegenstand an die Fragestellungen und den Wortgebrauch dieser *turns* anzuschließen. Stattdessen wird eine quellennahe und materialreiche Untersuchung geboten, die vor Augen führt, wie die liturgische Einbettung und die Aufmachung der Überlieferungsträger (Gestaltung der Seite und/oder des Einbands, Wahl von Schreibmaterial und Handschriftenformat etc.) der Gedenküberlieferung eine sakrale Aura verleihen, die sie selbst dann nicht einbüßt, als den Jahrzeitbüchern zusätzlich zur liturgischen eine pragmatische, wirtschaftlich-administrative Funktion zukam. Offenbar konnte – und das ist ein weiteres Zeugnis für das für die Macher von heiligen Büchern allem Anschein nach charakteristische Denken in archetypischen Strukturen! – die Nähe der mittelalterlichen Gedenküberlieferung zum himmlischen Buch des Lebens, in dem sich laut Bibel die Namen der Gerechten verzeichnet finden, über Aspekte der materialen Gestaltung der Handschrift am ehesten zum Ausdruck gebracht werden. »Daran lässt sich erkennen« – stellt Hugener abschließend fest – »dass die geschilderten Entwicklungen nicht einfach als Übergang vom ›heiligen Buch‹ zur ›Buchführung‹ – das heißt als Prozess der Profanisierung und Rationalisierung – gedeutet werden dürfen. Auch wenn sich hier die Anfänge einer modern anmutenden Administrationskultur bemerkbar machen, blieb deren Anwendung doch weiterhin in der Sphäre des Sakralen verhaftet« (139f.).

Dass der hier besprochene Sammelband hochkarätige Beiträge enthält, steht außer Frage. Freilich wäre eine inhaltlich stärkere Ausrichtung auf das hin wünschenswert gewesen, was heilige Bücher als solche kennzeichnet und wie sich das Konzept von Heiligkeit und von benachbarten Semen wie Aura und Sakralität (handelt es sich dabei um unterschiedliche Bezeichnungen desselben Phänomens?) in den untersuchten Fallbeispielen manifestiert. Eine stärkere Vernetzung der Beiträge untereinander hätte dem Sammelband auch nicht geschadet und dies vor allem auch deswegen, um den sich nach der Lektüre des Inhaltsverzeichnisses aufdrängenden Eindruck von der Disparatheit der Beiträge gar nicht erst aufkommen zu lassen. Dies zu leisten, wäre die Aufgabe der Herausgeberinnen gewesen. Dass thematische Verbindungslinien, die auch eine systematische Herangehensweise an das Phänomen ›heiliges Buch‹ erlaubt hätten, eruiert werden können, dürfte aus der vorliegenden Rezension deutlich geworden sein.

Balázs J. Nemes

Bernd Sösemann, Gregor Vogt-Spira (Hrsg.): Friedrich der Große in Europa. Geschichte einer wechselvollen Beziehung, 2 Bde. Stuttgart: Franz Steiner 2012. 477 S. und 351 S. m. Abb. ISBN 978-3-515-09924-0. Geb. € 79,00.

Wenn es nach dem Willen einiger bundesdeutscher Feuilleton-Redakteure gegangen wäre, dann wäre Friedrich II. von Preußen im Jahre 2013 in der öffentlichen Wahrnehmung wieder ein wirklich Großer unter den europäischen Monarchen geworden. Die ihm zugedachte Potsdamer Ausstellung sollte dafür den Beweis antreten.

Aber nach einigen furiosen Salven im Feuilleton, noch im Vorfeld kommender Ereignisse brandenburgischer Eventkultur, ging das öffentliche Interesse am König und seinen Taten, vielleicht etwas unerwartet, rasch zurück. Der König bewegte die Gemüter der Deutschen nicht mehr wie einst, bzw. die Reaktionen fielen nicht wie erwartet aus. Selbst »dessen« spektakuläre Fernsehauftritte halfen kaum.

Historische Ereignisse und Gestalten als Gegenstände öffentlichen Gedenkens verbrauchen sich heutzutage nämlich ungleich schneller, als es früher der Fall gewesen ist. Es sei denn, ihnen würde künstliches Leben durch permanente mediale Einwirkung eingehaucht. Das Angebot im modernen Antiquariat ist ein besonders aussagekräftiger Indikator für den raschen Wandel der medial inszenierten Erinnerungs-Konjunkturen. Die jüngsten Friedrich-Publikationen finden sich dort bereits zunehmend wieder.

Auch das hier anzuzeigende umfangreiche Werk zu Friedrich ist wohl ein heißer Kandidat für diese moderne Form einer zügigen Bücher- und Wissensvermarktung. Allerdings sagt diese Einschätzung noch lange nichts über den informativen Wert eines Buches aus. Die gewaltige, auf zwei Bände verteilte Aufsatzsammlung ist aus mehreren Tagungen in der Villa Vigoni über dem Comer See hervorgegangen.

Vom Ansatz her war es gewiss richtig, den König in einem größeren, europäischen Kontext zu betrachten. Die europäische Fürsten- und Staatengesellschaft war für jeden Dynasten in seinem Sinnen und Trachten ein zentraler Bezugspunkt, aber auch das Alte Reich in seinen vielfältigen Verflechtungen war für Friedrich ein wesentlicher Orientierungsfaktor geblieben, wie schon vor nunmehr über 80 Jahren Arnold Berney zu Recht festgestellt hatte.

In dem Zusammenhang war es nicht minder sinnvoll, des Königs Lebenswerk nicht unter chronologischen, sondern unter sechs Sachthemen wie z. B. »Wie wird man König«, »Krieg und Frieden« oder »Wahrnehmungen und Instrumentalisierungen« zu stellen. Sie beleuchten zentrale Aspekte seines Handelns und deren Sichtweise durch Zeitgenossen und Nachgeborene. Ergänzt wird diese nicht auf chronologische und sachliche Vollständigkeit von Friedrichs Lebensgeschichte angelegte Vorgehensweise durch einen materialreichen Anhang, der durch eine Vielzahl statistischer Daten, biographischer Informationen und eine ausreichende, wenn auch nicht immer fehlerfreie Bibliographie zu eigenen Studien anregt.

Betrachtet man die inhaltliche Ausbeute der über 50 (!) Beiträge, so liegt es auf der Hand, dass die wissenschaftlichen Erträge mehr als durchwachsen ausgefallen sind. Überdies erliegen zahlreiche Autoren der Neigung, entweder den Leser sehr allgemein an ihr spezielles Thema heranzuführen oder ihre persönliche Sicht auf den König zu entwickeln, was im Ergebnis aber dazu führt, dass man bei aufmerksamer Lektüre auf zahlreiche sachliche Wiederholungen in den Texten stößt. Ein helfender Eingriff der Herausgeber hätte hier Not getan.

Überdies fällt auf, dass viele Autoren für ihre Überlegungen nur die Schriften des Königs sowie jüngere und jüngste Literatur heranziehen, was nicht immer zur Tiefenschärfe der Aussagen beiträgt. Gleichwohl ermöglicht dieses Sammelwerk einen ersten Einstieg in wesentliche Themen zum Verständnis dieser Epoche und deren Nachwirkungen. Aber es fällt doch auf, dass wichtige Aspekte kaum beleuchtet werden. Dazu gehört etwa die Frage, wie Friedrich seine politischen Ambitionen im politischen Tagesgeschäft umsetzte. Schließlich ist die Alleinregierung auch dieses hoch begabten und willensstarken Monarchen letztendlich ein sorgsam gepflegter Mythos. Es bedurfte vieler Vertrauter, um des Königs Ambitionen in Bürokratie und Militär zu verwirklichen.

Auch fehlt ein anderer wichtiger Aspekt, was dieser König tatsächlich über sein Land wusste, schließlich gehört auch der »allgegenwärtige König« in den Bereich der Legende. Er reiste stets über dieselben Wege zu den Garnisonen seiner Lande. Er riskierte im Frieden nie einen Blick über den Horizont. Auch über das dynastische Miteinander erfährt man wenig, obwohl es von den Höfen mit Spannung beobachtet wurde. Ferner wäre es hilfreich gewesen, über die körperlichen Gegebenheiten dieses Mannes ein wenig zu reflektieren. Sie setzten seinem Handeln nicht erst im hohen Alter Grenzen, wenn man das Zeremoniell oder seine Präsenz im Felde bedenkt. Wie sollte etwa ein stark kurzsichtiger Mann auf ein komplexeres Zeremoniell reagieren, wenn er auf Entfernung die Personen nicht zu unterscheiden vermochte, schließlich war es im Adel verpönt, eine Brille zu tragen.

Sehr bedenklich wird es jedoch, wenn man den stolzen Umfang dieses Werkes betrachtet und nach den finanziellen Grundlagen seiner Politik sucht. Friedrichs rabulistische Finanzpolitik war neben seiner Willensstärke der entscheidende Schlüssel zu seinem politischen Überleben. Darüber wird man nur unzureichend oder gar falsch informiert, wenn es um seine Münzpolitik und deren Motive und Folgen geht.

Andererseits wird man eingehend über die Nachwirkungen seines Heldenlebens informiert. Bekanntlich war sein Reich unter den Schlägen der napoleonischen Heere zusammengebrochen, aber seine Gestalt erwachte im 19. und 20. Jahrhundert als politisches Argument zu neuem Leben. Dies wird mit gebührender Deutlichkeit betrachtet.

So gesehen ist der Ertrag dieses Werken für den Leser insgesamt als eher zwiespältig zu betrachten. Einerseits finden sich darin zahlreiche Anregungen und Beobachtungen, die es auf jeden Fall lohnt, weiter zu verfolgen, um diesen ehrgeizigen Monarchen mit Verständnis zu betrachten, andererseits muss man sich durch Berge bekannten Wissens durcharbeiten, um zum Ziel zu gelangen. Weniger wäre daher oft mehr gewesen.

Peter-Michael Hahn

Gerd Althoff: »Selig sind, die Verfolgung ausüben.« Päpste und Gewalt im Hochmittelalter. Darmstadt: WBG 2013. 254 S. ISBN 978-3-534-24711-0. Geb. € 29,95.

Während das Neue Testament eindeutig Stellung zum Thema Gewalt bezieht: »Stecke Dein Schwert in die Scheide. Alle, die zum Schwert greifen, werden durch das Schwert umkommen.« (Mt 26,52), ist die sogenannte Bannideologie des Alten Testamentes mit einem zürnenden und strafenden Gott deutlich gewaltbereiter. Diese gegensätzlichen Standpunkte wurden vor dem Hintergrund des Investiturstreits von den gegnerischen Seiten für die Begründung ihrer Handlungsweisen herangezogen und mit den Kreuzzügen ebenso nach außen getragen wie bei der Bekämpfung von Häretikern auch nach innen angewendet. Die kernchristliche Grundhaltung der Gewaltlosigkeit wurde dabei uminterpretiert und kulminiert möglicherweise in einer Fehlinterpretation des Augustinus durch Bonizo von Sutri: »Selig sind die, die Verfolgung ausüben um der Gerechtigkeit willen« (84).

Unter dieser Grundkonstellation verfolgt der Mediävist Gerd Althoff, emeritierter Professor für Mittelalterliche Geschichte an der Universität Münster, die Beantwortung seiner Leitfrage »Welche Legitimationsbasis fand und etablierte man für die Anwendung von Gewalt im Dienste und zum Nutzen der Kirche?« (18) in neun Kapiteln sowie einer Zusammenfassung. Ein umfangreiches Quellen- und Literaturverzeichnis ergänzen den Band, der vorbildlich auch über mehrere Register verfügt.

Während die ersten Kapitel den Rahmen des Papsttums im Hochmittelalter und die gegensätzlichen biblischen Grundlagen abstecken, geht das dritte Kapitel auf die frühen Argumentationsversuche von Petrus Damiani und Humbert da Silva Candida zur Anwendbarkeit von Gewalt im Kampf gegen Zölibat und Simonie ein, die darauf hinausläuft, dass Gott Gewalt gegen Unkeusche billige. Dabei weist der Kampf um die sittliche Reinheit des Klerus das gleiche argumentative Grundmuster auf wie der Versuch Gregors VII., die Suprematie des Papstes durchzusetzen. Insgesamt wurde die Anwendung von Zwangsgewalt gegen Ungehorsame durch die Kirche gerechtfertigt. Diese Rechtfertigung geht bei Bonizo von Sutri, Anselm von Lucca und Manegold von Lautenbach, allesamt Parteigänger Gregors VII., soweit, dass sie konkrete militärische Gewalt gegen die Wibertisten, die Seite des Gegenpapstes, legitimierten. Vor allem in der Argumentation Bonizos überwiegt dabei die alttestamentarische Theorie der gerechten Verfolgung und mündet in der Verpflichtung aller Rechtgläubigen, die Bösen zum Guten zu zwingen. Manegold von Lautenbach dekonstruierte dabei einige biblische Texte und insbesondere das allgemeine Tötungsverbot. Dem wird die Argumentation der heinricianischen Parteigänger Wenrichs von Trier, weiterhin des Autors des *liber de unitate ecclesiae conservanda* und Hugos von Fleury gegenübergestellt. Als Stilmittel fand dabei die Ironie Verwendung. Vor allem mit Belegen des Neuen Testamentes wurde Gregors Umgang mit dem Ungehorsam als unchristlich kritisiert.

In Kapitel 6 und 7, die als zentrale Kapitel des Buches gewertet werden können, geht es um die Gewalt an Ungläubigen, insbesondere um das Massaker bei der Eroberung Jerusalems während des Ersten Kreuzzuges. Ein Vergleich der Überlieferungsstränge der Predigt Urbans II. in Clermont-Ferrand mit zeitnahen Berichten über das Massaker macht deutlich, dass religiöse Reinheitsvorstellungen bei der Tötung so vieler ungläubiger Unschuldiger eine Rolle gespielt haben könnten. Die Kontextualisierung der Argumentation macht klar, dass die in der Predigt verwendeten Bilder und Worte des Alten Testamentes von der Verunreinigung (*pollutio*) der Heiligen Stätten, die es zu beseitigen galt, keinen leeren Topos bildeten, sondern zu dem bis dahin beispiellosen Massaker geführt haben. Von zentraler Bedeutung ist Psalm 79, der auch Einfluss auf das Kirchenrecht (*causa* 23 des *Decretum Gratiani*) nahm, wie Althoff in Kapitel 7 überzeugend darlegt.

Weiter untersucht er, wie es um ein möglicherweise allegorisches Verständnis steht, das den Kampf gegen das Böse als einen spirituellen auffasst und in der Terminologie kriegerischer Auseinandersetzungen beschreibt. Die Analyse reicht dabei weiter bis zur »Häresie des Ungehorsams« im 12./13. Jahrhundert.

Insgesamt hat es im Umkreis des Reformpapsttums des 11. Jahrhunderts mehrere Autoren gegeben, die entschieden dafür argumentierten, dass es Christen erlaubt sei, im Interesse des Glaubens Gewalt anzuwenden. Althoff forscht in seiner gut lesbaren Darstellung deren Argumentationslinien nach und kommt zu dem Schluss, dass die seit Papst Gregor VII. verbreitete Gewalttheorie grundsätzlich gegen jeden gerichtet werden konnte, der sich Ungehorsam gegen Anweisungen des Apostolischen Stuhls zuschulden kommen ließ. Untersuchungen zu den Auswirkungen der kirchlichen Gewalt hat es in großer Zahl gegeben – nun auch die Argumente genauer zu besehen, mit denen dies geschah, gehört zu den Verdiensten dieser Darstellung. Es ist zu hoffen, dass hierdurch fruchtbare

Debatten zu den Einzelthemen angeregt werden, um mit den vielen, oft nur angedeuteten Belegen diese Grundsatzfrage weiter zu beleuchten.

Thomas Wozniak

CHRISTIAN JASER: Ecclesia maledicens. Rituelle und zeremonielle Exkommunikationsformen im Mittelalter (Spätmittelalter, Humanismus, Reformation, Bd. 75). Tübingen: Mohr Siebeck 2013. XIII, 633 S. ISBN 978-3-16-151927-7. Geb. € 119,00.

Christian Jasers Dissertationsschrift »Ecclesia maledicens« analysiert das mittelalterliche Exkommunikationsritual in Hinblick auf drei große Forschungskontexte. Die Entwicklung der Kanonistik, die Geschichte der päpstlichen Zentralisierung und die historische Ritualforschung liefern das Gerüst einer Vollständigkeit mit Tiefenschärfe verbindenden Untersuchung. Diesem Anspruch gerecht zu werden, stellt an theoretische Hinterfütterung, Quellenkenntnis und Belesenheit nicht geringe Anforderungen, was dem Autor in zumeist beeindruckender Weise gelingt.

Der I. Hauptteil (1--53), in dem begrifflich-theoretische Fundamente, Methoden und Quellen vorgestellt werden, gerät Jaser zwar noch etwas unübersichtlich; der Leser vermisst etwa die Rückbindung einzelner Ausführungen an deren Einsatz in der eigentlichen Analyse. Die Fragestellung wird aber klar herausgearbeitet: Jaser untersucht, wie viele vor ihm, das mittelalterliche Exkommunikationsritual. Aber es geht ihm dabei mehr um die Formen als die Funktionen, mehr um den konkreten Einsatz als die Rechtsnorm, mehr um die Inszenierung als um ihre Wirkung. Damit stellt er sich in eine Linie mit der historischen Ritualforschung v. a. Münsteraner Prägung. Hinzu kommt ein sehr belastbares Substrat theoretischer Lektüre, der sich der Autor ausführlich gewidmet hat. Von John L. Austins und John Searles Sprechakttheorie macht er ebenso an zentraler Stelle Gebrauch wie von Victor Turners und Arnold van Genneps *rite de passage*-Konzept. Ergebnis ist eine durchdachte, theoriegeleitete Arbeit. Jaser verfolgt dabei die Entwicklung der performativen Gestaltung der Exkommunikation, indem er zwischen Ritual (auf den Einzelfall bezogen, auf eine Statusveränderung abzielend) und Zeremonie (auf Demonstration und Repräsentation beschränkt, Universalia versinnbildlichend) unterscheidet, wie sein Untertitel bereits andeutet.

Die Exkommunikation als typisch hochmittelalterliches Ritual analysiert Jaser im II. Hauptteil (54–300). Er zieht dazu 50 lokale Exkommunikationsformulare aus Nordfrankreich und England sowie ihre »translokalen« Entsprechungen in liturgischen bzw. kirchenrechtlichen Sammlungen zu Rate, darunter das Pontificale Romano-Germanicum und die Schriften Reginos von Prüm, Burchards von Worms, Ivos von Chartres, Gratians und Durandus. Seit dem Jahr 900 wurde das Exkommunikationsritual von Geistlichen als Instrument des lokalen Konfliktaustrags, als *faide sacrale* eingesetzt. Die »Anatomie« der dabei verwendeten »spirituellen Gewaltsprache« untersucht der Autor gleichrangig neben gestischen Elementen.

Im Zusammenhang mit der zunehmenden Zentralisierung der Kirche und der Präzisierung und Ausgestaltung des Kirchenrechts im 12./13. Jh. stand – so die ältere Forschung – ein Prozess der Einhegung und Verrechtlichung der Exkommunikation, dem Jaser im III. Hauptteil nachgeht (301–373). Er konzentriert sich aber auf die Analyse der »liminalen Phase«, welche Exkommunizierte bis zur erfolgreichen Rekonziliation durchliefen. Die Begrifflichkeit orientiert sich an Turners und van Genneps dreischrittiger Stufung der *rites de passage*, womit Jaser die Exkommunikation als Übergangsritus versteht. Diese Auffassung erscheint noch diskussionsbedürftig. Der Autor analysiert einzelne

Aspekte von Liminalität im (sozialen, spirituellen, rituellen etc.) Zustand der Exkommunizierten jedoch quellennah und überzeugend.

Im IV. Hauptteil (374–524) untersucht Jaser die alljährliche öffentliche Verlesung der päpstlichen Bannbulle »In Coena Domini« am Gründonnerstag. Diesen Vorgang deutet er nicht als Ritual, sondern als Zeremonie zur Veranschaulichung und Repräsentation päpstlicher Universalgewalt. Jaser hebt besonders die zentrale Bedeutung der Öffentlichkeit hervor. Daraus ergeben sich ikonografische, vor allem aber architekturhistorische Exkurse über die Funktion der Benediktionsloggia am Lateran, die »Orientierung nach innen« der Palastzeremonien des avignonesischen Papsttums sowie den wieder auf maximale Breitenwirkung zielenden Zeremonien der postkonziliaren Päpste am Petersplatz. Die unter den päpstlichen Zeremoniaren Agostino Patrizi, Jakob Burckhard und Paris de Grassis aufkommende Quellengattung der Zeremonialdiarien mit ihrem erschlagenden Detailreichtum ermöglicht hier eine sehr dichte Beschreibung.

Ein knapper, aber lesenswerter Ausblick in das konfessionelle Zeitalter und eine überaus konzise Ergebnissicherung (525–533) runden das Buch ab.

Die Quellen präsentiert Jaser ausführlich und teils in übersichtlicher Tabellenform. Der Zuschnitt der Fragestellung, die Länge des Untersuchungszeitraums und die gewaltige Belegdichte erwecken den Eindruck höchster Bemühung um Vollständigkeit. Daraus resultieren teils längliche Schilderungen, die bei aller Präzision die Bündigkeit vermissen lassen. Die eine oder andere Fußnote hätte man evtl. weglassen können – wenn etwa, nur wahllos herausgegriffen, gleich zehn aufeinanderfolgende Anmerkungen auf denselben Aufsatz verweisen (504f.). Auch der eine oder andere längliche Exkurs entbehrt etwas der unmittelbaren Anbindung – so wäre das 20-seitige Kapitel IV.3 auch auf eine Seite komprimierbar gewesen, was seine Bedeutung für die nachfolgenden Ausführungen angeht. Letztlich liefert der Autor aber stets interessante Informationen, so dass man der Arbeit gelegentliche Weitschweifigkeit gern verzeiht: Gerade die ständige Kontextualisierung seiner Befunde zeichnet Jasers »Ecclesia maledicens« aus.

Fazit: Ein rundum gelungener, aus Sicht des Ritualforschers besonders erfreulicher Beitrag zur beileibe noch nicht ausgeforschten Geschichte der Exkommunikation im hohen und späten Mittelalter. *Paul Többelmann*

Folker Reichert: Das Bild der Welt im Mittelalter. Darmstadt: Primus 2013. 160 S. m. zahlr. farb. Abb. ISBN 978-3-86312-370-3. Geb. € 39,90.

Die weißen Flecken auf den Landkarten sind heute endgültig verschwunden. Dem Historiker stellt sich immer wieder die Frage, was im Mittelalter über die Welt, ihre Bewohner und die Natur außerhalb Europas bekannt war. Der vorliegende Band untersucht anhand von neun prominenten Gelehrten, Kartographen und Reisenden dieses Weltbild des Mittelalters. Der Verfasser gilt heute als einer der führenden Gelehrten zu dieser Thematik. Ausgehend von der Untersuchung des Begriffs »Weltbild«, der zuerst im Althochdeutschen bei Notker Labeo im Kloster St. Gallen erwähnt wird, wird in acht Kapiteln das Thema vorgestellt. Das erste Kapitel »Das Erbe der Antike« führt in die Thematik ein. Isidor von Sevilla ist der Mann im Scheitelpunkt zwischen Spätantike und Frühmittelalter. Er wurde 599/600 als Nachfolger seines Bruder Leander Bischof von Sevilla und Metropolit der Kirchenprovinz. Im Buch der Etymologien behandelte Isidor neben der Grammatik, Rhetorik, Musik, Mathematik, Medizin, Recht, aber auch Gott, Kirche, Engel, Menschen, Tiere, Steine, die Landwirtschaft, Hausbau und Kriege sowie die Geographie. In einer zusammenfassenden Beschreibung wird die antike Geographie in ihrem Gesamtergebnis vorgestellt. Am interessantesten ist der darauf folgende Abschnitt des neuen Bandes über die antike Kartographie mit den Beispielen von Ptolemäus, der Tabula Peutingeriana mit ihren Straßenwiedergaben und der Welt im Blickwinkel des Kosmas Indikopleustes, der ebenfalls in Alexandria lebte und als Kaufmann weite Reisen im Bereich des Indischen Ozeans unternommen hatte. Der Verfasser wendet sich dann auch dem Thema der Schemakarten und der Symbolkartographie zu, die über die Aussagen der reinen Karten weit hinaus in den Bereich der Heilsgeschichte im Spiegel ihrer Schauplätze auf Erden ging und damit ein Beispiel für die Verbindung von antiker Bildung und christlicher Deutung im Mittelalter sind. Das zweite Kapitel »Die Mitte der Welt« geht von den »Etymologien« Isidors von Sevilla und ihrer hohen Wertschätzung bis ins 18. Jahrhundert aus. Erst im 19. Jahrhundert fällten so selbstgefällige Gelehrte wie Theodor Mommsen negative Urteile über die immense Lebensleistung Isidors, den die Katholische Kirche 1722 zum Kirchenlehrer und 2001 zum Schutzpatron des Internets erhob. Viele hatten ihm im Mittelalter nachgeeifert, doch erst im 12. Jahrhundert gelang es einem anonym gebliebenen Autor, der sich Honorius Augustodunensis nannte, Isidors Monopol als Schul- und Bildungslektüre zu brechen. Er hieß vermutlich Henricus, stammte vielleicht aus Irland, von wo er in der Zeit Kaiser Heinrichs V. nach Regensburg in das dortige Schottenkloster kam und vielleicht noch ins Kloster Lambach übersiedelte. Von seinen zahlreichen Werken erreichte das Elucidarium, das Zwiegespräch eines Lehrers mit seinem Schüler über die Grundsätze und Ziele der Kirchenreform, die weiteste Verbreitung. Eine Beschreibung der Welt in drei Büchern, die ebenfalls in insgesamt 300 Handschriften überliefert ist und frühzeitig in andere Sprachen übersetzt wurde, ist das zweitwichtigste Werk des Honorius. Der Titel »Imago Mundi« sollte nach ihm die Einrichtung der ganzen Welt wie in einem Spiegelbild erkennen lassen. Die drei Bücher des Werkes griffen die Aspekte der Welt auf und stellten sie als »Kosmos-Ei« und Erdglobus vor. Eine Erdkarte wurde von ihm noch nicht angefertigt. Erst einer der Kopisten seines Werkes, der in Durham wirkte, stellte seiner Abschrift die heute als »Sawley Karte« bezeichnete Weltkarte voraus, die als kirchliche Kartographie erscheint. Folker Reichert geht auch auf die Nachfolger dieser Karte ein und zeigt das Hl. Land in der Kartographie des Hochmittelalters mit der Stadt Jerusalem, wobei der Schmerz über den Verlust der Stadt deutlich wird. Das dritte Kapitel »Die Wunder der Welt« geht vor allem auf Gervasius von Tilbury ein. Dieser gelangte vielleicht in seiner Beschreibung der Wunder der Welt zu der Ebstorfer Weltkarte. Gervasius von Tilbury wäre dazu aber mit Gervasius von Ebstorf, einem Prior des Frauenklosters, zu identifizieren. Die Karte ist Höhepunkt der spirituellen Kartographie, aber durch die Vernichtung des Staatsarchivs Hannover im Bombenkrieg 1943 nur noch in Abschriften einzusehen. Das vierte Kapitel des Bandes widmet sich der »Welt der Mongolen«, die unter Dschingis Khan im ersten Viertel des 13. Jahrhundert ein asiatisches Großreich aufzubauen begannen, das dessen Nachfolger bis zum Großkhan Khubilai (1260–1294) weiter ausbauten. Papst Innozenz IV., der gnadenlose Gegner Kaiser Friedrichs II., hat mit dem Franziskaner Johannes von Plano Carpini 1245/1247 einen Mönch mit offenen Augen in die Mongolei entsandt. Das von diesem daraufhin erstellte Werk, die »Historia Mongalorum« ist außerordentlich umfangreich und informativ. Der ihm bald darauf folgende Franziskaner Wilhelm von Rubruk hat ebenfalls ein Werk über seine Reise zu den Mongolen geschrieben, das aber in Form eines Itinerars über den Weg zu den Mongolen abgefasst ist. Das fünfte Kapitel »Die chinesische Welt« führt die weitere Entwicklung im asiatischen Raum nach der Verlegung der Hauptstadt des mongolischen Großreichs von Karakorum in die Gegend des heutigen Pekings aus. Marco Polo, der berühmte Venezianer, hat 17 Jahre am Hof des Großkhans Khubilai verbracht und das von ihm verfasste Werk berichtet über diese

Zeit. Ihm folgte um 1330 Odorico aus Pordenone in Friaul. Reichert stellt hier die Karten des 14. Jahrhunderts umfassend vor, die auf die katalanische Weltkarte von 1375 folgten. Obwohl exakte Kartographie dem Mittelalter immer fremd blieb, wurden die Karten im Laufe des Spätmittelalters deutlicher und informativer. Das sechste Kapitel »Die Vermessung der Welt« trägt dieser Entwicklung Rechnung, dabei werden die neuen Kartenbilder erörtert. Eine geographische Karte wird erstmals 1356/1358 in einem Gerichtsverfahren an der Universität Paris erwähnt. Die erste deutsche Karte in einem Gerichtsverfahren wird 1496 genannt, als die Gemeinde Pfuhl gegen die Ulmer Patrizierfamilie Neithart klagte. Die weitere Systematisierung und Verfeinerung der kartographischen Darstellung wurde insbesondere durch die Veröffentlichung des Ptolemäus in der Ausgabe von 1482 in Ulm weiter gefördert. Die umfassende Darstellung wird im siebten Kapitel mit »Die Erfahrung der Welt« fortgeführt. Das Beispiel des Ritters Arnold von Harff mit seinen zahlreichen echten, aber auch fingierten Reisen steht hier im Mittelpunkt. In Württemberg hätte man in dieses Kapitel auch die Pilgerfahrt des späteren Herzogs Eberhard im Bart aufnehmen können, der aber nur einmal eine Reise unternahm, im Gegensatz zu Arnold von Harff. Das Werk schließt im achten Kapitel mit »Neue Welten in Übersee«. Der Verfasser zeigt hier die Tätigkeit von Sebastian Münster mit dem Hineinwachsen von Amerika und Indien in die kartographische Arbeit des 16. Jahrhunderts und das noch weithin unbekannte Afrika. Das Werk Folker Reicherts ist nicht nur ein anspruchsvoll bebildertes Werk, sondern auch eine Arbeit, die in kurzer Form grundlegende Kenntnisse zur Entwicklung der Kartographie des Mittelalters zusammenstellt. Der Verfasser hat damit seinen Ruf, einer der bedeutendsten Spezialisten auf diesem Gebiet zu sein, weiter gefestigt. Ein bedeutendes Werk zu den geographischen Kenntnissen des Mittelalters, das die weitere Forschung durch seine Zusammenfassungen anstößt.

Immo Eberl

Bernhard Neidiger: Prädikaturstiftungen in Süddeutschland (1369–1530), Laien – Weltklerus – Bettelorden (Veröffentlichungen des Stadtarchivs der Stadt Stuttgart, Bd. 106). Stuttgart: Hohenheim 2011. 502 S. ISBN 978-3-898-50989-3. Geb. € 20,00.

Arbeiten über Prädikaturstiftungen sind zwar in großer Zahl vorhanden. Im Unterschied zu früheren Veröffentlichungen handelt es sich hier indes nicht wie bisher um Untersuchungen über einzelne Städte, Territorien oder Diözesen, sondern um eine flächendeckende, vergleichende Gesamtbetrachtung, die das Thema anhand von Stiftungsurkunden neu aufrollt. Auf diese Weise ist es möglich, präzise Angaben über Verbreitung und Funktion von Prädikaturen sowohl an Domkirchen als auch an Pfarr-, Spital- und Stiftskirchen zu machen, die Intentionen der Stifter darzustellen wie auch den Stellenwert der Prädikaturen in den Reform- und Frömmigkeitsbewegungen des Spätmittelalters zu bestimmen. In diesem Kontext ist natürlich auch der Bedeutung der Universitäten und der Bettelorden nachzugehen. Was Vf. unter »Süddeutschland« versteht, hat er präzise definiert: Gemeint sind »Franken, die Oberpfalz, Bayern, Oberschwaben und der Schweizer Teil der Diözese Konstanz, der alemannische und der fränkische Oberrhein sowie die Grafschaft Württemberg mit den ihr benachbarten Reichsstädten und Kleinterritorien« (22). Was Vf. in der Folge geleistet hat, ist eine immense Fleißarbeit. Ganze 166 Prädikaturstiftungen konnte er ausfindig machen, wobei nicht nur die ganze einschlägige Fachliteratur durchzuforsten war, sondern auch Bestände von 54 Staats-, Stadt- und Kirchenarchiven herangezogen wurden, dazu noch mehrere Handschriftenabteilungen von Museen und Bibliotheken.

Die Erträge dieses immensen Arbeitsaufwands scheinen eher bescheiden: beispielsweise dass die Prädikaturstiftungen sich von Böhmen her ausbreiteten, und dass Neustiftungen – etwa in der Oberpfalz – nach böhmischem Vorbild eingerichtet wurden. Oder dass die Prädikaturen zumeist dort gestiftet wurden, wo die Bettelorden nicht zugange waren beziehungsweise dort, wo sich einzelne Niederlassungen der Mendikanten einer Reform entzogen. Oder auch, dass die bedeutenderen der oberschwäbischen und fränkischen Reichsstädte nach Möglichkeit einen Theologen mit Doktor- oder Magistergrad auf den Prädikaturen haben wollten, und dass von diesen Theologen ein mustergültiger Lebenswandel erwartet wurde. Schließlich ergibt sich aus der Summe des gesammelten Materials, dass Württemberg zu Recht als das prädikaturenreichste Territorium Süddeutschlands gelten kann, freilich erst nach der Gründung der Universität Tübingen im Jahr 1477.

Eine vorbildliche Zusammenstellung, auf die niemand verzichten kann, der sich mit diesem Thema zu beschäftigen beabsichtigt. Man kann sogar die Prognose wagen, dass »der Neidiger« alsbald zu den einschlägigen Standardwerken gehören wird.

Peter Thaddäus Lang

Klaus Herbers, Florian Schuller (Hrsg.): Europa im 15. Jahrhundert. Herbst des Mittelalters – Frühling der Neuzeit. Regensburg: Pustet 2012. 255 S. m. Abb. ISBN 978-3-7917-2412-6. Geb. € 24,95.

Schon wieder ein Sammelband zum »Herbst des Mittelalters«, des berühmten Diktums des niederländischen Mediävisten Johan Huizinga († 1945)? Zu diesem vorschnellen Urteil könnte man angesichts vieler bereits existierender Beiträge über die vielbeschworene »Krise des Spätmittelalters« bei einer flüchtigen Durchsicht des hier zu besprechenden Bandes gelangen. Bereits im Jahre 2002 hatte sich der 33. Kölner Mediävistentag am Beispiel der »Herbst-«Metapher einer sich an überkommenen, ritterlichen Idealen orientierenden und damit sich eigentlich selbst betrügenden, insbesondere burgundischen Hofkultur an einer Neubewertung des 14./15. Jahrhunderts versucht. Doch wird bereits im Vorwort des Tagungsbandes »Europa im 15. Jahrhundert. Herbst des Mittelalters – Frühling der Neuzeit« deutlich, dass die Herausgeber und Verantwortlichen der Historischen Woche der Katholischen Akademie Bayern vom 9. bis 12. März 2011, Klaus Herbers und Florian Schuller, in erster Linie an einer thematisch breiten Neuauslotung der Spannungsfelder »Herbst des Mittelalters« und »Frühling der Neuzeit« bzw. »Krise und Aufbruch« interessiert waren (7–9). Das Spektrum der Aufsätze reicht von zwei kirchengeschichtlichen Synthesen über die »Kirche in der Krise«, nämlich »Das große Abendländische Schisma (1378–1417)« bzw. »Die Konzilien von Konstanz und Basel« von Heribert Müller, welcher den Zustand der lateinischen Kirche als »stürmischen Herbst« (10) begreift und in den Reaktionen der französischen Könige und deutschen Reichsfürsten auf die Kirchenspaltung bereits Vorläufer protestantischer Landeskirchenregimenter der Neuzeit (14) sieht. Diese politischen Kräfte waren es, welche die Konzilien von Konstanz (1414–1419) und Basel (1431–1449) von der intendierten Versammlung der Universalkirche zur Lösung von Kirchenspaltung, Glaubenseinheit, und Kirchenreform »zum Exerzierfeld herrscherlicher und bereits nationaler Interessen« machten (21), während die dem Konzil kritisch gegenüberstehenden Päpste stärker eine Kirchenreform durch päpstliche Legaten als durch Konzilsversammlungen favorisierten. Durch einen Perspektivenwechsel durchleuchtet sodann Heike Johanna Mierau in ihrem originellen Beitrag »Die Last des Amtes – Amtsträger als Last. Das Renaissancepapsttum von Nikolaus V.

bis Alexander VI.« die individuellen Kehrseiten der Medaille. Ausgehend von Papst Nikolaus V. (1447–1455) bis zum berüchtigten Borgiapapst Alexander VI. (1492–1506) nimmt die Autorin die sowohl durch die Amtsinhaber gefühlte als auch durch Zeitgenossen attestierte »Bürde des Amts« der *servi servorum dei* unter die Lupe. Die Palette der Belastungen erstreckte sich von früheren Verpflichtungen zu weltlichen Machthabern, dem unermüdlichen wie ergebnislosen Einsatz für den Türkenkrieg, Nachstellungen und Attentatsversuche durch frühere Günstlinge sowie überzogene Erwartungen des eigenen Kardinalskollegiums bzw. des stadtrömischen Adels im Hinblick auf die Protegierung und Versorgung der eigenen Amtsträger mit Amt und Würden. Wurden in sie gesetzte Erwartungen enttäuscht oder waren die bedrängten Päpste zu einem Rückgriff auf eigene Familienangehörige als zuverlässige Mitstreiter gezwungen, waren Vorwürfe des Nepotismus schnell bei der Hand. Zu wertvollen diachronen Erkenntnissen gelangt Mierau, dass es ausschließlich Zeiten besonderer körperlicher Belastungen im Sommer oder in der Fastenzeit waren, in welchen die Päpste der Tod ereilte und schließt mit Ausführungen über drückende Verschuldung des Heiligen Stuhls, welche stärker durch äußere, politische Faktoren verursacht wurde, als von deren vieltradierter Verschwendungssucht. Eckhard Keßler zeigt in seinem Beitrag über die »Geburt neuzeitlichen Denkens oder das erste Jahrhundert des Humanismus« am Beispiel der Werke Francesco Petrarcas (1304–1374) sowie des Florentiner Neuplatonismus konzise auf, wie sehr der Humanismus des 14. und 15. Jahrhunderts nicht nur »eine rückwärtsgewandte Bildungsbewegung«, sondern auch »ein zukunftsweisender Anstoß« sein konnte (55). Gerade angesichts der »kontingenten Struktur der Schöpfung« (63) sei dem von Gott zur Vernunft befähigten Menschen zur Selbstverwirklichung ein Hilfsmittel an die Hand gegeben worden, womit eine »Lenkung des Werdens« (64) erreicht werden kann. Die Rhetorik wird von Keßler in diesem Kontext gleichsam als Schlüsseldiziplin zur Lebensbewältigung verstanden, welche jedoch Differenzen zwischen Philosophie und Theologie an der Schwelle zur Neuzeit nicht gänzlich überbrücken konnte.

Besonders thesenstark gelingt es Hermann Kamp in »Kultur und Politik am Hof der Herzöge von Burgund«, die Thesen Huizingas der in ein »falsch[es] und grell[es]« Licht getauchten und in »ihrem Manierismus [...] überlebte[n]« (71) Hofkultur der Burgunderherzöge zu relativieren, in dem er auf die gewaltige Integrationsleistung der Herzöge seit Philipp dem Kühnen verweist, welche ein geographisch, herrschaftlich wie sprachlich zersplittertes Territorium personell wie administrativ zu durchdringen verstanden. Schöpfungen wie der Orden des goldenen Vließes, ›Massenevents‹ wie das Fasanenfest in Lille (1454) sowie spektakuläre Ritterturniere und rauschende Einmärsche in die bedeutenden Handelsstädte Flanderns hätten dabei wirkmächtige Rituale dargestellt, welche als ebenso traditionsgebundene wie zukunftsweisende Mittel der Kommunikation und aktive Politikgestaltung bislang noch nicht ausreichend gewürdigt worden sind.

Auf der Grundlage seiner jahrzehntelangen Städte- und Wirtschaftsforschung versucht sich Franz Irsigler in seinem Beitrag »Die ›kleinen Leute‹ . Soziale Randgruppen im 15. Jahrhundert« trotz eingeschränkter, »prästatistischer« Quellenzeugnisse (111) an einer Charakterisierung der Tätigkeitsfelder sozialer Randgruppen des 15. Jahrhunderts und kommt dabei am Beispiel der Montan-»Industrie«, des Textilgewerbes, des Bauernstandes und des Prekariates bei aller Betonung der zeitgenössischen Härte des Berufslebens sowie des Grassierens von Armut und Not auch zu positiven Befunden: Neben der grundsätzlichen Effektivität dörflicher Selbstverwaltung sind hier lebenskluge Pfarrer zu nennen, welche Landwirtschaft im Nebenerwerb betrieben und bei der Predigt stets mit konstruktiven Ratschlägen bei der Hand waren. Regionen wie die Oberpfalz, die Eifel und der Thüringer Wald waren maßgeblich an der Erzgewinnung Europas beteiligt, was viele Arbeitsplätze gerade in der ›Logistikbranche‹ mit eigenen Fuhrdörfern wie Frammersbach im Spessart schuf. Das Textilgewerbe auf dem Lande provozierte aufgrund seiner immensen Produktivität sogar bewaffnete Sabotageakte seitens der Stadtweber. Irsigler kommt dabei insgesamt zu einem ambivalenten Urteil über die erzielten Fortschritte an der Schwelle zur Neuzeit: Während im 15. Jahrhundert durch bessere Hygiene tödliche Krankheiten zurückgingen, stieg der statistisch greifbare Anteil der ärmeren Bevölkerungsgruppen deutlich, was den »Frühling der Neuzeit [zu] keine[r] sonnenreiche[n] Jahreszeit« werden ließ (121).

Es folgen einige Beiträge mit Überblickscharakter, deren hoher Informationsgehalt und Nutzen (etwa für die Hochschuldidaktik) nicht zu bestreiten ist, bei denen jedoch der Erkenntniswert im Hinblick auf die Problemstellung des Bandes nicht immer klar erkennbar scheint: Franz Irsigler leistet in einem zweiten Beitrag »An der Wiege der Massenmedien. Papier, Buchdruck, Holzschnitt und Kupferstich« einen nützlichen Überblick über den Buchdruck samt der dazu nötigen Papierherstellung sowie des Holzschnitts und des Kupferstichs, ohne dabei in kulturgeschichtlicher Hinsicht zu erklären, weshalb diese Techniken in der insgesamt eher rückwärtsorientierten spätmittelalterlichen Gesellschaft als *artes novae* so uneingeschränkt positiv hatten beurteilt werden können. Winfried Eberhard weist in seiner meisterlich kompakten wie detaillierten Erörterung »Die hussitische Revolution in Böhmen. Ursachen – Ziele und Gruppen – Verlauf – Ergebnisse« darauf hin, dass der politisch-militärische Arm des Hussitismus in seiner expansiv u.a. in das Reichsgebiet getragenen Revolution aufgrund uneinheitlicher Führung und falsch gewählten, weil zu furchteinflößenden Mitteln der »herrlichen Heerfahrten« (153) mit Brandschatzungen bedeutender Reichsstädte in seinem Ziel der Ausbreitung und Erörterung der hussitischen Glaubensdogmen (Vier Artikel) letztlich scheitern musste. Auch im Inneren konnte der Hussitismus bei aller aufrührerischen Sprengkraft gegenüber der bisherigen aristokratischen Führungsschicht Böhmens aufgrund von inneren Friktionen und der gnadenlosen Verfolgung von Abweichlern in den eigenen Reihen nicht zu einer »egalitären Revolution« werden.

Stephan Flemming schildert in seinem Beitrag »Von Tannenberg nach Krakau. Der Niedergang des Deutschen Ordensstaates und der Aufstieg Polens« ebenso kompakt wie faktengetreu die bekannte Entwicklung Polens als spätmittelalterliches Königreich im Zuge der Hochzeit Hedwigs mit dem litauischen Großfürsten Jagiełło sowie dessen Behauptung gegen den nach der Christianisierung Litauens eigentlich seiner Existenzgrundlage beraubten Deutschen Orden. Dies konnte nur in einer Reihe von Kriegen und bis in die Neuzeit bindenden Friedensschlüssen wie dem Zweiten Thorner Frieden von 1466 sowie der Zwangsumwandlung des einstigen Ordensstaates in ein polnisches Kronlehen gelingen. Erkenntnisreicher sind Flemmings Ausführungen über das v.a. kulturelle »Goldene Zeitalter« des Königreichs Polen (173–182), in dessen Beiträge zur konziliaristisch-papstkritischen Kirchenreform mit den Zentren Raudnitz und Krakau (Universitätsgründung 1364) herausgestrichen werden. Die Entwicklung führte zu einer asketischen Erneuerung und vertieften Passionsverehrung des Benediktiner- und Zisterzienserordens, wirkte aber auch anziehend auf Glaubensflüchtlinge bis zum Beginn der Reformation. Am Beispiel des Krakauer Königshofes Wawel wird zudem die Bedeutung Polens als Zentrum der Baukunst gewürdigt, das viele italienische und deutsche Künstler wie Hans Dürer oder Veit Stoß anzog und, wie im Falle des letzteren, zu beachtlichen holzschnitzerischen Leistungen anregte. Wäre eine kritische Betrachtung der überkommenen Ritualität des Deutschen Ordens bei der Organisation seiner letzten Preußenreisen vielleicht ein dankbarer Kontrast gewesen?

Martin Clauss skizziert in seinem Beitrag »Das Ringen zwischen England und Frankreich. Der Hundertjährige Krieg« packend die Gründe, den Verlauf und die Folgen der 116 Jahre andauernden Auseinandersetzungen zwischen den Königen von England und Frankreich wechselnder Dynastien. Während die dynastischen Ursachen des 100-jährigen Krieges für dessen erste Phase (in Anlehnung an die französische Forschung) vielleicht zu überbetont werden, gelingt es Clauss am Beispiel sozialer Umwälzungen und Aufstände durch ausgebeutete Bauern in Frankreich sowie durch unzufriedene Steuerzahler in England im 14. Jahrhundert durchaus auch, gesellschaftliche Umwälzungen als Begleiterscheinung des Krieges zu markieren. Die nationale, zentralistische Weiterentwicklung Frankreichs sowie die Konzentration Englands auf die eigene Insellage bezeichnet der Autor als eigentliche Folge des Krieges.

Nur kursorischer besprochen werden müssen die deutlich knapperen Beiträge von Gudrun Gleba »Könige, Fürsten und das Reich im 15. Jahrhundert. Fragmentarische Aufzeichnungen«, Karl Vocelka »Tu felix austria nube. Die Europäisierung der habsburgischen Hausmachtpolitik« sowie »Der Untergang des Byzantinischen Reiches« von Günter Prinzing, da die Autoren allesamt zur Reproduktion von Handbuchwissen tendieren. So rekonstruiert Prinzing etwa ein weiteres Mal die langfristigen Ursachen der Eroberung Konstantinopels sowie die diversen Versuche der lateinisch-orthodoxen Kirchenunion, anstatt sich etwa am Beispiel der Rede »*Constantinopolitana clades*« (1454) des Aeneo Silvio Piccolomini stärker auf die für den Band eigentlich interessanteren europäischen Reaktionen auf dieses umwälzende Jahrtausendereignis zu konzentrieren.

Ein erhellender und würdiger Abschluss des Bandes ist der Beitrag des Herausgebers Klaus Herbers »Die Europäische Expansion. Akteure und Strukturen, Voraussetzungen und Ziele«, der anstelle einer Nacherzählung des Zeitalters der Entdeckung am Beispiel Heinrichs des Seefahrers und Christoph Colombus' auf deren vielschichtige Motive für deren ausdauernde und beharrliche Betätigung als Förderer der Seefahrt bzw. Entdecker Amerikas eingeht. Dabei wird insbesondere die geographische Bedeutung Spaniens und vor allem Portugals als »geeigneter Nährboden für die Expansion« (233) herausgehoben. Dieser bestand bei beiden Königreichen aufgrund deren dynastischer Konsolidierung, deren Betätigung in der Reconquista Nordafrikas oder Andalusiens in kreuzfahrerischer Tradition (Eroberungen von Ceuta [1415] und Granada [1492]) oder bei der Erschließung neuer Handelsmöglichkeiten etwa in Bezug auf die durch Marco Polo tradierten Reichtümer Indiens. Als geistigen Horizont der angestoßenen Erkundungsfahrten benannten bereits Zeitgenossen zudem die Sehnsucht nach der Kontaktaufnahme mit mutmaßlichen christlichen Herrschern im Osten (dem mythologisierten Priesterkönig Johannes) und eine Fortsetzung der Reconquista und einer Missionierung von Heiden. Insgesamt gelingt es Herbers stets, die traditionell mittelalterliche Grundlage der Expansion als mittelalterliche »Wintersaat« (240) des »Frühlings der Neuzeit« herauszustreichen. Der insgesamt anregende und überdies üppig illustrierte Band schließt mit einem kommentierten Fußnoten- und Literaturapparat, gegliedert nach Beiträgen. Ein Register musste offensichtlich entfallen. *Andreas Willershausen*

Franz Machilek (Hrsg.): Die hussitische Revolution (Forschungen und Quellen zur Kirchen- und Kulturgeschichte Ostdeutschlands, Bd. 44). Köln – Weimar – Wien: Böhlau 2012. 292 S. ISBN 978-3-412-20891-2. Geb. € 39,90.

Die Arbeitstagungen zur ostmitteleuropäischen Kirchen- und Kulturgeschichte gehören zu den traditionellen Veranstaltungen des Instituts für Ostdeutsche Kirchen- und Kulturgeschichte e.V. Eine dieser Tagungen, die 2008 im Schloss Spindlhof abgehalten wurde, war ausgewählten Aspekten der hussitischen Revolution gewidmet. Das Hauptziel der Organisatoren war einerseits die Behandlung des »Erscheinungsbildes und [der] Wirkung der hussitischen Revolution an ausgewählten Fragen und Problemen« und andererseits die Betonung der »regionalen Entwicklungen des Hussitismus in Böhmen und den Nachbarländern«. Beides versucht man auf zwei thematischen Ebenen darzulegen. Während im ersten Abschnitt, genannt »Der Hussitismus – Grundsätzliche Perspektiven«, thematisch weit voneinander liegende Aufsätze zu finden sind, die einander kaum berührende Aspekte behandeln, gewinnt das Sammelwerk im zweiten, den »Regionalen Aspekten des Hussitismus« gewidmeten Teil, sichtlich an Kohärenz.

Zunächst unterzieht Georg Denzler die Versuche einer Reform der Kirche um das Jahr 1400 einer scharfen Kritik und begründet die nachfolgende europäische Reformation mit der Unfähigkeit zeitgenössischer Eliten, die dringend erforderlichen Reformen durchzuführen. Peter Hilsch gibt danach in einer traditionell konzipierten Biografie von Jan Hus eine eindeutig negative Antwort auf die Frage, ob der tschechische Reformator eine Bedrohung für die ehemalige Kirche und das Reich darstellte. Dušan Coufal untersucht im Folgenden zwei Textvarianten der Verteidigung des Laienkelchs von Jan Rokycana, die dieser vor dem Basler Konzil vorgetragen hat. Coufal zufolge hat Rokycana seine Rede in Basel noch einmal überarbeitet. Blanka Zilynska weist in ihrem Aufsatz auf Verwandtschaften und Unterschiede zwischen den utraquistischen Synoden und den Synoden im Mittelalter einerseits und derjenigen im Zeitalter der Reformation andererseits hin. Jaroslav Boubín setzt sich anschließend mit den Quellen und verschiedenen Aspekten der unversöhnlichen Kritik an der mittelalterlichen Kirche und Gesellschaft in den Werken des originellen tschechischen Reformdenkers Petr Chelčický auseinander, der die Struktur der mittelalterlichen Gesellschaft ablehnte. Gegensätzliche gesellschaftliche Tendenzen stehen im Mittelpunkt des Beitrags von Winfried Eberhard, der den dornigen Weg zum Zusammenleben von Katholiken und Utraquisten im 15. Jahrhundert darstellt und der Problematik der Koexistenz und der Toleranz unter den zeitgenössischen politischen und sozialen Verhältnissen nachgeht.

Den zweiten Schwerpunkt des Tagungsbandes stellen die regionalen Aspekte des Hussitismus dar, vor allem konzentrieren sich die Verfasser auf die Oberpfalz und die böhmisch-bayerische Grenze. Dieser Teil enthält tragfähige Studien, in denen traditionelle Themen aus bisher unberücksichtigter Perspektive betrachtet und teilweise aufgrund bislang unbekannter Quellen beleuchtet werden. Franz Fuchs ergänzt die Aussagen von Andreas von Regensburg über den »deutschen Hussiten« Ulrich Grünsleder mit Angaben aus einer unbekannten Urkunde sowie dem Regensburger Stadtrechnungsbuch. Anhand der Rechnungsbücher des Landschreibers im Herzogtum Niederbayern-Straubing weist Michaela Bleicher auf die hohen Kosten und logistischen Schwierigkeiten bei der Verteidigung des Landes gegen die wiederholten Einfälle der Hussiten (den sog. »alltägliche[n] Krieg«) hin. Die umfangreichste Studie des Bandes von Franz Machilek ist dem Echo der Hussiten in der Oberpfalz gewidmet. Der Autor nimmt die lokalen Anhänger der Hussiten, die Maßnahmen seitens der bayerischen Bischöfe und der weltlichen Macht gegen die Ausbreitung der Häresie wie auch die Kriegszüge der bayerischen Herzöge und des Pfalzgrafen in den Blick. Darüber hinaus verfolgt er die Spuren, die die Hussiten im historischen Gedächtnis der betroffenen Region hinterlassen haben.

Zwei Studien sind ausschließlich der Stadtwelt gewidmet. Heike Faltenbacher untersucht die im Egerer Stadtarchiv aufbewahrte, reichliche Korrespondenz der Reichsstadt Eger, die regelmäßig ein eigenes Aufgebot für die militärischen Aktionen gegen die Hussiten entsandte und einen nicht geringen Teil der Kosten der militärischen Operationen trug. Sie stellt fest, dass die Stadt, die treu an der Seite König Sigismunds stand, auch der Schauplatz wichtiger Tagungen der gegnerischen Seiten und des Austausches von Informationen über politische und militärische Ereignisse war. Miloslav Polívka fokussiert seine Darlegung auf die Wirtschaftskontakte der Reichstadt Nürnberg mit Böhmen während der hussitischen Revolution. Obwohl der Stadtrat den von der Kirche untersagten Handel mit »Ketzern« öffentlich leugnete, standen die Ratsherren doch ihren Kaufleuten und Bürgern, die wegen ihrer gefährlichen Geschäftsaktivitäten in Böhmen nicht selten in Gewahrsam genommen wurden, bei.

Zwei weitere Studien thematisieren die Auswirkungen des Hussitismus in Schlesien und Preußen. Franz Machilek stellt in einer zusammenfassenden Studie fest, dass Schlesien der ständigen Bedrohung durch Hussiten mehr als andere böhmische Länder ausgesetzt war, aber die hussitischen Ideen hier keinen nennenswerten Widerhall gefunden haben. Gisela Vollmann–Profe analysiert vier preußische chronikalische Berichte über die Feldzüge der hussitischen Truppen zur Ostsee und deren Belagerung der Städte und Burgen des Deutschen Ordens und kommt zu dem Schluss, dass die Chronisten nur einen kleinen Ausschnitt der tatsächlichen Tätigkeit der Hussiten in Preußen erfasst haben.

Im letzten Beitrag legt Thomas Wünsch dar, wie der Hussitimus das Deutungsparadigma der tschechischen und allgemeinen Geschichte in den Werken František Palackýs wurde und wie später Josef Pekař dieses Paradigma vor allem in Polemik gegen Tomáš G. Masaryk abzuwandeln versuchte. Für Pekař stellte die Hermeneutik als Grundlage der Interpretation historischer Probleme den einzigen Weg zur Erkenntnis des Sinns der Geschichte dar. Sein innovatives Konzept und seine Ablehnung der Instrumentalisierung der Geschichte sind Wünsch zufolge auch heute noch beachtenswert.

Trotz der zum Teil fehlenden thematischen Kohärenz bringen die Aufsätze des Tagungsbandes viele weiterführende Ergebnisse. Es muss vor allem das internationale Gepräge des Tagungsbandes unterstrichen werden, da sich dadurch manchen tschechischen Historikern (Zilynská, Boubín, Polívka, Coufal) die Gelegenheit bot, die Ergebnisse ihrer langjährigen Forschungsarbeit dem deutschsprachigen Publikum vorzustellen. Der größte Gewinn des Bandes liegt jedoch in der Bereicherung der Forschung des Hussitismus um die bislang wenig beachtete regionale Dimension (besonders hinsichtlich der Oberpfalz und Bayerns), und das auch aufgrund der Verbreiterung der Quellenbasis.

Přemysl Bar

Thomas Martin Buck, Herbert Kraume: Das Konstanzer Konzil (1414–1418). Kirchenpolitik – Weltgeschehen – Alltagsleben. Ostfildern: Jan Thorbecke 2013. 390 S. ISBN 978-3-7995-0502-4. Geb. € 26,99.

2014, ein Gedenkjahr par excellence: Ob Augustus oder Karl d. Große, ob Bouvines oder Ausbruch des Ersten Weltkriegs, es werden geradezu Gedenkmaschinerien in Gang gesetzt – und da will auch Konstanz nicht zurückstehen. Mehr noch, hier soll über volle vier Jahre an jenes 1414 am Ort zusammengetretene Konzil erinnert werden, das der lateinischen Christenheit nach fast 40-jährigem Papstschisma wieder zur Einheit verhalf. Und damit explizit auch an jene im Wortsinn große Kurtisane Imperia, deren Statue die Hafeneinfahrt der Stadt dominiert: Es lebe das Event, und man kann nur hoffen, dass die (zum Zeitpunkt der Abfassung dieser Rezension noch nicht eröffnete) Landesausstellung am Ort ein Gegengewicht bildet, worauf zumindest der vorab bereits erschienene Essay-Begleitband deutet. Überhaupt tut sich im Vorfeld Einiges: So hat die WBG ein Faksimile der Konstanzer Handschrift von Richentals Konzilschronik samt kenntnisreicher Einführung des Stadtarchivleiters Jürgen Klöckler aufgelegt und parallel dazu eine Monographie von Jan Keupp und Jörg Schwarz, die wiederum mit ihrem flott-glatten Zugriff – bezeichnend ist die Schlusshommage an Imperia – zu besagtem Eventcharakter passt. Und für den Herbst ist eine Darstellung des Constantiense aus der Feder von Ansgar Frenken, einem der besten Kenner der Materie, zu erwarten, wie auch der renommierte, regelmäßig auf der Reichenau tagende Konstanzer Arbeitskreis für mittelalterliche Geschichte dann die von Gabriela Signori und Birgit Studt besorgten Akten eines 2011 diesem Konzil gewidmeten Kongresses vorlegen will, woran Buck als Mitautor übrigens ebenso wie an besagtem Essayband beteiligt ist.

Recht aufschlussreich sind übrigens die Titel dieses Reichenau-Bandes (»Das Konstanzer Konzil als europäisches Ereignis«) wie der Essay-Sammlung (»Weltereignis des Mittelalters. Das Konstanzer Konzil«) und auch der Untertitel des anzuzeigenden Bandes, belegen sie doch allesamt einen Wandel der Fragestellungen an das Konzil: 1964, als dessen 550-Jahrfeier zur Zeit des II. Vaticanum begangen wurde, standen noch theologisch-ekklesiologische Probleme im Vordergrund; so wurde – auch mit Blick auf die damalige kirchliche Situation – etwa das Dekret »Haec Sancta« als Ausweis einer von den Vätern stärker korporativ-kollegial akzentuierten Kirchenverfassung vielfach analysiert und der Umfang konziliarer Superiorität gegenüber dem Papst kontrovers diskutiert, was jetzt kaum mehr eine Rolle spielt (oder sollte seitdem alles dazu gesagt sein?). Stattdessen hat man die Generalkonzilien als polyvalente historische Phänomene mit all ihren Facetten von der Alltags- bis zur Verfassungshistorie entdeckt und über deren breit-multiperspektivische Erschließung die bis zur Profangeschichte unserer Tage reichenden Relevanzen offengelegt. Der Rezensent ist über diese Entwicklung alles andere denn unglücklich, wurde sie doch – im Kontext des »benachbarten« Basiliense – wesentlich von seinem Lehrer Erich Meuthen und dann von Johannes Helmrath und ihm selbst als dessen Schüler angestoßen. Solchem Ansatz fühlen sich auch Buck/Kraume verpflichtet, und selbstredend tut die wiederholte Zitierung durch sie dem eigenen Ego wohl. Mithin Lob als Dank für solches Lob; manus manum lavat? Darauf können beide fürwahr verzichten, denn hier steht eine Leistung für sich, deren unverwechselbares Profil wiederum wesentlich auf Bucks langjährigen Forschungen zu Richentals Chronik beruht. (Diese wiederum legte er 2010 in einer bescheiden »Leseausgabe« genannten Edition vor, die nur ein Jahr später bereits in zweiter Auflage erschien.)

Über weite Passagen liest sich das Buch wie eine auswertende Summa besagter Forschungen, indes reicht es natürlich weit über das Spektrum eines Chronisten hinaus, der »nur« eine Geschichte seiner Stadt während des Konzils und damit eines auf Zeit zur Weltbühne werdenden Ortes bieten wollte und konnte und damit dennoch, nicht zuletzt aufgrund der Illustrationen seines Werks, das Bild von der Synode wie kein zweiter bis zum heutigen Tag prägte. Zwar sparen auch die Autoren ähnlich Richental manche Themen fast aus (wie die Causae Jean Petit und Johannes Falkenberg oder die Reichsreform) bzw. streifen sie nur kurz (etwa das Konzil als Büchermarkt und Foyer des Humanismus); hie und da unterlaufen ihnen auch kleinere Fehler (z.B. gehörte Avignon nicht zu Frankreich; so 18, 42, 172) in einer aufs Ganze gut zu lesenden, allerdings nicht von Wiederholungen freien Darstellung (was übrigens auch für die Zitierweise im guten Quellen- und Literaturverzeichnis gilt, in dem man jedoch etliche der einschlägigen Studien Frenkens vermisst). Allein, eines ist der Band wahrlich nicht: ein zum Jubiläum rasch als Gelegenheitsprodukt verfasstes »populäres Sachbuch« – solch laut Vorwort (12) intendiertes Ziel wurde glücklicherweise verfehlt bzw. unter positiven Vorzeichen realisiert: Denn man findet sich gründlich und gewissenhaft in die Materie eingeführt (was wiederum den bewussten Verzicht auf Belege und Anmerkungen angesichts der vielen Quellen- und

Literaturnennungen im Text m. E. problematisch sein lässt), und dies gilt insbesondere für den Blick auf die von Richental um 1420 verfasste Chronik mit ihrer komplexen Überlieferungslage. In deren im weiteren Verlauf des 15. Jahrhunderts variierend-fluktuierender Form spiegeln sich die ihrerseits ändernden Zeitumstände, es schimmert die »soziale Logik« des Werks durch (Gabrielle M. Spiegel), und so wird man – über das konkrete Beispiel hinaus – generell für Diskurs- und Kommunikationszusammenhänge historischer Dokumente sensibilisiert. Konkret: Die sich ins Negative wendenden wirtschaftlich-sozialen Bedingungen im nachkonziliaren Konstanz wirkten auch auf die Darbietung von Richentals Text ein, da die Konzilszeit zum goldenen Zeitalter verklärt wurde. Mithin lässt sich zeigen, dass jede Geschichtsschreibung eine höchst subjektive Angelegenheit ist – Fachleute mag das nicht unbedingt neu anmuten, doch für historisch interessierte, indes mit den Methoden und Theorien moderner Geschichts- und Literaturwissenschaft weniger vertraute Leser bietet sich hier ein didaktisch vorzüglicher Cicerone an, der am Exemplum Richental Anschaulichkeit und Reflexion zu verbinden weiß, im Besonderen das Allgemeine aufscheinen lässt.

Beiden Autoren kommt dabei ihre pädagogische Erfahrung zugute – Buck ist Professor an der PH Freiburg, Kraume Gymnasiallehrer und Verfasser von Schulbüchern wie von Darstellungen etwa des burgundischen Spätmittelalters (er hat sich aber auch mit einer Dissertation über die Gerson-Übersetzungen des Geiler von Kaysersberg einen Namen gemacht). Die von Buck stammenden Kapitel »Alltag des Konzils« und »Der Chronist der Stadt« scheinen mir die gelungensten des Buchs, welche sich mit den von Kraume verfassten – so den anschaulichen Ausführungen zu Hus in Konstanz – zu einem fast geschlossenen Ganzen fügen. Fast, denn niemand weiß wohl besser als Buck, wie viel Arbeit noch zu leisten bleibt: z.B. eine digitale Edition der Richental-Chronik, die den wegen des erwähnten Wandels von Funktionen und Nutzungsintentionen sich seinerseits ändernden Text in allen Stufen adäquat abzubilden vermag, oder auch eine – über Konstanz hinaus aufschlussreiche – Untersuchung der Konzilsnationen und ihrer personellen Zusammensetzungen. Es hat schon gute Gründe, wenn hier inzwischen Institutionen wie DFG oder »Monumenta Germaniae Historica« fördernd tätig wurden.

Gleich zu Beginn des Vorworts ist davon die Rede, dass dieses Buch keine »umfassende Geschichtserzählung« sein will, »die zugleich strengen wissenschaftlichen Ansprüchen genügt« (9), und man wird dafür auf die Darstellung von Walter Brandmüller verwiesen, die aber wegen ihrer eng kirchengeschichtlich-theologischen Ausrichtung und dezidiert römischen Positionen m. E. nur als Referenzwerk auf Zeit zu gelten hat. Hier zeichnen sich hingegen besagt breiter angelegte Fragestellungen an das Konzil als einem eben polyvalenten historischen Phänomen ab. Ob Buck nicht eines Tages – übrigens in großer, u. a. mit dem Namen Heinrich Finke verbundenen Freiburger Tradition – ein solches opus magnum über das Konzil schreiben könnte? *Heribert Müller*

5. Reformation und Frühe Neuzeit

GÖTZ ADRIANI, ANDREAS SCHMAUDER: 1514. Macht – Gewalt – Freiheit. Der Vertrag von Tübingen in Zeiten des Umbruchs. Ostfildern: Jan Thorbecke 2014. 512 S. m. zahlr. farb. Abb. ISBN 978-3-7995-0550-5. Geb. € 39,95.

2014 ist das Jahr der Jubiläen: 100 Jahre Ausbruch des Ersten Weltkriegs, 75 Jahre des Zweiten, 150 Jahre Schlacht bei Düppel, 25 Jahre Mauerfall usw. In Württemberg erinnert man sich 2014 in besonderer Weise der 500. Wiederkehr des Aufstands des sog.

›Armen Konrad‹ und des in seinem Kontext am 8. Juli 1514 zwischen Herzog und »Ehrbarkeit« vereinbarten Tübinger Vertrags, der in der Vergangenheit immer wieder als eine Art württembergische Magna C(h)arta charakterisiert wurde. Die Kunsthalle Tübingen nahm dieses ehrwürdige, über den engeren württembergischen Kontext weit hinausweisende Jubiläum zum Anlass, um unter der Schirmherrschaft des Ministerpräsidenten und S. K. H. Carl Herzog von Württemberg eine beachtliche Ausstellung zu organisieren und zu zeigen, die nun nicht allein den Tübinger Vertrag in seiner historischen Dimension vorstellt, sondern ein umfassendes Bild von den Zeiten des Umbruchs zeichnet, in die der Vertrag hineinfiel. Zur Ausstellung erschien ein inhaltlich wie von der Kilogramm-Zahl her wahrhaft gewichtiges, opulent ausgestattetes Begleitbuch, das im Folgenden einer näheren Durchsicht unterzogen werden soll.

Die Publikation wird vom ehemaligen Direktor der Tübinger Kunsthalle und nunmehrigem Vorstand der gleichnamigen Stiftung, Götz Adriani, sowie von dem seit seiner grundlegenden Dissertation zum ›Armen Konrad‹ von 1998 mit der Thematik bestens vertrauten Andreas Schmauder, jetzt Stadtarchivar von Ravensburg, verantwortet, aber keineswegs allein geschultert. Vielmehr wurden sie bei der Abfassung der zugehörigen Beiträge von namhaften Fachexperten zu Epoche und / oder Region wie z. B. Sigrid Hirbodian, Peter Blickle, Franz Brendle sowie Dieter Langewiesche unterstützt. Jedoch verfassten Adriani und Schmauder den Löwenanteil der Texte, wobei besonders die fundierte Kenntnis der Zusammenhänge bei ersterem im positiven Sinne überrascht. Man gewinnt unvermeidlich den Eindruck, Adriani habe nie etwas anderes gemacht, als zur württembergischen Landesgeschichte des 15. / 16. Jahrhunderts im Kontext ihrer Zeit zu forschen. Ihm und seinen Ausführungen merkt man eine ganz besondere Empathie für das Ausstellungsthema an, die zwar Standard sein sollte, aber längst nicht die Regel ist. Das allein schon verdient Lob und Respekt!

Der Band setzt sich zusammen aus jeweils sehr informativen Aufsätzen, welche die zehn Kapitel des Bandes respektive Abteilungen der Ausstellung eröffnen oder in diese eingestreut sind, und in die erläuternden Kurztexte zu den einzelnen Ausstellungsobjekten, die sich vollständig und in absolut hervorragender Qualität im Band wiedergegeben finden (beeindruckend ist dabei z. B. der Abdruck der Grazer Ausgabe des Triumphzuges Kaiser Maximilians I., 242–265, natürlich in Farbe!). Umrahmt von einem Prolog (15f.) bzw. Epilog (499) aus der Tastatur Adrianis, die beide durch den Hinweis auf die aktuelle Zuwanderungsdebatte und die Auseinandersetzungen um Stuttgart 21 reichlich unverkrampft den Bogen der Ereignisse von 1514 zur Gegenwart spannen, lauten die Kapitel im Einzelnen »I. Die Erforschung der Welt um 1514« (19–98), »II. Die gesellschaftlichen Verhältnisse um 1500« (100–152), »III. Der Vertrag von Tübingen und seine Protagonisten« (155–214), »IV. Kaiser Maximilian und die Bildmedien« (217–265), »V. Dürers Meisterschaft 1514« (269–276), »VI. Ulrich von Württemberg verliert sein Herzogtum« (279–330), »VII. Kaiser Karl V. Herzog von Württemberg« (333–392), »VIII. Die Rückkehr Herzog Ulrichs von Württemberg als Protestant« (395–432), »IX. Das Fortwirken des Vertrags zu Tübingen« (435–472) sowie »X. Uhland, Hegel, Engels – Die Auseinandersetzungen um den Vertrag zu Tübingen im 19. Jahrhundert« (475–497). Kurzbiographien zu den beteiligten Autoren (500) sowie umfassende Literaturhinweise (501–510) bzw. die erforderlichen Fotonachweise (511) beschließen das in jederlei Hinsicht beeindruckende Druckwerk.

Beeindruckend ist der Band, weil er, wie schon erwähnt, mit Bildmaterial überaus reich und in feinster Qualität ausgestattet ist. Beeindruckend aber auch, weil seine Textbeiträge längst nicht nur Altbekanntes vermitteln, sondern auch mit Neuem, mit weiterführenden Erkenntnissen aufwarten, insofern also für interessierte Laien wie das

Fachpublikum gleichermaßen lesenswert sind. Das gilt etwa, um ein beliebiges Beispiel herauszugreifen, für Blickles Ausführungen zu den Bürgerrechten, die sich bei näherer Betrachtung des Tübinger Vertrages mitnichten als Erfindung der Aufklärung oder Französischen Revolution erweisen, sondern viel ältere Wurzeln haben (214). Beeindruckend, weil der Band nicht nur eine hervorragende Zusammenstellung an Illustrationen zum Thema liefert, sondern auch neue, brauchbare Transkriptionen der wichtigsten Quellen – Lob und Dank hierfür insbesondere an Andreas Schmauder! Beeindruckend aber auch, weil die Publikation dabei noch mit erfrischenden Überraschungen aufwartet: Wer hätte denn einen Andy Warhol von 1986 (462f.) in einem Ausstellungsband zum Tübinger Vertrag von 1514 vermutet? Hier wie überhaupt erweist es sich als ein wahrer Glücksgriff, dass bei diesem Vorhaben Kunstgeschichte, Museumsexpertise und historische, landesgeschichtliche Forschung eine Symbiose einging: Respekt für den großen Ertrag und Kompliment, keineswegs Neid des Außenstehenden! Herausgekommen ist also eine in jeder Hinsicht lobenswerte Rückschau nicht allein auf den Tübinger Vertrag im Aufstand des ›Armen Konrad‹ von 1514, der wegen seiner herausragenden Wirkmächtigkeit auf die weitere württembergische Geschichte allein schon ein dickes Buch wert ist, sondern eine vom thematischen Zugriff her umfassende Synthese zur Geschichte Württembergs in der Welt des 16. Jahrhunderts. Insofern kann sich jeder Besitzer dieses von seinen Maßen her gerade noch handlichen neuen Standardwerks aufrichtig glücklich schätzen, es unter seinen Büchern zu wissen!

Oliver Auge

Gerlinde Huber-Rebenich (Hrsg.): Lehren und Lernen im Zeitalter der Reformation (Spätmittelalter, Humanismus, Reformation, Bd. 68). Tübingen: Mohr Siebeck 2012. XI, 263 S. ISBN 978-3-16-151973-4. Geb. € 89,00.

Während sich der Pädagoge Ralf Koerrenz zu Anfang dieses Sammelbandes, der die Erträge einer 2009 an der Forschungsbibliothek Gotha abgehaltenen Tagung publiziert, eher überblicksartig einer »gegenwartsorientierten Lektüre von Luthers Schulschriften« widmet, bieten die anderen Autoren wertvolle Studien, die, erkenntnisfördernd auch durch die jeweils am Ende beigegebenen Bibliographien, weit in die diversen Zweige der textuellen Überlieferungsgeschichte und Verwendungszusammenhänge vordringen. Harald Müller verfolgt anhand der gedruckten wie ungedruckten Korrespondenz die Lern- und Lektüreempfehlungen des Ottobeurener Benediktiners Nikolaus Ellenbog, einer Zentralfigur des sog. Klosterhumanismus. Ellenbog bemühte sich um die Lektüre des lateinischen Platon und hielt sich als Briefschreiber gern an Poliziano und Filelfo. In den Mittelpunkt der Darstellung rücken, mit genauer Aufstellung der diesbezüglichen Briefe samt Kurzregesten, Ellenbogs Schreiben an die Nonnen des Zisterzienserklosters Heggbach, zu dem verwandtschaftliche Beziehungen bestanden. Michael Rupp beleuchtet gewinnbringend die Konturen von »imitatio« und »eloquentia«, vor allem die durchaus variable und pragmatische Stilgebung und Stilnormierung im Werk des durch seine Schülergespräche berühmten Paulus Niavis. Anhand einer für den Schulgebrauch gedachten Textsammlung des Erasmus von Rotterdam (*Opuscula aliquot*, zuerst 1514, weit mehr als 100 Druckausgaben) werden von Michael Baldzuhn, ausgehend von der Nördlinger Ausgabe des Jahres 1521, Konzeptionen der schulischen Verwendung der spätantiken *Disticha Catonis* und ähnlicher spruchhafter Kurzdichtungen erörtert.

Zwei Beiträge beschäftigen sich eindringlich mit dem Werk Melanchthons. Dabei geht es (so Thomas Töpfer) einerseits um die Vorgänge der Bearbeitung, Rezeption und dogmatischen Kanonisierung von Melanchthons *Loci communes*, andererseits um die verhängnisvolle Konfrontation der lutherischen Orthodoxie, auch des sog. Konkordienlutherthums, mit dem ›Philippismus‹, wobei immer wieder auch fragliche Grenzziehungen zwischen Theologie und Philosophie zur Debatte standen. In dichter Textarbeit führt Walther Ludwig zu »Art und Zweck der Lehrmethode Melanchthons« anhand von »Beobachtungen anlässlich der ersten Übersetzung seiner *Initia doctrinae physicae*«. Es wird im Detail klar, mit welchen Mitteln sich Melanchthon um Anschaulichkeit und Verständlichkeit, zugleich um theologische Rückbindung bemühte, aber auch, wie scharf er mit Epikureern und Stoikern abrechnete. Die diesbezüglichen Formulierungen wirken ebenso aggressiv wie letzthin von tiefer intellektueller Betroffenheit motiviert. Zu diesen Beiträgen gesellen sich Ausführungen von Volker Leppin über die Disputationen in der Frühzeit der Reformation (Luther, Eck, Karlstadt, Zwingli), die »als Medium der Theologie- und Kirchenreform« weit über den akademischen Bereich hinausdrangen. Daniel Gehrt zeichnet in seinen weit vordringenden Darlegungen anhand des oft nachgedruckten *Kleinen Corpus Doctrinae* des Dogmatikers und Kirchenhistorikers Matthäus Judex (geb. 1528) die Wirkungsprofile und Verarbeitungsinteressen im Gefolge von Luthers Katechismen in den Streitigkeiten und in diversen regionalen Zentren bis weit ins 17. Jahrhundert. In forscherliches Neuland dringen auch zwei musikhistorische Abhandlungen von Franz Körndle vor: zu »Vocabularien im Musikunterricht um 1100« und zur »Musik im Theater der Jesuiten«, beide besonders ertragreich durch die Auswertung bislang unbekannter Handschriften. Im Umkreis der schulgebundenen Bühnenkultur bewegt sich zuletzt auch ein »Projektbericht« von Christel Meier (»Lehren ›in lebendigen Bildern‹: zum pädagogischen Impetus des frühneuzeitlichen Theaters«). Frau Meier entwirft hier vor allem die verschiedenen dramaturgischen, emotionalisierenden und multimedialen Möglichkeiten der theatralischen Wirkungskalkulation, zumal der Wissensvermittlung, unter Einbezug der Zuschauer.

Zu danken ist dafür, dass der lesenswerte Band mit einem Personen-, Orts- und Sachregister ausgestattet ist. *Wilhelm Kühlmann*

Johannes Voigtländer: Ein Fest der Befreiung. Huldrych Zwinglis Abendmahlslehre. Neukirchen-Vluyn: Neukirchener 2013. XI, 239 S. ISBN 978-3-7887-2653-9. Kart. € 39,00.

Dass es nicht ausreichend Publikationen zu Zwinglis Abendmahlslehre gäbe, zumal über den Streit mit der lutherischen Abendmahlslehre in Marburg 1529, behauptet auch Voigtländer nicht, aber es ist »anscheinend noch nie die Abendmahlslehre Zwinglis zusammenhängend, über alle Jahre seines reformatorischen Wirkens, dargestellt worden« (3). Das will Voigtländer mit dieser Schrift ändern und geht nach einem Forschungsüberblick alle relevanten Schriften Zwinglis durch, um zu zeigen, wie Zwingli seine Abendmahlslehre entwickelte. Er moniert, dass viele Autoren Zwingli gegen Luther ausspielen und Zwinglis Leistung, eine eigenständige Abendmahlslehre entwickelt zu haben, zu wenig würdigen. Als Desiderat der bisherigen Forschung merkt er an, dass es gerade die letzten beiden Lebensjahre Zwinglis seien, die für die weitere Abendmahlslehrentwicklung nicht berücksichtigt worden sind. Dem will er insbesondere abhelfen.

Indem er nun Zwinglis Schriften je einzeln für sich durchgeht, werden oftmals etwas langatmig dieselben Argumente und Argumentationsstrukturen dargelegt. Folgende Schwerpunkte lassen sich aber beobachten: Bis zum Herbst 1524 setzt sich Zwingli mit der Vergegenwärtigung des Opfers in der Eucharistie und mit der Transsubstantiation auseinander. Auch die Realpräsenz ist ein Thema, soll aber erst später noch an Brisanz gewinnen. Er hebt auch die sozial-ethische Dimension der Abendmahlsfeier für das Gemeinwesen hervor, denn wie immer auch das Abendmahl verstanden wird: Es zieht ein Verständnis von gesellschaftlicher und sozialer Verantwortung nach sich. Denn in allen Dingen geht es immer und allein darum, Gott die Ehre zu geben. Vom Herbst 1524 bis zum Sommer 1525 hebt Zwingli hervor, dass das »est« der Einsetzungsworte als »significat« zu verstehen sei und dass das Pessachmahl als Befreiungsmahl zu verstehen ist. Zwingli sieht es in Analogie zum Abendmahl als ein Fest des Wiedergedächtnisses der leiblichen Erlösung durch Christus. Vom Sommer 1525 bis zum Herbst 1529 steht die Realpräsenz Christi in seinen beiden Naturen im Vordergrund. Zwingli lehrt, dass nur die göttliche Natur Jesu Christi in den Abendmahlselementen realpräsent sei, nicht aber die menschliche Natur, die immer zur Rechten des Vaters verbleibt. Luthers Verständnis, dass auch die menschliche Natur Jesu Christi in den Elementen realpräsent ist, nimmt die Lehre der »communicatio idiomatum« in Anspruch, während Zwingli lieber von einer »Alloiosis« spricht. Die beiden letzten Lebensjahre Zwinglis bezeichnet Voigtländer als eine Zeit, in der Zwingli seine Abendmahlslehre dekonstruiert. Darunter versteht Voigtländer, dass Zwingli auch nach dem Marburger Religionsgespräch 1529 nicht aufhörte, bessere und geeignetere Verstehensmöglichkeiten zu suchen und gegebenenfalls auch vorhandene Gedankengänge von Missverständnissen zu befreien. Wo allerdings Zwingli so vorgegangen ist, legt Voigtländer nicht schlüssig dar; vielmehr wird deutlich, dass Zwingli seine eigene Position vertieft und bekräftigt: Gott allein schafft das Heil der Menschen durch seine Gnade im Glauben. Wenn nun die Glaubenden Abendmahl feiern, ist das eine Antwort auf das Heilsgeschenk, das Gott den Menschen durch den Heiligen Geist hat zuteilwerden lassen, so dass sie glauben. Eine Heilszueignung durch die Abendmahlsfeier nach lutherischem Verständnis lehnt Zwingli ab. Gleichwohl spricht Zwingli von der Realpräsenz vermittels seines Begriffs der »fidei contemplatio«, der glaubenden Betrachtung: »Denn Realpräsenz bleibt ein Ereignis in der Verfügung Gottes, der dem Glaubenden, das heißt durch den Heiligen Geist, pneumatologisch, das Herz und den Verstand auftut, damit er und sie erkennt, glaubend erkennt, dass Jesus Christus wahrhaft anwesend ist« (208). Voigtländer beschließt seine Untersuchung mit einem Ertrag, nicht ohne aktuelle Bezüge Zwinglischer Abendmahlstheologie hervorzuheben: »Vielmehr werden wir uns als Gemeinden fragen müssen, ob wir Zwinglis Anstöße gegen die Individualisierung und Privatisierung des Abendmahls und damit der Theologie und des gemeindlichen Handelns überhaupt, noch wahrnehmen und hören wollen. Eine Theologie, eine Kirche, eine Gemeinde und ihr Abendmahlsverständnis, das sich für Entprivatisierung stark macht, würde heute neu dem Wort, der Botschaft, dem Evangelium der Befreiung einen Raum und einen Rahmen für verantwortliches Handeln der Menschen, die sich fröhlich als Geschöpfe verstehen, ermöglichen und eröffnen.« (224)

Jörg Neijenhuis

MATTHIAS FIGEL: Der reformatorische Predigtgottesdienst. Eine liturgiegeschichtliche Untersuchung zu den Ursprüngen und Anfängen des evangelischen Gottesdienstes in Württemberg (Quellen und Forschungen zur württembergischen Kirchengeschichte, Bd. 24). Epfendorf: Bibliotheca Academica 2013. XI, 461 S. ISBN 978-3-928471-85-5. Kart. € 49,00.

Bislang findet sich in der Literatur der eher allgemeine Hinweis, der Hauptgottesdienst in Württemberg verdanke sich oberdeutschem Einfluss und sei deshalb als Predigtgottesdienst konstruiert. Dieser These geht vorliegende Tübinger Dissertation näher nach und möchte das Manko beheben, dass nach Meinung des Vf. kaum ein Autor über Vermutungen hinauskomme (so 12). Vf. gliedert seine Untersuchung wie folgt: Nach einer Einleitung mit Fragestellung, Forschungsgeschichte und Methodik (1–13) folgt das Kapitel I: »Gottesdienst im Spätmittelalter«, das sich in die Unterkapitel »Messe«, »Gemeindekommunion« und »Predigt« aufgliedert (15–107). Es geht also um jene sich dem Mittelalter verdankenden Gottesdienstformen, die die beiden aus der Messe verdrängten Bestandteile der Predigt und – wenige Male im Jahr – der Kommunionfeier der Gemeinde aufnahmen. Kapitel II: »Der Ablauf eines spätmittelalterlichen Predigtgottesdienstes« thematisiert den Ablauf einer spätmittelalterlichen Pfarrpredigt, eines Prädikantengottesdienstes sowie einer Mendikantenpredigt (109–185). Kapitel III: »Zur Situation der Predigt in Württemberg unmittelbar vor der Reformation« (187–208) macht auf die hohe Konzentration von Prädikaturen in Württemberg aufmerksam und sieht eine Parallele in der Häufigkeit gotischer Steinkanzeln in diesem Raum. Mit Kapitel IV: »Der reformatorische Gottesdienst in den oberdeutschen Reichsstädten« (209–354) ist der eigentliche Kern der Untersuchung erreicht. Gemäß der damaligen politischen Konstellationen werden neben Reutlingen die Städte der Confessio Tetrapolitana Konstanz, Lindau, Memmingen und Straßburg thematisiert, sodann Ulm, Biberach, Esslingen, Heilbronn, schließlich Schwäbisch Hall. Kapitel V: »Die Württembergische Kirchenordnung von 1536« holt die Reformen des Herzogtums Württemberg ein, ausgehend von jener Kirchenordnung, aber auch mit Blick auf heutige Situationen (355–392). Ein »Ergebnis« fasst den Gedanken ganz zusammen (395–408). Es schließen sich an ein Quellen- und Literaturverzeichnis (409–450), ein Personen- und Ortsregister (451–455; 457–461).

Die These des Vfs. lautet, man habe in Württemberg an jenen mittelalterlichen Prädikantengottesdienst angeknüpft: »Damit hatten die Reformatoren in Südwestdeutschland, welche zuvor nahezu allesamt Prädikantenstellen inne hatten, später im Herzogtum Württemberg nicht nur zwei Optionen – die Reform und Reinigung der Messe (Luther in Wittenberg!) oder den Ausbau der klassischen Pfarrpredigt (Zwingli in Zürich!) – sondern mit dem Prädikantengottesdienst eine dritte Option, einen Gottesdienst, den sie selbst vorzubereiten und zu feiern gewohnt waren« (208). Die These ist zunächst einleuchtend: Viele der ersten Reformatoren Württembergs waren Prädikanten und bauten eine der Gottesdienstformen aus, die sie gewohnt waren. Und doch wäre zu hinterfragen, warum man nicht den Messtyp zur Grundlage wählte, denn die Messe war schließlich auch bekannt, vor allem, wenn die Prädikanten Priester waren. Damit ist ein erstes Problem der Untersuchung benannt: Durchgängig bemerkt man – wohl biographisch bedingt – den Ausgangspunkt des Vf., nämlich den Württembergischen Predigtgottesdienst. Mittelalterliche (oder auch katholische) Gottesdienstformen bleiben ihm völlig fremd. Einige Beispiele: Es stimmt einfach nicht, die mittelalterliche Messe sei erst »nach der Durchsetzung des *usus Romanae Curiae* gänzlich in lateinischer Sprache« gefeiert worden (17). Auch geht es nicht an, für das Mittelalter vom »Krankenabendmahl« zu sprechen, wie es Vf. (39) tut. Dass Vf. an mehreren Stellen die falsche Behauptung wiederholt, im Mittelalter sei das Singen der Psalmen Privileg des Klerus gewesen (255; 258; 280; 285; 303; 345), macht die Behauptung nicht richtiger. Die Untersuchung zeigt im Ganzen wenig Umsicht im Umgang mit Sekundärliteratur, so bezüglich der Unterscheidung zwischen überholtem und gängigem Forschungsstand. Ärgerlich sind verkürzte und damit falsch daherkommende Zitate, die zu abstrusen Thesen führen. Anlässlich der Ausführungen über die Wandlung der Elemente von Brot und Wein in Fleisch und Blut Christi zitiert er Arnold Angenendt, »Geschichte der Religiosität im Mittelalter« (37): »Dezidiert hat dieses Verstandnis erstmals Paschasius Radbertus († 859) vorgetragen«. Liest man die Stelle bei Angenendt nach, geht es da aber nicht um die Verwandlung der Gaben, zumal diese nicht erst durch Radbertus, sondern bereits seit Kirchenväterzeiten gut belegt ist. Vielmehr geht es Angenendt um eine entscheidend neue Facette des Eucharistieverständnisses im Mittelalter, nämlich die Opferung der konsekrierten Gaben an Gottvater (so bei Angenendt 503). Diese Neuinterpretation des eucharistischen Handelns im Mittelalter wird vom Vf. durch flüchtiges Zitieren verfehlt. Nicht zur Kenntnis genommen hat Vf. das Buch von Wolfgang Simon, Die Messopfertheologie Martin Luthers. Voraussetzungen, Genese, Gestalt und Rezeption (Spätmittelalter und Reformation. Neue Reihe 22), Tübingen 2003, das wesentlich präziser und tiefer mittelalterliche Liturgie zu bestimmen vermag. Nach Meinung des Rez. bleiben indes wichtige Fragestellungen, etwa nach dem Weihegrad eines Prädikanten oder nach der Wertung eines solchen Gottesdienstes im Vergleich zur Messe, leider ausgeklammert. Ebenso müsste nochmals deutlich geklärt werden, ob der Prädikantengottesdienst wirklich ein gegenüber der Pfarrpredigt neues und eigenes Paradigma gottesdienstlichen Handelns ist. Genau hierher hätte eine deutliche theologische Positionsbestimmung des Prädikantengottesdienstes aus mittelalterlicher Perspektive gehört. Das aber wäre eine eigene Untersuchung gewesen, und es fragt sich, ob Vf. sich mit dem langen und für ihn unsicheren Weg durch das Mittelalter nicht zu viel zugemutet hat.

Gleich zu Anfang und zum Schluss der Ausführungen (3 u. 408) findet sich ein Zitat von Erhard Schnepf aus seinem Antwortschreiben an den Heilbronner Rat auf dessen Bitte, die zweite Predigerstelle in Heilbronn zu übernehmen: »widererhebung des uralten apostolischen hochgegründten gottesdiensts«. Prüft man das Zitat genauer, fällt auf, dass an diesen Stellen der Beleg nicht stimmt. Lediglich S. 367 ist es korrekt wiedergegeben: Es findet sich im »Urkundenbuch der Stadt Heilbronn« 4, 763 (Nr. 3421). Vf. insinuiert, gerade die Württembergische Form sei von Schnepf gemeint, die sich anders als in Wittenberg eben nicht dem Messtyp des sonntäglichen Hauptgottesdienstes anschloss, und dieser Weichenstellung verdanke sich jene apostolische Qualität des Gottesdienstes, die nun allererst durch die Reformation wieder eingerichtet worden sei. Nach Ansicht des Rez. gibt der Kontext dies nicht her. Kontext ist vielmehr die »Verantwortung Heilbronns vor Kaiser Karl« von 1530 (im Urkundenbuch Nr. 3289, 563–592), wo die üblichen theologischen und liturgischen Monita benannt sind: Messopfer, Verweigerung des Laienkelches etc. Das besagte Zitat kann also auch in einem Kontext stehen, der etwa in der Wittenberger Reformation zum Messtyp führte. Es lässt sich damit noch lange nicht die spezifische liturgische Akzentsetzung der Württemberger Reformation belegen. Damit ist ein Kernproblem der Arbeit benannt: Vf. bleibt nämlich für die unkritisch aus der damaligen Diskussion übernommene These begründungspflichtig, der Predigtgottesdienst sei der apostolisch begründete. Die damit gegebene Kritik an mittelalterlicher Praxis ist nachvollziehbar. Doch bleibt dann zu begründen, warum – bis in die apostolische Zeit reichend – die Kirche früh das Brotbrechen zum Kern ihres Gottesdienstes machte, also dezidiert ein eucharistisches Handeln vollzog. Und von hieraus müsste man fragen, ob die Berufung auf die Apostolizität des Predigtgottesdienstes im 16. Jahrhundert nicht genau dieser schwierigen Begründungspflicht geschuldet ist. Andere Problemkreise müssten mit einbezogen werden, so die Eucharistiestreitigkeiten zwischen Reformierten und Lutheranern, die sich ja auch in unterschiedlichen Wertungen des Messtyps bzw. des Abendmahls samt seiner Frequenz zeitigten. Bezeichnenderweise wird die Abendmahlsfrage nur gestreift (360 u. 385–391). Leider hinterfragt Vf. an keiner Stelle die damalige Ablehnung der Messe, womit einmal die »papistische«, dann aber auch die lutherische gemeint ist. Anzufragen wäre doch, ob hier die »Messe« nicht bereits zur Chiffre für das Widergöttliche geworden ist, so dass es gar nicht mehr eigentlich um die Form und Struktur der Feier geht. Demgegenüber konnten die oberdeutschen Reformatoren dann ihren Gottesdienst als den schriftgemäßen legitimieren. Aber stimmt das denn so? Reicht die Form des Hauptgottesdienstes, so er als Abendmahlsgottesdienst gefeiert wird, nicht doch wieder sehr nahe an jene »Eucharistia« heran, von der die mittelalterliche Messe deshalb eine Zerrform darstellte, weil wesentliche Bestandteile wie Predigt und Kommunionempfang ausgegliedert worden waren? Und müsste man nicht genau diese Entwicklung nochmals jenseits damaliger Polemiken gegen den Strich bürsten – also die damalige Diskussion entmythologisieren? Hier hätte die Arbeit von Dorothea Wendebourg, Essen zum Gedächtnis (Beiträge zur historischen Theologie, Bd. 148). Tübingen 2009, weitergeholfen, die Vf. leider nicht nennt. Wie wenig Vf. die paradigmatischen Probleme im Blick hat, zeigt folgendes Zitat (348) im Abschnitt über die reformatorische Ausrichtung des Abendmahls: »Die Form der Gemeindekommunion wurde weitgehend beibehalten, inhaltlich jedoch tiefgreifend verändert. Musste doch die ›Eucharistie‹ in die Gemeindekommunion integriert und als Gemeindeabendmahl begangen werden«. Was heißt das? Kehrte man also zur altkirchlichen Eucharistiefeier als apostolischem Gottesdienst zurück? Genau das tat man ja nicht, aber man gab den Predigtgottesdienst und seine Erweiterung viermal im Jahr zum Abendmahl als apostolisch aus – und blieb doch mit der geringen Kommunionfrequenz tief dem Mittelalter verhaftet. An dieser Stelle müsste dann die durch Dorothea Wendebourg aufgeworfene Frage nach dem Verhältnis von Einsetzungsbericht und Eucharistia benannt werden. Den entsprechenden Beitrag erwähnt Vf. zwar im Literaturverzeichnis, die Brisanz dieser Probleme geht ihm aber offenbar nicht auf. Damit bleibt die ungelöste Aufgabe, bevor man die vom Vf. aufgeworfene Fragestellung beantwortet, eine Kriteriologie der Messe, des Abendmahlgottesdienstes und der Eucharistie zu erstellen und eine Entmythologisierung der Messkritik vorzunehmen. In dieselbe Richtung geht die Beobachtung, dass Vf. (etwa 331 mit Beleg Anm. 575, 335 u. 337 mit Beleg Anm. 599) überhaupt nicht erkennt, wenn innerhalb von ihm bemühter Zitate die Stundenliturgie gemeint ist, also wiederum ein völlig anderes Paradigma des Gottesdienstes bemüht wird, das nichts direkt mit dem spätmittelalterlichen Prädikantengottesdienst zu tun hat.

Liturgiehistorisch ergeben sich folgende Einwände gegen die Hauptthese. Vf. erwähnt zwar die Hofkirchenordnung Herzog Ulrichs von 1560 (376–377, Anm. 62), übersieht aber völlig, dass dort mit Introitus, Kyrie, Gloria, Graduale/Tractus, Sequenz, Sanctus und Agnus Dei für den Hauptgottesdienst des Stuttgarter Hofes der Messtyp zugrunde liegt. Einschlägige Liturgica hätten einbezogen werden müssen: In den dem Vf. leider nicht bekannten »Cantica sacra choralia, quae per totius anni curriculum in Templis & Scholis Ducatus Würtembergici cantari solent, Notis Figuralium Cantuum descripta. Stutgardiae, Typis Iohannis Vuyrichii Rößlini, Anno M. DC. XVIII« von 1618 (Tübingen UB, L XIII 18) sind neben den lateinischen Introiten aller Sonntage ein Symbolum Nicenum (p. 279–288) sowie ein Kyrie Dominicale mit Gloria (p. 288–294) zu finden. Dies wäre ein weiterer Beleg für den Messtyp, und es scheint in Württemberg wohl keinesfalls jene Einheitlichkeit geherrscht zu haben, die Vf. gerne hätte. Die Grundthese des Vf. scheint dem Betreuer der Arbeit, dem Tübinger Praktischen Theologen Gerhard Hennig, geschuldet zu sein: »Deshalb sieht Hennig in seinem 2003 erschienenen Buch ›Der evangelische Predigtgottesdienst in Württemberg‹ die wittenbergische und die württembergische Entscheidung als zwei gleichwertige Möglichkeiten, welche sich bis in die frühe Christenheit zurückverfolgen lassen und beide das reformatorische Gottesdienstverständnis auf ihre je eigene Weise umsetzen« (9). Da hat Rez. doch Bedenken: Kann man das Anknüpfen an eine Derivatform des Mittelalters, also ein Krisenphänomen, so vorschnell als urchristlich apostrophieren? Es ist verwunderlich, dass die Arbeit ohne Begleitung durch die exzellente evangelische Tübinger Kirchengeschichte entstanden ist.

Hier hätte in Fragestellung, Aufbau und Zugangsweise doch Einiges überdacht werden müssen. Im Ganzen ist die Arbeit durchaus fleißig, weil gedruckte (aber nur diese!) Quellen zusammengeführt sind, doch ist sie, wenn Rez. recht gesehen hat, auf dem Stand von 2005 stehen geblieben. Nach Ansicht des Rez. sind die Fakten nicht immer belastbar, die Quelleninterpretationen manchmal fragwürdig, die Wertungen nicht zwingend, bei denen sich ein gelegentlich aufkommender Ideologieverdacht nicht so ganz von der Hand weisen lässt. Rez. kommt im Gegensatz zur Meinung des Vf. zu dem Schluss, dass die anstehenden Fragen noch lange nicht gelöst sind. Zugleich muss davor gewarnt werden, die Thesen der vorliegenden Arbeit unbesehen zu übernehmen.

Andreas Odenthal

Heinz-Peter Mielke: Kirche im Geheimen. Orthodoxes und liberales Schwenkfeldertum in Süddeutschland und seine Auswirkung auf Geistesgeschichte und politisches Handeln in der Spätrenaissance, 2 Bde. Nordhausen: Bautz 2012. XIV, 636 S. und VII, 588 S. ISBN 978-3-88309-748-0. Kart. € 120,00.

Das hier anzuzeigende voluminöse Werk behandelt »die Geschichte der religiösen Bewegung der Schwenkfelder mit ihrem Schwerpunkt in Schwaben«, und diese ist »eingebettet [...] in das politische Geschehen der Zeit und in die Geistesgeschichte jenseits von Protestantismus und Katholizismus«. Mit diesem im Vorwort formulierten Anspruch sind die Komplexität des Themas ebenso angedeutet, wie die immensen Quellenmengen, die zu verarbeiten und in eine nachvollziehbare Ordnung zu bringen waren.

Der Verfasser führt den Leser nach einer kritischen Würdigung des Forschungsstandes in einem ersten Schwerpunktkapitel in die Welt der nach dem schlesischen Kaspar Schwenkfeld von Ossig († 1561) benannten reformatorischen Bewegung im Südwesten des Reiches mit besonderer Konzentration u.a. in Straßburg, Augsburg, Ulm, Oberschwaben, Esslingen, Worms, Speyer und Frankfurt, und zwar bis zum Tode des Reformators. Nach dem Verlassen seiner schlesischen Heimat hatte sich Schwenkfeld zuerst der Bischofsstadt Straßburg zugewandt, wo die »Reformationsbewegung noch voll im Flusse« war, denn »nur in einem noch nicht erstarrten theologischen Gefüge« konnte Schwenkfeld mit seinen theologischen Ansichten reüssieren. Man sieht ihn hier wie auch anderswo im Umfeld und in der Auseinandersetzung mit jenen vielen Köpfen der ersten Hälfte des 16. Jahrhunderts, die in starre reformationsgeschichtliche Kategorisierungen nicht passen, die nicht zwinglisch, nicht lutherisch und nicht papistisch, sondern zum Beispiel täuferisch, spiritualistisch oder sakramentiererisch (und gleichsam von allem etwas) ausgerichtet waren.

Sein tiefer Forschungsvorstoß in biographische und lokale Details ermöglicht es Mielke, Schwenkfelds Wirken dem Inhalt, dem Erfolg und auch den Misserfolgen nach zu verfolgen und nachzuzeichnen, was aber ein Referat im Rahmen einer Besprechung schier unmöglich macht. Man begegnet suchenden Menschen des Zeitalters, von namhaften und geschichtswirksamen hohen Würdenträgern bis zu Persönlichkeiten, deren Bedeutung lokale Grenzen nicht überschritt, die das reformatorische Kolorit aber nicht weniger anreicherten, und allesamt mehr oder weniger intensiv mit Schwenkfeld und seinen Lehren und Ansichten in geistigem und theologischem Austausch standen. Insgesamt ist Mielke überzeugt, dass Schwenkfelds Einfluss in den behandelten Städten und Territorien signifikant größer gewesen ist, als im bisherigen reformationsgeschichtlichen Wissen verankert.

Zu den grundlegenden Vorteilen von Mielkes Werk gehört die gründliche Kenntnis der vielen Streitschriften und Postillen Schwenkfelds, seines Umfeldes und seiner Widersacher, und der sich in ihnen widerspiegelnden Verästelungen der einzelnen theologischen Richtungen. Und dass die Feder Schwenkfelds wesentlichstes Werkzeug war, wusste schon Martin Luther, der ihn polemisch den »hunderthändigen Stenkfeld« nannte.

Mit der »Situation nach dem Tode Kaspar Schwenkfelds« befasst sich das zweite Hauptkapitel, in dem der Verfasser der Ausbreitung seiner Lehrmeinungen aber auch ihrer Bekämpfung mit Blick neben anderem auf die süddeutschen Reichs- und Landstädte bis hin zum Reichskammergericht nachgeht. Dabei waren das Fortbestehen seiner Lehren und die begonnenen Gemeindebildungen nach Schwenkfelds Tod aber mitnichten gesichert gewesen.

Eine Definition oder auch nur eine prägnante Umschreibung dessen, was Schwenkfelds Theologie auszeichnet, ist nicht leicht, ein Alleinstellungsmerkmal kaum mit einem Wort zu benennen. Schwenkfeld sah sich einerseits als Teil der *Catholica Ecclesia*, forderte aber zum Verzicht auf die Sakramente auf, was Mielke als »Separatismus« wertet, »der bei ihm zu einer individuellen Mystik« überleitete. Schwenkfeld verstand seine Lehrmeinungen »als dritten Weg zwischen den Religionsblöcken« (Bd. I, 165).

Erstmals war Mielke in seiner 1977 erschienenen Dissertation über die »Niederadligen von Hattstein«, aus deren Familie der Speyerer Bischof Marquard († 1581) stammte, der Nachweis gelungen, dass dieser nach dem Tod Schwenkfelds dessen in der Zerstreuung lebende Gemeinschaft anführte, so sehr er auch nach außen katholisch agierte. Auch am Reichskammergericht in Speyer gab es etliche von schwenkfeldischen Ideen geleitete Männer. Dieses Kapitel schließt mit der Darstellung der Schwenkfelder am Bodensee und in der Schweiz und mit einem Exkurs über ihren Einfluss am Niederrhein und in den Niederlanden.

Der künftigen reformationsgeschichtlich-personenbezogenen Forschung des oberdeutschen Raumes sehr zugute kommen wird das Kapitel über das Schwenkfeldertum und den Reichsadel. Für viele Städte und Territorien Südwestdeutschlands, für viele Biographien von Adeligen, Amtsträgern, Gelehrten und Geistlichen dieses Raumes bietet Mielkes Werk teils grundlegend neues, teils anreicherndes und weiterführendes Quellenmaterial und durchweg entscheidende Hinweise zu ihrer reformationsgeschichtlichen Einordnung. Letzteres gilt partiell auch schon für das vorausgehende Kapitel über »Das Schwenkfeldertum zwischen Orthodoxie und Liberalität«.

Dabei überzeugt nicht nur die immer wieder deutlich werdende erschöpfende Recherche des Verfassers selbst in entlegenen Archiven von Städten und Adelsfamilien, sondern auch die sehr instruktive Beigabe von Abbildungen der behandelten Personen und Schriften (eine großartige bibliographische Leistung!). Dass die Vielzahl der Namen und die Heterogenität der von Mielke reformationsgeschichtlich erforschten Persönlichkeiten eine stringentere Linienführung in der Darstellung erschwert, sei ausdrücklich anerkannt. Jedenfalls sind die mit ausgeprägtem genealogischem Gespür angestellten profunden Einzelforschungen, die vor allem auf über 60 Seiten zahlreichen Geschlechtern des oberdeutschen Reichsadels gewidmet werden, ein hervorhebenswertes Verdienst von Mielkes Werk. Insbesondere hier erweist sich seine enorme Quellen- und Literaturkenntnis. Ohne den übergeordneten Zusammenhang aus dem Auge zu verlieren, gelingt es Mielke, bis in verborgene örtliche und familiäre Facetten vorzudringen und Querverbindungen nachzuweisen. Der große Zugewinn an genealogischer Kenntnis zu etlichen Adels- und Bürgergeschlechtern schlägt sich übrigens auch in vielen eigens erarbeiteten Stammtafeln nieder.

Von den weiteren Kapiteln sei noch auf jenes hingewiesen, das sich mit Schwenkfelds »Toleranzgedanke« und seinem »mystischen Weg« befasst und das ins frühe 17. Jahrhundert führt. Dabei mag die Affinität zum und die Übereinstimmung mit Wesensmerkmalen des Pietismus besonders hervorgehoben werden: »Bedenkt man die Inhalte des Pietismus in seiner Bandbreite mit Erfahrung, Verifizierung und persönlicher Aneignung des Glaubens, mit Offenbarungsinhalten in einfacher und verständlicher Struktur, in der das Christsein als von Gott gewollt und als persönliche Existenzwende in Abkehr von Sünde, als Bekehrung, Wiedergeburt und Heiligung empfunden wird, welches mit einer strengen Ethik einhergeht, die Kirche als praktizierte Gemeinschaft mit missionarischer Gottesarbeit und caritativem Einsatz und alles in Hinblick auf eine Verbesserung der Weltverhältnisse und zugleich dies in Abgrenzung zur Amtskirche sieht, so kann man diese Eigenschaften sehr wohl im Schwenkfeldertum erblicken« (Bd. I, 451).

Konturenschärfe im Sinne einer auf Anhieb nachvollziehbaren Abgrenzung von anderen Theologen und Theologien ist es nicht, was Kaspar Schwenkfeld und seine Lehren ausmacht. Und so reichen denn auch die zahlreichen Adeligen, Bürger und auch die Gelehrten naturwissenschaftlicher Disziplinen, die sich von dem schlesischen Reformator angesprochen wussten, »von fest im Schwenkfeldertum verankerten bis zu Sympathisanten«. Vor diesem Hintergrund überzeugt Mielkes einleitender Satz im Schlusskapitel »Zusammenfassung und Würdigung« (Bd. I, 511): »Kaspar Schwenkfeld hat die südwestdeutsche Reformationsgeschichte zwar nicht durcheinandergewirbelt, ohne ihn wäre sie aber geradliniger verlaufen«.

Angesichts des immensen Namenmaterials der Arbeit ist ein »Orts- und Personenregister« ebenso unverzichtbar, wie man es dankbar begrüßen darf.

Mielkes Arbeit war als Habilitationsschrift an der Universität Essen angelegt. Mit dem Tode des sie betreuenden Ordinarius endete aber leider das entsprechende akademische Verfahren. Umso mehr ist es lobenswert, dass dieses Ergebnis vieljährigen Forschens dennoch vorgelegt wurde.

Freilich gibt es auch kritische Anmerkungen zu Mielkes Arbeit. Als Begriffspaare nicht überzeugend erscheinen dem Rezensenten die Untertitel der beiden Bände *Abhandlung und Studie* und *Quellenedition und Dokumente*. Mindestens als recht gewagt muss man Mielkes Annahme verstehen, »das westliche Süddeutschland« wäre ein »guter Nährboden für religiöse Ideen«, was dann in einer Fußnote mit dem Hinweis unterfangen wird »Noch heute gelten die Schwaben als eigenbrödlerisch« (Bd. I, 12). Unbefriedigend ist bisweilen die Qualität der Wiedergabe der erfreulich reich und noch einmal die enorme Quellenkenntnis unterstreichenden Illustrationen (z.B. Bd. I, 69, 95, 147, 233). Orthographische und syntaktische Unvollkommenheiten mögen schon angesichts des Umfangs der Arbeit verzeihlich sein, müssen aber oft auch als vermeidbar registriert werden, wobei der einleitende Hinweis »Dieses Buch folgt der alten Rechtschreibung« von der Kritik ausgenommen sei. Im Literaturverzeichnis gehören die »Stammtafeln zur Geschichte der Europäischen Staaten« des Prinzen Isenburg sicher nicht unter »P« sondern unter »I« sortiert (Bd. I, 528); die von Mielke auf schwenkfeldische Tendenzen untersuchte Stadt Leutkirch erscheint in der Karte „Orte mit Schwenkfeldischen Aktivitäten" (Bd. I, 14) als »Leutkirchen« – um nur zwei Beispiele zu nennen. Insgesamt sind das aber eher Petitessen angesichts einer an Material so reichen und an Erkenntnisgewinn so überzeugenden Untersuchung, die man sicher als namhaften Forschungsbeitrag zur Reformations- und Geistesgeschichte Oberdeutschlands bezeichnen darf.

Der zweite Band besteht aus beinahe 600 Seiten Quellenedition, eine mehr als willkommene Ergänzung und Untermauerung der Untersuchungen des ersten Bandes. Dabei sind die zugrunde liegenden handschriftlich überlieferten Texte folgenden Archiven und Bibliotheken entlehnt: Augsburg (Staats- und Stadtarchiv), Berlin (Staatsbibliothek), Darmstadt (Staatsarchiv), Halle a.d.S. (Franckesche Stiftungen), Laubach (Gräfl. Solms'sche Bibliothek), Memmingen (Stadtarchiv), Nürnberg (Staatsarchiv), Speyer

(Stadtarchiv), Tübingen (Universitäts- und Stadtarchiv) und Wolfenbüttel (Herzog August Bibliothek). Der Quellenband enthält insbesondere wichtige Briefwechsel, theologische Schriften und geistliche Werke aus dem Umfeld des Reformators und seiner geistigen Nachwelt, wobei Briefe aus dem Nachlass von Johann Martin und aus anderer Provenienz (1566–1599) sowie die Schriften des Helisäus Röslin schon wegen ihres Umfangs besonders hervorgehoben seien. Es finden sich aber durchaus auch Quellen, die andeuten, wie sehr manches, was mit dem Schwenkfeldertum ebenfalls verbunden oder verwandt war, jenseits des klassischen theologischen Diskurses angesiedelt war, so das Horoskop auf den Kölner Kurfürsten Gebhard Truchseß von Waldburg oder die Prophezeiung des Weltendes 1583. Manchmal indes entfernt sich das Quellenmaterial inhaltlich doch recht weit vom eigentlichen Sujet der Untersuchung. Auch dieser II. Band ist mit einem Orts- und Personenregister erschlossen. *Leo Peters*

Anne Conrad/Kaspar von Greyerz (Hrsg.): Handbuch der Religionsgeschichte, Bd. 4 (1650–1750). Paderborn – München – Wien – Zürich: Ferdinand Schöningh 2012. 481 S. m. Abb. ISBN 978-3-506-72023-8. Geb. € 98,00.

Ein Handbuch der Religionsgeschichte für den deutschsprachigen Raum ist für den Zeitraum von 1650 bis 1750 insofern kein riskantes Unterfangen mehr, als die zurückliegenden Jahre der intensiven Forschung zu Konfessionalisierung und Volksreligiosität eine solide Wissensgrundlage geschaffen haben. Schwieriger ist die Frage der inhaltlichen Gestaltung eines solchen Unternehmens. Im schon früher erschienenen fünften Band des Gesamtwerkes, der den Zeitraum von 1750 bis 1900 umfasst, hat man sich für eine Gliederung nach Sachgesichtspunkten entschieden, in der die konfessionelle Differenzierung nicht mehr prominent erscheint. Im hier zu besprechenden Band ist es anders. Er setzt sich aus vier jeweils monographischen Artikeln zu den drei christlichen Konfessionen und zur jüdischen Religiosität zusammen. Anne Conrad schreibt zum Katholizismus, Sabine Holtz behandelt das Luthertum und Kaspar von Greyerz stellt die reformierte Konfession dar. Den Artikel zur jüdischen Religiosität hat Avriel Bar-Levav verfasst. Die beiden Herausgeber haben diese Gliederung nach der Konfessionslogik von Hans-Christoph Rublack übernommen, der ursprünglich verantwortlich zeichnete, sich aber dann krankheitshalber aus dem Projekt zurückziehen musste. Seine Nachfolger in der Herausgeberschaft haben die kultur- und mentalitätsgeschichtliche Orientierung des Bandes akzentuiert und dies vor allem in einer – jedenfalls für die christlichen Konfessionen – fast einheitlichen Gliederung realisiert. Auf einen einleitenden Abschnitt, in dem »Forschungskontext« und politisch-kirchengeschichtliche Rahmenbedingungen thematisiert werden, folgt jeweils ein großer Block B, der mit »Historische Phänomenologie« überschrieben ist. Er enthält dann Abschnitte zu den Medien der Glaubensvermittlung, zu deren Institutionen und Personal, zu den religiösen Vorstellungswelten, zu Glaubenserfahrungen und zur Sakralität. In diesem letzten Punkt unterscheidet sich der Artikel zum Katholizismus von den beiden anderen zu den evangelischen Konfessionen. Für die Katholiken werden Sakramente und barocke Frömmigkeitspraktiken unter dem Stichwort Sakralität zusammengefasst, für Lutheraner und Reformierte ist dieses Thema weiter ausgezogen und noch einmal unterteilt in Abschnitte zum »Wort«, zu den Zeichen des Sakralen, zum Raum der Frömmigkeit und zu den Sakramentalien, die das Leben der evangelischen Christen gliederten. Der viel kürzere Artikel zur jüdischen Frömmigkeit folgt diesem Schema nur in ganz groben Zügen und ist in seiner ganzen Charakteristik eher ein Essay als ein Handbuchartikel zu nennen. Darin spiegelt sich natürlich die zur Geschichte des Judentums ganz andere Forschungslage wider. Jedem der Artikel ist ein Literaturverzeichnis beigegeben. Ein Personen- und ein Ortsregister erschließen den Band.

Man liest in den einzelnen Kapiteln jeweils sehr sorgfältig gearbeitete Berichte, die den Forschungsstand in kondensierter, aber genauer und abwägender Weise wiedergeben. Die Beiträge sind insgesamt sehr um regionale und zeitliche Differenzierung bemüht und betonen diese vor den großen Linien. Eine Ausnahme macht hier nur Bar-Levav. Er beschreibt die Geschichte jüdischer Religiosität mit den Kategorien Bourdieus als eine Emanzipationsgeschichte von der hebräischen Gelehrtenkultur, die sich im Medium des Jiddischen und des Buchdruckes vollzog. Als Hauptkennzeichen des jüdischen Lebens identifiziert er einen sich seit 1650 stark intensivierenden Ritualismus.

Wer sich über Einzelaspekte religiösen Lebens in diesem Handbuch informieren möchte, ist gewiss gut bedient. Zu einer Religionsgeschichte fügen die Artikel sich aber nicht. Das liegt nicht nur an der konfessionsorientierten Großgliederung. Die Autoren setzen sich jeweils intensiv mit der Konfessionalisierungsthese in ihren verschiedenen Varianten auseinander, differenzieren sie, weisen sie in Teilen zurück, folgen ihr aber doch allein schon in der konfessionsbezogenen Engführung der Artikel. Da hätte es nahegelegen, sich auch mit ihrer eigentlichen Herausforderung auseinanderzusetzen, die darin besteht, Religion im Rahmen gesellschaftlicher Großentwicklungen zu thematisieren. Das geschieht in diesem Handbuch nur sehr vermittelt. Religion wird hauptsächlich als isoliertes Phänomen vorgeführt, auch der für die Gestaltung der kirchlichen Institutionen so wichtige Prozess der Staatsbildung wird nicht systematisch in den Blick genommen. Ein zweiter Grund, warum der Band allein durch die Homogenität der Gliederung zusammengehalten wird, liegt darin, dass auch die drei christlichen Konfessionen völlig getrennt voneinander dargestellt werden. Weder gibt es einen vergleichenden Blick auf die entsprechenden Zustände jenseits des eigenen konfessionellen Zauns noch werden die laufenden und den Konfessionalisierungprozess ja konstituierenden Bezugnahmen der drei christlichen Gruppierungen aufeinander außer in pauschalen Hinweisen auf Abgrenzungsbemühungen angesprochen. Man mag einwenden, dass diese Desiderata in den einzelnen Artikeln nicht zu meistern waren. Aber es hätte eine Einleitung oder ein vergleichendes Schlusskapitel geschrieben werden können, in dem eine durch konfessionelle Differenzierungprozesse geprägte Geschichte der Religion im Rahmen einer sich vom 17. zum 18. Jahrhundert rapide wandelnden Gesellschaft Kontur gewinnt. Diese Chance ist hier vertan worden. *Rudolf Schlögl*

Birgit Emich, Christian Wieland (Hrsg.): Kulturgeschichte des Papsttums in der Frühen Neuzeit (Zeitschrift für Historische Forschung, Beiheft 48). Berlin: Duncker und Humblot 2013. 290 S. ISBN 978-3-428-14047-3 Kart. € 49,90.

Die Erforschung des frühneuzeitlichen Papsttums kann ungeachtet einer breiten Forschungstätigkeit in den letzten Jahrzehnten noch nicht auf eine dem Mittelalter vergleichbare historiographische Tradition zurückblicken. Dennoch scheint angesichts des thematischen und methodischen Pluralismus, der die aktuelle Romforschung prägt, der Zeitpunkt gut gewählt, einmal grundsätzlich nach Wegen und Perspektiven für die weitere Arbeit zu fragen. Dieser Aufgabe haben sich nun sieben – im weitesten Sinne – Schülerinnen und Schüler Wolfgang Reinhards gestellt und dabei den Fokus auf Nutzen und Tragfähigkeit von Ansätzen der neuen Kulturgeschichte für die Erforschung des frühneuzeitlichen Papsttums gerichtet.

Eine exzellente und sehr konzise Einleitung der Herausgeber zeichnet die großen Linien der bisherigen Forschung nach, skizziert Grundzüge der neuen Kulturgeschichte, wobei Roger Chartier und Peter Burke als Referenzautoren dienen, und verortet schließlich die einzelnen Beiträge in dem so eröffneten Koordinatensystem. Diese sind zu einem großen Teil in bester kulturhistorischer Manier als Detail- bzw. Einzelfallstudien mit dem Anspruch auf weitergehende Aussagekraft konzipiert. Die Konstruktion von Identität und Fremdheit wird am Beispiel Papst Hadrians VI. (Birgit Emich) und der »natione Fiorentina« in Rom (Christian Wieland) beleuchtet; Grabmäler werden als Ausdruck eines Normenkonfliktes zwischen der den Tod relativierenden christlichen Auferstehungshoffnung und dem Bedürfnis nach innerweltlicher »Leistungsschau« gedeutet (Arne Karsten); die Reflexion auf die sozialen Praktiken von Patronage durch den Bologneser Gelehrten Camillo Baldi wird als unverdächtige Außenperspektive auf die römische Situation untersucht (Nicole Reinhardt); Diplomaten, Kardinäle und Adelige werden auf ihren Reisen zwischen dem Kirchenstaat und Spanien verfolgt und das Reisen als soziale Praxis und identitätsbildende Maßnahme unter die Lupe genommen (Hillard von Thiessen). Schließlich befassen sich zwei Beiträge in größerem Zugriff mit den Auswirkungen der Reformation nördlich der Alpen auf die Repräsentationskultur des Papsttums: Julia Zunckel untersucht Funktion und Revision des päpstlichen Zeremoniells sowie die Intensivierung der Marienverehrung als Medien der Affirmation der päpstlichen Suprematie, Günther Wassilowsky widmet sich dem Begriff von Repräsentation im posttridentinischen Papsttum, den er in Abgrenzung zum (zu vereinfacht dargestellten) Repräsentationskonzept in Martin Luthers Abendmahlstheologie versteht.

Der Band erreicht die beiden von den Herausgebern zu Beginn formulierten Ziele mühelos: »das Leistungsvermögen kulturwissenschaftlicher Fragestellungen an einem konkreten historischen Beispiel – dem frühneuzeitlichen Papsttum auszuloten« und »das Leistungsvermögen der deutschsprachigen Rom-Forschung zu bilanzieren« (7). Das Potential kulturhistorischen Arbeitens wird eindrucksvoll demonstriert, die deutschsprachige Romforschung ist hier jedoch – wie die Herausgeber selbst eingestehen – auf den von Wolfgang Reinhard geprägten Zweig begrenzt.

Damit gehen freilich Reduktionen der Forschung einher. In methodischer Hinsicht dominieren mikrohistorische Ansätze, inhaltlich die Konzentration auf Netzwerke, soziale Praxis von Eliten und ihre Repräsentation im Zeitraum zwischen etwa 1520 und 1650. Angesichts des vollmundigen Titels mag man daher manchen Aspekt vermissen, beispielsweise die in den letzten Jahren sehr rege Forschung zu Inquisition und Index, die ihrerseits mit Arbeiten zu Gelehrtenkulturen und Wissenschaft, aber auch zur Geschichte der Orden in Verbindung steht. Auch die chronologische Grenze um 1650 bräuchte nicht zum historiographischen Dogma werden, vielmehr ließe sich die Leistungsfähigkeit kulturhistorischer Ansätze gerade auch für die Jahrzehnte bis 1800 erproben, wozu in der italienischen, französischen und deutschsprachigen Forschung bereits Anknüpfungspunkte vorhanden wären. Insofern bietet der Band viel von der Reinhard-Schule zu Erwartendes.

Diese Kritikpunkte schmälern die Leistung von Autoren und Herausgebern aber keineswegs. Sie haben eine wichtige Bestandsaufnahme und einen wesentlichen Baustein für die weitere Forschung vorgelegt, der vor allem demonstriert, dass der umfassende interdisziplinäre kulturhistorische Zugriff gerade für die Geschichte des Papsttums in der Frühen Neuzeit unverzichtbar ist.

Bernward Schmidt

BERNWARD SCHMIDT: Virtuelle Büchersäle. Lektüre und Zensur gelehrter Zeitschriften an der römischen Kurie 1665–1765 (Römische Inquisition und Indexkongregation, Bd. 14). Paderborn: Ferdinand Schöningh 2009. 459 S. ISBN 978-3-506-76864-3. Geb. € 58,00.

»Virtuelle Büchersäle« – unter dieser ebenso treffenden wie originellen Bezeichnung versteht Bernward Schmidt die Vielzahl periodisch erscheinender Druckerzeugnisse, Journale, Acta und sonstiger gelehrter, nicht selten schon im Titel als »Bibliothek« bezeichneter Zeitschriften des 17. und 18. Jahrhunderts, in denen regelmäßig über Neuerscheinungen auf dem Buchmarkt informiert wurde. Die Frage, wie diese Schriften und die darin enthaltenen Informationen von den Gelehrten an der römischen Kurie rezipiert wurden, und zwar in einem positiven Sinn durch Lektüre wie in einem negativen durch Zensur, steht im Zentrum der quellennahen, methodisch anspruchsvollen und argumentativ souveränen Untersuchung, die im Rahmen des von Hubert Wolf geleiteten DFG-Projekts »Römische Inquisition und Indexkongregation« entstand und von der Katholisch-Theologischen Fakultät der Universität Münster als kirchengeschichtliche Dissertation angenommen wurde. Darüber hinaus geht es Bernward Schmidt um die grundsätzlichere, seit langem diskutierte Frage, ob und in welchem Maße die römische Intellektualität in die *respublica literaria* integriert und mit deren wichtigsten Repräsentanten und Institutionen vernetzt war, eine Frage, die angesichts der langjährigen Indizierungspraxis von Inquisition und Indexkongregation von der älteren Forschung meist kritisch gesehen wurde. Galt auch für die Gelehrsamkeit an der Kurie jene »intendierte Rückständigkeit«, die für Peter Hersche nachgerade einen Wesenszug der katholischen Gesellschaft und Kultur im Barockzeitalter darstellt?

Schmidt wertete für seine Studie umfangreiches Archivmaterial in Rom, Paris, Kopenhagen und Leipzig aus, daneben eine Vielzahl frühneuzeitlicher Briefsammlungen, Bibliothekskataloge, Traktate und enzyklopädischer Werke. Die oftmals diffizile Argumentation römischer Gutachten und Zensurbelege bereitet ihm ebenso wenig Probleme wie die Vielsprachigkeit der Forschungsliteratur. Der gewählte Untersuchungszeitraum ergibt sich unmittelbar aus der Fragestellung: Im Jahr 1665 entstanden mit dem Pariser *Journal des Sçavans* und den Londoner *Philosophical Transactions* die ersten gelehrten Zeitschriften, ein Jahrhundert später, 1765, erschien mit den *Nova Acta Eruditorum* letztmals ein solches Werk auf einem Verbotsplakat der römischen Indexkongregation. In seiner überzeugend gegliederten Studie versteht es Schmidt immer wieder, breitere Entwicklungen und größere Zusammenhänge der europäischen Wissensgeschichte der Frühen Neuzeit mit punktuellen Analysen zu verbinden – und dies alles in einem ausgesprochen angenehmen, präzisen Stil.

Die Ergebnisse der Untersuchung, die einen knappen Anhang mit zeitgenössischen Dokumenten zur Indizierung gelehrter Zeitschriften sowie eine Übersicht zur römischen Zensur gelehrter Zeitschriften enthält und durch ein Verzeichnis historischer Personen erschlossen ist, sind vielfältig und beachtenswert. Dass sich die Gelehrten in Rom, die, wie Schmidt nachzuweisen vermag, aktiv durch Korrespondenzen (auch mit Protestanten) oder passiv durch die Lektüre von Büchern, Briefen oder eben Zeitschriften an den Strukturen und Tätigkeiten der europäischen *respublica literaria* partizipierten, von diesen Zirkeln abgeschottet hätten, kann als widerlegt gelten. Das Zusammenspiel von Zeitschrift und Zensur beschränke sich im Übrigen nicht auf Rom: Eine solche Verbindung lasse sich auch in Paris bei den Mitarbeitern des *Journal des Sçavans*, wo 1757 neun von zehn Redakteuren zugleich in der staatlichen französischen Zensurinstitution engagiert waren, oder denen der *Acta Eruditorum* in Leipzig beobachten. Die Rekonstruktion der konkreten Verfahrensabläufe, die im Umfeld der Buchzensur zu beobachten sind, erlaubt neue Einblicke in die Tätigkeit der einzelnen römischen Zensurorgane. Nicht weniger interessant sind die Ausführungen über die spezifische Argumentationsform der Indexgutachten, die Art der Auseinandersetzung mit einem Werk und die jeweilige theologische Grundausrichtung. Schließlich kann Schmidt anhand verschiedener Bibliotheksbestände und schriftlicher Äußerungen aufzeigen, dass die römischen Gelehrten keineswegs alles, was von der Indexkongregation verboten wurde, auch wirklich für unsinnig hielten.

Joachim Bahlcke

Christian Hecht: Katholische Bildertheologie der Frühen Neuzeit. Studien zu Traktaten von Johannes Molanus, Gabriele Paleotti und anderen Autoren. Berlin: Gebr. Mann 2012. 608 S. m. Abb. ISBN 978-3-7861-2622-5. Geb. € 79,00.

Kenner der 1997 erschienenen Erstauflage werden Schwierigkeiten haben, ihre Lektürefrüchte auf Anhieb wiederzufinden: Christian Hecht hat seine magistrale Studie über »Katholische Bildertheologie im Zeitalter von Gegenreformation und Barock«, die auf seiner Passauer Dissertation von 1994 beruht und das Wissen um die von Paola Barocchi noch als ›Kunsttraktate‹geführten bildtheologischen Schriften erheblich erweiterte, einer umfassenden Durchsicht unterzogen: Die Kapitel wurden zu vier großen Abteilungen neu gruppiert, Textbausteine umplatziert, alte Exkurse eingearbeitet und neue begonnen. Weder der Titel, praktisch kein Satz, nicht einmal das Druckbild blieben von diesem nahezu kompletten Umbau unberührt. Der explizit normgeschichtlich angelegte Charakter der Arbeit (11) wird nun fasslicher durch einen Aufbau, der zunächst Form, Inhalt und Rezeption der wichtigsten Texte bestimmt, diese anschließend auf ihre »theoretischen Grundlagen« (Kap. 2) befragt und danach die daraus abgeleiteten verwaltungstechnischen, frömmigkeitspraktischen und bildorganisatorischen Anforderungen darlegt (Kap. 3). Das letzte Kapitel konkretisiert die Normierungsversuche anhand strittiger, weil apokrypher oder urtextlich nicht autorisierter Ikonographien. Zwar stellt Hecht in diesem Verlauf manches neue Objekt beiderseits der Alpen vor, die Zentralachse der Studie bildet aber weiterhin die Arbeit am Text. Sie lässt den Leser mit dem bestürzenden Gefühl zurück, dass hier wirklich jede katholische Stellungnahme auf einem mehr als 200 Jahre umspannenden, in seinen Absichten und Textsorten höchst heterogenen Feld wahrgenommen und abgearbeitet wurde.

Halt bietet in dieser Situation das prägnante Nachwort (497–500), das man durchaus sofort nach der ebenso konzis formulierten Einleitung lesen darf, weil hier Methodik und Merkmale (reform-)katholischer Bildertheologie klar konturiert werden: Denn obwohl sich der Titel der Studie nun auf die ›Frühe Neuzeit‹ bezieht, bleibt in inhaltlich abgewandelter Form der Begriff der ›Gegenreformation‹ leitend, über den Kunst- und Kirchengeschichte eng miteinander verzahnt, aber auch kritisch getrennt sind. Mit ihm betont Hecht den qua Zeitstellung bereits gegenreformatorischen Charakter jedweden katholischen Umgangs mit Bildern und entkoppelt die ›Gegenreformation‹ so zugleich von einer seit Werner Weisbach ihr kunsthistorisch angedachten Stilqualität. Für Hecht sind *de imaginibus*-Literatur und katholische Kirchenausstattung also keineswegs mechanisch miteinander verbunden, was auch die Annahme rhetorischer Figurationen und propagandistischer Zweckbestimmung kirchlicher Bildapparate zurückdrängt, ja explizit negiert.

Das christliche Statut der Bilder zu erörtern, gehörte, wie Hecht betont, »zum Kanon des theologischen Wissens« (54). Dementsprechend breit gestreut wie zugleich axiomatisch sind die Denkfiguren und Argumente: Leitprinzip katholischer Bildertheologie ist die Bewahrung der altkirchlichen Tradition, deren Ausweis und primäres konfessionelles Unterscheidungsmerkmal das beibehaltene Dogma der Bildverehrung ist. Mit ihm beziehen sich die kontroverstheologisch motivierten (aber nicht zwingend auch so verfassten) Texte v. a. auf den Vorwurf des Missbrauchs, dem sie – bereinigt durch die Abgrenzung des christlichen *eikon / imago* vom heidnischen *eidolon / idolum* – mit der im byzantinischen Bilderstreit entwickelten Prototypen-Lehre begegnen. Aufgrund der damit dogmengeschichtlich wie systematisch verbundenen christologischen Perspektive ist eine relationale und inhaltlich sehr weite Bestimmung des Bildes gewonnen. Zugleich rücken die materiellen Bilder auf der theologischen Agenda weit nach unten, werden sie als Kunstwerke im Grunde gänzlich bedeutungslos. »Ästhetische Forderungen«, so Hechts Befund (405), stellen die untersuchten Texte nirgends. Weil sie aber die Handlungsmaxime reflektieren, sich nie ohne Not festzulegen (322, 450), wird als eine ästhetische Komponente reformkatholischen Bildgebrauchs letztlich doch der Stilpluralismus der Frühen Neuzeit namhaft gemacht (412f.).

Bezüglich des also »fachtheologischen Charakters« (67) katholischer Bilddiskussion fällt im Nachwort eine gewisse Akzentverschiebung auf: Sah Hecht in der Erstauflage die untersuchten Autoren »meistens in einem geradezu luftleeren, akademisch-theologischen Raum« agieren (ebd., 409) so charakterisiert er ihr Denken und Schreiben nun als »pragmatische Theologie« (497). Sie ist es, die das Alte Testament auf Fallbeispiele offensichtlich erlaubter Bilder durchkämmt, auf die Bilderrede von Christi Gleichnissen verweist, die Selbstverständlichkeit eines bereits urchristlichen Bildgebrauchs durch Nachweis diverser Christusbilder markiert und die patristische Nützlichkeitserwägung der Bilder als Bücher der Analphabeten bzw. Laien zu produktions- und rezeptionsästhetischen Einsichten transzendiert, indem für die Historienbilder eine wahrheitsliebende, d. h. bildorganisatorisch ebenso plausible wie textnahe und damit zugleich textkritische Nacherzählung seitens der Maler eingefordert wird (380ff.). Spätestens hier weiten sich die moraltheologischen Implikationen des Missbrauchs von Bildern über die Seelsorge hinweg zu einer »Standeslehre für Künstler« (376).

Wird Bildtheologie dergestalt als »Theologie auf Augenhöhe« (Erich Garhammer) kenntlich, so stechen aus der Unmenge der konsultierten Schriften die Traktate Jan van der Meulens, lat. Johannes Molanus, (1570) und Gabriele Paleottis (1594, ohne Imprimatur bereits 1582) hervor, zu denen die Untersuchung immer wieder zurückkommt. Beide Autoren verhalten sich in Absicht, Stoffbearbeitung und Druckauflage geradezu antipodisch (35): Während der Text des Löwener Theologen Molanus sich durch stringente Konstruktion, Verzicht auf Polemik und jene weise Beschränkung auszeichnet, die den Kunstdiskurs inhaltlich gar nicht erst berührt, um ihn als (Sub-)System eigenen Rechts dadurch nur zu bestätigen (406f., 453ff.), erweist sich Paleotti als ein »ausgemacht unsystematischer Denker« (306), den seine v. a. am Missbrauchsverdacht einhakenden Überlegungen ungewollt auf institutionellen Kollisionskurs führten, weil sein Vorschlag, einen ›Index sakraler Bilder‹ ähnlich der 1559 eingerichteten Bücherzensur zu definieren (318ff.), sich weder organisatorisch verwirklichen ließ, noch das Traditionsprinzip respektierte, wonach das, was so lange richtig war, nun kaum falsch sein könne. Infolgedessen handelte sich der Kardinal 1596 einen Einlauf seitens der Kurie ein (der eindringlichen Argumentation halber im Anhang ediert, 505–509); und wohl deshalb blieb das von Paleotti als fünfbändige Abhandlung angelegte Traktat ein Torso, dessen Wirkung nicht überschätzt werden sollte.

Greift man den Epochenbezug der Arbeit auf, können ihre Ergebnisse zu dem unlängst in seiner Leistungsfähigkeit wieder befragten Begriff ›Alteuropa‹ ebenso Gesichtspunkte beisteuern, wie zu einer Rekonstruktion der Frühen Neuzeit als »relationales Zeitalter«

(Annette Vowinckel). Hatte die Erstausgabe auf das Begriffspaar Gegenreformation und Barock nicht verzichten mögen (oder dürfen), diese gleichwohl unter die geschichtsphilosophische Kautele einer Zeitalterkonstruktion stellend, so wird nun die fächerübergreifend akzeptierte ›Frühe Neuzeit‹ gewählt. Weniger anschlussfreudig zeigt sich Hecht allerdings, wenn er das Interpretament der Konfessionalisierung praktisch ausspart. Vertritt dieses bereits eine spezifische Gewichtung im Blick auf die Vormoderne, wird es von Hecht wohl zu stark auf seinen vergleichenden und darin als einebnend verstandenen Ansatz reduziert (11). Die Exkurse der Arbeit zum katholischen Gebrauch des angeblich genuin lutherischen ›Gesetz und Gnade‹-Bildes (299–302), v.a. aber die Zurückweisung eines Propaganda-Effekts (bes. 280) verfestigen so die von Hecht andernorts betonte Unvereinbarkeit von ›katholisch‹ und ›Konfessionalisierung‹ (vgl. dessen Besprechung von Luise Leinweber: Bologna nach dem Tridentinum. Private Stiftungen und Kunstaufträge im Kontext der katholischen Konfessionalisierung. Hildesheim 2000. In: Kunstform 2 [2001], Nr. 2: http://www.arthistoricum.net/kunstform/rezension/ausgabe/2001/2/5614; eingesehen am 13.6.2013). Der Vorwurf, politisch orientiert zu sein und zum eigentlichen Glaubenskern der Konfessionen daher nicht vordringen zu können, wie er dem kulturanthropologisch-religionswissenschaftlich orientierten Konfessionalisierungsparadigma verschiedentlich von einem theologischen Standpunkt her vorgehalten wurde, mag diese methodische Vorentscheidung bestimmt haben. Gleichwohl bleiben die selbstkritischen Modifikationen des Konfessionalisierungskonzepts damit ebenso ungenutzt wie dessen ästhetisch-visuelle Akzentuierung seitens verschiedener kunsthistorischer Beiträge der letzten Jahre. Hechts Hinweise auf mediale Differenzierung und institutionelle Disziplinierung in ihrem Verhältnis von Voraussetzung und Effekt identitätskonkreter Traditionsbildung reagieren daher weder auf Jens Baumgartens von der ›Politischen Ikonographie‹ her entwickelte These einer korporativen Disziplinierung vermittels Inszenierung (Jens Baumgarten: Konfession, Bild und Macht. Visualisierung als katholisches Herrschafts- und Disziplinierungskonzept in Rom und im habsburgischen Schlesien [1560–1740]. Hamburg/München 2004, bes. 210), noch werden die Überlegungen John W. O'Malleys zu einem »Early Modern Catholicism« wirklich substantiell aufgegriffen (vgl. indes Christoph Jobst, in: Journal für Kunstgeschichte 6, 2002, 215–219). Die von Hecht herausgearbeitete, dialektisch notierte Dynamik innovativer Traditionsbildung steht so etwas unverbunden neben der kulturgeschichtlichen Diskussion einer nur an ihren symbolischen Ausformungen beschreibbaren konfessionellen Identität. Zwar resultiert dies nachvollziehbar aus der bereits in der Reformationszeit selbst, also vor den entstehenden Konfessionen ansetzenden Textauswahl. Allerdings kann dadurch der Befund einer Vielfalt der Stile als Symptom katholischer Bildtheologie jene ikonologische Dimension nicht aktualisieren, wie sie die in ihrer Argumentation gewiss überholte Debatte um den Stil der Gegenreformation dereinst anstrebte.

Dieser eher das Forschungsdesign der Arbeit, nicht ihren Gehalt betreffende Einwand schmälert aber keineswegs den nun noch tiefer und weitflächiger fundamentierten Stellenwert des Buches als Basiswerk zum Thema, das mit hohem Orientierungsgewinn zu konsultieren ist.

Thomas Packeiser

Sabine Koloch: Kommunikation, Macht, Bildung. Frauen im Kulturprozess der Frühen Neuzeit. Berlin: Akademie Verlag 2011. VI, 490 S. m. Abb. ISBN 978-3-05-005183-3. Geb. € 99,80

Die anzuzeigende Dissertation der Germanistin Sabine Koloch von der Freien Universität Berlin geht der Frage nach der Relation von Frauen, Kommunikation und Macht in der Frühen Neuzeit auf der Grundlage von verhaltensmodellierender Gebrauchsliteratur nach. Darunter versteht die Autorin Texte, die das »Umgangsverhalten während geselliger Anlässe« thematisieren (2). Ihre Studie siedelt die Autorin zwischen Biographistik und Gesellschaftsanalyse an; zu diesem Zweck hat sie eine beeindruckende Anzahl von Verhaltensliteratur für das weibliche Geschlecht nicht nur gesichtet, sondern teilweise auch neu erschlossen. Zusätzlich zieht Koloch archivalische Quellen und Druckschriften für ihre Untersuchung heran. Die Arbeit von Koloch ist ambitioniert, denn sie liest diese Texte nicht nur als eine Form der Wissenstradierung und Verhaltensmodellierung, sondern will auf ihrer Grundlage die Handlungsspielräume von Frauen in der Frühen Neuzeit ausloten – als Produzentinnen von Texten, als Verlegerinnen und als Rezipientinnen, um zu beurteilen, welchen Einfluss sie auf die Etablierung von normierenden Verhaltensstandards ausübten. Zu diesem Zweck betrachtet die Vf.in in sechs Kapiteln die Bildungsangebote des Buchmarktes, die zeitgenössischen Positionen zum Thema der Frauenbildung, sodann Frauen als Verfasserinnen von frühen Anstandsbüchern, die kommunikativen Strategien von Männern im Bereich der an Frauen adressierten Anstandspublizistik, die kommunikativen Kompetenzen von Frauen sowie, abschließend, die »Bildungsmacht« (356) von Frauen in Institutionen wie Damenorden und Akademien.

Koloch hat in ihrer Studie eine bislang nur wenig erforschte Quellengattung – die Anstandsliteratur für das weibliche Geschlecht – zur Grundlage ihrer Analyse erhoben. Dabei gelingen ihr durchaus einige interessante Beobachtungen und Neujustierungen, wie etwa zur bislang unbekannten Druckgeschichte einzelner Werke oder aber zur Vernetzung der Bildungsinstitutionen für Frauen. Dennoch handelt es sich bei der vorliegenden Untersuchung um keine homogene Studie, denn einer ambitionierten Einleitung folgt ein überwiegend beschreibend verfahrender Text, der den Untersuchungsgegenstand – die Anstandsliteratur – zwar vorstellt, nicht aber analytisch durchdringt. Kolochs Buch liest sich stellenweise wie ein materialreiches Kompendium, indem zwar neue Erkenntnisse mit Blick auf Detailfragen gewonnen werden können, nicht aber übergeordnete und erkenntnisleitende Fragen wie die nach Handlungsoptionen von Frauen überzeugend beantwortet werden. Dies liegt zum Teil auch daran, dass die analytischen Begriffe – Macht und Kommunikation – bereits in der Einleitung auf methodisch und theoretisch schwachen Füßen stehen und zudem in der gesamten Studie nicht zur Anwendung gebracht werden. Die historischen Arbeiten zu Foucaults Machtbegriff findet man weder im Literaturverzeichnis, noch werden sie einleitend mit Blick auf die Fragestellung der Arbeit diskutiert. Gleiches lässt sich über die überbordende Forschungsliteratur zur Kommunikation in der Frühen Neuzeit sagen. Auch versäumt es die Autorin, »Kommunikation« geschlechtsspezifisch zu fassen und als analytisches Konzept für ihre Untersuchung zu entwickeln und zu operationalisieren. Die Frage, was sich hinter den im Untertitel genannten »Kulturprozessen in der Frühen Neuzeit« verbirgt, wird einleitend gar nicht erst gestellt und auch in dem empirisch arbeitenden Teil nicht erörtert. Zudem ist die Methode der Vf.in, die »Faktorenanalyse« (3), nicht nachvollziehbar, da sie einleitend kaum erklärt wird.

Aufgrund der genannten Defizite fällt das Fazit insgesamt nüchtern aus: Es ist eine ambitionierte Studie mit deutlichen analytischen Schwächen, die sich darin zeigen, dass die Verfasserin ihr Material nicht souverän beherrscht und im empirischen Teil kaum erkenntnisleitende Fragen an ihr durchaus interessantes Quellenmaterial formuliert. Das ist insofern bedauerlich, da sich Koloch einleitend ja durchaus vorgenommen hatte, den Anteil, den Frauen am frühneuzeitlichen Buchmarkt hatten, bemessen zu wollen, um daraus deren Einfluss auf gesellschaftsnormierende Faktoren – wie Verhaltensregeln und Bildungsstandards – deduzieren zu können. Doch diese Fragen kann die Autorin auch am

Ende ihrer Untersuchung nicht überzeugend beantworten. Koloch hat damit durch ihre Publikation zwar auf ein wichtiges Forschungsfeld aufmerksam gemacht, das letzte Wort in dieser Sache werden allerdings andere haben.

Daniela Hacke

Konrad Krimm, Dorothee Mussgnug, Theodor Strohm (Hrsg.): Armut und Fürsorge in der frühen Neuzeit (Oberrheinische Studien, Bd. 29). Ostfildern: Jan Thorbecke 2011. 300 S. ISBN 978-3-7995-7829-5. Geb. € 34,00.

Der vorliegende Sammelband vereint insgesamt 13 Beiträge zur Geschichte der städtischen, kirchlichen und individuellen (Armen-)Fürsorge am Oberrhein, aber auch Abhandlungen zur normativen Geschichte von Armut, die größtenteils bei einer 2008 im Alten Rathaus von Buchen gehaltenen Tagung zum Vortrag gelangten. Ausgehend von dem als Achsenzeit der Fürsorgediskussion verstandenen Beginn des 16. Jahrhunderts (Theodor Strohm, Heinrich Pompey, Dorothee Mussgnug) bis zur Aufklärung (Hans Ammerich, Sebastian Schmidt, Bernhard Schneider, Frank Konersmann) erstreckt sich das Themenspektrum der Längsschnittbeiträge, aber auch thematisch fokussierte Beiträge zur Fürsorge in Reichsstädten (Annemarie Kinzelbach), zur Geschichte der Pest (Kirsten R. Seelbach), zu Waisenhäusern (Frank Konersmann) und zu Leprosen (Elisabeth Clementz), zur Armutsbewältigung im Bereich der Reichsritterschaft im Bauland (Helmut Neumaier) und zu jüdischen Beerdigungsbruderschaften (Uri R. Kaufmann) fanden Eingang in den insgesamt weitgefächerten Band. Die Reformation, der Humanismus und deren spezifisches Modernisierungspotential in der Armutsdiskussion werden einleitend breiter ausgeleuchtet: Die Neuformulierung der sozialen Fragestellung (würdige / unwürdige Arme; starke / schwache Almosenbezieher), die Städte als Vorreiter der neuen Fürsorge (etwa Differenzierung der Spitäler, gemeine Kästen) und die Ausformulierung von Almosenordnungen, der Rückzug der Stifter im 16. Jahrhundert lassen ein breites Ausmaß an »policeylichen« Eingriffen erahnen, wenn auch die Rolle der Konfessionsspaltung für Armenfürsorge in der Forschung immer noch überbetont erscheint, wie schon Luther klagte. »Zuvor, da man dem Teufel diente, standen alle Beutel offen, im Papsttum war jedermann barmherzig und milde [...]. Jetzt, da man billig sollte milde sein, gerne geben und sich dankbar erzeigen gegen Gott für das heilige Evangelium, will jedermann verderben und Hungers sterben, niemand nichts geben, sondern nur erhalten« (67). Große Anschaulichkeit gewinnt das Thema durch die Fallstudien, wenn etwa elsässische Leprosenhäuser ab dem Spätmittelalter untersucht werden, die gleichermaßen der Isolierung der Kranken, aber auch deren Versorgung in einer bruderschaftlich organisierten neuen Gemeinschaft dienten. Die Kranken der Spitäler als fordernde Anspruchsberechtigte für Hilfe (und damit nicht als willenlose Opfer) treten dem Leser in den Reichsstädten vor Augen; die Armen verkörperten mit ihrem kümmerlich versorgten Sein umgekehrt aber auch die »gottgewollte« Ordnung des Stadtrates, der die multifunktionalen Spitaleinrichtungen minutiös überwachte. Am Beispiel von Ulrich Bräker (Susanne Hoffmann) wird das Oszillieren des »armen Mannes« (Bräker) zwischen Erziehungsgedanken und Arbeitsethik im Umgang mit Armut deutlich – der nahende Konkurs des Toggenburgers am Ende seines Lebens beförderte ihn dann direkt unter die Masse der Hilfesuchenden. Einen interessanten Blick in die Versorgungsstruktur der Juden offeriert ein Beitrag über die jüdischen Beerdigungsbruderschaften (mit dem Beginn der Prager Beerdigungsbruderschaft von 1564), die eine enge Verbindung von Thorastudium, Friedhofskultur und Armenversorgung deutlich machen.

Die insgesamt etwas heterogenen Beiträge sind auf hohem Niveau und pointieren im Untersuchungsraum unterschiedliche Phänomene der Versorgung auf verschiedene Weise – eine einheitliche Behandlung des Themas war auch nicht angestrebt. Ein gut gearbeitetes Register ermöglicht es, die lokalen und personalen Bezüge des Bandes auch rasch aufzufinden. Ein – positiv gemeint – Steinbruch für die Hospital-, Armuts- und – wichtig! – Caritasforschung der Frühen Neuzeit. *Martin Scheutz*

ALBRECHT BEUTEL: Johann Joachim Spalding. Meistertheologe im Zeitalter der Aufklärung. Tübingen: Mohr Siebeck 2014. 319 S. ISBN 978-3-16-153266-5. Kart. € 24,00.

Nachdem der Münsteraner Kirchenhistoriker Albrecht Beutel die von ihm betreute Kritische Spalding-Ausgabe (SpKA) abgeschlossen hat, rundet er nun dieses Projekt mit seiner ebenfalls bei Mohr-Siebeck erschienen »Lebens- und Werkgeschichte des aufklärerischen Meistertheologen« (VI) ab, pünktlich zu dessen 300. Geburtstag (1714–1804). Die Spaldingforschung hat in den letzten gut 20 Jahren einen enormen Aufwind erfahren und Beutel vermag es, die Ergebnisse nicht zuletzt seines eigenen namhaften Beitrages zu ihr monographisch zu verarbeiten und zugleich verschiedentlich Anregungen für weitere Forschung zu geben. Vergleichbares lag bis dato zu Spalding resp. anderen bedeutenderen Aufklärungstheologen nicht vor. Vf. wird seinem historiographischen Anspruch, in dem Einzelnen dem Ganzen der Epoche exemplarische und allgemeinverständliche Anschaulichkeit zu verleihen, auf den 308 Textseiten auf angenehme Weise und ausnehmend lehrreich gerecht. Der Monographie eignet in der Tat »exemplarischer Reiz« (19), ohne jedoch darüber Spaldings »geistige[n] Selbständigkeit« (36) zu vernachlässigen.

Nach einer Einführung in die aufklärungsepochalen Horizonte (I.) folgt der Aufriss dem biographisch-beruflichen Werdegang (II. Aufbrüche; III. Pfarrer in Vorpommern [1749–1764]; IV. Preußischer Kirchenfürst [1764–1788/91]; V. Ausklänge [1988/91–1804]). Eine Zeittafel und ein Personenregister steigern den Gebrauchswert des Oktavbändchens. Als biographische Quellen wertet der Vf. nicht nur Spaldings eigene *Lebensbeschreibung* aus, sondern greift zudem auf dessen und auch abgelegenere Briefkorrespondenzen zurück. In jedem Kapitel widmet sich der Biograph ausgewogen den familiär-privaten Lebensumständen, den gelehrten und freundschaftlichen Verflechtungen in unterschiedlichste Milieus des Zeitalters, dem bildungsbiographischen und beruflichen Werdegang sowie seinen Hauptwerken, kleineren Schriften und nicht zuletzt auch Predigten, denen Beutel als pastoralen Applikationen von Spaldings religionstheologisch fundierter Theologie besonderes Augenmerk zuteilwerden lässt.

Während Vf. die geschichtshermeneutischen Differenzen von Anfängen, Anlagen, Ausarbeitungen, Variationen und Brüchen in werkgenetischer Hinsicht zur Geltung bringt, ziehen sich jedoch mindestens zwei Deutungsmotive durch. Beutel erblickt *zunächst* in der Vermittlung zwischen religionskritischem Deismus und Rationalismus sowie überschwänglich-empfindsamem Pietismus, zwischen »Glaubensüberlieferung und modernem Bewusstsein« (6) und in der komplexen Verhältnisbestimmung von Religion und Moralität das Wesen von Spaldings theologischem Bemühen. *Sodann* lässt es sich Beutel angelegen sein, Spaldings Theologie als legitime Gestalt lutherischer Theologie zur Geltung zu bringen und andererseits gelegentlich auch Kontinuitätslinien zu Kant und Schleiermacher auszuziehen. Dies ist grundsätzlich vor dem Hintergrund der traditionellen protestantismushistorischen Bewertung der Neologie auch zu begrüßen. Jedoch zeigt sich bisweilen im dogmen- und begriffsgeschichtlichen Detail, dass auch gerade signifikante Diskontinuitäten zur lutherischen Theologie Spalding als Protagonisten der neuzeitlichen Umformungskrise des Protestantismus identifizieren und dass Kants und Schleiermachers Religions- und Moralkonzepte auf prinzipientheoretischen Bedingungen aufruhen, die Spalding noch nicht im Blick hatte.

Beutel illustriert an der Person Spaldings die wissenssoziologische Signatur und den Netzwerkcharakter der Aufklärungsepoche und versteht es meisterhaft, die beeindruckende Reichweite von Spaldings kirchenpraktischer Arbeit und literarischem Schaffen stringent wie auch höchst detailreich und bisweilen amüsant darzustellen. Es wird deutlich, wie sehr es Spalding vermochte, sich als einen Teil eines umfassenden Projektes zu verstehen, indem er auf geistiger Augenhöhe mit Philosophie und Literatur das Seinige zur Aufklärung des protestantischen Christentums beizutragen vermochte. Mit Beutels Deutung einer »Aufklärungstheologie im Vollzug« (19) kommt die Neologie als Ganze als eine protestantische Epoche zur Geltung, die jenseits von Konservatismus, Dogmatismus und Konfessionalismus zur kulturellen Avantgarde gehörte und allgemeine intellektuelle Anerkennung genoss. Der Wunsch des Vf.s, Spaldings Denken als »Anregung und vitales Erbe« (19) lebendig zu halten, kann nur geteilt werden. Es ist daher der glänzenden Darstellung Beutels zu wünschen, nicht nur der Theologenzunft, sondern einem breiten gebildeten Publikum die Person Spaldings und seine Epoche näher zu bringen.

Es wäre einer evtl. zweiten Auflage zu gönnen, dem Wert des Buches mit einer gebundenen Ausgabe zu entsprechen und evtl. auch mit einigen Angaben von Sekundärliteratur Anregungen zum Weiterlesen zu geben. *Georg Raatz*

Martin Ott: Salzhandel in der Mitte Europas. Raumorganisation und wirtschaftliche Außenbeziehungen zwischen Bayern, Schwaben und der Schweiz, 1750–1815 (Schriftenreihe zur bayerischen Landesgeschichte, Bd. 165). München: C. H. Beck 2013. CIV, 664 S. ISBN 978-3-406-10780-1. Geb. € 68,00.

Salz galt seit jeher als kostbarer, lebenswichtiger, ja als verehrungswürdiger Stoff. Es spielte nicht nur in der Vorratshaltung eine große Rolle, sondern auch im Glauben, im Brauchtum und nicht zuletzt bei den Tischsitten. Salz und Brot mit jemandem zu teilen war das Sinnbild für Gastfreundschaft. Im Altertum durften die Opferschale und das Salzfass bei keiner Mahlzeit fehlen. Schatzverzeichnisse, Inventare aus Burgen und Residenzen oder Testamente weltlicher wie geistlicher Fürsten überliefern die Existenz von Salzgefäßen aus edlem Material. So sind sie auch im Gebäudeinventar für Füssen nachgewiesen. Salz führte zur Gründung und trug wesentlich zur Entwicklung von Städten und ihren Regionen bei. Im Haalamt der ehemaligen Reichsstadt Schwäbisch-Hall im Kochertal ist auf einer 1643 gemalten Tafel zu lesen: Am Kochen Hall die löblich Statt/ Vom Saltzbrunn ihren Ursprung hat,/ Das Saltzwerck Gott allzeit erhalt/ Und ob der Stadt mit Gnaden walt (Gerd Wunder, Die Bürger von Hall. Sozialgeschichte einer Reichsstadt 1216–1802 [Forschungen aus Württembergisch Franken 16] Sigmaringen 1980, 34).

Martin Ott zeigte in seiner hier anzuzeigenden Münchner Habilitationsschrift – sie wurde im April 2011 an der Fakultät für Geschichte und Kunstwissenschaften der Ludwig-Maximilians-Universität angenommen –, dass der von Bayern ausgehende Salzhandel aber auch ein schlüssiges Raumkonzept erfordert. Hier greift der Vf. auf den in der Geographie bereits instrumentalisierten Begriff von »surface variations« zurück, womit sicher auch historische Handlungsräume in bestimmten Regionen konfiguriert werden können. Es geht konkret um die bayerischen Salzlieferungen in die Schweiz, die über schwäbische Reichsstädte und Reichsterritorien abgewickelt werden mussten. In den beiden Großkapiteln »III. Der Salzhandel zwischen Bayern und der Schweiz in der zweiten

Hälfte des 18. Jahrhunderts: Zwischenstaatliche Kommunikation und Raumorganisation« (199–495) und »IV. Salzhandel in der Umbruchszeit« (496–618) werden dazu die quellenbasierten Thesen und Fakten in der nötigen inhaltlichen Präzision und auf durchwegs hohem sprachlichen Niveau vertreten.

Der bisherige Forschungsstand einer seit Jahrzehnten auch international etablierten Salzgeschichte – dafür stehen beispielsweise die »International Commission for the history of salt« oder das viele Jahre von Rudolf Palme in Innsbruck herausgegebene »Journal of salt-history« – wird von dem Landeshistoriker Martin Ott, der wissenschaftlich am Institut für Bayerische Geschichte »beheimatet« (V) ist und über bayerische Salzgeschichte (Martin Ott, Salzfürsten in Bayern? Die Historiographie zum bayerischen Salz an der Wende zum 19. Jahrhundert, in: Alois Schmid [Hrsg.], Wittelsbacher-Studien. Festgabe für Herzog Franz von Bayern zum 80. Geburtstag [Schriftenreihe zur bayerischen Landesgeschichte 166] München 2013, 545–562) bereits publiziert hat, mit Blick auf die Schweizer Akteure vor allem im Resultat einer differenzierten kantonalen Quellenbasis weiterentwickelt. Sie ermöglicht erstmals die Offenlegung der Perspektiven der Schweizer Handelspartner und spricht deutlich die Berührungspunkte in der bayerischen und Schweizer Diplomatie sowie der Kommunikations-, Wirtschafts- und Außenpolitik an. Höhepunkt war hier die Mission der Schweizer Salinisten und Wirtschaftsexperten Johann Sebastian Clais zur Reform des bayerischen Salzvertriebs in München und den kurbayerischen Salinen. Gesandt hatte ihn die Stadtrepublik Bern im Auftrag der Schweizer Salzabnehmer mit dem Ergebnis signifikant steigender Absatzsteigerungen auf bayerischer Seite. Im Einzelnen basieren die Ausführungen für die bayerischen Handelspartner im salzarmen helvetischen Siedlungsraum auf der Quellenbasis historischer Bibliotheksbestände und der Staats-, Stadt- und Stiftsarchive in Basel, Bern, Frauenfeld, Luzern, Pruntrut (»Archive de l'ancien Evêche de Bâle«) Sarnen, Schaffhausen, Schwyz, Solothurn, Nidwalden (Stans), St. Gallen, Winterthur, Zug und Zürich. Für das heute zu Baden Württemberg zählende Salztransitland des 18. und 19. Jahrhunderts nördlich der Bodenseeregion sichtete der Vf. serielle Aktenbestände in Karlsruhe, Ravensburg und Stuttgart. Für die Salzwege, Zölle und Niederlassungen in Bayerisch-Schwaben und Westbayern – dazu wird auch eine breit gefächerte Forschungsliteratur konsultiert – waren neben den Staatsarchiven in Augsburg und München auch die Stadtarchive in Landsberg/Lech, Lindau und Memmingen einschlägig.

In Memmingen, um eine wichtige Salzniederlassung für Kurbayern ausführlicher anzusprechen, spielte der Salzhandel eine entscheidende Rolle für die Stadtentwicklung. Auch standen dort Salz und Wein vielfach in einem ursächlichen Verhältnis. In der ostschwäbischen Reichsstadt saßen Weinhändler und Salzfertiger in der gleichen Zunft, bestand doch das Prinzip der Gegenfracht. Salz ging von Memmingen weiter nach Westen an den Bodensee, in die Westschweiz und an den Oberrhein. Dort belud man dann die Fuhrwerke für den Rückweg mit Weinfässern, deren Inhalt in Memmingen seit dem Ungeldprivileg von 1312/13 ebenfalls von großer fiskalischer Bedeutung war. Um die Abhängigkeit von schwäbischen Durchgangs- und Stapelzöllen wie in Memmingen zu verringern, setzte Bayern auch auf eine »partielle Territorialisierung« (313) westlich des Lechs. Dazu zählten im Salzhandel beispielsweise seit 1755 das bayerische Salzamt in Buchhorn am Bodensee oder ein erstmals 1770 projektiertes Pendent in Lindau. Dort orientierte man sich dann 1771 am älteren Vertrag mit der Reichsstadt Buchhorn.

Martin Ott gelingt es ferner, die Zäsurfrage um 1800 mit Blick auf den Salzhandel neu zu bewerten. Danach stellte der Pariser Vertrag von 1814 mit Blick auf die Raumorganisation des bayerischen Salzhandels in Oberschwaben einen markanten Rückschritt dar. Die Verhärtung der Grenzen im »langen« 19. Jahrhundert, wobei die alten bayerischen »Trittsteine« (616) Buchhorn, Leutkirch, Isny und Ravensburg an das Königreich Württemberg und die Vorarlberger Umschlagplätze Bregenz und Feldkirch an Österreich fielen, führte für die bayerische Salzroute zu ungünstigen Veränderungen. Man exportierte künftig über die längere und schlechtere Route über Kempten und Immenstadt, um das bayerische Salzamt in Lindau zu erreichen. Ferner führte die politische Zusammenführung der traditionellen bayerischen Salzpartner in der Schweiz 1798 zur Helvetischen Republik zwar zu einem gravierenden Einschnitt in den Handelsbeziehungen, aber der vorübergehende völlige Abbruch bilateraler Salzgeschäfte über den Bodensee kam erst mit der Neugründung der bayerischen Salzhandelsgesellschaft unter dem Kurfürsten Max IV. Joseph. Der Einfluss des in der Schweiz agierenden Salzspezialisten Johann Sebastian Clais galt innerbayerisch als nicht mehr opportun. In Folge verlor Bayern den Schweizer Absatzraum, da die Vernetzung mit den helvetischen Regierungskreisen über den Agenten Clais aufgegeben wurde. Das 19. Jahrhundert brachte so trotz neuer politischer Euphorie zunächst eine ökonomische Regression, die das im Zeitalter entstehender Nationalstaaten so gravierend verunstaltete vielköpfige Wirtschaftssystem des Alten Reiches in einem durchweg positiveren Licht erscheinen lässt. Diesen Gedanken hätte man sich in der Schlussanalyse bei Martin Ott viel stärker pointiert gewünscht. Die Auseinandersetzung mit den seit 1937 diskutierten Thesen der »Neuen Institutionenökonomik« (entsprechende Titel fehlen im ansonsten sehr ausführlichen Literaturverzeichnis, IXX–CIV) könnte dabei sicher hilfreich sein. *Wolfgang Wüst*

Ulrich Rosseaux, Gerhard Poppe (Hrsg.): Konfession und Konflikt. Religiöse Pluralisierung in Sachsen im 18. und 19. Jahrhundert. Münster: Aschendorff 2012. 344 S. ISBN 978-3-402-12944-9. Kart. € 49,80.

Der vorliegende Tagungsband hat einen Zeitraum im Blick, der in der Forschung als Übergangszeit zwischen den großen konfessionellen Konflikten der Frühen Neuzeit und der säkularisierten Moderne wahrgenommen wird. Dem gegenüber sprechen die Herausgeber von einer Epoche der religiösen Pluralisierung und konfliktiven konfessionellen Identitätsbildung. Als Beispiel dient das homogen evangelisch-lutherische Königreich Sachsen, in dem sich nach der Konversion Augusts des Starken 1697 eine regional beschränkte katholische Minderheit etablierte und trotz ihrer bescheidenen Größe verschiedene Abwehrmechanismen im Protestantismus auslöste.

Ziel des Bandes ist es, einen Beitrag zu einer »historisch vergleichenden Analyse sozial-kultureller Pluralisierungsprozesse« (13) zu leisten und eine neue Bewertung des Zusammenhangs von Konfession und Politik zu erreichen. In vier Teilen werden das 18. und das 19. Jahrhundert mit konkreten Konfliktfällen sowie der Bereich der »Kultur« in den Blick genommen und zudem Vergleiche zu anderen Regionen hergestellt.

Am Beginn des ersten Teils fragt Gerd Schwerhoff programmatisch nach der begrifflichen und konzeptionellen Bestimmung für das »Niemandsland zwischen dem Ende der Konfessionalisierung und der Aufklärung« und bietet in Abgrenzung zu den wenig tragfähigen Modernisierungs- und Säkularisierungstheorien an, die Konfliktbereitschaft am Beginn des 18. Jahrhunderts als ein Zeichen sowohl für ein steigendes konfessionelles Selbstbewusstsein als auch für eine zunehmende Utilitarisierung der Religion für den Staat zu lesen. Zwei weitere Beiträge geben Einblicke in den Protestantismus nach 1697, der zum einen von einer »gefühlten« Gefahr der sächsischen Lutheraner vor einer heimlichen katholischen Unterwanderung (Dagmar Freist), aber auch handgreiflichen Entladungen lutherischen Volkszorns gegenüber Katholiken (Mathis Leibetseder) bestimmt war. Zum anderen zeigen die Konflikte um die Anerkennung der Herrnhuter Brüdergemeine in der Oberlausitz (Lutz Bannert) sowie die Auseinandersetzung der sächsischen lutherischen Pfarrerschaft mit den sich rationalisierenden Wissenschaften (Stefan Dornheim) das innerprotestantische Ringen um konfessionelle Identität auf.

Im zweiten Teil werden die Ausgestaltung des gottesdienstlichen Lebens am sächsischen Hof (Gerhard Poppe), die katholische und evangelische Kirchenmusik (Kornel Magvas) sowie der »Kampf der Steine« zwischen der evangelischen Frauenkirche und der katholischen Hofkirche in Dresden untersucht (Ulrich Rosseaux).

Überregionale Vergleiche stellen die Beiträge im dritten Teil an. Im Blick sind dabei Schlesien (Frank Metasch) und Bayern (Alois Schmid) sowie drei Reichsstädte (Klaus Wolf).

Der vierte Teil rückt schließlich das 19. Jahrhundert in den Blickpunkt. Winfried Müller problematisiert u. a. das »Drei-Phasen-Modell«, welches die These von der Zweiten Konfessionalisierung impliziert, und macht gegen das Säkularisierungsparadigma die ungebrochene Prägekraft religiöser Transzendenzbezüge stark. Thema ist zudem der sächsische Hof und dessen Funktionalisierung von Konfession zur Herrschaftslegitimierung (Josef Matzerath; Silke Marburg). Die Beiträge zu »Lutherischen Urängsten« (Wolfgang Flügel) und zu einem verstärkt in den Krisenzeiten der 1830er- und 1840er-Jahre auftretenden Antijesuitismus (Stefan Gerber) verdeutlichen das Unbehagen der protestantischen Öffentlichkeit und der sächsischen Eliten angesichts einer selbstbewusster werdenden katholischen Kirche. Mit einer beispielhaften Analyse zum Stellenwert von Konfession in der Unternehmenskultur (Swen Steinberg) wird der Band beschlossen.

Insgesamt legt die Publikation die Grenzen der etablierten Epocheneinteilung offen, zeigt aber auch, dass selbst für eine Makroperspektive der Blick auf Regionen und konkrete Fälle unerlässlich bleibt. Der (sächsischen) Kirchengeschichte sei das Buch sehr empfohlen.

Peggy Renger-Berka

6. Neuzeit und Zeitgeschichte

ANNETT BÜTTNER: Die konfessionelle Kriegskrankenpflege im 19. Jahrhundert (Medizin, Gesellschaft und Geschichte, Beiheft 47). Stuttgart: Franz Steiner 2013. 480 S. ISBN 978-3-515-10462-3. Kart. € 69,00.

Soldaten in den Kriegen des 19. Jahrhunderts starben häufiger an den Folgen von Seuchen als an den Folgen ihrer Verletzungen. Das lag in erster Linie an der teilweise katastrophalen Ausrüstung und einem fehlenden oder schlecht organisierten Sanitätswesen. Erst in der zweiten Hälfte des 19. Jahrhunderts entwickelte sich nach und nach die konfessionelle Kriegskrankenpflege. Annett Büttner arbeitet in ihrer Dissertationsschrift eindrücklich heraus, wie die konfessionellen Krankenpflegeorganisationen sich in diesem Arbeitsgebiet der Krankenpflege mehr und mehr behaupteten und diese Form der Pflege dadurch erst richtig schafften. Sie beleuchtet das Thema multiperspektivisch, d. h. obwohl sie ihre Arbeit eher in der Alltagsgeschichte ansiedelt, berücksichtigt sie auch gesellschaftliche und soziale Zusammenhänge, besonders die Militärgeschichte.

Der Hauptteil des Buches bezieht sich auf die Reichseinigungskriege (Deutsch-Dänischer Krieg 1864, Preußisch-Österreichischer Krieg 1866, Deutsch-Französischer Krieg 1870/71) und die Aktivitäten der verschiedenen konfessionellen Genossenschaften. Dieser Hauptteil wird durch das erste Kapitel eingeleitet, das sowohl die Entwicklung des Militärmedizinwesens in Preußen als auch die Entstehung der Mutterhausdiakonie und die Entwicklung katholischer Kongregationen thematisiert. International beeinflussten Florence Nightingale (1820–1910), die den Staat in der Verantwortung für die pflegerische Versorgung von Soldaten sah, sowie Henri Dunant (1828–1910), der eher eine freiwillige Krankenpflege im Krieg propagierte, die Entwicklung der konfessionellen Kriegskrankenpflege in Preußen nicht unwesentlich.

Die unterschiedlichen katholischen und evangelischen Gruppierungen werden für jeden der drei Kriege gesondert dargestellt. Die Autorin begründet dies mit den doch recht unterschiedlichen Gegebenheiten der einzelnen evangelischen und katholischen Genossenschaften. Dieses Vorgehen erweist sich als sehr sinnvoll, zumal am Ende der Abschnitte die wesentlichen Befunde zusammengefasst bewertet werden. Die klare Gliederung des Buches und die sorgfältig gesetzten Fußnoten, die eine Fülle weiterer Details enthalten, aber den Lesefluss nicht stark beeinträchtigen, erleichtern der Leserin, den Überblick zu behalten.

Während im Deutsch-Dänischen Krieg die konfessionellen Schwestern und Diakone durchaus noch nicht willkommen waren, wurden sie in der Folge vom Militär zunehmend geschätzt. Dabei lassen sich die einzelnen Gruppen durchaus unterscheiden: Die katholischen Schwestern sowie die Diakonissen erlangten schnell Anerkennung, die männlichen Felddiakone hatten auch im Deutsch-Französischen Krieg noch kein gutes Image und spielten daher bis zum Ende des 19. Jahrhunderts keine Rolle mehr. Annett Büttner gelingt es, die Motive der evangelischen Kirche, die national eingestellt war und den preußischen Staat unterstützen wollte, sowie der katholischen Kirche, die eher eine grundsätzliche Anerkennung durch den preußischen Staat anstrebte, im Zusammenhang mit der Tätigkeit der Schwestern und Diakone zu beleuchten.

Nach Gründung des Deutschen Reiches wurde das Militärsanitätswesen kontinuierlich ausgebaut. Die Autorin kommt zu dem Schluss, dass das Militär die Schwestern auch deswegen schnell akzeptierte, weil die Mutterhäuser in ihren Strukturen die Schwestern bereits zu »militärtauglichen Persönlichkeiten geformt« (348) hatten. Die in der Kriegskrankenpflege eingesetzten Schwestern stellten den Krieg oder den Staat grundsätzlich nicht in Frage, und die Verantwortlichen in den beiden christlichen Kirchen ließen zu, dass die konfessionellen Schwestern dem Militär unterstellt wurden. Dadurch wurden die Schwestern seit dem deutsch-französischen Krieg zu einer kostengünstigen Möglichkeit für den Staat, die krankenpflegerische Versorgung der Truppen sicherzustellen. Die Betonung der »mütterlichen Eigenschaften« führte nicht zuletzt zu einer »Abwertungsspirale« (371) für die Krankenpflege, da man davon ausging, dass sie den Frauen per Geschlecht angeboren waren. Diese aus der historischen Forschung bereits bekannte Verweiblichung der Krankenpflege im 19. Jahrhundert konnte von Annett Büttner also für den Bereich der konfessionellen Kriegskrankenpflege ebenfalls nachgewiesen werden.

Mathilde Hackmann

SILKE HENSEL, HUBERT WOLF (HRSG.): Die katholische Kirche und Gewalt. Europa und Lateinamerika im 20. Jahrhundert. Köln – Weimar – Wien: Böhlau 2013. 340 S. ISBN 978-3-412-21079-3. Geb. € 39,90.

Politik- und Sozialwissenschaften haben sich in den letzten 20 Jahren verstärkt mit dem Thema Religion und Gewalt auseinandergesetzt, dabei wurde vor allem der islamische Fundamentalismus in den Blick genommen. Nicht beleuchtet sind neuere Entwicklungen zum Verhältnis von Religion und Gewalt in den christlichen Kirchen. Der von der Historikerin und Lateinamerika-Expertin Silke Hensel und dem Kirchenhistoriker Hubert

Wolf – beide im Münsteraner Exzellenzcluster »Religion und Politik in den Kulturen der Vormoderne und Moderne« verortet – herausgegebene Sammelband zur katholischen Kirche und Gewalt in Europa und Lateinamerika im 20. Jahrhundert, der auf ein gemeinsames Tagungsprojekt im Mai 2010 in Münster zurückgeht und 2013 im Böhlau-Verlag erschienen ist, geht über höchst differenzierte Einzelbeiträge auf dieses wichtige Desiderat der Forschung ein. Ziel der Herausgeber ist es dabei, Studien im Rahmen des Projektes »Der Vatikan und die Legitimation physischer Gewalt. Das Beispiel des Spanischen Bürgerkriegs« sowie des Projektes »Zwischen Unterstützung autoritärer Regime und Verteidigung der Menschenrechte. Die katholische Kirche in Chile und Argentinien während der Militärdiktaturen der 1970er und 1980er Jahre« in ein Gespräch zu bringen, denn, so die These der Herausgeber in ihrer Einleitung, die »wichtige Frage, warum sich die katholische Kirche in einigen Ländern mit extrem nationalistischen Strömungen zusammenschloss, während sie dies in anderen Ländern zumindest nicht im gleichen Maße tat, kann nur im internationalen Vergleich besser verstanden werden.« (21)

Die Publikation besticht durch hervorragende Einzelstudien, die zu neuen Perspektiven und Erkenntnissen zum höchst komplexen Verhältnis von Religion und Gewalt und den unterschiedlichen Positionen kirchlicher Akteure beitragen. Sie ist in drei Teile gegliedert: Im ersten Teil (31–163) geht es um das Verhältnis von katholischer Kirche und totalitärer oder autoritärer Regime, im zweiten Teil (167–220) um »Kirche und säkulare Staaten im Konflikt« und im dritten Teil (223–338) um die Frage nach der »Legitimation von (Gegen-)Gewalt? Kirche als Anwalt der Unterdrückten und Armen«. Neben Beiträgen zu »theologischen Modellen« im spanischen Bürgerkrieg, der von den Autoren als »letzter der europäischen Religionskriege« (86) gedeutet wird (Gianmaria Zamagni, Carlos Collado Seidel), zum faschistischen Regime in Italien und dem italienisch-äthiopischen Krieg (Lucia Ceci) sowie zum Nationalsozialismus in Deutschland und den komplexen Positionierungen von Episkopat, Priestern oder Laien (Michael Kissener; Andreas Linsenmann) sind im ersten Teil zwei Beiträge zur katholischen Kirche in der Diktatur in Argentinien aufgenommen: die Thesen des argentinischen Sozialwissenschaftlers Fortunato Mallimaci (tätig an der Universidad de Buenos Aires und am CEIL – Centro de estudios laborales) zur »Gewalt und zum Heiligen« im Staatsterror in Argentinien, in dem er die fehlende Aufarbeitung der Gewaltgeschichte aus Perspektive der Opfer und das Involviertsein des argentinischen Episkopats benennt, sowie eine hervorragende Analyse der Position des Militärvikariats und seiner Stellung zu Diktatur und Gewalt von Stephan Ruderer, Mitarbeiter am Excellenzcluster »Religion und Politik« in Münster. Der Beitrag von Mallimaci ist vor der Wahl des Erzbischofs von Buenos Aires, Kardinal Jorge Mario Bergoglio, zum Papst verfasst; mittlerweile sind weitere, differenzierte Studien zu seiner Haltung als Jesuitenprovinzial zur Militärdiktatur erschienen; die These von Mallimaci ist sicher in dieser Weise nicht zu halten, wenn er – im Anklang an den argentinischen Journalisten Horacio Verbitsky – schreibt, dass die verhafteten Jesuiten (Orlando Yorio und Franz Jalics) von »Jorge Bergoglio, dem Ordensoberen der Jesuiten (heute Kardinal von Buenos Aires und Präsident der argentinischen Bischofskonferenz), an die Streitkräfte denunziert wurden.« (135)

Die drei hervorragenden Beiträge des zweiten Teils »Kirche und säkulare Staaten im Konflikt« stellen neue Facetten des Verhältnisses von Kirche und Staat in Russland und in Mexiko vor. Laura Pettinaroli arbeitet in ihrem Blick auf die katholische Kirche und die Verfolgung der Kirchen in Russland und in der UdSSR die spannende – und sicher weiter zu vertiefende – These heraus, »dass die Verfolgung in Russland eine Art Matrix darstellt, um die religiöse Gewalt des 20. Jahrhunderts zu verstehen« (189) und dass der von Johannes Paul II. verwendete Märtyrer-Begriff und seine Aussage zum »Ökumenismus der

Heiligen, der Märtyrer« (auch mit den Konsequenzen für seine Einschätzung anderer kirchlicher Kontexte) sich auf genau diese Situation bezieht. Norbert Köster arbeitet das komplexe Verhältnis des Vatikans und des mexikanischen Episkopats zur »Cristiada«, dem Aufstand von Katholiken 1925–1929 gegen das revolutionäre Mexiko, und zur Gewalt (einige Vertreter des Episkopats waren u. a. im Waffenhandel involviert) heraus, und der höchst differenzierte und wichtige Beitrag von Roberto Blancarte geht auf die jüngsten gewalttätigen Entwicklungen im Süden Mexikos, in Chiapas, ein. Er nimmt auf neue Weise die religiöse Pluralisierung und Zunahme der Religionslosen in Chiapas ernst (die Zahl der Religionslosen, so eine Erhebung aus dem Jahr 2000, ist in 20 Jahren von 3,1 % auf 13,06 % gestiegen [205]), und macht deutlich, wie hier politisch motivierte Gewalt mit religiöser Zugehörigkeit verbunden wird und »religiöse Dissidenten« (sei es evangelikal oder befreiungstheologisch) denunziert werden, für Gewaltakte verantwortlich zu sein.

Der dritte Teil konzentriert sich auf die Frage nach der »Legitimation von (Gegen-) Gewalt?« und der »Kirche als Anwalt der Unterdrückten und Armen« (warum nicht »Anwältin«?) während der Zeit der Militärdiktaturen in Argentinien und Chile. Eine hervorragende differenzierte Einführung in den von den Befreiungsphilosophen und -theologen Juan Luis Segundo, José Míguez Bonino und Ignacio Ellacuría vertretenen Gewaltbegriff legt der ehemalige Rektor der Georgetown-Universität in Washington, Leo J. O'Donovan SJ, vor, und der an der Universidad Javeriana in Bogotá tätige Jesuit Vicente Durán Casas SJ arbeitet die Notwendigkeit der Aufnahme des Demokratiebegriffs in der Befreiungstheologie heraus, gerade um die »Option für die Armen« nicht mit einem undifferenzierten Gewaltbegriff zu verbinden. Besonders hervorzuheben ist der Beitrag von Antje Schnoor zu »Jesuitischen Perspektiven« auf die soziale Ordnung in Chile, in der sie über eine präzise Analyse der Leitartikel der Jesuitenzeitschrift »Mensaje« aus den Jahren 1968–1973 deutlich macht, wie es zu einer Veränderung des Gewaltbegriffs gekommen ist und der Begriff der »institutionalisierten Gewalt« (von Johan Galtung dann als »strukturelle Gewalt« bezeichnet) zu einem neuen Einsatz der Kirche für die Menschenrechte führte: »Die Argumentation der *Mensaje* zielte darauf ab, einen Gewaltbegriff durchzusetzen, der das Konzept der institutionalisierten beziehungsweise strukturellen Gewalt umfasste, um einen gesellschaftlichen Konsens über die Unannehmbarkeit der darunter fallenden Phänomene zu schaffen. Die Rechtfertigung von Gewalt, die sich gegen die institutionalisierte Gewalt richtete, diente auch dazu, den Begriff der institutionalisierten Gewalt durchzusetzen« (263). Die Münsteraner Professorin am Historischen Seminar, Silke Hensel, beleuchtet das unterschiedliche Gewaltverständnis in der 1967 in Argentinien entstandenen »Priesterbewegung für die Dritte Welt« und den 1971 in Chile gegründeten »Christen für den Sozialismus in Chile«; es ist sicher möglich, durch den Blick auf einzelne Mitglieder dieser Organisationen die Vielfalt und Komplexität ihrer Positionierungen zur Gewalt weiter herauszuarbeiten, auch unter Einbeziehung der in Chile bzw. Argentinien neu erschienenen Literatur zu den beiden Bewegungen, vor allem den »Sacerdotes del Tercer Mundo«. Abgeschlossen wird der dritte Teil mit zwei Studien zu einzelnen Persönlichkeiten, einem Beitrag von Daniel H. Levine zu Camilo Torres, dem kolumbianischen Priester, der Bewegung der Priester für die Dritte Welt verbunden, der sich 1965 der Guerilla anschloss und kurz darauf fiel, und einem Beitrag des emeritierten Mainzer Kirchenhistorikers Johannes Meier zu Bischof Julio Gerardi Coneda, der sich in Guatemala für die Friedensarbeit einsetzte und zwei Tage nach Vorstellung des Berichtes der Wahrheitskommission »Guatemala, nunca más« am 26. April 1998 einem Attentat zum Opfer fiel, und María Julia Hernández Chavarría, die sich in San Salvador in den Dienst von Erzbischof Romero stellte und nach seiner Ermordung die Menschenrechtsorganisation »Tutela Legal« aufbaute.

Die hervorragenden Einzelstudien machen deutlich, worauf die Herausgeber in ihrer Einführung hinweisen, wie »ambivalent« und »komplex« das Verhältnis der katholischen Kirche zu gewaltsamen Auseinandersetzungen in Europa und Lateinamerika im 20. Jahrhundert war. »Weder lässt sich eine einheitliche Linie der Kirche herausschälen noch ist es überhaupt möglich, von der Kirche als einem einheitlichen Akteur zu sprechen.« (27) »Statt pauschale Urteile zu fällen, müssen die jeweiligen Gewaltdynamiken in Konflikten genauer analysiert und die Rolle religiöser Akteure darin ebenso differenziert betrachtet werden wie die Motivationen der Handelnden.« (28) Warum nun jedoch gerade der interkulturelle Blick von besonderer Bedeutung ist, so die in der Einführung formulierte These der Herausgeber, hätte durch ein kurzes abschließendes Resümee der Herausgeber vielleicht verdeutlicht werden können. Der wichtige Band lädt zu weiteren Einzelstudien zur Frage nach dem Verhältnis von kirchlichen Akteuren und Gewalt ein, vor allem auch zu einer Aufarbeitung der argentinischen Militärdiktatur aus theologischer und kirchlicher Perspektive, ein Desiderat, zu dem u.a. eine zur Zeit an der Universität Münster entstehende Doktorarbeit zum argentinischen Episkopat beitragen wird.

Die Übersetzung der Beiträge aus dem Spanischen ist mit Ausnahme der Übersetzung des Aufsatzes von Fortunato Mallimaci sehr gut gelungen. Leider sind bei diesem Aufsatz verschiedene Fehler unterlaufen, die bei einer Lektüre des Textes durch einen Theologen oder eine Theologin hätten vermieden werden können (z.B. kann es nicht heißen: »Prozess der Konsekration« (124); die »primäre christliche Gemeinde« ist die »Urgemeinde«" (128); analog zu Episkopat müsste von »Presbyterat« die Rede sein, nicht von »Priesterämtern« (129); statt »Pastorat« ist wohl »Pastoral« gemeint (137), und »Sankt Tomás« ist »Thomas von Aquin« u.a.). Es wundert auch, dass bei einer deutsch-lateinamerikanischen Publikation im Autorenverzeichnis die Benennung der Professur des in Buenos Aires tätigen Fortunato Mallimaci auf Italienisch erfolgt.

Margit Eckholt

Bruno Cabanes, Anne Duménil (Hrsg.): Der Erste Weltkrieg. Eine europäische Katastrophe. Darmstadt: WBG/Theiss 2013. 480 S. m. zahlr. Abb. ISBN 978-3-8062-2764-2. Geb. € 49,95.

Der Sammelband, eine Übersetzung des bereits 2007 erschienenen französischen Werkes »Larousse de la Grande Guerre«, will den Weltkrieg jenseits des nationalen Rahmens, aus einer internationalen Perspektive heraus, darstellen. Mit seinen 68 kurzen Aufsätzen erhebt der Band keineswegs den Anspruch, eine erschöpfende Geschichte des Ersten Weltkriegs zu erzählen, möchte aber durchaus eine möglichst umfassende Darstellung seiner unterschiedlichen Facetten bieten. Dabei ist das Buch dem seit den 1990er-Jahren verbreiteten kulturwissenschaftlichen Ansatz der Weltkriegsforschung verpflichtet, den Krieg als umfassendes historisches Ereignis zu sehen, das die Trennung zwischen Militär und Zivilbevölkerung sowie Front und Heimat aufhob. Folgerichtig nimmt es die Verknüpfung militärischer, wirtschaftlicher, politischer und kultureller Prozesse in den Blick. Somit beansprucht das Werk nicht, eine grundlegende Neuinterpretation des Ersten Weltkriegs zu geben, sondern vielmehr neuartige Vergleichsperspektiven aufzuzeigen.

Die Aufsätze sind chronologisch geordnet, beginnend mit dem Ausbruch der Balkankriege am 18. Oktober 1912 und endend mit den Transformationsprozessen der Kriegserinnerung in den Jahren 1927–1928. Das konkrete historische Ereignis öffnet sich stets zu einer weiteren Diskussion des Themas, die die aktuellen Forschungsmeinungen berücksichtigt. Als Beispiel sei das Datum des ersten Giftgaseinsatzes an der Westfront am

22. April 1915 genannt, von dem aus sich eine allgemeine Darstellung der Entwicklung naturwissenschaftlicher und medizinischer Forschung während des Kriegs entfaltet. Der Band ist aufwendig gestaltet und enthält ungewöhnlich viele, teils neue Bilder. Abgerundet wird er durch eine Überblickschronik, eine kurze Bibliographie sowie ein Orts- und Namensregister.

Die Beiträge decken eine erstaunliche zeitliche, räumliche und thematische Bandbreite ab und gehen dennoch, trotz ihrer Kürze, in die Tiefe. Die zahlreichen Bilder dienen keinesfalls allein der Illustration, sondern werden als eigenständige Quellen einbezogen. Besonders spannend sind z. B. in dieser Hinsicht die Schülerzeichnungen aus Paris, anhand derer die Kriegseinwirkungen auf Kinder erörtert werden. Die zahlreichen Abbildungen militärischer und ziviler (Alltags-)Gegenstände tragen der Bedeutung der materiellen Kultur des Ersten Weltkriegs Rechnung und spiegeln Einflüsse des Museums *Historial de la Grande Guerre* (Péronne) wider, unter dessen Mitwirkung der Band entstanden ist. Dank der umfassenden Bebilderung gelingt es dem Buch auf besondere Weise, dem Leser das Unbegreifliche des Kriegs (be-)greifbar zu machen.

Seinem Anspruch, den Weltkrieg aus einer internationalen Perspektive zu erzählen, wird der Sammelband überwiegend gerecht. Er folgt damit einem historiographischen Trend der letzten zwei Jahrzehnte; ähnlich konzipierte Bände haben sich ebenfalls eine dezidiert internationale oder gar globale Betrachtungsweise auf die Fahne geschrieben, zum Beispiel die »Enzyklopädie Erster Weltkrieg« (hg. v. Gerhard Hirschfeld [et al.], Schöningh, erst. Aufl. 2003) oder die von Jay Winter im Erinnerungsjahr 2014 herausgegebene »Cambridge History of the First World War« (Cambridge University Press, 2014). Den neun Autoren aus fünf verschiedenen Nationen (Westeuropa und USA) gelingt es weitgehend, innerhalb ihrer Beiträge einen grenzübergreifenden Blickwinkel einzunehmen. Dass der Krieg in erster Linie als ein »europäischer Bürgerkrieg« gedeutet wird, ist der Konzeption des Sammelbandes deutlich anzumerken und führt dazu, dass globale Verflechtungen, allen voran die Rolle der Kolonien und ihrer Truppen, etwas stiefmütterlich behandelt werden. Außerdem ist ein gewisses französisches Übergewicht bei Themenwahl und Interpretation nicht zu übersehen, wie auch der deutsche Historiker Gerd Krumeich im Vorwort anmerkt. Die Auswahlbibliographie ist mit nur zwei Seiten leider sehr kurz geraten. An manchen Stellen ist dem Text zwar seine Übersetzung aus dem Französischen anzumerken, dies schmälert im Allgemeinen aber nicht das Lesevergnügen. Durch seine besondere Anschaulichkeit, die große Themenfülle und die aus einem vergleichenden Blickwinkel heraus dargestellten wissenschaftlich fundierten Informationen bietet der Sammelband nicht nur für ein breites Publikum neue Denkanstöße zu dieser europäischen Katastrophe. *Sabine Sauter*

Joachim Kuropka (Hrsg.): Grenzen des katholischen Milieus. Münster: Aschendorff 2013. 551 S. m. Abb. ISBN 978-3-402-13005-6. Geb. € 39,00.

Am Anfang war nicht Napoleon, sondern Lepsius. So könnte man – in Anlehnung an das Nipperdeysche Diktum zur »Deutschen Geschichte« – die historiografische Diskussion um den Milieu-Begriff als Erklärungsmodell für das sozio-kulturelle Gebilde des Katholizismus im 19. und 20. Jahrhundert beginnen. Denn es handelte sich um einen Aufsatz von Rainer Lepsius über »Parteiensysteme und Sozialstruktur« aus dem Jahr 1966, durch den die kirchenhistorische Forschung den Terminus entdeckt und für den Fachdiskurs fruchtbar gemacht hat. Im Kern beschreibt er seine Mitglieder als Träger kollektiver Sinndeutung von Wirklichkeit, für die das Kriterium der Religion konstituierend ist. Kritische

Anfragen an das Konzept wurden sodann in den nachfolgenden Jahrzehnten formuliert: Ist das Milieu eher als monolithischer katholischer Block zu verstehen, der durch einen religiösen »Kitt« zusammengehalten wurde und in dem andere, etwa politische oder ökonomische Bezugsgrößen als quantité négligeable agierten? Oder ist die Rede von verschieden geprägten Gruppierungen innerhalb eines katholischen Lagers zutreffender? Waren es eher Kleriker denn Laien, die als die ausschlaggebenden Akteure die Stabilität des Milieus gewährleisteten, das sich zeitlich von der Kaiserzeit (ab etwa 1850) bis – je nach Deutung der Erosionsprozesse – in die 1950er- oder 60er-Jahre erstreckte?

Der vorliegende Sammelband, hervorgegangen aus einer Tagung der Arbeitsstelle für Katholizismus- und Widerstandsforschung in Vechta im Oktober 2009, akzentuiert nun insbesondere die »Resistenz und Resilienz« des Milieus am Ende der Weimarer Republik und während der nationalsozialistischen Diktatur. Konkret widmen sich die einzelnen Beiträge der Analyse diverser Regionalmilieus, die vom Emsland und von Westfalen über das Rheinland, den deutschen Südwesten, Bayern, das Eichsfeld und Schlesien bis hin zum Ermland reichen. Der Band reagiert damit auf einen vor allem von jüngeren Forschern immer wieder geäußerten Kritikpunkt, dass das Forschungsparadigma des Milieus den Blick für Heterogenitäten im Katholizismus, etwa regional sehr unterschiedliche Ausprägungen und damit verbundene Dynamiken, versperre und die Selbstwahrnehmungen der Akteure nicht berücksichtige. Leider erfolgt keine Begründung, warum die – neben William J. Mugglis gegenwartszentriertem Artikel – 14 Beiträge in die Kategorien »agrar-industrielle Mischmilieus«, »traditionale Lokal-/Regionalmilieus« und »vormoderne agrarisch-katholische Milieus« unterteilt sind. Ist »vormodern« als analytische Kategorie für Phänomene des 20. Jahrhunderts ein angemessener Terminus?

Auch wird versäumt, die facettenreichen, vom Ergebnis recht unterschiedlichen Beiträge in Bezug zueinander zu setzen: Nur wenige Beiträge arbeiten sich an der Milieutheorie ab und/oder stellen kritische Rückfragen an sie (etwa Unterburger, 328f.); vielleicht eine Konsequenz aus dem Plädoyer der insgesamt sehr instruktiven Einführung Winfried Beckers, für eine herkömmliche statt theoretisch überfrachtete Geschichtsschreibung (60)? Nimmt das Buch die angemahnte Heterogenität des Milieus sehr ernst, bleiben andere Generaleinwände gegen das Milieu-Konzept nahezu unberücksichtigt: Kann ein analytisches Kriterium, das für die Kaiserzeit entwickelt wurde, auf die Zeit danach übertragen werden, zumal es keine quantifizierbaren Endpunkte vorgibt und damit spekulativen Rekonstruktionen Raum bietet? Auch neu eingeschlagene Wege wie z.B. der von Franziska Metzger finden keine Erwähnung. Die Fribourger Historikerin trägt der lang geforderten Öffnung der stark sozialgeschichtlich fundierten Milieu-Theorie zur Kulturgeschichte Rechnung: Das Milieu wird von ihr als Konzept einer Kommunikations- und Symbolgemeinschaft verstanden, um der Komplexität der katholischen Identitätsbildung durch Selbst- und Fremdwahrnehmung und zugleich der Aggregierung und Differenzierung von Netzwerken und Teilmilieus Rechnung zu tragen.

Als Fazit bleibt festzuhalten: Die Lektüre des Aufsatzbandes bleibt lohnend ob der regionalen Pluralitäten und differenten Ausprägungen lokaler katholischer Teilmilieus, mit der sich die Leser konfrontiert sehen. Eine Systematisierung der empirischen Befunde allerdings, die durchaus eine ergänzende Korrektur der Milieutheorie zur Folge haben könnte, fehlt.

Florian Bock

Klaus Unterburger: Gefahren, die der Kirche drohen. Eine Denkschrift des Jesuiten Augustinus Bea aus dem Jahr 1926 über den deutschen Katholizismus (Quellen und Studien zur neueren Theologiegeschichte, Bd. 10). Regensburg: Pustet 2011. 182 S. ISBN 978-3-7917-2377-8. Kart. € 29,90.

Klaus Unterburger eröffnet durch die erstmalige Veröffentlichung der Denkschrift »Der Stand des Katholizismus in Deutschland« eine interessante neue Perspektive auf Kardinal Augustinus Bea (1881–1968), der dieses Dokument 1926 verfasst hat als »Lagebeurteilung [...] über den deutschen Katholizismus (wohl) für die römische Studienkongregation« (22). Die Denkschrift folgt nach Unterburger in Intention und Inhalt konsequent einer »neuscholastisch-römisch-ultramontanen Sichtweise« (35) und offenbart den Augustinus Bea des Jahres 1926 als »defensiv römisch und antiökumenisch« geprägt (35). Der Leser begegnet damit genau dem Gegenteil des einflussreichen Protagonisten der fortschrittlichen Konzilsmehrheit, als der Bea heute vor allem bekannt ist. Unterburger baut den Spannungsbogen seiner Darstellung auf diesem Gegensatz auf und fragt nach den Kontinuitäten und Brüchen in der Theologie Beas. In der ausführlichen Einleitung (Teil A, 19–87) weist Unterburger nach recht knappen Hinweisen zu Beas Biographie nach, dass die Denkschrift großen und direkten Einfluss auf Nuntius Eugenio Pacelli und Papst Pius XI. ausübte (»Grundlage vatikanischer Deutschlandpolitik«). Der Hauptteil der Einleitung (40–79) entpuppt sich als aufschlussreiche theologische Biographie Beas, die ausgehend von der neuscholastischen Ausrichtung der Denkschrift nach dem theologischen Werdegang Beas und nach den Bestimmungsgründen seiner Theologie fragt. Es folgt in Teil B der lateinische Originaltext der Denkschrift mit textkritischem Kommentar und in Teil C dessen deutsche Übersetzung mit einem ausführlichen und hilfreichen Sachkommentar. Die Denkschrift untergliedert sich in drei Teile: 1. Der religiöse Zustand Deutschlands allgemein, 2. Der Intellektuelle Zustand der Katholiken in Deutschland, 3. Wie man Katholiken vor gefährlichen Ideen schützt. Am ausführlichsten widmet sich Bea der Priesterausbildung und deren aus seiner Sicht beklagenswerter Beeinflussung durch staatliche Stellen, die sich v.a. durch die Verortung der theologischen Fakultäten an staatlichen Universitäten zeige. Bei der Frage nach den Gründen für Beas theologischen Wandel vom antiprotestantischen Neuscholastiker zum Ökumeniker stehe man, so Unterburger, zunächst »vor einem Rätsel« (40). Einigen Kontinuitäten (große Loyalität gegenüber dem Papst, absolute Verpflichtung gegenüber der Glaubenslehre der Kirche, kein »falscher Irenismus« in der Kirche [83]) stünden unübersehbare Brüche gegenüber (85). Unterburger beurteilt schließlich den theologischen Wandel Beas als »(unvollständigen) Bruch, den die Begegnung mit Papst Johannes XXIII. ausgelöst hat.« Dabei vermutet Unterburger, dass nicht nur Beas Einsicht in theologische Grundüberzeugungen des Papstes eine Rolle spielte, sondern auch sein Instinkt, persönlichen Einfluss zu gewinnen (85). Dem dahinter stehenden latenten Vorwurf opportunistischen Handelns geht Unterburger allerdings nicht weiter nach.

Der Reiz des Buches liegt sicherlich darin, dass Augustinus Bea und seine Theologie nicht mehr allein aus der Perspektive des Konzils betrachtet werden, sondern vornehmlich von seiner eigenen spannungsreichen theologischen Entwicklung her. Unterburger erliegt dabei weder der Versuchung, die sich abzeichnenden scharfen Brüche zu glätten noch diese abschließend erklären zu wollen. Er liefert vielmehr einen spannenden und gut lesbaren Beitrag zur Theologiegeschichte des 20. Jahrhunderts. Die Denkschrift selbst bietet einen guten Eindruck der römischen Sicht auf den deutschen Katholizismus der 1920er-Jahre.

Gerhard Schneider

KONRAD KRIMM (HRSG.): NS-Kulturpolitik und Gesellschaft am Oberrhein 1940–1945 (Oberrheinische Studien, Bd. 27). Ostfildern: Jan Thorbecke 2013. 388 S. m. Abb. u. CD-ROM. ISBN 978-3-7995-7827-1. Geb. € 34,00.

Der Tagungsband zur NS-Kulturpolitik am Oberrhein vereint, wie der Herausgeber Konrad Krimm vorausschickt, zwei problematische Begriffe, die historisch verortet sind: Es fällt schwer, die Politik der Nationalsozialisten im Elsass als »Kulturpolitik«" zu verstehen und es fällt genauso schwer, den »Oberrhein« als Region zu begreifen, denn genau das war sie nicht immer. Vor dem Aufkommen der Nationalismen hatte die geographische Region durchaus Verbindendes und Gemeinsames, danach wurde sie zum Zankapfel und Konfliktfeld, in deren Folge die heimische Bevölkerung zumeist Objekt der jeweiligen Sieger war. Abgesehen von diesem Begriffsproblem, das genauer reflektiert hätte werden müssen, vereinigt der Band einige hoch interessante Beiträge.

Markus Enzenauer beschreibt die Nazifizierung der elsässischen Bevölkerung in der NS-Zeit, die überaus heftig erfolgte. Seine These ist allerdings, dass keine Diktatur ohne die Zustimmung und Mitarbeit eines »kritischen Minimums« möglich ist. Er betont, dass die Ausgangssituation nicht eindeutig war. Die Bedeutung der korrumpierten und korrumpierbaren elsässischen Parteigenossen war ihre Rolle bei der Herrschaftssicherung. Die NS-Politik bekämpfte allerdings die Autonomisten entschieden, durchgeführt wurde die Politik im Wesentlichen von badischen Nationalsozialisten. Die Konsequenz der Zwangserziehung war allerdings das vollständige Scheitern dieser Versuche und, so wäre zu fragen, das noch lange anhaltende Misstrauen gegen die Nachbarn auf der anderen Seite des Rheins. Ernst Otto Bräunche untersucht Karlsruhe als Gauhauptstadt auf Widerruf, die jedoch bei einem Endsieg der Gauhauptstadt Straßburg weichen sollte. Da das den persönlichen Vorstellungen Hitlers entsprach, waren die architektonischen Planungen entsprechend monumental. Diese Pläne untersucht Dorothea Roos, die durch eine beiliegende DVD alles bequem nachvollziehbar macht, das ist für die Stadtgeschichte enorm hilfreich.

Im Bildungsbereich wurden die wohl umfassendsten Veränderungen vorgenommen. Davon berichten die Beiträge von Frank-Rutger Hausmann und Alexander Pinwinkler über die »Reichsuniversität Straßburg«. Man versuchte, mit beachtlichen Finanzmitteln die Attraktivität der Universität zu erhöhen, da dieses Bestreben aber begleitet war von Ausplünderung der elsässischen Wirtschaftsressourcen sowie der Umsiedlung und Vernichtung von Minderheiten wurden die wenigen positiven Ansätze in ihr Gegenteil verkehrt. Auch die gründliche Untersuchung des Schulwesens und Lehrerbildung durch Wolfram Hauer zeigt dies deutlich. Mit großer Energie und Schnelligkeit wurde die ganze Lehrerbildung umgewandelt. Die Lehrer wurden rücksichtlos germanisiert, Französisch wurde nicht mehr geduldet, katholische Schulschwestern wurden interniert oder deportiert. So hatte die Umsetzung des Rassegedankens in der Bildungspolitik katastrophale Folgen. Mit großem finanziellen Aufwand und geschickter Propaganda wurde die Ausstellung »2000 Jahre Kampf am Rhein« geplant und durchgeführt. Bernadette Schnitzler untersucht diese Geschichtserziehung und bestätigt den Ausstellungsmachern im Umgang mit den Bildern ein »beunruhigendes Geschick«.

Für die besondere Lage des Elsass sind die drei Beiträge von Pia Nordblom über Joseph Rossé und den Verlag Alsatia, Peter Steinbach über Reinhold Schneider und Marie-Claire Vitoux über das Tagebuch von Marie-Joseph Bopp besonders erhellend. Pia Nordblom schlägt vor, im Falle von Rossé von Kooperation statt Kollaboration auszugehen, weil der Begriff Kollaboration eindeutig besetzt ist. Dadurch öffnet sich ihr der Blick auf das umfangreiche und vielfältige Betätigungsfeld von Rossé und sie kann so die alten Kontroversen vermeiden. Rossé war bis 1940 einer der führenden Kämpfer für die Autonomie des Elsass und die Rechte der katholischen Kirche. Nach der Eroberung hat er sich für die gleichen Ziele eingesetzt. Vor allem hat er den Verlag Alsatia zu einem erfolgreichen Unternehmen ausgebaut und konnte für das zerschlagene reichsdeutsche katholische Verlagswesen eine Art Ersatz für religiöse Literatur schaffen. Vor allem Reinhold Schneider konnte hier publizieren und das war nicht nur für katholische NS-Gegner von großer Bedeutung.

In den fünf Jahren der deutschen Besatzung wurde viel zerstört, auch der Autonomiegedanke; erst auf dem Boden der deutsch-französischen Verständigung hat es wieder Raum gegeben für einen elsässischen Regionalismus. Da das Elsass eigentlich im Focus des Bandes steht, ist es ein wenig verwunderlich, dass so wenige Elsässer beteiligt worden sind.

Hans-Otto Binder

Michael Stahl: Vom Nationalsozialismus in die Demokratie (Konfession und Gesellschaft, Bd. 48). Stuttgart: Kohlhammer 2013. 448 S. ISBN 978-3-17-022961-7. Kart. € 49,90.

Gegenstand der vorliegenden Studie von Michael Stahl ist die Entwicklung und Neuordnung der Evangelischen Kirche von Kurhessen-Waldeck nach 1945 unter der Amtszeit von Landesbischof Adolf Wüstemann, wobei sich Stahl allerdings auch in einem Kapitel der Zeit des Nationalsozialismus widmet, da während dieser Zeit »Grundlagen für den Aufbau der Landeskirche nach dem Krieg gelegt wurden« (Stahl, 16). In diesem Zusammenhang verweist Stahl v. a. auf den vom Landeskirchenausschuss 1937 eingesetzten Verfassungsausschuss, der unter Beteiligung der Bruderräte eine Konzeption entwickelte, die nach 1945 die Grundlage für das sog. Leitungsgesetz bildete (ebd., 407). Dieser Befund veranlasst Stahl schließlich zu der These, dass die Landeskirche von Kurhessen-Waldeck während des Nationalsozialismus einen »Sonderweg« beschritten habe, da der »1935 eingesetzte Landeskirchenausschuss seine Tätigkeit nicht wie in anderen Landeskirchen 1937 einstellte, sondern bis 1945 die ELKW leitete und noch deren Neuordnung im selben Jahr initiierte und dirigierte« (ebd., 16). Das formale Kriterium des Fortbestands des Landeskirchenausschusses entspreche der in Kurhessen-Waldeck gering ausgeprägten Polarität zwischen Bekennender Kirche und Deutschen Christen – offenbar war in dieser Landeskirche eine Zusammenarbeit von Bekennender Kirche und Deutschen Christen in den Verfassungsorganen möglich (Stahl, 52). Es ist begrüßenswert, dass Stahl an dieser Stelle darauf verweist, wie nach 1945 auf organisatorische und konzeptionelle Vorstellungen aus der Zeit von vor 1945 zurückgegriffen wurde und somit Kontinuitäten aufzeigt. Aus methodologischer Perspektive erscheint mir allerdings problematisch, dass allein der Begriff »Sonderweg« eine komparatistische Perspektive nahelegt, auf die der Vf. an dieser Stelle verzichtet. Das mag insofern inkonsequent erscheinen, da er an anderer Stelle durchaus eine komparatistische Perspektive wählt, um die episkopale Kirchenverfassung der Landeskirche von Kurhessen-Waldeck der synodalen Kirchenverfassung der Landeskirche von Hessen-Nassau gegenüberzustellen (vgl. ebd., 115). Hier verspielt der Vf. die Chance, aus dem – natürlich nur skizzenhaft durchführbaren – Vergleich mit anderen Landeskirchen heraus seinen Befund schärfer zuzuspitzen, zu kontextualisieren und zu bewerten; naheliegende Fragen bleiben damit offen: Handelt es sich hierbei um einen »dritten Weg« neben dem Weg der sog. intakten und zerstörten Landeskirchen? Lässt sich angesichts dieses Befundes die Alternative von einer zerstörten und intakten Landeskirche auflockern und ein differenziertes Bild gewinnen? Sicherlich handelt es sich hierbei um hochkomplexe, sorgfältig zu differenzierende Entwicklungen. Aber gerade darum vermisst der Rezensent an dieser Stelle eine schärfere Abgrenzung sowie eine ausführliche Begründung und Einordnung, die dem Leser ein besseres Verständnis der Spezifika in der Landeskirche von Kurhessen-Waldeck ermöglichte.

Im Wesentlichen lässt sich nach Stahl die Neuordnung der Landeskirche von Kurhessen-Waldeck in einer nach innen und einer nach außen gerichteten Dimension beschreiben. Im Hinblick auf die innere Neuordnung der Landeskirche wurde während der Notsynode von 1945 mit dem Bischofsamt ein starkes Amt kirchlicher Leitung eingerichtet. Um zu zeigen, wie die »unterschiedlichen Erfahrungen während der NS-Zeit die Entwicklung der Landeskirchen nach 1945 prägten« (Stahl, 112) – allein diese Formulierung liest sich beinahe als Relativierung der »Sonderwegsthese« – skizziert Stahl kurz die Verfassungsentwicklung der Evangelischen Kirche in Hessen-Nassau, wo eine synodale Kirchenverfassung etabliert wurde (ebd., 115). Neben diesen Verfassungsfragen, den begleitenden Debatten und einer kritischen Darstellung der »kirchlichen Selbstreinigung« als Antwort auf die Entnazifizierungsgesetze der Alliierten stellt Stahl die Bekenntnisdebatte der konfessionell heterogenen Landeskirche von Kurhessen-Waldeck dar. Das Dilemma dieser »EKD im Kleinen« (ebd., 180) bestünde darin, »dass die EKD dauerhaft in einer Zuordnung der Landeskirchen zu einer von drei Konfessionsgemeinschaften (lutherisch, reformiert, uniert) gründen würde, die ELKW aber eine solche Zuordnung nicht vollziehen konnte, ohne das eigene konfessionelle Profil zu verleugnen« (ebd., 410). Bedeutung und eine Einheit stiftende Funktion komme nach Stahl der Umstellung der Ortskirchensteuer auf eine Landeskirchensteuer zu: »Die Landeskirchensteuer wurde dadurch zu einem Instrument, um aus vielen Gemeinden eine Kirche zu formen« (ebd., 310).

Nach außen zeigt sich, um nur einige Beispiele zu nennen, die Neuordnung anhand der Klärung des Verhältnisses von Staat und Kirche, der Aushandlung von Staatskirchenverträgen und der Definition des Öffentlichkeitsauftrages (ebd., 411f.). Stahl bewertet die Amtszeit Wüstemanns, gerade auch mit Blick auf die hohe Stabilität und die erfolgreiche »Durchsetzung kirchlicher Prinzipien und Moralvorstellungen in der Gesetzgebung, der Rechtsprechung und der Öffentlichkeit« als »überragende Erfolgsgeschichte« (ebd., 380). Dennoch wuchs Ende der 1950er-Jahre die Unzufriedenheit mit dem Bischof: Eine verschleppte Liturgiereform ließ den Reformstau sowie strukturelle Defizite offenbar werden, die Stahl als »polare Spannung zwischen synodalen und episkopalen Leitungsorganen« beschreibt (ebd., 403). Diese Defizite mündeten ab 1963 in einem Verfassungsreformprozess unter Wüstemanns Nachfolger Erich Vellmer, in welchem die Spannung entschärft und die synodalen Elemente in ihrer kirchenleitenden Kompetenz gestärkt wurden (ebd., 402).

Insgesamt ist zu bilanzieren, dass Stahl eine detailreiche, allerdings zuweilen schwerfällig zu lesende Studie vorgelegt hat. Dass der Theologe Stahl in seinen einleitenden, sehr knapp gehaltenen methodischen Überlegungen kaum mehr als ein Bekenntnis zur Geschichtswissenschaft ablegt, mag allerdings dazu beigetragen haben, dass die Studie an vielen Stellen deskriptiv-rekonstruierend bleibt. Gerade vor dem Hintergrund des Plädoyers für eine an der Geschichtswissenschaft orientierte Kirchengeschichte wäre zuweilen eine stärkere Kontextualisierung wünschenswert gewesen. Im Hinblick auf die oben skizzierte Sonderwegsthese hätte eine Einordnung in die Geschichte der westdeutschen Landeskirchen nach 1945 zu über diese Regionalstudie hinausweisenden Ergebnissen bzw. zu einem besseren Verständnis der Spezifika der Landeskirche von Kurhessen-Waldeck führen können. Trotz dieser Kritikpunkte ist Stahl das Verdienst nicht abzusprechen, dass er einen umfassenden Einblick in den Neuordnungsprozess der Evangelischen Kirche von Kurhessen-Waldeck präsentiert und den Kirchenverfassungsprozess sorgfältig und detailliert rekonstruiert. *Felix Teuchert*

Karl Gabriel, Christian Spiess, Katja Winkler (Hrsg.): Die Anerkennung der Religionsfreiheit auf dem Zweiten Vatikanischen Konzil (Katholizismus zwischen Religionsfreiheit und Gewalt, Bd. 4). Paderborn – München – Wien – Zürich: Ferdinand Schöningh 2013. 287 S. ISBN 978-3-506-77406-4. Kart. € 36,90.

Am 7. Dezember 1965, dem vorletzten Konzilstag, hat Paul VI. die Konzilserklärung über die Religionsfreiheit »Dignitatis humanae« promulgiert – eine Art krönender Abschluss des jahrelangen konziliaren Ringens, ohne den das Konzil insgesamt nicht viel wert gewesen wäre. Denn erst mit der dadurch erfolgten uneingeschränkten Anerkennung des Menschenrechts der Religionsfreiheit ist die katholische Kirche in der Neuzeit angekommen und konnte so zu einem glaubwürdigen und ernstzunehmenden Teilnehmer an politischen, ethischen, rechtlichen und zivilgesellschaftlichen Diskursen werden.

Die Anerkennung der Religionsfreiheit gehört heute zum unaufgebbaren Kernbestand katholischer Soziallehre und Menschenrechtspolitik. An der Stellung zu »Dignitatis humanae« lässt sich bis heute die klare Grenzlinie zu fundamentalistischen Denkweisen (etwa einer Piusbruderschaft) ziehen. Innerkirchlich nach wie vor umstritten ist allerdings, ob und in welcher Weise die Konzilserklärung in Kontinuität zur kirchlichen Tradition steht. Der vorliegende Sammelband bietet neben dem Konzilstext (lat./dt.) selbst weitere lehramtliche Quellentexte aus der »Pianischen Epoche« (Enzyklika Quanta cura von Pius IX., 1864; »Toleranzansprache« von Pius XII., 1953) sowie Kommentarliteratur von katholischen Theologen (John C. Murray, Benedikt XVI., Reinhold Sebott, Walter Kasper, Arthur Fridolin Utz, Pietro Pavan, Augustin Bea) und Verfassungsrechtlern (Ernst-Wolfgang Böckenförde, Josef Isensee). Interessant wären noch Perspektiven aus anderen Konfessionen gewesen.

Grundsätzlich kristallisieren die Herausgeber vier verschiedene Interpretationsmöglichkeiten heraus (vgl. 10–12): (1) Eine strikte Kontinuitätsthese, wonach Brüche in wesentlichen Fragen der kirchlichen Lehre ausgeschlossen werden (z.B. Utz); (2) eine erweiterte Kontinuitätsthese, die eine Kontinuität im Wesentlichen annimmt, dabei aber Entwicklungen oder gar Widersprüche in Bezug auf zeitbedingte Aussagen nicht abstreitet (z.B. Benedikt XVI.; Kasper); (3) eine erweiterte Diskontinuitätsthese, wonach es durchaus kontradiktorische Aussagen in der Lehrentwicklung gebe, die jedoch aufgrund der Zeitbedingtheit nicht auf derselben Verbindlichkeitsebene zu verorten seien (z.B. Sebott; Böckenförde; Isensee) und schließlich (4) eine strikte Diskontinuitätsthese, die Widersprüche in der Lehrentwicklung annimmt, dabei aber deren Zeitbedingtheit ausblendet (mit konservativer und progressiver Variante).

Deutlich wird bei dieser Zusammenstellung, »dass *Dignitatis humanae* augenfällige Widersprüche vor allem zur Lehre der Päpste des 19. und der ersten Hälfte des 20. Jahrhunderts aufweist« (13). So haben Gregor XVI. und Pius IX. die Religionsfreiheit eindeutig und entschieden verurteilt (vgl. 49). Die strikte Kontinuitätsthese lässt sich deshalb nicht halten. Besonders die beiden Staatsrechtler arbeiten deutlich heraus, dass es sehr wohl eine »kopernikanische Wende« in der lehramtlichen Entwicklung gab und diese lag in der »Unterordnung der personalen Freiheit unter die theologische Wahrheit«, also »der Schritt vom ›Recht der Wahrheit‹ zum ›Recht der Person‹« (169). Erst mit diesem Schritt wird eine Religion sozialverträglich und »modernetauglich« (vgl. 7f.) und es liegt auf der Hand, dass etwa die islamische Religion in ihrem Mainstream diesen Schritt erst noch vor sich hat, auch wenn einzelne Vertreter bereits in diese Richtung weisen. Das Fehlen synodaler Strukturen und einer verbindlichen Lehrinstanz im Islam erweist sich in diesem Fall als Hemmnis und Nachteil.

Alle Quellentexte des Bandes werden nach bibliographischen Angaben mit einer knappen Einleitung durch die Herausgeber eingeführt, was sehr hilfreich ist. Die Reihenfolge der Beiträge jedoch erschließt sich dem Leser nicht: es ist weder eine chronologische noch eine inhaltliche Ordnung zu erkennen. Zusammen mit den beiden flankierenden Bänden »Religionsfreiheit und religiöser Pluralismus« (2010) und »Wie fand der Katholizismus zur Religionsfreiheit?« (2014) in derselben Reihe macht der Sammelband mit dem Spektrum an Positionen den kirchlichen Lernprozess in Sachen Religionsfreiheit und Menschenrechte sehr schön deutlich. *Andreas Renz*

Mark D. Popowski: The Rise and Fall of *Triumph*. The History of a Radical Catholic Magazine, 1966–1976. Plymouth: Lexington 2011. 282 S. ISBN 978-0-739-16981-0. Geb. € 75,85.

Deutsche Katholiken erlebten »ihre« Publizistik in den letzten Jahrzehnten als nahezu durchgehend vom Niedergang geprägt. Beispiele aus der jüngsten Zeit muss man nicht lange suchen: Nachdem die in Bonn erscheinende Wochenzeitung *Rheinischer Merkur* bereits im Jahr 2010 eingestellt worden ist, verstummt auch die Bistumspresse mehr und mehr – jüngstes Beispiel dafür ist etwa das *RuhrWort* des Bistums Essen, das mit der Ausgabe vom 21. Dezember 2013 endete.

Ein vollkommen anderes Szenario bieten hingegen die »langen« 1960er: In affirmativ-euphorischer Zustimmung zum oder aggressiv-ängstlicher Absetzung vom Zweiten Vatikanischen Konzil schoss nicht nur in der Bundesrepublik, sondern – bislang hierzulande zu wenig beachtet – auch in den USA eine blühende katholische Presselandschaft aus dem Boden. In diese Forschungslücke stößt die Dissertation des Historikers Mark D. Popowski, der am Collin College in Frisco (Texas) Amerikanische Geschichte lehrt und sich selbst – für deutsche Leser ungewohnt – gegenüber der »secular-liberal democracy« kritisch eingestellt bezeichnet, da er römisch-katholisch sozialisiert sei (xxii). Dreh- und Angelpunkt seiner Arbeit stellt das vom Autor selbst als »radikal katholisch« bezeichnete Magazin *Triumph* dar, das von 1966 bis 1976 erschien. Ohne in diesem Rahmen auf alle Facetten der Geschichte des Magazins eingehen zu können, lässt sich doch sagen: Der Name war Programm. Inspiriert vom absolutistischen Carlismus Spaniens intendierten die beiden Gründerväter des Magazins, L. Brent Bozell und Frederick D. Wilhelmsen, ein der Neuscholastik nachempfundenes, klerikalistisches und triumphalistisches Modell von Kirche als *societas perfecta*. Sie selbst und das von ihnen aufgebaute Autorennetzwerk empfanden sich als »crusaders« – »intent upon reinstuting the Kingship of Christ« (229). Ob man von einem Presseorgan des 20. Jahrhunderts, wie es Popowski durchgehend tut, als »ultramontan« sprechen kann, bleibt dabei für den Rezensenten zweifelhaft – zu weit erscheint der Weg zurück bis zum Kulturkampf des 19. Jahrhunderts.

Vor diesem Hintergrund überraschen die ablehnenden Positionen von *Triumph* gegenüber der Liturgiereform des Zweiten Vatikanums oder der Abtreibung ebenso wenig wie die wirtschaftspolitische Einstellung des Blattes: Sich von den zukünftigen so genannten »Reaganomics« absetzend, blieben Bozell und Co. auf der Linie der katholischen Soziallehre wie sie seit *Rerum Novarum* (1891) formuliert wurde und distanzierten sich von einem Kapitalismus, der lediglich die übersättigten Bedürfnisse einiger weniger befriedige.

Deutsche Kirchenhistoriker, die sich mit konfessioneller Publizistik beschäftigen, mag schließlich v.a. der Tatbestand überraschen, wie wenig Raum Popowski der Finanzierung von *Triumph* gibt – vermutlich aus dem einfachen Grund, weil die Frage nach der wirtschaftlichen Absicherung des Blattes eine sehr untergeordnete Rolle spielte und so gerade einmal zwei Seiten im ganzen Buch einnimmt: Über gezieltes Fundraising in konservativen Kreisen konnte sich die Zeitung tragen (52f.). Ganz anders verhielt sich die damalige Situation in Westdeutschland: In Deutschland konkurrieren noch heute im kollektiven katholischen Gedächtnis zwei Großnarrative um die Einstellung der katholischen Wochenzeitung *Publik* (1968–1971). Die Darstellung von *Publik* als desaströses Experiment mit irrlichternder (kirchen-)politischer Ausrichtung, das es trotz großzügiger finanzieller Unterstützung der Bischöfe nicht vermochte, aus den roten Zahlen herauszukommen, steht der Deutung von *Publik* als einer zeitgemäßen, dialogoffenen Wochenzeitung gegenüber, deren Inhalt vor allem den Bischöfen zu »progressiv« war und die deshalb aus vorgeschobenen finanziellen Gründen sterben musste. Wurde *Publik* also aufgrund der zunehmenden Pluralisierung förmlich zerrieben, da sich ein katholischer Grundkonsens im Sinne eines alle Lager einenden Kirchen- und Gesellschaftsentwurfs als nicht mehr darstellbar erwies, so geriet *Triumph* als Klientelorgan nicht nur mehr und mehr zu teuer, sondern auch zunehmend unglaubwürdiger: Der, hier finden sich ungewollt Parallelen zum protestantischen Fundamentalismus, von Redaktion und Autorschaft vorhergesagte, apokalyptische Züge tragende Kollaps der »secular-liberal political order« blieb aus. Dies ließ die Anziehungskraft für ein ohnehin nur kleines Lesepublikum sinken und besiegelte das Ende des Magazins.

Insgesamt zeigt Popowski – trotz seiner persönlichen Positionierung in der Einleitung – differenziert und ausgewogen, was ein medienhistorischer Zugriff auf den Katholizismus zu leisten imstande ist. Dabei darf unter Mediengeschichte freilich nicht nur die Analyse der Darstellung des Katholischen in den Massenmedien verstanden werden. Neben dieser sicherlich lohnenswerten Perspektive bedeutet ein medienhistorischer Ansatz auch gleichermaßen, die Kommunikationsstrukturen des Katholizismus zu untersuchen, die sich mit dem Einbezug medialer Spielregeln einem Wandel unterwerfen: Im Mittelpunkt stehen nach diesem Verständnis dann Reaktionsformen und Bewältigungsstrategien von Klerikern und Laien auf die Anforderungen, die eine medialisierte Öffentlichkeit mit sich bringt.

Florian Bock

7. Orden, Klöster und Stifte

Peter Gemeinhardt: Antonius. Der erste Mönch. Leben, Lehre, Legende. München: C.H. Beck 2013. 240 S. m. Abb. u. Karte. Geb. ISBN 978-3-406-64658-4. € 19,95.

Antonius der Große (um 250–356) hat bereits seine Zeitgenossen in der Spätantike fasziniert. Die Einleitung mit über 10 % des Gesamtwerks versucht die Annäherung an den hl. Antonius zu geben: Über die Wüstenväter kommt der Verfasser zur Aussage, wie man die Biographie eines Heiligen schreibt. Dabei erörtert er auch die Quellen über den hl. Antonius. Neben der Vita Antonii des Patriarchen Athanasius von Alexandria gibt es – für die Spätantike ungewöhnlich – noch die Apophthegmata Patrum, die Aussprüche der Väter aus dem 4./5. Jahrhundert, und die Briefe des Antonius selbst, die nach dem schwedischen Kirchenhistoriker Samuel Rubenson sehr wahrscheinlich echt sind. Der erste Teil des Bandes ist »Leben und Lehre« des Heiligen in sechs Abschnitten gewidmet. Der erste Abschnitt zeigt die Kindheit des Antonius im Dorf Koma bei Herakleopolis am Fayyum, der dort in einer vermögenden Grundbesitzerfamilie mit ca. 80 ha Grundbesitz aufwuchs. Seine Muttersprache war dabei Koptisch und nicht Griechisch. Im Unterschied zu den meisten Persönlichkeiten der Antike ist neben dem Todesjahr 356 auch das seiner Geburt

251 durch die Angabe seines Sterbealters bekannt. Antonius wurde christlich erzogen und scheint früh Anzeichen zum Eremitentum gezeigt zu haben. Nach dem Tode seiner Eltern und der Versorgung seiner Schwester entäußerte er sich seines ganzen Besitzes und zog sich von der Welt zurück, um ein Leben in Einsamkeit und Askese als monachos zu führen.

Der zweite Abschnitt des Werkes beschreibt den »Weg in die Wüste«. Die Versuchungen des hl. Antonius sind seit der Renaissance in zahlreichen Malereien der Öffentlichkeit immer wieder vorgestellt worden, wobei die dabei oft gezeigten voyeuristischen Elemente in den Quellen fehlen. Antonius hat 20 Jahre in Einsamkeit auf dem Berg Pispir 75 km südlich von Memphis verbracht. Trotz der Einsamkeit in der Wüste blieb aber seine Verbindung zur Welt immer bestehen. Antonius erreichte dabei das Ebenmaß zwischen körperlichem und seelischem Befinden, das der Asket in der hellenistischen Philosophie ebenso erreicht wie der christliche Mönch durch sein Leben in Harmonie mit sich und Gott.

Der dritte Abschnitt des Werks »Abbas Antonius« geht auf das weitere Leben des Heiligen ein, der den Berg Pispir um 305 verließ, um nach Alexandria zu gehen und sich der dort durch die diokletianische Christenverfolgung in Bedrängnis geratenen Christen anzunehmen. Um etwa 311 zog er sich dann wieder auf den Berg Pispir zurück. Der Verfasser zeigt, wie Antonius in dieser Zeit zum »asketischen Märtyrer« wurde. Die allgemein anerkannte Bedeutung von Antonius wuchs in den folgenden Jahrzehnten. Sein Schriftwechsel mit den Kaisern Konstantin dem Großen und dessen Söhnen arbeitete insbesondere den Unterschied zwischen Konstantin und Konstantius heraus. Der vierte Abschnitt des Bandes zeigt die Entwicklung des Mönchtums durch den hl. Antonius. Das Mönchtum wird dabei vom Verfasser als eine Bildungsbewegung des vierten Jahrhunderts dargestellt. Die Mönche mussten lesen können, um über die Hl. Schrift zu meditieren. Die regula Benedicti nahm diese Bildungsbewegung später auf und bestimmte damit die Bildung des mittelalterlichen Mönchtums. Die Rede an die Mönche in der Vita Antonii umfasst mit 28 Kapiteln rund ein Drittel des Gesamtwerkes. Damit allein wird schon die Bedeutung dieser Rede deutlich. Der fünfte Abschnitt behandelt die weltliche und geistige Bildung des Antonius. Antonius war keineswegs der ungebildete, bäurische Wüstenmönch wie ihn z.B. Wilhelm Busch darstellt. Im Gegenteil, die Auseinandersetzungen zwischen ihm und den heidnischen Philosophen, die ihn dreimal besucht haben, zeigen die umfassende Bildung von Antonius, aber auch wie Heiden und Christen untereinander über Nutzen und Grenzen der nichtchristlichen Bildung diskutierten. Antonius kam in seinen Darstellungen gegenüber den heidnischen Philosophen immer wieder darauf zurück, dass sie Christen werden sollten. Interessant ist festzustellen, wie sich die Philosophie mit der asketischen Praxis verband. Auch hier wird der Weg des mittelalterlichen Mönchtums vorausgenommen. Der sechste Abschnitt behandelt Tod und Vermächtnis und führt aus, dass der Christ mit heiterem Gesicht sterben konnte. Antonius stellt sich aufgrund seines Verhaltens in den letzten Tagen seines Lebens als Lehrer im Leben und Sterben dar. Das Todesjahr des Antonius ist mit 356 sicher überliefert. Der Verfasser der Vita Antonii, Patriarch Athanasius richtete sich in seinen Stellungnahmen gegen die Übernahme altägyptischer Begräbnisbräuche und vor allem die Ausstellung mumifizierter Märtyrer und Heiligen. Antonius wurde sehr schnell zum Vorbild des asketischen Mönchtums. Ob dabei der durch seinen Kampf gegen die Arianer bekannte Athanasius auf die von ihm beschriebene Gestalt des hl. Antonius indirekt eingewirkt hat, wird nicht untersucht.

Im zweiten Teil des Buches »Legende« werden in drei Abschnitten zuerst das Nachleben des hl. Antonius in der Spätantike vorgestellt. Dieses vollzog sich über die Klöster des

Pachomius, die ägyptische Kirche und die Vita Antonii als literarisches Modell. Bereits kurz nach dem Tode des Antonius wurde seine Vita erstmals übersetzt, um dann wenig später von Evagrius von Antiochia in angemessener Weise übersetzt zu werden. Es folgte daraufhin auch die Vita Pauli des Hieronymus.

Im achten Abschnitt der Arbeit werden die Antoniusbilder im Mittelalter und in der frühen Neuzeit zusammenfassend dargestellt. Das neunte Kapitel der Arbeit widmet sich der Versuchung in der Moderne im Zusammenhang mit dem hl. Antonius. Die hier vorgenommene Vermengung des Heiligen mit den von Wilhelm Busch aufgezeigten Darstellungen desselben passt irgendwie nicht. Ob sie überhaupt etwas zur Erfassung des hl. Antonius beitragen, muss man dahingestellt sein lassen.

Der Band, der Leben und Werk des hl. Antonius erneut aufgreift, verdeutlicht, wie wichtig das Leben des Heiligen noch bis in die Gegenwart hinein ist. Dem Verfasser ist ein Werk gelungen, das sicher auch zu der wissenschaftlichen Erfassung des Heiligen beitragen wird. *Immo Eberl*

Stiftsbibliothek St. Gallen (Hrsg.): Der St. Galler Klosterplan. St. Gallen: Verlag am Klosterhof 2014. 51 S. m. Plan. ISBN 978-3-905906-05-9. Kart. SFr 37.00.

Nachdem zuletzt 1983 ein Nachdruck des 1952 erstellten Faksimiles des St. Galler Klosterplanes erschienen ist, hat die Stiftsbibliothek St. Gallen nun ein neues Faksimile ihres bekanntesten Stückes herausgegeben. Als Ziel setzte sich die Bibliothek, dem Original in Farbe und Intensität näher zu kommen als in früheren Faksimileausgaben. Tatsächlich ist der Klosterplan bis in kleinste Tituli gut lesbar; feinste Linien, Schattierungen und Nähte sind erkennbar.

Vollständig neu geschrieben wurde auch das Begleitheft zum Faksimile, das zuletzt 1998 von Johannes Duft verfasst worden war. In der Neuausgabe, in der wie in der gesamten Ausgabe sehr viel Wert auf Farblichkeit gelegt wird, führt der ehemalige St. Galler Stiftsbibliothekar Ernst Tremp in (I) die Entstehung, Überlieferung und Forschungsgeschichte des St. Galler Klosterplans und in (II) inhaltliche Aspekte der ältesten Architekturzeichnung des Abendlandes sowie in die wichtigste Forschungsliteratur ein. Schließlich folgen die lateinischen Beischriften des Planes mit deutschen Übersetzungen. Sie wurden vom emeritierten Heidelberger Altphilologen Walter Berschin erstellt und für diese Ausgabe übernommen. Tremp weist fundiert in den aktuellen Forschungsstand ein und setzt dabei nur wenige Kenntnisse voraus. Nach der Darstellung der Entstehung des Klosterplans auf der Reichenau verfolgt er seine Forschungs- und Wirkungsgeschichte über Modelle und virtuelle Rekonstruktionen bis hin zum Projekt »Campus Galli«. Dort wird im Kontext experimenteller Archäologie der Klosterplan als Bauplan für eine reale Klosterstadt umgesetzt. Umstrittene Forschungsfragen reißt der Vf. an, etwa die Frage, wer bei der Erstellung des Plans auf der Reichenau die zweite neben der leitenden Hand des Reichenauer Bibliothekars Reginbert gewesen sein könnte oder welche Argumente für eine Frühdatierung um 819 bzw. für eine spätere Entstehung um 826/30 sprechen. Der Vf. verliert sich aber nicht in solchen Diskussionen. Stattdessen stellt er den Plan als »Zeugnis eines Diskussionsprozesses« (13) in den Großzusammenhang der Klosterreform und -vereinheitlichung im Zuge der karolingischen Correctio. Auch bei der Darstellung zentraler Themenfelder ist ihm dieser Diskurszusammenhang wichtig. Tremp listet beispielswiese alle auf dem Klosterplan vorgesehenen Pflanzen für Kräuter-, Gemüse- und Obstgärten auf. Dann stellt er die Übereinstimmung mit jenen Pflanzen fest, die die Verordnung Karls des Großen zur Verwaltung der Hofgüter (»Capitulare de villis«) und das Gedicht »De cultura hortorum« des Reichenauer Mönchs Walahfrid Strabo für die Gärten vorsahen. Das alles ist überaus leserfreundlich gemacht: Der Vf. erklärt anschaulich an vergrößerten Ausschnitten des Plans und das im Einband abgedruckte Schema mit Nummerierungen erleichtert die Orientierung auf dem Faksimile.

Tremp führt knapp und übersichtlich in den Plan, seine Inhalte, seine Entstehung und seinen Entstehungsdiskurs sowie seine Wirkungsgeschichte ein. Auch die Übersetzung aller lateinischen Begriffe und die souveräne Führung durch umstrittene Detailfragen weisen auf interessierte Laien als primäre Adressatengruppe des Begleitheftes hin. Das gelungene Faksimile und die gute Benutzbarkeit des Begleitheftes machen diese Neuausgabe aber sicherlich auch für die professionelle historische Bibliothek interessant.

Daniela Blum

Donald S. Prudlo (Hrsg.): The Origin, Development, and Refinement of Medieval Religious Mendicanies (Brill's Companions to the Christian Tradition, Bd. 24). Leiden – Boston: Brill 2011. XVIII, 382 S. ISBN 978-90-04-18180-9. Geb. € 139,00.

Die seit 2006 im Brill-Verlag erscheinende, als »Wegweiser zur christlichen Tradition« titulierte Reihe erörtert in ihrem 24. Band mit dem religiös begründeten Bettel eine wirkungsmächtige Ausdrucksform geistlicher Orientierung im Hoch- und Spätmittelalter, dessen Erschließung zunächst mehr verspricht als die gemeinhin erwartete umfassende Zustandsbeschreibung eines spezifischen Forschungsbereiches. Diese stillschweigende Erwartungshaltung wird bei der Lektüre der in drei Sektionen gegliederten elf Beiträge allerdings an zahlreichen Stellen gebrochen, wozu deren unterschiedliche Qualitäten, aber auch ihre Gruppierung und Fokussierung beitragen. Trotz solcher Einschränkungen empfiehlt sich der Band im Ganzen als gelungene Einstiegslektüre für jene, die Entstehungsaspekte und zentrale Entwicklungslinien des traditionell so bezeichneten Bettelmönchtums, hier begrenzt auf die beiden größeren Orden der Dominikaner und Franziskaner, verstehen wollen.

Exemplarisch lassen sich Qualität und Kritik am Band bereits in der ersten, den »Wurzeln und Grundlegungen des Bettelns« verschriebenen Sektion fassen, die von drei Aufsätzen bestritten wird: Der Dominikaner-Historiker Augustine Thompson (»The Origins of Religious Mendicancy in Medieval Europe«, 3–30) vermittelt einen äußerst soliden Überblick über die Bettelsäußerungen vor dem Auftreten der Mendikantenorden, ohne allerdings verschiedene durchaus wichtige Fragestellungen, etwa das Verhältnis von sozialem Wandel und religiöser Reaktion oder auch die Rezeptionstiefe der »vormendikantischen Positionen« auszuleuchten; Anthony J. Lappin (»From Osma to Bologna, from Canons to friars, from the preaching to the Preachers: the Dominican Path Towards Mendicancy«, 31–58) widmet sich der frühen dominikanischen Haltung zum Bettel und Joan Mueller (»Female Mendicancy: A Failed Experience? The Case of Saint Clare of Assisi«, 59–81) stellt unter einem genaugenommen irreführenden, offenbar der Anlage des Bandes verpflichteten Titel die frühe clarianische Auffassung eines Lebens in Armut vor, die von der umfänglichen Versorgung durch nahestehende Franziskaner ausging.

In der anschließenden, die Entwicklung und Artikulation des mendikantischen Ideals einrahmenden Sektion beschäftigen sich Donald Prudlo mit Belegen des Bettels unter den frühen Heiligen der Bettelorden (»Mendicancy among the Early Saints of the Begging Orders«, 85–116), Holly Grieco mit dem Zusammenhang von pastoraler Seelsorge, Inquisition und Bettelausweis bei den Franziskanern (»Pastoral Care, Inquisition, and Mendicancy in the Medieval Franciscan Order«, 117–155), Andrew Traver mit der

Verteidigung des Bettelfundaments durch die Orden an den mittelalterlichen Universitäten (»The Forging of an Intellectual Defense of Mendicancy in the Medieval University«, 157–195) und Davide Foote schließlich mit dem Verhältnis zwischen Mendikanten und italienischen Stadtkommunen in der Chronik des Ordensbruders Salimbene (»Mendicants and the Italien Communes in Salimbene's Cronaca«, 197–238). Während die ersten drei Aufsätze im Grunde den generellen Befund eines schnellen Abwendens vom Bettelsgebot vielfach nuancieren, so sie das Themenfeld überhaupt ins Zentrum ihrer Betrachtung rücken, verdient vor allem letzterer eine herausgehobene Note, denn hier gelingt zum einen ein neuer Blick auf die bedeutsame Chronik Salimbenes, zum anderen erfährt zumindest ansatzweise das Spannungsfeld zwischen religiös begründeter und sozial bedingter Armütigkeit und Bettelei eine Besprechung.

Die letzte Sektion mit der Überschrift »Rezeption und Aneignung des Bettels im Mittelalter« enthält insgesamt vier Beiträge: Dabei ist durchaus mit Bedauern zu bemerken, dass einzig der einführende Aufsatz von Antonio Rigon (»Mendicant Orders and the Reality of Economic Life in Italy in the Middle Ages«, 241–275) der Armutspraxis der Bettelorden verschrieben ist, wobei Rigons exzellenten Ausführungen durchaus Grundlagencharakter zukommt. David Burr (»Effects of the Spiritual Franciscan Controversy on the Mendicant Ideal«, 277–305) bilanziert anschließend sehr kenntnisreich die Auswirkungen des seit Olivi schwelenden, im 14. Jahrhundert voll entflammenden Franziskanischen Armutsstreites auf die Ordensentwicklung; Patricia Bart (»The Hidden Life of the Friars: The Mendicant Orders in the Work of Walter Hilton, William Langland, Geoffrey Chaucer, and their Literary World«, 307–334) sucht in tieferer Auseinandersetzung mit der einschlägigen Abhandlung Penn Szittyas nach einer ausgewogeneren, kontextuelleren Betrachtung zentraler antimendikantischer Literaturen und Silvia Nocentini (»Mendicancy in the Fourteenth and Fifteenth centuries: ›Ubi necessitas non urgeat‹: The preachers Facing the ›refrigescens caritas‹«, 335–361) untersucht die Stellung der Armut innerhalb der dominikanischen Observanzbewegung des 14. und 15. Jahrhunderts.

Den Band beschließen eine hilfreiche, gleichwohl etwas unstrukturiert, ja willkürlich wirkende Auswahlbibliographie (363–372) sowie ein Sachregister (373–382), das allerdings nur begrenzt beim systematischen Nachschlagen unterstützt. Beide Instrumentarien reflektieren am Ende den begrenzten Erfolg, konzeptionelle Geschlossenheit dort herzustellen, wo am Ende differente Betrachtungsebenen zwischen der auch hier überproportional berücksichtigten, von der Forschung bereits umfangreich diskutierten Theorie und der bislang noch gering erschlossenen Praxis, zwischen Grundlegung im 12. Jahrhundert und funktionaler Rezeption im 15. Jahrhundert obwalten. Zu den einzelnen hier angerissenen Themen findet die Leserschaft in jedem Fall jedoch instruktive, gelegentlich tatsächlich ›wegweisende‹ Einführungen auf knappem Raum.

Frederik Felskau

Heinz-Dieter Heimann, Angelica Hilsebein, Bernd Schmies, Christoph Stiegemann (Hrsg.): Gelobte Armut. Armutskonzepte der franziskanischen Ordensfamilie vom Mittelalter bis zur Gegenwart. Paderborn – München – Wien – Zürich: Ferdinand Schöningh 2012. XXIV, 632 S. ISBN 978-3-506-77259-6. Geb. € 68,00.

Der vorliegende stattliche Band gibt die Referate einer Tagung wieder, die vom 17. bis 19. Februar 2011 in Paderborn zum Themenbereich »Gelobte Armut. Armutskonzepte der franziskanischen Ordensfamilie zwischen Ideal und Wirklichkeit vom Mittelalter bis in die Gegenwart« stattfand.

Es ist nicht möglich, die fast 30 Artikel des Berichtsbandes im Einzelnen zu würdigen. Schon das erste Durchblättern des voluminösen Bandes gibt einen Überblick über die Geschichte des Armutsverständnisses der franziskanischen Bewegung und auch der Geschichte der gelebten Armut.

Die Armut als religiös-soziologisches Phänomen im Mittelalter steht denn auch am Beginn der Untersuchungen. Im Prozess der Urbanisierung des 11. und 12. Jahrhunderts wurde auch Armut in einem markanten Sinn sichtbar, in der Gesellschaft wurde der Unterschied zwischen den pauperes und den potentes überaus deutlich. Das Ideal der freiwilligen Armut formulierte man mit dem dictum des Kirchenvaters Hieronymus »nudus nudum Christum sequi«.

In diesem religiös-soziologischen Kontext ist die franziskanische Armutskonzeption als Ärgernis und Herausforderung verstehbar. Diesen Aspekt behandeln die Beiträge der 2. Sektion des Bandes. Leonhard Lehmann z. B. skizziert das Lob der Armut in den Schriften von Franz und Klara, zeigt aber auch auf, dass diese Armutsauffassung eine Herausforderung darstellte. »Nach dem Tod von Franziskus und Klara wird aus der gelebten Armut immer mehr eine gedachte, aus der gelobten immer mehr eine diskutierte und hinterfragte.« (65)

Bemerkenswert ist die Verbindung von der freiwilligen Armut der »fratres minores« und dem Bemühen um Bildung. Nicht zufällig entstehen zur gleichen Zeit mit der Armutsbewegung die Universitäten. Franziskus bezeichnete sich wohl selbst als »ignorans et idiota«, doch bald waren die Mendikanten ein wichtiger Faktor in der europäischen Bildungslandschaft. Die Beiträge der 3. Sektion des vorliegenden Bandes behandeln die verschiedenen Aspekte des Spannungsfeldes von Bildung und Armutsideal.

Der »theoretische Armutsstreit« zwischen Papst und dem Franziskanerorden, die Diskussion über den usus pauper, über das Verständnis und die Realisierung der franziskanischen Armutsforderung bestimmte das Spätmittelalter. Die Beiträge der 4. Sektion skizzieren die Aspekte dieser Problematik. Es ergab sich eine Wechselbeziehung zwischen der spirituell-praktischen Arbeit der Konvente im städtischen Milieu und der (notwendigen) Absicherung dieser Lebensweise. Die fratres minores mussten sich nolens volens auf die geldwirtschaftlich bestimmte Stadtgesellschaft einlassen. Ein interessantes Kapitel stellt auch die franziskanische Architektur dar, die zwischen sehr einfachen und bescheidenen Bauten und einer eher aufwändigeren Gestaltung oszilliert.

Die franziskanische Armut war auch schon im Spätmittelalter heftiger Kritik ausgesetzt. Ein ganzer Komplex von Argumenten stand sozusagen abrufbereit zur Verfügung. Nicht zuletzt polemisierte Martin Luther gegen die Bettelorden als schädliche Gemeinschaften, weil sie vom betrügerischen Bettel lebten. Die Phase von Verfall und Ansätzen der Erneuerung im Spätmittelalter und in der frühen Neuzeit beschreibt in verschiedenen Ansätzen die 5. Sektion des Bandes. In einigen Beiträgen wird v. a. auch das erneuerte Armutsideal der Kapuziner gewürdigt.

Die letzte Sektion der Beiträge zeigt die Geschichte des Verständnisses der franziskanischen Armut im 19. und 20. Jahrhundert auf. Wertvoll ist die Darstellung der »Nachkonziliaren Konzepte franziskanischer Lebensentwürfe« von Andreas Henkelmann im vorletzten Artikel dieses Bandes.

Besonders soll erwähnt sein, dass beim Durchgang durch die Geschichte des franziskanischen Armutsverständnisses auch die Klarissen (Franziskanerinnen) in Beiträgen entsprechend gewürdigt wurden. Künftig wird dieser Band bei allen Arbeiten über Armut in der Franziskusbewegung eine unentbehrliche Adresse sein. Eine kritische Bemerkung nicht zum Inhalt, sondern zur Edition: Es fehlt leider ein alphabetisches Verzeichnis der Mitarbeiter mit dem Hinweis auf ihre berufliche/wissenschaftliche Tätigkeit.

Josef Weismayer

MIRKO BREITENSTEIN, STEFAN BURKHARDT, JULIA DÜCKER (HRSG.): Innovation in Klöstern und Orden des Hohen Mittelalters. Aspekte und Pragmatik eines Begriffs (Vita regularis. Ordnungen und Deutungen religiösen Lebens im Mittelalter, Bd. 48). Berlin: LIT 2012. VIII, 315 S. ISBN 978-3-643-11523-2. Kart. € 29,90.

Die mittelalterlichen Klöster entwickelten nach den Herausgebern vom 11.–13. Jahrhundert eine bislang nicht erreichte Rationalität der Lebensgestaltung. Die Beiträge des vorliegenden Bandes gehen auf die unter derselben Thematik stehende Studienwoche im September 2011 in Dresden zurück. In vier Abschnitten mit jeweils drei Beiträgen und einem Kommentar wird versucht, sich der Thematik zu nähern. Der erste Abschnitt »Wirkung von Innovationen in die Welt« behandelt die Konflikte um das Neue in den Innovationsprozessen im Mainzer Erzbistum des 12. Jahrhunderts (Stefan Burkhardt), die Klosterreform der Hildesheimer Bischöfe des 12. Jahrhunderts am Beispiel der Regularkanonikerreform (Nathalie Kruppa) und an den Prozessen der Abstrahierung und Differenzierung im 12. Jahrhundert (Ernst-Dieter Hehl) unter den Begriffen Innovatio und Renovatio. Der Kommentar von Christoph Dartmann geht in seiner Betrachtung vom Verhältnis des japanischen Kaisers Shirakawa (1053–1129) zu den Mönchen des Enryaku-Ji aus und gelangt von da aus über die Beiträge zur Darstellung der Klöster als Innovationslabore. Der zweite Abschnitt »Normativität und Innovation« behandelt in den drei Beiträgen die Frage »Ist der Jünger über dem Meister?«, wobei Appellation und Appellationsverbot an den Apostolischen Stuhl in den vita religiosa des 12. Jahrhunderts (Guido Cariboni) untersucht wird. Ius particulare und Innovation werden als Skizze vorgelegt (Florent Cygler). Die Kommentierungen von Kloster- und Ordensregeln werden als Gegenüberstellung von Stagnation und Innovation abgehandelt (Lars-Arne Dannenberg). Der Kommentar von Sébastien Barret wird in ihm erst unter dem Thema »Schriftlichkeit, Normativität und Technologie« gestellt, wobei die Nennungen deutlich herausgearbeitet werden. Der dritte Abschnitt »Innovation und Gemeinschaft« geht dem Ringen um Bedeutung nach, dabei werden »Innovation in der ethisch-moralischen Sprache des Mittelalters« (Silke Schwandt) abgehandelt. Thomas von Cantimpré wird mit der Frage nach seiner Kirchenkritik konfrontiert (Christian Chandon/Daniel Dorsch). Das Innovative in den dominikanischen Schriften des 13. Jahrhunderts wird mit den Vorstellungen von Gemeinschaft und sozialer Ordnung näher betrachtet (Julia Dücker). Der Kommentar von Ekaterini Mitsiou zeigt die Schwierigkeiten bei der Suche nach Innovation, wobei die Bedeutung der Personen für die Weiterentwicklung versucht wird herauszuarbeiten. Der vierte Abschnitt »Innovation und Individuum« betrachtet Innovation auf der Grundlage von Traditionen. Dabei werden die Kanonikerreform, Selbstreflexivität und Konventsgeschichte im Miniaturprogramm des Hohenburger Hortus Deliciarum untersucht (Katharina Ulrike Mersch). Dazu wird die gelehrte Predigt als dominikanische Innovation mit Anmerkungen zur Studienorganisation und Predigtpraxis des Dominikanerordens im 13. Jahrhundert (Johannes Schütz) abgehandelt. Zuletzt wird der Traktat »Vom inneren Haus«, der bei Migne noch unter den Schriften Bernhards von Clairvaux abgedruckt wurde, einer eingehenden Erörterung unterzogen. Dabei wird Verantwortung als Ziel der Wissensbildung herausgearbeitet (Mirko Breitenstein). Der Kommentar von Dominik Fugger fasst die drei Beiträge kurz zusammen. Stefan Weinfurter schließt den Band mit einer Zusammenfassung über die Innovation in den Klöstern und Orden des hohen Mittelalters. Er geht dabei von den Veränderungen und Experimenten zu der Problematik von Gemeinschaft und Individuum und gelangt zuletzt zur Gegenüberstellung von Kloster und Welt.

Das vorliegende Werk stellt den Begriff »Innovation« in den Klöstern und Orden des Hohen Mittelalters in den Mittelpunkt. Dabei werden die Aspekte und die Pragmatik des Begriffs eingehend abgehandelt und das Bild der langen mittelalterlichen Entwicklung aufgezeigt. Es ist ein wichtiges Werk der Untersuchung der mittelalterlichen Kirchengeschichte, das die Wirkung von Neuerungen und Innovationen in der mittelalterlichen Klosterwelt darstellt. *Immo Eberl*

Christoph Nebgen (Hrsg.): Die Zeit ist ein Bote Gottes. Der heilige Peter Faber SJ und sein Wirken in Mainz (Mainzer Perspektiven. Aus der Geschichte des Bistums, Bd. 7). Würzburg: Echter 2014. 104 S. m. Abb. ISBN 978-3-429-03723-9. Kart. € 7,90.

Am 1. August 1546, wenige Monate nach Martin Luthers Tod, starb Peter Faber (Pierre Favre) in Rom. Er war der erste Jesuit, der deutschen Boden betreten hat. Zusammen mit Ignatius von Loyola (1491–1556) und Franz Xaver (1506–1552) gehörte er zu den drei bedeutendsten Persönlichkeiten in der kleinen Gruppe Pariser Studenten, aus der später die Gesellschaft Jesu entstand. Am 17. Dezember 2013 wurde Fabers Heiligsprechung durch Papst Franziskus in Rom bekannt gegeben.

Peter Faber, am 13. April 1506 in Savoyen in der Nähe von Genf geboren, hat den größten Teil seines Lebens für das Wohl der Kirche in Deutschland eingesetzt. Er wirkte in Italien, Spanien und Deutschland, wo er 1544 zusammen mit dem 1925 heiliggesprochenen Kirchenlehrer und neben Bonifatius »Zweitem Apostel Deutschlands«, Petrus Canisius, die erste Jesuitenniederlassung in Köln gründete. Er war u. a. bei den Religionsgesprächen in Worms, auf dem Reichstag in Regensburg sowie in Mainz und Köln tätig, wo sein Gedenktag am 2. August bis heute gefeiert wird.

In Mainz gewann Faber einen der wichtigsten Männer für die Gesellschaft Jesu: Petrus Canisius (1521–1597), den ersten deutschsprachigen Jesuiten. Ihn führte Faber im April 1543 in die Lebensweise und Spiritualität des Ordens ein. Nach Aussage des Ignatius war Faber der beste Exerzitiengeber unter den ersten Jesuiten, der die »Geistlichen Übungen« zum inneren Erlebnis werden ließ. Am 8. Mai 1543, seinem 22. Geburtstag, legte Canisius in die Hände Fabers die ersten Gelübde ab. Für ihn war dies der Tag seiner zweiten Geburt und Faber sein zweiter Vater.

Peter Faber wird in den Biografien wegen seiner Freundlichkeit, Bescheidenheit und Sensibilität gewürdigt. Er hat im Gespräch mit Andersdenkenden und Andersgläubigen nie die Konfrontation, sondern stets den Dialog gesucht. Er war überzeugt, dass die Reform der Kirche nur von innen heraus erfolgen konnte. Für Peter Faber bestand die katholische Reform im Wesentlichen im Wiederaufbau der Seelsorge, in der Erneuerung und Vertiefung des Glaubens. Mit den Exerzitien hatte er ein hervorragendes Instrument der Lebenserneuerung in der Hand. Er war ein begnadeter Seelsorger. Wohin er auch kam, wusste er die Menschen zu gewinnen.

Peter Faber war durch und durch ein innerlicher Mensch. Seine wichtigste Aufgabe sah er im geistlichen Gespräch und in der Seelenführung. Vor allem war ihm das Gebet sehr wichtig. Die Erfahrungen, die ihm Gott dabei schenkte, gingen mehr und mehr in seine tägliche Arbeit über. Und er fühlte sich in der Gemeinschaft der Engel und Heiligen geborgen. Für ihn war der Kosmos von Engeln belebt, die Gott dienten und darum häufig angerufen wurden.

Peter Faber hat uns mit seinem »Memoriale« sein geistliches Tagebuch hinterlassen, das ganz im Dienst der Seelenführung steht. Es zeigt ihn im Zwischen von Himmel und Erde, von Engeln und Menschen. Das »Memoriale« enthält neben einem kurzen autobiographischen Rückblick vor allem Gebetsprotokolle und Gebetsanregungen.

Papst Franziskus hat seinen Lieblingsjesuiten, den Ordensmitbruder und eher unscheinbaren Gefährten des Ordensgründers Ignatius von Loyola, in einem seiner ersten Interviews als sein spirituelles als auch Lebensvorbild gewürdigt, der »den Dialog mit allen, auch mit den Fernstehenden und Gegnern« suchte und sich durch »schlichte Frömmigkeit, vielleicht eine gewisse Naivität« auszeichnete. Er sei ein »Mann starker Entscheidungen« gewesen, zugleich aber durch seine Sanftmütigkeit aufgefallen. Bei einem Gottesdienst in der Grabeskirche Il Gesù im Januar 2014 ermutigte er die Jesuiten und alle Christen, sich vom Beispiel des neuen Heiligen anstecken zu lassen: »Wenn wir so von Gott fasziniert sind wie er, dann wird es nicht schwer fallen, andere zu überzeugen.« Peter Faber bietet sowohl kirchengeschichtlich als auch geistlich viel Interessantes. Dieses und sein Wirken in Mainz herauszustellen und die Facetten des in Deutschland wenig bekannten Heiligen zu beleuchten, ist dem Herausgeber Christoph Nebgen (Peter Faber und Mainz) und seinen Mitautoren, den Jesuiten Klaus Schatz (Deutschland und die Reformation aus der Sicht Peter Fabers) und Bernhard Knorn (Peter Faber und das Kreuz vom Heilig-Kreuz-Stift) nach dem Geleitwort Karl Kardinal Lehmanns über den »neuen Heiligen – auch für Mainz« eindrucksvoll gelungen. – »Man muss eine heilige Unruhe bewahren und darf die Spannung zwischen dem Heute und der ewigen Bestimmung des Menschen nicht erschlaffen lassen. – Aber haben wir denn noch große Visionen? Sind wir kühn? Haben wir tiefe und hohe Träume? So fragt uns Papst Franziskus angesichts des hl. Peter Faber.« (Karl Kardinal Lehmann). *Rita Haub*

Franz Brendle, Fabian Fechner, Anselm Grupp (Hrsg.): Jesuiten in Ellwangen. Oberdeutsche Provinz, Wallfahrt, Weltmission (Veröffentlichung der Kommission für geschichtliche Landeskunde in Baden-Württemberg, Reihe B Forschungen, Bd. 189). Stuttgart: Kohlhammer 2012. 360 S. m. Abb. ISBN 978-3-17-022053-9. Kart. € 34,00.

Bei dem vorliegenden Sammelband handelt es sich um die Veröffentlichung der Beiträge, die im Oktober 2008 anlässlich des 350. Jahrestages der Eröffnung des Ellwanger Jesuitengymnasiums gehalten wurden. Wie heutzutage üblich, nahmen an dieser interdisziplinären Tagung neben Historikern Kirchenhistoriker, Kunsthistoriker und Theologen teil. Es gibt keine allgemeine Einleitung in das Kolloquiumsthema, aber im Rahmen des ersten Themenbereichs bietet Franz Brendle in seinem ersten Referat eine Art Einführung.

In diesem ersten Oberthema »Von der Missionsstation zum Kolleg« behandelt nämlich der Tübinger Historiker Brendle die Geschichte, Rolle und Bedeutung der Jesuiten in Ellwangen, d.h. der Hauptstadt der reichsunmittelbaren Fürstpropstei Ellwangen. Er zeigt gut und kompetent auf, dass der Einzug der Jesuiten in Ellwangen einen markanten historischen Einschnitt bedeutete. Die Jesuiten prägten nämlich das höhere Schulwesen der männlichen Jugend und das kulturelle Leben der Stadt in starkem Maße und sie trugen zur barocken Ausgestaltung Ellwangens, einschließlich der Wallfahrtskirche auf dem Schönenberg, wesentlich bei.

Als zweiter Referent beschäftigt sich der Erlanger Historiker und Fachmann für schwäbische Geschichte der Zeit und besonders des dort so bedeutenden Hochstifts Augsburg mit der Hauptstadt Dillingen, Wolfgang Wüst, mit der Rolle des Jesuitenordens in der oberdeutschen Reichskirche. Der Jesuit und römische Kirchenhistoriker Paul

Oberholzer stellt hierauf die für Ellwangen einschlägigen Quellen des Archivum Romanum Societas Jesu zusammen, behandelt aber auch den Aufbau und die Geschichte dieses Archivs, seiner Kataloge sowie die Litterae annuae und deren Bedeutung. Interessant ist auch der Beitrag des Ellwanger Archivdirektors Immo Eberl über die Umwandlung des Jesuitengymnasiums in Ellwangen in das Collegium Ignatianum und dessen Tätigkeit bis zur Säkularisation. Er bietet zusätzlich instruktive Quellenanhänge über die Güter des Jesuitenkollegs, Verzeichnisse der Patres und Fratres, des Personals, der Schuldner sowie der Unterhaltskosten und Einnahmen.

Der zweite Themenbereich, welcher die Kunstförderung und Heiligenverehrung behandelt, umfasst ebenfalls vier Beiträge, zunächst den kunsthistorischen von Anselm Grupp über die bedeutende Bautätigkeit der Jesuiten in Ellwangen. Hier beschäftigt Grupp sich eigens mit der Wallfahrtskirche St. Maria auf dem Schönenberg, die im süddeutschen Kirchenbau des Barocks »durch das erste Auftreten des sogenannten Vorarlberger Münsterschemas« eine besondere Stellung erhielt. Ferner werden das Palais Adelmann, das Kolleg, das Gymnasium und die Jesuitenkirche gewürdigt sowie die nicht verwirklichten Planungen jesuitischer Baumeister. Die Verbreitung der »Madonna von Foy« in der Oberdeutschen Provinz (München, Innsbruck, Neuburg a.d. Donau, Straubing, Ellwangen) als treffendes Beispiel der Kultförderung im 17. Jahrhundert analysiert gut die Münchener Kunsthistorikerin Sibylle Appuhn-Radtke, während sich die Historikerin Alexandra Weber gekonnt den Jesuitenkollegien und ihrer Ikonographie zuwendet und dabei besonders die Baugeschichte und die Innenausstattung des Ellwanger Jesuitenkollegs berücksichtigt. Die durch ihre einschlägige Magisterarbeit in die Thematik gut eingearbeitete Christina Jetter widmet sich dem wichtigen Thema, inwieweit die Heiligen Aloysius von Gonzaga und Stanislaus Kostka Leitfiguren am Jesuitengymnasium in Ellwangen waren.

Dem dritten Themenbereich, der sich dem im Jesuitenorden so wichtigen Thema Volksmission in Schwaben und Evangelisation in Übersee widmet, sind fünf Beiträge zugeordnet. Der Jesuit Julius Oswald beschäftigt sich hier mit dem für Ellwangen so zentralen Volksmissionar und Wallfahrtsseelsorger Philipp Jeningen, der allerdings zusätzlich als Volksmissionar in vier Bistümern wirkte. Neugierig macht das irritierende Thema des Mainzer Kirchenhistorikers Christoph Nebgen »Scheitern als Chance. Der geistliche Rekordhalter Philipp Jeningen SJ«. Der Pater hatte nämlich die meisten Gesuche an den Jesuitengeneral nach Rom geschickt, um in Nachfolge von Franz Xaver in die Mission gehen zu dürfen. Seine Wünsche wurden jedoch abgelehnt und er wurde zum großen Volksmissionar in Ellwangen und in der Oberdeutschen Provinz. Ausgehend von diesen Fakten liefert Nebgen einen profunden allgemeinen Beitrag über die Rahmenbedingungen für einen zentraleuropäischen Indipeta (Gesuchsteller für die Mission).

Einen interessanten, die Weltläufigkeit der Jesuiten dokumentierenden Artikel bietet auch Michael Müller über die zwei wenig bekannten ehemaligen Schüler des Ellwanger Kollegs, die Jesuiten Andreas Bottlere (1706–1774) und Kaspar Pfizer (1714–1790), die von Ellwangen nach Paraguay gingen und dort bis zur Ausweisung des Ordens 1767 wirkten. Müller, als langjähriger Mitarbeiter am großen Jesuiten-Forschungsprojekt von Johannes Meier in Lateinamerika, bringt hier, eingebaut in seine allgemeinen kompetenten Ausführungen zur Tätigkeit und den Leistungen der Jesuiten in Lateinamerika, neue Forschungsergebnisse. Dies gilt auch für den Beitrag von Fabian Fechner über die Rolle des Ellwanger Kontroverstheologen Georg Haidelberger SJ (1621–1683), von dem 17 gedruckte Werke bekannt sind. Die Festpredigt Pater Haidelbergers zur Grundsteinlegung der Schönenbergkirche analysiert schließlich ausführlich Julia Köhler.

Der interessante, vielseitige Sammelband wird durch ein Personen- und ein Ortsregister ergänzt. Es handelt sich um einen wichtigen Beitrag zur Geschichte der Jesuiten in der frühen Neuzeit und der frühneuzeitlichen reichsunmittelbaren Fürstpropstei Ellwangen.

Peter Claus Hartmann

HUBERT WOLF: Die Nonnen von Sant' Ambrogio. München: C. H. Beck 2013. 544 S. ISBN 978-3-406-64522-8. Geb. € 24,95.

Ein Mordanschlag auf eine Hochadelige, sexuelle Abhängigkeiten in einem Nonnenkloster, Seilschaften im Vatikan. So könnten Werbeschlagworte für einen flachen Thriller lauten. Doch beziehen sich diese Stichworte auf eines der bestverkauften historischen Sachbücher des Jahres 2013 aus der Feder des bekannten Münsteraner Kirchenhistorikers und Leibnizpreisträgers Prof. Dr. Hubert Wolf. Auf den ersten Blick liest sich diese wichtige kirchenhistorische Neuerscheinung in vielen Passagen auch wie ein historischer Kriminalroman, bei dem der Leser mit großer Spannung den Ermittlern über die Schulter schaut und mit einer zunächst unglaublich klingenden Geschichte konfrontiert wird, die im Rom der 1850er- und frühen 1860er-Jahre spielt.

Hubert Wolf entwickelt die Hintergründe eines Mordanschlages auf Prinzessin Katharina von Hohenzollern-Sigmaringen, die spätere Gründerin des Klosters Beuron. Katharina war auf Anraten ihres Beichtvaters Karl August von Reisach in Rom in das Kloster Sant' Ambrogio der regulierten Franziskanerinnen vom Dritten Orden eingetreten. Dort hatten Mitschwestern sie mehrfach zu vergiften versucht, denn das Kloster verbarg dunkle Geheimnisse, die durch die Prinzessin aufgedeckt zu werden drohten.

Schon die Klostergründer Maria Agnese Firrao war 1816 vom Heiligen Officium als »falsche Heilige« verurteilt worden, weil ihre übersinnlichen Fähigkeiten und Wunder vor der vatikanischen Prüfung keinen Bestand hatten. Doch im Kloster wurde sie weiter als Heilige verehrt, auch über ihren Tod 1854 hinaus. In den folgenden Jahren gewann die Novizenmeisterin Maria Luisa im Kloster ungeheuren Einfluss, indem sie ihren Schwestern und den Novizinnen glaubhaft machte, sie habe von der Ordensgründerin die Fähigkeit übertragen bekommen, himmlische Botschaften vermitteln zu können. Maria Luisa machte sich nicht nur Novizinnen sexuell hörig, sondern begann auch ein sexuelles Verhältnis mit ihrem Beichtvater Giuseppe Peters SJ, dessen Identität Hubert Wolf erst nach drei Viertel des Buches aufdeckt. Denn hinter dem Namen Peters verbarg sich kein geringerer als der führende Theologe und geistige Vaters des Unfehlbarkeitsdogmas, der Jesuit Joseph Kleutgen. Maria Luisa initiierte nicht nur die Mordanschläge gegen Prinzessin Katharina, sondern intervenierte über Kleutgen auch in das innerjesuitische theologische Ringen im Vorfeld des Ersten Vatikanischen Konzils. Durch angebliche Weisung Mariens in Briefform erreichte sie die Versetzung des an der Gregoriana lehrenden jesuitischen Theologen Carlo Passaglia, der den Versuchen im Wege stand, die Neoscholastik zur einzig wahren Theologie zu machen.

Prinzessin Katharina überlebte die Giftanschläge, da aufgrund ihrer übergroßen Leibesfülle die Dosen zu niedrig angesetzt worden waren. Nach Rom geflohen, erreichte sie, dass das Heilige Offizium im Rahmen eines Inquisitionsprozesses die Vorkommnisse in Sant' Ambrogio aufdeckte, das Kloster auflöste und die Beteiligten bestrafte. Kleutgen kam glimpflich davon. Dank Protektion nicht zuletzt durch Papst Pius IX. konnte er nach eineinhalb Jahren Klosterhaft in einer Jesuitenniederlassung außerhalb Roms wieder in den Vatikan zurückkehren und dort in den folgenden Jahren für den Papst die theologischen Rechtfertigungen für das Unfehlbarkeitsdogma ausarbeiten.

Diese Geschichte rekonstruiert Hubert Wolf aus Akten des Vatikanischen Archivs der Kongregation für die Glaubenslehre. Die oft sehr quellennahe Darstellung einschließlich der zeitgenössischen Zeugenbeschreibungen der sexuellen Praktiken hat nichts damit zu tun, Voyeurismus des Lesers zu bedienen. Quellennähe kann nicht nur bei solchen auf den ersten Blick unglaublich klingenden Vorkommnissen als Abgrenzung zu fiktionalen Texten dienen. Sie lässt auch die Vorstellungswelten der Beteiligten fassbar und nachvollziehbar werden. Die historiografische Bedeutung des Buches von Hubert Wolf liegt denn auch nicht darin, einen historischen Skandal aufgedeckt zu haben, der über fast eineinhalb Jahrhunderte im Verborgenen gehalten werden konnte. Das Buch könnte – wenn die kirchenhistorische Forschung entsprechende Ansätze aufnimmt – wichtige neue Forschungsfelder eröffnen. Hubert Wolf selbst hat damit bereits begonnen, indem er am Münchener Historischen Kolleg eine Tagung zum Thema »Wahre und falsche Heiligkeit« durchführte, deren Ergebnisse im September 2013 als Sammelband erschienen. Der Vallendarer Kirchenhistoriker Prof. Dr. Joachim Schmidl benannte zudem in seiner Besprechung der »Nonnen von Sant' Ambrogio« (www.sehepunkte.de) ein Forschungsfeld, das nicht nur die Kirchengeschichte, sondern alle theologischen Disziplinen zu beschäftigen habe, nämlich die Frage der Geschichtlichkeit der Theologie. Die Geschichtlichkeit von Theologie und ihre Entwicklungsfähigkeit, so Schmidl, sei zwar zu Beginn des 20. Jahrhunderts verworfen, dann jedoch vom Zweiten Vatikanischen Konzil als Lehre rezipiert worden. Vor diesem Hintergrund dürften jedoch die theologischen Disziplinen die Geschichtlichkeit von Theologie und ihre Entwicklungsfähigkeit nicht mehr nur auf die Zukunft interpretieren, sondern müsste sie auch mit Blick auf die Vergangenheit neu reflektieren.

Hier soll dafür plädiert werden, mit Hilfe historiografisch-kulturwissenschaftlicher Methoden systematisch danach zu fragen, welche Ausprägungen und Funktionen sexuelle oder sexuell konnotierte Vorstellungen, Ängste und Phantasmen im ultramontanen Denken hatten bzw. welche Bedeutung sie zu unterschiedlichen Zeiten für die ultramontane Bewegung besaßen. Dabei wäre genauer nach ähnlichen Fällen zu fragen. In Deutschland böte sich beispielsweise das Redemptoristenkloster Gars an, in dem es eine »höhere Leitung« durch die »Seherin« Luise Beck gab. Seit den 1970er-Jahren hat Otto Weiß dazu geforscht und publiziert. In Gars spielte interessanter Weise der Münchener Kardinal Reisach eine Rolle, der kurze Zeit später als einflussreicher Kurienkardinal auch bei den Geschehnissen um Sant' Ambrogio involviert war. Bei zukünftigen Untersuchungen reicht es sicherlich nicht, skandalöse Vorgänge wie die in Gars oder in Sant' Ambrogio als Sonden zu nutzen, um die religiösen Vorstellungswelten der Beteiligten zu analysieren. Den Blick auf die Marienerscheinungen und Stigmatisierungen vor allem der ersten Hälfte 19. Jahrhunderts zu richten, wie es bei Wolfs Münchener Tagung geschah, ist eine wichtige Perspektive. Jedoch sollten auch Ereignisse in der zweiten Jahrhunderthälfte berücksichtigt werden. Ein möglicher Ansatzpunkt wäre beispielsweise die Resonanz, die der französische Schriftsteller Gabriel Jogand-Pagès unter dem Namen Leo Taxil in den 1880er- und 1890er-Jahren bei einflussreichen katholischen Gruppen bis in höchste Kurienkreise hinein fand, als er u. a. erotische Phantasien über Teufelskulte von Freimaurern und sexuelle Orgien der Freimaurer mit einem Dämon namens Bitru verbreitete.

Schließlich gilt für alle zukünftigen wissenschaftlichen Projekte, deren Ergebnisse in Bezug zu setzen zu den Erkenntnissen der geschichtswissenschaftlichen Forschung zu nichtkatholischen Gruppen. Dabei sind nicht nur Strömungen wie der Spiritismus zu beachten, sondern beispielsweise auch die Rolle sexueller Vorstellungen im liberalen Antikatholizismus, die unlängst Manuel Borutta und Michael B. Gross untersucht haben. So ließen sich mögliche funktionale Analogien wie inhaltliche Parallelen herausarbeiten und

Kirchengeschichte und Profangeschichte enger verzahnen. Insofern ist den »Nonnen von Sant' Ambrogio« nicht nur eine breite Leserschaft zu wünschen, sondern auch zahlreiche Forscher, die dieses wichtige Buch Hubert Wolfs als Ausgangspunkt für weiterführende Untersuchungen nutzen. *Christopher Dowe*

Holger Gast, Antonia Leugers, August H. Leugers-Scherzberg, Uwe Sandfuchs: Katholische Missionsschulen in Deutschland 1887–1940. Bad Heilbrunn: Julius Klinkhardt 2013. 226 S. m. Abb. ISBN 978-3-7815-1939-8. Kart. € 32,00.

Das Werk »Katholische Missionsschulen in Deutschland 1887–1940« ist das Ergebnis eines mehrjährigen interdisziplinären Forschungsprojekts von Vertretern der Erziehungswissenschaft, Informatik, Kirchengeschichte und Geschichte. Orientiert an dezidierten Fragestellungen macht es erstmals die betreffenden Einrichtungen auf deutschem Boden zum Thema und zieht Materialien aus privaten, kirchlichen und staatlichen Archiven in ganz Deutschland und im europäischen Ausland heran.

Die qualitative und quantitative Auswertung des umfangreichen Datenmaterials erfolgt gestützt auf eine im Rahmen des Projekts aufgebaute relationale Datenbank und schlägt sich u. a. in vergleichenden Statistiken und Tabellen eindrucksvoll nieder.

Die Missionsschule der Benediktiner in St. Ottilien ist neben der Missionsschule der Pallottiner in Ehrenbreitstein / Vallendar und der Missionsschule der Steyler in St. Wendel Untersuchungsgegenstand als eine der drei ältesten katholischen Missionsschulen (von insgesamt 50) in Deutschland. Mit dem Untersuchungszeitraum über 53 Jahre von der Entstehung bis zur Aufhebung als Schulform wird der Bogen von der Nachkulturkampfära im Kaiserreich über die Weimarer Zeit bis ins Dritte Reich geschlagen und die Entwicklung der drei Missionsschulen in den entsprechenden geschichtlichen Kontext eingebettet. Dazu wird nach der Abhängigkeit der Spezialschulen in Ordensträgerschaft von der jeweiligen staatlichen Schulpolitik gefragt, das pädagogische Konzept zwischen Theorie und Praxis im zeitgeschichtlichen Wandel thematisiert und schließlich die Erreichung der angestrebten Ziele im Hinblick auf qualifizierten Priesternachwuchs in der außereuropäischen Mission geprüft. Besonderes Augenmerk wird dabei auf die Wirkung der schulischen Förderung auf Schüler aus bestimmten sozialen Milieus, ihren Erfolg und beruflichen Weg auch außerhalb der Mission als allgemeinen Beitrag zur Mobilisierung ländlicher Begabungsreserven gelegt. Diese Schwerpunktsetzung macht die Untersuchung nicht nur für die Erkenntnis und Sicherung historischer Vorgänge in der Ordenslandschaft bedeutend, sondern stellt sie in den Rahmen der allgemeinen Entwicklung von Schule und hier besonders von Ganztagsschulkonzepten.

Das Buch hat einen gut nachvollziehbaren Aufbau. Es gliedert sich in vier Abschnitte, in denen die drei Schulen jeweils in einer differenzierten Darstellung einem Längsschnittvergleich unterzogen werden. Multiperspektivisch werden dabei politische, wirtschaftliche, räumliche, organisatorische und pädagogische Strukturen (hier besonders auf abschottende Gemeinschaftserziehung gerichtete Internatspädagogik) einschließlich Zugangsbedingungen und Berechtigungswesen beleuchtet. Getragen von biblischem Sendungsbewusstsein vertraten die Missionsschulen entgegen dem nationalistischen rassistischen Zeitgeist eine universalistische Haltung, die auf einem optimistischen Konzept der Bildungsfähigkeit aller Menschen beruhte. Ihre Schulform stand als berufsgebundene, höhere Knabenschule mit Internat für nicht mehr volksschulpflichtige Jungen zunächst außerhalb der gesamtstaatlichen Schulsystembildung. Erst mit der Aufnahme noch schulpflichtiger Jungen forderte die staatliche Schulaufsicht pädagogische und organisatorische

Standards ein und setzte bei aller Unterschiedlichkeit der Ausbildungswege auch innerhalb der Missionsschulen eine Höherqualifizierung der Lehrer und Schüler durch. Eine freiwillige Bildungsselbstbeschränkung der Missionsschulen verhinderte eine volle Integration in den Berechtigungsstaat. Nichtsdestotrotz firmieren Nachfolgeschulen (z.B. von St. Ottilien und St. Wendel) heute als koedukative Vollzeitgymnasien.

In knapper, klarer Sprache gelingt es den Autoren, den Leser über komplizierte politische, administrative Gemengelagen, Motivationsbündelungen und tatsächliche Praxis aufzuklären. Zahlreiche Fußnoten, die auch die häufigen aussagekräftigen Primärzitate belegen, und Anmerkungen auf der jeweiligen Seite erleichtern den Rückgriff auf die verwendete Literatur. Unterstützt wird die Sinnentnahme durch illustrierendes Bildmaterial von Gebäudeansichten, Grundrissen, Grafiken und Tabellen neben Fotos von Schulklassen und Abschlussdokumenten.

Ein informatives Fazit spiegelt den Tenor der gesamten Untersuchung: knapp, klar, wissenschaftlich objektiv. Zahlengestützt benennt und begründet es die eher geringe Bedeutung der Missionsschulen für die intendierte Heranbildung priesterlichen Nachwuchses. Es unterstreicht jedoch den geschichtlichen Wert der Schulen als Teil der bunten, vielfach konfessionell geprägten Bildungslandschaft Deutschlands in ihrer Eigenschaft als »Ersatzschulen« für den ländlichen Raum und Chance zur höheren Bildung mit umfassender ganzheitlicher Förderung besonders für soziale Aufsteiger aus den unteren Bevölkerungsschichten. In den Anfangsjahren auch als Einrichtung der Erwachsenenbildung geführt, werden die Missionsschulen mit der weitgehenden Übernahme des staatlichen Lehrplans für das humanistische Gymnasium häufig zu Progymnasien für staatliche Gymnasien oder führen selbst zum extern und später auch intern abgelegten staatlich anerkannten Abitur.

So gelingt es den verschiedenen Fachdisziplinen mit ihrer verdienstvollen, hochdifferenzierten Untersuchung der Katholischen Missionsschulen in Deutschland von der Entstehung als Schulform bis zur erzwungenen Aufhebung im Dritten Reich, eine Lücke in der Historischen Bildungsforschung zu schließen.

Andrea Richter

8. Kunst-, Musik- und Literaturgeschichte

Norbert Schneider: Geschichte der Kunsttheorie. Köln – Weimar – Wien: Böhlau (UTB) 2011. 370 S. m. Abb. ISBN 978-3-8252-3409-6. Geb. € 19,90.

In Zeiten modularisierter Studiengänge wird die Nachfrage nach kompakten Hand- und Studienbüchern wieder größer. Eine Neuerscheinung auf diesem Sektor und gleichzeitig den Auftakt einer vom Böhlau-Verlag neu eingerichteten Reihe unter dem Titel »Studienbuch Kunstgeschichte« bildet das hier anzuzeigende Werk. Der Hinweis des Autors, emeritierter Professor der Technischen Universität Karlsruhe, das Buch sei aus an vier verschiedenen Universitäten gehaltenen Vorlesungen hervorgegangen, demonstriert die lange und immer wieder oszillierende Beschäftigung mit der Materie. Gleichzeitig sei vorausgeschickt, dass sich das Buch im positiven Sinne von anderen Publikationen der Gattung der »verschriftlichten Vorlesung« abhebt: Es handelt sich um eine flüssig und konzise verfasste Überblicksdarstellung ohne Brüche, die Länge der einzelnen Abschnitte ist der Relevanz des jeweiligen Themas und nicht der Lehreinheit einer Vorlesungsdoppelstunde angepasst, was demonstriert, dass sich der Autor für die spezifischen Bedürfnisse der Publikation des Themas nochmals umfassend angenommen hat.

Nichtsdestoweniger gilt sein Hauptaugenmerk einer didaktischen Vermittlung der Materie sowohl für Lehrende, Studierende, für Wissenschaftler assoziierter Fächer, aber auch für Laien. Anhand repräsentativer Theoriebeispiele soll die Publikation klar werden lassen, wie sich das »terminologische Grundinventar« der Kunstwissenschaft herausgebildet hat.

Das Buch ist in drei Großabschnitte geteilt, wobei sowohl hinsichtlich des Umfangs als auch bezüglich des inhaltlichen Schwerpunktes die Frühe Neuzeit (15.–18. Jahrhundert) im Zentrum steht.

Im Kapitel zur Kunsttheorie der Antike wird diese rezeptionsgeschichtliche Perspektive deutlich, die primär – dem longue durée-Prinzip folgend – nach den Prozessen langer Dauer fragt. Eine zentrale Frage, die hinter der Auswahl der antiken Autoren steht, ist somit: Welche Topoi bildeten sich in der Antike heraus und wurden in der Frühen Neuzeit wieder aufgenommen oder weitergeführt? Von Pythagoras bis Philostrat und Plotin werden die einzelnen Schriftsteller und ihre Texte mit ihren Charakteristika auf jeweils fünf bis acht Seiten in eingängiger Sprache vorgestellt. »Ganz elementar« beginnt Schneider den Abschnitt jedoch mit der grundsätzlichen Frage, welche Vorstellungen von Kunst in der antiken Welt existierten. Die Passagen mit Quellenzitaten, etwa zu Lukrez Lehrgedicht *De rerum natura* (25f.) sind knapp gehalten und auch nicht zu jedem Autor vorhanden – an manchen Stellen würde sich der Leser hier mehr Quellenmaterial wünschen – im Fließtext auf Deutsch, in den Fußnoten im Original. In den jeweils letzten Abschnitten werden knapp die Differenzen der einzelnen Ansätze untereinander nochmals resümierend herausgestellt, was die schnelle Erfassung der teilweise sehr komplexen Texte für Studierende erheblich erleichtert.

Bei der Charakterisierung des aristotelischen Mimesis-Begriffs etwa verweist Schneider in der Fußnote auf weiterführende Literatur (Auerbach 1946) und liefert stattdessen einführend einen gelungenen Parforceritt über François Hédelin d'Aubiacs »Pratique du théâtre« bis Johann Wolfgang Goethes Schrift »Einfache Nachahmung der Natur, Manier, Stil« von 1789.

Im Kapitel zum Frühen Christentum und zum Mittelalter reihen sich berühmte Textpassagen neben wenigen bislang eher vernachlässigten Texten ein: Von Tertullian über die Schönheitslehre des Boethius, von Pseudo-Dionysius bis zu Theophilus Presbyter zieht sich die Auswahl. Den Schriften des Bauherrn von St. Denis, dem Initialbau der französischen Gotik, Abt Suger, genauer dessen »Libellus de consecratione«, werden die lichtmetaphysischen Vorstellungen des genannten Areopagiten zur Seite gestellt, um die starke Anlehnung an den Vorgängertext zu verdeutlichen. Dies auf gerade einmal vier Seiten (103–106) plausibel darlegen zu können – und dies ist nur eines von zahlreichen Beispielen – ist dem Autor gelungen.

Das zentrale Kapitel zur Frühen Neuzeit (132–271) beginnt mit einem Abschnitt zu den Entstehungsbedingungen einer neuen Kunsttheorie im Kontext der Renaissancekultur. Unser Bild der Renaissance sei noch immer von den Stereotypen geprägt, die Jacob Burckhardt in seiner 1860 erschienenen »Kultur der Renaissance in Italien« zu vermitteln suchte. In der Fußnote wird hier lediglich als weitere Autorität Alfred von Martins Werk (Alfred von Martin: Soziologie der Renaissance. Physiognomik und Rhythmik einer Kultur des Bürgertums, Frankfurt 1949) zur Seite gestellt, und trotz aller Probleme noch immer als erhellend bezeichnet, was den »Aspekt der Geburt des Leistungswissens bzw. der neuen Risikokultur im Rahmen des Unternehmensgeistes« (132) betrifft. Hier wären weitere, konkurrierende Deutungsansätze jenseits der soziologischen, letzten Endes auf Max Weber fußenden Interpretation wünschenswert gewesen, zu denken wäre hier z. B. an einflussreiche diskursanalytische Überlegungen.

Selbstverständlich haben die meisten der hiernach aufgeführten Texte die italienische Kunsttheorie im Fokus: Angefangen mit den Kunsttraktaten Cennino Cenninis über Alberti, bis hin zur Neoplatonik Marsilio Ficinos, den Texten der Künstler-Heroen da Vinci und Michelangelo bis zum »Vater der Kunstgeschichte« Giorgio Vasari zieht sich die Abfolge. Nach der manieristischen Kunsttheorie um Lomazzo und Zuccari und zur Emblematiktheorie, innerhalb der ein Hinweis darauf gegeben wird, dass es sich hierbei um eine Weiterentwicklung der mittelalterlichen Hermeneutik handelt (219–224), kehrt der Autor wieder zurück in die Renaissance, um die architekturtheoretische Literatur um Filarete, Serlio und auch Palladio zu zitieren, wobei letztgenannter – hierauf weist der Autor zurecht hin – primär erst im 17. Jahrhundert nach Veröffentlichung einer Gesamtausgabe seiner Schriften relevant wurde. Texten der katholischen Reform in Zeiten der Konfessionalisierung (Paleottis *Discorso* und Belloris) schließen sich – hier ein großer Sprung – die kanonischen Texte der Pariser Académie Royale an.

Zur nordalpinen Kunst stehen neben Dürers Proportionslehre lediglich Nicolaus von Kues' Werke bereit; gerade letzteres Kapitel eignet sich gut als Einstieg in das cusanische Schriftwerk. Schneider geht kurz auf die zentralen Texte, die gerade für bildwissenschaftliche Diskurse fruchtbar gemacht werden können, anschaulich ein.

Ein Kapitel zu weiteren Autoren der nordalpinen Kunsttheorie, etwa zu Karel van Mander, Houbraken oder Joachim von Sandrart sucht der Leser leider vergeblich, ebenso zu Johannes Kepler.

Ein Exkurs zum Akademiegedanken von Hogarth im Gegensatz zu Reynolds wie hiernach ein Ausblick auf die ästhetischen Theorien des 18. Jahrhunderts, neben Joseph Addison, Shaftesbury auch Edmund Burke mit dem Schlusspunkt bei Kant, beenden das Buch.

Der Anhang wird den Anforderungen eines Studienbuches in vollem Umfang gerecht: Während ein 16-seitiges Glossar die zentralen Begriffe der einzelnen Abschnitte erläutert, werden hiernach Quellen und Sekundärliteratur für tiefergehende Forschungen aufgeführt. Nicht nur ein Personen- sondern auch ein Sachregister ermöglichen dem anvisierten Leser einen schnellen Zugriff auf die interessierenden Textabschnitte. Gerade das Sachregister ist sehr sinnvoll, da Schneider, wie dargelegt wurde, die Relevanz und die Bezüge bestimmter kunsttheoretischer Schriften über die Epochen hinweg aufzeigt, was anhand des Personenregisters allein nicht deutlich werden würde. Dem didaktischen Anspruch gerecht wird der Autor überdies, indem komplexe Zusammenhänge durch Modelle, Tabellen und in den Text eingegebene Bildbeispiele visualisiert werden. Auch werden – trotz der nötigen Konzentration auf das Wesentliche – die meisten Autoren kurz biographisch vorgestellt.

Innerhalb der zitierten Literatur vermisst man einige wenige Neuerscheinungen, genannt sei allein die verdienstvolle vierbändige Anthologie von Locher (Hubert Locher [Hrsg.]: Quellen zur Geschichte und Theorie der Kunstgeschichte. Eine kommentierte Anthologie in Teilbänden bearb. v. Arwed Arnulf, Hubert Locher, Regine Prange und Christian Vöhringer, Darmstadt 2007–2009). Lochers Werk räumt den Quellentexten weitaus breiteren Raum ein, geht somit in eine ganz andere, aber ebenso ertragreiche Richtung. Insgesamt liefert das Buch eine gewinnbringende Ergänzung zu den bereits existierenden Standardwerken zur Kunsttheorie, die bereits Ende der 80er-Jahre des vorigen Jahrhunderts erschienen waren, so von Kultermann (Udo Kultermann: Kleine Geschichte der Kunsttheorie, Darmstadt 1987) oder Pochat (Götz Pochat: Geschichte der Ästhetik und Kunsttheorie. Von der Antike bis zum 19. Jahrhundert, Darmstadt 1987), wobei gerade in letztgenanntem Werk ein ähnlicher Aufbau erprobt wurde – jedoch nicht mit dem von Schneider vorgelegten didaktischen Anspruch und der Reduktion auf weniger Texte, die dann jedoch intensiver beschrieben werden. Dem in der deutschen kunsthistorischen Lehre überaus beliebten, 2003 erschienenen »Methodenreader« (Wolfgang Brassat/Hubertus Kohle [Hrsg.]: Methoden-Reader Kunstgeschichte. Texte zur Methodik und Geschichte der Kunstwissenschaft, Köln 2003), der die wichtigsten Methoden des Faches mit knappen Einleitungstexten anhand von Quellenexzerpten vorstellt, wird Schneiders Buch wahrscheinlich nicht den Rang streitig machen, als sinnvolle Ergänzung mit ganz unterschiedlicher inhaltlicher wie zeitlicher Schwerpunktsetzung – Brassat/Kohle beginnen zwar mit Vasari, gehen dann jedoch direkt zu Winkelmann – wäre ihm jedoch zu wünschen, dass es ebenso zu einem Werk des kunsthistorischen Unterrichts zur Kunsttheorie werden wird – nicht zuletzt, um dies noch einmal hervorzuheben, aufgrund der mehr als gelungenen, klaren, präzisen und auch für Anfänger und Laien gut verständlichen Sprache. *Birgit Ulrike Münch*

Diözese Rottenbug-Stuttgart (Hrsg.): Diözesanmuseum Rottenburg – Gemälde und Skulpturen 1250–1550. Ostfildern: Jan Thorbecke 2012. 503 S. m. farb. Abb. ISBN 978-3-7995-0753-0. Geb. € 39,90.

Das Diözesanmuseum Rottenburg beherbergt eine hochwertige Sammlung mittelalterlicher Tafelgemälde und Skulpturen aus dem süddeutschen Raum. Diesem wichtigen Sammlungsbereich wurde nun erstmalig ein umfassender und reich bebilderter Bestandskatalog gewidmet. Den Auftakt bildet ein ausführliches und informatives Kapitel zur 150-jährigen Geschichte der Sammlung und des Museums. Auch die Würdigung der zahlreichen Persönlichkeiten, die in dieser langen Zeit zum Erhalt und der Erforschung der Sammlung beitrugen, kommt in diesem Kapitel nicht zu kurz. Auf der Grundlage dieser Vorarbeiten und mit der Unterstützung mehrerer Restauratoren wagten sich die Autoren Melanie Prange und Wolfgang Urban an die Erarbeitung dieses gelungenen Bestandskataloges, der insgesamt 119 umfangreiche Katalogeinträge beinhaltet. Die Gliederung des Katalogs ist übersichtlich und nachvollziehbar: Der erste Teil ist den Gemälden gewidmet, der zweite Teil befasst sich schließlich mit den Skulpturen. Schlüssig ist vor allem, dass innerhalb einer Gattung die Werke in chronologischer Abfolge und, wenn möglich, auch Werkgruppen zusammen präsentiert werden. Stilistische Zusammenhänge und Entwicklungen werden dadurch besonders gut nachvollziehbar gemacht.

Auch im Aufbau der einzelnen Katalognummern gehen die Autoren äußerst durchdacht und mit bemerkenswerter Präzision und Stringenz vor. Nicht nur die knappen Basisfakten, wie Entstehungsort und Entstehungszeit, Inventarnummer, Material, Maße und Provenienz werden dem Leser mitgeteilt, sondern auch äußerst interessante restauratorische Befunde zum Zustand des Werkes, zur Entstehungsgeschichte, zum Bildträger bzw. zum Werkblock bei den Skulpturen oder auch zum Aufbau der Malschicht bzw. der Fassung werden hier nun erstmalig publiziert. Nach diesen grundlegenden technischen Informationen gehen die Autoren schließlich in angenehm lesbarer Kürze auf die ursprüngliche Funktion des jeweiligen Werkes ein, identifizieren die dargestellten Personen und Szenen und entschlüsseln die darin enthaltene Botschaft. Sie bieten damit eine Art Übersetzung für den heutigen Betrachter an, für den die Themen und Darstellungen religiöser mittelalterlicher Kunst häufig nicht mehr verständlich sind. Der Katalogeintrag endet schließlich mit einer stilistischen Einordnung des Werkes, wobei auch auf wichtige Vergleichsbeispiele eingegangen wird.

Vor allem die durchgängige Nachprüfbarkeit der Thesen, Ergebnisse und Erkenntnisse sowie der umfangreiche Anmerkungsteil und die weiterführenden Literaturhinweise machen den Katalog zu einer wertvollen Grundlage für die wissenschaftliche Beschäftigung mit der Sammlung oder auch nur mit einzelnen Werken. Positiv hervorzuheben ist auch die reiche Bebilderung des Kataloges, denn jede Katalognummer ist mit einer großformatigen und äußerst qualitätvollen Farbabbildung versehen. Doch damit nicht genug, auch viele Vergleichsbeispiele verwandter oder zugehöriger Werke aus anderen Museen und Sammlungen sind hier abgebildet und machen die beschriebenen formalen und inhaltlichen Bezüge anschaulich. Etwas kompliziert gestaltet sich die Zuordnung der Abbildungen zu den Katalognummern. Jede Abbildung ist mit einer fortlaufenden Abbildungsnummer und einer Bildunterschrift versehen. Allerdings wird in der Bildunterschrift lediglich die Inventarnummer des Werkes, nicht aber die viel schneller zu findende Katalognummer vermerkt. Dies ist völlig unproblematisch, solange der Leser sich vom Text ausgehend die zugehörigen Abbildungen erschließt. Doch möchte der Leser von der Abbildung ausgehend den dazugehörenden Katalogtext finden, bleibt er zunächst etwas ratlos. Blättert er aber einige Seiten vor oder zurück, so fällt schnell auf, dass es den Autoren gelungen ist, die Abbildungen zumindest soweit im unmittelbaren Kontext des Katalogeintrags zu positionieren, dass der Suchaufwand des Lesers gering bleibt.

Insgesamt ist der Bestandskatalog aber sehr durchdacht und geschickt angelegt und in der Handhabung übersichtlich und verständlich. Hierzu tragen die kurzen Erläuterungen zur Benutzung bei und nicht zuletzt auch der ausführliche und hilfreiche Anhang. Dank des knappen und prägnanten Glossars kann sich jeder interessierte Laie schnell in der Fachterminologie zurechtfinden. Die Konkordanz, die die Katalognummern den heutigen und den ehemaligen Inventarnummern zuordnet, das Orts- und Personenregister und das ikonographische Register sowie das ausführliche Literaturverzeichnis machen den Katalog für die wissenschaftliche Beschäftigung mit der Sammlung äußerst wertvoll. Den Autoren ist es mit dem Bestandskatalog gelungen, die wissenschaftliche Bearbeitung der Werke mit einer verständlichen Erschließung für den Besucher zu verbinden und somit der bedeutsamen Sammlung mittelalterlicher Gemälde und Skulpturen des Diözesanmuseums Rottenburg eine angemessene Präsentation und Würdigung zukommen zu lassen.

Julia Fischer

Ulrike Laule (Hrsg.): Das Konstanzer Münster Unserer Lieben Frau. 1000 Jahre Kathedrale – 200 Jahre Pfarrkirche. Regensburg: Schnell und Steiner 2013. 468 S. m. zahlr. farb. Abb. ISBN 978-3-7954-2751-1. Geb. € 76,00.

Das Konstanzer Münster Unserer Lieben Frau war 1000 Jahre Kathedrale des großen Bistums Konstanz und ist seit der Aufhebung des Bistums 1821 Pfarrkirche der Stadt. Anlässlich des 600-jährigen Jubiläums des Konstanzer Konzils hat die Verfasserin mit einem Kreis von Mitarbeitern das Münster in allen Gebäudeteilen mit ihrem jeweiligen gegenwärtigen Forschungsstand der Öffentlichkeit vorgestellt. Die Arbeit ist in drei große Abschnitte aufgeteilt. Das erste Kapitel »Zur Geschichte des Münsters« geht in elf Beiträgen – besser vielleicht als Kurzbeiträge bezeichnet – auf die Geschichte des Münsters ein. Von den spätantiken Voraussetzungen und der ältesten Bischofskirche ausgehend (Ralph Röber), deren mögliche Anlage skizziert wird, geht es über die Betrachtung der Verehrung des hl. Pelagius (Fredy Meyer) und St. Konrads, des Titelheiligen des Münsters (Andreas Bihrer), zum Münster als Kirche der Konstanzer Bischöfe (Andreas Bihrer). Im Anschluss wird die Geschichte des Domkapitels (Uwe Braumann), das Münster als Mittelpunkt der Diözese (Helmut Maurer), das Konzil im Münster (Thomas Martin Buck), das Münster in der Historiographie des Mittelalters und der Frühen Neuzeit

(Pia Eckhart), die geophysikalischen Untersuchungen im Pfarrgarten (Harald von der Osten-Woldenberg), Bischof und Stadt in der Reformations- und Nachreformationszeit (Sabine Ahrend) und die Liturgiegeschichte des Konstanzer Münsters (Mathias Trennert-Helwig) vorgestellt.

Der zweite Abschnitt ist dem »Münster – Architektur und Ausstattung« gewidmet. In insgesamt neun Kapiteln wird dabei von Ost nach West gehend das Münster in seinen Bauteilen geordnet und beschrieben. Auf die jeweiligen Darstellungen der Baumaßnahmen folgen deren Ausstattungen. Pläne, hauptsächlich Grundrisse, informieren über die Lage der Bauteile und die Patrozinien der Kapellen, über die Lage der Grabdenkmäler und das Alter der jeweils noch vorhandenen Bausubstanz. Ausgehend von den Ostteilen des Münsters als Bauwerk des 9./10. Jahrhunderts werden diese in 28 Beiträgen in allen ihren Einzelheiten bis zur Malerei und den Grabdenkmälern erörtert und vorgestellt. Es folgen das Langhaus mit insgesamt elf Beiträgen und die Seitenkapellen mit zehn Beiträgen. Dabei werden die Südkapellen, die nördliche Kapellenreihe, die Welserkapelle, die jeweiligen Altäre, die Johann-Nepomuk-Kapelle bis hin zum neogotischen Figurenschmuck des 19. Jahrhunderts beschrieben und in ihren Einzelheiten untersucht. Nach der darauf folgenden Betrachtung der Dachwerke mit drei Beiträgen über die hochmittelalterlichen Dachwerke, die Dachdeckung und den Vierungsdachreiter wird die Westturmanlage in insgesamt sieben Beiträgen untersucht. Ein umfangreiches Kapitel mit insgesamt 18 Beiträgen ist den nordöstlichen Anbauten gewidmet. Dabei führt diese von den archäologischen Untersuchungen über die Wandmalereien, die Mauritius-Rotunde, die verschiedenen Wandmalereien des Spätmittelalters bis hin zur Domschule und Dombibliothek sowie den Seitenkapellen im Kreuzgang. Den bekannten Goldscheiben sind mit der Christus-, der Konrads-, der Pelagius- und Adlerscheibe insgesamt vier Beiträge gewidmet, die diese beschreiben und eingehend untersuchen. Der Münsterschatz in Mittelalter und Neuzeit wird mit zwei Beiträgen gewürdigt, daran schließt sich noch die Betrachtung über das Münster als Ort der Memoria mit drei weiteren Beiträgen an. Die Radarmessungen lassen dabei erneut Vermutungen auf ein Stück der an anderer Stelle erst vor kurzem aufgedeckten römischen Kastellmauer zu.

Der dritte Abschnitt des beeindruckenden Bandes ist mit drei Beiträgen der »Erhaltung des Münsters als dauernde Verpflichtung und Aufgabe" gewidmet. Dabei zeigt insbesondere der Bericht über die Bauunterhaltung im Zeitraum von 1987–2012 den großen finanziellen Aufwand der am Bauunterhalt beteiligten Institutionen. Es ist jedoch darauf hinzuweisen, dass diese Bauunterhaltung seit Bestehen des Münsters von allen Generationen geleistet wurde. Damit haben auch künftige Generationen die Verpflichtung diese Bauunterhaltung zu leisten. Ein Anhang mit fünf Beiträgen führt in die Baualterspläne, die Grabdenkmäler und Epitaphien, die Inschriften und eine Zusammenstellung der dendrochronologischen Untersuchungen zwischen 1986 und 2013 ein. Diese beginnen mit dem Jahr 1003 und führen über eine ganze Reihe hoch- und spätmittelalterlicher Hölzer bis die Barockzeit. Es zeigt sich an dieser Untersuchung deutlich, in welchem Umfang in dem abgelaufenen Jahrtausend am Münster gebaut wurde.

Der Band erfasst erstmals zusammenfassend die Geschichte der Konstanzer Kathedrale in ihrer Gesamtheit. Dabei ist das Zusammenwirken zahlreicher Fachleute aus den verschiedenen Fachgebieten besonders hervorzuheben, da der Band damit nicht nur einen Gesamtüberblick über das Münster in allen Einzelheiten bietet, sondern diese auch jeweils wissenschaftlich vertieft würdigt und erklärt. Der Band wird der weiteren Forschung im Bereich der bischöflichen Kathedralen, aber vor allem auch den Untersuchungen im Bereich des mittelalterlichen und frühneuzeitlichen Konstanz neue Impulse geben. Insbesondere ist noch auf die hervorragende Bebilderung des Bandes hinzuweisen. Man legt den Band daher nur ungern aus der Hand.

Immo Eberl

JOHANNA SCHEEL: Das altniederländische Stifterbild. Emotionsstrategien des Sehens und der Selbsterkenntnis (Neue Frankfurter Forschungen zur Kunst, Bd. 14). Berlin: Gebr. Mann 2014. 548 S. m. zahlr. farb. Abb. ISBN 978-3-7861-2695-9. Geb. € 79,00.

Die vorliegende Dissertation entstand im Rahmen eines Frankfurter DFG-Projekts von Martin Büchsel zur historischen Emotionsforschung. Der Zusammenhang verdient hervorgehoben zu werden, denn er hat die Arbeit maßgeblich geprägt – man gewinnt einen lebendigen Eindruck von der Diskussionskultur und von den Fragestellungen, die in diesem Projekt gepflegt und verhandelt wurden, was den Band einerseits bereichert, andererseits jedoch auch belastet: Die nahezu 550 Seiten sind nur mit einem verhältnismäßig geringen Anteil den unter der Bezeichnung »altniederländisches Stifterbild« zusammengefassten Bildern, dafür umso umfangreicher und weit ausholend der Kulturgeschichte der Selbsterkenntnis sowie der Spiegelmetapher von der Antike bis in das 15. Jahrhundert gewidmet (Teil III und IV, 181–447). Die Deutung der Stifterbilder im Kontext des zeitgenössischen Selbsterkenntnis- und Spiegeldiskurses ist zweifellos eine große Leistung des Buches, das handbuchartige Abhandeln der unterschiedlichen philosophischen Positionen, angefangen von der Antike, trägt hingegen weder zum Verständnis der Bilder noch zur Philosophiegeschichte allzu viel bei.

Das Buch ist in vier Teile gegliedert, in denen aufeinander aufbauend jeweils eigene »Ergebnisse« zur Funktion des Altniederländischen Stifterbildes entfaltet werden: Eine »Bestandsaufnahme« widmet sich den Stifterbildern selbst, insbesondere der Darstellung des Gesichts, geht die in der Forschung unternommenen Interpretationen kritisch durch und kommt zu dem Ergebnis, dass die mimische Reglosigkeit und emotionale Uneindeutigkeit der Darstellung des Gesichts intendiert sei (17–130). In einem verhältnismäßig kurzen zweiten Teil (131–180) wird diese Uneindeutigkeit als Leerstelle und Projektionsfläche für im Gebet stufenweise geforderte Affekte beschrieben. In den beiden weiteren Teilen werden Selbsterkenntnis und Spiegel als die beiden Themenfelder entfaltet, die Scheel zufolge den funktionalen Zusammenhang zwischen Stifterbildnis und Gebet bilden: Der Betrachter schaut nicht nur gemeinsam mit dem gemalten Stifter in den Heilsspiegel, der sich ihm zugleich im Gemälde und im Gebet auftut, sondern das Stifterbild selbst fungiert als Spiegel des vor ihm betenden Stifters.

Scheel verortet das Stifterbildnis ganz im religiösen Kontext und wendet sich darin gegen eine primäre Deutung als Medium der sozialen Repräsentation. Die Primärfunktion des Stifterbildes sieht sie zudem im Eigengebrauch des Dargestellten: Dieser hatte im Gebet sein eigenes Bildnis vor Augen, das ihm dabei in Gesicht, Kleidung und Pose zum Spiegel der Reflexion über das dargestellte Gebets- und Heilsgeschehens wurde. Im Kontext der zahlreich herangezogenen Frömmigkeitsliteratur der *Devotio moderna* wird diese Deutung überzeugend plausibilisiert.

Da die private Frömmigkeit im 15. Jahrhundert ein Zentralthema der sozialen Repräsentation bildete, ist die Alternative zwischen privater Frömmigkeit und sozialer Repräsentation allerdings etwas fragwürdig. Der Frömmigkeitshabitus zählte zu den entscheidenden Elementen jeder Biografie und jedes Porträts dieser Zeit, er wurde nach außen getragen und gehörte – genau wie seine Repräsentation im Stifterbildnis – ebenso zum staatstragenden kirchlichen Zeremoniell wie zum zurückgezogenen Gebet ohne Zuschauer. Einmal mehr erweist sich hier meines Erachtens eine scharfe Trennung zwischen religiösem und profanem Bereich als anachronistisch.

Ein Schwachpunkt der Arbeit besteht zudem darin, dass die mimische Reglosigkeit und der Verzicht auf einen bestimmten Emotionsausdruck wie ein Spezifikum des altniederländischen Stifterbildes behandelt werden. Dabei gerät aus dem Blick, dass es sich dabei um generelle Merkmale der Darstellung des Gesichts in der sich ausbildenden Porträtmalerei und darüber hinaus handelt: in religiösen wie in eher profanen Kontexten, in Porträts wie in typisierten Darstellungen, in Gemälden wie in Skulpturen oder Reliefs. Aus der mimisch reglosen, emotional unbestimmten Haltung der Dargestellten lässt sich daher die Funktion der Stifterbilder für das Gebet der Betrachter kaum nachweisen.

Die Arbeit liest sich in weiten Passagen wie das Tagebuch der Entstehung einer Dissertation: Der Leser fühlt sich von der Autorin einbezogen in den Prozess der Einarbeitung in ein großes Thema, in die Entstehungsgeschichte einer interdisziplinär angelegten Dissertation sowie in die Aufnahme der in diesem Entstehungsprozess in einem anregenden akademischen Milieu geführten Diskussionen und der Abarbeitung an ihnen. Das ist faszinierend, zumal die Argumentationen klug sind und ein hohes Reflexionsniveau spiegeln. Aber dass neben dem eigentlichen Gegenstand der Arbeit auch all die philosophiegeschichtlichen Vorarbeiten mit entfaltet werden, führt zu einem Ungleichgewicht innerhalb des Buches, zu einem »Zu viel« an Öffnung des thematischen Horizonts hin auf die gesamte Philosophiegeschichte gegenüber einem »Zu wenig« zu den Bildern selbst. Denn die anregenden und zumeist sehr überzeugenden Passagen über die Bilder und ihre Kontextualisierung im Bildrepertoire der Miniaturen aus der Frömmigkeitsliteratur, die die Highlights der Lektüre bilden, verdienen eine deutlichere Zentralstellung. Hier wünscht sich der Leser auch quantitativ mehr und hier wäre zudem eine Öffnung des thematischen Horizonts auf die Darstellung des mimisch reglosen, emotional unbestimmten Gesichts jenseits des Stifterbildes angebracht gewesen.

Ruth Slenczka

Christoph Wagner, Klemens Unger (Hrsg.): Berthold Furtmeyr – Meisterwerke der Buchmalerei und die Regensburger Kunst in Spätgotik und Renaissance. Regensburg: Schnell und Steiner 2010. 544 S. m. farb. Abb. ISBN 978-3-7954-2313-1. Geb. € 39,95.

Gleich mehrere wissenschaftliche Kampagnen haben sich 2010 im Rahmen eines gemeinsamen Projekts der Regensburger Kunst um 1500 gewidmet: Neben der vorliegenden Buchpublikation zu Berthold Furtmeyr und der Regensburger Kunst seiner Zeit zeugte eine dem gleichen Thema gewidmete Ausstellung des Historischen Museums der Stadt Regensburg, eine Tagung zu Albrecht Altdorfer, Vortragsreihen sowie die Forschungen an der Universität Regensburg vom hohen wissenschaftlichen Interesse, die Kunst und Kultur der Reichsstadt Regensburg für das späte 15. und frühe 16. Jahrhundert neu zu bewerten.

Neben der aufwändigen Digitalisierung der Regensburger Buchmalereien, die seither im Internet bereitgestellt sind, zählt auch das vorliegende Buch zu den wesentlichen und über den Anlass hinausweisenden Erträgen dieser Bemühungen. Sie machen insbesondere aktuelle Erkenntnisse über Berthold Furtmeyr und seine Buchmalereien für eine größere Forschungsöffentlichkeit zugänglich und setzen für die Frage nach der Rolle Regensburgs in der Kultur des späten 15. und frühen 16. Jahrhunderts neue Akzente.

Die Bewertung dieser Frage schwankt ebenso wie für andere Reichsstädte zwischen den Polen »Spätgotik« und »nordalpine Renaissance«. Vor allem Albrecht Altdorfer gilt, zumindest aus Sicht der traditionellen Kunstgeschichte, im Falle Regensburgs als Leitstern für das neue stilistische Idiom der sogenannten »Donauschule«. Die Kunst der vorausgegangenen Generation war bislang jedoch noch nicht ausreichend zur Kenntnis genommen worden.

So mag nicht verwundern, dass Berthold Furtmeyrs Schaffen im Gegensatz zu dem seines berühmten, mutmaßlichen Schülers Altdorfer nur in Fachkreisen wahrgenommen und selbst dort selten gewürdigt wurde. Dennoch darf Furtmeyr aber als der bedeutendste Künstler Regensburgs in der zweiten Hälfte des 15. Jahrhunderts gelten: Seine Werkstatt ist heute vorwiegend durch die Ausmalung hochwertiger Bibelhandschriften und liturgischer Bände bekannt und dürfte sehr leistungsfähig gewesen sein. Zu den Auftraggebern zählen neben führenden Familien der Region auch die Salzburger Erzbischöfe sowie der Heidelberger Pfalzgraf Philipp – eine Klientel, die indirekt durchaus Schlüsse auf die Qualität und Ausstrahlung seiner Werkstatt erlaubt.

Biographisch ist Furtmeyr nur ansatzweise fassbar: Die städtischen Akten erwähnen ihn in den Jahren 1471, 1485 und 1487. Die Ehe mit seiner Frau Clara belegt ein Dokument von 1487, mindestens eine Tochter wird 1501 erwähnt. Zwar war Furtmeyr zeitweise verschuldet, doch muss dies, so eine These der vorliegenden Publikation, nicht als Zeichen des wirtschaftlichen Misserfolgs gewertet werden. Signaturen in erhaltenen Handschriften sind besonders aufschlussreich. Sie dokumentieren außerhalb der städtischen Akten seine künstlerische Tätigkeit und zeugen von einem ausgeprägten Selbstverständnis.

Als wichtiges Hauptwerk Furtmeyrs gilt das fünfbändige Festmissale für die Erzbischöfe von Salzburg (München Clm 15708–15712), an denen wohl seit den späteren 1470er-Jahren über ein Jahrzehnt gearbeitet wurde und das eine hochkomplexe Herstellungsgeschichte aufweist.

An diesen ausgesprochen fragmentarischen, teilweise kaum weiterführenden biographischen und künstlerischen Rahmeninformationen setzt der breit angelegte Sammelband an. Er wartet mit einigen beachtenswerten Handschriftenfunden auf und kann nicht zuletzt aufgrund seiner umfangreichen Dokumentation gesichteter künstlerischer und kulturhistorischer Quellen das Bild Furtmeyrs gegenüber der Ausstellung zur Regensburger Buchmalerei von 1987 erheblich erweitern. Damit einhergehend bietet die Publikation wertvolle Korrekturen und Ergänzungen zum bisherigen Kenntnisstand, aus dem sich eine allgemeine Um- und Neubewertung des Künstlers und seiner Regensburger Werkstatt geradezu aufdrängt. Dies ist den Herausgebern des Sammelbandes, Christoph Wagner und Klemens Unger, und ihrem umfangreichen wissenschaftlichen Autorenteam gelungen, das breitere Katalogessays und einführende Texte zu Katalogteilen aus unterschiedlichen Forschungsperspektiven beigesteuert hat. Zwar überschneiden sich die Inhalte der Beiträge bisweilen, doch ist dies meist der allen gemeinsamen materiellen und kulturhistorischen Ausgangslage geschuldet. Bemerkenswert bleibt die Bandbreite der Essays, die durch eine umfangreiche Dokumentation der gesichteten Quellen ergänzt wird. Hinzu kommt eine großzügige Ausstattung mit hervorragenden Abbildungen und einem eigenen Tafelteil.

Das präsentierte Material macht rasch augenfällig, dass die verengende stilgeschichtliche Bindung an das Idiom der »Donauschule« dazu beigetragen hat, die hohe Finesse, Originalität und Eigenständigkeit von Furtmeyrs Buchmalerei zu unterschätzen. Der Vielgestaltigkeit der Bildsysteme – von Initialen über Bordüren bis hin zu ganzseitigen Miniaturen – entspricht die Vielfalt an Lösungen für kompositorische, motivische und malerische Gestaltungen, die zeigen, dass Furtmeyr mit den internationalen Entwicklungen seiner Zeit vertraut war.

Dies anschaulich zu machen, ist eine der größten Leistungen der ambitionierten Publikation. Mit der Erforschung Berthold Furtmeyrs bietet sie einen wertvollen Beitrag zur Neubewertung der Buchmalerei im ausgehenden 15. Jahrhundert – als sich die Illumination von Handschriften nicht nur mit der Kunst der Zeit, sondern auch mit dem neuen Medium des Buchdrucks zu messen hatte. Dass eine Werkstatt wie die Furtmeyrs sich diesem Wettbewerb selbstbewusst stellte, darf vermutet werden.

Beate Böckem

Maria Deiters, Evelin Wetter (Hrsg.): Bild und Konfession im östlichen Mitteleuropa – vier Fallstudien (Studia Jagellonica Lipsiensia, Bd. 11). Ostfildern: Jan Thorbecke 2013. 440 S. m. Abb. ISBN 978-3-7995-8411-1. Geb. € 64,00.

Der Band vereint Beiträge des am Geisteswissenschaftlichen Zentrum Geschichte und Kultur Ostmitteleuropas an der Universität Leipzig in Zusammenarbeit mit dem Lehrstuhl für Kunstgeschichte der Renaissance und Reformation an der Universität Breslau entstandenen und von der Volkswagen-Stiftung in den Jahren 2005–2010 finanzierten Forschungsprojekts »Bild und Konfession. Funktionen und Konzepte von Bildern in den gesellschaftlichen und kulturellen Formierungsprozessen des konfessionellen Zeitalters in Mitteleuropa«. Die vier Fallstudien wurden als methodisch vielfältige exemplarische Untersuchungen besonders aussagekräftiger Werke und Werkgruppen konzipiert, die gleichzeitig ein breites Spektrum der Bildmedien und Kunstgattungen berücksichtigen.

Jan Harasimowicz (Visuelle Strategien der Identitätsbildung im multikonfessionellen Breslau, 33–103) verfolgt überzeugend den Aufbau der konfessionellen Identität mithilfe der Kirchenkunst an den Beispielen der (lutherischen) Kanzel in St. Maria Magdalena, einem (calvinistischen) Epitaph in St. Elisabeth und dem (katholischen) Altarretabel in St. Johannes d.T. in Breslau. Im Focus von Aleksandra Lipińska (*Novo stylo sepultus*? Grabdenkmäler des großpolnischen Adels und hohen Klerus im Spannungsfeld von ständischer Repräsentation und konfessionellem Ethos, 105–188) stehen die Stiftungen der Familie Górka zwischen 1520 bis 1655 in Posen und Kórnik, wobei die Standesrepräsentation stets deutlich die konfessionellen Ansprüche überwog. Anhand von drei Altarretabeln in Oderburg 1551, Stettin 1575/77 und Rügenwalde 1606/16 zeichnet Martin Wisłocki anschaulich (Standeskonfessionalismus und Herrscherethos: Retabelstiftungen der Herzöge von Pommern, 189–281) die komplexe Gemengelage aus konfessionellen, standesrepräsentativen und herrschaftslegitimierenden Aspekten und ihre allmählichen Modifikationen im Bildprogramm der Reformation nach. Maria Deiters (Die Familie in der Bibel: Lutherische Bibelrezeption und Bildpraxis am Beispiel der Bibel der Nürnberger Patrizierfamilie Pfinzing, 283–422) zeigt, wie in dem komplexen Programm dieser 1561 geschaffenen Bibel – einem Zusammenspiel von Bibel, Geschlechterbuch und Stammbaum – Familiengeschichte, ständische Repräsentation und Einordnung der Familie in der Heilsgeschichte zusammenlaufen.

Das Thema aller Untersuchungen ist die Rolle des Bildes und der Bildlichkeit bei der Gestaltung und weiteren Formung der Konfessionen, wobei Fragen der ständischen Repräsentation, der frühneuzeitlichen Ausdifferenzierung von Gedächtnisstrategien, der individuellen Aneignung des Sakralen sowie der Verbindung von Ethik und Frömmigkeit im Mittelpunkt stehen. Die Multifunktionalität der Bilder ist etwa am Altar sichtbar, wo sie das Heilsgeschehen bekräftigt, gleichzeitig auf das sakramentale Geschehen hinweist und mehr oder weniger diskret die Stifterfamilie miteinschließt. In der multiethnischen und polykonfessionellen Gemengelage der Zeit wurde vielfach mit Wort und Bild experimentiert; die meist hohe Qualität der Arbeiten zeugt von einer Aufbruchsstimmung.

Die vier mikrohistorischen Studien mit der Kontextualisierung einzelner Werke schärfen unseren Blick auch für größere Zusammenhänge. Es zeigt sich einmal mehr, dass interdisziplinäre Forschungsansätze – hier Kunstgeschichte, Theologie und Geschichte – sehr interessante Ergebnisse hervorbringen können. Ein rundum empfehlenswertes Buch.

Almut Bues

VOLKER REINHARDT: Im Schatten von Sankt Peter. Die Geschichte des barocken Rom. Darmstadt: Primus 2011. 270 S. m. Abb. ISBN 978-3-89678-777-4. Geb. € 24,90.

Volker Reinhardts Geschichte Roms geht von der These aus, dass sich die die Neuzeit prägende spezifisch römische Lebensordnung im frühen 17. Jahrhundert entwickelte: eine auf demonstrativen Prestigekonsum ausgerichtete Wirtschaftsform, eine durch die Mechanismen von Patronage und Klientel konstituierte Gesellschaft, die Allgegenwart einer auf die Sinne abzielenden politisch-religiösen Propaganda und schließlich der Widerspruch zwischen immer wieder nachdrücklich eingeschärften Normen auf der einen und den regelmäßig praktizierten Normübertretungen auf der anderen Seite. Die Spannung zwischen der Forderung nach Einfachheit, Askese, Selbstbescheidung und strikter Meritokratie – also nach einem biblisch fundierten Führungs- und Lebensstil innerhalb der Kirche – und dem gigantischen Nepotismus, den so gut wie alle Päpste zwischen 1600 und 1676 betrieben, stellt nicht nur die Leitlinie dar, entlang der Reinhardt die Politik- und Sozialgeschichte der Stadt Rom im Barockzeitalter erklärt, sondern sie liefert auch den Schlüssel, mit dessen Hilfe sich die Gestalt des barocken Rom begreifen lässt – eine kulturelle Architektur- und Kunstgeschichte, ein historischer Stadtführer, wenn man so will. Die qualitativ und quantitativ überwältigende Kunstproduktion Roms im 17. Jahrhundert wäre in dieser Perspektive das Ergebnis des Versuchs, den Widerspruch zwischen Ideal und Realität aufzulösen oder erträglich zu machen, sowohl gegenüber fremden Beobachtern als auch mit Blick auf die historischen Akteure selbst.

Auf dieser ebenso klugen wie suggestiven Idee basieren der Aufbau des Buches sowie die Struktur der 14 Kapitel, in denen Reinhardt primär eine Darstellung des Papsttums liefert, nicht als Kirchen-, Theologie- oder Diplomatie-, sondern eben als Stadtgeschichte, und dazu gehören Darlegungen zu den Verhaltens- und Ausdrucksformen der römischen Elite, vornehmlich der durch das Papsttum ihres Verwandten emporgekommenen Nepotendynastien, aber auch zur »Weltanschauung« und zu den politischen Artikulationsmöglichkeiten der römischen Mehrheitsbevölkerung. Reinhardt zeigt, dass die Papstwahl, trotz explizit anderslautender Bestimmungen, im 16. und größten Teil des 17. Jahrhunderts mehrheitlich nach dem Prinzip der – durch Patronagestrukturen geprägten und in ihrem Sinne lenkbaren – Adoration erfolgte und eben nicht als Skrutinalwahl, der anonymen Stimmabgabe; bis 1676 ließ sich der Wert des »Gewissens« nicht gegen den der »Gefolgschaft« durchsetzen, wobei die auf diese Weise Gewählten alles daran setzten, das Wahlergebnis als gottgewollt (und eben nicht als die Belohnung erfolgreicher klientelärer Verflechtung) erscheinen zu lassen. Die, zumindest theoretisch, mit beispielloser Machtfülle ausgestatteten Herren der Kirche waren faktisch auf die Kooperation ihrer Untertanen angewiesen: Das galt für die mit großer Autonomie ausgestatteten Städte und deren Eliten in der Peripherie des Kirchenstaates, das galt aber auch für Rom selbst, denn wenn auch die römische Kommune und das Kardinalskollegium kaum noch institutionalisierte Mitspracherechte, geschweige denn ein Recht auf Widerstand, besaßen, so hatten doch die

Baronsfamilien und auch die städtische Bevölkerung den Päpsten früh die Grenzen der Durchsetzbarkeit ihrer Macht aufgezeigt. Eine der wirkungsvollsten Grenzen der Staatswerdung innerhalb des Staates der Päpste war jedoch der Nepotismus, die Konzentration der Pontifices auf die Förderung ihrer eigenen Familie und die Bindung der Eliten an die jeweilige, naturgemäß nur für kurze Zeit mächtige Papstfamilie (und nicht das Papstamt bzw. den abstrakten Staat). Den »Extremnepotismus« des 17. Jahrhunderts erklärt Reinhardt mit dem »Nachholbedarf« der Papstfamilien, die den Aufstieg aus vergleichsweise bescheidenen Verhältnissen zu dynastengleichem Rang in kürzester Zeit vollziehen und ökonomisch und sozial ebenso wie städtebaulich absichern mussten. Dabei galten die Mechanismen, nach denen man in Rom die soziale Stufenleiter erklomm, für die gesamte Gesellschaft in sehr vergleichbarer Weise (wenn auch natürlich mit standesspezifischen Modifizierungen): von der klerikalen Elite bis zu den Handwerkern und schließlich den Bettlern, einer »klientelär verfugten Parallel-Gesellschaft«. Die sich in rascher Folge abwechselnden, einander in erbitterter Feindschaft zugetanen Nepotendynastien waren nicht der einzige Faktor, der für die überdurchschnittlich hohe Gewaltdichte im frühneuzeitlichen Rom verantwortlich war: Dazu kamen die Konkurrenz der Baronsfamilien untereinander sowie gegen die Papstverwandten und der notorische Gegensatz zwischen Spanien und Frankreich, der besonders zugespitzt zwischen ihren jeweiligen Botschaftern an der Kurie ausgetragen wurde. In diese vielfältigen Rivalitäten waren zahlreiche Bewohner der Stadt Rom verstrickt; dass die Päpste sich über ihre Nepoten – zunehmend chancenlos – an ihnen beteiligten, machte sie, je länger desto mehr, angreif- und verwundbar. Die Prägung des päpstlichen Herrschaftssystems durch die Normen und Mechanismen der Patronage machte auch vor der Welt des Himmlischen nicht halt: Die nach 65-jähriger Pause 1588 neu einsetzenden Heiligsprechungen waren Ausdruck der Verflechtung der Päpste, die den europäischen Großmächten, den Orden, der Elite Italiens und sich selbst auf diese Weise Patrone im Himmel schufen und zugleich ihren sozialen Aufstieg irreversibel zu machen versuchten. Besonders überzeugend erscheint Reinhardts Ansatz in den Kapiteln »Erinnerung stiften« und »Konkurrieren«, in denen er die Bautätigkeit der Päpste zwischen Clemens VIII. Aldobrandini und Clemens X. Altieri und ihrer Nepoten als aufeinander bezogene Folge konkurrierender Praktiken beschreibt: Mit der Errichtung von Villen, Palazzi, Grabmälern etc. schrieb man sich in das Gedächtnis der Stadt Rom ein und versuchte zugleich, die Vorgänger zu übertreffen, durch Aufwand, künstlerische Innovation oder erlesenen Geschmack. Überdies hatten all diese Projekte mit einem doppelten Problem zu kämpfen: Zum einen durfte es sie per se nicht geben (als weltliche Ausdrucksformen einer geistlichen und sich als essentiell »anders« definierenden Herrschaft), zum anderen mussten sie die parvenühafte Herkunft ihrer Auftraggeber verdecken bzw. in Stärke verwandeln. Es waren jedoch nicht nur diese aufwendigen Bautätigkeiten, die für den kontinuierlichen Niedergang der Papstfinanz verantwortlich waren, sondern auch ein auf die Versorgung der hauptstädtischen Bevölkerung ausgerichtetes, im Prinzip nicht rentables Wirtschaftsgebaren; doch die Päpste inszenierten sich mit Hilfe der Brot- und Wasserversorgung, als treusorgende Väter und erkauften sich so die Akzeptanz der *plebs urbana*. Diese war nämlich vor allem in Situationen, in denen ihr Überleben durch Lebensmittelmangel und Seuchen akut gefährdet war, durchaus zum gewaltsamen Protest bereit, und dieser richtete sich, wenn nicht gegen die Päpste selbst, so doch gegen ihre Verwandten – bzw. ihre *memoria*. Dabei spielte das Erscheinungsbild der Stadt Rom als Ausweis des Zustands der Kirche und des Papsttums gegenüber der europäischen Öffentlichkeit eine ausschlaggebende Rolle, vor allem in den »Heiligen Jahren«, die jedoch seit 1650 – wegen der demonstrativen und zugleich von Rückschlägen gekennzeichneten – Ansprüche der Nepoten auf Fürstengleichheit immer geringere propagandistische Wirkung entfalteten. Laut Reinhardt war das Publikum, an das sich solche Inszenierungen richteten, immer auch der europäische Protestantismus, vor dem man sich keine Blöße geben durfte; doch wahrscheinlich spielte diese Auseinandersetzung im 17. Jahrhundert keine entscheidende Rolle mehr, auf jeden Fall nicht für den italienischen und speziell den römischen Katholizismus – man richtete sich vielmehr an eine katholische Öffentlichkeit, innerhalb derer um die Art des Katholizismus heftig debattiert wurde. Von zumindest zweifelhafter propagandistischer Wirkung war auch die Tätigkeit der römischen Inquisition – trotz ihres im europäischen Vergleich bemerkenswert professionellen und transparenten Vorgehens: Die Prozesse gegen Giordano Bruno, Galileo Galilei und den Historiker Paolo Sarpi trugen der Papstkirche bereits seitens der Zeitgenossen den Ruf der Wissenschaftsfeindlichkeit und Rückständigkeit ein. Mit dem Pontifikat Innozenz' XI. Odescalchi (1676–1689) endete in Rom das 17. Jahrhundert und eine neue Phase der Papstgeschichte begann, in der nicht nur der Nepotismus abgeschafft wurde, sondern die Päpste auch begannen, ein bewusst asketisches, erzieherisches, nüchternes Image zu pflegen. Im 18. Jahrhundert machte ein neuer Typ von Prälaten an der Kurie Karriere, und Rom, der Kirchenstaat und das Papsttum wurden auch in der Wahrnehmung ihrer Führungsschicht zum »Gegen-System« gegen alle Entwicklungen der Moderne.

Reinhardts Tour durch das Rom des Barock, in der zahlreiche Forschungen zum frühneuzeitlichen Papsttum der letzten Jahrzehnte synthetisiert werden, ist in sprachlicher Hinsicht überaus elegant und intellektuell überzeugend. Die Fragen, die sich bei der Lektüre stellen, sind keine Anfragen an die Qualität des Buches, sondern vielmehr grundsätzliche, historiographische Methodenprobleme berührende Überlegungen. Stellte die von Reinhardt konstatierte Normenvielfalt tatsächlich eine römische Besonderheit dar, und führte sie – im Verhältnis zu anderen höfischen Gesellschaften – zu einer besonders hohen Zahl von gespaltenen, ja schizophrenen Persönlichkeiten? Lassen sich solche Phänomene wie »Persönlichkeitsspaltung« für die Frühe Neuzeit tatsächlich historisch messen? Vielleicht – eine anregende und bedenkenswerte Perspektive ist damit in jedem Fall benannt.

Christian Wieland

Abtei Ottobeuren (Hrsg.): Barocke Bilderwelt des Klostergebäudes in Malerei und Plastik. Ottobeuren: EOS 2014. XLIV, 596 S. m. zahlr. farb. Abb. ISBN 978-3-8306-7658-4. Geb. € 148,00.

Die Klosteranlage Ottobeurens, die wegen der raschen Neugründung des Konvents nach der Säkularisation von 1803 ohne größere Verluste erhalten geblieben ist, fasziniert durch ihre Ausmaße noch heute jeden Besucher. Die Klosteranlage, die zwischen 1711 und 1766 entstand, enthält in ihren mehr als 200 Räumen einen weithin unversehrt erhaltenen ikonographischen Kosmos der Barockzeit. Aus Anlass des 1250-jährigen Gründungsjubiläums erschien die vorliegende Publikation in zwei Teilen, die die barocke Bildwelt der Abtei erschließt. Abt Johannes Schaber OSB führt in die historischen Grundlagen für die Architektur ein. Ausgehend von der regula Benedicti stellt er die Entwicklung des fränkischen Mönchtums vor. Wie der Redaktor der ersten Gesamtdarstellung der Geschichte der Abtei Ottobeuren, P. Prior Maurus Feyerabend, 1813 betonte, so stellt auch Abt Johannes die enge Verbindung der Geschichte Ottobeurens zur Reichsgeschichte vor. Aus der Darstellung wird deutlich, in welchem Umfang die Äbte des 18. Jahrhunderts noch in der Tradition der regula Benedicti neben der Tradition der Reichsgeschichte standen, als sie ihren neuen »Palast des Glaubens« schufen. Die Einführung der Bearbeiter, die an dem vorliegenden Werk jahrelang gearbeitet haben, geht auf die Entwicklung der Klostergeschichte ein, um dem Leser und Benützer die barocke Bildwelt zu verdeutlichen. Kaiser Otto I. hatte Ottobeuren 972 von der Verpflichtung zum Reichsdienst befreit und dem Kloster die freie Abtswahl gewährt. Jedoch hatte Ottobeuren keine Reichsstandschaft mit Sitz und Stimme auf den Reichstagen. Das Kloster gehörte auch nicht dem schwäbischen Reichsprälaten-Kollegium an. Ottobeuren konnte 1710 die noch bestehenden Vogteirechte des Bischofs von Augsburg mit 30.000 Gulden ablösen. Damit war das Kloster mit seinem 265 qkm großen Territorium und 10.000 Einwohnern uneingeschränkt reichsunmittelbar. Diese Rangerhöhung der Abtei in den fürstlichen Stand fand ihren architektonischen Ausdruck in den ab 1711 neu errichteten Klostergebäuden. Für die Baumaßnahme stehen vor allem die Äbte Rupert Ness und Anselm Erb. Doch haben auch ihre Nachfolger Konrad Goehl und Paulus Alt die Traditionen des Hauses bis zum bitteren Ende in der Säkularisation 1802 fortgesetzt. Abt Rupert Ness hat trotz allem Repräsentationsgepräge an erster Stelle immer an seinen Konvent gedacht, wie der Bau des südöstlichen Quadrums des Klostergebäudes mit Zellen, Refektorium und Küche eindrücklich belegt. Mit den Baumaßnahmen, die dem Konvent jahrelang erhebliche Lasten im täglichen Leben auferlegt haben, wurden von den Äbten auch Gedanken einer geistigen Erneuerung verbunden. Die von Abt Rupert 1714 erstellten Verhaltensregeln für den Konvent belegen dieses. Nicht ohne Grund wird Abt Rupert vielfach auch als der zweite Gründer der Abtei Ottobeuren beschrieben. Das Klostergebäude wurde zwischen 1711 und 1725 neu errichtet. Die Abteitreppe war erst 1729 vollendet. Das Kloster legte Wert auf Funktionalität im Großen und Kleinen. Dabei wurden die Räume je nach ihrer Bedeutung mehr oder weniger prächtig ausgestattet. Die Qualität der Ausführungen kam dabei insbesondere in den Decken- und Wandmalereien zum Ausdruck, in den Stuckornamenten und -reliefs, in den Figuren aus Holz und Stuck, aber auch teilweise in Stofftapeten und Vorhängen. Die überaus differenzierten Raumprogramme hat Abt Rupert Ness selbst erstellt. So wurden im Konventgebäude allein religiöse Themen gewählt, dagegen in den Zimmerfluchten der beiden Abteien und im Hofgebäude profane Themen. Die Ausstattung wurde jedoch auch nach dem Ende des Klosterbaus 1725 bis zur Säkularisation immer wieder ergänzt und vervollständigt. Das »Pflichtprogramm« barocker Kloster- und Kirchenbauten war in Ottobeuren mit den Themen 1. der Patron, der dem Kloster Schutz gewährt; 2. der Gründung bzw. Gründungslegende des Klosters; 3. der Eingliederung des Klosters in das weltliche Machtgefüge des Alten Reiches und der Darstellung der bedeutenden fürstlichen Stifter, die das Kloster mit Schenkungen und Privilegien ausgestattet hatten; 4. des Ordens und der Ordensgründer erfüllt, wie ein Rundgang beweist. Über diese gewissermaßen vorgegebene Bilderwelt hinaus hat Abt Rupert »gelehrte« Programme entworfen, die er den Malern bis ins Detail vorschrieb. Wissenschaftliche Werke, die diesen vom Abt zusammengestellten Bilderfolgen zugrunde liegen, sind noch heute in der Klosterbibliothek vorhanden. Neben den einzelnen Bildern sorgen umfangreiche Bildzyklen für eine Auflockerung der langen Gänge, so die Serie der Büstenreliefs an den Gewölbeansätzen des Ganges im Erdgeschoss des Hofgebäudes, die mit Cäsar beginnt und 86 römische Kaiser aufweist. Im Gang zwei Etagen höher findet sich eine Serie der ersten 50 Päpste. Eine nicht mehr ganz vollständige Reihe von Supraporten mit den Büsten der römisch-deutschen Kaiser von Karl d. Großen bis zu Karl VI. lief über zwei Stockwerke und mehrere Räume. Abt Rupert hat aber mit den Supraporten im Kreuzgang und den darüber liegenden Konventgängen mit den ehemals 177, heute 141 Heiligen einen Zyklus entstehen lassen, den man in dieser Form nirgends findet. Für die anfallenden Malerarbeiten wurde der in Ottobeuren ansässige Arbogast Thalheimer (um 1661–1746) herangezogen, dem sein Sohn Franz Anton (1695–1769) und Enkel Arbogast d. J.

(1728–1786) folgten. Der Abt berief aber für die Wandgemälde und Supraporten des Kreuzgangs und der Konventgänge Künstler von auswärts: aus München Joseph Ruffini († 1749); aus Prag Elias Zobel (1677–1718); aus Kempten Hieronymus Hau (1679–1745), Franz Georg Herman (1692–1768) und Johann Friedrich Beuchs; ferner aus Reutte Paul Zeiller (1658–1738), dessen Sohn Johann Jakob später die Klosterkirche ausmalen sollte. Darüber hinaus wurden noch weitere, in der Zeit des 18. Jahrhunderts berühmte Künstler von außerhalb angeworben: so Johann Georg Bergmüller (1688–1762), der Klosterbruder Magnus Remy aus Irsee (1674–1734), aber auch Jacopo Amigoni (1675 oder 1685–1752) und weitere in ihrer Zeit bekannte und bedeutende Künstler. Viele dieser bedeutenden Maler sind mit Abt Rupert Ness in heftige Auseinandersetzungen geraten, da dieser sich in die Einzelheiten der Malerei mit seinen Vorgaben einmischte und somit die Ausführung auch intensiv überwacht hat. Der Stuck im Kloster wurde allgemein von Johann Baptist Zimmermann (1680–1756) und Andreas Maini (1683–1780 [?]) geschaffen. Die Figurenplastik geht auf Anton Sturm (1690–1757) zurück; von ihm stammen die 16 Kaiserstatuen im Kaisersaal. Der uns heute in seiner Komplexität in hohem Maße beeindruckende Bau hat aber innerhalb des Konvents der Bauzeit erhebliche Gegner besessen, wie die Visitation des Klosters vom Mai 1727 beweist, als diese Kritik offen zu Tage trat. Abt Rupert Ness muss über sie sehr erstaunt gewesen sein, wie sich aus einer Interpretation seiner Tagebucheintragungen erschließen lässt. An den Beginn der Darstellung der einzelnen Bauteile wurden Grundrisse der Konventgebäude in roter Farbe, der Abtei in lila und der Hofgebäude mit ihrer weltlichen Nutzung in blau gesetzt. Die Pläne erfassen das Erdgeschoss und das erste sowie zweite Obergeschoss. Nach einer Chronologie der Malerei zwischen 1712/1714 und 1768 folgen die Einzeldarstellungen des Konventgebäudes mit dem Klausurbereich vom Mitteltreppenbau mit der Klosterpforte ausgehend. In ihren Einzelheiten werden der Kreuzgang mit den Supraporten, die Zellen in der Klausur, die »Privatzelle« des Abtes, das Refektorium, das Museum der Patres, der Kapitelsaal, das Museum der Fratres, das Subpriorat, das Archiv, das Priorat, das Visitationszimmer, das Noviziat mit Oratorium und die Krankenkapelle vorgestellt und abgehandelt. Ein Planausschnitt zu Beginn ermöglicht dabei die genaue Zuordnung im Gesamtbau. Die Benediktuskapelle mit Vorplätzen und die Abtskapelle schließen sich an. Darauf folgen die Winterabtei oder die rote Abtei, die Sommerabtei oder die grüne Abtei, die Hofgebäude, die Repräsentationsräume, der Gästebereich und die Verwaltung sowie die Schule mit ihren jeweiligen Einzelheiten. Die Bearbeiter, denen die Wissenschaft für ihre jahrelange entbehrungsreiche Arbeit danken muss, haben ein in seiner Gesamtanlage höchst beeindruckendes Werk mit einer umfassenden, überaus qualitätvollen Bildausstattung verfasst. Die Innenausstattung des Klosters ist damit nach menschlichem Ermessen abschließend beschrieben worden. Dem Rezensenten ist kein anderes Kloster Süddeutschlands bekannt, das in ähnlicher Weise aufgearbeitet wurde. Daher gilt es auch, Abt und Konvent des Klosters Ottobeuren für die maßgebliche Unterstützung dieser Arbeit zu danken. Von dieser Seite aus betrachtet wird die vorliegende Arbeit sicherlich in Zukunft eine vorbildhafte Rolle für weitere vergleichbare Arbeiten bilden. Über die reine Kunstgeschichte und ihre Interpretationen hinaus ist sie auch für die Kloster- und Ordensgeschichte von erheblicher Bedeutung, da sie umfassende Aussagen über die Ansichten der Ordensgeschichte in einem so bedeutenden Konvent wie Ottobeuren im 18. Jahrhundert zeigt. Es wäre zu hoffen, dass die Bearbeiter sofort an anderer Stelle mit ihren Erfahrungen herangezogen werden, um weitere Klöster Süddeutschlands so umfassend zu beschreiben.

Immo Eberl

WERNER TELESKO: Kosmos Barock. Architektur – Ausstattung – Spritualität. Die Stiftskirche Melk. Wien – Köln – Weimar: Böhlau 2013. 212 S. m. zahlr. farb. Abb. ISBN 978-3-205-78953-6. Geb. € 19,90.

In seiner Publikation »Kosmos Barock« widmet sich Werner Telesko dem Ausstattungsprogramm der niederösterreichischen Stiftskirche Melk, die von 1701 bis 1736 im Zuge einer komplizierten Planungs- und Baugeschichte entstand und nach dem Brand von 1738 weitere Reparaturmaßnahmen erfuhr. Ziel der kompakten Monographie ist es offenbar, anhand dieses zu Recht als paradigmatisch bezeichneten Beispiels wissenschaftliche Erkenntnisse über die Fachöffentlichkeit hinaus zu vermitteln. Entsprechend ist es dem einleitenden Kapitel, das Grundzüge des funktionalen und diskursiven Kontextes barocker Raumgestaltungen vorstellt, weniger um eine Herleitung des Phänomens aus der Theologie des 17. und 18. Jahrhunderts zu tun. Vielmehr eröffnet es ein eher allgemeines Verständnis mittels von zahlreichen Bezügen zum theologischen Denken unterschiedlichster Epochen.

Hieran schließt sich eine eingehende ikonographische Analyse der Ausstattung an, welche schwerpunktmäßig die Fresken in den Blick nimmt und auf profunden quellenbasierten Forschungen beruht. Diese zeigen den Autor, wie es zu erwarten war, als einen hervorragenden Kenner nicht nur des Gegenstandes selbst, sondern auch des zugehörigen Themenfeldes. Unter Einbezug eines reichen Textmaterials und innerbildlicher, erzähltechnischer Aspekte vermittelt er die Ausstattung als semantisch und ästhetisch komplex interagierendes Gefüge und entfaltet dessen vielschichtiges Bedeutungspotential. Dieses verschränkt, wie er überzeugend darlegt, zeitgenössische theologische Diskurse mit lokal- und religionspolitischen Aspekten der Bauzeit. Zudem wurde es maßgeblich vom konventintern durchaus umstrittenen Bauherrn Abt Berthold Dietmayr (1700–1739) bestimmt. So transportieren alle Raumteile eine der Katholischen Reform verpflichtete Verherrlichung der römischen Kirche, was zugleich mit den Leistungen des Benediktinerordens sowie mit impliziter Abtpanegyrik verbunden wird. Zusätzlich behandelt der Autor abschließend die dem Themenkreis der Eucharistie gewidmete Ausstattung der Melker Sommersakristei, die aufgrund ihrer ersatzweisen Nutzung während der Bauzeit der Klosterkirche ein vollwertiges sakrales Programm *en miniature* erhielt.

Zunächst ist der hier unternommene Versuch einer breitenwirksamen Vermittlung qualitätvoller Forschungsergebnisse als ausgesprochen positiv zu werten. Denn eine Teilhabe an diesen trägt nicht zuletzt auch zu einem gesellschaftlich verankerten Bewusstsein über die Relevanz kunsthistorischer sowie geisteswissenschaftlicher Forschung im Allgemeinen bei. Jedoch regt das Vorgehen der Publikation zugleich insofern zu einer grundsätzlichen Reflexion von Vermittlungsformen an, als der Text der Hauptkapitel einem hochwissenschaftlichen Duktus stark verpflichtet bleibt. Dem steht das einleitende Kapitel gegenüber, welches theologische Zusammenhänge weitgehend ohne spezifischen Bezug zum Entstehungszeitraum des Melker Ausstattungsprogramms darstellt und sich hauptsächlich auf die religiös-inhaltliche Dimension konzentriert. Dies eröffnet zwar die Möglichkeit, hochspezifische Befunde in ein breiteres Wissensfeld einzubetten. Jedoch werden zugleich die nachfolgenden, im besten Sinne (kunst)historisch arbeitenden Erörterungen hierdurch nur bedingt eingeleitet und dies auch insofern, als sie mit Recht gerade den religions- und lokalpolitischen Kontext als wesentlich determinierenden Faktor herausstellen.

Abgesehen vom Verdienst der Publikation, einem breiteren Publikum anhand der Melker Stiftskirche ein wissenschaftlich fundiertes Verständnis barocker Sakralräume zu eröffnen, ist sie also zusätzlich als ein fachinterner Impuls zu werten, der zu vergleichbaren Versuchen ermutigen und zur Reflexion von im besten Sinne populären Vermittlungsformen von Wissenschaft anregen kann. Denn dass dies eine ernstzunehmende und durchaus dringliche Aufgabe darstellt, zeigt nicht zuletzt die Tatsache, dass sich ihr Werner Telesko als profilierter Spezialist widmet. *Dörte Wetzler*

Julia Fischer: Sakralbau im Auftrag der Prämonstratenser-Reichsabtei Marchtal. Baumeister, Ausstattungskünstler und Künstlernetzwerke unter Abt Edmund II. Sartor (Oberschwaben – Geschichte und Kultur, Bd. 18). Epfendorf: Bibliotheca Academica 2012. 338 S. m. farb. Abb. ISBN 978-3-928471-88-6. Geb. € 30,00.

Klöster haben mit ihrem barocken Baueifer die süddeutsche Kulturlandschaft entscheidend geprägt – selbst unsere gegenwärtige Wahrnehmung der ländlichen Regionen Süddeutschlands wird zu einem maßgeblichen Teil von den Zeugnissen jener baulichen Erneuerungswelle bestimmt. Umso mehr muss es daher verwundern, wenn vor wenigen Jahren noch die Herausgeber eines das Thema berührenden Tagungsbandes konstatierten: »Während sich die Forschung seit einigen Jahren ausgesprochen intensiv mit den Höfen bzw. weltlichen Residenzen im 17. und 18. Jahrhundert befasst, fristet die Forschung zu den Klöstern der Barockzeit nach wie vor ein Schattendasein.« (Markwart Herzog/Huberta Weigl [Hg.], Mitteleuropäische Klöster der Barockzeit. Vergegenwärtigung monastischer Vergangenheit in Wort und Bild [Irseer Schriften N.F. 5], Konstanz 2011, 11). Durch dieses Manko vor ein Problem gestellt, aber zugleich zu ihren Forschungen ermutigt sah sich die Münchner Doktorandin Julia Fischer, als sie sich unter der Obhut des renommierten Barockforschers Frank Büttner anschickte, einen Ausschnitt aus der Kirchenbaupolitik der oberschwäbischen Prämonstratenserabtei Obermarchtal zu beleuchten, genauer gesagt die territoriale Kirchenbautätigkeit während der Regierung des tatkräftigen Abtes Edmund II. Sartor (1746–1768), welcher – eigentümlich konträr zum Untersuchungsfeld der Studie – vor allem als Vollender der Klostergebäude in die Annalen eingegangen ist. Die 2010 von der Ludwig-Maximilians-Universität München zur Promotion angenommenen Ergebnisse liegen nun seit 2012 in gedruckter Form vor.

Ganz im Sinne der Mikrohistorie untersucht Julia Fischer minutiös die Erneuerung von Pfarr- und Filialkirchen, welche der Abtei Obermarchtal inkorporiert waren. Das ist keine Selbstverständlichkeit, denn gerade der Pfarrkirchenbau mit seinen liturgischen, ökonomischen und sozialen Bedingungen bildet generell und daher speziell auch im Zuge der Forschungen zur frühneuzeitlichen süddeutschen Klosterkultur nur ein Randthema, das folglich auch selten der Gegenstand von monographischen Untersuchungen wird. Die Forschungen zur protestantischen Sakralkultur sind im Vergleich dazu viel weiter gediehen, was natürlich auch in der Sache selbst ihren Grund hat, weil im protestantischen Milieu eben die Pfarrkirchen den maßgeblich prägenden Kulturträger bilden. In der katholischen Sphäre ist dies bekanntlich anders: Hier stehen die Pfarr- und Filialkirchen, vor allem die ländlichen, am Ende einer Hierarchie sakraler Bauaufgaben und geraten aus diesem Grund nur allzu leicht aus dem Blick. Dome, Abtei- oder Stiftskirchen und Wallfahrten erscheinen allein schon aufgrund gesteigerter Komplexität wie Individualität wesentlich untersuchenswerter – hinzu kommt, dass die Kunstgeschichte qua Tradition ja immer noch versucht, anhand von stilbildenden Ausnahmekunstwerken oder sogenannten Leitbauten eine Kunstströmung in ihrem Verlauf zu beschreiben, also das top-down- gegenüber dem bottom-up-Prinzip bevorzugt. Frühneuzeitlicher katholischer Pfarrkirchenbau ist bislang überwiegend ein Thema von Denkmälerinventaren oder aber von Aufsatzpublikationen, denen oftmals, befördert durch die Publikation in erschwert zugänglichen Regional- oder gar Lokalzeitschriften, der Ruch der »Heimatforschung« anhängt. Auch Architektenmonographien verhandeln das Thema, zumeist aber nur im Zuge von Katalogisierungen des Œuvres, wobei dann stets analytische Bemerkungen zur Pfarrkirchenarchitektur im Vergleich zur Besprechung der Hauptwerke marginal bleiben. Was fehlt, ist eine wissenschaftlich betriebene mediale Aufbereitung des frühneuzeitlichen katholischen Pfarrkirchenbaus, welche das von regionalen Diversitäten, baukünstlerischen Individualitäten, überregionalen Konstanten sowie überzeitlichen Kontinuitäten geprägte Phänomen in seiner Fülle überschaubar und vergleichbar werden ließe (z.B. mit Hilfe einer Datenbank). Der Rezensent weiß, wovon er spricht, sah er sich doch anlässlich der Planungen zur katholischen Pfarrkirche der an der kurbayerisch-schwäbischen Grenze gelegenen Landstadt Schongau vor typologische Einordnungs- und Erklärungsprobleme gestellt, die mangels einschlägiger Fachliteratur nicht vollends gelöst werden konnten (Der Welf. Jahrbuch des Historischen Vereins Schongau – Stadt und Land 2003, 169–231). Von der Patronageseite her betrachtet finden die süddeutschen Barockprälaten bislang zumeist als Bauherren ihrer Klöster Beachtung, jedoch kaum hinsichtlich des von ihnen initiierten Pfarrkirchenbaus. Dass Julia Fischer nun letzteren untersucht, hat also durchaus Ausnahmecharakter.

Die Autorin geht äußerst systematisch vor, um ihre Aufgabenstellung in den Griff zu bekommen: So stellt sie zunächst in einer Art Porträt die im Einzelnen untersuchten Sakralbauten vor, das sind die unter der Regierung Abt Edmunds II. Sartor errichteten Pfarr- und Filialkirchen der Dörfer Bremelau, Dietershausen, Unterwachingen, Seekirch und Volkersheim sowie des Gutes Ammerhof, um dann nach einem mit sozio-ökonomischen Fragestellungen zu den Auftragshintergründen aufwartenden Intermezzo die drei in diesen Kirchen zusammenspielenden Gattungen Architektur, Stuck und Malerei jeweils gesonderten formalen wie ikonografischen Analysen zu unterziehen, nicht ohne dabei auch jeweils die Frage nach der Autorschaft neu zu stellen. Nach einem kurzen Blick auf übernommene Ausstattungskomponenten runden eine Analyse der Künstlernetzwerke und eine Einschätzung der Baupolitik Abt Edmunds II. die Untersuchung ab.

Die Grundlage aller Fragestellungen bildet ein akribisches Quellenstudium, das sowohl in den zuständigen Staats- und Diözesanarchiven als auch ausgewählten Adelsarchiven sowie den noch in situ verbliebenen Pfarrarchiven verwahrte Dokumente auswertet. Dabei gelingen der Autorin einige erstaunliche Entdeckungen, die zumeist auch Anlass zu diversen Neubewertungen geben. So kann bei den künstlerisch bescheidenen Modernisierungen der Kirchen in Bremelau und Dieterskirch die Baumeisterfrage eindeutig zugunsten des bislang kaum beachteten Obermarchtaler Klostermaurermeisters Joseph Moosbrugger geklärt werden. Bezüglich Bremelau kam zudem eine erstaunlich dichte Quellenlage ans Licht, welche exemplarisch das seinerzeit oftmals komplizierte Geflecht aus Herrschafts-, Pfarr- und Zehntrechten und daraus resultierende Zuständigkeits- und Finanzierungsstreitigkeiten ersichtlich werden lässt. Die Erweiterung der Pfarrkirche zu Unterwachingen ließ Abt Edmund II. Sartor von dem damals für die Abtei Obermarchtal tätigen Deutschordensarchitekten Johann Caspar Bagnato durchführen, so dass daraus sein baulich und künstlerisch am stärksten ambitioniertes Modernisierungsprojekt erwuchs. Fischer kann die Hintergründe des Bauauftrags durch Auffinden der Künstlerkontrakte im Regensburger Fürst Thurn und Taxis Zentralarchiv bedeutend erhellen. An Unterwachingen orientiert erfolgte der Umbau der Pfarrkirche zu Seekirch am Federsee. Nun kamen aber, wie Fischer präziseren kann, wieder die lokalen Bauhandwerker der Abtei Obermarchtal zum Zug. In Zusammenhang mit Seekirch vermag die Autorin dem inzwischen zu Eigenständigkeit avancierten Tiberius Moosbrugger, dem Sohn des vorhin genannten Joseph, erstmals Konturen als einem von Bagnato beeinflussten Baumeister zu verleihen. Die Entdeckung seiner Risse zum Sakristeiumbau erweist, welche bauzeichnerische Präzision im fortgeschrittenen 18. Jahrhundert auch lokale Baumeister erreichen konnten. Schade, dass Fischer aus dem archivalischen Hinweis auf einen Aufenthalt in München nicht den folgerichtigen Schluss zu ziehen vermag: Nämlich auf eine über die Nachbarabtei Zwiefalten oder die dort als Klosterbaumeister wirkenden Schneider-Brüder vermittelte bauzeichnerische Fortbildung im Atelier des berühmten Architekten Johann Michael Fischer. Das schließlich auch Tiberius Moosbrugger zugeschriebene Ovalprojekt für die Seekircher Sakristei möchte man hingegen dem feinnervigen Zeichenstil zufolge eher Bagnato geben. Eine kleine Sensation bedeutet auch die Entdeckung eines für das Seekircher Langhaus bestimmten Stuckentwurfs von der Hand des Wessobrunner Stuckateurs Johann Georg Üblher, sind solche Zeichnungen doch eher selten überliefert. Tiberius Moosbrugger schafft, wie Fischer erhärten kann, schließlich mit dem Umbau der Pfarrkirche des Tübingen nahen Gutes Ammerhof eine spätestbarocke Perle des Landkirchenbaus (1765), welche wiederum deutlich den Geist Bagnatos atmet. Die genetische Wurzel der Kirche sucht Fischer aufgrund des flach überkuppelten Chores zu Recht im Füssener Herkommer-Umkreis, doch verwechselt sie dabei wie vor ihr schon Martin Gubler Vorbild und Typus: Die Füssener Feldkirche des Herkommer-Neffen Johann Georg Fischer fungierte eben nicht als direktes Vorbild für die Ammerhofkirche (auf welchem Weg sollte Tiberius Moosbrugger diese auch gekannt haben?), sondern jene bildet generell zusammen mit Johann Jakob Herkommers Krippkirche ebenda die Urtypen für sämtliche schwäbischen Landkirchen mit venezianischem Kuppelchor. Der Vermittler an Tiberius Moosbrugger war niemand anderes als der in Ravensburg ansässige Bagnato, der in den dort nahen Orten Kisslegg und Wolfegg sowie an seinem Wirkungsort Dillingen mit der Baukunst des Herkommer-Neffen Fischer in Kontakt gekommen sein konnte. Aufgrund des neu konturierten Bildes, das die Autorin von Tiberius Moosbrugger gewinnt, ist es ihr schließlich ein Leichtes, ihm auch noch den bescheiden ausgefallenen Umbau der Wendelinkapelle in Volkersheim zuzuschreiben – dem letzten Kirchenbauunternehmen Abt Edmunds II.

In der nach Kunstgattungen scheidenden Aufgliederung sowie der Detailliertheit der Beschreibungen und Analysen zeigt sich Julia Fischer merklich von den derzeitigen Standards der Denkmalinventarisierung und insbesondere vom Corpus der Deutschen Deckenmalerei beeinflusst, der zuletzt bekanntlich von ihrem Doktorvater herausgegeben wurde (nicht zu vergessen, dass auch in den Kirchenführern gemeinhin so vorgegangen wird). Allerdings muss man sich fragen, ob eine akribische Beschreibung auch in allen Fällen Sinn macht? Oftmals wiederholt Fischer nur in eigene Worte gekleidet, was man auch, soweit vorliegend, in den betreffenden Künstlermonographien lesen kann. Warum muss man beispielsweise über die doch wirklich banalen Fresken Franz Ignaz Wegscheiders in der Georgskapelle von Dietershausen noch einmal soviel Worte verlieren? Edeltraud von Spornitz hatte in ihrer monographischen Studie zu Wegscheider (Hohenzollerische Jahreshefte 19/1959, 185–274) jenen Fresken noch mit einer gewissen Berechtigung übergebührliche Bedeutung beigemessen, weil Wegscheider damit nach einer längeren Pause den Wiedereinstieg in seinen Künstlerberuf fand. Fischer jedoch verfolgt eine ganz andere Fragestellung, bei der eine kursorischere Betrachtung unter Verweis auf die ältere Analyse voll und ganz genügt hätte. Im Gegenzug vermag es die Autorin nicht, ihrer wirklich neuen Beobachtung zu den Dietershausener Fresken, nämlich dass Wegscheider hierzu ältere Figurenkompositionen seines Riedlinger Malerkollegen Franz Joseph Spieglers aus den 1720er-Jahren wiederverwendete, eine künstlerbiographisch nutzbare Beweiskraft beizumessen, konnte doch von Spornitz eine spät erfolgte Annäherung Wegscheiders an Spiegler mangels Belegen lediglich mutmaßen. Man fragt sich in Anbetracht eines solchen des öfteren zu kurz greifenden Denkens, wo unter dem Strich der Erkenntnismehrwert dieses stur durchgezogenen ausführlichen Beschreibens bleibt? Zumindest durch ein Zusammenziehen von Beschreibung und Analyse hätte man den Text zu dessen Gunsten gehörig straffen können. Gefährlicherweise fallen bei einer übertrieben deskriptiven Akribie dann Nachlässigkeiten umso mehr auf, beispielsweise wenn bei den Unterwachener Seitenaltären die ikonografisch wichtigen Attribute der Putti nicht genannt werden.

Der Vorteil einer Zerlegung der Untersuchungsobjekte nach Kunstgattungen liegt zweifelsohne in der besseren Vergleichbarkeit der künstlerischen Leistungen, erkauft ist dieser aber durch den Nachteil, dass die Kirchenbauten im Verlauf der Untersuchung in ihrer jeweiligen Gesamtheit aus dem Blick geraten, insbesondere was das für die Barockzeit als so typisch empfundene Zusammenspiel der Gattungen betrifft (Stichwort »Gesamtkunstwerk«) – gerade bei dem Unterwachinger Rokoko-Juwel ist dieser Nachteil besonders schmerzlich. Zudem führt die Gliederungsstruktur aufgrund der immer wieder zur Kontextualisierung notwendigen Wiederholungen unweigerlich zu Redundanzen, die einen nicht zu unterschätzenden Teil des Buches ausmachen. Die Profiteure dieses Vorgehens sind eindeutig die partikulare Interessen verfolgenden Querleser. Für diejenigen, die das ganze Buch lesen wollen, wird Fischers Beschreibungspedanterie jedenfalls zur Qual – gleiches betrifft auch die schneller das Wesentliche erkennenden Fachleute für süddeutschen Sakralbarock, zu denen sich der Rezensent zählt.

Auch bei den über das Deskriptive hinausgehenden Analysen und Interpretationen ist es um den Erkenntnismehrwert äußerst dürftig bestellt. So beruht beispielsweise das ikonografische Knowhow überwiegend auf kompiliertem Handbuchwissen. Die Kirchenbaubestrebungen Abt Edmunds II. Sartor kann Fischer letztendlich doch nur spekulativ beantworten, gerade was ihre durchaus plausible Hauptthese betrifft, nämlich dass mit dem vergleichsweise aufwändigen Ausbau der Kirchen in Unterwachingen und Seekirch das Fehlen einer überregional ausstrahlenden Klosterwallfahrt kompensiert werden sollte. Indizien für ihre Mutmaßung nennt sie zwar, jedoch nur beiläufig, so dass unglücklicherweise deren Beweiskraft verkannt bleibt: In Unterwachingen wurde nämlich ein Kreuzpartikel verehrt (deshalb offenbar auch das von Fischer unverstandene ostentative Überlagern der beiden alten Seitenaltar-Patrozinien mit Passionsthemen) und in Seekirch ein spätgotisches Vesperbild, das nach erfolgter Kirchenrenovierung vom Abt persönlich (!) wiedereingesetzt wurde (von Fischer statt als Kultobjekt als bloßes in den Neubau übernommenes »älteres Ausstattungsstück« behandelt). Den für einen Gutshof überambitioniert anmutenden Ausbau der Ammerhof-Kirche vermag Fischer in seinen Intentionen nicht wirklich zu erklären, weil sie die architektonischen Zeichen nicht zu lesen weiß: Mit ihrem auffälligen Säulenportal in Form einer Triumphpforte sollte der leider seiner Ausstattung beraubte Kirchenbau nämlich offensichtlich die siegreiche katholische Kirche inmitten einer protestantisch geprägten ländlichen Umgebung zum Ausdruck bringen. Zu kurz greift Fischer auch, wenn sie die Darstellung der Verteidigung des Altarsakraments durch den hl. Ordensgründer Norbert in den Chorfresken der Kirchen auf dem Ammerhof und in Unterwachingen vor allem als eine den Seelsorgeaspekt preisende prämonstratensische Standardikonografie wertet, bleibt doch dadurch die prokatholische Propaganda dieser Bildbotschaft innerhalb des konfessionell uneinheitlichen Schwaben unterschätzt.

Methodisch fragwürdig erscheint bei der versuchten Einordnung des Obermarchtaler Landkirchenbaus und dessen Wertung als »sakrale Baupolitik« eines Ausnahmeabtes die Einschränkung des Vergleichszeitraums auf den Untersuchungszeitraum, kann doch in Anbetracht der im frühneuzeitlichen Schwaben herrschenden regionalen Diversitäten kaum von einem synchronen Verlauf des schwäbischen Landkirchenbaus ausgegangen werden, sondern von diachronen, auch in das 17. Jahrhundert fallenden Baukonjunkturen. Pfarrkirchenbau ist eben immer eine regional individuelle Gemengelage aus Bedürfnissen des Pfarrvolks, der Tatkraft der Entscheidungsträger, günstigen ökonomischen und politischen Bedingungen sowie dem Einfluss von Stil- und Funktionswandeln geschuldet. Sich herauszureden, dass es im Untersuchungszeitraum in den Nachbarabteien kaum vergleichbare Phänomene gegeben habe, genügt keinesfalls. Auch vermag Fischer aufgrund ihres eingeengten Blickwinkels keine schlüssige Antwort darauf zu geben, warum es ausgerechnet Abt Edmund II. Sartor in die Hände fiel, einen in seinem Zuständigkeitsbereich auf dem Landkirchensektor aufgelaufenen Renovierungsstau zu beseitigen. Gerade die methodisch-intellektuelle Armut ist es, die einen Schatten auf die materialreiche Arbeit wirft. Keinerlei Methodenreflexion, die man zumindest zur soziologischen Methode der Netzwerkanalyse erwartet hätte, mit deren Hilfe die Künstlerkonstellationen untersucht werden. Das Ergebnis ist dann letztlich auch wieder schlicht, da kaum verwunderlich: Bei bescheidenen Renovierungsprojekten beauftragte Abt Edmund II. abteieigene und regionale Künstler (Bremelau, Dietershausen, Volkersheim), während er durch eigene Kontaktknüpfungen oder über Vermittlung durch Nachbarabteien überregionaler Kräfte habhaft wurde, die dann bei ambitionierten Erneuerungsmaßnahmen (Unterwachingen, Seekirch, Ammerhof) zum Einsatz kamen. Ebenfalls keine Überraschung ist, dass hie und da familiäre Beziehungen für das Knüpfen von Berufskontakten förderlich waren.

Bevor zum obligatorischen abschließenden Lob übergegangen werden kann, muss noch die äußere Form der Arbeit bemängelt werden: Ein Lektorat hätte dem Buch gut getan. Fischers Sprache ist nämlich äußerst schlicht, dazu nicht frei von Fehlern und gehäuft von Wort- und Satzbauwiederholungen durchsetzt. Zu bedauern ist das Fehlen von Vergleichsabbildungen. Hier zeigt sich einmal mehr das ganze Dilemma chronisch unterfinanzierter Produktion wissenschaftlicher Fachliteratur. Als Lob kann nur noch einmal betont werden, wie mutig und beherzt es von Julia Fischer war, sich dem Thema zu stellen, und mit welch bewundernswertem Fleiß sie dieses bearbeitet hat. Solche grundlegenden, das Material aufbereitenden Untersuchungen, von denen es immer noch zu wenige gibt, sind schließlich das Fundament jeglicher Kunst- und Kulturgeschichte.

Peter Heinrich Jahn

Johannes Huber: Die Fürstenland-Strasse entdecken in der Kulturlandschaft St. Gallen (Schriften des Vereins für Geschichte des Bodensees und seiner Umgebung, 130. Heft). Ostfildern: Jan Thorbecke 2012. 214 S. m. farb. Abb. ISBN 978-3-7995-1718-8. Geb. € 19,90.

Der Verein für Geschichte des Bodensees und seiner Umgebung konzipiert sein Jahrbuch 2012 als Führer zur Kunst- und Kulturlandschaft der Fürstabtei St. Gallen. Mit Johannes Huber als Autor konnte ein Kenner des Gebiets gewonnen werden. 2005 war er Projektleiter des Gedenkjahres »Fürstabtei St. Gallen – Untergang und Erbe 1805«. 2008 hielt er die Ergebnisse seiner Forschungsarbeit im umfangreichen Werk »Entlang der Fürstenland-Strasse« fest.

Anlass für die vorliegende Schrift war das Gallusjubiläum (612–2012). Vor 1400 Jahren ließ sich Gallus an der Steinach nieder. Im 8. Jahrhundert gründete Otmar an der gleichen Stelle ein Kloster. Die Benediktinerabtei gelangte zu umfangreichem Grundbesitz. Abt Ulrich Rösch vereinigte die verstreuten Güter im 15. Jahrhundert zu einem geschlossenen Territorialstaat. Fürstabt Beda Angehrn erschloss das Gebiet im 18. Jahrhundert durch die Errichtung der Fürstenland-Strasse. Mit Ausnahme des Verlaufs und einem kurzen Teilstück ist vom Bauwerk nichts erhalten. Zahlreiche Gebäude ihm entlang zeugen jedoch vom ehemaligen Klosterterritorium. Dieses hat seinen Ursprung – blättert man weit zurück – bei Gallus.

Als Einstieg in das Thema dient ein geschichtlicher Überblick: von den Legenden um Gallus und Otmar über die verschiedenen Blütezeiten des Klosters bis zur Aufhebung der Abtei und der Gründung des Bistums. Bereits hier werden erste Bauten vorgestellt: vor allem Kirchen und Klöster, jedoch auch Wirtschafts- und Verwaltungsbauten.

Der Hauptteil dient als »Praktischer Führer zu den Stätten des stift-st. gallischen Erbes«. Detailliert geht Huber in Form eines Rundgangs auf eine Auswahl noch erhaltener fürstäbtischer Bauten ein. Die Architekturbeschreibungen werden belebt durch Exkurse zu Persönlichkeiten und Ereignissen. Eine ansprechende Bebilderung begleitet den Text. Zwischen die einzelnen Kapitel fügt Huber Tipps für weitere Ausflugsdestinationen ein. Ausgangspunkt der Reise bildet der Stiftsbezirk. Im Zentrum stehen die ehemalige Stiftskirche und die Stiftsbibliothek mit ihrer reichen Ausstattung. Ein Schema im Anhang geht auf das Bildprogramm des barocken Saales ein. Weiter geht die Exkursion zu Kirchen der Stadt St. Gallen, die mit dem Galluskloster historisch verbunden sind. Anschließend gelangt der Leser in einen Teil des Fürstenlandes: in die Alte Landschaft zwischen Rorschach und Wil. In Rorschach zeugt das Kornhaus von der äbtischen Landesfürsorge, Mariaberg gehört architektonisch zu den bedeutendsten Klöstern im Bodenseeraum. In der Kirche in Bernhardzell zogen die Fresken die Besucher einst durch ihre Unmittelbarkeit in ihren Bann. Der Hof in Wil diente den Fürstäbten nach der Reformation vermehrt als Residenz. Die Reise führt weiter in die Grafschaft Toggenburg (Neue Landschaft). Fürstabt Ulrich Rösch erwarb sie im 15. Jahrhundert und konnte so das Herrschaftsgebiet mehr als verdoppeln. Beeindruckend ist der Bibliothekskorridor des Klosters Neu St. Johann in Nesslau. Die Vogtei Rheintal war nie Teil des Fürstenlandes, die Fürstabtei besaß hier jedoch zahlreiche Herrschaftsrechte. Die Kirche in Berneck diente lange als Simultankirche. Die zweitletzte Station bildet das Appenzellerland. Auch das Appenzell gehörte einmal zum Herrschaftsbereich des St. Gallener Fürstabtes. Vorgestellt werden unter anderem die Kirchen von Appenzell und Herisau. Das Schlachtdenkmal Vögelinsegg erinnert an die Appenzeller Kriege. Zum Schluss gibt es noch einen Abstecher nach Süddeutschland, wo die Fürstabtei ebenfalls Besitzungen hatte. Als Beispiel wird auf Ebringen eingegangen. Hier fanden kritische Patres der Abtei Aufnahme.

Der Band überzeugt durch ausführliche Recherchen und die reiche Bebilderung. Vom Aufbau her ist er ähnlich wie das umfangreichere Werk »Entlang der Fürstenland-Strasse« konzipiert. Er verbindet historische und kunsthistorische Aspekte. Zudem richtet er sich sowohl an die Fachperson wie auch an den Laien. Eine neue Dimension bilden die Ausflugstipps. Fazit: Die Publikation weckt bei einer breiten Zielgruppe die Neugier, die Kunst und Kultur der Fürstabtei zu erkunden! *Nicole Stephan*

Verena Schädler: Katholischer Sakralbau in der SBZ und in der DDR (Bild – Raum – Feier. Studien zur Kirche und Kunst, Bd. 11). Regensburg: Schnell und Steiner 2013. 352 S. m. Abb. ISBN 978-3-7954-2675-0. Kart. € 39,95.

Wenn von katholischen Kirchenbauten in der DDR die Rede ist, wird zumeist und zu Recht an den totalitären Weltanschauungsanspruch erinnert, den das SED-Regime auch auf diesem Feld durchsetzte. Geradezu symbolische Bedeutung kommt dabei den Konflikten um die Errichtung eines Kirchbaus in Stalinstadt (heute Eisenhüttenstadt) und den

Sprengungen katholischer Kirchen in Leipzig (1954) und Rostock (1971) zu. Nicht zuletzt vor diesem düsteren geschichtlichen Hintergrund erfährt der im April 2013 begonnene Neubau der Leipziger Trinitatis-Kirche im Zentrum der alten Handelsmetropole seine öffentliche, deutschlandweit Aufsehen erregende Bedeutung.

Diese bekannten Beispiele finden sich auch in Verena Schädlers architekturhistorischer Studie (130–135, 247–262), die 2010 als Dissertation an der Architekturfakultät der Bauhaus-Universität Weimar angenommen wurde; aber sie stehen nicht im Mittelpunkt. Die als »politisch besonders schwierige Projekte« (19) bezeichneten Neubauten bildeten nur die prominenten Ausnahmen unter den insgesamt 532 sakralen Bauprojekten, die die Verfasserin für den Zeitraum von 1945 bis 1989 mühevoll zusammengetragen und akribisch recherchiert hat. Anders als die 1969 im Leipziger Benno-Verlag von Elfriede Kiel herausgegebene Zusammenstellung »Kirchbau heute« werden außer katholischen Kirchenneubauten auch die sehr viel zahlreicheren Behelfsbauten, die Umbauten bereits vor 1945 errichteter Kirchengebäude sowie die Umnutzung oder der Umbau von profanen Gebäuden dokumentiert. Der 350 Seiten starke, mit 151 (meist historischen) Abbildungen, Grafiken und Karten versehene Buchteil wird durch eine DVD mit weiterem graphischen Zusatzmaterial (insgesamt 44 Seiten) und einem Abbildungsanhang (insgesamt 319 Seiten) ergänzt. Er enthält für die katholischen Kirchen von A (wie Alexanderdorf) bis Z (wie Zingst) insgesamt 1.194 sorgfältig aufbereitete Fotoaufnahmen. Insgesamt ist eine handbuchartige Dokumentation ostdeutscher katholischer Kirchenbauten nach 1945 entstanden, die in dieser Informationsdichte eine Pionierleistung von bleibendem Wert darstellt.

Die Verfasserin gliedert ihr Material in zwei große Teile auf: In einem mit »Strukturelle Betrachtungen« überschriebenen ersten Teil werden Beobachtungen präsentiert, die sich aus der Analyse der »Gesamtmenge der recherchierten Sakralbauten« ergeben (21–105). Sehr aufschlussreich ist der statistische Verlauf der Kirchenbaumaßnahmen (26–27), die bereits Mitte der 1950er-Jahre ihren absoluten Höhepunkt erreichten. Es folgen kursorische Ausführungen über die Vorgängerbauten, die sich wandelnden Ursachen für kirchliche Baumaßnahmen (Flucht- und Vertreibung, Bausanierungen, sozialistische Siedlungspolitik, städtebauliche Planungen), Schwierigkeiten beim Erwerb von Grundstücken und Immobilien, Herausforderungen der Finanzierung und Materialbeschaffung, der Einfluss der Kirchenarchitekten und Künstler, die Auswahl der Kirchenpatrozinien sowie siedlungsgeographische und städtebauliche Gesichtspunkte. »Katholischer Sakralbau in der SBZ und DDR war nicht nur ein Bauen in der Diaspora. Es war vor allem ein Bauprogramm, das in einem atheistisch geprägten Staat mit Mangelwirtschaft verwirklicht wurde.« (13)

Im zweiten, ausführlicheren Teil der »Geschichtliche[n] Betrachtungen« wird diese These im historischen Längsschnitt mit einer Fülle von Beispielen belegt. Dabei werden die Phasen katholischer Bauaktivitäten entlang der bekannten Zäsuren sozialistischer Religionspolitik eingeteilt: 1945 bis 1949 die Jahre der baulichen »Improvisation« während der unmittelbaren sowjetischen Besatzung, die 1950er-Jahre der baulichen »Vielfalt« in der kirchenfeindlichen frühen DDR, die 1960er-Jahre der »Umbauten« von Profan- und Kirchenräumen nach dem Mauerbau und schließlich die 1970er/80er-Jahre der »Staatlichen [Sonderbau-]Programme« während der Ära Honecker (107–288).

Für den katholischen Sakralbau in der DDR spielten die politischen Rahmenbedingungen eine erhebliche Rolle. Jedoch lässt die Vielzahl der jeweils präsentierten Fallbeispiele erkennen, dass bis in die 1960er-Jahre das Kirchenbaugeschehen weitaus stärker von der schwierigen konfessionellen Minderheitssituation beeinflusst wurde, in der die Gemeinden durch Vertreibung und Flucht ständig an die Grenzen des Machbaren gerieten. Für die Feier der katholischen Messe bedurfte es eigener Gottesdiensträume – in den städtischen Ballungsräumen, aber mehr noch auch in der ländlichen Fläche. Die in den 1950er-Jahren trotz kirchenpolitischen Regimedrucks rasch errichteten Holzkirchen, »barackenähnliche Neubauten« oder – im Wortsinn – »Haus«-Kirchen waren in den 1960er-Jahren zum Teil bereits renovierungsbedürftig oder mussten gar ersetzt werden. Die Anspannung aller finanziellen und menschlichen (Arbeits-)Kräfte ließ nur selten Raum für aufwändigere Architektur, wie sie etwa Johannes Reuter beim Neubau der 1962 geweihten Peter und Paul-Kirche in Naumburg durchsetzen konnte (152–158). Verbreitet waren vielmehr die DDR-spezifischen Bauformen der »reduzierten Saalkirche (Typ Karton)« und der »Sonderform (Typ Haus)« (99–105).

Das dokumentarische Bemühen der Verfasserin, eine flächendeckende und systematisch gegliederte, architekturgeschichtliche Kartographie zu zeichnen, verdeckt solche bedeutsamen innerkirchlichen historischen Zusammenhänge. Die wichtigen Standardwerke aus der Feder von Erwin Gatz und Hans-Georg Aschoff zur Geschichte des kirchlichen Diasporalebens sind nicht rezipiert. Zudem geht mit der Konzentration auf die Kirchenneu- und -umbauten der Blick für den politisch motivierten Abriss von DDR-weit mindestens 60 Kirchen verloren, von denen die in Leipzig und Rostock nur die bekannte Spitze bildeten.

Als gravierender Mangel erweist sich, dass jegliche Einbindung in die Geschichte des liturgischen Raumes fehlt. Das Zweite Vatikanische Konzil, von dem doch eine grundlegende Umgestaltung des Gottesdienstraumes ausging, wird nicht einmal erwähnt. Damit aber bleiben insbesondere die Ausführungen über die »Zentralbauten und Sonderformen in (post-)moderner Gestalt« der 1970er/80er-Jahre (246–282) an der Oberfläche und in ihrem religiös-sakralen wie baulich tiefgreifenden Bedeutungswandel unerwähnt. Dies ist umso bedauerlicher, als die breite Fotodokumentation der Kircheninnenräume dazu eine gute Ausgangsbasis bietet. Das gilt auch für einen vergleichenden Seitenblick auf Kirchenneubauten in den westdeutschen Diasporagebieten: So bleibt die Frage offen, ob die reduzierte Bauweise der »Haus«-Kirchen typisch für die DDR oder doch eher für die Diaspora insgesamt war.

Auf diese Weise bringt sich die Autorin zum Teil selbst um die Früchte ihrer beeindruckenden Dokumentationsarbeit. Ihr gebührt gleichwohl das Verdienst, ein tragfähiges Fundament für weitere Forschungen zum Sakralbau in der DDR und der Diaspora in Deutschland gelegt zu haben. *Christoph Kösters*

Wolfgang Hochstein, Christoph Krummacher (Hrsg.): Geschichte der Kirchenmusik. Von den Anfängen bis zum Reformationsjahrhundert (Enzyklopädie der Kirchenmusik, Bd.1). Laaber: Laaber 2011. 352 S. ISBN 978-3-89007-691-1. Geb. € 98,00.

Als ambitioniertes Projekt des Laaber-Verlages erscheint innerhalb der auf sechs Bände angelegten »Enzyklopädie der Kirchenmusik« eine vierbändige »Geschichte der Kirchenmusik«, die von den Anfängen in biblischer Zeit, über das Mittelalter, die Reformationszeit, die konfessionellen Spannungen im 17. und 18. Jahrhundert und die historistischen Strömungen im 19. Jahrhundert bis zu den neuen Ansätzen und Aufbrüchen im 20. Jahrhundert reichen soll.

Wie die beiden Herausgeber Wolfgang Hochstein und Christoph Krummacher im Vorwort des hier zu besprechenden ersten Bandes »Von den Anfängen bis zum Reformationsjahrhundert« zurecht ausführen, ist nach den Pionierwerken von Otto Ursprung, Friedrich Blume und Karl Gustav Fellerer zur katholischen bzw. evangelischen Kirchenmusik ein neuer Überblick angebracht, der aufgrund veränderter Sichtweisen, des gewandelten theologischen Verständnisses und des beträchtlich angewachsenen und vielfältig ausdifferenzierten Materials gerade in der Gegenwart auch neue Ansätze erfordert.

Diese sehen die Herausgeber vor allem in einem interkonfessionell (der im Klappentext verwendete Begriff »ökumenisch« erscheint aufgrund der in den einzelnen Beiträgen doch teilweise deutlich vom konfessionellen Hintergrund geprägten Darstellung der Autoren etwas übertrieben) und interdisziplinär angelegten Konzept verwirklicht, das Kirchenmusikgeschichte zudem als integralen Bestandteil von Musikgeschichte begreift, ohne die über lange Zeit einen eigenen kontinuierlichen Strang bildende Geschichte der Kirchenmusik zu verleugnen.

Dieses Konzept geht im vorliegenden ersten Band auch sehr gut auf, der mit seiner Einheit von Mittelalter (samt antik-biblischer Vorgeschichte) und Reformationszeit auch einen sinnvollen Rahmen bildet. Wünschenswert wäre eine den Band abschließende Betrachtung gewesen, die die Verbindungen zwischen Mittelalter und früher Neuzeit entgegen den bisher stärker betonten trennenden Unterschieden der Konfessionen in diesen Epochen stärker herausstellt, als er durch einige eher marginale Bemerkungen in den einzelnen Beiträgen aufscheint.

Überzeugend erscheint weiterhin die Gliederung der drei Hauptkapitel (»Kirchenmusik im ersten Jahrtausend«, »Vom Mittelalter zur Neuzeit (ca. 900 bis ca. 1500)«, »Reformation und Gegenreformation (bis 1600)« sowie deren genereller interner Aufbau in einen allgemeinen Aufriss der historischen Situation und der damit verbundenen Kirchen- und Geistesgeschichte, eine kurze Darstellung der jeweiligen liturgischen Aspekte sowie einen Überblick über allgemeine musikalische Phänomene und die relevanten Satztechniken und Stile mit teilweise ausführlichen Einzelanalysen und abschließenden Kurzporträts wichtiger Komponisten des jeweiligen Zeitraums.

Die dahinter stehende Absicht, dass dadurch die einzelnen Kapitel sowohl in sich geschlossen als auch fortlaufend in den einzelnen Unterkapiteln chronologisch quer gelesen werden können, ist eine erfreuliche Entscheidung, die sicher auch Lesern, die sich schneller informieren möchten, sehr entgegen kommt.

Wie immer bei Handbüchern und kompakten Darstellungen sind auch in diesem Band die Auswahlentscheidungen über Gattungen sowie einzelne Kompositionen und Komponisten ebenso notwendig wie gleichzeitig angreifbar, insgesamt bietet der Band aber einen guten Überblick über alle relevanten kirchenmusikgeschichtlichen Ereignisse des behandelten Zeitraums inklusive des anglikanischen Ritus. Vermisst wird lediglich – auch im Hinblick auf das bevorstehende nicht nur Luther-Gedächtnisjahr 1517 – eine angemessene Würdigung des »Choralis Constantinus« von Heinrich Isaac als singuläre Leistung.

Die einzelnen Beiträge sind von den Autoren durchweg detail- und kenntnisreich verfasst, wobei sicherlich diejenigen von Andreas Traub (Frühe Mehrstimmigkeit, Organum und Conductus, Motette) und Thomas Schipperges (Messe, Requiem, Passion, Vesperpsalmen) wegen ihrer Ausgewogenheit von kompakter Dichte, scharfsinniger Analyse und übersichtlicher Darstellung besonders herauszuheben sind. Allerdings werden hier auch die Grenzen des Bandkonzepts deutlich, aus Platzgründen weitgehend auf Notenbeispiele zu verzichten, so dass die teilweise bis in intime Details gehenden kompositionstechnischen Analysen nur mit Hilfe des entsprechenden Notentextes verständlich werden können.

Kritisch anmerken ließen sich einige übernommene, aber inzwischen hinterfragte »Klischees« (z. B.: Lassen sich zwischen den neumierten Zeugnissen des althispanischen Choral-Repertoires und »arabischen Musikhandschriften« tatsächlich Verwandtschaften ableiten? [30]; ist die neumierte Überlieferung byzantinischer Gesänge im 10. Jh. »deutlich später« als für die lateinisch-sprachigen liturgischen Gesänge? [70]; spiegelt sich die »beginnende Mehrstimmigkeit [...] in der Architektur der Kathedrale wider«? [102]; zeigt sich in der Sequenz die »sprachliche und erlebnismäßige Eigenart der bekehrten Germanen«? [113]).

Die grafische Umsetzung des Bandes ist gelungen und leserfreundlich, bis auf die stellenweise leider auch mit einer Lupe kaum zu lesenden Notenbeispiele (z. B. 258, 260, 263, 305, 307, 309f.). Ein Register und Glossar (vielleicht ist dies für den abschließenden Band als Gesamtnachweis zu erwarten?) hätten den Band noch mehr abgerundet und leichter erschließbar gemacht.

Insgesamt liegt aber hiermit eine gelungene kompakte Darstellung der Geschichte der Kirchenmusik bis 1600 auf dem weitestgehend neuesten Stand der Forschung vor.

Stefan Morent

Michael Fischer, Norbert Haag, Gabriele Haug-Moritz (Hrsg.): Musik in neuzeitlichen Konfessionskulturen (16. bis 19. Jahrhundert). Räume – Medien – Funktionen. Ostfildern: Jan Thorbecke 2014. 296 S. m. farb. Abb. ISBN 978-3-799-50510-9. Geb. € 39,00.

Der mit Abbildungen liebevoll gestaltete Band enthält 16 Aufsätze, die nach Räumen, Medien und Funktionen von Musik fragen, die als »integraler Bestandteil der sich seit dem 16. Jahrhundert allmählich ausbildenden europäischen Konfessionskulturen« (Vorwort [7], Rückgriff auf Thomas Kaufmann) verstanden wird. Ein Schwerpunkt liegt auf der Reformationszeit und dem konfessionellen Zeitalter. Acht Aufsätze erarbeiten für diese Zeit die Rolle der Musik in konfessionellen Identitäts- und Konfliktbildungen, aber auch für interkonfessionelle Prozesse. Die Wahl des geographischen Spektrums (Deutschland, England, Frankreich) schließt alle Konfessionen ein: Am Beispiel englischer Kirchengemeinden zeigt Beat Kümin die Konstituierung und gegenseitige Bezogenheit von sakralem und weltlichem Raum durch Gesang. Ein wichtiges Medium der Reformation ist das Psalmlied, für das Stephanie Moisi durch die Analyse der Paratexte von Flugblättern zwei Gebrauchskontexte feststellt: Andacht und politischer Diskurs. Beat Föllmi weist nach, dass der Genfer Psalter aufgrund seiner stringenten Konzeption erfolgreicher zur reformierten Identitätsstiftung beitrug als der Straßburger Psalter. Anhand Heidelberger Gesangbücher erarbeitet Matthew Laube die Durchmischung von lutherischem mit reformiertem Liedgut, die den Konfessionswechseln der Kurpfalz geschuldet war. Die Rolle von Liedern bei klösterlichen Konversionen beschreibt Katharina Talkner, während Stephan Rose die Stellung des Liedes zur Glaubensvermittlung in lutherischen Haushalten betont. Gabriele Haug-Moritz zeigt am Beispiel von Pariser Prozessionen während der Religionskriege, wie Musik von der katholischen Kirche zur Inszenierung offizieller Anlässe genutzt wurde. Im theoretischen Bereich von Wissenstransfer und -integration ist der Aufsatz von Janina Klassen angesiedelt, der sich mit Andreas Hirschs transkonfessionell konnotierter Übersetzung aus Athanasius Kirchners *Musurgia universalis* befasst. Konstanze Grutschnig-Kieser untersucht die Herrenhuter Lieder und beleuchtet die Funktion des Menschen als Medium. Während dies der einzige Aufsatz zum 18. Jahrhundert ist, liegt ein zweiter Schwerpunkt auf dem 19. Jahrhundert: Wolfgang Fuhrmann beschreibt die Annäherung der evangelischen an die katholische Kirchenmusik um 1800 und diskutiert die Inter- bzw. Überkonfessionalität dieses Prozesses. An seine Ergebnisse knüpft Stefanie Steiner-Grage mit Überlegungen zu Beethovens C-Dur-Messe an, die durch eine deutsche Textierung für den Konzertsaal und den evangelischen Gottesdienst brauchbar wurde. Konrad Klenk stellt das Leben Heinrich von Herzogenbergs, eines »konfessionellen Grenzgängers«, vor, der mit seiner Musik eine »unam sanctam catholicam« propagierte. Dagegen arbeitet Meinrad Walter rezeptionsgeschichtlich. Er zeigt mit Verweisen auf die aktuelle Kirchenmusikpraxis Deutungen des Werkes J.S. Bachs zwischen Konfessionalität und Universalität auf. Wie Religion in politischen Konflikten um 1800 in Tirol Zusammenhalt formte, erarbeiten Silvia Maria Erber und Sandra Hupfauf anhand von Kriegsliedern. Im Deutschland des 19. Jahrhunderts wurden Oratorien über die »Nationalhelden« Bonifatius und Luther nach Linda Maria Koldau zur religiösnationalen Identitätsstiftung genutzt. Den Schluss des Bandes bildet der Aufsatz von Michael Fischer, der ins 20. Jahrhundert weist: Das Singen des Lutherliedes »Ein feste Burg« von Protestanten und Katholiken wurde im 1. Weltkrieg als Zeichen des Burgfriedens in Deutschland und als nationale Abgrenzung zu anderen Nationen gedeutet. Der Sammelband erhebt keinen Anspruch auf Vollständigkeit in der Frage nach der Beziehung von Musik und Konfession. Die Bündelung unterschiedlicher Medien (Lieder, theoretische Schriften, Messen, Oratorien usw.) aus vier Jahrhunderten und deren Kontextualisierung bieten Anregungen, den bislang primär kirchenhistorisch geführten Diskurs über die »Konfessionskulturen« neu aufzurollen und durch theoretische Überlegungen unter Einbeziehung der Musikwissenschaft zu verhandeln. Die Musik, so zeigt der Band, erweist sich als wesentliches Element zur Konstituierung und Durchbrechung der »Konfessionskulturen«.

Andrea Hofmann

III. Mitteilungen der Redaktion

Abkürzungen

Zeitschriften, Lexika, Reihen, Quellenwerke

AAS	Acta Apostolica Sedis
ADB	Allgemeine Deutsche Biographie
AEKG	Archiv für elsässische Kirchengeschichte
AfkKR	Archiv für katholisches Kirchenrecht
AFP	Archivum Fratrum Praedicatorum
AHC	Annuarium historiae conciliorum
AHP	Archivum historiae pontificiae
AKG	Archiv für Kulturgeschichte
AMKG	Archiv für mittelrheinische Kirchengeschichte
ASKG	Archiv für schlesische Kirchengeschichte
ARG	Archiv für Reformationsgeschichte
ASS	Acta Sanctae Sedis
BBKL	Biographisch-bibliographisches Kirchenlexikon
BWKG	Blätter württembergische Kirchengeschichte
CCEO	Codex Canonum Ecclesiarum Orientalium
CGG	Christlicher Glaube in moderner Gesellschaft
CIC	Codex Iuris Canonici
Conc(D)	Concilium. Internationale Zeitschrift für Theologie
CR	Corpus Reformatorum
DA	Deutsches Archiv für Erforschung des Mittelalters
DH	H. Denzinger, Enchiridion symbolorum, definitionum et declaratinum de rebus fidei et morum. Kompendium der Glaubensbekenntnisse und kirchlichen Lehrentscheidungen. Lateinisch-deutsch, übers. und hg. v. P. Hünermann, Freiburg i.Br. [37]1991.
DS	H. Denzinger / A. Schönemetzer, Enchiridion symbolorum, definitionum et declarationum de rebus fidei et morum, Freiburg i.Br. [36]1976
DThC	Dictionnaire de théologie catholique
DtVb	Deutsches Volksblatt
FDA	Freiburger Diözesanarchiv
GermBen	Germania Benedictina
GS	Germania Sacra
GuG	Geschichte und Gesellschaft
GWU	Geschichte in Wissenschaft und Unterricht
HerKorr	Herder-Korrespondenz
HJ	Historisches Jahrbuch
HKG	Handbuch der Kirchengeschichte
HLS	Historisches Lexikon der Schweiz
HPBl	Historisch-politische Blätter für das katholische Deutschland
HRG	Handwörterbuch der Rechtsgeschichte

HS	Helvetia Sacra
HWDA	Handwörterbuch des deutschen Aberglaubens
HZ	Historische Zeitschrift
KA	Kirchliches Amtsblatt für die Diözese Rottenburg
KLK	Katholisches Leben und Kirchenreform im Zeitalter der Glaubensspaltung
KS	Katholisches Sonntagsblatt
KW	Kirchliches Wochenblatt aus der Diöcese Rottenburg
LCI	Lexikon der christlichen Ikonographie
LexMA	Lexikon des Mittelalters
LJ	Liturgisches Jahrbuch
LQF	Liturgiegeschichtliche Quellen und Forschungen
LThK	Lexikon für Theologie und Kirche
MANSI	J. D. Mansi, Sacrorum conciliorum nova et amplissima collection
MGH	Monumenta Germaniae Historica
	D — Diplomata
	Necr. — Necrologia
	SS — Scriptores
	SS rer. mer. — Scriptores rerum merovingicarum
MIÖG	Mitteilungen des Instituts für österreichische Geschichtsforschung
MKHS	Münchner kirchenhistorische Studien
MPL	J. P. Migne, Patrologiae cursus completus. Series Latina
MThS.H	Münchener theologische Studien. Historische Abteilung
NDB	Neue Deutsche Biographie
POTTHAST	A. Potthast, Regesta pontificum Romanorum inde ab a. 1198 ad a. 1304
QD	Quaestiones Disputatae
QFRG	Quellen und Forschungen zur Reformationsgeschichte
RE	Realenzyklopädie für protestantische Kirche und Theologie
REC	Regesta Episcoporum Constantiensium
RGG	Religion in Geschichte und Gegenwart
RHE	Revue d'histoire ecclésiastique
RI	Regesta Imperii
RJKG	Rottenburger Jahrbuch für Kirchengeschichte
RQ.S	Römische Quartalschrift. Supplement
SMGB	Studien und Mitteilungen zur Geschichte des Benediktinerordens und seiner Zweige
StdZ	Stimmen der Zeit
StL	Staatslexikon
SZRKG	Schweizerische Zeitschrift für Religions- und Kulturgeschichte
ThLZ	Theologische Literaturzeitung
ThPQ	Theologisch-Praktische Quartalschrift
ThQ	Theologische Quartalschrift
TRE	Theologische Realenzyklopädie
UB	Urkundenbuch
UuO	Ulm und Oberschwaben
VIEG	Veröffentlichungen des Instituts für europäische Geschichte
VKBW.A	Veröffentlichungen der Kommission für geschichtliche Landeskunde in Baden-Württemberg. Reihe A: Quellen

VKBW.B	Veröffentlichungen der Kommission für geschichtliche Landeskunde in Baden-Württemberg. Reihe B: Forschungen
VKZG.A	Veröffentlichungen der Kommission für Zeitgeschichte. Reihe A: Quellen
VKZG.B	Veröffentlichungen der Kommission für Zeitgeschichte. Reihe B: Forschungen
VL	Verfasserlexikon. Die deutsche Literatur des Mittelalters, hg. v. K. Ruh u.a.
VMPIG	Veröffentlichungen des Max-Planck-Instituts für Geschichte
WA	Martin Luther, Werke (»Weimarer Ausgabe«)
WGQ	Württembergische Geschichtsquellen
WR	Württembergische Regesten 1301–1500
WUB	Württembergisches Urkundenbuch
WVjH	Württembergische Vierteljahreshefte für Landesgeschichte
WWKL	Wetzer und Welte's Kirchenlexikon
ZBLG	Zeitschrift für bayerische Landesgeschichte
ZGO	Zeitschrift für die Geschichte des Oberrheins
ZHF	Zeitschrift für Historische Forschung
ZKG	Zeitschrift für Kirchengeschichte
ZSKG	Zeitschrift für Schweizerische Kirchengeschichte
ZSRG	Zeitschrift der Savigny-Stiftung für Rechtsgeschichte
	G Germanistische Abteilung
	K Kanonistische Abteilung
	R Romanistische Abteilung
ZThK	Zeitschrift für Theologie und Kirche
ZWLG	Zeitschrift für württembergische Landesgeschichte

Biographische Nachschlagewerke, Sammelwerke

Gatz, Bischöfe 1983
Die Bischöfe der deutschsprachigen Länder, 1785/1803 bis 1945. Ein biographisches Lexikon, hg. v. Erwin Gatz, Berlin 1983.

Gatz, Bischöfe 1990
Die Bischöfe des Heiligen Römischen Reiches, 1648 bis 1803. Ein biographisches Lexikon, hg. v. Erwin Gatz. Unter Mitwirkung von Stephan M. Janker, Berlin 1990.

Gatz, Bischöfe 1996
Die Bischöfe des Heiligen Römischen Reiches, 1448 bis 1648. Ein biographisches Lexikon, hg. v. Erwin Gatz. Unter Mitwirkung von Clemens Brotkorb, Berlin 1996.

Gatz, Bischöfe 2002
Die Bischöfe der deutschsprachigen Länder 1945 bis 2001. Ein biographisches Handbuch, hg. v. Erwin Gatz, Berlin 2002.

Gatz, Bistümer 2005
Die Bistümer der deutschsprachigen Länder. Von der Säkularisation bis zur Gegenwart. Ein historisches Lexikon, hg. v. Erwin Gatz. Unter Mitwirkung von Clemens Brotkorb und Rudolf Zinnhobler, Freiburg i.Br. 2005.

Hagen, Geschichte
August Hagen, Geschichte der Diözese Rottenburg. 3 Bde., Stuttgart 1956–1960.

Hagen, Gestalten
August Hagen, Gestalten aus dem schwäbischen Katholizismus. 4 Bde., Stuttgart 1948–1963.

Katholische Theologen
Katholische Theologen Deutschlands im 19. Jahrhundert, hg. von Heinrich Fries und Georg Schwaiger. 3 Bde., München 1975.

Neher1
Stefan Jakob Neher, Statistischer Personal-Katalog des Bisthums Rottenburg. Festschrift zum 50-jährigen Bestehen dieses Bisthums, Schwäbisch Gmünd 1878.

Neher2
Stefan Jakob Neher, Personalkatalog der seit 1813 ordinirten und in der Seelsorge verwendeten Geistlichen des Bisthums Rottenburg, Rottenburg a.N. [2]1885.

Neher3
Stefan Jakob Neher, Personalkatalog der seit 1813 ordinirten und in der Seelsorge verwendeten Geistlichen des Bisthums Rottenburg, Schwäbisch Gmünd [3]1894.

Neher4
Alfons Neher, Personalkatalog der seit 1845 ordinirten und zur Zeit in der Seelsorge verwendeten geistlichen Kurse des Bisthums Rottenburg nebst einer Sozialstatistik der Landesgeistlichkeit, Stuttgart [1]1909.

Personalkatalog
Allgemeiner Personalkatalog, der seit 1880 (1845) ordinierten geistlichen Kurse des Bistums Rottenburg, hg. vom Bischöflichen Ordinariat, Rottenburg 1938.

Raberg, Handbuch
Frank Raberg, Biographisches Handbuch der württembergischen Landtagsabgeordneten 1815–1933, Stuttgart 2001.

Tübinger Theologen
Tübinger Theologen und ihre Theologie. Quellen und Forschungen zur Geschichte der Katholisch-theologischen Fakultät Tübingen, hg. v. Rudolf Reinhardt (Contubernium. Beiträge zur Geschichte der Eberhard-Karls-Universität Tübingen 16), Tübingen 1977.

Verzeichnis 1984
Helmut Waldmann, Verzeichnis der Geistlichen der Diözese Rottenburg-Stuttgart von 1874 bis 1983, Rottenburg 1984.

Verzeichnis 1993
Verzeichnis der Priester und Diakone der Diözese Rottenburg-Stuttgart von 1922 bis 1993, Rottenburg 1993.

Württ. Klosterbuch
Württembergisches Klosterbuch. Klöster, Stifte und Ordensgemeinschaften von den Anfängen bis in die Gegenwart, hg. im Auftrag des Geschichtsvereins der Diözese Rottenburg-Stuttgart von Wolfgang Zimmermann und Nicole Priesching, Ostfildern 2003.

Archive, Bibliotheken, Sammlungen

AADR — Archiv der Akademie der Diözese Rottenburg-Stuttgart
AES — Archivio della Congregazione degli Affari Ecclesiastici Straordinari

ANM	Archivio della Nunziatura di Monaco
ASV	Archivio Segreto Vaticano
BA/MA	Bundesarchiv/Militärarchiv
BAF	Bistumsarchiv Fulda
BZAR	Bischöfliches Zentralarchiv Regensburg
DAR	Diözesanarchiv Rottenburg
EAF	Erzbischöfliches Archiv Freiburg
GLAK	Generallandesarchiv Karlsruhe
GStAB	Geheimes Staatsarchiv Berlin
HHStA	Haus-, Hof- und Staatsarchiv in Wien
HStA	Hauptstaatsarchiv
HStAS	Hauptstaatsarchiv Stuttgart
LB	Landesbibliothek
LKAS	Landeskirchliches Archiv Stuttgart
PAAA	Politisches Archiv des Auswärtigen Amtes
PfA	Pfarrarchiv
StA	Staatsarchiv
StAL	Staatsarchiv Ludwigsburg
StASig	Staatsarchiv Sigmaringen
StadtA	Stadtarchiv
StB	Staatsbibliothek
UAF	Universitätsarchiv Freiburg
UAH	Universitätsarchiv Heidelberg
UAT	Universitätsarchiv Tübingen
UB	Universitätsbibliothek

Autorinnen und Autoren des Aufsatzteils

Professor Dr. Andreas Bihrer, Christian-Albrechts-Universität zu Kiel, Historisches Seminar, Lehrstuhl für Mittelalterliche Geschichte und Historische Hilfswissenschaften, Olshausenstr. 40, 24098 Kiel

Professor Dr. Franz Xaver Bischof, Ludwig Maximilians-Universität München, Lehrstuhl für Kirchengeschichte Mittelalter / Neuzeit, Geschwister-Scholl-Platz 1, 80539 München

PD DDr. Jörg Bölling, Georg-August-Universität Göttingen, Wissenschaftlicher Assistent am Seminar für Mittlere und Neuere Geschichte, Heinrich-Düker-Weg 14, 37073 Göttingen

Professor Dr. Dominik Burkard, Julius-Maximilians-Universität Würzburg, Lehrstuhl für Kirchengeschichte des Mittelalters und der Neuzeit, Sanderring 2, 97070 Würzburg

PD Dr. Harad Derschka, Universität Konstanz, Akademischer Mitarbeiter im Fachbereich Geschichte und Soziologie, 78457 Konstanz

Dr. Albert Fischer, Diözesanarchivar im Bischöflichen Archiv Chur, Hof 19, CH – 7000 Chur

Dr. Brigitte Hotz, Universität Augsburg, Wissenschaftliche Mitarbeiterin am Lehrstuhl für Mittelalterliche Geschichte, Universitätsstr. 10, 86159 Augsburg

PD Dr. Thomas M. Krüger, Universität Augsburg, Akademischer Rat am Lehrstuhl für Mittelalterliche Geschichte, Universitätsstr. 10, 86159 Augsburg

Professor Dr. em. Guy M. Marchal, Emeritierter Professor für Geschichte an der Universität Luzern (2003), Burgunderstr. 27, CH – 4051 Basel

Dr. Melanie Prange, Leiterin des Diözesanmuseums Rottenburg, Karmeliterstr. 9, 72108 Rottenburg a. N.

Professor Dr. Hedwig Röckelein, Georg-August-Universität Göttingen, Lehrstuhl für Mittlere und Neuere Geschichte, Heinrich-Düker-Weg 14, 37073 Göttingen

Autorinnen und Autoren des Rezensionsteils

Dr. Herbert Aderbauer, Diözesanarchiv Rottenburg, Eugen-Bolz-Platz 1, 72108 Rottenburg

Professor Dr. Bernhard Anuth, Eberhard Karls Universität Tübingen, Katholisch-Theologische Fakultät, Abteilung für Kirchenrecht, Liebermeisterstr. 12, 72076 Tübingen

Professor Dr. Oliver Auge, Christian-Albrechts-Universität zu Kiel, Philosophische Fakultät, Historisches Seminar, Professur für Regionalgeschichte mit Schwerpunkt zur Geschichte Schleswig-Holsteins in Mittelalter und früher Neuzeit, Leibnizstr. 8, 24098 Kiel

Professor Dr. Joachim Bahlcke, Universität Stuttgart, Historisches Institut, Abteilung Geschichte der Frühen Neuzeit, Keplerstr. 17, 70174 Stuttgart

Dr. Přemysl Bar, Institut für Mittelalterforschung der österreichischen Akademie der Wissenschaften, Wohllebengasse 12-14, A – 1040 Wien

Professor Dr. Michael Basse, Technische Universität Dortmund, Fakultät für Humanwissenschaften und Theologie, Institut für Evangelische Theologie, Emil-Figge-Str. 50, 44227 Dortmund

Dr. Hans-Otto Binder, Eberhard Karls Universität Tübingen, Fachbereich Geschichtswissenschaft, Seminar für Neuere Geschichte, Wilhelmstr. 36, 72072 Tübingen

Dr. Daniela Blum, Eberhard Karls Universität Tübingen, Katholisch-Theologische Fakultät, Lehrstuhl für Mittlere und Neuere Kirchengeschichte, Liebermeisterstr. 12, 72076 Tübingen

Dr. Florian Bock, Eberhard Karls Universität Tübingen, Graduiertenkolleg 1662 »Religiöses Wissen im vormodernen Europa (800–1800)«, Liebermeisterstr. 12, 72076 Tübingen

Dr. Des. beate Böckem, Universität Basel, Kunsthistorisches Seminar, Fachbereich Ältere Kunstgeschichte, St. Alban-Graben 8, Postfach, CH – 4051 Basel

PD Dr. Almut Bues, Deutsches Historisches Institut Warschau, Palac Karnickich, Aleje Ujazdowskie 39, PL – 00-540 Warszawa

Professor Dr. Anne Conrad, Universität des Saarlandes, Katholische Theologie, Biblische Theologie, Campus A4 2, 66123 Saarbrücken

Dr. Christopher Dowe, Haus der Geschichte Baden-Württemberg, Konrad-Adenauer-Str. 16, 70173 Stuttgart

Professor Dr. Jutta Dresken-Weiland, Christliche Archäologie und Byzantinische Kunstgeschichte, Nikolausberger Weg 15, 37073 Göttingen

Professor Dr. Immo Eberl, Stadtarchiv Ellwangen, Spitalstraße 4, 73479 Ellwangen

Professor Dr. Margit Eckholt, Universität Osnabrück, Institut für Katholische Theologie, Lehrstuhl für Dogmatik und Fundamentaltheologie, Schlossstr. 4, 49074 Osnabrück

Professor Dr. MANFRED EDER, Universität Osnabrück, Institut für Katholische Theologie, Lehrstuhl für Kirchengeschichte, Schlossstr. 4, 49074 Osnabrück
Dr. FREDERIK FELSKAU, Nohlstr. 40, 50733 Köln
Dr. JULIA FISCHER, Albert-Ludwigs-Universität Freiburg, Kunstgeschichtliches Institut (KG III), Platz der Universität 3, 79085 Freiburg i. Br.
Professor Dr. HANS-WERNER GOETZ, Universität Hamburg, Fakultät für Geschichtswissenschaften, Historisches Seminar, Arbeitsbereich Mittelalter, Von-Melle-Park 6, 20146 Hamburg
Professor Dr. HANS-GEORG GRADL, Universität Trier, Theologische Fakultät, Lehrstuhl für Exegese des Neuen Testaments, Universitätsring 19, 54296 Trier
Dr. MARIA E. GRÜNDIG, Geschichtsverein der Diözese Rottenburg-Stuttgart, Stafflenbergstraße 46, 70184 Stuttgart
Professor Dr. DANIELA HACKE, Ludwig-Maximilians-Universität München, Fakultät für Geschichts- und Kulturwissenschaften, Historisches Seminar, Geschichte der Frühen Neuzeit, Geschwister-Scholl-Platz 1, 80539 München
MATHILDE HACKMANN, Hamburger Fern-Hochschule, Fachbereich Gesundheit und Pflege, Alter Teichweg 19–23a, 22081 Hamburg
Professor Dr. PETER-MICHAEL HAHN, Universität Potsdam, Historisches Institut, Landesgeschichte mit dem Schwerpunkt Brandenburg-Preußen, Am Neuen Palais 10, 14469 Potsdam
Professor Dr. Dr. PETER CLAUS HARTMANN, Johannes Gutenberg Universität Mainz, Fachbereich 07, Historisches Seminar, Arbeitsbereich Neuere Geschichte, 55099 Mainz
Dr. RITA HAUB, Deutsche Provinz der Jesuiten, Referat Geschichte und Medien, Seestr. 14, 80802 München
Dr. Des. ANDREA HOFMANN, Leibniz-Institut für Europäische Geschichte (IEG), Alte Universitätsstr. 19, 55116 Mainz
PD Dr. CHRISTIAN HORNUNG, Franz Joseph Dölger-Institut zur Erforschung der Spätantike der Universität Bonn, Arbeitsstelle der Nordrhein-Westfälischen Akademie der Wissenschaften und der Künste, Oxfordstr. 15, 53111 Bonn
Dr. PETER HEINRICH JAHN, Pilgersheimer Str. 29, 82543 München
Dr. NESTOR KAVVADAS, Eberhard Karls Universität Tübingen, Katholisch-Theologische Fakultät, Lehrstuhl für Alte Kirchengeschichte, Patrologie und Christliche Archäologie, Liebermeisterstr. 12, 72076 Tübingen
Dr. CHRISTOPH KÖSTERS, Kommission für Zeitgeschichte, Adenauerallee 19, 53111 Bonn
Professor Dr. WILHELM KÜHLMANN, Ruprecht-Karls-Universität Heidelberg, Germanistisches Seminar, Hauptstr. 207–209, 69117 Heidelberg
Professor Dr. BEAT KÜMIN, University of Warwick, Department of History, Coventry CV4 7AL, United Kingdom
Dr. ABRAHAM PETER KUSTERMANN, Vogtlandstr. 62, 71111 Waldenbuch
Dr. PETER THADDÄUS LANG, Lammerbergstr. 53, 72461 Albstadt-Tailfingen
Dr. STEFAN MICHEL, Sächsische Akademie der Wissenschaften in Leipzig, Karl-Tauchnitz-Str. 1, 04107 Leipzig
Professor Dr. STEFAN MORENT, Eberhard Karls Universität Tübingen, Musikwissenschaftliches Institut, Schulberg 2, 72070 Tübingen
Professor Dr. MATTHIAS MORGENSTERN, Eberhard Karls Universität Tübingen, Evangelisch-Theologische Fakultät, Lehrstuhl für Religionswissenschaft und Judaistik, Liebermeisterstr. 12, 72076 Tübingen

Professor Dr. Heribert Müller, Johann Wolfgang Goethe-Universität, Historisches Seminar, Lehrstuhl für Mittelalterliche Geschichte, Grüneburgplatz 1, 60629 Frankfurt a. M.

Dr. Birgit Ulrike Münch, Universität Trier, Fachbereich III, Lehrstuhl für Kunstgeschichte, 54286 Trier

Professor Dr. Jörg Neijenhuis, Ruprecht-Karls-Universität Heidelberg, Theologische Fakultät, Praktisch-Theologisches Seminar, Karlstr. 16, 69117 Heidelberg

Dr. Balázs J. Nemes, Albert-Ludwigs-Universität Freiburg, Deutsches Seminar, Germanistische Mediävistik, Werthmannplatz 3, 79098 Freiburg i. Br.

Professor Dr. Andreas Odenthal, Eberhard Karls Universität Tübingen, Katholisch-Theologische Fakultät, Lehrstuhl für Liturgiewissenschaft, Liebermeisterstr. 18, 72076 Tübingen

Thomas Packeiser, Enzianstr. 14, 83607 Holzkirchen

Professor Dr. Leo Peters, Gartenstr. 26a, 41334 Nettetal

Oberkirchenrat Dr. Georg Raatz, Vereinigte Ev.-Luth. Kirche Deutschland, Amt der VELKD, Herrenhäuser Str. 12, 30419 Hannover

Johannes Reich, Eberhard Karls Universität Tübingen, Katholisch-Theologische Fakultät, Lehrstuhl für Moraltheologie, Liebermeisterstr. 12, 72076 Tübingen

Dr. Peggy Renger-Berka, Technische Universität Dresden, SFB 804 »Transzendenz und Gemeinsinn«, Zellescher Weg 17, 01069 Dresden

Dr. Andreas Renz, Erzbistum München und Freising, Erzbischöfliches Ordinariat, Dialog der Religionen, Ottostr. 8, 80333 München

Professor Dr. Andrea Richter, Universität Augsburg, Philosophisch-Sozialwissenschaftliche Fakultät, Lehrstuhl für Pädagogik, Universitätsstr. 10, 86159 Augsburg

Sandra Salomo, Friedrich-Schiller-Universität Jena, Historisches Institut, Fürstengraben 13, 07743 Jena

Sabine Sauter, Eberhard Karls Universität Tübingen, SFB 923 »Bedrohte Ordnungen«, Keplerstr. 2, 72074 Tübingen

Professor Dr. Martin Scheutz, Universität Wien, Institut für Österreichische Geschichtsforschung, Universitätsring 1, A – 1010 Wien

Professor Dr. Rudolf Schlögl, Universität Konstanz, Fachbereich Geschichte und Soziologie, Lehrstuhl für Neuere Geschichte und Frühe Neuzeit, Fach 5, 78457 Konstanz

Dr. René Schlott, Zentrum für Zeithistorische Forschung, Am Neuen Markt 1, 14467 Potsdam

Professor Dr. Bernward Schmidt, Rheinisch-Westfälische Technische Hochschule Aachen, Institut für Katholische Theologie, Historische Theologie, Theaterplatz 14, 52062 Aachen

Professor Dr. Joachim Schmiedl, Philosophisch-Theologische Hochschule Vallendar, Lehrstuhl für Mittlere und Neue Kirchengeschichte, Pallottistr. 3, 56179 Vallendar

Dr. Gerhard Schneider, Ambrosianum Tübingen, Theologisch-propädeutisches Seminar der Diözese Rottenburg-Stuttgart, Brunsstr. 19, 72074 Tübingen

Dr. Ruth Slenczka, Humboldt-Universität zu Berlin, Institut für Geschichtswissenschaften, Geschichte der Frühen Neuzeit, Unter den Linden 6, 10099 Berlin

Nicole Stephan, Historisches und Völkerkundemuseum, Museumstr. 50, CH – 9000 St. Gallen

Katrin Sterba, Universität Innsbruck, DK »Arts & Politics«, Innrain 52d, A – 6020 Innsbruck

Felix Teuchert, Ludwig-Maximilians-Universität München, Historisches Seminar, Neueste Geschichte und Zeitgeschichte, Geschwister-Scholl-Platz 1, 80539 München
Dr. Paul Többelmann, Ruprecht-Karls-Universität Heidelberg, Zentrum für Europäische Geschichts- und Kulturwissenschaften, Historisches Seminar, Grabengasse 3–5, 69117 Heidelberg
Professor Dr. Rudolf Kilian Weigand, Katholische Universität Eichstätt-Ingolstadt, Forschungsstelle für geistliche Literatur des Mittelalters, Universitätsallee 1, 85072 Eichstätt
Professor Dr. Josef Weismayer, Universität Wien, Katholisch-Theologische Fakultät, Institut für Systematische Theologie, Schenkenstr. 8–10, A – 1010 Wien
Dr. Dörte Wetzler, Sömmeringstr. 37, 10589 Berlin
Professor Dr. Thomas Wetzstein, Universität Rostock, Historisches Institut, Lehrstuhl für Mittelalterliche Geschichte, August-Bebel-Str. 28, 18055 Rostock
PD Dr. Christian Wieland, Johann Wolfgang Goethe-Universität Frankfurt, Historisches Seminar, Lehrstuhl für neuere allgemeine Geschichte unter besonderer Berücksichtigung der Frühen Neuzeit, Grüneburgplatz 1, 60323 Frankfurt a. M.
Dr. Andreas Willershausen, Justus-Liebig-Universität Gießen, Historisches Institut, Professur für Deutsche Landesgeschichte, Otto-Behagel-Str. 10C, 35394 Gießen
Dr. Thomas Wozniak, Philipps-Universität Marburg, Fachbereich Geschichte und Kulturwissenschaften, Institut für Mittelalterliche Geschichte, Wilhelm-Röpke-Str. 6c, 35032 Marburg
Professor Dr. Wolfgang Wüst, Friedrich-Alexander-Universität Erlangen-Nürnberg, Lehrstuhl für Bayerische und Fränkische Landesgeschichte, Kochstr. 4, BK 13, 91054 Erlangen

Dieser Band wurde redigiert von

Professor Dr. Konstantin Maier (Aufsatzteil)
Professor Dr. Andreas Holzem (Rezensionsteil)

Bei der Redaktion und Drucklegung des Bandes wirkten mit

Dr. Daniela Blum
Dr. Maria E. Gründig
Heidi Klehr
Dipl.Kffr. Christine Ruppert
Ursula Scherr

IV. Vereinsnachrichten

Chronik des Jahres 2013 mit Tagungsberichten

von *Maria E. Gründig*

Die Hauptaufgaben des Geschichtsvereins der Diözese Rottenburg-Stuttgart waren auch im Jahr 2013 die Motivierung neuer kirchenhistorischer Forschung, die Publikation von Forschungsergebnissen und die Verbreitung dieser Ergebnisse innerhalb und außerhalb der Diözese. Dies geschah einerseits durch unser jährlich erscheinendes »Rottenburger Jahrbuch für Kirchengeschichte«, durch die Weiterführung der Arbeiten für die »Geschichte der Diözese Rottenburg[-Stuttgart]« und durch Veranstaltungen.

Publikationen

Rottenburger Jahrbuch für Kirchengeschichte

Im Jahr 2013 konnte der Geschichtsverein zwei Jahresbände publizieren, die jeweils kostenfrei und druckfrisch an unsere Mitglieder und Tauschpartner geliefert werden und im Buchhandel erhältlich sind.

Anfang März wurde Band 30 des RJKG veröffentlicht. Er fasst die Ergebnisse der Tagung »Kunst-Gebrauch – Gebrauchs-Kunst? Religion und soziale Repräsentanz in Bildern des Mittelalters und der Neuzeit« zusammen und publiziert Texte der beiden Preisträger des Bischof-Carl-Joseph-von-Hefele-Preises von 2011. Noch vor Weihnachten erschien Band 31. Dieser Band veröffentlicht vor allem Forschungen zum Themenfeld Christentum / Islam und trägt den Titel »Christentum im Islam – Islam im Christentum? Identitätsbildung durch Rezeption und Abgrenzung in der Geschichte«.

Geschichte der Diözese Rottenburg[-Stuttgart]

Die Textredaktion – v.a. die Vereinheitlichung und Vorbereitung für das Layout – wurde für die vorliegenden Beiträge fortgeführt. Die beiden großen Bände sollen reich bebildert werden, weshalb die Bildredaktion, zu der auch das Verfassen inhaltlicher Bildunterschriften gehört, im Zentrum stand.

Veranstaltungen

Studientag am 13. April 2013 in Stuttgart

»Stuttgarter Gespräche« zur historisch-politischen Kultur. Laizismus versus Religionsfreiheit? Historische und aktuelle Anmerkungen zu einer intensiv geführten Debatte

Die Veranstaltung hatte das Ziel, die Geschichte der Trennung von Kirche und Staat zu beleuchten und für die heutige Diskussion in Kirche und Gesellschaft fruchtbar zu machen. Der Stuttgarter Studientag wurde in diesem Jahr vom Geschichtsverein, der Akademie der Diözese Rottenburg-Stuttgart und dem Stadtdekanat Stuttgart geplant und vom Geschichtsverein realisiert. Am Vormittag waren der Kirchenhistoriker Dominik Burkard (Würzburg), der Historiker Klaus Große Kracht (Münster) und der Religionssoziologe Rolf Schieder (Berlin) eingeladen, die kirchengeschichtlichen und sozialhistorischen Grundlagen und die sich daran entzündenden Diskussionen innerhalb von Wissenschaft und Gesellschaft aufzuzeigen. Die Referenten informierten über die Diskurse und Denkmuster, die zwischen Französischer Revolution, Kaiserreich, Weimarer Republik und Nachkriegszeit das Bild – oder besser: die Bilder und Deutungen – und das Verhältnis von Kirche, Staat und Gesellschaft prägten.

DOMINIK BURKARD und KLAUS GROSSE KRACHT hinterfragten zunächst den Begriff Laizismus und wiesen auf dessen Mehrdeutigkeit hin. Er sei von Kirchenkritikern ebenso benutzt worden wie von Kirchenvertretern. Zudem habe sich das Verständnis des Begriffs in den vergangenen 200 Jahren verändert. Beide Wissenschaftler plädierten daher für den Begriff Laizität. Dominik Burkard zeigte beispielhaft den Einstellungswandel in der Diözese Rottenburg auf, der sicherlich mit den leidvollen Erfahrungen in der Zeit des Nationalsozialismus zusammenhänge: Bischof Carl Joseph Leiprecht habe die Bestrebung zur Trennung von Kirche und Staat nicht mehr als kirchenfeindliche Intention betrachtet; anders als seine Vorgänger sah er vielmehr auch Freiheitsrechte der Kirche erweitert und garantiert.

Die heutigen finanziellen und strukturellen Verflechtungen von Staat und Kirche – in Württemberg und allen westdeutschen Ländern sowie in den deutschen Diözesen – sind das Ergebnis der Säkularisation nach 1803. Infolge der Vermögensenteignungen verpflichteten sich die Staaten, die Existenzgrundlage der katholischen Kirche zu sichern. Die noch heute üblichen staatlichen Ausgleichszahlungen an die Kirche sind hier begründet. Hinzu kamen im 19. und 20. Jahrhundert die realen Auswirkungen des christlichen Solidaritäts- und des Subsidiaritätsprinzips: Die katholische Kirche hatte seit 1850 – u.a. motiviert durch neue soziale Bedürfnisse, die die Industrialisierung verursachte – ihr soziales und karitatives Engagement stark ausgeweitet, sodass ein dichtes Netz kirchlicher Institutionen entstand. Nach dem Zusammenbruch des NS-Staates wurde in Westdeutschland von politischer Seite das Subsidiaritätsprinzip konsequent angewandt. Den kleinen sozialen Einheiten wurde das Vorrecht eingeräumt, gesellschaftliche und karitative Aufgaben vor Ort wahrzunehmen, bevor größere Einheiten wie Kommunen oder Staatsregierungen dies vorwegnahmen. Dadurch blieben die Pfarreien wichtige Träger sozialer Arbeit und konnten ihr Engagement weiter ausbauen. Der Staat garantiert den finanziellen Ausgleich für dieses Engagement.

Der Sozialhistoriker ROLF SCHIEDER fokussierte auf Probleme des Kirchen-Staats-Verhältnisses im 20. und 21. Jahrhundert. Seit langem zeichne sich deutlich ab, dass sich Deutschland und Europa dauerhaft zu multireligiösen Einheiten entwickelten. Er sprach sich dafür aus, die Zivilisierung der Religionen durch Bildung voranzutreiben. Religiöse Menschen, die mit der Geschichte und den Grundlagen ihrer Religion vertraut sind, seien weniger manipulierbar für politische Zwecke und weniger instrumentalisierbar. Dies sei der Königsweg, durch die die Kooperation zwischen Staat und Kirchen bzw. religiösen Gemeinschaften gelingen könne.

Die Beiträge der Referenten Burkard, Große Kracht und Schieder sind unter dem Titel »Wie viel Religion verträgt der Staat?« (Verlag Grunewald) publiziert und im Buchhandel zu erwerben.

Am Nachmittag stellten Christian Hermes (Stuttgart), Mahmoud Abdallah (Tübingen), Armin-Pfahl-Traighber (Brühl) und Fabian Wittreck (Münster i. W.) unter der Fragestellung »Ist Religionsfreiheit nun Freiheit von Religion oder doch Freiheit für Religion?« in Impulsreferaten die Haltung der katholischen Kirche, der Islamwissenschaft, der Politologie und der Rechtwissenschaft dar. Wie zu erwarten war, fiel die Beurteilung der Frage disparat aus. Die Zuhörer wurden durch Thesenpapiere in die Lage versetzt, sich intensiv mit den jeweiligen Argumentationssträngen zu beschäftigen. Diese Thesenpapiere sind in der Website des Geschichtsvereins abrufbar oder können bei der Geschäftsführung angefordert werden.

Die den Studientag abschließende Diskussionsrunde wurde von Hansjörg Schmid (Stuttgart) moderiert. Hierin wurde deutlich, wie kontrovers die Ansichten über das heutige Zusammenwirken religiöser und staatlicher Sphären beurteilt werden. Allerdings wurde auch klar, dass die derzeitige Politik in Land und Bund keine rigide Trennung von Kirche und Staat forciert.

Das vollständige Programm, Bilder zur Tagung und die oben genannten Thesenpapiere sind auf der Website des Geschichtsvereins www.gv-drs.de/veranstaltungen/stuttgarter-gespraeche/ abrufbar.

Studientagung in Kirchheim unter Teck
Die Chronik der Magdalena Kremerin im interdisziplinären Dialog

Unter der Trägerschaft des Instituts für Geschichtliche Landeskunde und Historische Hilfswissenschaften der Universität Tübingen, dem Archiv der Stadt Kirchheim unter Teck und des Geschichtsvereins der Diözese Rottenburg-Stuttgart fand vom 23. bis 24. Mai 2013 eine Studientagung statt. Diese zielte darauf ab, bislang vereinzelt stehende Forschungen zu spätmittelalterlichen Frauengemeinschaften zusammenzuführen, einer erweiterten Fachdiskussion zuzuführen und neue historische Zusammenhänge zu erkennen.

Die Kirchheimer Tagung gab einen instruktiven Einblick in die Lebenssituation und das Wirken geistlicher Frauen in ihrem sozialen, politischen und geistlichen Umfeld. Im Zentrum stand mit Magdalena Kremerin eine außergewöhnlich gebildete und kunstfertige Dominikanerin, die bislang als Autorin bzw. Hauptautorin der im späten 15. Jahrhundert verfassten Kirchheimer Chronik gilt.

Magdalena Kremerin war ursprünglich Nonne im Dominikanerinnenkloster Silo (auch Sylo) bei Schlettstadt im Elsass, das sich einer Klosterreform (Observanz) angeschlossen hatte. Diese Reform führte zur Errichtung und Verschärfung der klösterlichen Klausur, zur Modifizierung gottesdienstlicher Abläufe und zur Umschreibung von Gebets- und Gesangbüchern. Mit sechs dem elsässischen Niederadel entstammenden Mitschwestern zog Magdalena Kremerin 1478 aus dem Elsass ins Kloster Kirchheim, um es wie Silo zu einem Reformkloster zu machen. Dieser Wunsch verursachte einen Streit mit dem württembergischen Landesherrn Graf Eberhard dem Jüngeren, der das Kloster zeitweise belagern ließ.

Stefanie Monika Neidhardt gab durch ihre Arbeit zu Magdalena Kremerin den wohl wichtigsten Anstoß für diese Tagung. Sie wurde für ihre wissenschaftliche Abschlussarbeit im selben Jahr mit dem Bischof-Carl-Joseph-von-Hefele-Preis ausgezeichnet (vgl. den untenstehenden Bericht zur Preisverleihung). Die Referentin stellte während der Tagung v. a. die Spiritualität der Magdalena Kremerin dar und belegte deren breite theologische Kenntnisse. Während der Kirchheimer Jahre, besonders aber während der Belagerung des Klosters und der dadurch eingetretenen Not- und Mangelsituation hätten die Kremerin und ihre Mitschwestern ein theologisches Konzept entwickelt, das die eigene Frömmigkeit und die Frömmigkeit der Zeit widerspiegele.

Das vollständige Programm und der Tagungsbericht von Frederic Menke und Agnes Müller (beide Tübingen) sind auf unserer Website http://www.gv-drs.de/veranstaltungen/studientage-workshops/ abrufbar.

Studientagung in Weingarten

Zwischen Aufklärung und Reaktion: Adel, Kirche und Konfession in Südwestdeutschland 1780 bis 1820

Im Herbst jeden Jahres führen der Geschichtsverein und die Akademie der Diözese Rottenburg-Stuttgart im Tagungshaus der Akademie in Weingarten (Oberschwaben) eine wissenschaftliche Studientagung durch. Die für September 2013 geplante Tagung musste um einige Monate verschoben werden und fand vom 13. bis 15 März 2014 statt. Trotz dieser Verlegung wird der Tagungsbericht in der vorliegenden Chronik publiziert.

Die Studientagung widmete sich der Frage, wie Adel und Kirche nach dem Ende des Alten Reiches und damit unter völlig neuen Vorzeichen kooperierten und welche neue Identität der Adel für sich entwickelte, nachdem dessen bisherige Rollen als Kirchenherr und Wohltäter nicht mehr realisierbar waren.

In seiner Begrüßung führte Tagungsleiter Dietmar Schiersner (Weingarten) aus, dass nach der Französischen Revolution, nach Säkularisation und Mediatisierung ein grundlegender Wandel der Herrschafts- und Machtverhältnisse erfolgt sei. Es sei die Frage zu stellen, in welchen Bereichen im deutschen Südwesten die wesentlichsten Brüche stattfanden, wo sich Kontinuitäten im Spannungsfeld zwischen katholischem Adel, Kirche und Konfession beobachten ließen und was dieser Wandel auch für die Kirche selbst bedeutet habe. Die Tagung sollte »für die Untersuchung der Adelsgeschichte im (katholischen) deutschen Südwesten und der Erforschung der Umbruchzeit um 1800« neue Ergebnisse bringen und ein vertieftes Verständnis für die Tendenzen der Kirchengeschichte der folgenden zwei Jahrhunderte erreichen.

Im einleitenden Referat stellte Dietmar Schiersner die wesentlichen Forschungs- und Leitfragen der Tagung vor. Fragen, die vor allem auf sich wandelnde Denkmuster und Verhaltensoptionen abhoben und u. a. das Verhältnis des Adels zu Regierungen und Kirche während der »Sattelzeit« (Koselleck) bezogen und ihre Möglichkeiten zur Partizipation innerhalb der neu gestalteten Institutionen aufzeigen sollten. Am Beispiel des Adels, so führte der Frühneuzeithistoriker aus, könne gezeigt werden, dass sich dessen Denk- und Verhaltensmuster von einem vorwiegend aufklärungsfreundlichen zu einem weithin aufklärungsskeptischen Muster gewandelt hätten. Adelige waren vor 1800 weltliche oder geistliche Herrschaftsträger. Zusammen mit bürgerlichen Beamten bildeten sie die Trägerschicht der Aufklärung in den Territorien, nicht zuletzt in den Hochstiften. Gleichzeitig waren Adelige innerhalb der kirchlichen Verwaltungen aktiv. Mit der Säkularisation endete die Adelskirche. Besonders der Stiftsadel – jene Familien, die Zugang zu den Domkapiteln und vergleichbaren geistlichen Einrichtungen besaßen – musste sich ökonomisch, mental und kulturell neu orientieren. Doch war der Adel nicht nur passiv Ausgelieferter, sondern auch Akteur, der auch nach 1803 Wandlungsprozesse vorantrieb. Adelige zeigten eine auffallende Ambivalenz und fungierten »als Indikatoren des allgemeinen sozial-gesellschaftlichen Wandels« und der mit ihnen »verbundenen Anpassungsprozesse«.

HARM KLUETING (Köln / Freiburg i. Br.) fragte in seinem Vortrag nach dem gesamtgesellschaftlichen Wandel während der Säkularisation und nach dem Wandel religiöser Praxis bis 1820. Er sah hierbei deutliche Parallelen zu den Entwicklungen in Frankreich. Beispielhaft erläuterte der Kirchenhistoriker aufgeklärte Denkmuster bei Petrarca, von Hontheim, Joseph II., Johann Michael Sailer, Ignaz H. von Wessenberg und Georg Hermes. Diesen sei eine Kleriker- und Laiengeneration gefolgt, die sich vom aufgeklärten Katholizismus ab- und Rom zugewandt habe (Joseph Görres, Clemens Brentano oder Erzbischof von Droste-Vischering). An beiden Personengruppen zeige sich eine »Polarität zweier Richtungen«: In weiten Teilen der Gesellschaft und im Klerus blieben bis 1840 aufgeklärte Denkmuster bestimmend, während eine ultramontane, konfessionell denkende Generation nachwuchs. In beiden Gruppen agierten Adelige – zum Teil überaus einflussreich.

MICHAEL SIKORA (Münster) fragte nach dem Verhältnis von Adel und Aufklärung und stellte zunächst fest, dass die aufgeklärte Öffentlichkeit dem Adel nicht wohlgesonnen war. Der Adel galt (ähnlich wie die Orden) als unproduktiv, als Gegner aufklärerischer Grundprinzipien. Ihre Privilegien, ihr Habitus und die Herkunft ihrer Legitimation wurden um 1800 kritisiert und demontiert. Allerdings habe »der Adel« keine homogene Einheit dargestellt, vielmehr wurde zwischen Adelsfamilien mit strengem Rangkodex, zwischen Alt- und Hochadel, Nobilitierten sowie Hof- und Landadel unterschieden. Entsprechend heterogen war seine Haltung gegenüber aufgeklärten Grundprinzipien, die aus dem »konkreten Kontext« erschlossen werden müsse: Gegenüber der Bildungswelt war der Adel offen, auch wenn er paternalistisch blieb. Offenheit zeigte er auch gegenüber aufgeklärten Kommunikationsmethoden – etwa Lesegesellschaften – und für aufgeklärte Denkstrukturen nichtadeliger Kreise. Er habe neue Optionen erkannt und genutzt, ohne aber von adeligen Traditionen abzuweichen. Auf einen wesentlichen Unterschied zu den nichtadeligen Eliten wies der Neuzeithistoriker hin: Das entstehende Bürgertum konnte mehr Optionen als der Adel entwickeln, vielfältige und breiter angelegte Lebensentwürfe realisieren und eine tragfähige Kultur entwickeln.

GEORG ECKERT (Wuppertal) behandelte den katholischen Adel im jungen Königreich Württemberg. Dieser habe seit Jahrhunderten einen schweren Stand gehabt und innerhalb des Landes nicht als Entität existiert. Spätestens mit dem Tübinger Vertrag (1514) habe er seine Funktion an die »bürgerliche Ehrbarkeit« abgegeben. Folglich verfing um 1803 aufklärerische Adelskritik gleich doppelt, als die Mediatisierung zahlreiche Adelige unter württembergische Hoheit stellte. König Friedrich II. genoss vielfältige Unterstützung, als er die ehemals selbstständigen Adeligen zu politischen Randexistenzen herabzudrücken versuchte. Noch 1815 suchte der Verfassungsentwurf adeligen Restaurationsbemühungen entgegenzuwirken. Mit der Verfassung von 1819 sei es König Wilhelm I. gelungen, den Adel über die Erste Kammer in den württembergischen Staat einzubinden.

MICHAEL SCHWARTZ (Berlin / München) referierte über kirchliche Karrieren zwischen 1750 und 1850. 1648 zählte das Alte Reich 720 Domherrenstellen, die zumeist Katholiken besetzten, die familienintern weitervererbt wurden. Bürgerliche wurden in den folgenden Jahrzehnten fast völlig aus diesen Ämtern gedrängt. Während der Aufklärung geriet der Adel unter Legitimationsdruck und war gezwungen, sein Handeln als gesellschaftlich relevant darzustellen und mehr Energie in theologische Bildung zu investieren. Doch niemals habe es nur von reichen Pfründen lebende »vornehme Müßiggänger« gegeben wie die bürgerlich-evangelisch dominierte Geschichtsschreibung meine, sondern aufs Gemeinwohl bedachte religiös motivierte Domherren, wie etwa Ignaz H. von Wessenberg. Mit der Säkularisierung seien Domherrenstellen für den Adel uninteressant geworden, Staat und Heer boten neue Aufgaben. Um 1820 übernahm kein Adeliger mehr einen Bischofssitz. In den folgenden Jahrzehnten reduzierte sich die Bedeutung des adeligen Habitus: Ketteler wurde zum bescheidenen »Arbeiterbischof«. Gleichzeitig wuchs in Adel und Klerus die Orientierung an Standards, die im aufstrebenden Bürgertum schon länger üblich waren: Für den Adel wurde der Abschluss an einem Gymnasium oder einer Universität wichtig, für den Klerus zur Pflicht. Nicht mehr adelige Herkunft prädestinierte nun zu einem geistlichen Amt, sondern Qualifikation.

Am Beispiel des Malteserordens exemplifizierte Carl Alexander Krethlow (Bern) den Wandel der im Zeitalter der Kreuzzüge entstandenen Geistlichen Ritterorden nach 1789. Damals galt der Malteserorden als ein zu säkularisierendes feudales Relikt, das luxusverwöhnte katholische Adelige aus ganz Europa versorge. Während der napoleonischen Neuordnung verlor der transnational ausgerichtete Orden wichtige Besitzungen (Rhodos, Malta), Herrschaftsrechte und seine militärischen Aufgaben im Mittelmeer. Der Orden reagierte mit Rationalisierung der Verwaltung und übernahm sozialkaritative Aufgaben. Der Rückgriff auf mittelalterliche Werte wie Ehre und Ritterlichkeit und der »Clan«-Gedanke gab dem Orden, der bis heute streng hierarchisch strukturiert ist und in dem katholische Adelsfamilien vorherrschend blieben, neue Identität und Zusammenhalt. Um 1850 sind die Mitglieder in Deutschland konservativ, ultramontan und antipreußisch ausgerichtet. Seit 1918 konnten vereinzelt auch Bürgerliche und Frauen in den niederen Rängen Mitglied werden, doch blieb der Orden eine internationale Korporation des männlichen katholischen Hochadels. Für seine Mitglieder war er Prestigeobjekt; in diesem Kreis kann zudem adeliger Habitus ausgelebt werden. Die gesamtgesellschaftliche Aufgabe des Malteserordens blieb die Organisation karitativer Aufgaben. Beide Aufgaben sichern seit 1789 das Überleben des Malteserordens.

Sylvia Schraut (München) beschäftigte sich mit dem Selbstverständnis und den Handlungsspielräumen adeliger katholischer Frauen während der Übergangszeit um 1800. Adelige Damen waren vor der Säkularisierung in vier Aktionsräumen aktiv: Sie hatten Anteil an der Herrschaft in den reichskirchlichen Territorien, z. B. als Äbtissinnen in den Reichsstiften. Innerhalb der Ordensgemeinschaften besetzten sie alle Funktionsstellen und in den Lehrorden – etwa der Ursulinen – waren sie als Lehrerinnen tätig. Im katholischen Adelsmilieu übernahmen sie die Erziehung der weiblichen Jugend. Als katholische Adelige bildeten sie eigene Lebensstile und Formen privater Religiosität aus. Säkularisierung, Mediatisierung und die daraus folgende Neuordnung der politischen Herrschaft verhinderten die Realisierung dieser Aufgaben vollkommen oder schränkten die Handlungsspielräume der Frauen massiv ein. Der Verlust weltlicher Herrschaft in der Reichskirche ließ keine (Grund-)Herrschaft durch Frauen mehr zu und versperrte alle höheren geistlichen Ämter und Lebenswege. Die größtenteils flächendeckende Auflösung der Frauenklöster entfernte einen sozialen Stand fast völlig und verdrängte die Frauen aus anspruchsvollen Aufgaben wie etwa im Bereich der Erziehung adeliger Mädchen. Diese Aufgaben übernahmen nun Bürgerliche, was zu einem Statusverlust erzieherischer Berufstätigkeit führte. Mit den Frauen und ihren anspruchsvollen Aufgaben verschwanden auch weibliche Denk- und Verhaltensmuster und deren Tradierung. Die Aufgaben in Politik, Gesellschaft und Kirche übernahmen nun Männer. Nahezu vollständig reduziert wurde zudem die Repräsentation weiblicher Adeliger als dezidiert katholisch. Adelige Frauen hatten nun, wie bürgerliche Frauen, »angemessen zu schweigen«.

Aus Sicht des katholischen Adels zerstörte nach 1800 vor allem die Säkularisation die reichskirchlichen Aufstiegsmöglichkeiten und Lebenswelten der bisherigen adeligen Standes- und Funktionseliten in den geistlichen Staaten. WINFRIED ROMBERG (Würzburg) stimmt dem zu, differenziert aber: In den meisten Fällen sei den »gebrochenen Karrieren« eine berufliche und mentale Neuorientierung gefolgt. Zudem zeigten Domherren wie Theodor von Dalberg oder Friedrich von Stadion, dass sie um 1800 schon fest in aufgeklärt-katholischen Vorstellungen verwurzelt waren und auf den Umbruch mit Anpassung reagierten. Die Folgegeneration habe sich um 1840 restaurativen Gedanken wie dem Ultramontanismus zugewandt, ohne aber die Traditionen der Aufklärung völlig zu verlassen.

WOLFGANG WÜST (Erlangen) stellte fest, dass nach einer Zeit der politischen und gesellschaftlichen Entmachtung in den neu entstandenen Flächenstaaten Bayern, Württemberg oder Baden die Landadeligen als Standesherren zwischen 1848 und 1918 an der staatlichen Integration beteiligt waren. Durch ihr kulturelles, soziales und symbolisches Kapital hätten sie die Modernisierung vorangetrieben. Dies zeigte der Referent an den Beispielen der adeligen Familien Rechberg (Donzdorf) und Fürstenberg (Donaueschingen) auf. Sie arrangierten sich mit der neuen Situation und spielten rasch eine wiederum systemtragende Rolle. Der Referent erinnerte zudem daran, dass der Adel bis 1848 viele Rechte behalten habe und im Besitz der Ländereien geblieben sei. Durch den Zuzug adeliger Familien und Nobilitierungen habe sich eine neue gesellschaftliche Adelselite gebildet, die Aufgaben in den neuen Regierungen übernahm und somit vom Wandel profitierte; dabei sei der »alte Adel« in den Hintergrund getreten. Viele adelige Familien mit Eigentum in Württemberg hätten sich jedoch in einer unüberbrückbaren Gegnerschaft zu Württemberg gesehen und berufliche Chancen in benachbarten Ländern, vor allem in Bayern, wahrgenommen.

GABRIELE VON TRAUCHBERG (Gingen an der Fils) zeigte Veränderungen im Religionsverständnis und in der kirchenpolitischen Haltung am Beispiel von drei Rechberger Adeligen und drei historischer Epochen auf. Graf Maximilian Emanuel (1736–1819) stehe für das Ancien Régime. Er durchlief ein Universitätsstudium und war Hofbeamter in München. Als Rechberger Patronatsherr setzte er sich für Volksbildung und bessere medizinische Versorgung ein. Er setzte mit Pfarrer Joseph Rink einen aufgeklärten Geistlichen ein, der die Aufgaben vor Ort realisierte. Graf Aloys (1766–1849) stehe für die Napoleonische Zeit und die Reaktion. Er war als bayerischer Außenminister bei der Ausarbeitung des Konkordats führend beteiligt, war konfessionell liberal und führte eine konfessionsgemischte Ehe. Graf Albert (1803–1885) stehe für die Zeit von der 1848er-Revolution bis zur Reichsgründung 1871. Er studierte Philosophie, war Hauslehrer und seit 1842 im Württembergischen Landtag aktiv, wo er sich für die »katholische Sache« und gegen evangelische Dominanz einsetzte. Mit ihm trat ein konfessioneller Umbruch ein, denn er unterstützte Geistliche, die einen konfessionellen, romtreuen Kurs fuhren – die »Donzdorfer Fakultät«. Die Familie der Grafen von Rechberg stehe, wie die Historikerin und Adelsforscherin betonte, bis in die Gegenwart für ein enges Verhältnis zur katholischen Kirche – was, wie die Referentin zeigte, je nach historischer Epoche Verschiedenes bedeutet habe.

DIETMAR SCHIERSNER (Weingarten) stellte mit Johanna von Falkenstein (1743–1800) eine adelige Stiftsdame vor, die nicht nur für sich Vorstellungen der Aufklärung folgte, sondern nachweislich deren Umsetzung in ihrem Umfeld aktiv, sogar konspirativ, und teils mit Erfolg betrieb. 1762 im freiweltlich-adeligen Damenstift St. Stephan in Augsburg aufgenommen, war sie eine eigenwillige und selbstbewusste Mitkapitularin. Den aufgeklärten Tendenzen des ausgehenden 18. Jahrhunderts stand sie nicht passiv und gleichgültig gegenüber; sie war nicht ›unschuldiges‹ Opfer einer letztlich in die Säkularisation des Stiftes mündenden Entwicklung: Sie beteiligte sich 1789 maßgeblich am Sturz ihrer Äbtissin, beteiligte sich danach an der Neuformulierung der Stiftsstatuten und verweigerte in egalisierender Absicht der neu gewählten Äbtissin die übliche Anrede. Offen gegenüber utilitaristischem Denken ordnete sie im Todesfall ihre medizinische Obduktion an, verfügte eine schlichte Beisetzung im Friedhof vor der Stadt und eine Trauermesse ohne jede Prachtentfaltung. Mit diesen und anderen aufgeklärten Ansichten sei sie nicht allein gestanden. Ihre männlichen Verwandten, z. B. in den ebenfalls reichsritterschaftlich bestimmten Domkapiteln von Konstanz oder Augsburg, hätten ihre – je nach Standpunkt zwischen religiösem Reformanliegen und entkirchlichender Säkularisierung einzuordnenden – Anliegen geteilt. Mit einigen der Augsburger ›Reformbürokraten‹ stand sie dabei in enger Verbindung.

Bernd Maier (Wolfegg) fragte danach, wie Adelsfamilien an Katholizität erinnerten. Für den Kunsthistoriker bietet der Bildbestand im Hause Waldburg-Wolfegg die Möglichkeit, diese »memoriale Konstruktion adeliger Katholizität« beispielhaft aufzuzeigen. Die Darstellungen und Inhalte der Gemälde und Druckgraphiken, die seit dem 13. Jahrhundert von der Familie in Auftrag gegeben, gekauft und gesammelt wurden, lassen vermuten, dass die Familie über Jahrhunderte eine unverbrüchliche, besonders enge Beziehung zur Reichskirche und zur Katholischen Kirche des 19. und 20. Jahrhunderts gepflegt und dass »kein Adel ohne Kirche« existiert habe. Die Vielzahl der Abbildungen und Drucke aus dem Umfeld der Gesellschaft Jesu lassen den Schluss zu, dass Waldburg seit dem 16. Jahrhundert eine dauerhafte und enge Verbindung zu den Jesuiten pflegte. Gleichzeitig war das Fürstenhaus wandlungsfähig und offen auch gegenüber neuen theologischen oder religiösen Denkmustern. So zeigt eine Graphik von 1832, die anlässlich der Trauung von Friedrich Erbgraf von Waldburg-Wolfegg und Waldsee gedruckt wurde, dass das für das Zeitalter der Aufklärung typische schlichte Bildprogramm rezipiert wurde und dass aufgeklärte Formen im Bereich von Liturgie und Religiosität praktisch umgesetzt wurden.

Die Podiumsdiskussion, zu der Adelige aus dem deutschen Südwesten eingeladen waren, behandelte vor allem die Frage, wie der heutige Adel seine Beziehungen zur Kirche sieht. Bei den Diskussionsteilnehmern Erbgraf Karl-Eugen von Neipperg, Hubertus von Freyberg, Albert Graf Fugger von Glött und Franz Freiherr von Ulm zu Erbach wurde bei der Frage nach ihrer konfessionellen Prägung eine große Übereinstimmung deutlich: Alle verstehen sich als dezidiert katholisch; jeder von ihnen sieht sich in einer engen persönlichen Bindung zur katholischen Kirche, die sich auch in ihren Familien niederschlage. Diese Bindung zeige sich in ihrem aktiven Engagement in den jeweiligen Kirchengemeinden oder bei karitativen Aktivitäten. Gleichzeitig sei in ihren Familien eine große konfessionelle Offenheit vorhanden. Es gehe ihnen primär um die »christlichen Werte«, die es zu realisieren und weiterzugeben gelte. Dies sei ihnen bislang in ihren Familien gelungen.

Die in Weingarten vorgetragenen Referate zeigten, dass der gesamtgesellschaftliche Umbruch zwischen 1780 und 1820 bzw. 1850 Adelige und Kirchenaktive in unterschiedlicher Weise beeinträchtigte. Der Umbruch führte in Kirche und Adel zu teilweise großen Verlusten, wodurch adelige Amtsträgerinnen in den Damenstiften und viele Frauen aus den aufgehobenen Frauenkonventen besonders betroffen waren. Ihre Partizipation an gesellschaftlichen Entscheidungsprozessen konnte nicht restituiert werden. Der Umbruch brachte andererseits (und vornehmlich für Männer) vielfältige Chancen für Neuorientierung und Neubeginn, die meist erfolgreich realisiert wurden. Die Mehrheit der Angehörigen in Kirche und Adel verhielten sich nicht passiv oder fühlten sich nicht ausgeliefert.

Sie standen der sich wandelnden Zeit nicht feindselig gegenüber, hatten sie sie doch mit vorbereitet und das aufgeklärte Zeitalter mitgetragen. Adelige zeigten nach 1800 eine auffallende Ambivalenz; sie fungierten »als Indikatoren des allgemeinen sozial-gesellschaftlichen Wandels« und der mit ihnen »verbundenen Anpassungsprozesse« (Schiersner). Der Adel sieht sich heute wie in den vergangenen Jahrhunderten eng mit der katholischen Kirche verbunden und engagiert sich, wenn auch in anderen Formen als um 1800, in Kirche und Caritas.

Die Veröffentlichung der Tagungsbeiträge ist für Band 33 des Rottenburger Jahrbuchs für Kirchengeschichte vorgesehen.

Studientag mit Jahresversammlung in Bad Mergentheim

Der Deutsche Orden

Im historischen Roten Saal des Deutschordensschlosses in Bad Mergentheim trafen sich am 19. Oktober 2013 Mitglieder und Gäste zum Studientag, der den Deutschen Orden zum Thema hatte. Am Vormittag standen zunächst zwei historische Vorträge im Zentrum. Der langjährige Leiter des Deutschordensarchivs in Wien, Dr. P. BERNHARD DEMEL OT, gab zunächst einen Überblick über die Geschichte des Ordens. Anschließend referierte Professor Dr. NIKOLAS JASPERT (Heidelberg) über die Kreuzzüge, bei denen die Ritter des Deutschen Ordens involviert waren. Der Mittelalterhistoriker zeigte auf, welche Motive die Kreuzritter ins Heilige Land ziehen ließ. Nach dem gemeinsamen Mittagessen folgten Führungen durch die Stadt und das Deutschordensschloss. Dekan ULRICH SKOBOWSKY begrüßte anschließend die Gäste als Hausherr im Gemeindehaus St. Johannes. Die Mitgliederversammlung beendete den Tag.

Auf unserer Website unter www.gv-drs.de/veranstaltungen/jahresversammlung/ können Texte der beiden Referenten abgerufen werden.

Der Geschichtsverein dankt für die Unterstützung der Stadt Bad Mergentheim, der Pfarrei St. Johannes und des Deutschordensmuseums Bad Mergentheim.

Verleihung des Bischof-Carl-Joseph-von-Hefele-Preises

Für ihre Arbeit »Kirchheim – Chronik einer Reform« wurde STEFANIE NEIDHARDT am 5. Dezember 2013 der Bischof-Carl-Joseph-von-Hefele-Preis des Jahres 2013 verliehen. Der 1986 von Bischof Dr. Georg Moser gestiftete und von Bischof Dr. Gebhard Fürst verliehene Preis wurde wiederum im Tübinger Wilhelmsstift überreicht. Vor der Preisverleihung führte die Ordinaria des Tübinger Lehrstuhls für Geschichtliche Landeskunde, Professor Dr. SIGRID HIRBODIAN, in das Thema ein. Ihr Vortrag behandelte geistliche Frauen im deutschen Südwesten. Sie referierte über Leben und Handeln der Beginen, Nonnen und Kanonissen sowie über Fremdzuschreibungen und das Selbstbild der Frauen. Anschließend würdigte Weihbischof Dr. Johannes Kreidler die theologische Diplomarbeit von Stefanie Neidhardt und überreichte den Preis, der mit einem Preisgeld verbunden ist. Der anschließende Vortrag der Preisträgerin zeigte die wichtigsten Inhalte ihrer Abschlussarbeit auf (vgl. hierzu auch die obigen Ausführungen zur Tagung Magdalena Kremerin in Kirchheim an der Teck), doch stellte sie auch erste Ergebnisse ihrer weiterführenden Forschungen vor. Sie beschrieb die wirtschaftlichen, politischen und alltäglichen Beziehungen der Akteure und zeigte die religiösen Motive der Reform und der handelnden Personen auf.

Im Anschluss erwartete die Gäste ein reich bestücktes Buffet. Für Begegnung und Austausch blieb ausreichend Zeit. Für die Gastfreundschaft ist wiederum dem Wilhelmsstift, seinem Leiter Monsignore MARTIN FAHRNER, sowie den Repetenten und Studenten des Hauses zu danken.

Weitere Informationen zum Preis und zu den Inhalten der Abendveranstaltung sind auf unserer Website unter http://www.gv-drs.de/hefele-preis/hefele-preis-aktuell.html abrufbar.

Weitere Nachrichten

Unsere Toten des Jahres 2013

Pfr. i.R. FRANZ MÄULE, Ellwangen	im Januar
Pfr. i.R. MARTIN-LEO SCHULTZ, Heidenheim	im März
ARTHUR DÖRFLINGER, Bötzingen	im März
Weihbischof BERNHARD RIEGER, Kressbronn	im April
Pfr. i.R. HANS KÜRNER, Trochtelfingen-Wilsingen	im Mai
WALTRAUD PRATTER-RUDOLPH, Möhrendorf	im Mai
HELENE MÖHLER, Karlsruhe	im Mai
ROMAN STETTER, Stuttgart	im August
ROSWITHA BETZLER, Rottweil	im September
Geistl. Rat Pfr. i.R. WENDELIN SIESS, Horb	im Oktober

Anschriften

Geschäftsstelle

Stafflenbergstraße 46, 70184 Stuttgart
Telefon: 0711/1645 560
Telefax: 0711/1645 570
e-Mail: info@gv-drs.de
Webseite: www.gv-drs.de

Geschäftsführung / Wissenschaftliche Koordination

Dr. MARIA E. GRÜNDIG
Stafflenbergstr. 46, 70184 Stuttgart
Telefon: 0711/1645 560
Telefax: 0711/1645 570

Schriftleitung Aufsatzteil

Prof. Dr. KONSTANTIN MAIER
Lehrstuhl für Mittlere und
Neue Kirchengeschichte
Ostenstraße 26–28, 85072 Eichstätt
e-Mail: konstantin.maier@ku.de

Schriftleitung Rezensionsteil

Prof. Dr. ANDREAS HOLZEM
Lehrstuhl für Mittlere und
Neuere Kirchengeschichte
Liebermeisterstraße 12, 72076 Tübingen
e-Mail: ukg-info@uni-tuebingen.de

Vorsitzender

Prof. Dr. Konstantin Maier

Finanzen

Dr. Maria E. Gründig

Kassenprüfer

Ingo Casper und
Gerhard Piepenbrink,
beide in Herrenberg

Bibliothekar

Georg Ott-Stelzner, Diözesanbibliothek Rottenburg

Dem Vorstand gehören an

Professor Dr. Konstantin Maier (Eichstätt), Vorsitzender
Professor Dr. Andreas Holzem (Tübingen), Erster Stellvertretender Vorsitzender
Msgn. Dr. Christian Hermes (Stuttgart), Zweiter Stellvertretender Vorsitzender (bis September 2013)
Professor Dr. Claus Arnold (Frankfurt a. M.)
Diözesanarchivarin Angela Erbacher (Rottenburg), Schriftführerin
Domkapitular Dr. Uwe Scharfenecker (Rottenburg)
Professor Dr. Dietmar Schiersner (Weingarten)
Professor Dr. Ines Weber (Tübingen / Augsburg)
Akademiedirektorin Dr. Verena Wodtke-Werner (Stuttgart)

Bibliothek

Buchgeschenke für unsere Bibliothek erhielten wir von:
Dr. Waldemar Teufel, Rottenburg

Weitere Informationen

auf der Website des Geschichtsvereins www.gv-drs.de

V. Orts- und Personenregister

erstellt von Heidi Klehr, Eichstätt

Lebensdaten sind in Klammern, Regierungsdaten ohne Klammern angegeben. Deutsche Gemeinden und kleinere Orte wurden den Land- bzw. Stadtkreisen zugeordnet, kleinere ausländische Orte dem Kanton, der Provinz oder dem Land.